国家"985工程"(二期)哲学社会科学创新基地重大成果
第三届中国出版政府奖图书奖　第三届三个一百原创图书出版工程奖

学术版

中国佛教通史

第七卷

赖永海　主编

江苏人民出版社

图书在版编目(CIP)数据

中国佛教通史.第七卷/赖永海主编.
—南京:江苏人民出版社,2010.9(2021.10重印)
ISBN 978-7-214-06479-0

Ⅰ.①中… Ⅱ.①赖… Ⅲ.①佛教史-中国
Ⅳ.①B949.2

中国版本图书馆 CIP 数据核字(2010)第 185006 号

书　　　名	中国佛教通史(第七卷)	
主　　　编	赖永海	
策 划 编 辑	府建明	
责 任 编 辑	杨　健　朱晓莹	
装 帧 设 计	吴赵铎　许文菲	
责 任 监 制	王　娟	
出 版 发 行	江苏人民出版社	
地　　　址	南京市湖南路 1 号 A 楼,邮编:210009	
照　　　排	江苏凤凰制版有限公司	
印　　　刷	江苏凤凰新华印务集团有限公司	
开　　　本	652 毫米×960 毫米　1/16	
总 印 张	549.25　插页 62	
总 字 数	7100 千字	
版　　　次	2010 年 11 月第 1 版	
印　　　次	2021 年 10 月第 2 次印刷	
标 准 书 号	ISBN 978-7-214-06479-0	
定　　　价	2280.00 元(全 15 卷)	

(江苏人民出版社图书凡印装错误可向承印厂调换)

本卷主要撰稿人（以姓氏笔画为序）

王建光

哲学博士。现为南京农业大学人文社会科学学院副教授。主要著作有《中国律宗通史》。

撰写内容：第四章。

朱丽霞

哲学博士。现为河南大学哲学与公共管理学院副教授。主要著作有《宗喀巴佛教思想研究》、《佛教与西藏古代社会》等。

撰写内容：第五章。

苏树华

哲学博士。现为南昌大学教授。主要著作有《洪州禅》、《中国宗教与人生修养》等。

撰写内容：第二章第四节。

陈永革

哲学博士。现为浙江省社会科学院哲学研究所副所长、研究员，杭州师范大学双聘教授、博士生导师。主要著作有《法藏评传》、《晚明佛学的复兴与困境》、《阳明学派与晚明佛教》。

撰写内容：第一章。

曹晓虎

哲学博士。现为南京师范大学哲学系副教授。

撰写内容：第三章。

董　群

哲学博士。现为东南大学人文学院教授、博士生导师。主要著作有《融合的佛教——圭峰密宗的佛学思想研究》、《禅宗伦理》、《祖师禅》、《慧能与中国文化》、《中国三论宗通史》等。

撰写内容：第二章第一、二、三节。

目 录

第一章 华严宗 1

第一节 华严宗的本尊经——《华严经》 1
一、《华严经》的传译 2
二、《华严经》的传习 3
三、《华严经》的信仰 8

第二节 法藏与唐代华严宗的创立 10
一、"华严初祖"杜顺 10
二、"华严二祖"智俨 12
三、"华严三祖"法藏与华严宗的创立 15

第三节 华严宗的基本教义 27
一、华严判教论 28
二、缘起与性起 39
三、法界统观论 55
四、华严观行论 68
五、行位果德论 81

第四节 唐代华严宗的传承与发展 85
一、"华严论主"李通玄及其华严学阐释 85
二、"华严四祖"澄观及其思想 100
三、"华严五祖"宗密及其思想 120

第五节 华严宗在隋唐佛教中的地位 131
一、华严与诸宗的交涉及其影响 132

二、华严宗的历史影响　139

第二章　禅宗　147

第一节　从达摩禅法到东山法门　148
　　一、菩提达摩行历及其禅法　149
　　二、《楞伽经》、楞伽师与楞伽禅　156
　　三、道信、弘忍与东山法门　161
　　四、法融与牛头禅　166
　　五、神秀与北宗禅　168

第二节　慧能与南宗禅　176
　　一、慧能行历　176
　　二、《坛经》　186
　　三、慧能禅学的主要思想　194
　　四、慧能南宗禅与本土思想传统　225

第三节　南宗禅三系　236
　　一、荷泽宗　237
　　二、洪州宗　252
　　三、石头宗　256

第四节　后期禅宗　264
　　一、沩仰宗　265
　　二、临济宗　284
　　三、云门宗　306
　　四、法眼宗　330
　　五、曹洞宗　340

第三章　净土宗　355

第一节　佛教净土思想及净土种类　356
　　一、净土思想的起源　356
　　二、净土的种类　364
　　三、弥勒信仰及其经典　368

第二节　净土宗经典——"三经一论"　375
　　一、《佛说无量寿经》及其主要思想　375
　　二、《佛说观无量寿佛经》及其主要思想　378
　　三、《佛说阿弥陀经》及其主要思想　379
　　四、《无量寿经优婆提舍愿生偈》及其主要思想　381

五、其他经典 382
第三节　净土信仰历代祖师与净土宗的建立 383
　　一、净土信仰的历代祖师 383
　　二、昙鸾与净土宗的建立 395
第四节　净土宗的基本教义和修行方法 400
　　一、决疑成信 401
　　二、慈悲宏愿 418
　　三、念佛修行 428
第五节　净土宗与其他宗派的交涉 441
　　一、净土宗对弥勒净土的态度 441
　　二、净土宗与禅宗的关系 448
　　三、净土宗与三阶教 454
　　四、天台宗与华严宗的西方净土思想 457
　　五、净土与唯识 459

第四章　律宗 463

第一节　隋唐时期的菩萨戒 463
　　一、隋唐时菩萨戒的经典 463
　　二、隋唐时期《梵网经》和菩萨戒的注疏 465
　　三、菩萨戒在隋唐社会中的流行 469
第二节　隋唐时期《四分律》的传承 471
　　一、洪遵创开《四分律》之研习 471
　　二、智首著《四分律疏》 473
　　三、唐代的"四分律师"系统 475
　　四、隋唐律师的律学著述 478
　　五、唐代律学中心的南移 479
第三节　唐代的戒坛 484
　　一、道宣的《戒坛图经》 484
　　二、唐代的戒坛管理 486
　　三、唐代的密坛 489
第四节　唐代律宗的形成与发展 490
　　一、相部宗及其理论 490
　　二、南山宗律学思想及其发展 502
　　三、东塔宗及其律学 531
　　四、"佥定律疏"与"新旧并行" 544

第五节 义净及其律学思想 549
一、义净的生平、翻译和撰述 549
二、义净的律学思想 553

第六节 唐代律宗与其他宗派的交涉 559
一、律学与禅宗 559
二、律学与天台思想 561
三、律学与净土思想 564
四、律学与华严宗和唯识学 567

第七节 隋唐时期律学的对外传播与交流 567
一、律学东传 568
二、西去学律 572
三、秘密戒的翻译 574

第八节 五代时期的律学和律宗 576
一、北方律学 576
二、南方律学 579

第五章 密宗 584

第一节 汉地密教经典及其传译 588
一、密教经典在汉地的早期传译 588
二、汉地密法的早期传播 594
三、密宗的"宗经"及其基本内容 599

第二节 开元三大士与密宗的创立 613
一、开元三大士 614
二、密宗的创立 629

第三节 汉地密宗的基本教义、仪轨 631
一、密宗的教义 631
二、密宗的仪轨 639

第四节 密宗在唐朝中晚期的继续传播 646
一、大历之后密宗的发展 646
二、法门寺地宫文物与唐末密宗 652

人名索引 657

第一章 华严宗

第一节 华严宗的本尊经——《华严经》

进入隋唐后,佛教中国化进入宗派佛教的全面建构时期,从而呈现出一些与南北朝佛教较为不同的特色,如着力于建构趋向宗派化的佛教义学理论体系、推进祖师化佛教的形塑等等。此外,隋唐作为中国化佛教推进的重要阶段,还表现在通过与世俗皇权政治的深度结合而展开其中国化进程,这些特色,相当典型地体现于隋唐华严义学的阐释与建构过程中。

隋唐华严,以晋译六十《华严》为宗经,博综其他经论,对三论、天台、法相诸派的佛教思想进行总结与评判,不仅全面确立了中国化佛教宗派最有特色的判教理论(教法),而且梳理了印度佛教义学传入中国后的受容历史(教理)。隋唐华严的出现,从此前以佛教大小乘论典为导向的佛学建构,开始转向以大乘经义为导向的佛学建构,建构了中国佛教史上最具理论色彩的华严教义学体系。从华严经义学的阐释到华严教义学的建构直至后世华严宗义学的推展,展现了中国佛教义学及其宗派的创构过程。

一、《华严经》的传译

《华严》大经在东土的盛弘,首先得益于晋唐之间的译经活动。

《华严经》全称《大方广佛华严经》,亦称《大方广佛会经》、《杂华经》、《百千经》、《不思议解脱经》、《大不思议解脱经》等,在佛教经籍中素有"佛经之母"之称,号为"经中之王"。在佛经系统中,《华严经》据称是释迦牟尼佛在修证成道后,在菩提场等处,向普贤菩萨、文殊菩萨等展示、称颂佛祖的因行果德,所结集而成的偈颂,共有上、中、下三本,其中下本十万偈,中本四十九万八千八百偈,而上本更是多如"世界微尘"。

由于卷帙浩繁,《华严》汉译,最先是别出本和单行本,大都是一些小品经。最早的《华严》小品经,是东汉支娄迦谶所译的《兜沙经》,大略相当于《华严经》中的《如来名号品》。其后,姚秦鸠摩罗什重译了《十地经》,即《华严经》中重要的《十地品》。据《华严经传记》所载,迄至唐代,《华严经》先后别行译本多达数十部之多。

《华严》大经的汉译,肇始于东晋,完成于唐代。

最初完成《华严》大经汉译者,是东晋的天竺僧佛驮跋陀罗禅师(亦称觉贤,359—429)。义熙十四年(418)在建康(今南京)道场寺始译,至元熙二年(420)完成初译。此后,又进行校译,最终于刘宋永初二年(421)译竣,成《华严经》五十卷。后经沙门慧严、慧观、文士谢灵运等人润文,分为六十卷。这就是著名的晋译六十《华严》。这部译典,奠定了隋唐华严经义学阐释的基本格局。

二是中印度三藏法师地婆诃罗(613—687,译称日照),于唐调露元年(679),携来梵本《华严经》,驻锡于魏国西寺(即西太原寺)。高宗准依玄奘译经之例,命道成、薄尘等人助其译经,以补旧阙。沙门复礼执笔,慧智译语。法藏尝参谒地婆诃罗于西太原寺,得《华严经·入法界品》之梵文本,以补晋译《华严》之阙。

三是实叉难陀(652—710,亦称喜觉),原籍于阗国人。684年,武则天即位,易唐为周。她以《华严》旧经处会未备,遣使于阗,得梵本《华严经》,并延请实叉难陀主持译梵为汉。证圣元年(695),实叉难陀于东都洛阳大遍空寺开译。菩提流志、义净同宣梵本,圆测、弘景及神英、法宝等审覆证义,复礼、法藏等笔受缀文,最终于圣历二年(699)功毕于洛阳佛授记寺。

这部《华严》新译,凡八十卷,史称八十《华严》或唐译《华严》、(大周)新译《华严》等。内分七处九会三十七品。唐译《华严》之"新",不只是在时间上后于晋译《华严》,以及其编排形式、品名变动及数量增加,更重要的是完善了晋译六十《华严》略阙之文,开辟了唐代华严经义学阐释的新领域,进而导致华严教义学的分流,出现了唐代华严经义学的阐释之"新"。

此后,唐般若法师(734—?)曾再度汉译《华严经》,凡四十卷,称四十《华严》。此译本虽题《大方广佛华严经》,其内题则为《入不思议解脱境界普贤行愿品》,实际上是唐译华严《入法界品》(第三十九品)的异译本。此译本以第四十卷单列别出为《普贤行愿品》,对后世影响颇大。贞元十二年(796),澄观曾奉诏参与译事,并在新经译成后,撰《贞元新译华严经疏》(亦称《普贤行愿品疏》)十卷。

二、《华严经》的传习

南北朝时期,南方僧人开始把中土般若学的兴趣转向佛教经义学的阐释。北魏永平年间(508—511),菩提流支会同勒那摩提、伏陀扇多等人在洛阳译成世亲《十地经论》十二卷。《十地经》和世亲《十地经论》十二卷(略称《十地论》)的传译,是六朝佛教中地论学说所依据的核心佛典。隋代的净影寺慧远(523—592)据此撰《十地经义记》十四卷(现存八卷),成为地论学说的集大成者。

从589年隋杨广统一全国,至618年李渊建唐,前后三十年。在此期间,北周修习《十地经论》和《华严经》的僧人聚集长安,成为传习华严学的中心地区。此时传扬华严约有二支。其一是传扬《十地经论》的地论系,以慧光(468—537)及其门下为代表;其二是《华严经》的讲习,以终南山至相寺的华严系统为代表。隋唐之际,讲求华严经义的沙门学僧辈出,强化了民众对于《华严经》的崇信意识。义学与信仰并举,华严行与华严学兼重,是当时传习华严之学的特征。

据《华严经传记》所述,隋代传习《华严经》的沙门,主要有灵裕、慧藏、灵干、洪遵、昙迁、慧远、静渊、慧觉等八位法师。而唐初传习《华严经》的沙门,则有慧觉、法敏、慧眺、道英、道昂、灵辨、智俨、吉藏、智琚、智正、慧持、慧赜、慧璇、光觉等十四位法师。

从《华严》经本的翻译到华严教派的形成,大致持续了二百余年。华严教理的完备与充实,贯穿其间。其中,慧光的影响与地位,尤显突出。地论学派虽南北分派,但兼弘华严经义学者,无不出于慧光一系。慧光撰有《华严义记》(今残存一卷),指出《华严》要旨在于以"因果理实为宗"。"因果"指"所成行德",即菩萨修行(因地)及其所能达到的成佛果地;"理实"指"所依法界",即生起万法的本源世界。慧光既注重菩萨行,亦重视法界义,修学并举,在诸家之说中,显得更为圆融,因此对隋唐华严学的理论建构影响深刻。

唐代华严立教的义理建构,其基础是《华严》经本的解读与经义的阐释。经义源于经本,教义建构源于经义阐释,二者密不可分。经本解读是经义阐释的文本基础。经义学阐释中有教义学的建构,教义学的建构源于经义学的阐释。这大致上反映了唐代华严学演进的逻辑过程。

1. 经本与经义

晋译六十《华严》内容广大,凡分七处八会三十四品。因此,对于晋译《华严经》文本的结构性解读,历来存有诸说。

对其经本结构,慧远曾析之为"四分",即初品(《世间净眼品》)名"缘起净机分",二《舍那品》(《卢舍那佛品》第二)名"标宗策志分",三《名号品》(《如来名号品》第三)下至第八会来名"显道策修分",四末后普贤所说偈,名"属累流通分"。

唐代法藏把慧远的四分《华严》,改为五分《华严》。前二分所依据的经品相同,但名称有异。"缘起净机分"被改为"教起因缘分","标宗策志分"则为"举果劝乐生信分"。后二分增改为第三"修因契果生解分"、第四"托法进修成行分"和第五"依人入证成德分"。法藏依据于佛法信、解、行、证的内在关联,辨析了华严经义学的五分结构论,自成一家之说。这种判析立场,对于后世华严学影响较大。

《华严经》文本结构,与华严经义的阐释密切相关。智俨、法藏等人分设教义、理事、境智、行位、因果、依正、体用、人法、逆顺、应感十门,以阐释所标经法与所显理趣。其中,因果门更被视为作为了义之说的华严宗旨。因门指普贤行愿,果门指舍那佛果及其德用,此即所谓"普贤圆因,舍那满果"。华严义海,"不出缘起",即以法界为体,缘起为用。体用全收,相即相入,圆通无碍。法界无碍缘起,成为《华严经》及其义学阐释中佛果"圆满性"、"不思议性"之所在。

此外,法藏还曾分析华严经教"十义",即经处、经时、经佛、经众、经仪、经教、经义、经意、经益和经圆。始于说经义,终于说经圆。旨在阐明华严作为"圆满经",属于"无尽教海",称《华严》为"满教"、"圆教",或称为"圆满教法"等等。满教之说,是中国佛教判教中对大乘菩萨藏的指称,亦称"满字教",相对于"半字教"即小乘声闻藏而言。

法藏阐释《华严经》法,虽开设十门,却同时相应,成一缘起,无碍圆融。由此构成了性相、广狭、一多、相入、相是、隐显、微细、帝网、十世和主伴等十法无碍,乃至百门、千门的圆融无碍。唐代晋译六十《华严》的经义学阐释要,其框架实不出于此。

2. 宗趣与教体

《华严》大经,宗趣难辨。隋唐华严的经义学阐释,往往必先辨"宗趣"和"教体"。"语之所表曰宗,宗之所归曰趣。"①宗趣指华严经教所阐述的教义经旨。教体指佛陀教法之体,亦称"经体",即经教体性,表示诠释者对经义旨趣的理解,故称"能诠教体"。

智俨在《华严搜玄记》中先论宗趣,后论教体。依智俨之见,华严宗趣在于"因果缘起理实"。这一解析,准慧远所说,但增加了"缘起"环节。智俨提出了教义、境行、理事及因果四门宗趣论。教、境、理、因为宗,义、行、事、果为趣。至于教体,智俨的阐释相对简略,提出以五义界定华严教体,但仅列其名,未作展开。

与智俨不同,法藏先论教体,后论宗趣。法藏列举了六种华严宗趣论:如印、敏等人以因果为宗,慧远"以华严三昧为宗",衍法师"以无碍法界为宗",裕法师"以甚深法界心境为宗"。上述诸说,"但得所依法界,遗所成行德"②。又有慧光以因果理实为宗,即因果是所成行德,理实是所依法界。此虽义具,然犹未显。

法藏承继智俨之学,加缘起、法界,从而构成了"因果缘起、理实法界"的华严宗趣论。就《华严》经名而论,"大方广"为理实法界,"佛华严"属因果缘起。因果缘起,必无自性;无自性故,即理实法界。法界理实,必无定性;无定性故,即成因果缘起。理实法界与因果缘起,一体无二,无碍自在。"以因果是缘起中别义,理实是法界中别义。"③因果为别,缘起为总;理实为别,法界为总,主张法界理事无碍、缘起体用圆摄。判释华严经的宗趣为"法界缘起",以因果缘起理实法界为宗。

澄观对法藏的华严宗趣论作了进一步的阐发。除上述六家宗趣论之外,澄观还增添了四家宗趣论,分别是以缘起为宗,以唯识为宗,以四十二贤圣观行为宗和以海印三昧为宗,并主张《华严经》以"法界缘起不

---

① 法藏:《华严经文义纲目》,《大正藏》第35卷,第495页中。
② 同上书,第495页上。
③ 参见澄观《华严经疏》卷三,《大正藏》第35卷,第522页上。

思议为宗"①。

3. 阐释与讲解

《华严经》的众多异译本,构成了华严群经。隋唐之际,讲习华严经义的学僧们相当重视此前包括地论学派在内的阐释。这些"论释"之作,成为当时阐释、讲解华严经义学的重要文本。其中,特别值得一提的是两部《华严论》。一是北齐刘谦之《华严经论》六百卷,法藏认为其地位相当突出,"《华严》一经,于斯转盛"②。二是后魏灵辨(477—523)《华严经论》一百卷,"演义释文,穷微洞奥",可惜此著当时"虽盛传汾、晋,未流京、洛"③。

据法藏记载,自东晋法业至唐代智俨,专业讲解华严经义者共有十七人。④

其中,隋代有三人。历住相州演空寺、大慈寺的灵裕(518—605)"造《华严疏》及《旨归》九卷,其他章疏传记等总百余卷,现行于代"。西京空观寺慧藏(522—625)撰《义疏》,传习弥布。西京大禅定寺灵干(535—612)"志奉《华严》,常依经本,作莲华藏世界海观及弥勒天宫观"⑤。

唐代则有六人。慧觉(554—606)著《华严》、《十地》、《维摩》等疏。法敏(579—645)造《华严疏》七卷。慧眺(？—639)造《华严》、《大品》等各一百部。道英(557—636)从昙迁禅师听《摄论》,讲《华严》。道昂(生卒不详),投灵裕出家,属讲《华严》、《地论》,谅超先哲。灵辨(586—663)随智正(549—639)研习《华严》,撰疏十二卷、抄十卷、章三卷,并行于代,凡讲《华严》四十八遍。

其他非"专业"《华严》者,或无"祥瑞"者,法藏还附列了昙迁(539—604,撰《明难品疏》)、慧远(523—592,有疏七卷)、静渊(544—611)、慧

---

① 参见澄观《华严经疏》卷三,《大正藏》第35卷,第522页上、中。
② 法藏:《华严经传记》卷二,《大正藏》第51卷,第156页下。
③ 同上书,第157页下。
④ 法藏判析的标准有二:是否"专业"《华严》和有无"祥瑞"之象。
⑤ 法藏:《华严经传记》卷二,《大正藏》第51卷,第161页下。

觉。至于唐代,则有吉藏(549—623)、智琚、智正(有疏十一卷)、慧持、慧颐、慧璇、光觉(疏十卷)等,共计二十四人。①

三、《华严经》的信仰

隋唐佛教的肇兴,始于隋初。当其时,涅槃学堪称为佛门"第一义学",但《法华》、《华严》的义学阐释及其影响,亦勃然而起,同样不可小觑。就其社会影响而论,《华严经》的影响似乎更甚于《法华经》,上至皇宫朝廷,下及社会民众,《华严经》信仰相当普遍。从地域上看,这些信仰活动,主要盛行于北方地区。其信仰活动的方式,则主要通过修普贤行、诵读写经、斋会结社等方式展开。② 就其功德效应及对后世的影响而言,当时的华严信仰实践,通过后世许多记载"华严感应记"、"华严持验记"之类的作品而得以留传,构成了中国佛教信仰文化的独特景观。特别值得一提的是,文殊菩萨的崇信与五台山的圣山化,更加大了华严经信仰的普及。

隋唐之际的华严信仰,既有个体修行的活动方式,如《华严经传记》所列举的讽诵、转读、书写等,更有以群体参与的活动方式,如华严斋会、华严经社等。如唐益州(今四川)宏法师,志在《华严》,劝士俗清信或五十人、或六十人为一福社,人各诵《华严经》一卷。每十五日,一家设斋。庄严道场高座,供社主升座,余徒复位。各诵其经,毕而方散。

唐代的华严结社活动,一直延续到宋代以后。从地域上,则遍及北方、西南及江南诸地区。其中,较为典型者,如唐代白居易于长庆(821—824)、宝历(825—827)年间曾经参加活动的杭州"华严经社"③。杭州"华严经社",以唐代官方寺院龙兴寺为主导,通过礼请学僧讲《华严经》的方

---

① 法藏:《华严经传记》卷三,《大正藏》第51卷,第164页上。
② 参见镰田茂雄《中国华严思想史研究》第一部第五章,第235页下,东京,东京大学出版会,1965。
③ 白居易:《华严经社石记》,引见义天《圆宗文类》卷二二,《续藏经》第58册,第559页中。

式,劝请参加者集体诵经。唐末杭州的华严结社活动,规模大,持续时间长。据记载,杭州"华严经社"规模多达十万众,并拥有自己的田地资产,成为当时寺院经济的独立部分。

就个体修行的华严信仰方式而言,约有四个特点:一是僧俗皆可信行;二是修行者多有神异感应;三是信仰方式可以交互并用,如兼以摄念修禅等;四是在地区分布上,先以北地为主,后影响到西南、江南。

就群体参与的华严信仰活动而言,最典型的是举办华严斋会。"自齐梁已来,每多方广斋集,皆依此修行也。今益州宏法师,亦以《华严》为志,劝其士俗、清信等或五十人或六十人,同为福社,人各诵《华严》一卷,以同经部,每十五日,一家设斋,严道场高座,供主升座,余徒复位,各诵其经毕而方散,斯亦斋集之流也。"①"华严斋会"大致以世俗修福功德为导向,成为唐代社会《华严经》信仰的主要内容。

隋唐社会的华严信仰,还进一步突出了普贤菩萨的信仰,进而扩展到对以五台山为中心的佛教名山,对于中国佛教甚至包括日本、朝鲜佛教僧人的朝圣史或巡礼史,对后世佛教信仰及佛教文化交流均产生了较大影响,充分奠定了五台山作为北方佛教中心的历史地位。

唐代华严学僧把华严大经的感应灵验与五台山的圣山灵迹结合起来,如法藏亲撰《华严经传记》五卷,对于形塑五台山佛教圣山形象,意义非凡。此外,正是受法藏门下慧苑、惠英的影响,唐代蓝谷沙门慧祥撰《古清凉传》二卷,通篇贯穿着五台山信仰。此后,《广清凉传》《续清凉传》等作品,承其余绪,五台山更是集佛经崇拜、文殊菩萨信仰、圣山灵迹为一体,成为中国佛教文化的独特景观。此后,南有天台,北有五台,成为佛教信众的巡礼圣地,对于日本、朝鲜东亚华严信仰的影响深远。

---

① 法藏:《华严经传记》卷五,《大正藏》第51卷,第172页上、中。

第二节　法藏与唐代华严宗的创立

隋唐之际,弘演《华严经》开始形成相对完整的传承关系,即由杜顺、智正而及智俨、法藏,由此构成了后世华严宗祖师的最初谱系。唐代华严教义学的建构,由杜顺开其端,智俨承其绪,法藏总其成,澄观博其综,宗密延其脉,是为中国华严的主流形态。其间,尚有法藏弟子慧苑、长者居士李通玄,或别立新说,或析经阐论,各创己见,皆有一定影响,成为中国华严支流的主要形态。

一、"华严初祖"杜顺

1. 生平行历

杜顺(557—640),俗姓杜,雍州万年县杜陵人(今陕西西安境内)。十八岁时,投因圣寺珍禅师披剃出家,专修禅观,畅达禅旨。综合相关文献记载,历史上的杜顺,约有四种形象。

一是"游行僧"的形象。杜顺终其一生,学无常师,居行无定,大致以陕西关中一带为其游行区域,如曾在庆州"劝民设会,供限五百"。

二是"禅僧"形象。从中透显出杜顺注重修行的僧人品格。修持上注重"住静"、"习静",经义上以《华严》为业,这是以杜顺为代表的唐代终南山华严僧人的历史形象。

三是"神僧"形象。道宣在《续高僧传》把杜顺列归"感通"人物,而法藏在《华严经传记》中则以"神僧"视之,宗密称其"神异甚多"。杜顺的神异灵迹,有驯服牛马、驱除虫蚁及疗治病患、聋者复聪、哑者能言之类,扩大了佛教僧行的民间影响。

四是"文殊化身"的形象。杜顺在习禅之余,专攻《华严》,尤以读诵《普贤菩萨行愿品》为早晚课。他注重化俗导善,"多抑浮词,显言正理",倡导破邪显正之举,辅之以禅修神迹,声望日隆。至迟到晚唐时,杜顺被塑造为文殊菩萨的应现化身。在《华严感应缘起传》、《华严五祖略记》等传记文本中,杜顺皆以文殊化身著称于世。

入隋后,杜顺"声闻于朝,隋文帝甚加信敬,给月俸供之"①。唐初,杜顺入终南山潜修《华严》。贞观六年(632),唐太宗仰慕神德,诏请入内,赐法号为"帝心",故称"帝心和尚"、"帝心尊者"等。晚年栖隐于骊山。贞观十四年(640)十月,寂于雍州南郊义善寺,年八十四,后建塔于长安南华严寺。

2. 著述与弟子

杜顺于终南山潜修时,"准华严经义,作法界观文"。此"法界观文",即相传为杜顺所撰的《华严法界观门》(全称《修大方广佛华严法界观门》)。② 书中对《华严经》的观行实践思想进行系统的归类,明确提出"华严三重观门",即真空观、理事无碍观和周遍含容观。其中,真空门,简情妄以显理;理事无碍门,融理事以显用;周遍含容门,摄事事以显玄,使其融万象之色相,全一真之明性,然后可入华严之法界。③ 经智俨及法藏等人进一步推展与完善,特别是澄观、宗密的疏解与科释,成为后世华严立宗之本的"四法界观"的重要资源。

除《华严法界观门》之外,尚有一些题称杜顺撰的著述,但一般认为这部分论著,或是伪撰,或为误传,皆不可信靠。

杜顺弟子中,除"独得其奥"的智俨外,尚有樊玄智。

樊玄智,泾州人(一说安定人)。十六岁出家,礼杜顺为师,"令诵《华严》,劝依法界观门,修普贤行"。樊玄智依师训,以读诵《华严》为业,专

---

① 所引皆见道宣《续高僧传》卷二五《杜顺传》,《大正藏》第50卷,第653页中、下。
② 一般认为杜顺的真正撰著,唯有《法界观门》。而题为杜顺撰的《华严五教止观》,则为法藏所述。有关杜顺的撰著情况,参见镰田茂雄《中国华严思想史研究》第一部第一章;木村清孝《早期中国华严思想之研究》(东京,春秋社,1977)第二篇第一章第二节"围绕《法界观门》的问题"、《法界观门撰者考》(《宗教研究》);及结城令闻《〈华严五教止观〉撰述者论考》(《宗教研究》新第7卷第2号)、《华严初祖杜顺与法界观门的著者问题》(《印佛研》)等。
③ 参见裴休《注华严法界观门序》,《大正藏》第45卷,第683页中。

修普贤行。入唐之后,樊玄智一度入终南山,服膺至相寺智正法师,"又温习斯典,遂得一部周毕"。除注重诵经胜行外,樊玄智还兼习禅观。他有二十余年栖止于坊州赤沙乡一石窟,"昼诵《华严》,夜修禅观"①。寂于唐永淳元年(682)之前,年七十余。

由于樊玄智专注于"昼诵《华严》,夜修禅观"之行。因此,杜顺传世弟子中,唯智俨独得其"法界观门"之奥,成为承绪杜顺的真正代表。

二、"华严二祖"智俨

1. 生平行历

智俨(602—668),俗姓赵,天水人(今甘肃天水市)。以其尝住云华寺,故别号"云华和尚";又以其主持终南山至相寺,故称"至相尊者"。智俨被后世推尊为"华严二祖"。

智俨童稚时,适逢隋运将终,战乱频仍,人民饥馁。年十二,即随杜顺入至相寺。法藏《华严经传记》称,杜顺与智俨本为父子。智俨虽依杜顺为师,却未得其直接指导。杜顺委托上足达法师培养智俨,"令其训诲,晓夜诵持,曾无再问"。后依常法师听《摄大乘论》,"未盈数岁,词解精微"。智俨聪慧好学,进步神速。数年间,尽得《摄论》精义,显示其非凡的佛法悟解才能,名动一时。时有僧辨法师,亦与智俨"往复征研"。受具足戒后,更是广闻经、律、论,尽得其奥。此后,智俨随静琳(一说法琳,565—640),"广学征心,索隐探微,时称得意"②。

智俨转益多师③,深感法门繁旷,智海冲深,希望能定司南,以立教说,遂立于经藏之前,敬礼立誓,信手取得《华严经》。此前,智俨已有习学《华严》的经历,只是并未以专弘《华严》为志。引导智俨修学《华严》的

---

① 《华严经传记》卷四,《大正藏》第51卷,第164页上。
② 同上书,第163页下。
③ 有关智俨师资,参见木村清孝《早期中国华严思想之研究》第二篇"智俨及其思想",第376—382页。

直接师资,是慧光的三传弟子至相寺智正(559—639)。① 此后数年,智俨随智正听受《华严》,却未能尽契其怀,悉释其疑。直至得阅慧光所作的《华严经疏》,方深契于别教一乘、无尽缘起之说。从思想源流上看,智俨受地论师慧光一系的影响较多。

正如杜顺一样,智俨的行履亦充满着神异、灵验及感应色彩。智俨住持的终南山至相寺,作为唐初专业华严的大道场,顺应于隋朝以后全国政治统一的社会环境,不仅促进了唐代佛教的勃兴,更为华严经义学的弘扬,培植了大量弘法僧才,无愧于其作为华严祖庭之誉。

唐总章元年(668),智俨自知时至,寂于清净寺,世寿六十七岁。

2. 著述与弟子

据传称,"俨所撰义疏,解诸经论,凡二十余部,皆简略章句,剖曜新奇"②。其中,最重要的是其二十七岁时所撰著的《华严搜玄记》十卷(简称《搜玄记》),全称《大方广佛华严经搜玄分齐通智方轨》,亦称《华严经疏》《搜玄义钞》等。此为晋译六十《华严》的疏释之作,逐句释解华严经义。作为唐代第一部全面释解华严经义的疏作,此作对唐代华严教义学的理论建构具有典范意义。法藏《华严探玄记》二十卷即依此推展而成。

智俨《华严搜玄记》的要义,在于"明六相,开十玄,立五教"。六相圆融、十玄无碍、五教判说,都是后世华严宗义学的基础理论。因此,《华严搜玄记》不仅是华严经义学的疏释之作,更是唐代华严教义学建构的奠基之作,成为后世华严宗义的理论基石,具有教理原创的地位。

除《华严搜玄记》外,智俨现存的撰著尚有:《华严孔目章》四卷、《华严五十要问答》(亦称《华严问答》)二卷、《华严一乘十玄门》(亦称《华严十玄章》)一卷、《金刚般若经略疏》二卷、《无性释摄论疏》四卷、《楞伽经

---

① 由于智正与智俨之间的师承关系,相比于杜顺与智俨,更为直接,故尝有学者提出立智正取代杜顺为唐代华严初祖。
② 续法:《华严宗五祖略记》,《续藏经》第77册,第620页中。

注》七卷(现存卷二及卷五等残卷)。① 在这些著述中,《华严孔目章》对于宋代华严教义的阐释影响较大。

此外,据传为智俨所撰的著述,则有如下亡佚者:《华严疏》十三卷、《华严玄明要诀》一卷、《华严供养十门仪式》一卷、《华严六相章》一卷、《华严经方轨》五卷、《入法界品钞》一卷、《十地经论疏》五卷、《十句章》一卷、《大乘起信论义记》一卷、《大乘起信论疏》一卷和《入道禅门秘要》一卷等。

智俨门下主要弟子有法藏、怀济、慧晓、道成、薄尘、惠招、慧佑及新罗学僧义湘等。其中最著名者即是"华严宗主"法藏和海东(朝鲜)"华严初祖"义湘。

怀济"秀而不实,早从冥夕",未得享其天年,无缘传扬智俨的华严经学。道成和薄尘为智俨门下"二大德",智俨生前尝嘱托他们大力培植法藏,于法藏多有栽培之功。

惠招曾住西京崇福寺,自小师事智俨,专业《华严》,惠招好静,专事禅静讽诵,"偏诵《性起》一品三卷",多有灵异感应。②

据续法《华严宗五祖略记》智俨传称:"时京兆崇福寺慧佑,戒行精苦,向慕师德,特来亲事,师教专以《华严》为业,每清晨良宵,焚香虔诵出现品,后时忽见十余菩萨,从地踊出,现身金色,皆放光明,坐莲华座,合掌听诵此品,经毕便隐。"③

义湘(625—702,亦作义想、义相)④,俗姓金(一说俗姓朴),鸡林府人。弱冠(一说二十九岁)出家,闻唐土教宗鼎盛,与元晓法师相约渡海

---

① 有关智俨的撰著及其真伪情况,参见木村清孝《早期中国华严思想之研究》第二篇"智俨及其思想",第388—405页。
② 《华严经感应传》,《大正藏》第51卷,第177页中、下。
③ 续法:《华严宗五祖略记》,《续藏经》第77册,第620页中。另参见弘璧《华严经感应传》之"踊地现身"章,《续藏经》第77册,第636页中。
④ 有关义湘生平行实的考论文献,可参见黄有福、陈景富《中朝佛教文化交流史》第7章第2节"义湘师徒的求法与传教",金知见《义相传再考》,《印佛研》第40卷第2号(1991)。

前往大唐,修学佛法。① 元晓于途中折回。义湘于 661 年抵达大唐后,径趋长安终南山至相寺,随智俨习《华严经》,师事七年,至智俨圆寂。咸亨二年(671),返归新罗。后在太白山创建浮石寺,成为海东专弘华严学的根本道场,义湘亦因此而被称为"浮石尊者"。其后,义湘还在印海、五泉等名刹,宣讲华严教学。

义湘著有《华严一乘法界图》、《法界略疏》、《括尽一乘疏要》、《千岁龟镜》等书。现仅存《华严一乘法界图》一卷(撰于唐总章元年,668)。义湘持戒精勤,尝称"贫道以法界为家,以盂耕待稔,法身慧命,藉此为生矣"②。其门下弟子甚众,较著名者有悟真、智通、能仁、义尽、义寂、真定、真藏、相源(或作相圆)、良圆(或称亮元)、表训、梵体、道身、道融等诸大德,皆弘阐华严教义。如智通撰《锥洞记》(或称《锥穴问答》、《大华严经要义问答》)二卷,道身撰《大华严经一乘问答》(或称《道身章》)二卷等。义湘示寂后,高丽肃宗谥以"圆教国师"之号。唐代华严由义湘而影响新罗佛教界,后被尊为海东"华严初祖"。

三、"华严三祖"法藏与华严宗的创立

1. 生平行历

法藏(643—712)是晋译《华严》经义阐释的集大成者,也是唐代华严教义学理论建构的总结者与完善者,被后世推尊为"华严三祖",成为唐代华严宗的实际创立者。

法藏原籍西域康居,祖父时始迁长安(时称西京)。法藏即出生于此。因俗姓康,故称康藏、康法藏及康居法藏,别号则有国一法师、康藏

---

① 义湘入唐时间,素有多说。如新罗武烈王七年(660)说、唐永徽元年(650)说、唐高宗龙朔元年(661)、唐高宗龙朔二年(662)说及唐总章年间(668—669)说等。参见《中朝佛教文化交流史》(北京,中国社会科学出版社,1993)第 7 章第 2 节"义湘师徒的求法与传教"、金知见《关于〈华严一乘法界图〉》(《印佛研》第 18 卷第 2 号,1969)等。
② 《宋高僧传》卷四《唐新罗国义湘传》,《大正藏》第 50 卷,第 729 页中。

国师、贤首大师、贤首和尚、香象大师、华严宗主、华严和尚、华严藏公、法藏大师、法藏师、华严师、藏和尚、藏公等。①

法藏生于世胄之家，其族人多信奉佛教。法藏在十六岁时，曾到歧州法门寺阿育王舍利塔前燃炼一指，以申法供，誓悟佛乘，示其信佛之心。此后一度离家游学，尝求法于太白山，参阅"方等诸典"，兼习道家长生久视之术。

唐高宗显庆四年（659），智俨在云华寺宣讲《华严》。法藏到寺听讲，深受智俨的赏识。此后数年，法藏一直随智俨修习《华严》，并与义湘、惠招等有同门之谊。

咸亨元年（670），武则天生母荣国夫人杨氏逝世，武后忆念母恩，决意"广树福田"，诏令天下度僧，并捐母亲旧宅为太原寺，希望简选合适者主持寺院。智俨门下的道成、薄尘诸大德闻知，即连状荐举法藏。结果如愿以偿，时年二十八岁的法藏受命剃度于太原寺，继以奉诏出任太原寺首任住持。法藏在太原寺削染出家后，不久即奉旨宣讲《华严》。这是法藏一生讲经弘法之始。

法藏博学多识，精通梵文，曾先后参与实叉难陀（喜学）、地婆诃罗、弥陀山、义净三藏、菩提流支乃至唐三藏玄奘的译场，是名称一时的"译经大德"。特别是法藏亲历了唐译八十《华严》，完善了华严大经的校勘、再译及补缺工作，使之成为《华严经》完备版本。在此基础上，着手疏释唐译八十《华严》，成为从晋译《华严》转向唐译《华严》的第一人。他充分利用唐代佛教译经的最新成果，以博广的佛教经论为建构依据，融摄此前佛教诸学派的义学理论，注重《入楞伽经》、《大乘起信论》、《大乘法界无差别论》等佛教经论所阐释的义理思想，使其学养及思考视野有别于杜顺、智俨等人所受的《摄大乘论》、《十地经论》之熏陶。正由于法藏对

---

① 有关法藏的传记文献，主要有唐阎朝隐《大唐大荐福寺故大德康藏法师之碑》、高丽崔致远《唐大荐福寺故寺主翻经大德法藏和尚传》（下称《法藏和尚传》）和清代续法著《三祖贤首国师传》等。

般若性空学、法相唯识学及如来藏佛性论皆有深入探究,故其所建构的华严圆教佛学体系包容广大,以其融摄经论、统贯教理的综合性思维,密切结合如来藏性觉论以阐扬华严法界无尽缘起思想,成为中国化佛教传统中"摄相归性"的代表学僧,被誉为"华严宗主"。

法藏历太宗、高宗(650—683)、武则天(684—704)、中宗(705—710)、睿宗及玄宗六朝。其中,唐高宗李治、武则天、唐中宗李显都对法藏推崇备至。如李显赐法藏"鸿胪卿"之号,敕令描绘法藏真仪,御制赞词四章,晋赏法藏加五品阶,赐爵郡县公。中宗及继其后的睿宗,更将其抬升到朝廷"帝师"的地位。法藏则有效地利用唐皇室对《华严经》的崇信,不失时机地奏请于长安、洛阳、吴越和清凉山五处造五座华严大寺。此外,还利用国力启建规模宏大的华严法会,撰《新华严经序注》,以佐证藉朝政推展佛教的世俗效用,扩大了《华严经》及其信仰的社会影响。身为华严学僧,沙门法藏获致了唐皇室"国师"的殊荣,充分彰显了华严学在唐朝中叶的社会地位与思想影响。

法藏内而修身自牧,外而济世化俗,且兼具"神僧"与"学僧"的双重形象。如神功元年(697)助武则天抵御外侮(契丹),于神龙元年(705)帮唐中宗李显制止内乱(张柬之)。① 年近古稀,还亲自率众昼夜祈雨。一生专弘《华严》,前后讲《华严经》三十余遍。每当法藏讲经时,听众云集。法藏所主持的太原寺(后改为西崇福寺、魏国西寺)、大荐福寺、云华寺等,都是当时屈指可数的著名道场,拥有雄厚的寺院经济及广泛的社会影响,法藏在这些寺院中致力于讲经弘法、撰著教化,成为名重全国的"华严师"。

712年11月14日,法藏圆寂于西京大荐福寺。葬于神禾原华严寺南,敕谥贤首。阎朝隐受请撰《大唐大荐福寺故大德康藏法师之碑》,概

---

① 崔致远:《法藏和尚传》,《中国佛教思想资料选编》第2卷第2册,第315、316页,北京,中华书局,1983。

表行迹。法藏生前成就非凡,殊获宠遇,寂后同样备享尊荣。近百年后,私淑法藏的澄观仍追忆称:"法门盛事,今古莫俦。"①

2. 著述与弟子

法藏虽专宗《华严》,却视野宏阔,其撰著博综经论,涉及领域颇广。清代续法《法界宗五祖略记》称,"其著疏约百余卷"。② 日本凝然《五教章通路记》称:"大经及诸经论,制章撰疏。"③历史上曾有"贤首十疏"之称。"贤首十疏",包括《华严探玄记》二十卷、《梵网经菩萨戒本疏》六卷、《般若心经略疏》一卷、《大乘起信论义记》五卷(另有《大乘起信论义记别记》一卷)、《十二门论宗致义记》二卷、《法界无差别论疏》二卷、《大乘密严经疏》四卷、《入楞伽心玄义》一卷、《法华经疏》及《新译华严经疏》等。尽管难考其撰著的具体年代,且部分著述已佚,但大部分重要撰著仍幸存至今。

上述诸疏作中,对法藏的华严教义学建构影响重大者,除《华严探玄记》外,当推《大乘起信论义记》、《法界无差别论疏》和《入楞伽心玄义》。特别值得一提的是,《大乘法界无差别论》(亦称《法界无差别论》,译成于唐武后大周天授二年,691)一卷,此论为印度坚慧菩萨造,提云般若(天慧)主持翻译,而法藏亲预天慧译场。④ 法藏是对《大乘法界无差别论》最早撰疏的义学僧人之一⑤,可见法藏修学的独创性及其思考的广阔性。

综观法藏一生的诸多撰著,大约可分两类。一是专宗华严,推进华

---

① 澄观:《华严经随疏演义钞》卷一五,《大正藏》第 35 卷,第 113 页中。
② 续法:《法界宗五祖略记》,《续藏经》第 45 册,第 437 页中。
③ 凝然:《五教章通路记》,《大正藏》第 72 卷,第 296 页下。
④ 法藏称:"有于闻国三藏法师提云般若,此云天慧。其人慧悟超伦,备穷三藏,在于本国,独步一人。后为观化上京,遂赍梵本百有余部,于垂拱年内届至神都,有敕慰喻,入内供养,安置魏国东寺,令共大德十人翻译经论,仍令先译《华严》。余以不敏,猥蒙征召,既预翻译,得观宝聚,遂翻得《华严不思议境界分》、《华严修慈分》、《大乘智炬陀罗尼经》、《诸佛集陀罗尼经》,已上各一卷成。《造像功德经》二卷,《法界无差别论》一卷,沙门慧智等译语,沙门法华笔授,沙门复礼缀文,沙门圆测、慧端、弘景等证义。其余经论,并未及译,三藏遂便迁化,瘗于龙门,与日照三藏同处。勅甚优礼,道俗钦慕,如丧考妣焉。"《大乘法界无差别论疏》,《大正藏》第 44 卷,第 63 页下、第 64 页上。
⑤ 《大乘法界无差别论》的疏著尚有《法界无差别论大意》1 卷(调云)、《法界无差别论讲录》3 卷(撰者不详)、《法界无差别论示珠钞》1 卷(德门)等。

严经义学的理论阐释,展开华严教义学的思想建构。二是有关其他佛教经论的疏释之述,博综经论,促进佛教思想的中国化。

就华严类撰著而言,法藏的成就主要有三个方面。一是师承智俨,撰《华严探玄记》二十卷,与智俨《华严搜玄记》五卷一脉相承,这是法藏最重要的华严学名著之一。二是在畅弘《华严》过程中,随讲随编,撰有《华严文义纲目》、《华严经旨归》、《华严义海百门》、《华严关脉义记》、《华严策林》等著述,充实、完善华严经义学的阐释内容。三是华严经义学的阐释与华严教义学的建构密切结合,撰写《华严一乘教义分齐章》(《华严五教章》)四卷,更充分地奠定了后世华严宗义学的理论体系。

法藏一生最突出的佛学成就,就在于把华严经义学的阐释与华严教义学的建构,统贯于华严宗义学,最终确立其作为中国华严宗实际创立者的历史地位。

从撰著体例而言,法藏著述约为论著和章疏两类。现将其主要撰作简述如下:

《华严发菩提心章》,一卷。此书内容与《华严三昧章》相同而异名,述发心修行、经教简择及华严观行法门诸义。其中,列"表德"五门观行,即真空观、理事无碍观、周容遍含观、十门止观和理事圆融义,尤为重要。

《华严经旨归》(亦称《华严旨归》),一卷。《华严经传记》称:"《华严旨归》一卷十门,一说经处,二说经时,三说经佛,四说经众,五说经义,六说经教,七显经义,八释经意,九辨经益,十示经圆。右于上十门,各以十义解释,通并百门,以显经意。"① 法藏对华严经义学的十门诠解,充分体现了华严圆教的阐释特征,对后世的佛教释经学影响甚大。

《修华严奥旨妄尽还源观》(亦称《妄尽还源观》),一卷。内分一体、二用、三遍、四德、五止、六观等六门,可纠华严"有教无观"之偏,成为华严宗义学中观行实践的主要经典著作,对宋代华严宗的修行理论有较大

---

① 法藏:《华严经传记》卷五,《大正藏》第51卷,第172页中。

影响。

《华严金师子章》,一卷。这是法藏影响最广的著作之一,宋代净源尝参酌四家注释,作《云间类解》,盛行于世。

后世把《华严旨归》、《修华严奥旨妄尽还源观》和《华严金师子章》这三部著述,合称为"贤首三要",成为修学贤首教法的三大要典。

《华严一乘教义分齐章》(一名《华严教分记》,又称《教分章》、《华严五教章》),四卷(古本三卷)。有称"贤首宗旨,备于此章"。华严宗之所以称为"贤首教"或"贤首祖教",实源于法藏的这部名著。《华严五教章》,既是中国、日本、朝鲜华严学最根本的经典著作,也是中国化佛教中最著名的经典作品之一。

《华严关脉义记》,一卷。此书内容依唐译八十《华严》而作,成为法藏阐释新译华严的尝试之作。

《华严经明法品内立三宝章》(亦称《华严杂章门》),二卷。其内容包括《流转章》、《法界缘起章》、《圆音章》、《法身章》、《十世章》等,是法藏开示弟子的讲章。

《华严经文义纲目》(亦名《华严纲目》、《华严八会纲目章》等),一卷。此作与《华严经义海百门》均可视为《华严探玄记》二十卷的纲要性论著,是法藏阐释晋译六十《华严》经义的概论作品。

《华严经义海百门》,一卷。杨仁山叙称:"以一尘畅演法界宗旨,文献通改作《百门义论》。元、明以来,无人见得。"①但此书颇受宋代及后世华严学僧的重视。

《华严三昧章》(亦称《华严三昧观》),一卷。"辨其所要,务令修成普贤愿行,结金刚种,作菩提因,当来得预华严海会,用于天台法华三昧观,诸修行者,足为心镜耳。"②此书与《妄尽还源观》,是法藏华严观行理论阐

---

① 杨文会:《贤首法集叙》,收于黄夏年主编《杨仁山集》,第75页,北京,中国社会科学出版社,1995。
② 法藏在《华严探玄记》等书中曾提及此作。

释的两部代表作。

《新华严经略疏》(亦称《新华严经料简》),十二卷。这是法藏晚年拟撰写新唐八十《华严》的疏作。

《华严经传记》(亦称《华严纂灵记》),五卷。此书作于唐译八十《华严》译出后,当为法藏晚年著作,并由其门下慧苑等人最终续补完成。这是一部弘阐华严的僧人传记,其中有些记述颇为详尽。① 它与《法华经传记》成为中国佛经传记的代表作品,对于推进佛经信仰,影响颇广。

杨文会认为系法藏"赝作"者,尚有如《华严经策林》一卷、《华严经普贤观行法门》(亦称《华严经十重止观》、《普贤观行法门》)一卷、《华严游心法界记》一卷等。此外,尚有《华严经问答》二卷,据当代日本学者考辨,此作亦非法藏所撰,似是海东义湘与其弟子们之间的答问记录。②

据传法藏还撰有《华严经内佛名》二卷、《华严经内菩萨名》一卷、《华严经七科章》一卷、《华藏世界观》一卷(亦称《华严世界观》)、《色空观》一卷③、《华严三教对辨悬谈》一卷、《华严唯识章》一卷及《华严三宝礼》、《华严赞礼》各十首等。

为便于学人讽诵、研读《华严》,领会华严精义,法藏还编有《华严翻梵语》一卷、《华严梵语及音义》一卷和《华严传音义》一卷。《华严翻梵语》是晋译六十《华严》的梵语音义,《华严梵语及音义》则为唐译八十《华严》的梵语音义。

此外,《新华严经序注》一卷,是为则天武后御制《华严经序》所作的析注;讲章撰述《三宝别行记》(《三宝章》)一卷;《寄海东华严大德书》一卷,此为法藏与义湘之间的书信往来结集,承载学谊,存有真迹,弥足珍贵。

---

① 有关《华严经传记》六卷的撰著情况,可参见吉津宜英《关于〈华严经传记〉》(《印佛研》第32卷第1号,1983)。
② 参见镰田茂雄《关于法藏撰〈华严经问答〉》(《印佛研》第7卷第2号,1959);吉津宜英《缘起与性起》(《东洋学术研究》第22卷第2号,1983)、《关于旧来成佛》(《印佛研》第32卷第1号,1983),石井公成《〈华严经问答〉之著者》(《印佛研》第34卷第2号,1985)等。
③ 法藏:《华严经传记》卷五,《大正藏》第51卷,第172页中。

法藏散佚撰著,尚有《无常经疏》一卷等。

法藏一生专精华严,用力之深,远过时人。据现存的著述来看,其文字量当不下于三百万字。

法藏一生历住声名遐迩的大道场,以培养弘扬华严大教的僧才弟子为务。法藏还曾先后出任绍唐寺和兴盛寺的寺主,这在当时的佛教界并不多见。①

从法藏修学的弟子虽难以尽数,但专弘华严而著称者,则仅记六人而已,即宏观、文超、东都华严寺智光、荷恩寺宗一、静法寺慧苑、经行寺慧英。② 法藏"门下六英"中,宏观与智光二人,几一无所知。其他弟子,尚记有惠谅、惠云、玄观、如琮等人。此外,法藏弟子中有许多比丘尼,其修学多以"护律栖禅"为主。

法藏门下诸弟子,多致力于华严经义学的阐述与讲解,同时还对于华严教义学的建构有所阐释,在当时及后世皆有一定影响。其中,尤以文超与慧苑为著名。

据记载,文超撰有《华严经义钞》十卷。③《华严经义钞》,亦称《随闻要科自防遗忘集》(《义天录》称《华严自防遗忘集》,简称《遗忘集》)等。此书是文超从法藏听习《华严经》过程中,随听随记之所作。其题称说:"文超法师,面受吾高祖大师,恐自遗忘,故随文科录,卷成十轴。"④

---

① 崔致远:《法藏和尚传》,《中国佛教思想资料选编》第 2 卷第 2 册,第 319 页。
② 续法《法界宗五祖略记》称:"由此轮下,从学如云,莫能悉数。铮铮嗣法者,曰宏观、文超、东都华严寺智光、荷恩寺宗一、静法寺慧苑、经行寺慧英。"《续藏经》第 45 册,第 437 页中。
③《义天录》记称,文超尚撰有《华严关脉》一卷。而宗密《普贤行愿品疏钞》(《续藏经》第 5 册)曾多次述及文超《关键》之作,如卷一称:"然一法界心成诸法者,总有二门,一性起门,二缘起门,《关键》中约亲、疏也。"(第 223 页下)又如:"故《关键》中说法界起诸法时,有性起门及缘起门。"(卷一,第 224 页下)"所以超公《关键》中明性起缘起不同,缘起法界通于善恶染净,性起唯净。"(卷四,第 281 页下)此《关键》是否即指《华严关脉》一作,现无可靠资料加以考辨。
④ 文超《华严经义钞》现残存古写本第十卷,收于日本《金泽文库资料全书》第二辑《华严篇》,高峰了州《关于文超法师的〈华严经义钞〉》一文附录所收,《华严论集》,东京,国书刊行会,1976。有关文超的华严学阐释,参见木村清孝《中国华严思想史》第 7 章,第 205 页,京都,平乐寺书店,1992。

据澄观《华严经疏》所引，文超《遗忘集》尝述"十观"义，即摄相归真观、相尽证实观、相实无碍观、随相摄生观、缘起相收观、微细容摄观、一多相即观、帝网重重观、主伴圆融观和果海平等观等十观。澄观将此十观，分别与华严四法界观相互配解，指出摄相归真观和相尽证实观为理法界所摄，相实无碍观是事理无碍法界，随相摄生观为事法界（随事法界），缘起相收观、微细容摄观、一多相即观、帝网重重观及主伴圆融观，则对应于事事无碍法界。第十果海平等观，则综摄前四法界。① 澄观把文超十观义与四法界结合而论，可见其文超之学的关注。

文超融通了法藏十重唯识观与十玄门的思想，更注重华严观法的阐释，以此把握诸法缘起与华严性行之整体统观。如文超对"安心修禅观"、天台"摩诃止观"等法门的关注，在其《遗忘集》一作中皆有体现。此外，文超还明确阐释了缘起与性起的理论区别，指出缘起通于善恶、染净二个世界，而性起则属于纯粹清净的世界，意味着纯善无恶的真理存在。在阐释"华严海印三昧观"时，文超引入《起信论》"真如"随缘而不变的思想观念加以解释，认为"海"即是法界净心，类似于真如；"印"为世间缘起诸法；"三昧""定"现诸像，成为真如随缘所现而不变其体。因此，华严海印三昧的阐释结构，类似于真如随缘而不变。

由于文超相当注重华严观门的理论阐释，有学者甚至把《修华严奥旨妄尽还源观》一书推定为文超所撰。②

除文超外，法藏弟子、经行寺慧英尝著《华严经感应传》二卷（或作一卷）；宗一则承继法藏完成了《新华严经疏》二十卷。

在法藏诸弟子中，最招后世异议者，则非静法寺慧苑莫属。

慧苑（约 673—743），京兆人（今陕西西安）。礼法藏为师，先后从学

---

① 参见澄观《华严经疏演义钞》卷三五，《大正藏》第 35 卷，第 271 页上。
② 参见镰田茂雄《中国佛教思想史研究》（春秋社，1965），第 357—379 页。小岛岱山《〈妄尽还源观〉撰者相关诸问题》，《南都佛教》第 49 卷。

十九年。① 慧苑兼通梵汉,尤精《华严》,深达法义,故《开元释教录》称之为法藏"上首门人"。② 后住东都洛阳佛授记寺。慧苑与法藏一样,兼通梵汉。法藏圆寂后,与慧英续撰完成《华严经传记》(亦称《华严经纂灵记》)。

师出法藏之门,慧苑相当关注法藏华严教义学的阐释。据相关记载,慧苑撰有《华严经音义》二卷、《华严旋复章》一卷、《续华严刊定记》、《华严刊定记别章》、《华严纂灵记》、《大乘权实义》一卷、《华严九会章》等著述,惜大都不存,现存者仅有二种,即《华严经音义》二卷和《续华严刊定记》15 卷。

《新译大方广佛华严经音义》二卷(或作四卷,亦称《华严经音义》、《慧苑音义》等)。此书摘录唐译《华严经》中新出现的字词,依序注其音、析其义、考辨其异,征引佛教典籍及中国典籍百余种,颇具古文献的价值。其自序尝称:"苑不涯菲薄,少玩兹经,索隐从师,十有九载。"③ 于此可见,慧苑对于《华严经》颇下功夫。

慧苑最重要的著作是《续华严经略疏刊定记》(亦名《华严经略疏刊定记》,简称《刊定记》),原卷数不详。④ 据崔致远《法藏和尚传》称:"门人宗一、慧苑两续遗稿。一师足二十轴,颇近从绳。苑公成十六编,或讥继祖。是惟尺有所短,讵得寸无所遗。"于此可知,慧苑之续作,在法藏寂后

---

① 慧苑的传记资料可参见《开元释教录》卷九、《贞元新定释教目录》卷一四、《宋高僧传》卷一六等。慧苑的研究文献有坂本幸男《慧苑大师之华严学研究》(慧岳法师译),台北,大乘文化出版社,1971。李惠英《慧苑与〈续华严略疏刊定记〉》,《南都佛教》第 72 号(1995);李慧英《慧苑撰〈续华严略疏刊定记〉之基础研究》,东京,同朋舍,2000。

② 智昇《开元释教录》卷九记称:"沙门释慧苑,京兆人,华严藏法师上首门人也。勤学无惰,内外兼通。华严一宗,尤所精达。苑以新译之经未有音义,被读之者取决无从,遂博览字书,撰成二卷,使寻读之者不远求师,而决于字义也。"《大正藏》第 55 卷,第 571 页上。

③ 慧苑:《华严经音义》卷上序,第 109 页。转引自李惠英《慧苑与〈续华严略疏刊定记〉》,《南都佛教》第 72 号(1995),第 40 页。另见木村清孝《中国华严思想史》第 7 章,第 186—187 页。

④ 崔致远《法藏和尚传》称《刊定记》16 卷、《义天录》称 20 卷、日本《佛典疏钞目录》(兴隆录)则称《续刊定记》30 卷等,现存不足 13 卷。有关慧苑《刊定记》的具体内容及流传情形,参见李惠英《慧苑与〈续华严略疏刊定记〉》,《南都佛教》第 72 号(1995),第 43—49 页。

即存在异议。此后,慧苑弟子法诜(718—778)撰有《刊定记纂释》二十一卷。

慧苑本人在《刊定记》前引中述此作缘起称:"(法藏)所制兹略疏经才四分之一,始自《(世主)妙严品》,讫乎第二《十行》,并能造《十定》疏前之九定,而悬谈与中间及十定后疏,并未修葺。其已撰者,不遑剪刻。今故鸠集广略之文,会撮旧新之说;再勘梵本,雠校异同。顺宗和教,存之以折衷;简言通义,笺之以笔削。"①据此,《华严经略疏刊定记》应为法藏生前所撰之作,故慧苑题名为《续华严经略疏刊定记》。慧苑续作的得力之处大致有二,一是力主综合前说,特别是《华严》新旧二译的经义学阐释。二是利用文字方面的语言优势,以梵本为勘校,提出自己的阐释。慧苑最终完成的《续华严略经刊定记》,其中虽不乏保持法藏原作的阐释,但总体上看仍体现了慧苑对华严教学的理解。不过,从本书的撰著格式上,慧苑忠实于法藏的释经体例,即"略开十门,一教起所因,二藏部所摄,三显教差别,四简所被机,五能诠教体,六所诠宗趣,七显义分齐,八部类传译,九具释题目,十依文正释"②。

慧苑在《刊定记》中所阐释的华严教义学,却多有异说之论。其中,最典型者莫过于在法藏所定五教判之外别立四教的主张,遭到后世的众多异议。

慧苑归纳了判教诸类型的不同理据,或依言音,或约时机,或就别宗,或据乘立,并提出了《刊定记》别立四教的理据在于"依所诠法性,以显能诠差别,谓有全隐全显,分隐分显,以立四教故"③。

慧苑之所以别立四教,其根本典据则出于《究竟一乘宝性论》所称的四种众生类型,即"有四种众生,不识如来,如生育人。一者凡

---

①② 慧苑:《续华严略经刊定记》卷一,《续藏经》第 3 册,第 570 页上。
③ 同上书,第 581 页上。

夫,二者声闻,三者辟支佛,四初心菩萨"①。慧苑据此所立四教,一为迷真异执教,与凡夫众生相应;二为真一分半教,与声闻、辟支佛相应;三为真一分满教,属初心菩萨;四为真具分满教,相应于识如来藏之根器者。②

慧苑别立四教,以"真具分满教"为最完满教理。其理由是,此教具"理事无碍门"与"事事无碍门"。所谓"理事无碍门",是指真如随缘生一切法,而不变其自体。此门具体可析解为依理成事、会事归理和理事互成三门。至于"事事无碍门",是指事事之间或出于法性、或由于神变等作用,相互无碍,具足相成。

慧苑阐释华严的思想方法,表现出明显的综合阐释特征。其主要经论理据,除《华严经》外,还充分利用《大乘起信论》的如来藏(真如)缘起论,体现出典型的法性一元论观念。

慧苑的四教判论,最招致后人非议之处,即在于对法藏五教判中"顿教"的否定。慧苑在《刊定记》中指出,华严祖师所立小乘教、初教、终教、顿教、圆教等五教,源出天台藏、通、别、圆四教分判,仅加顿教以为区别。"所立顿名,不据根机,入法非渐故。"之所以立顿教之名,其理据则出于《思益经》、《楞伽经》、《净名经》等大乘经籍。③ 而慧苑的否定理由则是:"……当知此并亡诠显理,何复将此立为能诠?若此是教,更诠何理?若言以教离言,故与理不别者,终圆二教,岂不离言?若许离言,总应名顿,何有五教?若谓虽说离言,不碍言说者,终圆二教,亦应名顿,以皆离言不碍言故。又此顿望诞及光统所立之顿,便有两重,以彼渐顿机中皆有劝修离言者故。盖知此所立顿,但是余教所诠法性,非能诠教也。"④法性之顿,是离言之顿,是理顿,而非"立教之顿",因为立教即意味着不离言。因此,在终、圆二教中,皆已蕴涵着法性之顿,不必更立

---

① 《究竟一乘宝性论》卷四,《大正藏》第31卷,第839页上。
②④ 参见慧苑《续华严略经刊定记》卷一,《续藏经》第3册,第581页上。
③ 同上书,第578页下。

教法之顿。

慧苑的华严教义学阐释,可以说是严格的法性一元论者。"若依法性,非情亦是此经所为,所以者何?情与非情,其性一故。摄相归性,相亦无二。是故但被有情,则为已被非情也。"①这种"非情有性"之论,不出于法藏"法性融通"之说。稍后,李通玄更立"非情成佛"之言,同样是华严法界圆融统观为基础的法性一元论的体现。

对慧苑最严厉的批评者,当推清凉澄观。澄观直斥慧苑为"背师异流",历述其不得不声讨的十大理由,②构成了中国华严学说史上的一次大论难。有关华严教法的另一次论争,则出现于南宋时期。澄观对慧苑的总体评价不高,称其"形虽入室,智未升堂,亦由曾不参禅,致使全迷顿旨"③。不过,澄观对于慧苑在形、智方面的评判,显然有违于历史实情。因此而言,澄观指责慧苑"曾不参禅,致使全迷顿旨",就成为最不可谅宥之处。但慧苑之时,禅宗的影响力远非一百多年以后所可比拟。慧苑之背师之说,主要在于所据引经论立场的内在差异,而非为禅宗影响的外在作用。

第三节　华严宗的基本教义

有人称智俨是中国化佛教义学宗派华严宗的实际创教者,有人称法藏是中国华严宗的实际创立者。作为一个佛教宗派的华严宗,其创立本身是一个历史的过程。其中一个不可或缺的重要环节就是教义学的理论建构。

---

① 参见慧苑《续华严略经刊定记》卷一,《续藏经》第3册,第585页上。
② 这十大理由分别是:圣旨深远而各申见解、显乎心观而不俟参禅、扶昔大义而不欲掩人、剪截浮词而直论至理、善自他宗而不妄破斥、辨析今古而新旧义殊、明示法相而显经包含、广演玄言而令悟心要、泯绝是非而不妄破斥及均融始末而首尾可观。参见《华严疏演义钞》卷二,《大正藏》第36卷,第16页中、下。
③ 澄观:《华严疏演义钞》卷八,《大正藏》第36卷,第62页中。

一、华严判教论

从佛教传布史上考察,教相判释是佛教的一贯传统。教即佛陀教说,是下贯众生的经论言述;而相即相状,是闻法者对佛陀经旨言述的判分。判教的具体对象是佛陀应机设教的种种法义,既本源于佛陀说法的应机与差异,同时也是后世佛教徒对佛陀教法理解、信受的不同。教相判释,不仅为阐释广博的佛教经论提供指针,而且随着佛教中国化进程的展开与深入,还更成为佛教学派或宗派建构的表述。在此意义上说,教相判释正是中国佛教宗派意识的呈现形式。佛教判教的重要性即在于此。

1. 义分五教

唐代华严教义学建构的一大理论标志在于其判教学说的成熟。判教实为其分宗立教之根本所在。华严的判教理论,肇始于智俨,圆成于法藏。法藏全面总结了历史上的诸家判教论述,系统提出了华严"五教"的判教理论,史称"贤首五教判"。

智俨的华严判教说,见于《华严搜玄记》、《华严五十要问答》、《孔目章》等著作中。其主要理据之一,是相传杜顺所提出的"五教"说,即小乘教,亦称"愚法二乘教"。大乘始教,始说大乘,未显佛性,故称"始教"。"终教"述大乘佛义的终极"佛性"。"顿教"则顿显"真如"、顿示"佛性"。"圆教"阐《华严》"圆融无碍"义。智俨在其《华严搜玄记》中,立渐、顿、圆三教,更在《孔目章》中开渐教为三:小、初、熟,合为五教。此为法藏小、始、终、顿、圆五教说的渊源所在。

智俨教判,是继慧光顿、渐、圆三教判分而推展的结果。其《华严孔目章》称"依教有五位差别不同",具体提出了五教的名目。但五教之名,智俨或说小乘、初教、熟教、顿教、圆教,或说小乘、初教、终教、顿教、一乘教。法藏在智俨基础上所阐论的五教判,组织形态更为严谨,对后世产生深远、持久的影响。

法藏在《华严五教章》、《华严探玄记》等撰著中阐述其判教的基本立场，那就是"就法分教"、"以义分教"，"教类有五"。在华严判教的历史演进中，曾有十家之说。① 其中，属法华判教者四家，唯识判教二家，华严判教二家。法藏认为，其说皆以圣教为证，不可全部非弃，并在此基础上，明确提出了下列五教判主张。

一为小乘教，亦称"愚法二乘教"。小乘相对于菩萨乘而言，二乘指声闻乘和缘觉乘。此教对小乘声闻、缘觉宣讲，如"四谛"、"八正道"、"十二因缘"等，其基本佛典则包括《阿含经》、《俱舍论》等。

二为始教，亦称"权教"、大乘始教。此为大乘初始法义，其佛典包括《般若经》、《解深密经》、《中论》、《唯识》等。其中再分空始教和相始教。

三为终教，亦称"实教"、大乘终教。此为大乘佛教的至极法义，其佛典包括《涅槃经》、《胜鬘经》、《密严经》、《大乘起信论》、《法界无差别论》等。始教与终教，从实修教法上讲都属于依位渐次修成，属于"渐教"。

四为顿教，"顿教者，但一念不生即名为佛，不依位地渐次而说，故立为顿"。

五为圆教。包括《华严》"别教一乘"和《法华》"同教一乘"。"别教一乘"是指《华严》经义超越其他经教，为诸教之本（"本教"）。"同教一乘"是指《法华》经义混同于诸教。

相对于第五圆教而言，前四教皆为所偏，故有偏与圆二义；相对于前三渐教而言，四、五二教为顿教，故有顿与渐义。就第五圆教而言，则有别教与同教之义。

华严教五教判，以圆教为至极。它既是传统教判理论的推展，更是唐代华严教义学理论建构的深化。其内容既有教相判释之说，更有宗义分判之论，是经义、论义、教义一体统观的推展结果。法藏"以义分五

---

① 参见法藏《华严探玄记》卷一，《大正藏》第35卷，第110页下—第111页下；《华严五教章》卷一，《大正藏》第45卷，第480页。

教"、"非局判经",且"通诸经论",乘教开合,分约教开合、以教摄乘和诸教相收"三科"阐论。这成为后世阐释华严的一种惯用方法。

2. 理开十宗

"以义分五教"是对教门的基本判析,法藏更主张"以理开十宗",作为佛教义理的判析。其主要内容为:

其一,我法俱有宗。主张有为法、无为法和人我法等三世诸法皆为实有,由人天乘及犊子、法上、贤胄、正量、密林山等部派小乘所说。

其二,法有我无宗。此宗虽主张"三世实有"、"法体恒有",却不立"人我法"为实有,主要为萨婆多部等所说。

其三,法无去来宗。主张现在法及无为法为实有,过去及未来法则"体用俱无",主要为大众部所持。

其四,现通假实宗。主张无过去、未来二世法有,现在法中五蕴为实,十八界、十二处为假。主要为说假部、经部及《成实论》等所持。

其五,俗妄真实宗。主张世俗法虚妄不实,唯出世法真实非虚妄,由出世部等所持。

其六,诸法但名宗。主张一切我法现象都是假名,无有实体,由一说部等所持,为"初教之始"。

其七,一切皆空宗。即大乘始教,认为世间诸法,皆归性空,超于情表言识,一切无有分别,为般若经典所阐论。

其八,真德不空宗。即终教,注重真如理性,以如来藏性德为真如之德,本性真实不虚。

其九,相想俱绝宗。即顿教,断识相与言相,顿现理性,理事平等一如,皆离心念之识。

其十,圆明具德宗。即别教一乘,主伴具足,自在圆融,无尽自在所显法门。

"以义分五教"和"以理开十宗",二者相互并进。从其宗名及其征引经论上看,唐代华严的"十宗"分判,主要取法于玄奘门下有相唯识系的

"八宗"教判。只不过将其第七宗"胜义皆空宗",改为"一切皆空宗"(般若性空);将第八宗"应理圆实宗"改为"真德不空宗"(法相唯识)。另增列第九"相想俱绝宗"及第十"圆明具德宗"。因此而言,华严"以理开十宗",显然有回应法相唯识义学的心识论之意。

法藏所阐释的五教说和十宗义,都对后世产生了重要影响。如慧苑的"四教"修正说,李通玄另立"十教"、"十宗"说,"华严四祖"清凉澄观则持维护说等等。

澄观在其《华严经疏》玄谈第六"宗趣通别"的十宗义,前六宗之名义,全同于法藏所说。自第七宗以后,则多有不同。具体而言,改第七为"三性空有宗",谓遍计是空,依圆有故。第八为"真空绝相宗",谓心境两亡直显体故。第九"空有无碍宗",谓互融双绝而不碍两存,真如随缘具恒沙德故。① 第十"圆融具德宗",谓事事无碍、主伴具足、无尽自在故。除第十宗之名略同外,澄观的宗名显然更突出性相关系的论究。澄观明称:"然此十宗后后深于前前,前四唯小,五六通大小,后四唯大乘。七即法相宗,八即无相宗,后二即法性宗,又七即始教,八即顿教,九即终教,十即圆教。"② 据此,法藏第七至第十诸宗,相对于五教判来说,其次序为始、终、顿、圆,而澄观的后四宗,其次序则改为始、顿、终、圆。其中的意味,显然是有意调整顿教的地位。这也就是说,在澄观的《华严经疏》中,华严五教判似应改为小、始、顿、终、圆。

吉津宜英曾结合澄观的四法界说而辨析其教判观的变化,指出澄观在《华严经疏》玄谈第三"义理分齐"中所建立的"四法界说",是把杜顺"法界观门"与法藏"十玄门"相结合的结果。据此,后四宗即对四法界中的"三法界"相应。其中,"理法界"对应于"第八真空绝相宗",可见澄观

---

① 澄观接着提出了三宗之异名,称"第七亦名二谛俱有宗,谓胜义真实故不无世俗,因果不失故是有,如深密瑜伽等。第八亦名二谛双绝宗,谓胜义离相故,非有世俗,缘生如幻故是无……即《般若三论》中一分之义。九二谛无碍宗,如《维摩》、《法华》等"。《华严经疏》卷三,《大正藏》第35卷,第521页中、下。
② 澄观:《华严经疏钞》卷一四,《大正藏》第35卷,第521页下。

把禅宗归于"理法界"的意图。①

教宗分离的观念,顿渐悟修关系的分疏,同样反映了这种意旨。② 教与宗的关系,尽管在佛教经典中有《楞伽经》的明示,但显然与华严教学中的十宗或四宗有差别。如何化解这种差异,显然对于华严学地位的确立有着重要意义。法藏、慧苑对于宗的认识,不同于澄观所处的禅宗大盛之时。

华严五教判,把化仪与化法一体统观的整合立场,成为澄观及宗密等华严学僧应对禅宗大盛一时的重要理论。同时,华严禅的分派过程,也影响到宋代以后华严教学的发展。

当然,无论是理开十宗,还是五教分判,都互有宽狭的差异。具体地说,教则一经容有多教,宗则一宗容具多经。如果局限地判分一经即是一教,就不可避免地导致对大乘经教的狭隘理解。此外,立教必须具有断证阶位等差异,而立宗则只需阐明宗趣之所在。

总之,澄观对华严教判的不同理解,固然有其现实修行中与禅宗交涉的考量,但这种歧解的出现,却在客观上导致了宋代华严教内部的争端,而清代续法则开始返归法藏判教的思想立场。

3. 别教一乘

以教判五,以理分十,以乘别二,以宗析四等等,这既表明唐代华严判教理论特征,也说明判教问题的复杂与重要。

唐代华严的教义分判,依佛教教义演进的历史脉络,从小乘之执有至大乘之性空,再进至华严之圆极,为后世华严宗义学所承继,与天台判教理论并行于世,成为佛教中国化判教的两大典型。

唐代华严与天台教判的类似之处,还表现为都以乘分判,即教为所诠之经教,宗为能诠之宗义,乘为教法之部乘。析三乘与一乘之别,辨同

---

① 参见吉津宜英《关于澄观之禅宗观》,《印佛研》,第208页。
② 中国佛教中有关"宗"的用例,约有四种类型,即教判论之宗、宗趣论之宗、因明学宗因喻之宗及禅宗之宗。参见吉津宜英《关于澄观之禅宗观》,《印佛研》,第208页。

教与别教之异。

智俨将如来一代圣教判分为三乘、一乘二种,更将一乘分判同、别二教,而以《法华》"会三归一"之说为同教一乘,以《华严》十十无尽之说为别教一乘。

至于华严别教一乘之析解,智俨在《华严五十要答》卷上指出,一乘教可分为共教一乘和不共教一乘。共教包括小乘教和三乘教;华严圆教一乘则属不共教。①

同教与别教之辨,即出于智俨所作的共教与不共教之判分。其典据之一,是《大智度论》中的共般若与不共般若之说。《十地经论》所称的"因果二分义",也是判析华严经教为别教与同教的一大理据。华严别教就海果分言,特指十佛自境界,属不可说者。缘起因分,属普贤境界。但据实而言,因中有果,果中具因,如水之于波,一体而无二。

法藏依智俨的阐释,提出圆顿佛乘,初于《华严》转根本法轮,故为别教。别教之别,既为别异之别,也是不共之别。别异之别,指《华严》异于三乘一乘;不共之别,指《华严》属于不共三乘的唯一圆教,以显其宗义。至于同教之同,约有寄同、融同、交同诸义。寄同是指一乘法寓寄于三乘,融同指融会三乘与一乘而同一不二,交同指三乘与一乘交参互具。人法融通,一门交彻,总合为华严圆宗一乘究竟法门。

法藏指出,《华严》以因果缘起为宗。在华严圆教中,佛说一乘,包括别教一乘和同教一乘。在别教一乘中,又可分为基于性海果分的十佛自境界(果德)与基于缘起因分的普贤境界(因行)。趣果为因,果海离念而心传,故不可言说。举果以劝修,修因以趣果,故可说。普贤属因人境界。《华严》一经,皆为普贤所说,举普贤以代表全体菩萨。不可言说与可言说无二无别,皆无障碍,如波与水,全体遍收。

后世华严学者对于法藏的别教一乘义,稍持异见。如清凉澄观以一

---

① 参见智俨《华严五十要答》卷上,《大正藏》第45卷,第522页中。

乘中之圆融具德法门为别教,而判终、顿二教及别教中之一性一相之教义属于同教。宗密则以性起门为别教,以缘起门为同教。

4. 四宗义判

如果说五教十宗的判教论,是法藏对基于华严经义学的阐释,那么其所立的"四宗义"则成为其另一种类型的判教。值得注意的是,法藏所作"四宗义"判,并没有专注于华严经义学,而是广及中观、唯识,特别是安立了如来藏缘起宗。许多研究法藏判教思想者,大都只关注作为主流判教的"五教十宗义",而忽视了法藏的四宗义判。这其中的原因,也许在于法藏的四宗义判并未真正显明《华严经》的殊胜地位。

法藏所立"四宗义",即随相法执宗、真空无相宗、唯识法相宗和如来藏缘起宗。这四宗正是法藏所处的唐代盛传于东土的佛教主流宗义。这表明四宗义判有着极强的时代意识。

一般认为,大乘佛教思想有三大学派:即中观、瑜伽和真常,各成其庞大的理论与实践体系。从真常论思想的演进而言,印度所传的如来藏系经论大致可以分成三个时期。一是公元3世纪初期开始陆续出现主流的经论,如《如来藏经》、《不增不减经》、《大法鼓经》、《胜鬘经》、《宝性论》等,其共同特点是主张一切众生皆有如来藏,但为客尘烦恼所覆而不自知。如来藏被视为染净所依止,是厌生死求涅槃的动力之源。此时的如来藏与阿赖耶思想尚未直接交涉。其后,中期的如来藏思想说渐与瑜伽思想有所交流。其经论典型如《大乘庄严经论》、《佛性论》、真谛译《摄大乘论释》等,都反应出这种趋势,尤其是真谛以第九识阿摩罗识为自性清净心。《摄大乘论》中无始时来界之"界",本来指具有染性的阿赖耶识,真谛将它解释成"以解为性",试图会通如来藏学。至于后期的如来藏思想,其特色乃在于与赖耶思想完全会通。如《楞伽经》的如来藏藏识是"善不善因",即明显结合了如来藏和阿赖耶识。而《大乘起信论》更是瑜伽和真常二派思想的融合结果,主张生灭的阿赖耶和清净的如来藏相互和合,构成非一非异的密切关系。

中观思想的要义在于"缘起性空",所依的经论包括《大般若经》,龙树《中论》、《百论》、《十二门论》等。代表有宗的瑜伽系则强调"境空心有"的唯识思想,其主要经论有《解深密经》、《瑜伽师地论》、《摄大乘论》、《成唯识论》等。而高举"如来藏自性清净心"的真常系思想,则宣扬本有佛性论,《如来藏经》、《胜鬘经》、《大般涅槃经》、《楞伽经》等是其主要的经典依据。

中观和瑜伽教理的义理精华,主要表现上述这些重要论典中,而真常系则偏重经典。不过,这并不表示真常系在印度未出现重要的论典。坚慧造的《究竟一乘宝性论》①,就是代表如来藏学主流的集大成论书。《大乘起信论》则属于真常系后起的重要论典。

《大乘起信论》的中心教义可综合为"一心"、"二门"、"三大"、"四信"、"五行"。"一心"是指"众生心"(摩诃衍法),即众生本具的如来藏自性清净心。它同时蕴含着两方面的属性:一则具清净无漏的善性,另则表现出染污有漏的恶性。《起信论》把它称为"一心开二门",即心真如门和心生灭门,众生心性无不内具"三大"义(摩诃衍义),即体大、相大与用大。"体大"指众生心体空而无妄,真心常恒不变,且净法满足;"相大"指一心所含藏的无量无尽如来功德性;"用大"指能动地发挥其无尽的功德本性,成就不可思议的利他业用,并产生一切世间和出世间的诸善因果。"一心"、"二门"、"三大"开显了大乘的"法"和"义",建立了真常唯心论的义理架构。与其配合的是实践层面的"四信"与"五行"。② 法藏在《大乘起信论义记》卷上,以境、行、果判析《起信论》所诠宗趣,认为境有二种,即大乘法和大乘义;行分"行体"和"行用",前者即四种信心,后者即五门修行;果亦有二种,即"分果"和"满果",前者"令众生入位",后者则成就

---

① 依中国佛教之所传,《宝性论》是坚慧所造。然依梵、藏本,《本论偈》为弥勒菩萨造,《释论》部分为无著菩萨造。
② 四信指自信、信佛、信法和信僧。五行指布施、持戒、忍辱、精进和止观。

如来。①

　　法藏在其所撰的《大乘法界无差别论疏》、《大乘起信论义记》及《入楞伽心玄义》三部论著中论及四宗义。在之前的撰著中，未见有此说。据吕澂之见，《华严五教章》的撰著时间，后于《华严探玄记》、《大乘起信论义记》及《法界无差别论疏》。从撰著时间上，也可以看出法藏所立佛教"四宗义"，有着回应当时佛教法相唯识义学的蕴意。明确地说，即是以如来藏缘起论摄受法相唯识义学。在此意义上说，法藏的四宗义，不仅在佛教判教史有其独特的地位，而且可以反观如来藏思想与唯识思想的交互关系，从而拓展了华严思想的新视域。

　　依法藏之见，除小乘教之外，大乘三宗，其一为龙树、提婆等人所立者，明众生蕴、界、处等有为无为一切皆空。其二为无著、世亲等人所立者，明一切众生皆自识所变，谓异熟识等，但无所执实我实法，而有所显真如，及依他幻法，此有为无为，以不相离故，非一非异，然其二位恒不杂乱。其三为依马鸣、坚慧等所立者，主张一切众生皆是如来藏自性清净心，但为烦恼所缠，是为众生，名有为法。此是不异于无为之有为；又正作众生时，以相空性实故，自性清净，名无为法，此是不异有为之无为。上述大乘三宗，皆以人名立宗，其内容仍大致相当于中观空宗、唯识法相宗和如来藏缘起宗。

　　法藏四宗之教判，通摄佛教大小乘，这是法藏另一类型的判教理论。佛教四宗义的创立者，都是印度佛教的著名论师。法藏的四宗义，基于经论合宗的立场，而非五教判的经宗立场。在此意义上说，判宗的对象，是能诠的教法；此与五教所判的对象，大有不同。因此，法藏四宗义判，可说依据于经论互证的基本立场，对佛教理论进行教理统观式的判摄。

　　法藏从约乘、约识、约法、约人四门，分别判摄释四宗的地位。法藏不仅把《大乘法界无差别论》、《大乘起信论》兼属于"如来藏缘起

---

① 法藏：《大乘起信论义记》卷上，《大正藏》第44卷，第245页中。

宗",而且对其义学思想表示特别的关注。这种现象表明,法藏作为一代佛教宗师,不止是对佛法体系的历史构成了然于心,而且还相当重视最为晚出的如来藏系思想。这种关注使得法藏成为最早对《大乘起信论》和《大乘法界无差别论》作疏释注的学僧,对后世学者无疑有着奠基性作用。

法藏所理解的四宗义,对当时中印佛教理论思想进行了具有首创性的判释,不再局限于华严经义学的阐释。作为华严教义学建构中五教判说的有益补充,法藏四宗义,可称是属于其"宗判"内容。宗判既是教判的深入,更是教判的必要补充。清代续法甚至认为,贤首判教的根本理据,实即出于《起信论》。① 在一定程度上说,法藏的判教理论,其原创性特色,并不能局限于五教判,还应该结合其四宗义。四宗义之所判,不仅对华严祖师、圭峰宗密等人有直接影响,还对太虚、印顺等现代佛教学僧的判教观念产生了一定影响,在佛教判教历史上形成了极大的效应。澄观、宗密及至宋代子璿等人对于法藏的四宗义判提出了修正性完善,结合法藏"十宗义"之"圆明具德宗",另立五宗判,即随相法执宗、真空无相宗、唯识法相宗、如来藏缘起宗和圆融具德宗(华严宗)。②

众所周知,华严经义乃是佛陀在开悟证道后的第二七日所畅演的圆满顿教,当机者皆为普贤菩萨等大根器者。而三乘教法则不然。对此,法藏申论称:

> 成佛唯一,但机有浅深。教说三类,匪谓成佛体实有三。今就教开,不约佛体。问:若三说俱称理,佛体亦成三;若成佛理是一,二

---

① 续法称,"洵知三祖贤首国师立宗判教,发挥三乘顿渐之极致,皆凭于此论矣"。《起信论疏记会阅缘起》,《续藏经》第45册,第518页上。
② 对此,怀远在《楞严释要》卷一说得最明确,"宗途五者,一随相法执宗,即小乘诸师依《阿含》等经,以造《婆沙》、《俱舍》等论。二真空无相宗,即龙树、提婆依《般若》等经,以造《中观》等论。三唯识法相宗,即天亲、无著依《深密》等经,以造《唯识》等论。四如来藏缘起宗,即马鸣、坚慧依《楞伽》等经,以造《起信》等论。五圆融具德宗,即华严宗,天亲菩萨造论"。《续藏经》第11册,第92页中。另见子璿《起信论笔削记》卷三,《大正藏》第44卷,第312页上、中。

说即为虚。答:于一成佛,通有三义:一、以本从末门,如小乘说,以同声闻故。二、开本异末门,如共教说,以与声闻相对辨异故。三、末尽唯本门,如不共教说,二乘聋盲无对异故。佛体圆融,具斯三义。是故三说各异,佛无若干。是故今菩萨藏中有此三类。①

在《华严五教章》中,法藏对诸教的判摄,还有"乘教开合"义,其中又含有三层蕴意,即约教开合、以教摄乘和诸教相收。

约教开合言,小、始、终、顿、圆五教之间,相摄融通,可具五义。其一是五教为一教,"谓本末镕融,唯一大善巧法"。其二是将五教析分为本、末二教或究竟教与方便教。所谓"本教",指别教一乘为诸教之本;所谓"末教",是指小乘三乘诸教无不从本教所流出。至于究竟教与方便教,意指"三乘小乘望一乘悉为方便故"。其三是五教开为三教,即一乘教、三乘教和小乘教,将方便教再行开出愚法二乘教。其四是将五教开析出四教,即小乘教、渐教、顿教和圆教,此以始、终二教同归渐教。其五即为通常所称的五教判。

至于"以教摄乘",法藏指出,其中有二种类型,其一为"一乘随教",分别为别教一乘、同教一乘、绝想一乘(顿教)、约佛性平等为一乘(终教)和密义意一乘(始教)。其二为"五种三乘",即小乘教"始别终同,以俱罗汉故";大乘始教"始终俱别,以有入寂故";大乘终教"始终俱同,并成佛故";大乘顿教"始终俱离";圆教"始终俱同"。

在综合"约教开合"与"以教摄乘"的基础上,法藏讨论了"诸教相收"的二门义,即"以本收末门"与"以末归本门"。

所谓"以本收末门",法藏分别辨析了圆教、顿教、熟教、初教、小乘教五种类型。② 而就"以末归本门",其次序与"以本收末门"恰成相反。法

---

① 法藏:《华严探玄记》卷一,《大正藏》第35卷,第110页中。
② 法藏称:"于圆内,或唯一圆教,以余相皆尽故;或具五教,以摄方便故。顿教中,或唯一顿教,亦以余相尽故;或具四教,以摄方便故。熟教中或一或三,初教中或一或二,小乘中唯一。"《华严五教章》卷一,《大正藏》第45卷,第482页上、中。

藏称：

> 小乘内或一,以据自宗故；或五,谓于后四教,皆有为方便故。初教中或一,是自宗故；或四,谓于后三教,皆有作方便故。熟教中或一或三,顿教中或一或二,圆教中唯一,皆准上知之。是诸教下所明义理交络分齐,准此思之。是则诸教本末句数结成教网,大圣善巧,长养机缘,无不周尽。①

法藏上述有关圆教、顿教、熟教、初教、小乘教五种教判,其理论原型出于智俨的《华严孔目章》卷一。智俨认为"依教有五位差别不同",提出了四种类型的"五位"教判观,其中一种即小乘教、初教、熟教、顿教和圆教。② 尽管智俨的"五位"教判观,名称不一,或者是并不固定,但规划出了全部佛法依位阶高下、浅深之判分的框架。法藏则在其基础上,不仅创建了更为明确、更具系统性的判教理论,而且结合当时的佛学思潮,从不同角度提供了更综合而具有多面向的判教理论体系。法藏突破了义理与法义的判教,更完整而全面地呈现了《华严经》教义学的不同面相。在此意义上说,称法藏为华严教义学中判教理论体系的最终完成者或确立者,这是当之无愧、名至实归的。

总之,法藏的判教观是相当综摄而整全的理论建构,他分别着眼于法言(即经教言述)、法义(即经教义理)、法时(即经教时序)、法机(即众生根机)等,通过教乘关系、本末关系、时序先后、根机抉择等视角,加以系统阐述。而其中尤以五教判、十宗义和四宗说为典型,影响亦最深远。

二、缘起与性起

印度佛学传入中国,逐渐形成融摄般若性空学与法相唯识学两大流

---

① 法藏:《华严五教章》卷一,《大正藏》第45卷,第482页中。
② 智俨的其他三种判教分别为小乘教、初教、终教、顿教和一乘教；小乘教、初教、终教、圆教和一乘教；小乘教、始教、终教、顿教和一乘教。

派的两大圆教,即"法华圆教"和"华严圆教"。

唐代华严,以法界立教,更以性起立教。性起论是唐代华严教义学建构中最精粹的内容之一。华严圆教的根本宗旨或根本了义,在于"总明因果",以法界为体,以缘起为用,因果与法界融摄一体,以此贯通法相、中观与如来藏。

华严缘起是法界无尽缘起。缘起与性起的关系,有着复杂的展开层次,不可简单地视同为一。理解华严性起论与法界缘起论之关系,既需结合其重重无尽的法界统观,还需领会《华严》以"因果缘起"的宗趣。

1. 别教缘起

缘起是佛陀教法的根本法则。法界缘起论同样基于"十二缘起"。唐代华严明确主张法界为一大缘起,真如与万法彼此融通,互为缘起,重重无尽,这是华严法界无尽缘起论,故称为"别教缘起"。

法界缘起,亦称"一乘缘起"、"法界无尽缘起"、"法性缘起"等。从佛法修证的人格化来说,法界无尽缘起所相应的正是《华严经》主角——普贤菩萨。因此,法界缘起论与修行论上的普贤境界相应,这是归摄因位而论。若就果位而言,法界缘起则与成佛论相关联。

法界缘起之说,始倡于净影慧远。唐代华严别教缘起论的理论建构,则肇源于杜顺,始立于智俨,最终集成于法藏。特别是智俨对于法界缘起总括为染、净二门的阐释,与慧远的缘起论思想密切相关。①

智俨在《华严搜玄记》卷三析解法界缘起义时称:"法界缘起,乃有众多。今以要门,略摄为二。一、约凡夫染法,以辨缘起;二、约菩提净分,以明缘起。"②智俨将法界缘起分别为染缘起与净缘起两种类型。染法缘起,为凡夫位所摄,以阐释其修证佛法的可能性;净分缘起,则阐明菩提佛果的可修证性。就此而论,智俨所建构的法界缘起论,既是一种教法

---

① 参见坂本幸男《法界缘起的历史形成》,《华严思想论集》,第194—195页,台湾,大乘文化出版社,1978。
② 智俨:《华严搜玄记》卷三下,《大正藏》第35卷,第62页下。

理论,也是一种观法思想,具有教观统贯的理论形态。其中,居主导地位的是"净法缘起"。

"净法缘起"包括本有、本有修生、修生和修生本有等四种类型。"本有者,缘起本实,体离谓情,法界显然,三世不动故。……言本有修生者,然诸净品本无异性,今约诸缘,发生新善。据彼诸缘,乃是妄法所发,真智乃合普贤,性体本无分别,修智亦无分别。故智顺理,不顺诸缘,故知修生即从本有,同性而发。……三修生者,信等善根先未现前,今对净教,赖缘始发,故说新生。……四修生本有者,其如来藏性隐在诸缠,凡夫即迷,处而不觉,若对迷时不名为有故……今得无分别智,始显法身,在缠成净,先无有力,同彼无法,今得成用,异本先无,故不可说名为本有,说为修净。"①

至于"染法缘生",则具"缘起一心"和"依持一心"二门。其中,缘起一心门者又可分真妄缘集、摄本从末和摄末从本等三种形态。

所谓"真妄缘集",是指基于本识(即阿赖耶识)所造作的十二因缘,无真妄分别,实为真妄和合而成。其典据出于《大乘起信论》真妄和合成阿赖耶识。在"摄本从末"中,本指本性不变的真如性体,末指随缘所生的杂染事法。摄本,即杂染事法终将摄归真如性体以为本体,由此成立出世间的还灭因果;从末,即从生灭杂染妄法而成立世间流转因果。② 其结构亦似于《起信论》阐释妄心所作世间诸事法的流转生灭义。对于"摄末从本",智俨称:"摄末从本者,十二因缘,唯真心作。如波水作,亦如梦事,唯报心作,以真性故。"③三界事法的杂妄生起,无不皆缘于唯一真心(性)。既然三界虚妄,如何却又皆由真心所作?为何安立于末从本门之中?对此,智俨运用《大乘起信论》"一心开二门"的义理架构而展开论释。他认为,"对染以显妄法"相当于"心生灭门";"但显净品缘起,即是

---

① 智俨:《华严搜玄记》卷三下,《大正藏》第35卷,第63页上。
②③ 同上书,第63页中。

显理之门",则相当于"心真如门"。"摄末从本",据于不空如来藏之义而论。这其实是对果德(或果性)而论净品缘起,表明其运思开始从真如心体论转向了证位的佛果性体论。①

法藏在智俨染、净二分法界缘起的基础上,更立"染净合说缘起"。他认为,法界缘起具有染法缘起、净法缘起和染净合说缘起三种类型。每一类型皆可开列四门展开,"染法缘起"开缘集一心、摄本从末、摄末从本、本末依持四门。"净法缘起"开本有、修生、本有修生、修生本有四门。"染净合说缘起",则开翻染现净、以净应染、会染即净、染尽净泯四门。②

法藏所推展的缘起论,从其理路上可以看到法界缘起的层次性。这种层次,通过四门义的阐论而达成。不同于智俨,法藏首先阐述的是"染法缘起",并别立"本末依持"一门,强调"染净同体,不分别异"。至于本有与修生的关系问题,法藏主要依据于智俨《搜玄记》卷三之所述。其"净法缘起"的四门内容,也与《搜玄记》所论相同。其中,值得注意的是,法藏与智俨所论的"净法缘起",都特别提到了"性起"观念。

2. 性起诸义

华严性起论,最直接的经典理据是晋译六十《华严经·宝王如来性起品》。依据经文,如来性起属果性,为卢舍那佛的果位行相;而据《普贤菩萨行愿品》,缘起属因,为普贤菩萨的因位法门。"性起"相当于"性起因果",而"缘起"指"缘起因果",无不具因果性。因此,华严性起论与缘起论,皆结合其因果论。于此亦可显《华严》以因果为宗之义。

智俨在析解《宝王如来性起品》之名义时称:"如来者,如实道来成正觉,性者体,起者现在心地耳,此即会其起相入实也。……前普贤明能起之缘,次辨所起也。"③但在此前析解《普贤菩萨行愿品》,智俨即已提出

---

① 智俨:《华严搜玄记》卷三下,《大正藏》第35卷,第63页下。
② 参见法藏《华严探玄记》卷一三,《大正藏》第35卷,第344页上、中。
③ 智俨:《华严搜玄记》卷四下,《大正藏》第35卷,第79页中、下。

"性起"的二种层次,即"因中辨性起,果中明性起"。① 因中性起之辨,以理性的辨析为主导;果中性起之明,则以行性的解明为主导。在智俨看来,华严性起论不仅是对华严因果论的总结性阐释,更应该结合理性与行性的关系而阐释。这表明对华严教义中性起论的理解,应以因果论为基础,而趋归理性与行性的综合。因此,性起论不仅与缘起论密切相关,而且还必须结合主体性的解行。

法藏正是顺此运思而展开其华严性起论的建构。他在《华严探玄记》卷一六诠释如来性起之果德,直接引用《佛性论·如来藏品》称:"喻性起法,亦具三义,谓出智义、最胜义、所依义。……不改名性,显用称起,即如来之性起。又真理名如名性,显用名起名来,即如来为性起。"② 上引中的"不改名性",在吉藏的《大乘玄论》卷三即有明引。③ 法藏指出,如来字义即是性起之义,但应区分"即如来之性起"与"即如来为性起"。前者之性起,为如来体性之现起,自性不变而具随缘之用;后者之性起,如来本自性起。

不改名性,约其体言。若就其相用,则可析分为三,即理性、行性与果性。据性之三分,"性起"也可析为三类,即"谓理性得了因显现名起;二、行性由待闻熏资发,生果名起;三、果性起者,谓此果性更无别体,即彼理行兼具,修生至果位时,合为果性,应机化用,名之为起。是故三位各性各起,故云性起"④。

《性起品》之"果性",同时兼明理性和行性。华严之性起,在指称果性起的同时,兼具理性起与行性起。因为果性本身兼具理性与行性。理性为如来体性,为其了因佛性;行性闻熏而起,这是一种修行论或功能论的"性起"。如来法性是理体,果性属行德。性起之起,既是理体论的现

---

① 智俨:《华严搜玄记》卷四下,《大正藏》第35卷,第78页下。
② 法藏:《华严探玄记》卷一六,《大正藏》第35卷,第405页上。
③ 吉藏称:"佛性两字皆是果名。佛名觉者,此故宜非因。性以不改为义,果体既常,所以不改也。"《大正藏》第45卷,第38页中。
④ 法藏:《华严探玄记》卷一六,《大正藏》第35卷,第405页上。

起之起,也是修行论的起行之起。分析而言,性起之起,约具因起、行起、修起、德起、果起诸义。

行性依理性而起,理性为行性之所依;行性为理性之用,理性为行性之体。行性为虚,理性为实。行性是理性与果性的实存中介。对此,法藏称为"理行互严",即理性与行性之间有着相依相即的关联。其中,理行相依关系,具体分为四种类型,即理由修显行性、行从理起为理行、理行俱融不二而二、理行俱泯二而不二。①

法藏阐释华严性起论,显示其缜密的逻辑思辨。他首先提出以"性起法门"为宗的"十门义",即分相、依持、融摄、性德、定义、染净、因果、通局、分齐、建立,并分别加以详述。如对"依持门",法藏申之以三义。其一为"行证理成",指以理为性体,行成方为性起。这是就菩萨行位而言。对于凡夫众生来说,则是有性而无起。其二为"证圆成果",即理性与行性结合为一性,其果德为起,这是约佛自身本具果德或德行而言。其三综摄前二义之说,"理行圆成之果为性,赴感应机之用为起。是即理行彻至,果用故起,唯性起也"②。

就"融摄门"而言,由于行用依理性之体而起,故可称行用为虚,而性理为实。虚尽实现,起唯性起。"理性即行性,是故起唯理性起。……是故藉修引至成位,名为果性;果性赴感,名为性起。"③由于理性可统摄行性,亦即理性本具德性,或者说理性先于行性,故性起可视为理性之起。但理性属无为法,行性属有为法;理性显现与法身相关,而行性圆满体现于报身。如来藏具足恒沙性德,无为法性本有有为功德,修生成位,最后引向果性圆满,而证成理性即是行性。

至于"定义门",是对缘起与性起关系的具体辨析。有人主张华严"称性而缘起",因此须辨明缘起与性起之定义。在此,法藏引入了体(果

---

① 法藏:《华严探玄记》卷一,《大正藏》第35卷,第122页上。
② 法藏:《华严探玄记》卷一六,《大正藏》第35卷,第405页上、中。
③ 同上书,第405页中。

性、理性)与用(德用、行用)观念,即以无为性起为体,而以有为缘起为用,进而摄用归体。华严名起,即称性起,而不说缘起。正如智俨、法藏主要也是就"净法缘起"、"性起唯净"而论性起。法藏称:"染、净等法,虽同依真,但违顺异故。染属无明,净归性起。"①染净诸法虽同以真如理体为所依,但染法违真,属无明业感,非性起所摄;净法顺真之用,会归性起法门。染法不离真体,因其无真体之用,故不称性起。但一切诸法无性不立,染虽属无明,实有其翻染成净的一面,终究可归于性起法门。

华严经教以"因果圆宗"为归趣,华严性起论的核心观念为果性。性起虽侧重于佛果觉智而言,但菩萨因行同样"顺性而起",皆归于性起法门。不仅菩萨因行归于性起法门,即使是一切众生乃至情与非情,终极而言,无不摄于性起法门。华严性起虽以佛果感用为中心,但通及诸菩萨乃至一切众生。三乘教主张众生心中但有因性而无果用,圆教则基于法界无尽缘起,主张佛果遍该众生界,众生身中亦具佛果相。否则,只成有性无起,不成圆教性起之义。此外,三乘教法虽然承认真如法性理体能遍情与非情,但本觉佛性唯局有情,而圆教则主张佛性遍在,通摄依正,三世成佛,三身无不皆是佛身,是故"局唯佛果,通遍非情"。这就是唐代华严别教一乘"性起"说的论旨归趣。

3. 因门六义

"因门六义"作为唐代华严教义学中法界缘起论的重要内容,结合其因果为宗的教相判释,有助于对华严经义学的理解,特别是普贤因行的理解。

"因门六义"始唱于智俨。在其《华严五十要问答》、《华严搜玄记》中皆有阐述。智俨在《华严五十要问答》列举"因门六义"称:"又一切因有六种义:一空有力不待缘,念念灭故;二有有力不待缘,决定故;三有有力待缘,如引显自果故;四无无力待缘,观因缘故;五有无力待缘,随逐至治

---

① 法藏:《华严探玄记》卷一六,《大正藏》第35卷,第405页中、下。

际故;六无有力待缘,俱有力故。"①智俨依据于作用力的胜、劣状态(有力、无力)来阐述"因门六义"的构成内容。

在《搜玄记》卷三下,智俨指出:"因缘生理,因有决定用,缘有发果能,方得法生。若但因力,无缘发果能者,其因六义,不现在前。何者为六义?一念念灭,此灭是空,有力不待外缘所以有力不待缘,为因体未对缘事自迁动故。二俱有是空,有力待缘,所以者,为得外缘,唯显体空,俱成力用也。三随逐至治际是有,无力待缘,所以知为随他故,不可无,不能违缘,故无力也。四决定是有,有力不待缘,所以知外缘未至性不改自成故。五观因缘是空,无力待缘,所以知者,为待外缘,唯显亲因,非有无力,能生果也。六如引显自果是有,有力待缘,所以知得外缘时,唯显自因,得自果故。"②

因门六义,从属于"观门"内容,是华严观行理论的范畴。所观之理,即为因缘。因是决定的作用力量,缘是显现果德的潜能。因缘不可分,所以法藏将之纳归于"缘起因门六义法"。法藏在《华严五教章》卷四述"因门六义"说:"谓一切因皆有六义:一、空有力不待缘,二、空有力待缘,三、空无力待缘,四、有有力不待缘,五、有有力待缘,六、有无力待缘。"③

综合智俨与法藏的析解,因门六义具体构成内容及其特征简述如下:

一是"念念灭"或"刹那灭义",其特征为空、有力、不待缘。无自性空,由空性故能有力生果,不待缘力而生。

二是"俱有义",其特征为空、有力、待缘。俱有方有故空,俱则生成,故有力;俱成必待缘而起,故待缘。

三是"待众缘义",其特征为空、无力、待缘。由无自性故空,因不生缘生故无力,由无力而成待缘。

---

① 智俨:《华严五十要问答》卷下,《大正藏》第45卷,第531页中。
② 智俨:《华严搜玄记》卷三下,《大正藏》第35卷,第66页上。
③ 法藏:《华严五教章》卷四,《大正藏》第45卷,第502页中。

四是"决定义",其特征为有、有力、不待缘。由自类不改故有,能自不改而生果故有力,此不改非由缘力故不待缘。

五是"引自果义"。其特征为有、有力、待缘。由引现自果是有,虽待缘方生而不生缘果是有力及待缘义。

六是"恒随转义"。其特征为有、无力、待缘。由随他故不可无,不能违缘故无力用,由此故是待缘。

"因门六义"可以解说万法生成的构造及其内容。法藏强调"六义唯在因中",以此阐明世界生成论。这种生成构造论,又可归结于一心。其结果不外于空与有,其成因不外因有力而不待缘、因无力而待缘、因有力且待缘。综合二者,所以成立"因门六义",既不必增至七义,亦不可减为五义。①

"因门六义"的经论理据,出于《摄大乘论》。② 基于法界缘起观的"因门六义",可以认识法界缘起的"普遍性",而非局限于因果关系的"因缘论"。如果完全局限于因果关系的"因缘论",那么既然有"因门六义",同理应有"缘门六义"。其实不然。法藏指出,所待众缘,通常是指增上缘、等无间缘和所缘缘这三种缘。三缘中的每一缘,其间接性或辅助性作用,实际上皆不具六义。如增上缘直接产生增上果,则具因门六义;如果没有直接作用,"望他果成疏缘",则不具六义。③

法藏在智俨"因门六义"解说的基础上,进一步阐释了因门六义的"融摄统观",引向华严圆教所特有"六相义"。法藏称:"融摄者,然此六义以六相融摄取之,谓融六义为一因,是总相;开一因为六义,是别相;六义齐名因,是同相;六义各不相知,是异相;由此六义,因等得成,是成相;六义各住自位义,是坏相。"④据此,融摄六义为一因是总相,把一因开析为

---

① 以上参见法藏《华严五教章》卷四,《大正藏》第45卷,第502页中。
② 其《所知依分》章偈称:"外内不明了,于二唯世俗。胜义诸种子,当知有六种:刹那灭俱有,恒随转应知,决定待众缘,唯能引自果。"《摄大乘论》,《大正藏》第31卷,第135页上。
③ 法藏:《华严五教章》卷四,《大正藏》第45卷,第502页上。
④ 同上书,第502页下—第503页上。

六义是别相;因门六义构成同相,六义各不相知、各自独立是异相;由此六义,因等得成是成相,六义各住自位义是坏相。"因门六义"作为"缘起自体",属于缘起事法的内在生成;六相所圆摄的六义,则是缘起法则本身。

从华严判教立场来看,"因门六义"为大乘始教所说,小乘教法并无此说。三乘教法中,阿赖耶识与如来藏法无我因,具六因之名,却主伴未具。若据大乘终教,"因门六义"则可与"如来藏随缘义"配解。华严一乘圆教中,由空、有二义成立相即门,由有力、无力义成立相入门,由待缘与不待缘义成立同体门与异体门。总此六义四门,方成法界无尽缘起之说。①

总之,"因门六义"的融摄统观,虽可引向华严法界观的阐论,阐明华严缘起论成立的基础。但这是就因行阐析事法的缘起,并未完全穷尽法界无碍缘起的所有意蕴,还需配合"缘起十门义"的展开。

缘起十门义,主要阐论现象生成的条件混融无碍及其层次关联。法藏《华严探玄记》中列出法界圆融无碍缘起的十种原因,即缘起相由、法性融通、唯心所现、如幻不实、大小无定、无限因生、果德圆极、胜通自在、三昧大用和难思解脱。其中,确定事事无碍相即相入,最根本者属"缘起相由",其他九门皆为傍因。华严法界圆融无碍,其实就是缘起相由门。

"缘起相由"可析十义,即诸缘各异、互遍相资、俱存无碍、异体相入、异体相即、体用双融、同体相入、同体同即、俱融无碍和同异圆满义。其中,前三门是说缘起的本法,中间三门是彰显异体门的缘起相即相入义,后三门是诠明同体门的缘起相即相入义,第十门则作为总结其他九门而彰显一大缘起的系统。总结而言,诸缘起法必须依据这十门才能显出缘起,缺一门不成。由此异同即入,异体同体,各有相即相入之理,而使十玄缘起赖以奠立,诸法界同时俱足。所以,法藏指出,华严圆教(亦称圆宗)无量缘起法海,无不含摄此十义。由此十义,方有缘起法的生成;否则,即不成立缘起法。华严教义学中的缘起论是无碍无尽、相即相入的

---

① 法藏:《华严五教章》卷四,《大正藏》第45卷,第503页上。

缘起论,这是事法意义上的缘起论。至于理法意义上的缘起论,则体现为基于无性而性相无碍的缘起论。

华严法界缘起,首先是基于事法界即体即用、综摄性相的无尽缘起。与此相关,作为"因门六义"的推展方式,缘起十门义的阐释内容,不仅可以综括六相圆融、十玄无碍,而且还与华严唯心论思想密切相关。

4. 华严唯心论

注重缘起论与唯心论的内在关联,是唐代华严教义学建构的一大特征。如果没有唯心论的建构,华严的法界无碍缘起理论,就得不到充分的证成。

缘起唯心义,智俨《华严一乘十玄门》中即已论及。他在阐释"唯心回转善成门"称:"此约心说,所言唯心回转者,前诸义教门等,并是如来藏性清净真心之所建立。若善若恶,随心所转,故云回转善成。心外无别境,故言唯心。若顺转即名涅槃,故经云'心造诸如来';若逆转即是生死,故云'三界虚妄,唯一心作'。生死涅槃,皆不出心,是故不得定说性是净及与不净。"①

缘起唯心义,在四法界中属于"理法界"。如宗密在其《注华严法界观门》中称:"理法界者,原其实体,但是本心。"②通过缘起法与唯心论的结合或同构,不仅能够解释世间事法生成的动力问题,更能说明事法之间的存在关系。事法界的缘起论认为,每一个别事法只存在于事法整体的相互依存关系之中。事法之间的普遍联系,其前提在于个别事法的差异性或自一性。然而,一切事法缘起本身皆无自性,其差异性或自一性从何而来?要充分阐释这一问题,就有必要引入三界唯心的观念。这一观念正是华严所强调的思想。基于理法界即是本心,从事法界的讨论就转到理法界乃至理事圆融法界的讨论。

---

① 智俨:《华严一乘十玄门》,《大正藏》第45卷,第518页中。
② 宗密:《注华严法界观门》,《大正藏》第45卷,第684页下。

既然性相不存为理法界,不碍事相宛然为事法界,法界理事无碍、二而无二,那么法界即可统摄一切缘起之法。透过法界融摄理事的一体统观,缘起论与唯心论的结合,就呼之欲出了。依一切事法无不由心所现的唯识原理,即由心识而有事法相,依心之回转而有事法相入相即、体用圆融的差异性或自一性。正惟如此,事法的差异性或自一性是不确定的心尘和合之相。虽无自性,却不碍其自一。以时间与空间为例,时间长短之相与空间大小、广狭之相,都依心之所转而无绝对的规定性。① 又如心尘关系,心为尘因,尘是心缘。心尘和合,三界法生。心尘互缘,法性本空,生而无生,无生而生。一切事法、外境皆为自心所现。②

在作为法界无尽缘起重要构成内容的十玄门中,智俨安立"唯心回转善成门"(法藏后来将之改为"主伴圆明具德门"),正出于阐释法界诸法"唯是一如来藏为自性清净转"之义。③ 如《华严经》著名的《唯心偈》称"应观法界性,一切唯心造"④。

法界缘起是体用相即的整体统观。唐代华严对法界统观的阐释,相当注重与真如法性论及唯心论的整合。法藏曾称:"佛以真如法界、无生之理为家。今见尘无生无性时,即此智从无生法显生。"⑤主张真心不仅能现一切事法,更能成就一切功德法,进而将真如心引入华严圆教所推崇的海印三昧力。华严圆境的海印三昧,即是人人本具的真如本觉,即是唯一如来藏自性清净心。此心总摄一切世间出世间法,是一法界大总相法门体。通过引入真如本觉义,法藏不仅把缘起论与唯心论加以同构,更可以把真如论与法界论结合起来。

华严法界统观的重要理据之一,是《大乘起信论》的一心真如观。《起信论》认为,真如一心开二门,具不变与随缘二义。此一总摄一切世

---

① 法藏:《华严义海百门》,《大正藏》第45卷,第630页中。
② 同上书,第631页下。
③ 参见法藏《华严五教章》卷四,《大正藏》第45卷,第507页上。
④ 有关《华严经》唯心偈的集中讨论,可参见《南都佛教》第61、62号(1989年特集)。
⑤ 法藏:《华严义海百门》,《大正藏》第45卷,第629页上。

间出世间法之心,即如来藏心。就其体性或理性而言,即是如来藏性。就体性不变的如来藏性而言,即为一真法界。真如缘起,即是理性本具的法界缘起,是一真法界之缘起。在此意义上说,唐代华严所建构的法界缘起,成为中国化佛教义学中真如缘起论的理论提升。

藏识缘起论与佛教唯心论之间的关系极其密切。阿赖耶识的能变作用,是宇宙万法的产生根源。唐代华严把如来藏缘起义引入法界无尽缘起论,基于理事俱融的立场,把藏识缘起与染净缘起综观辨析。在法相唯识义学的唯识观中,"三性"说是其不可缺失的核心内容。而法藏则主张"唯一心性"论,把唯识观的体性问题,从三性说化归为唯一心性说。这种化约论的辨析,正是其理事圆摄论的运思结果。法藏曾提出十重唯识观,以辨析与有相唯识系中五重唯识观之差异或异同,通过"十重唯识观"(或称"十门唯识观")更全面地证成了华严圆教的旨趣。

藏识缘起是佛教心识观的构成内容。在唐代华严教义学中,心识真妄染净并非是完全对立的观念,而是基于五教判进行阐论,同时引入如来藏观念,以说明圆教类型的理事无碍观,对于各种心识观的价值形态或功能作用,准于华严圆教以判分其地位。华严"缘起唯心论"中的"缘起",不同于根本佛法中十二因缘或缘起性空论的"缘起"观念。依智俨、法藏之说,缘起唯心可从本影相对、说听全摄二个方面加以说明。在"本影相对"中,从小、始、终、顿四教分别,众生心中所显现之佛,与离众生心外之佛虽各有不同,但从浅至深,同归一教,摄化众生,圆融无碍。

在《华严探玄记》中,法藏则以"主伴圆明具德门"取代"唯心回转善成门",未援用如来藏自性清净心的观念,以一切法为此门所阐释的对象。尽管法藏新立"十玄门",侧重于以法界中的一切法为对象以说明其性质或关系,但并未完全排除心识的作用与地位,而是纳归于华严法界无尽缘起加以论述说明,强调结合心识的功能活动或成就德用,以显现圆教无尽且无碍的思想。

法藏提出了"性起具德"的观念,并引《华严经·性起品》十心义,阐释华严圆教之"心"的性质谓:"若依圆教,即约性海圆明,法界缘起,无碍自在,一即一切,一切即一,主伴圆融,故说十心,以显无尽。……又唯一法界性起,心亦具十德,如《性起品》说。"①

法界性起,不离心性。这就是华严法界无尽缘起论的心性义。圆教之圆成,在于性海圆明,即是海印三昧之义。法藏继承智俨在《华严五十要问答》中有关"性起具德"、"一心具足十种德"表达方式,安置于华严圆教性海的法界缘起,相入相即,主伴圆融。由法界性起论,可以把华严唯心论与藏识缘起论关联起来。或者说,法界性起论本身可以由华严唯心论与藏识缘起论的结合得到充分的说明。唐代华严教义学所阐释的心性论,总体上着眼于真如、如来藏与佛性结合的"一心"缘起与"法界缘起"之间的义理关联,主张"离佛心外,无所化众生",唯是佛心所现。此心于众生位,即为如来藏;此心于佛位,则为众生心中之真如、如来藏显发之果。佛心与众生心均各能总摄一切,这正是华严圆教的"唯一心论"。

《华严》宗趣,是以"因果缘起,理实法界以为其宗",也就是强调因果法界圆融无碍。作为终极圆教,《华严》教义在理论上必须一以贯之地包含小、始、终、顿四教,没有必要更立异于四教的心识观。圆教所阐者,唯是法界无尽、性海圆融、缘起无碍、相入相即,如因陀罗网重重无际,微细相容,主伴无尽。② 因此,华严圆教圆摄诸教,其法界缘起尽纳其他缘起论。对于藏识缘起,包括如来藏缘起,置列于大乘终教的范畴内加以申论,视之为阐释华严圆教之义的辅助方便。与此相关,唐代华严的性起解脱论,即基于纯净无染的"如来藏自性清净心",以法界缘起重重无尽、相即相入而圆融无碍的一心法界为宗旨。

法藏所建构的华严教义学,是以真如论为基础,融摄如来藏缘起论

---

① 法藏:《华严五教章》卷四,《大正藏》第45卷,第485页中。
② 法藏:《华严探玄记》卷一,《大正藏》第35卷,第116页上。

的理论体系。这种体系化的阐释,无疑有着浓厚的真常唯心论的色彩。其实,这种论释晋译六十《华严》教义学的思想,在智俨那里已初现端绪。如智俨曾对《起信论》、《成唯识论》之义理加以融摄,称"此依《成唯识论》,但于生死之中,辨因果相生道理,并是转理门,无真实理。当知离识以外,更无有法。识者即是不染而染门,如来藏之一义也"①。依智俨之见,一心即以如来藏为性体的究竟自性清净心,而阿赖耶识(本识)在源始时并无染污,因此亦可称是自性清净心。《华严》唯识义在智俨的《华严孔目章》(特别是《明难品初立唯识章》)、《华严五十要问答》中有较集中的阐释。如说"识者即是不染而染门,如来藏之一义也"、"如来藏不染而染,染而不染成赖耶"等等。②从其所引经论及阐释方式来看,智俨引进了理、事范畴讨论如来藏与阿赖耶识之关涉,丰富了《华严》教义学思想。

由无明熏习真如,使不染而染之阿赖耶识(本识)与染而不染之如来藏,构成了理事观的关联。在生死流转中,真如性体本无改迁,真如熏习无明,随缘起修,复归真如本心。所以,智俨称:"如来藏不染而染,据此即是生死体;染而不染,据此生死即是涅槃,更无异法。"③因其不染而染,故如来藏既为生死之所依;因其染而不染,故如来藏同时也是涅槃解脱之依。生死与涅槃,一体不二,皆源归于如来藏的性体。

法藏承绪智俨结合理事讨论唯识及如来藏佛性论的运思,在如来藏缘起论思想的基础上,阐释华严学的唯心论。正如智俨引向《楞伽经》,法藏对如来藏思想的阐释亦引《楞伽经》为据。法藏曾撰有《入楞伽经玄义》4卷,判分了如来藏性。法藏所阐释的如来藏义,是因位的自主理性能力,具有转识成智的理性。依如来藏成立真心论,通过如来藏缘起论,

---

① 智俨:《华严孔目章》卷一,《大正藏》第45卷,第545页下。
② 智俨:《华严五十要问答》卷上,《大正藏》第45卷,第522页下。
③ 同上书,第523页上。另见《华严孔目章》卷一,《大正藏》第45卷,第543页上、中。

把华严法界论与唯心论思想结合起来,使之成为华严法界缘起论的重要逻辑环节,从而丰富了别教一乘的缘起论思想。

在唐代华严中,智俨最先运用《大乘起信论》的义理架构来诠释如来藏思想。法藏诠解《起信论》,其意旨并不像新罗元晓撰《起信论疏》试图融合如来藏与唯识新学,而是基于"唯心论"或"唯真心论"的如来藏一法界缘起思想。

法藏以"如来藏缘起宗"为其"四宗义"中的最高教法,并将五教判与"四宗"相配解。依法藏之见,"如来藏缘起宗"有"理彻于事"与"事彻于理"的两个面向。这既在结构上资取于《大乘起信论》的"一心开二门"的义理主旨,同时也似智俨资取于《胜鬘经》"染而不染"与"不染而染"之二门。

法藏所指称的"理彻于事",指"许如来藏随缘成阿赖耶识"义,此似《起信论》由"一心开出生灭门"之说,说明佛教修行解脱论中生起与还灭关系中的"生起"或缘起的问题,解释如来藏缘起论中的认识生起过程。

至于"事彻于理","亦许依他起无性同如,此则事彻于理也",依他起的事物无自性而与如来藏理是平等一如的。其结构似同于《起信论》由"一心开出真如门"之说,可以阐释唯识思想与如来藏自性清净心的交涉关系,同时结合修行解脱论中生起与还灭中的"还灭"问题,说明依他起的具体事法通贯于如来藏理。

"理彻于事"说明如来藏缘起之中具体事法的生起过程,涉及到《起信论》"心生灭门"。"事彻于理"则以说明依他生起的具体事法具体无不收摄的如来藏理,其议题关涉于《起信论》"心真如门"。前者为性起之事用,后者为性起之理体。《起信论》主张生灭心通于不生不灭的真如,这为华严法界缘起提供了理事存夺无碍的理据,说明了体用相摄的纵横圆融。唐代华严,正是充分利用了《起信论》的义理思想,结合华严重重无尽的法界统观来阐释如来藏缘起与华严唯心论的关系问题,以解答真如缘起与心性染净的华严教行观。

三、法界统观论

华严一大教门即法界观门。"佛以一音演说法,众生随类各得解",依教起观,教观一体。相传杜顺所撰的《华严法界观门》(亦称《华严法界观》),确立了华严法界观门的思想地位,成为唐代华严法界观的基本理论。①

法界圆融或统观,成为唐代华严教义学建构中最为显著的理论内容。

1. 法界诸说

法界原为佛教的根本范畴,指意识所缘对象的事物总称,为十八界之一。据《俱舍论》卷一称,受、想、行三蕴与无表色、无为法,称为法界。广义上的法界,涵盖了一切有为法与无为法。

华严义学中的"法界法门",当出于晋译《华严经》之第三十四品《入法界品》。对其"入法界"义,法藏释曰:"入是能入,谓悟解证得故也。法界是所入法,有三义:一是持自性义,二是轨则义,三对意义。界亦有三义:一是因义,依生圣道故……此中因义是界义。二是性义,谓是诸法所依性故。……三是分齐义,谓诸缘起相不杂故。"②据法藏所释,"入法界"在结构上有能入与所入之关系。入即能入,指修行者悟解证得。法界之法,其义有三:一为"持自性义",指一切事法自身所持的稳定性与独立性;二为"轨则义",指对事法的识解;三为"对意义",指事法作为意识作用的境相义。法界之界,亦具三义,即因义、性义与分齐义。其中,"因"指趣生果海圣境、转染成净之因,"性"指称诸法所依的本然理体,"分齐"

---

① 《宋高僧传》卷五《法藏传》称:"昔者敦煌杜顺传《华严法界观》,与弟子智俨讲授此晋译之本。"有关《华严法界观》的内容,见法藏《华严发菩提心章》卷一、澄观《华严法界玄境》卷二及宗密《注华严法界观门》卷一等。
② 法藏:《华严探玄记》卷一八,《大正藏》第35卷,第440页中。

则指称诸法事相分别自在的体相分界。

唐代华严经义学阐释中的"所入法界",约有二法界、三法界、四法界、五法界乃至十法界等诸类型。

"二法界"指理法界和事法界,各各具足佛的生身、化身而相即无碍。

"三法界",由理法界、事法界及理事无碍法界而成。这是源出于杜顺《法界观门》的正统析解。

"四法界"说,由澄观综括而提,即事法界、理法界、理事无碍法界和事事无碍法界。

至于"五法界",包括有为法界、无为法界、亦有为亦无为法界、非有为非无为法界和无障碍法界。① 具体而言,"有为法界",特指"本识"(阿赖耶识)而言,具有"诸佛种子"之因义及"三世诸法差别边际"之分齐义,涵盖了世界万有一切差别性的事法现象,相当于三法界中的"事法界"。"无为法界",指阿赖耶识中的清净种子,具"性净"与"离垢"二义。前者指一切凡夫众生本具清净佛性,如同真空法性理体,原无差别,相当于净法缘起中的"本有"义;后者指凡夫通过修行,对治烦恼惑障,开显为客尘烦恼所覆盖的清净佛性,相当于净法缘起中的"修生"义。第三类"亦有为亦无为法界",含"随相"、"无碍"二义。前者指十八界中与意识相应的法界,后者则指一心法界,包含不变义的"心真如门"和随缘动态义的"心生灭门"。第四为"非有为非无为法界",具"形夺门"和"无寄门"。所谓"形夺门",指一切事缘皆为理体(真如)所现("缘无不理之缘"),以真如与理体皆属无为法;因理体无不显现为事缘("理无不缘之理"),故非是无为法,如此构成"亦有为亦无为法界";所谓"无寄门",指此类法界性相双离无寄,因其离相,故非是有为法;因其离性,故非是无为法。第五为"无障碍法界"。具"普摄门"和"圆融门",前者指上述四法界义,随举一

---

① 法藏:《华严探玄记》卷一八,《大正藏》第35卷,第440页中。表员在《华严文义要决问答》卷三中说:"法藏师云:法界有二,先所入法界,义有五门;初四法界,同晓(即元晓)所立。"《续藏经》第12册,第681页上。

门,皆可统摄其他一切法界;后者指于此莲花藏世界海之内,一一微尘中见一切法界。此明一即非一,一多无碍。微尘非小,能容十刹;刹海非大,潜入一尘。理法统摄事相,故一切事相皆是理法的现象;事相皆融摄理法而显现,故理法必映现于一切事相之中,由此构成理事相融、非一非异的存在关系。

法藏就华严"所入法界"阐释法界统观的"五门十义",引入真如或法性义,贯彻着真如随缘和不变的观点。上述法界五门统观义,可称为"一界开二门"。"有为法界"摄一切本识染净、生灭、差别诸法;"无为法界"内含本性清净的自在性体,摄凡夫众生依智慧与实践而离垢的种种差别行位;以一心法界所含摄的"心真如门"与"心生灭门"统摄五蕴、十八界等有为、无为诸法而不相离,成为"亦有为亦无为法界";"非有为非无为法界"表明法界性体平等无二,形夺双泯,离弃形相,超绝名言。"无障碍法界"则更是普摄法界一切诸法,一切或全体事理无不相摄相入,一多无碍,显示了法界无不圆融无碍的自在特征。

华严宗之所以被人称为"法界宗",可以看出法界统观在华严教义学思想中的重要地位。在华严法界义的证成与展开中,法藏起到了综合的作用。澄观在法藏的基础上完善了华严教学的四法界说,成为华严宗义学的立教理论。法藏对于法界理论的确立,更在五种法界、每一法界各开二门的基础上,明确地提出"五门十义总明所入法界,应以总别圆融六相准之"。"五门十义"总括下的法界统观,进一步通过总相、别相、同相、异相、成相、坏相等六相圆融统观加以具体的阐释,从而确立了法界观与缘起论之间的逻辑关联。

至于"能入法界义",同样由五门构成,即净信、正解、修行、证得和圆满。① "所入法界"阐明了法界的存在性状,"能入法界"则论证信、解、行、证、果的主体性能。作为主体性的修证活动,"能入法界"不离一心法界;

---

① 《大正藏》第35卷,第441页下。

作为境相的存在,"所入法界"虽属于客体现象,但终亦可归于一心真如。能入法界,正是佛教信、解、行、证、成的主体修习过程。能入法界与所入类法界,皆可归摄于六相圆融,这成为其法界统观理论的一大特色。这种阐释,既有层次性,更有逻辑性。

尽管"法界"思想本身并不是唐代华严义僧独到析解,法界统观则可说是唐代建构其华严教义体系中最重要的理论之一。就观行论而言,法界本身具有观行兼举的内容,并具体表现为能入法界与所入法界的统一。

所入法界共分五门,已见上述。至于"能入法界",法藏首先通过对"法界类别"的分析而加以阐释。其中所入法界为五重,而每一重法界更开十门而辨析。据此,所入法界共分五门,即法法界、人法界、人法俱融法界、人法俱泯法界和无障碍法界。上述五门法界,还可以进一步细分事与理、境与行、体与用、顺与违、教与义等十门法界,其特性为"同一缘起,无碍镕融,一具一切"。

"能入法界"是指修为主体证入法界的活动样式,可分为身证、智证、俱证、俱泯和无碍圆证等五重法界。① 这五重"能入法界",实际上包括了净信、正解、修行、证得和圆满果德等五方面内容,总括了修行主体证达无尽法界的所有活动。

约略而说,所入法界,可分为果位和因位。以因果析论法界,是智俨以来阐释华严教义学的方法立场。法藏秉持这一立场,阐论其法界统观思想,法界因、法界果、法界行与法界位,无不体现出一体化统观的思维特征。法界行位的阐释,既是一种宗教超越性的诉求,更是一种华严经义体系化的内在需要。主体修持中的法界行,约归于行证入法界果位的宗教超越性。行证能入法界的人格化体现,一是普贤菩萨,二是善财五十三参,在二大圣人形象中无不体现法界行与法界位

---

① 法藏:《华严探玄记》卷一八,《大正藏》第35卷,第441页中。

的高度统一。

2. 理事圆融

法界统观是唐代华严教义学的核心理论,充分呈现了华严圆教的统观运思方式。清凉澄观概括出事法界、理法界、理事无碍法界和事事无碍法界"四法界说",成为后世华严宗义学的基本教理。

从理事圆融的经论理据上看,法藏承杜顺等祖师之绪,资取于《大乘起信论》等如来藏系论典,以如来藏化的真如论改造华严的"法界缘起"。相传为杜顺所撰的《华严五教止观》,就曾直接征引了《大乘起信论》的真如论结构,称:"夫事理两门圆融一际者,复有二门:一者心真如门,二者心生灭门。心真如门是理,心生灭门是事。即谓空有无二,自在圆融。"①

法藏在《玄义章》、《法界缘起章》、《华严三昧章》等撰著中,从不同角度说明法界缘起、理事无碍的统观思想。如在《华严三昧章》中,法藏指出,透达理事无碍统观,是真正深入华严圆教义旨的门径所在。他具体提出了十门理事无碍观,通过事与理、相与性、一与多、用与体等一系列范畴,就诸法实存中的理事相互关系展开讨论,最后归结于"理事圆融",以阐释法界缘起的一体统观。②

在华严圆教的法界统观中,理法界与事法界都是构成世界整体的有机部分,以此说明世界万法生成的存亡顺逆。在理事无碍观门中,理事关系总括于法界缘起论的范围,其内容则可分列为"约理望事"与"事望于理"两个层次。就"约理望事"言,一切事法无不有着成坏、即离诸相;就"事望于理"论,真实理体有显有隐,或一或异。对此分辨,澄观在其《华严法界玄镜》中阐论称:"第一理事相遍对,第二理事相成对,第三理事相害对,第四理事相即对,第五理事相非对,亦名不即对,然此五对皆先明理,尊于理故,

---

① 杜顺:《华严五教止观》,《中国佛教思想资料选编》第2卷第2册,第7页。
② 法藏:《华严三昧章》,《大正藏》第45卷,第654页下。

又皆相望,一三五七九以理望事,二四六八十以事望理。"①

法藏在《华严玄义章》中基于理事有无分限的讨论,而阐释了理事无碍法界观门的构成内容。就每一事物都有其完整之理而言,能遍之理有其分限;由于此理的遍在性,也可说理无分限;理既是普通的存在,同时又存在于各个事物中,因此理既有分限亦无分限;就理作为绝对而遍摄的法则而言,理既非有分限、亦非无分限。至于所遍之事,每一事相各有其分齐,成立其分限义;无一事相不是理体之显现,故无分限;合上述二义,则成立事法中既有分限亦无分限;上述二义圆融无碍,平等无二,相绝存性,故称既非有分限亦非无分限。能遍之理与所遍之事,最终能所双泯,达到理事无碍。②

法藏还从"一多相摄"角度阐释了理事圆融观,把事事无碍之说和理无分限、事有分限的说法糅合在一起。每一事法无不都是理性的完满的整体表现。因此,法藏称:"理全收事,全夺事而为理;事非别事,物具理而为事。何方空随有现,理逐事彰,一际通观,万物可定者矣。"③

法界统观下的华严无尽缘起说,既不同于大乘般若学的一切皆空,又不同于大乘法相宗的执圆成为实有、偏计为虚幻之有无对立,而是主张三性同一,强调由净见染,由染见净,由真见幻,由幻见真,染净和一,真幻不二。此即心与尘缘互生互成,故成无碍缘起。在此意义上说,唐代华严的法界无碍缘起说,是基于真心论或唯心论的缘起论,集中反映了华严宗理论的体用一如、理事不二的圆融特征。

法界统观下的理事无碍思想,不仅是观照万法世界的重要门途,更对后世华严宗义学乃至宋明理学思想,都产生了重大影响。

3. 因果与法界

智俨承继杜顺,曾依据如来藏缘起成立因果与法界并阐之说,这是

---

① 澄观:《华严法界玄镜》,《大正藏》第45卷,第676页中。
② 法藏:《玄义章》,《大正藏》第45卷,第624页中。
③ 法藏:《华严策林》,《大正藏》第45卷,第597页。

唐代建构华严教义学中对华严以佛界为体的法界缘起的初期理解。智俨在《华严一乘十玄门》明确指出,《华严》经旨在阐明法界无尽缘起,离不开自体因和果。他说:"今且就此《华严》一部经宗,通明法界缘起,不过自体因之与果。所言因者,言方便缘修体穷位满,即普贤是也。所言果者,言自体究竟寂灭圆果,十佛境界一即一切。"①法界缘起事表明自体因果,以菩萨的愿力来体究佛的境界,所以因果不二是法界缘起成立的根源。

法藏同样主张因果缘起理实法界为宗,因果缘起于理实法界,是唯一无碍的自在法门。法界圆融,才使一切法、行、德、位都统摄在无尽的法门性海中。性海圆明,无碍自在,一即一切,一切即一,这既是诸佛所证的果海,又是众生本有的心源。因果缘起,虽有六位,却位位圆融。法界以全因果,或融因果而入法界,始终不离一真法界。十世古今,无边法海,互现交罗,唯是一真法界性起而缘起。

华严圆教认为,法界为一大缘起的原因,不是业力,不是差别心识的阿赖耶识,不是平等不生灭的真如,而是万法彼此融通,互相缘起,重重无尽,相即相入。因果与法界并阐,是阐释华严经义学与建构华严教义学并且融贯统观的一大运思方式。这是对以往华严法界立宗之教义的一种总结性阐释。以因果法界结合以析论华严教义,并视之为《华严》宗趣的根本所在。

以因果阐论《华严》经义,及以法界阐述《华严》宗趣,皆有古说。唐代华严则把因果与法界一并阐论,以理实法界、因果缘起作为《华严经》的宗趣所在。如法藏指出"摄法界以成因果"与"会因果以同法界"二种类型。对于"摄法界以成因果","谓普贤法界为因,舍那法界为果,是故唯以法界因果而为宗趣。"于中分别有十事五对,即所信因果、差别因果、平等因果、成行因果和证入因果。"因果五周,一部斯毕。是故唯辨因

---

① 智俨:《华严一乘十玄门》,《大正藏》第 45 卷,第 514 页上、中。

果,不失所依。但以因果为宗,理亦无咎。"①"会因果以同法界",同样有"十事五对",即教与义、理与事、境与智、行与位、因与果。无论是法界摄归于因果,还是因果会同于法界,因果为法界之所依,法界为因果之所成,因果与法界相依相成,"唯辨因果,不失所依",而"唯辨法界,不失所成"。最终归结"以法界缘起为宗"的旨趣。②

法藏还进一步析解了法界与因果并阐的具体构成内容,凡分"十义五门"。法界因果分相显示的五门,指境、心、行、位、果;而其十义,则基于五门分别析解而出。如境作为理实法界,具出缠最净法界与在缠性净法界二义,而心则具普贤行所依的大菩提心和随行所起的信、悲、智心,行则分各别所修的差别行与一行即一切行的普贤行,位则分次第不同的行布差别门与一位即具一切位的圆融相摄门,至于果则分修生之果与修显之果。上述五门十义,可以综摄一部《华严》大经的宗义所在。

由此可见,华严圆教,不仅是法界圆宗,同时也可称为因果圆宗。一部《华严》大经,一言以蔽之,曰因果法界而已。五周因果,贯通于一部《华严》大经之中。即便说《华严经》"以因果法界为宗",亦并不过分。

4. 十玄无碍

华严法界缘起论的另一种诠释进路,就是"十玄门"。

"十玄"之说,有种种名称,如十玄缘起、华严一乘十玄门、一乘十玄门、十玄门、无尽缘起法门等等。"十玄门"与"六相义"相配解,是唐代华严教义学中阐释法界缘起论的独特义理。

从华严教理思想史上来看,十玄门之说源于杜顺,最先阐释者则推智俨。十玄门的建构,是《华严》经宗法界与因果并阐下无尽缘起论的具体展开。智俨对十玄门的解说,着眼于"约法以会理",属于理法性的建构。华严作为因行与果德圆融无碍的法界观门,离不开十玄缘起的成立

---

① 法藏:《华严探玄记》卷一,《大正藏》第35卷,第120页上、中。
② 同上书,第120页中。

与展开,即缘于此。

智俨十玄门的具体构成内容为:"一者同时具足相应门(此约相应无先后说)、二者因陀罗网境界门(此约譬说)、三者秘密隐显俱成门(此约缘说)、四者微细相容安立门(此约相说)、五者十世隔法异成门(此约世说)、六者诸藏纯杂具德门(此约行说)、七者一多相容不同门(此约理说)、八者诸法相即自在门(此约用说)、九者唯心回转善成门(此约心说)、十者托事显法生解门(此约智说)。"①

法藏早先承其师说。他在《华严经文义纲目》中所列举的"十玄门",其名称与次第,与智俨《华严一乘十玄门》所说者完全相同。其后,法藏对十玄门的阐论仍极为重视,但其名门与次第则多有变化。如《华严金师子章》与《华严五教章》的十玄门名目相同,但次第大异。在《华严经探玄记》《华严经旨归》中,法藏对"十玄门"的解说,不仅次第有变化,且名目有改订,内容亦作调整。因此,在华严教学史上,智俨所立的"十玄门",称为"古十玄",而称法藏所解者为"新十玄"。

《华严经·贤首品》中本有"天帝网"之说,认为宇宙万法之间的关系犹如帝释天宫殿装饰的珠网那样,珠光交辉,重叠无尽,用来说明诸法彼此含摄、融合无间。智俨在《华严一乘十玄门》中孤明先发,解以十玄,法藏在《华严金师子章》中继以发挥,完善其说。两人在名称上虽有所不同,但基本思路是一致的。此外,法藏门下的慧苑、文超,亦有对于"十玄"义的解说。直至澄观撰《华严经疏》,承法藏《华严探玄记》之说,并把"十玄门"与"四法界"相配解,归之于"事事无碍法界"。"十玄"新解,方成定说。

法藏十玄门之"新",既有名目上的新立,更有次第上的新列。所谓名目上的新立,如法藏把"诸藏纯杂具德门"改称为"广狭自在无碍门",把"唯心回转善成门"改称为"主伴圆明具德门",此外尚有文字表述上的

---

① 智俨:《华严一乘十玄门》,《大正藏》第 45 卷,第 515 页中。

改动,如"因陀罗网境界门"改为"因陀罗网法界门"、"秘密隐显俱成门"改为"隐密显了俱成门"等。至于次第上的新立,法藏的"新十玄",除第一句外,其他九门都改变了旧十玄的次第,依总、空、用、体、缘、相、喻、智、时、境之序排列。

尽管对何以称之为"玄门",无论是智俨,还是法藏,都未有确解。但"玄门"义在华严教学上所具有的独特而重要的地位却是不言而喻的。如果说华严"六相义"尚有其佛教经论的理据,以及前承地论师说的渊源,那么"十玄门"则可以称是华严教义学建构中的理论新创。从理论体系上看,"十玄门"是唐代自立华严经宗过程中的一个相当重要的理论环节。缺省了"十玄门"的安立,华严的法界观就得不到充分的理论阐述。正如"六相圆融义"一样,"十玄无碍义"也是唐代华严大德们开示证解华严奥义的门径。由此可见,"十玄门"可称为开显了华严经义的义理之门。

十玄门作为华严教义学中阐释缘起论的十种法门,所以法藏亦称之为"十玄无碍缘起"。具体地说,华严十玄门,主要是针对阐释华严经义学的教义、理事、境智、行位、依正、因果、体用、人法、逆顺、感应十门无尽缘起之义。对此,法藏称为"立义门",属于所诠之法的结构内容。而"十玄门"则是相对于"立义门"的"解释门",属于能诠之教。合所诠之"立义"与能诠之"解释",则成"证义",即圆证华严教法的圆摄无尽义。① "立义门"十义中每一义,皆总摄一切法。这种总摄一切法、遍现一切法的交互圆摄,即是华严奥旨之所在,此即华严之"玄"义。

法藏对华严十玄门的析解,除在《华严经文义纲目》中,完全承袭智俨之所说外,在《华严五教章》、《华严金师子章》及《华严探玄记》、《华严旨归》等撰著中,皆有所不同,或次序有异,或改订名称,或扩展内容。法藏阐释"十玄门"的要旨,大端在于"十玄无碍缘起",并不是对世间万法

---

① 法藏:《华严探玄记》卷一,《大正藏》第35卷,第123页中。

现象的具体解说,而是对《华严》经义内容结构的总体阐释。兹以最后三门为例说明之。

如第八"托事显法生解门"。此门在《华严五教章》中归为第十门,其内容主要阐述遍在的事理关系,以及由此生起悟解事法的理智。世间万象森罗而相即相入、重重无尽,由此能生无尽胜解,能见一切无尽法界。智俨认为,托事显法,"即以异事显于异理法"。① 随缘寄托任一事法,无不具足一切理事、教义等十法门。若理事合论,即可悟解诸法实相,如作为生灭之所依的阿赖耶识,通过生灭把握无生灭,于无明起正解,由正解生正行而证正觉,故称"托事显法生解门"。

第九"十世隔法异成门"。所谓"十世",是指时间三维中的过去世、现在世和将来世,此三世中各具过去世、现在世和将来世,共成九世。又九世相即相入,皆不出于当前一念,为一念之所摄。此当前一念为总相,其他九世为别相,合二者为十世。所谓隔法,指十世间一切诸法虽重重无尽,但前后相隔,各具一定的时间性。所谓异成,即指十世间相隔之法,虽各具时间性因其相即相入,于现前一念中浑融为一体。一念即千劫,千劫即一念;虽有九世,各不相同,但又相互成立,融通无碍,同为一念。九世和一念共为十世。如此,十世异时相隔,于现前心念中,每一事皆遍十世,同时成就,虽异时而成同一缘起。

第十,"主伴圆明具德门"(原称"唯心回转善成门")。无论实相、诸法,还是理、事,一切均由此心所现,一念而起。这正是《华严经》"应观法界性,一切唯心造"之偈义。法藏改为"主伴圆明具德门",意在突显华严法界无尽缘起中事事无碍义,从而消解唯识义学的影响。

总之,一切事法无不具足此十玄门,"皆悉同时会融,成一法界缘起具德门"。随举一门,即摄其余九门。"十玄无碍"与"六相圆融"相会通,这是华严别教一乘缘起论的殊胜义,由此全面呈现华严所推崇的普贤正

---

① 智俨:《华严一乘十玄门》,《大正藏》第45卷,第518页下。

行和佛果成就。

5. 六相圆融

六相是唐代华严学义理建构中对宇宙万法相状总括。

在华严教理史上,对六相义的深入阐释,则由智俨肇其始,法藏总其成。智俨制《华严搜玄记》五卷,其内容之一就是"明六相"。与"十玄门"不同,"六相圆融"有其佛教经论的依据。其典据主要源出于《华严经·十地品》及世亲《十地经论》。[①] 唐代华严的六相义,与地论学派关系密切。净影慧远在《十地义记》和《大乘义章》中,皆有对六相义的阐论。[②] 因此,六相义并非是华严教学的原创性建构,而是其来有自。

法藏在地论学派及智俨思想的基础上,对于华严六相义进行了详尽阐释。在法藏晚年所撰的《华严金师子章》中,对六相义之内容曾作如下解说:"师子是总相,五根差别是别相;共从一缘起是同相,眼、耳等不相滥是异相;诸根合会有师子是成相,诸根各住自位是坏相。显法界中无孤单法,随举一相,具此六相。缘起集成,各无自性。一一相中,含无尽相;一一法中,具无尽法。"[③]

法藏华严教义学中的六相义,与法界统观论相应,构成了独特的六相圆融。与此密切相关的则是十玄缘起。六相义是对十玄缘起的又一解说,同样是华严法界缘起论的组成内容。他曾以金师子为设喻,颇为形象地解说了华严六相义的内容。人们所见金师子是总相,而金师子的五根(眼、耳、鼻、舌、身)则为别相。金师子的五根同一缘起而生,从总相上看是同相;但各根相合而不混杂,则为异相。诸根相合成同一金师子,

---

[①]《十地经论》卷一称:"六种相者,谓总相、别相、同相、异相、成相、坏相。总者是根本入,别相者余九入。别依止本,满彼本故。同相者,入故。异相者,增相故。成相者,略说故。坏相者,广说故。"《大正藏》第26卷,第124页下—125页上。

[②] 慧远说:"六种相者,出《华严经·十地品》也。诸法体状,谓之为相。门别名门。此门所辨,异于余门,故曰门别。……门别不同,故有六种,所谓总、别、同、异、成、坏。此六乃是诸法体义,体义虚通,旨无不在。义虽遍在,事隔无之。"《大乘义章》卷三(本),《大正藏》第44卷,第524页上。

[③] 法藏:《华严金师子章》,《大正藏》第45卷,第666页中。

是成相;但诸根仍保持自身的地位和分离状态,是坏相。以总别、同异、成坏六对范畴来说明本体与现象、一般与个别的相互关系,论证实相与诸法的相别相成、同时俱足、互融无碍。

总相是对事法的总体性相的归类,而别相则是对具体事法的相状。《大智度论》对总相与别相的阐释,皆基于缘起性空而论,作为空性之理则的规定性。① 别相对应于总相而言,即指事法整体(总相)中的部分存在,更指构成事法整体而具差别性的条件或要素。若无别相,总相即无从成立。总相永远与别相的实存相关联。如即椽之舍是总相,即舍之椽为别相。总相与别相为相即关系,无别相则不成总相。如不即舍,则不成椽;反之,不即椽,则不成舍。别相的存在性(或其意义)之一,就表现为成为总相的充分条件。在总相与别相之间,有着同时相互成立的关系。这种相即关系,在逻辑层次上,体现为整体性与部分性的关系。值得一提的是,别相并不是独立存在的事法,而是作为总相成立的相即存在。如椽、瓦等别相,必依舍而存在。否则,要么导致无果之断,要么导致无因之常。

同相与异相构成了六相义的第二重对应关系。同相是指构成事法整体过程中的共同要素、共同作用或统一性力量,如椽、瓦等即是屋舍的同相。同相必须是出于共同缘起之相。否则,或导致无果之断,或归于无因之常。异相是指事缘的差异性存在,表明在事法作为同相之时仍保持其差别性。如椽、瓦诸缘对舍而言是别相,而椽、瓦诸缘本身则相互构成为对方的异相。同相与异相互为依存,如果不立异相义,同样会导致无果之断或无因之常。

同相与异相强调了事物构成力量或作用的共同性与差异性,而成相与坏相则说明则事物存在过程中的共同性与差异性。成相是构成事法

---

① 《大智度论》卷三一中曾分辨总相与别相称:"自相空者,一切法有二种相,总相、别相是二相,空故名相空。问曰:何等是总相? 何等是别相? 答曰:总相者,如无常等;别相者,诸法虽皆无常,而各有别相。如地为坚相,火为热相。"《大正藏》第 25 卷,第 293 页上。

存在的现实作用或活动力量。如作为现实的屋舍,正是由于椽、板、瓦等诸缘共同作用或活动的结果。椽、板、瓦等诸缘的这种作用样式、过程及其结果,即可统称为"成相"。至于坏相,指事法诸要素"各住自法"的相对稳定性或独立性。坏相义与前述之别相、异相,亦有相关性,即皆就事法本身存在特性而言。如一舍之椽,唯有保持其自法的稳定性或独立性,才能构成一舍的别相或异相。如果失去了这种自法的特性,舍即不成,而别相、异相亦不得成。更重要的是,这种不作的稳定性,同时贯穿于构成缘起的作用或过程之中,否则就会导致无果之断或无因之常。

唐代华严的六相义,在论述结构上虽有类似性,但其逻辑层次及对象则不同。作为围绕法界缘起而推展的六种相状,六相无不归同一缘起,相即相入,圆融无碍。六相圆融与十玄无碍可以相互会通、相互配解,"同时具足相应门"为总相,其余九门为别相;九门缘起为同相,九门其义各异为异相;由九门而成初门为成相,九门外无初门为坏相。

一切世间法无不是缘起法,六相圆融即是对世间缘起法的完满教法,同时也是华严法界无尽缘起的解说。对于修行者来说,六相圆融义,不仅是对世间法的因性即理性的理论阐释与解说,更通过其宗教实践的现实旨趣,指导修证佛果,成就佛果境界。由法藏集大成的华严六相圆融义,在后世的华严教学中得到了更进一步的阐释。

四、华严观行论

唐代华严的观行法门,是其修行实践的重要内容,与其教理组织密切相关,体系复杂,内容丰富。

就其构成特征而言,华严教义学中观行与教理之关系,具体体现为即教即观、教观相即的教观圆融。既无教外之观,亦无观外之教。

从阐释论述上看,杜顺的《法界观门》,智俨的《华严孔目章》,法藏的《发菩提心章》、《游心法界记》、《妄尽还源观》,澄观的《华严法界玄镜》、《三圣圆融观门》、《心要法门》,宗密的《注法界观门》、《圆觉经道场修证仪》,这些唐代华严祖师的撰著,则阐释了重重无尽、圆融无碍的教观思想。

至于唐代华严观行的具体法门,概括来说,则包括杜顺的"法界观",智俨、法藏的"华严三昧观"、"五教止观"、"妄尽还源观"和"十重唯识观",李通玄、澄观等人阐释的"三圣圆融观"、"佛光观"、"华严心要观",当然还涉及更为基本的"五蕴观"、"十二因缘观"等。

整体而言,观行论不仅是唐代华严教义学建构的重要内容,更是其阐述法界圆融无碍的旨趣所归,最终以明一行即一切行的普贤因行,一位即具一切位的佛果成就。

1. 华严三昧观

唐代华严法界观门,最核心内容就是华严三昧观。法界观门的经典理据,出于相传"华严初祖"杜顺所撰著的《华严法界观门》。法藏撰《华严发菩提心章》(亦称《华严三昧章》)、澄观《华严法界玄镜》、宗密《注华严法界观门》,其主体内容皆为阐述杜顺之作。

《法界观门》,"言一令万,一字千训",意指丰赡,是悟入理事圆融一真法界的门径所在。其所立"三重观门",以法界为所观之境(法),以三观为能观之心(人)。真空观门相对于理法界,理事无碍观门相对于理事无碍法界,周遍含容观门则相对于事事无碍法界。杜顺之所以未论事法界,是因为"事法界历别难陈,一一事相,皆可入观"①。事法界的万有诸相,一一可统归于其他法界,这也是三重法界观门的基础所在。

据法藏之释,"法界三观"属于表德门,即呈现果德与性德。果德既指通过修行所证得的诸佛果位功德,也指佛果所本具的无量功德。性德则包括众生本性所具足的先天性能及其修行所得的后天行德。果德与因行相对,性德则与修生相对。

观法性即空,这是理法界观门的特质所在。真空观门以解尽起行为

---

① 参见澄观《华严法界玄镜》卷上,《大正藏》第45卷,第672页下。

归趣,示法界空理或缘起空性。此观门相当于五教判中大乘始教的性空观门,或法藏四宗义中的"真空无相宗",基于缘起性空中观,辨析法性,显现诸法理性本空。其具体内容,包括会色归空、明空即色、空色无碍和泯绝无寄四观门。从解行关系上说,前二观为拣情显空,第三观为解终趣行,最四观为正成行体。就其旨趣而言,皆以证入缘起性空为归趣,最终成就性空无碍。

由会法性本空,而起正行。众生正行,由观空慧而生,其要不离"事理无碍"。因此,由"真空观"转入"理事无碍观",由大乘始教转入终教与顿教。

第二理事无碍观门,具体包括理遍于事与事遍于理之相遍、依理成事与事能显理之相成、以理夺事与事能隐理之相害、真理即事与事法即理之相即、真理非事与事法非理之相非等五对范畴。

理事无碍观的五对十门构成,归趣于理事的相即无碍,其理论基础仍为存在之空性,即在每一事法缘起无自性的空理上,实现理事的圆融无碍。据此,相遍与相成、相害与相非,皆以相即为轴心。

更进一步辨析地说,"理事无碍观"涵有"约理望事"与"事望于理"两个面向。"约理望事",指一切事法无不有其成坏、即离诸相;"事望于理"指真实理体有显有隐,或一或异。从理事相即到理事相望,可以充分体现出理事无碍的观行实践。

第三观为"周遍含容观",凡分理如事、事如理、事含理事无碍、通局无碍、广狭无碍、遍容无碍、摄入无碍、交涉无碍、相在无碍和普融无碍等十门。此十门要义在于"事如理融,遍摄无碍,交参自在"。其形象描述,则称"一尘不坏而遍法界",或称"一尘一法界"。

应该指出的是,"周遍含容观"与作为"华严奥义"的"十玄门"关系极其密切。对此,澄观曾明确指出,华严"十玄门"亦自"周遍含容观"出,二者之间有内在联结。[1]

---

[1] 澄观:《华严法界玄镜》,《大正藏》第45卷,第682页下—第683页上。

据澄观在《华严法界玄镜》中的解释,法界三观的内容,真空观对应于理法界,理事无碍观对应于"理事无碍法界","周遍含容观"则对应于"事事无碍法界"。①

在法藏看来,理事圆融无碍,是华严圆教中法界观的最重要表述。理,是性体、实相,既是因理,更是果理。理事圆融可分十门以析,即"理事俱融""理法隐显"、"事法存泯"、"事事相在"、"一事隐现"、"多事隐现"、"事事相是"、"一多存泯"、"多事存泯"和"圆融具德"。其中,第十圆融具德门是理事圆融统观的果德门,其根本义在于综摄十门,构成同时相应的关系。此外,此门本身的每一门,又具其他诸门的十义,一切圆融无碍。因此,"一一门中各有十百千等",从中展现华严理事圆融、六相圆融的统观体系,透显华严法界无尽缘起的奥旨所在。②

《华严经》以因果法界为宗,其因果既与修证佛法的行位果德相关,更与法界无尽而无碍缘起相关。因行与果位的结合,不仅是华严经义学阐释的总体结构,也是华严教义建构的宗趣所在。由此结构,体现于普贤圆行与佛行果德之间的修证性人格,并涉及到华严三昧与海印三昧的相应关系。

华严三昧,其初义为普贤菩萨的禅定境界,亦称"佛华严"、"华严定"。《华严经》之所以成为不思议解脱经,作为因行的普贤行,即华严三昧,乃是能证之人的解行相应并同时具足的结果。如晋译《华严》卷三六《离世间品》称:"普贤菩萨正受三昧,其三昧名佛华严。"华严与三昧相即不二。"华严三昧"之华,即指"菩萨万行",因为"华有生实之用,行有感果之能";"严"指"行成果满,契合相应,垢障永消,证理圆洁,随用赞德";"三昧"指"理智无二,交彻镕融,彼此俱亡,能所斯绝"。"华严即三昧,以行融离见故,亦可华即严,以一行顿修一切行故,华严即三昧,一行即多

---

① 参见澄观《华严法界玄镜》卷上,《大正藏》第45卷,第672页下。
② 参见法藏《华严发菩提心章》,《大正藏》第45卷,第655页下。

而不碍一多故,亦可华严即三昧,以定乱双融故,亦可三昧即华严,以理智如如故。"即乱而定,定乱双融;理与智、因与果、一与异,无不相即相入,如如圆明。①

法藏以普贤圆行为华严三昧,此据解行之因位而论。若据果而言,亦即海印三昧。华严三昧与海印三昧,正如因果本来无别,两种三昧,其结构为一体之两用。这种结构,同样类似于一心开二门的义理架构。此一即是华严无碍法界。

《华严经》之所以作为不思议解脱经,作为因行的普贤行,体现了解行相应并同时具足的特征,这同样是由华严无碍法界所决定的。于此,亦可以明显看出华严法界观与华严三昧观之间的一致性。

由华严无碍法界义,还决定了如何证入三昧的解行法门。法藏指出,"此解行为言,名为华严三昧;如其据果,亦名海印三昧"②。海印三昧是不可说的世界,只能证果才能体验,它是绝言语、绝思虑的一种直觉世界。法藏通过两个方面来对海印三昧境界进行说明。《华严五教章》开首就说:"今将开释如来海印三昧一乘教义,略作十门。"③这十门中就包括因与果。华严三昧就是从因的角度对海印三昧的说明,也是试图通过解行而达到证果。《华严经》强调果分不可说,因分可说,强调证入无碍法界的实践圆参。

法藏在《探玄记》卷四阐释称,作为华严圆行的普贤三昧,就其业用来说,具足七种行,即严土行、供佛行、光明行、教化行、智慧行、说法行、十度行。且行门无碍,一切自在。他说:"后二句结行所依三昧,以行门无碍称一切自在,《华严》是行法,故结属之。如第七会入华严三昧,说二千行法等。"④

---

① ② 参见法藏《华严游心法界记》,《大正藏》第45卷,第646页中。
③ 法藏:《华严五教章》,《中国佛教思想资料选编》第2卷第2册,第131页。
④ 法藏:《华严探玄记》卷四,《大正藏》第45卷,第189页中。

据传,法藏曾撰有依《华严经》所立的《普贤观行法门》一篇。① 其内容有二,一是就人而阐明"普贤观门",其二是约法而阐述"普贤行门"。观门是一种经义论理的阐释,而行门则是教义信仰的一种实修。二者都有其普世性的意涵。

依法藏之见,华严普贤观行可就人、法别开二门,即普贤观门与普贤行门。② 至于普贤观门的构成内容,则共分十门,即会相归性、依理起行、理事无碍、理事俱泯、心境融通、事融相在、诸法相是、即入无碍、帝网重现和主伴圆备。③ 至于"普贤行法",是指一切修学者所共修的菩萨行法,亦具十门,即"先起信心":自信本来具足如来藏性,修行可得成佛;信三宝功德殊胜难量;信因果决定,业报必然,舍恶修善,不离自心。其他则为"归依三宝"、"忏悔宿罪"、"发菩提心立大誓愿"、"持受菩萨三聚净戒"、"修离过行"、"修善行"、"修忍辱行"、"救摄众生行"、"修平等行"。④ 结合普贤观门与行门,显然可以表达华严三昧观与圆修万行之间的统一结构。因此,华严修学,即修入法界观门之学。

2. 妄尽还源观

《妄尽还源观》,全称《修华严奥旨妄尽还源观》。书中援引了唐译华严的内容,故非为杜顺和尚所撰,当系法藏晚年的著述。此作运用《大乘起信论》的诠释架构,把华严教义学的观法理论进行了创造性的建构,具有极强的修行论意蕴。⑤

从《妄尽还源观》与《法界观门》的关系上看,《法界观门》是基于"缘

---

① 《华严经普贤观行法门序》称:"此书乃法藏大师所制,为显普贤观行之宗趣也。其文简而义无尽,其科要而理融通,学者当尽心焉!"
② 参见法藏《华严经普贤观行法门》,《续藏经》第58册,第159页中。
③ 同上书,第159页下。
④ 同上书,第159页下—160页上。
⑤ 有关《妄尽还源观》的真伪及意义,可参见镰田茂雄《中国佛教思想史研究》第二部第二章《妄尽还源观的思想史意义》。

起论"与六十《华严》"因果门"的结合,而《妄尽还源观》则是引入八十《华严》而把"性起论"与"理事门"结合起来。更明确地说,《妄尽还源观》圆摄法界论与如来藏缘起论而展开阐释,其"六门一观"是华严法界缘起论的推展样式。

法藏总述《妄尽还源观》的内容结构称:"一显一体,谓自性清净圆明体。二起二用,一者海印森罗常住用,二者法界圆明自在用。三示三遍,一者一尘普周法界遍,二者一尘出生无尽遍,三者一尘含容空有遍。四行四德,一者随缘妙用无方德,二者威仪住持有则德,三者柔和质直摄生德,四者普代众生受苦德。五入五止,一者照法清虚离缘止,二者观人寂怕绝欲止,三者性起繁兴法尔止,四者定光显现无念止,五者事理玄通非相止。六起六观,一者摄境归心真空观,二者从心现境妙有观,三者心境秘密圆融观,四者智身影现众缘观,五者多身入一境像观,六者主伴互现帝网观。"①简单地说,此书的总体内容,即是"一体"、"二用"、"三遍"、"四德"、"五止"、"六观"。

所谓"一体",即"自性清净圆明体",这是"自性清净"与"自在圆明"相复合的真实性体,即"如来藏中法性之体",是生佛同具的性体或"净体",亦即《大乘起信论》所说的"真如自体"或"如来藏自性清净心"。此心之体,本具觉智之照用,遍一切时处。

所谓"二用",即"依体起二用","自性清净圆明体"具"海印三昧"和"华严三昧"之"二用"。"海印森罗常住用"即海印三昧,属于真如本觉性智。此为"性起"之用。②"法界圆明自在用"即"华严三昧",广修万行,称理成德,妄彻真源,普周法界,一切自在,而证菩提。此为"行起之用"。③上述二用,自在随缘,开显出华严法界统观的二门义,即"一体(或一界)开二门"。

---

① 法藏:《妄尽还源观》,《大正藏》第45卷,第637页上、中。
② 同上书,第637页中、下。
③ 同上书,第637页下。

在华藏世界海中,体用相即,用为即体之用,体为即用之体。万法生起的过程中,一尘之中,理无不显,事无不融。但从实践修行论上看,仍然存在着染与净、真与俗、生死与涅槃、烦恼与菩提之分际。第三"一尘含容空有遍"开显即染而净、即俗而真、即生死而涅槃、即烦恼而菩提的"大智圆明"之境。①

由理观入真,是为知解;因解起行,故具行德。由观境之智,而生行德。由圆智而生圆行,行德与境智相对应。作为华严圆行的"随缘妙用无方德",其修行理论即由随缘与妙用合成。从悲智论而言,以大悲为随缘,以大智为妙用,悲智双运为行德。亦即"观色即空,成大智而不住生死;观空即色,成大悲而不住涅槃,以色空无二","大智独存,体周法界;大悲救物,万行纷然。悲智双融"。从事理门而论,即事法而常度众生为随缘,了知众生性空、无生可度为妙用;以理即事为随缘,以事即理为妙用;真不违俗为随缘,俗不违真为妙用,真俗不二为圆行;依本起末为随缘,摄末归本为妙用等等,随缘与妙用平等一如,自在无碍。第二"威仪住持有则德",包括行、住、坐、卧四威仪。第三"柔和质直摄生德",缘于佛教悲智双运的利生修德。第四"普代众生受苦德",成于佛教拔苦与乐的利生修德。

法藏提出"妄尽还源观",从思想源流上看,综合性地继承了杜顺"法界观"与智俨"海印三昧观"的理论,并把法界缘起论与华严性起论有机地结合起来,对于澄观、宗密等人的法界观门阐释,有着较大影响。

依智起四德之行,依行而入止("五止"),依止而起观("六观")。由观返归自性清净圆明体,中四皆为用。一、六为体,故为妄尽还源。此源即是真如心体,亦即是法界性体。妄即相,源即性,妄尽则性明,源净则性真。究极来说,妄尽还源观非为"渐修"法门,而属圆摄顿修法门。澄观正是在法藏圆顿式的"妄尽还源观"基础上,强调主体修证的实践意

---

① 法藏:《妄尽还源观》,《大正藏》第45卷,第638页下。

蕴,在其《心要法门》中明确提出"至道本乎其心,心法本乎无住;无住心体,灵知不昧"。这就把华严法界性起与禅观印心结合起来,以华严观门融摄禅修法门,为后世华严与禅的会通开辟理论之路。

由"依体起用"到"摄用归体",《妄尽还源观》转入对"五止"和"六观"的阐述。入止修观是证入菩提的门径所在。观为即止之观,止为即观之止,这也是华严圆行的应有之义。

止是止念息妄,"当相即空,相尽心澄"。"五止"属所入之境,故称"摄用归体"。从修行论上看,入五止之境,意即"不入真妄",因其无真妄可入。一切周遍法界,属相俱泯,无相可入。从境界论上看,入五止,正如入法界,即属"入佛境界",事理圆彻,性理隐显,理事存夺无碍。

依前五门即观之止,而起即止之六观。第一"摄境归心真空观"。"三界所有法,唯是一心造",心外无一法可得,故曰"归心";由心不起,外境本空。由心现境,由境现心,心不至境,境不入心。① 此观主"摄相归体",显法身德。第二"从心现境妙有观"。此观主"依体起用",具修万行,庄严报土,修成报身。② 第三"心境秘密圆融观"。诸佛证无碍之心以成就果德法身,诸佛证无碍之境以成就佛国净土。如来报身及所依净土圆融无碍,或身现刹土,或刹现佛身,依正混融,无有分齐。此观双融、会通心境。③ 诸法缘相,如影本空;本觉智体,如日照寂,故称"智身影现众缘观"④。第五"多身入一镜像观"。此即事事无碍法界,指卢舍那佛十身互用,自在无碍,随举一身,遍摄其余九身。再如佛以一身而有十身互作,或以多身作一身,或以一身作多身,或以一身入多身,或以多身入一身,非一身没多身生,非多身没一身生,或以异境入定同境起,或以同境入定异境起,或以一身入定多身起,或以多身入定一身起,故称。⑤ 第六

---

①② 参见法藏《妄尽还源观》,《大正藏》第45卷,第639页下。
③ 法藏:《妄尽还源观》,《大正藏》第45卷,第639页下。
④ 同上书,第640页上。
⑤ 同上书,第640页中。

"主伴互现帝网观",即事事无碍法界观,随举一法,即主伴齐收,重重无尽,犹如帝网无尽,善财童子依此华严法界之理,修行位极,顿证法界悟境,故称。①

作为专修华严奥旨的《妄尽还源观》,由"备寻诸教本"所集成,因此有总结华严法界无尽缘起之意。其特质在于"摄法界而一尘收,举一身而十身现",恰当地表达了华严圆教法界圆摄无尽的普遍性与广大性。

3. 三圣圆融观

"三圣圆融观",由李通玄始唱,经澄观调整、充实、完善而成。其阐释教典文本,主要有李通玄《决疑论》卷一上和《新华严经论》卷三,澄观《三圣圆融观门》②、《华严法界义镜》卷上等等。

三圣圆融观作为华严教法的独特观门修行,是华严圆教修行的重要法门,具有义理结构上的完美性,显示了华严观法中信、解、行、证、度的一体统贯,最能体现华严观行的圆教特征。它把华严菩萨信仰与修行成佛论结合起来,对于后世的华严信仰及其相关修行产生了重大影响,并且成为东亚华严学的一大共同特征。

华严三圣,意即"华严经主"毗卢遮那佛与普贤、文殊二大菩萨,三圣融为一体统观,证入圆融无碍的果境。其中,毗卢遮那佛表示一切德之全体,示果分不可说;普贤、文殊二圣菩萨则分示毗卢遮那佛的别德,表因分之可说。三圣圆融统观的根本内容,即为因圆果成,果德圆满。

分别而论,三圣圆融的基础是二圣圆融。辨析地说,即普贤表所信法界、所修万行和所证法界,文殊表心之能信、心之能解和智之能证,故体现出能所一体意义上的信、解、行、证、度的圆融。因此,二圣圆融完善地相应于信、行、证的结构层次,体现为共同结构的圆融。

从义理形态上看,二圣圆融,表现为体与用、行与智的统观。普贤菩

---

① 法藏:《妄尽还源观》,《大正藏》第45卷,第640页下、641页上。
② 念常:《佛祖历代通载》卷一四称:"司徒严绶、司空郑元、刺史陆长源,请撰《三圣圆融观》一卷。"《大正藏》第49卷,第609页下。

萨显示所信之法界,及依修行所证法界之真理;文殊菩萨则表示能信法界真理之信心,及其对法界真理之理解及其证入法界真理的根本智慧。普贤为所信之行与所信之理,文殊为能信之智解。智慧状态,皆各各圆融,而能所不二。互即互融。重重无尽,法界观与信行论的结合。三世十方诸佛菩萨,三圣圆融观的最终圆成。

从华严唯心论意义上说,澄观在阐释三圣圆融观时,积极引入《大乘起信论》,倡一心法界说,在义理阐释上,则体现了经论互证的圆融特征。

据澄观所述,华严三圣圆融观,并非十分成就与完整,"粗依教理,略示纲要"①。三圣圆融观在华严经义上,源出于"心、佛与众生,是三无差别"。在佛教论典上,则出自《大乘起信论》一心开二门之说。此心是能信之心,此佛是所信之佛;此心是能证之心,此佛是所证之佛;不离于心之所证,同样表达了华严唯心论的思想原则。

澄观对于三圣圆融观门的阐释,其一大特征是引入《大乘起信论》空如来藏、不空如来藏。以众生一心之念即如来藏,空如来藏为普贤行,不空如来藏为文殊智。总此如来藏之理体或理性,即为毗卢遮那佛。三圣圆融观的修行关键,同时也是理论核心是一念具足三圣。于此,可以隐约看到天台"一心三观"的修行论结构。即空,同于空如来藏之普贤行;即假,同于不空如来藏之文殊智;而即中,则似于毗卢遮那圆具果德。

需要提出的是,三圣圆融观的修行关键,在于当下一念心。也就是说,三圣圆融观的实践修持,体现于一念心的当下把握。正是在此意义上,三圣圆融观的实践修持,可以与禅修法门相贯通。这也是三圣圆融观与一心法界义统观的要义所在。

相对于澄观经论互证、义理深邃的三圣圆融观门,李通玄所阐释的三圣圆融观,在内容结构颇显庞杂,而且灵活多义。据相关文本的考辨,

---

① 澄观:《三圣圆融观门》,《大正藏》第45卷,第671页上。

李通玄的三圣圆融观,或称弥勒、文殊、普贤三圣,或称观音、文殊、普贤三圣,或称毗卢遮那、文殊、普贤三圣,更或称毗卢遮那、文殊、普贤、观音四圣。之所以出现这种情形,主要是由于李通玄所关注的菩萨信仰的效验,而不是基于华严圆教结构的义理阐释。正是在突出华严菩萨信仰的修持灵验上,李通玄的"三圣圆融观"显示其独特的思想魅力。

李通玄对三圣圆融观的集中表述,如称:"一佛,二文殊,三普贤。佛表果德无言,当不可说、不可修、不可得、不可证,但因成果自得,文殊因位可说,以此说法身果德,劝修普贤,自行可行,行其行海,充满法界故,用此三德将为利乐众生,文殊成赞法身本智,普贤成其差别智之行德,一切诸佛皆依此二尊者以为师范,而能成就大菩提之极果。"①

唐代华严教义学建构中的"三圣圆融观",还体现出菩萨信仰文化的特点。即此而论,菩萨信仰也是唐代华严"三圣圆融观"的重要内涵之一。李通玄对"三圣圆融观"的析解,最为明确地表述了华严教学中菩萨信仰论的特质。

为了阐释华严三圣的信仰特质,李通玄基于"佛法无言,以用世间法,托事表之"的"表法"阐释学,他指出:"观世音菩萨、文殊、普贤,此三法是古今三世一切佛之共行,十方共同。文殊主法身妙慧之理,普贤明智身知根成万行之门,观世音明大慈悲处生死。三人之法,成一人之德,号毗卢遮那。一切众生总依此三法,号之为佛,少一不成。"②更明确地说,文殊菩萨"明一切处法皆真,表一真法界",普贤菩萨则表万行之首,观音菩萨则表慈悲之首,"文殊、普贤、观音三法,是十方佛共行"。③

李通玄阐述华严三圣圆融观的理论特点,还具体表现为充分运用中国传统思想文化中的立德、成圣、化物观念,全面建构华严三圣即体即用、全体全用的信仰论结构,对后世华严成圣修行产生了重大影响。甚

---

① 李通玄:《新华严经论》卷三,《大正藏》第36卷,第739页上。
②③ 李通玄:《新华严经论》卷二一,《大正藏》第36卷,第863页上。

至可以说,李通玄颇能结合中华传统成圣化物思想的华严成圣修行论,逐渐与唐代智俨、法藏等华严祖师所阐释的华严教学相提并论,构成了华严思想影响中国文化的重要维度之一。

文殊表智,普贤表行,佛则表果,智、行、果三者之间,有着三而一、一而三的存在论结构。这种结构,显然不仅相应于华严教学中即因即果、理事圆融的义理阐释,更对应于华严经义中所主张的"十住初心即是佛"之义。对此,李通玄阐述称,"佛、文殊、普贤三德互为主伴,以成法则,化利众生之首。佛收一切果,文殊收一切所行、因果、法身、本智,普贤收一切因果、行身、差别智。以此义故,或说文殊、普贤为一切诸佛之母,或说文殊、普贤小男、长子。三人互体,成一法界之体用也。即文殊为始见道初法身本智之门,普贤即为始见道之后行行之门,佛即二事之中无作体也。故以文殊法身,该此一部之教所说法身本智,备一切众生初见道。普贤该此一部之教所说行门差别智,备一切众生行行之门。法行具足名之为佛,化佛教中无此所表……"①

李通玄与澄观的三圣圆融观,其共同的理论根基就在凡圣同体的自性清净心。"'一切众生心亦复如是,悉有如来成正觉。'此明凡圣心自体清净无异,但有迷悟,不隔分毫。但一念妄念不生,得心境荡然,性自无生,无得无证,即成正觉故。便以此法广利众生,是普贤行故。无心性理妙慧,简择一乘三乘、人天因果、恶道业报,名为文殊。随差别智同行,知根利生,无有休息,名为普贤。以大悲救护一切众生,名为观音。以此三心一时修学,名毗卢遮那。"②文殊智、普贤行、观音悲,三心圆具,一时修学,即圆成毗卢遮那佛果之境。

在阐释华严独特的三圣圆融中,李通玄广引《涅槃经》、《大品经》,特别是《法华经》等大乘经典,以证其说。李通玄甚至引用法华"会三归一"

---

① 李通玄:《新华严经论》卷三,《大正藏》第36卷,第739页中、下。
② 李通玄:《新华严经论》卷三二,《大正藏》第36卷,第941页中。

义来阐释华严三圣圆融观,认为"于《法华经》中'会三入一'门中,具有此三法,文殊、普贤、观世音菩萨,表法身、无相慧及根本智,即文殊之行主之。表从根本智起差别行,以普贤主之。表大慈悲心,恒处苦流,不求出离,以观世音主之。以此三法属于一人所行令具足,遍周一切众生界,教化众生令无有余,名毗卢遮那佛。即明一切处文殊,一切处普贤,一切处观世音,一切处毗卢遮那,乃至微尘中重重充遍。"[1]至此,文殊、普贤、观世音及毗卢遮那"四圣"遍于一切时处。以其即体即用,华严三圣(或四圣)圆融,意味着华严圆融统观的真正圆成。

从华严唯心论到"一念心",成为"三圣圆融观"的心法修行论关键。华严三圣圆融观,把佛教修学中的心性法门、智慧法门、因果法门、德行法门等充分地结合起来,以此阐明华严教学圆融统观的彻底性与圆满性。澄观、李通玄所建构的华严三圣(四圣)圆融,同时还意味着唐代华严教义学建构中的理论转向,更具实践性格,而这正是华严经教的本义所在。有见于此,在澄观看来,"三圣圆融观",其实正是"大方广佛华严"这一经题所开示的经旨所在:"大"表普贤及其所证之理,"方广"示文殊及其理解之智;"华"表用,"严"示本寂之本;"佛"表毗卢遮那之果境。所以澄观称,"大方广佛华严"六字经名,可谓"人法双题,法喻齐举,具体具用,有果有因,理尽义圆,故标经首"[2]。这种以华严三圣圆融观综括《华严经》义旨的表述,对于扩展三圣圆融统观的思想影响无疑有着积极的作用,在客观上促进毗卢遮那佛与三圣菩萨的社会信仰活动。

五、行位果德论

大乘佛教以修证佛果为终极目标。大乘菩萨十地修行的次第性,是唐代华严教义学建构中行位论的一大特点,并具体表现为修证成佛论中

---

[1] 李通玄:《新华严经论》卷三七,《大正藏》第36卷,第981页下。
[2] 澄观:《华严经疏》卷三,《大正藏》第35卷,第524页中。

果位与因位的统一,因行与果德的统观。

华严教法的修行论,依众生的根机差别而有浅深不同,其最鲜明的特质则体现于"行布不碍圆融,圆融不碍行布"的普贤圆行。

1. 华严行位

行位论属于佛教修行论的问题。行是行化,指主体的修行活动及其内容。位是果位,指主体修行的成就果位及其境界。行位论体现了修行过程与修证界位的结合。在唐代华严教义学建构中,其行位论往往密切结合五教判而展开,即通过判教表明适应于众生根性的不同修行方法,以位相、不退、行相加以展开。

在佛教诸经论中,多有对行位论的阐述。如《成唯识论》立资粮位、加行位、通达位、修习位和究竟位等"五位",同时立十住、十行、十回向、十地及佛地等"四十一位"。《仁王护国般若经》(简称《仁王经》)亦立四十一位。至于《菩萨璎珞本业经》(亦称《璎珞经》或《本业经》)则立十信、十住、十行、十回向、十地及等觉、妙觉诸佛地等"五十二位",这被认为行阶最完备的行位论,为唐代华严所持。

唐代华严别教一乘的行位论,以三义阐释。首先是"约寄位显",分圆融相摄与次第行布二门;其次是"约报明位",论三生成佛;最后是"约行明位",析自分与胜进二分。

所谓"显位",是指"为显菩萨修行佛因,一道至果,具五位故"[1]。对此,可分"次第行布"与"圆融相摄"二门展开。

在次第行布门中,有六位不同(即十信、十住、十行、十回向、十地及等觉、妙觉佛地),始于十信位,终于佛地位,从浅至深,由微知著,次第分布,各各不同,阶位历然。行布门为三乘诸教所持,综合了修行的渐次性及行位的渐进性。不过,《华严经》主张十信满心胜进分上得一切位及佛地,凡夫十信心满即得入不退位,在因门为菩萨,在果门则恒是佛。

---

[1] 法藏:《华严探玄记》卷一,《大正藏》第35卷,第108页下。

至于"圆融相摄门",则"随得一位,即得一切位"。由因果无二,始终无碍,一位之中即具其他诸位、一行中即具其他诸行,随得一位即得其他诸位,随修一德即具其他诸行德。如得信心圆满一位,即得以后诸位乃至佛果诸位;得初住位,即得最终的佛果位。位位相即相入,圆融相摄,不同于次第行布门中阶位历然的渐进性。

"约报明位相"是指众生修行成佛的具体进程,虽有种种迟速的不同,但无不含有见闻位、解行位、证果海位配解三生。这种三生行位相义,源出于智俨的《十玄门》:"如经一生得见闻,若熏习,二生成其解行,三生得入果海。"①

法藏据智俨所论,结合华严经义,称三生所配解的"约报明位相",见闻位与解行位属因位,证果海位则为果位。其"三生",既含三世之意,也表示修行的渐次性。"见闻位"指听闻或熏习此别教一乘之法,成就金刚种子位,培植宿世善根。"解行位"则如善财童子历参五十三善知识,由熏习此别教一乘之法,从十信乃至十地,具足普贤诸行位而成就。"证果海位"指解行圆满,终证成佛果,最终因圆而果满。由此构建华严三世三生成佛论。

华严圆教的行位论,虽主张一位具一切位,一行即一切行,但仍有必要安立行相分位,立"约相就门",即次第行布门;"约体就法"义,即圆融相摄门。由此二门,行相分位虽前后历然,却不碍行位相即;行位相即,而同时行相前后历然,二义融通,互不相违。从判教上讲,次第行布门为三乘诸教所持,圆融相摄门则为别教一乘而持。从性相论上看,次第行布门为相用,圆融相摄门为性体。行布不碍圆融,圆融不碍行布,这成为后世华严宗人在行位论中所共持的核心观念。

就修行果德而言,华严别教主张"信满成佛"。以因门而论,信心成就,即是行佛,尽管并非位佛。若约果门而论,信满入住,位阶不退,即成位佛。由因果非异,故此主张由信心成就而因行成佛,并不拘限于证位成佛,从中体现其由性佛、行佛与位佛三位一体的运思特征。

---

① 智俨:《华严一乘十玄门》,《大正藏》第45卷,第518页上。

2. 佛身佛果

佛身与佛果,是佛教修证成佛论的根本议题,亦是佛教义理阐释与建构的理论归宿。唐代华严教义学坚持并贯彻华严圆教的法界圆融统观思维,建构了以华严经卢舍那法界身为主体的果身圆满论。

在佛教成佛论中,一般主张佛有三身,即法身、应身与化身。《华严》大经中的法身义,主要就卢舍那佛身而言。

在智俨看来,华严圆教的法身佛无不具足十佛,依行、解而分判佛身十义,提出"行境十佛"和"解境十佛"说。"行境十佛"指佛的菩提身、愿身、化身、住持身、相好庄严身、势力身、如意身、福德身、智身和法身;"解境十佛"则指众生身、国土身、业报身、声闻身、缘觉身、菩萨身、如来身、法身与虚空身。[①]

在智俨的解境十佛义中,佛身遍及一切土,不仅是佛化净土,即使是凡夫秽土,因其作为佛教化的对象,亦可称是佛土。佛身与佛土密切相关,并因佛身的不同分类而显相差别。作为十佛境界之所依的"国土海",圆融自在,不可言说,为佛真实境界之所现。"世界海"则有三种,一是"莲华藏庄严世界海"(亦称莲花藏世界、华藏界等),是十身具足的卢舍那所居的终极佛土。二是"十重世界海"(亦称十重世界),居于三千娑婆世界之外,广大无边,为解行位者所居。三是"离类世界",为见闻位者所居。上述三类世界,全是《华严》教主卢舍那佛的法身显现,是其摄受与教化之处。其中,莲花藏世界(华藏界)为根本,是成佛境界的主导内容,其他二类世界则为末,为伴属世界。尽管三类世界体性为一,但其粗细有别,构成了互遍相资的无碍关系。究其实,无不归摄于一真法界,圆满自在。

法藏承智俨之说,主张佛有十身义,并提出释迦佛身即是法身。《华严经》称佛言:"吾今此身,即是法身",是其理据所在。此就"顿教寄言而说",若就别教一乘而论,"此释迦牟尼身,非但三身,亦即是十身,以显无尽"。通过修行证得果位功德,这是行位论的最终归趣。

---

① 智俨:《华严孔目章》卷二,《大正藏》第45卷,第559页下、第560页上。

佛教作为修证成佛的修行法门,成佛论是始终是其理论建构的终极归趣。而佛身论,则是佛陀观的核心论题之一。在大乘佛教中,佛身论具体化为"佛三身论",即以真如理体为法身,以生身为应身,在法身与应身之间别立报身。唐代华严一乘圆教据《离世间品》所立十佛义,以卢舍那(八十《华严》称为"毗卢遮那")法身为终极而圆融的悟境象征,同时也是佛身的理想形象,奉之为教主。卢舍那佛是《华严》大经所开示的佛果理想、佛果境界、佛果修证的综合体,其法界身具足用周、相遍、寂用、依起、真应、分圆、因果、依正、潜入及圆通等"十无碍义",自在无碍,最人格化地体现了华严圆教法界统观的运思模式。

第四节 唐代华严宗的传承与发展

一、"华严论主"李通玄及其华严学阐释

1. 生平行历

李通玄(635—730)①,山西太原人,系李唐王室之后裔。

据释照明《决疑论序》、云居散人马支纂录《释大方广佛华严经论主李长者事迹》所载,李通玄"性禀天聪,智慧明简",身为"王孙",却"留情易道,妙尽精微;放旷林泉,远于城市"。年过不惑后,通玄绝览外书,专精内典,尤倾心于《华严经》,尝遍寻晋译四十《华严》的"诸家义疏"。

李通玄不仅是唐代博学多识的著名学者,更是钟情佛法、自悟自修的文士典型。据文献记载,在研习晋译华严的过程中,他深感"经文浩博,义疏多家,惜哉后学,寻文不暇,岂更修行",遂决定改弦易辙,另辟蹊

---

① 有关李通玄的传记资料可参见照明《华严经决疑论序》、《唐李长者通玄行迹记》、《宋高僧传·法圆传》、《隆兴佛教编年通论》等。其生卒年,历史上有贞观九年(635)至开元十八年(730)(《宋高僧传》)、贞观二十年(646)至开元二十八年(740)(《隆兴通论》)、显庆四年(659)至天宝十三年(754)(李长者事迹)诸说。亦可参见木村清孝《中国华严思想史》第6章《李通玄的华严思想》、魏道儒《中国华严宗通史》(南京,江苏古籍出版社,2001)第4章第4节等。

径。当时,适逢新译八十《华严》于 699 年译毕,通玄感到"华严新译,义理圆备",遂以新译华严为主体,重新阐释华严经义学,"搜括微旨,开点义门,上下科节",撰成 40 卷《新华严经论》。

自开元七年(719),年届高龄的通玄,三年足不出户,潜心撰著。此后,又迁隐方山(太原寿阳)土龛,直至逝世,故后世学者有"方山"之称。据传,通玄隐居埋头撰著期间,"每日食枣十颗,柏叶饼一枚,余无所须",故有"枣柏大士"之誉。

从李通玄行历、事迹的文献记载中,诸如"枣柏之餐"、"猛虎驮经"、"神龙化泉"、"天人饷食"、"齿光代烛"之类①,显然仍有此前唐代华严诸祖师杜顺、智俨甚至法藏等人的"神僧化"痕迹。这种"神异"感应,辅之以李通玄的皇胄身世,成为后世礼赞李通玄不可多得的极佳素材。

此外,李通玄的隐逸风采,也是其备受世人关注的重要因素之一。据《李长者事迹》称:"长者身长七尺二寸,广眉朗目,丹唇紫肥,长髯美茂,修臂圆直,发彩绀色,毛端右旋,质状无伦,风姿特异,殊妙之相,靡不具足。首冠桦皮之冠,身披麻衣,长裙博袖,散腰而行,亦无韦带。居常跣足,不务将迎。放旷人天,无所拘制。"②

李通玄卒于开元十八年(730)三月二十八日。据文献记载:"清泰中(934—936),村民拨石,得连环金骨,扣之如簧。后晋天福三年(938),再造石塔,瘗于山之东七里,始创屋庐,号昭化院。皇朝初,闽僧志宁以其论义,分布经中,是为合论。至宋元祐戊申岁(1088),无尽居士张商英漕江左,出按寿阳,因斋戒至谒,于破屋之下散帙间,得《华严修行决疑论》四卷,疾读数纸,疑情顿释,乃移文令废淫祀,置长者像为民祈福。"③

始于后唐的民间祭祀李通玄,经由《华严经合论》入藏,直至北宋元

---

① 张商英《昭化院记》称:"说者以伏虎负经,神龙化泉,昼则天女给侍,夜则齿光代烛。示寂之日,飞走悲鸣,白气贯天。此皆圣贤之余事,感应之常理。"《决疑论后记》,《大正藏》第 36 卷,第 1049 页下。
② 马支:《释大方广佛华严经论主李长者事迹》,《续藏经》第 4 册,第 7 页中。
③ 正受:《嘉泰普灯录》卷二四《李通玄长者》,《续藏经》第 79 册,第 436 页中。

祐戊申(1088),张商英募缘重修昭化院,更转向借官方形式祠李通玄。自此以后,李通玄以白衣长者的身份,造《华严经论》,被推尊为中土的"净名居士",并借五台山这一佛教名山的灵验效应,逐渐成为后世佛教徒大加崇敬的对象。

张商英的方外之交、北宋名僧慧洪觉范(1071—1128,圆明禅师)尝撰有《枣柏大士画像赞并序》一篇,颇为完整地赞述了李通玄的一生:"易之深渺,不可以义得,故立象象以尽其旨。心之精微不可以言传,故指事法以示其妙。唯枣柏大士深入此三昧门。谨拜手稽首为之赞曰:须眉如画颓而美,风神如秋气奇伟。平生归宿东北方,尘劳动中寂而止。翛然跣足散衣行,智智用中不乖体。帝王家生得自在,寿量不书绝终始。虎受使令心境空,女为伴助憎爱弃。冠巾传心即俗真,方隅示法即事理。只将枣柏荐斋钵,我来阎浮非著味。自然光明生齿牙,我谈词章皆实义。佛子授汝以显决,一言便足超十地。随顺无明起诸有,若不随顺诸有离。圣贤酪生凡乳中,只由观照戒定慧。是谓大士同体悲,令我顿入一切智。作大佛事遍尘刹,华藏界中容顿辔。以空为座礼十身,以愿为舌说此偈。如以花说无边春,如以滴说大海味。稽首世间妙莲华,常愿清净出泥滓。"①

"华严宗主"贤首法藏、"华严论主"李通玄和稍后的"华严疏主"清凉澄观,成为唐代华严学建构史上的三大巅峰人物。

2. 著述及影响

据照明撰于唐大历五年(770)《华严经决疑论序》称:"……幸会《华严》新译义理圆备,遂考经八十卷,搜括微旨,开点义门,上下科节,成四十卷《华严新论》。犹虑时俗机浅,又释《决疑论》四卷,又《略释》一卷,又释《解迷显智成悲十明论》一卷。至于《十玄六相》、《百门义海》、《普贤行门》、《华严观》及诸诗赋,并传于世。"②李通玄的著述,据各经教目录所

---

① 觉范:《林间录后集》,《续藏经》第87册,第277页上、中。
② 照明:《华严经决疑论序》(撰于唐大历五年,770),《大正藏》第36卷,第1011页下。

载,达十四种之多。① 但其中或误传,或重复,实际现存者主要有如下四种。

第一,《新华严经论》,四十卷。

《新华严经论》在撰写体例上,取法于法藏的《华严探玄记》,亦分为两大部分。第一部分是前八卷的总括概述,属不涉经文的"悬谈"内容。第二部分自卷九至卷四〇,以"随文释义"的形式逐品讲解。值得注意的是,李通玄的《新华严经论》,并非为区别于智俨、法藏等人的华严经义学阐释,而是以唐代新译八十《华严》为析解对象。

第二,《华严修行决疑论》(全称《略释华严经修行次第决疑论》,简称《决疑论》),四卷。

李通玄序称:"但略叙纪纲,广申难尽,意令行者顺辙,不枉其功,于此一部之经,略立十门,以知进修之轨。"②其内容要旨,在于阐释"(华严)一乘圆教佛果之门",详述修行阶次。修行次第的十门内容,包括举佛自果劝修生信门,自己发心信解修行门,以定该含古今三世门,入佛果位现障成位门,明自行所及至果成佛门,明自成佛果普贤恒行门,明成佛果满一切皆成法界门,以佛果法利益人间俗众门,令世间人及龙劝修入法,信心修行因果同时门,十至妙峰山入位举行修行门。③ 上述修行十门,依次对应于新译八十《华严》"十处十会四十品",终摄于"(华严)一乘圆教佛果之门"。

据张商英《决疑论后记》(《太原府寿阳方山李长者造论所昭化院记》,简称《昭化院记》),元祐戊申九月(1088),出按寿阳,至李长者造论之所方山昭化院,于破屋之下,散帙之间,得《华严修行决疑论》四卷。④ 这一充满传奇的经历,显然可以成为有关李通玄"神异"形象的一大

---

① 据《智证录》、《圆超录》、《义天录》、《永超录》、《凝然录》等经录。
② 李通玄:《决疑论序》,《大正藏》第46卷,第1012页中。
③ 李通玄:《决疑论》卷一,《大正藏》第46卷,第1012页中。
④ 张商英:《决疑论后记》,《大正藏》第36卷,第1048页上。

佐证。

第三，《华严经大意》（题称《大方广佛华严经中卷大意略叙》），一卷。

此作以诵文形式归纳八十《华严》之要旨，凡分八十节，以应八十卷数，便于初学。如第六十一卷诵文为"普贤以能开十句，如来展白毫一光，文殊徒从而南行，皆显定门之果德"。第八十卷则记称"文殊展手而如持，善财功证于极果，普贤摩顶而偈劝，慎勿疑于此经"。

第四，《释华严十明论》，全称《释华严经十二缘生解迷显智成悲十明论》，亦称《解迷显智成悲十明论》，一卷。

这是李通玄对后世影响颇广的另一部著述。此作围绕"十二缘起"这一根本佛理，从修行论上依次析解其本源、成因、属性、功德等哲学问题。透过《十明论》，可以充分显现李通玄堪称精深入微的哲理思辨能力。

《十明论》所阐释的具体内容，略述如下：

第一明一切众生十二缘生从何所生的本源问题；第二明十二缘生为本有抑或本无问题；第三明诸佛解脱智慧为"本有"抑或为"修生"问题；第四明十二缘生与性空智慧孰先孰后的时间性问题；第五明十二缘生及佛智慧有无始终的宇宙论问题；第六明，十二缘生是一心所变与所受三界苦乐之间的关系问题；第七明佛教出世解脱法中何法有依、何法无依的问题；第八明，诸佛解脱无有性相，体无处所，其有无量功德，是有常还是无常的功能属性问题；第九明，一切诸佛誓度众生方成解脱的终极性与众生无数而诸佛无量的现实性之间的悖论问题；第十明，十二有支是大生死之源，如何超度众生，转迷开悟，终得解脱，与诸佛智悲双运，成就一切智海佛功德海的修行工夫论问题。①

据上所述，《十明论》所讨论的问题，在佛教现实修行中具有较强针对性，其要旨则在于辨析华严唯心论与法界缘起论的关系。李通玄主张

---

① 参见《释华严十明论》，《大正藏》第45卷，第768页下、第769页上。

众生迷悟、诸佛解脱智慧及其功德成就,皆不离十二缘起。因此而涉及到华严唯心论、法界缘起论与佛教十二缘起论之间的关系问题,尝试性地解答了唐代华严教义学理论与缘起性空这一佛教根本教理之间的内在关联。

正是由于上述问题的基本性与现实针对性,使李通玄《释华严十明论》在宋、明代佛教界皆有相当影响。

据对李通玄颇为关注的惠洪觉范称,《十明论》的主旨就在于题称所示:解迷、显智、成悲。他在《释华严十明论叙》称:"……夫《杂华》具四天下微尘数偈,而其所诠者,如来普光明大智一法而已。亲近随顺此智者,戒、定、慧三法而已。以戒、定、慧观照方便破灭无明,一切众生弹指实证。故金刚藏菩萨曰:'随顺无明起诸有,若不随顺诸有离。'是谓成佛显诀,人法要旨,借令三世如来重复宣示深奥,不能加毫末于此矣。其于利害去取,晓如白黑。其义理昭著,粲如日星。不知学者于戒、定、慧,何疑而不随顺?于无明烦恼,何恋而不弃遗乎?……"①惠洪觉范之所述,正是李通玄《十明论》前引部分的主旨内容。

据钱谦益记载:"泐潭英阅《华严十明论》,至'为真智慧无体性,不能自知无性,故为无性之性,不能自知无性,故名曰无明。《华严》第六地曰,不了第一义故,号曰无明。将知真智慧本无性,故不能自了'。若遇了缘而了,则无明灭矣。是为成佛要门。"②上述泐潭英所引者,即是《十明论》"第一明"的要义所在。

此外,晚明曹洞宗僧为霖道霈尝撰《跋李长者十明论》,称"华严第六现前地菩萨,寄位缘觉,以十门逆顺观察十二因缘,成般若门,三空自在,智慧现前。枣柏长者既释之于论,又重以十义明其大旨,谓之《十明论》。其意盖谓十二缘生是一切众生逐妄迷真,随生死流转波浪不息之大苦

---

① 惠洪觉范:《释华严十明论叙》(撰于政和五年,1115),《大正藏》第45卷,第768页上。
② 引见钱谦益《首楞严经疏解蒙钞》卷末五录(卷六),《续藏经》第13册,第909页下。

海,亦是一切诸佛宝庄严大城,亦是文殊普贤常游止之华林园苑,恒对现色身,在一切众生前教化无有休息。以迷十二有支,名一切众生;悟十二有支,即是佛。故众生及以有支皆无自性,随烦恼、无明、行识、名色六根相对,生触、受、爱、取、有,成五蕴身,即有生老死常流转故。若以戒、定、慧观照方便力照自身心体相,皆自性空,无内外有,即众生心,全佛智海。又以空慧长养大慈大悲,入生死海教化众生,如莲华处水而无染污。若厌十二缘生别求解脱,如舍冰而求水,逐阳焰以求浆。若以止观力照之,心境总亡,智日自然明白。如贫女宅中宝藏,不作而自明;穷子衣中珠,无功而自现。此乃华严圆顿大旨,李长者特拈出指示于人,最为肯切。"①明末曹洞宗僧为霖道霈是兼弘华严的大家,他在上文中从"华严圆顿大旨"的高度上评论《十明论》。

在李通玄的所有著述中,以《新华严经论》、《十明论》二书流行最广。尤其是《新华严经论》,唐宋之间,不断有人加以抄写整理。据云居散人马支所纂录的《华严论主李长者事迹》载,"至大历九年(774)二月六日,有僧广超于逝多兰若,获长者所著论二部,一是《大方广佛新华严经论》四十卷,一是《十二缘生解迷显智成悲十明论》一卷,传写扬显,遍于并汾。广超门人道光,能继师志,肩负二论,同游燕赵,昭示淮泗,使后代南北学人悉得参阅论文,宗承长者,皆超、光二僧流布之功耳。"②广超、道光是传布《华严经论》的最初二位僧人。

唐宣宗大中年间(847—860),福州开元寺志宁将《新华严经论》的注疏会于八十卷经文之下,合成一百二十卷。然而,经志宁纂录的《华严合论》,与原本《新华严经论》,多有改动。③

在唐中叶以后诸多禅僧的语录中,引述《新华严经论》者亦不乏其

---

① 道霈:《跋李长者十明论》,《鼓山为霖禅师还山录》卷四,《续藏经》第 72 册,第 668 页上。
② 马支:《李长者事迹》,《续藏经》第 4 卷,第 7 页下。
③ 据小岛岱山所述,志宁《华严合论》本与《新华严经论》,约有 8000 余处不同。参见《〈新华严经论〉研究序说》,《印度学佛教学研究》第 34 卷第 2 号(1985),第 175 页(总第 590 页)。

人。据《景德传灯录》卷二六载,天台德韶国师法嗣永安法师,后唐天成年间(明宗李亶,926—930)随德韶入吴越国,诏为僧正,"师以华严李长者释论旨趣宏奥,因将合经成百二十卷雕印,遍行天下"。①

南唐王室对于李通玄《华严经论》颇为关注。据《南唐书》卷一五《浮屠传》称:"初烈祖(李昇,937—943在位)辅吴,吴都广陵,而烈祖居建业,大筑其居,穷极土木之功。既成,用浮屠说。……烈祖召豫章龙兴寺僧知玄,译其旁行之书。又命文房书《华严论》四十部,衮秩副焉。并图写制论李长者像,班之境内。"②

五代时期,由于李通玄与李唐皇室(还有南唐、后唐)的血缘关联,《新华严经论》的流布达到了第一个高潮。其极致就是南唐升元二年(938),李通玄《新华严经论》获准入藏。《新华严经论》入藏,流通更广,阅者颇众,对后世产生了较大影响。在当时江南一些寺院中,得以收藏《华严经论》。如《绍熙云间志》卷中就尝记载,"藏乘二千余卷,枣柏大士《华严合论》在焉"③。这为包括李通玄著述在内的唐代华严学的流传,提供了文献基础。

北宋太祖乾德年间(964—968),惠研再加补订整理,终成《华严经合论》。永明延寿的百卷《宗镜录》,至少有十余次引李通玄《新华严经论》。与此相比较,由于法藏撰著的散佚严重,而仅引《华严旨归》一例。

李通玄对于新《华严经》的义理阐释,受到了宋代禅僧的极大关注。如在大慧宗杲看来,李通玄之释《华严经》,乃是由说通而入宗通的典范。他评论说:"生、肇、融、睿,乃罗什法师之高弟,号'四依菩萨'。尝同罗什释《维摩经》,至《不可思议品》皆阁笔,盖此境界非心思口议,遂不能措一词。如李长者论,入华严法界,词分句解,皎如日星,泮然无疑,若非亲遇

---

① 《景德传灯录》卷二六,《大正藏》第51卷,第427页下。
② 《南唐书》卷一五《浮屠传》。
③ 转引自金井德幸《会昌废佛后华严在江南传播与禅:以李通玄与神异为中心》,第91页,《东洋史论集》。

了缘,安能如此?"①

慧洪觉范则评议李通玄与清凉澄观这二位唐代华严大师的见地行履之异同,称"枣柏大士、清凉国师,皆弘大经,造疏论,宗于天下,然二公制行皆不同。枣柏则跌行不滞,超放自如,以事事无碍行心。清凉则精严玉立,畏五色粪,以十愿律身。评者多喜枣柏坦宕,笑清凉缚束,意非华严宗所宜尔也。予曰,是大不然,使枣柏薙发作比丘,未必不为清凉之行。盖此经以遇缘即宗合法,非如余经有局量也。"②

从上述二位宋代著名禅僧的评议中,大略可见李通玄的思想魅力之所在。

自宋代以降,李通玄《华严经论》产生较大影响的第二个高峰时期就是晚明。当时,李贽(卓吾)、赵大洲(贞吉)、陶石篑(望龄)等人对《新华严经论》都相当重视。③

此外,李通玄《新华严经论》还流传海外。如高丽高宗年间(1214—1259),《新华严经论》被收入《高丽大藏经》。而普照国师知讷(1158—1209)在其晚年(1207)更尝编集《华严论节要》3卷,是李通玄《新华严经论》四十卷的撮要本。自称在修禅之余,偶习《华严经论》。这是高丽华严与禅结合的代表僧人。其《华严论节要》序称:"世尊说之于口即为教,祖师传之于心即为禅。佛祖心口,必不相违,岂可不穷根源而各安所习,妄兴诤论、虚丧天日耶?"④知讷的禅教一致论,受到了李通玄、宗密等人的明显影响。其确立顿悟渐修、先悟后修的悟修论观念,其《修心决》称:"答顿悟者,凡夫迷时,四大为身,妄想为心,不知自性是真法身,不知自己灵知是真佛。心外觅佛,被波浪走,忽被善知识指示入路,一念回光,见自本性。而此性地,元无烦恼,无漏智性,本自具足,即与诸佛分毫不

---

① 宗杲:《宗门武库》,《大正藏》第47卷,第953页上。
② 慧洪:《林间录》卷上,《续藏经》第87册,第247页下。
③ 参见木村清孝《关于李通玄思想之流布》,《印佛研》第29卷第1号(1980),荒木见悟:《李通玄在明代》,《日本中国学会报》第45集(1994),等。
④ 引见《韩国佛教全书》第4卷,第768页上。

殊,故云顿悟。"① 据上所述,李通玄的新华严经义学阐释,在东亚华严学中占有重要的一席之地。

3. 李通玄华严阐释的内容及其特点

李通玄出身于皇胄之家,早年有严格的传统经学训练,中年以后专研新译《华严》,故其"新华严经"的阐释,无疑有其经学义理的影响。最明显的一点就在于突出中华传统的"崇圣"意识和"成圣"实践,这具体表现为佛教之圣与中土之圣并崇,特别重视与老庄易道思想的结合,从而构成李通玄华严经义学新阐释的一大特点。

在李通玄看来,华严之圣,既为"经主"毗卢遮那圆果妙谛之圣,更有文殊、普贤二大士的智、悲圆行之圣。因此,与智俨、法藏等唐代华严祖师的华严经义学阐释相比,李通玄的新华严经义学阐释,具有更突出中国化意识的特征。这一处处可见的阐释立场,对此后的澄观、宗密等人华严义学阐释均有较大影响,甚至堪称为后世华严经义学阐释的典型格式。这也是李通玄在后世获得儒家学者共鸣并得以重视的重要因素之一。

李通玄在阐释新华严经中,特别重视其圣化处理的基本主张,这不仅与《华严经》追求性佛境界的佛教理想相一致,更与华严教义学中注重成圣圆行的传统立场相适应,从而相当明显地体现出华严经教的本旨所在。

其次,李通玄以新译八十《华严》为文本对象的经义学阐释,使其更便于另立新说,成为独立于智俨、法藏之外的"新华严经义学"。

在《新华严经论》中,李通玄明确提出了《华严经》的"十处十会四十品说",既不同于晋译"七处八会三十四品说",亦异于唐译六十《华严》"七处九会三十九品"。② 其理由是《华严》经文有缺,主张将《璎珞本业

---

① 知讷:《修心决》,《韩国佛教全书》第 4 卷,第 709 页下。
② 参见李通玄《新华严经论》卷七,《大正藏》第 36 卷,第 760 页中。

经》补于新译《华严》,此为第四十品,成《华严》"十圆"之数。对此,志宁解释说:"其论所明,与诸家疏义稍有差别。经有十处十会,义搜《璎珞经》文(《璎珞经》两卷本)。四十品之妙文,文在第三禅。说十以为圆数,岂合只有三十九品之文?恐是梵本翻译之时有所流落。"①

《新华严经论》四十卷,约分两大结构。其卷一至卷九,为总论部分。总论内容,在志宁改录的《华严经合论》,未作变动。其卷九至卷四〇,则为分论部分,这也是《华严经合论》一百二十卷的扩展部分(始于《世主妙严品第一》,终于《入法界品第三十九》)。

李通玄述《华严》经旨称:"今此大方广佛华严经者,明众生之本际,示诸佛之果源。其为本也,不可以功成;其为源也,不可以行得。功亡本就,行尽源成。源本无功,能随缘自在者,即此毗卢遮那也。以本性为光,智随根应,大悲济物,以此为名。"②这段文字,义蕴丰富。既表达了《华严经》之为"经王"的殊胜地位,突出体现了生佛同源的修行理念;更点明了"华严经主"毗卢遮那佛的存在特性,即"以本性为光",遍处自在,智非圆行。

在总论部分,李通玄还以十门分科作为阐释华严经义学的基本架构,即依教分宗、依宗教别、教义差别、成佛同别、见佛差别、说教时分、净土权实、摄化境界、因果延促和会教始终。其重点则在于依教分宗与教义差别二门。③

再次,李通玄不同于法藏等人注重"经论互证"的华严经义学阐释,而是更关注经文本身的自主证成体系,并未过多地参照其他佛教学派(如摄论、地论特别是唯识论学派)的论述。因此,鲜明地体现出思想的纯粹性、完整性与体系性,符合"佛教之论"的证成形式。李通玄被后世称誉为"华严论主",可谓名至实归。

---

① 志宁:《华严经合论序》,《续藏经》第4册,第6页下。
② 李通玄:《新华严经论》卷一,《大正藏》第36卷,第721页上。
③ 同上书,第721页中。

最后,李通玄一反智俨、法藏等人华严教义学建构的玄理化风尚,转向注重实践修持为主导的华严阐释。从李通玄修习《华严》的经历中,可以充分看到其自主修行的实践性格,真正树立了"以经教为师"的修学典范,从而为广大华严修行者提供了如何自主修行的工夫论启示。在修持法门上,比较系统地提出了影响较广的"佛光观"、"华严念佛观"、"华严净土观"、"三圣圆融观"等以信仰与实修一体化为明确导向的法门,客观上推进了后世华严信仰实践活动的社会普及,进一步扩展了五台山的圣山化、文殊菩萨信仰的民众化,对北方地区佛教信行乃至日本、朝鲜的华严信行,均有重要的历史影响。

4. 唐代华严别系及其影响

据太虚法师的判断,中国华严弘传史上有三大流派:一为《地论》系华严学,多谈行、果;二为贤首系华严学,盛谈纯果;三为枣柏系华严学,融行、果于不可得。从佛法渊源上看,地论系与贤首系皆出于世亲、菩提流支一脉,而枣柏系则出于龙树、鸠摩罗什一脉。华严三系,最终消融于清凉系之华严。所以,太虚认为,中国华严教学最终完成者在于清凉澄观,而不在贤首法藏。①

唐代华严,存在着终南山和五台山两大华严系统。② 其中,五台山系华严的集大成者即是李通玄。③ 李通玄阐释唐代华严的别系之说,其文本基础在于新译八十《华严》,由此推展不同于智俨、法藏等人新华严经义学的阐释,展开以华严信仰论与修持论为主导的新教义学建构。

在华严教义学的理论建构上,李通玄则提出"十教十宗",区别于法

---

① 参见太虚《略说贤首义》,《太虚大师全书》第30册,香港佛学书局本。
② 镰田茂雄认为,中国华严宗可分为二大系统,即终南山系华严和五台山系华严。终南山系华严指由继承地论宗智正学说的智俨及其弟子法藏一派,主要以长安为中心。而五台山系华严则由北魏灵辨开创,经解脱、明曜之后,由李通玄所完成。《华严思想的接受形态:中国、朝鲜、日本华严的特点》,收于杨曾文、镰田茂雄主编《中日佛教学术会议论文集》,第176页,北京,中国社会科学出版社,1997。
③ 参见小岛岱山《五台山系华严思想之中国展开序说》,《华严学论集》,东京,大藏出版社,1997。另见其《李通玄之研究》、《五台山系华严思想之研究》,东京,山喜房佛书林,1997。

藏"五教十宗"之说。① 对于法藏承智俨所提出的五教判说,李通玄认为"立教深有道理"。但不同的是,李通玄着眼于印度(称为"西国")佛教论师们的判教观,着重辨析戒贤和智光"三时判教"的相关论述。②

从李通玄依说经时分判十教来看,其前五种与法藏判教的前四种,在内容上大体一致。李通玄虽认同法藏关于小乘教、《般若》类经典与《解深密经》(大乘始教)、《楞伽经》(大乘终教)、《维摩经》(顿教)的编排,认为这符合佛教理论建构与发展的历史演进。李通玄"依经判教",虽然解决了《法华经》、《涅槃经》和《华严经》的排序问题,但他最后列出"共不共教"与"不共共教"的根性分判,倒不如法藏在五教判后,再补充以"同教一乘"与"别教一乘"来得直接明快,可以充分地突显华严别教的殊胜性。

李通玄把《华严》归于第八教,消解了推崇华严极乘圆教的判教归旨。其最后所列的共与不共二教,并不单指华严而言。所谓"共不共",是指众生共有佛性,但见佛不共;所谓"不共共",是指众生根机虽各有不同,但其闻法同,而得益不同。因此,共与不共之分判,背离了李通玄"依经判教"的立场,而转向了以众生根机、闻法抉择、佛果法益等关系的辨析。

就义理判教的宗义而言,李通玄与法藏都立十宗,但判分宗义的所依理据却各有千秋。李通玄基于"依经判教"的立场,主张"依经分宗";法藏则基于"以理开宗"的立场,主张"依理分宗"。因此,李通玄所立十宗,与其十教的分判大体相应;法藏"以理分十宗",其内容虽与五教判大同而有少异,其相应性却逊于李通玄之分宗判,因为法藏的思考处境,主要是必须充分有效地回应法相唯识宗的八宗说,并非完全对应于五教的

---

① 李通玄之"十教"为小乘纯有教、破有明空教、和会空有教、说假即真教、即俗恒真教、引权归实教、舍权归实教、圆融教、共不共教和不共共教。其"十宗"是以情有为宗,以情有及真俱亡为宗,以说空彰实为宗,不空不有为宗,以五法、三自性、八识、二无我为宗,以会融染净二见现不思议为宗,会权就实为宗,以守护正法为宗,以明佛性为宗,及以法界理事自在缘起无碍佛乘为宗。
② 李通玄:《新华严经论》卷三,《大正藏》第35卷,第735页中、下。

说明与补充。因此,法藏与李通玄的十宗义分判,各自有其不同针对性。李通玄所述的"十宗义",有着鲜明的"经宗"意识,而非为专属华严的"教义"意识。因此,我们不难理解法藏对小乘经典作出具体分类,而李通玄十宗则对大乘经典的阐述较为详细。

总之,李通玄虽博综经论,但其判教立意显然与法藏等人不同。法藏等人有着明确的"以经证义"的别教意识,李通玄则更着重印度本源化的立意。这也许在于李通玄有意规避华严判教承袭天台判教之嫌。在华严教学史上,李通玄以其贬抑天台而著称一时,遭到了天台宗人的强烈抗议。如宋代志磐指出:"其立论以十处十会盛谈法界,与藏师疏旨不同。又以教主请主等十别对胜《法华》,而不知《法华》是开权显实之谈,不识《华严》是兼别说圆之典,故多为吾宗所斥。"①

其实,综观李通玄新华严经义学的阐释,天台思想正是其最重要的义理论敌之一。正是这一阐释取向,李通玄与稍后的清凉澄观既同亦别。二者的华严学阐释都有针对天台教学的挑战性,是其同也。但李通玄对于天台思想的理论挑战,建构于华严教义学的自主阐释之上,典型的例子,如华严"三圣圆融观"的阐释。而澄观则与法藏一样,在挑战天台思想的同时,积极吸纳其义理学说,或判教理论,或性恶理论,或一心三观法门等等。这种差异的出现,至少有二原由,其一是出于李通玄所选取的撰著体裁,即以造论的阐释方式,可以为"论主"提出更广阔的思考视野或空间;其二是李通玄对《华严经》的专注体验,为其造就了一种宏大思想的深厚底蕴或独特气派。

无论从其思考视野,还是据其阐释内容,都可以看到李通玄数十年专注《华严》的独特体验。正是这种独特体验,使李通玄另辟蹊径地自主建构华严信仰论和华严修持论,鲜明地呈现其新华严经义学阐释的实践性格。

李通玄的新华严经义学阐释具有明显的实践性格,体现于华严教义

---

① 《佛祖统纪》卷二九,《大正藏》第 50 卷,第 294 页上。

学的建构中同样推崇信仰与修行一体统贯的实践性。在信仰论上,全面确立"华严经主"毗卢遮那(舍那)的"佛光观",文殊、普贤与毗卢遮那的"三圣圆融观"。在华严修持论上,则积极倡导以《华严经》为主导的念佛论及净土观。同时,坚持信仰与修持一体统贯,以信仰引导修持,由修持落实信仰。无论是"佛光观"还是"三圣圆融观",无论是华严念佛论还是华严净土论,都体现了这一鲜明特质。当然,与法藏一样,李通玄的新华严经义学阐释与其华严教义学建构之间,也是相辅相成、一体并进的,决不可加以割裂理解。

在华严"佛光观"的阐释与建构上,李通玄明确强调毗卢遮那"以本性为光"的存在论特征。华严佛光观,在法藏的华严教义学阐释中,即已有着诸多堪称详尽的表述。如释"卢舍那"之义称:"卢舍那者,古来译或云三业满,或云净满,或云广博严净,今更勘梵本,具言毗卢遮那。卢舍那者,此翻名光明照,毗者此云遍,是谓光明遍照也。此中光明有二种,一智光,二身光。智光亦二义,一照法,谓真俗双鉴;二照机,谓普应群品。身光亦二种,一是常光,谓圆明无碍;二放光,谓以光警悟。此中遍者亦二种,一平漫遍无碍普周故,二重重遍如帝网重现故。此二圆融,各全体遍,非是分遍。"①

李通玄对毗卢遮那"佛光观"的阐释,其突出特质无疑是在智光、身光之外呈现"性光"之义。显然,智光、身光都有解脱论、宇宙论的色彩,而"性光"则属于存在论或本体论意义下的解析。佛光为性光的阐释立场,使李通玄的"佛光观"能够自在而平等无碍地涵摄信行与果德、智慧与慈悲,亦即可以圆摄智光观、身光观的解脱论、宇宙论内容。

"光"在梵语(prabha)中,具光明、放光、光照之义,常与"明"同用。法藏上述析义中,"智光"即意为照机之光与照法之光,类似于光照义。而身光之"放光",更为光之本义之一。法藏尝析解"放光"之义,称"此诸

---

① 法藏:《华严探玄记》卷三,《大正藏》第35卷,第146页下。

放光,略有四意:一为现相表法,二惊起信心,三照触救苦,四集众远召"①。在诸多佛典中,有关放光的设喻,几乎不可胜举。在《华严经》中,放光之喻,则可说是随处可见。李通玄的华严佛光观,以表法现相,具有贯穿佛教信仰论、修行论、解脱论的丰富内容,其思路与理论结构都显得较为独特。李通玄阐释称:"直论表法光明,始终有十,一一皆表因果次第:十信、十住、十行、十回向、十地等位。其中行相,无有杂乱。不同余教,化佛放光。或放一光而无十,或全身悉放而无次,或放果光而无因,或放因光而无果。如《法华经》,直放眉间毫相果光,而无足轮下信位因光。如《大品经》中,佛放足轮下光,及全身一时尽放光明,一时普摄三乘因果,直从下向上,以放光明,以成渐次。从凡向圣,多劫积修,行满之后,方成果德。不同此经放光,从果成因,以因成果,因果一体,不坏进修。"②据此,李通玄认为,"佛光观"是《华严经》本身独具的义理旨趣。既不同于《法华经》行相杂乱,虽为顿教,却未能圆具因果;亦不同于《大品经》,虽具圆德,却需累劫修行,未具顿教之行。结论很明确,"佛光观"是作为一乘圆顿的华严教法结构的内在旨趣,最为殊胜而完整。

李通玄对华严佛光观的阐释,较好地解答了华严信仰论、修行论与解脱论之间的内在统一性问题。由此立场,可以清楚地看到李通玄所建构的新华严教义学,旨在充分证成华严一乘圆顿教法的义理完整性,并因此而对天台教学提出了新的理论挑战,同时亦可以理解这种阐释对于后世禅修者的吸引力之所在。

二、"华严四祖"澄观及其思想

1. 生平行历

法藏享有唐代"华严宗主"之盛名,其私淑弟子清凉澄观则是名副其

---

① 法藏:《华严经文义纲目》,《大正藏》第35卷,第499页下。
② 李通玄:《新华严经论》卷三,《大正藏》第36卷,第738页上。

实的"华严疏主"。人称法藏为"华严和尚",称澄观为"华严观"。后世曾有人(如晚明云栖袾宏、民国太虚法师等)视澄观为华严的实际创宗者,提出改"贤首宗"为"清凉宗"。于此可见,澄观在中国华严教义学乃至华严宗中的重要影响及历史地位,被推尊为"华严四祖"也是得其所哉。作为北方佛教第一圣山、文殊菩萨根本道场的五台山,则更与澄观关系密切,澄观本人甚至被视为文殊菩萨之应化后身。

澄观(738—839),俗姓夏侯(一说戴),字大休,越州山阴人(今浙江绍兴)。① 九岁时就依本邑宝林寺体真法师(一说霈禅师)学,十一岁得度出家(一说十三岁)。初习《般若经》、《法华经》、《圆觉经》及《大乘起信论》等经论,同时喜读僧肇《四绝论》、道生《十四科仪》、杜顺《法界观门》、智𫖮《摩诃止观》、法藏《妄尽还源观》等中土大德之作。二十岁时,从本邑昙一法师授南山律而习律藏,继从常照律师受菩萨大戒,立下广为后世所称道的"十誓文"。

自唐肃宗乾元年间(758—759)后,凡二十余年间,少壮而盛的澄观,遍参禅教,游学南北。

澄观游学之初,以习律为主,如依润州栖霞寺醴律师习相部律。继至金陵,随玄璧法师学"关河三论",深造有得。大历十年(775),澄观随荆溪湛然(711—782)修习天台止观及《法华》、《维摩》诸经疏。他与元浩之于湛然,被称为"孔门之游、夏"。此后,一度求教于禅宗南宗系的牛头慧忠、径山道钦(714—792)和洛阳无名禅师等,"咨决南宗禅法"。复谒慧云禅师,习北宗玄理。据《景德传灯录》卷一三尝记称,澄观为五台山无名禅师的法嗣,但无机缘语句可录。而《广清凉传》卷下更称:"心地渊

---

① 有关澄观的传记资料可参见《妙觉塔记》(镰田茂雄《中国华严思想史研究》收有其图版),宋赞宁《宋高僧传》卷五,宋志磐《佛祖统记》卷二九、四一及四二,宋祖琇《隆兴佛教编年通论》卷一八、一九、二〇、二五,宋延一编《广清凉传》卷下,宋宗鉴《释门正统》卷八,元念常《佛祖历代通载》卷一六,明镇澄《清凉山志》卷三,清续法《法界宗五祖略记》等。

奥,受荷泽之宗。"①于此可见,澄观所学,广涉律学、三论、天台、华严及南北禅宗诸家。

大历年间,澄观先至瓦棺寺,学《起信论》和《涅槃经》。又从淮南法藏受新罗元晓《大乘起信疏》。后至杭州,投天竺法诜(718—778)门下,习《华严》大经。《宋高僧传》卷五称:"(法诜)盛阐华严,时越僧澄观就席决疑,深得幽趣。"②法诜尝撰有《华严经义记》二十一卷(一称三十二卷)、《刊定记纂释》二十一卷(或作十三卷)、《尼戒本疏》二卷、《维摩经疏》六卷、《梵网经疏》二卷。法诜之学,直承慧苑,而慧苑为法藏弟子。因此,澄观之学,远祧法藏,堪称贤首正宗。顺便一提的是,大历三年(768),澄观应诏,参加大兴善寺不空三藏译经活动,任润文之职,致使后人多传其译《华严》。

澄观精力充沛,博闻多能,历参诸方,广学经论。在他看来,"五地圣人,身栖佛境,心证真如,于后得智,起世俗念,学世间解"。身为学地之人,实不可无动于衷,应忘身勤学。此后,更是"博览六艺图史、九流异学、华夏训诂、竺乾梵字、四围五明、圣教世典等书,靡不该洽"③。

澄观以其博学多能著称一时。博综内外,正是中晚唐华严学僧的修学肖像。在阐释华严玄理时,大量征引中国古典思想观念,是澄观与法藏等人之间的一个显著不同之处。④ 这也表明澄观的游历修为,既有佛教修学的持久滋养,更有儒道世学、艺文典籍的广泛熏陶。

天台、华严、三论、密教、禅宗、律学,诸宗和会的修学环境,对于澄观的思想形成影响颇深。就天台与华严的关系而言,当时天台宗师荆溪湛

---

① 有关澄观的禅法修学,可见镰田茂雄《中国华严思想史研究》第一部第四节《澄观思想的形成》,第178—180页。
② 法诜从学于地恩贞,专业《华严》,颇得造诣,"事事无碍之旨如贯华焉"。尝先后在苏州龙兴寺和杭州天竺寺讲《华严经》十遍,撰有《华严义疏》十二卷。参见清画《法诜塔铭并序》,《全唐文》卷九一八,第4240页中。当时的杭州天竺寺为南方专弘华严的中心道场之一。
③ 续法:《法界宗五祖略记》,《续藏经》第77册,第623页中。
④ 参见镰田茂雄《中国华严思想史研究》,第164页。

然(711—782)的教义阐释中引入了华严真如随缘的观念,而澄观的华严阐释中则有天台性恶论的影子。此一关系,在宋代尝遭天台宗僧的普遍评议。①

大历十一年(776),澄观决定入五台山巡礼。其间,澄观还一度赴四川峨眉,礼普贤大士。澄观名山朝圣之行,充满着祥瑞异应。这一独特经验,促使他再返五台,居大华严寺,成为唐代及后世华严宗的根本道场。此后十年间,澄观由学而后继之以述、继之以作,专行方等忏法,崇信文殊、普贤、毗卢遮那"三圣圆融",万行兼通,深信此即"华严大义"。澄观一生历住五台,凡四十余年,"清凉澄观",名至实归。

贞元四年(788)春正月,应寺主贤林之请,开讲新作《华严经疏》60卷。七年(791),应河东节度使李自良请,于大崇福寺再讲《经疏》。十二年(796),澄观奉诏入都,参加罽宾三藏般若主持的"四十华严"译场。新经译毕后,澄观再奉旨于终南山草堂寺撰《贞元新译华严经疏》十卷。唐德宗贞元12年(796),赐紫方袍,号"教授和尚"。十五年(799),更赐澄观号为"镇国大师",进加天下大僧录,入内殿阐扬华严宗旨。唐宪宗元和五年(810),授僧统印,统天下僧。至此,澄观达到了他一生弘法事业的巅峰。

据记载,澄观示寂前尝示弟子海岸以遗言,称:"吾闻偶运无功,先圣悼叹,复质无行,古人耻之。无昭穆动静,无纶绪往复。勿穿凿异端,勿顺非辨伪,勿迷陷邪心,勿固牢斗诤。大明不能破长夜之昏,慈母不能保身后之子。当取信于佛,无取信于人。真界玄微,非言说所显,要以深心体解,朗然现前,对境无心,逢缘不动,则不孤我矣。"言讫,趺坐而逝。②

澄观在唐,历九宗世朝,史有"七帝门师"之称。③ 澄观在京都行化期间,"朝臣归向","咸慕高风,或从戒训"。④ 与澄观相交往来者,遍及皇宫

---

① 如神谏从义等人对此颇多议论。
② 引见续法《法界宗五祖略记》,《续藏经》第77册,第624页中。
③ 七帝为代宗、德宗、顺宗、宪宗、穆宗、敬宗和文宗。
④《宋高僧传》卷五,《大正藏》第50卷,第741页中。

帝室、朝廷大员及地方官吏,表明当时澄观的华严学思想,仍保持着向贵族势力渗透的社会影响。所有这些都有效地扩展了华严学说的社会影响,亦因此充分奠定其在唐代华严教学中的历史地位。

澄观示寂后,唐文宗敕旨辍朝三日,重臣缟素,并御撰《澄观真赞》一篇,文曰:"朕观法界,旷阒无垠。应缘成事,允用虚根。清凉国师,体象玄门。奄有法器,我祖聿尊。教融海岳,恩廓乾坤。首新二疏,拔擢幽昏。间气斯来,拱承佛日。四海光凝,九州庆溢。敞金仙门,夺古贤席。大手名曹,横经请益。仍师巨休,保余遐历。爰抒颛毫,式扬茂实。真空罔尽,机就而驾。白月虚秋,清风适夏。妙有不迁,缘息云化。邈尔禹仪,焕乎精舍。"①

澄观修持严谨,终生以"十誓"律己:"体不损沙门之表,心不违如来之制,坐不背法界之经,性不染情碍之境,足不履尼寺之尘,胁不触居士之榻,目不视非仪之彩,舌不味过午之肴,手不释圆明之珠,宿不离衣钵之侧。"②依愿修行,终身不懈,成就了澄观之为高僧的修行典范。

继法藏之后,澄观进一步巩固了华严学在唐代官方的正统地位。澄观一生行修,不再以神异禅行而行世,而是以其严谨的修学确立其地位。这是与以往华严学僧形象的不同之处。而其学识淹博,通经诠论,撰著甚勤,则是唐代华严祖师的共同之处。

2. 著述与弟子

澄观"言论清雅,动止作则,学赡九流,才供二笔"③。他精进过人,勤于著述。一生著作,多达四百余卷,人称"百部疏主"、"华严疏主",殊非

---

① 赞题为《敕写京大兴唐寺华严新旧两经并疏主翻经教授内殿谈论三教首座清凉国师大和尚澄观真赞》,引见义天《圆宗文类》卷二二,《续藏经》第58册,第555页下—556页上。
② 《宋高僧传》卷五本传,则据其弟子清沔所记"行状"而称"十愿":"一、长止方丈,但三衣钵不畜长;二、当代名利,弃之如遗;三、目不视女人;四、身影不落俗家;五、未舍执受,长诵《法华经》;六、长读大乘经典,普施含灵;七、长讲《华严》大经;八、一生昼夜不卧;九、不邀名惑众伐善;十、不退大慈悲,普救法界。"《大正藏》第50卷,第741页下。
③ 续法:《法界宗五祖略记》,《大正藏》第50卷,第624页中。

过誉。① 澄观承绪法藏之遗业,致力于唐译八十《华严》的新阐释,卓成大家。

《大方广佛华严经疏》(简称《华严经疏》),六十卷。

这是澄观系统注解唐译八十《华严》的一部巨制,原著为二十卷,完成于贞元三年(787)。法藏虽完善地阐释了晋译六十《华严》之经义,却未能终圆阐释唐译八十《华严》之宿愿。此后,虽有慧苑、李通玄相继阐释,而澄观皆有微词。所以,澄观决意承续法藏,以竟其愿。现本《华严经疏》为六十卷。此外,澄观还撰有《华严经疏科文》十卷。

在宣讲《华严经疏》时,往往有听者提出种种疑问,澄观遂另撰《大方广佛华严经随疏演义钞》(简称《华严疏钞》,或《演义钞》)四十卷。② 此书既是对此前《华严经疏》的系统阐释,更是澄观阐释华严经义学及华严教义学的系统总结之作。在其行文中,广涉儒家、老庄之学,充分展示了澄观的博学与综合能力。此外,澄观开创了自疏自钞这一释经体例,亦影响后人。晚明袾宏撰《弥陀疏钞》,即因循此例而作。

《贞元新译华严经疏》(亦称《普贤行愿品疏》,或称《贞元疏》等),十卷。

此书于贞元十四年(798),奉德宗之诏而撰。其内容除阐释唐译四十《华严》所独具的"普贤菩萨十大愿"外,其他部分多同《华严经疏·入法界品》之释义。

《华严法界观玄镜》(亦称《华严法界玄镜》),二卷(或作一卷)。

此为杜顺《修大方广佛华严法界观门》的释义之作。据载,"又为南康王韦皋、相国武元衡,著《法界观玄镜》一卷"。《法界观门》原夹杂于法藏《华严发菩提心章》中,自澄观始视之为杜顺所著。澄观撰此书已届西垂之岁,风烛难期,可视其晚年对华严四法界理论的系统阐述。

---

① 有关澄观的著述情况,参见镰田茂雄《中国华严思想史研究》第一部第四章第五节,第191—220页。
②《义天录》称:"或开为六十卷,径山写本八十卷。"

《大华严经略策》(亦称《华严略策》、《四十二策问》),一卷。

此书分四十二条,每条以四字为题,通过问答形式,列释唐译八十《华严》的经名、流传、翻译、各处会内容及主要的华严教义。此作亦是奉诏而撰,故每条终以"谨对",仿苏轼书三篇。因其体例严谨,实为《华严经疏》六十卷的纲要归纳。

《新译华严经七处九会颂释章》(亦称《华严经七处九会颂》),一卷。

此作简述唐译八十《华严》七处、九会、三十九品的经旨大意,起始"归敬颂"即称"此经八十卷,四万五千偈,七处九会说,三十九品章"。据《佛祖历代通载》卷一四所述,"节度使薛华、观察使孟简、中书钱徽、拾遗白居易、给事杜羔等,请制《七处九会华藏界图心镜说文》十卷"。① "其书仅一万三千余言,较之疏钞不及百之一,而全经要义揭示殆尽。且其文平易明白,虽初学可解,实为入华严教海之津梁矣"。② 在体例上,每节先列颂文,全书凡六十八句、十七颂,并附以散文释义及问答释疑,适引晋译《华严》作为对照,较适合初学者记诵《华严》经旨,是一部《华严经》概论之作,也是澄观简述《华严经疏》及《演义钞》之要义的讲章。

《三圣圆融观门》(亦称《三圣圆融观》),一卷。此作为司徒严绶、司空郑元、刺史陆长源所请而撰,主要解答《华严经》普贤、文殊二圣表法之义,阐释华严三圣(毗卢遮那佛、普贤和文殊)之间的义理结构,引证《大乘起信论》空、不空如来藏,以述基于一念心的法界圆融统观,别于李通玄的"三圣圆融观"。

《华严心要法门》(亦称《答顺宗心要法门》、《五台山镇国大师答皇太子心要》、《华严心要观》等),一卷。此书"陈一乘心道,直指法体,正显自心,见即成观,解即行满,实是学者之精要,行人之秘术者也"③。成为东亚华严学所共同推崇的一部名著。日本华严学僧湛濬、新罗学僧知讷等

---

① 念常:《佛祖历代通载》卷一四,《大正藏》第49卷,第609页中、下。
② 日僧典寿:《华严七处九会颂释章序》,《大正藏》第36卷,第709页下。
③ 引见凝然《法界义镜》卷上,《大日本佛教全书》第13卷,第281页下。

人都曾撰有疏释之作。

《五蕴观》，一卷。日本华严学僧凝然称之为"是大乘之通宗，深空之总致也"。①

《十二因缘观门》，一卷。凝然评曰："是觉道之至要，佛宗之极尊也。"②

此外，澄观还撰有《华严经疏科文》十卷、《入法界品十八问答》一卷、《华严经纲要》三卷等。③

据相关文献，澄观已佚撰著，尚有《华严经三品别行疏》（析问明、净行、贤首三品者，卷数不详）、《华严经三品别疏演义钞》五卷、《华严经三品别行疏科文》一卷、《普贤行愿品别行疏》一卷、《随文手镜》一百卷、《华严经了义》一卷、《大经了义备要》三卷、《观无量寿经疏》一卷、《华藏界图》、《受菩提心戒》一卷、《心镜说文》十卷、《镜灯说文》、《正要》及有关《法华经》、《楞伽经》、《中观论》等经论的注疏之作。④

此外，澄观尚有《真妄偈》、《证道颂》、《华严刹利变相赞》、《清凉国师诲答》、《与弟子海岸遗言》等诸文之作。

其《真妄偈》称："迷真妄念生，悟真妄则止。能迷非所迷，安得全相似。从来未曾悟，故说妄无始。知妄本自真，方是恒常理。分别心未亡，何由出生死？"⑤

---

①② 引见凝然《法界义镜》卷上，《大日本佛教全书》第13卷，第281页下。
③ 澄观《十二因缘观门》一卷，现有日本金泽文库古写本，其文本见录于高峰了州《华严论集》，第535—539页。
④ 《佛祖历代通载》卷一四称："其后相国齐抗、郑余庆、高郢，请撰《华严纲要》三卷，相国李吉甫侍郎归登驸马杜琮，请述《正要》一卷。又为南康王韦皋相国武元衡，著《法界观玄镜》一卷。仆射高崇文，请著《镜灯说文》一卷。司徒严绶、司空郑元、刺史陆长源，请撰《三圣圆融观》一卷。节度使薛华、观察使孟简、中书钱徽、拾遗白居易、给事杜羔等，请制《七处九会华藏界图心镜说文》十卷。又与僧录灵邃大师十八首座十寺三学上流，制《华严》、《圆觉》、《四分》《中观》等经律论关脉三十余部，皆古锦纯金，随器任用云。"《大正藏》第49卷，第609页中、下。另参见卢在性《雪岑〈华严释题〉所涉及的澄观著述》，《华严学论集》，第711—725页，东京，大藏出版社，1997。
⑤ 又题《兴唐寺华严疏主澄观答（元和中人）》，参见义天《圆宗文类》卷二二，《续藏经》第58册，第556页中。

其《证道颂》言:"欲了真如性,须遣忘执情。有心生死路,无念涅槃城。烦恼谁为主,菩提尚假名。不存分别见,佛道自然成。"①

澄观不仅重新组织了华严经义学,而后更把华严教义学与禅学齐举,开创了华严教义学的新阶段,同时驳难慧苑的析解,维护法藏思想体系的权威性。在某种意义上说,澄观不仅对于华严宗的创立起重要作用,对后世华严禅的推展亦影响甚巨。澄观把唐代华严引入到一个新的发展阶段,展示了教禅统观的新面相,更具有中国化佛教宗派的意味。此后继澄观而出世的"华严五祖"宗密,继唱教禅一致论,正式开启了华严禅之门。

弟子传法者一百多人,其他讲经说法者,更数以千计。在澄观出家弟子中,虽以海岸虚寂(号"宝印大师")为上首,但最著名者为东京僧睿和"华严五祖"圭峰宗密二人而已。据载,"(澄观)又为僧睿等著《随疏演义》四十卷、《随文手镜》一百卷云。"②

3. 思想与影响

澄观学识渊博,精通大小经论。澄观出家修学之时,禅宗正开始大盛,禅匠代不乏人,影响日益扩展。而唐代华严的关注热点,已从晋译六十《华严》转向新译八十《华严》。法藏首开新译《华严》经义阐释之端绪,其门下慧苑等人相继有作,至李通玄则别开阐释唐译《华严》之途,另立新说。澄观的华严学阐释,既要充分关注新译《华严》的疏释,更要兼顾"旧疏",并维护杜顺、智俨、法藏华严学说的完整性,由此推展华严教学的影响,巩固华严在隋唐佛教中的地位。总体而言,澄观的思想贡献主要有如下几个方面。

其一,澄观博学多闻,其华严义学阐释力主会通儒易,旁涉老庄道学,充分表明了中华本土文化传统对华严义学阐释的深刻影响。

---

① 义天:《圆宗文类》卷二二,《续藏经》第 58 册,第 557 页下。
② 念常:《佛祖历代通载》卷一四,《大正藏》第 49 卷,第 601 页中。

自唐玄宗以后,老庄道学通过行政途径确立其在中唐社会教化的主导地位。澄观修学时期,正是老庄道学最具社会影响力的时期。受此时代思潮的影响,澄观在阐释华严思想时,采用老庄道学的用语,并提出评述,时有所见。除老庄道学之外,儒家以易学为代表的思想,也是澄观华严阐释的重要文化资源。

对于儒、佛、道三教之说,澄观显然有其明确的宗佛立场。他评述三教关系称:"自古诸德,多云三教之宗。儒则宗于五常,道宗自然,佛宗因缘。然老子虽云道生一、一生二、二生三、三生万物,似有因缘而非正因缘。言道生一者,道即虚无自然故。彼又云,人法地、地法天、天法道、道法自然。谓虚通曰道,即自然而然。是则虽有因缘,亦成自然之义耳。佛法虽有无师智、自然智,而是常住真理,要假缘显,则亦因缘矣。故教说三世,修因契果,非彼无因恶因故。"①澄观对三教一致之说,颇表示异议。儒宗人伦五常,属于世间规范,自有其现实教化的合理性,不必多论。对于当时多引道家自然之论,以阐释佛道一致,澄观着眼于佛教因缘之说提出异议。

澄观特别告诫世人,主三教一致,应该防止三教浑一之偏。他说:"后儒皆以言词小同,不观前后,本所建立,致欲混和三教。现如今时成英尊师作庄老疏,广引释教,以参彼典,但见言有小同,岂知义有大异,后来浅识弥复惑焉。"②又说:"无得求一时之小名,浑三教之一致,习邪见之毒种,为地狱之深因,开无明之源流,遏种智之玄路,诫之诫之。传授之人,善须拣择。"③

澄观对于佛教与老庄之学的辨异之析,固然提出了一些防止混同的警示,但对于华严义学与儒家易学之间的兼通关系,却明确主张佛易兼通。特别是主张结合《起信论》与《周易》思想,用以阐释华严一心法界之

---

① 澄观:《华严经随疏演义钞》卷六四,《大正藏》第36卷,第513页上。
② 澄观:《华严经随疏演义钞》卷一四,《大正藏》第36卷,第105页中。
③ 同上书,第107页上。

说。澄观认为,一心法界具三大,即用大、体大、相大,在修行上则明确主张返本还源之论,同时援引《周易》复卦"复其见天地之心"、泰卦"无往不复,天地际也"之说,提出"动静一源者,法界体也"。约迷悟说,动即往,静即复。"动静迷悟,虽有二门,所迷真性,一源莫二,莫二之源,即是体也……动即往复,有去来故。静即体虚,相待寂故。不释动以求静,必求静于诸动。求静于诸动,故虽动而常静,则动静名殊,其源莫二,莫二之源,即一体也。"①

其二,承绪法藏,辨析华严异说,维护华严圆教之旨。

法藏完成了唐代华严教义学内在阐释与思想架构,澄观的任务是在华严学内部整合华严诸说,在华严学外部则展开对话融合。这正是澄观思想展开的二大构成面向。如果说法藏所面对的异宗,主要是来自唯识学和天台宗的挑战,那么澄观则面临着禅宗、特别是南宗禅的巨大压力。澄观之所以严厉批评慧苑之说,极力维护法藏的华严教判观,其中一个重要考虑,就是把禅宗安立于次于华严圆教的"顿教"序列。

澄观指出,贤首法藏之所以判天台为顿教,意在"欲顿诠言绝之理,别为一类之机,不有此门,逗机不足"。至于禅宗,达摩以心传心,也不出于顿教之旨。因为如果不指一言,直说即心是佛,何为可传之法?所以南北宗禅,都是"寄无言以言,直诠绝言之理"的"顿教"。② 相对于澄观来说,慧苑对于顿教的析解,更接近于法藏。

澄观盛赞法藏对晋译《华严》的经义学阐释,对慧苑《刊定记》借新译华严另立新说之举,则提出严厉批评。称"晋译幽秘,贤首颇得其门;唐翻灵编,后哲未窥其奥"。③ 严批慧苑依《宝性论》,立迷真异执教、真一分半教、真一分满教和真具满教四种教之非,坚决维护确立华严圆教地位

---

① 澄观:《华严经随疏演义钞》卷一,《大正藏》第36卷,第2页上。
② 澄观:《华严经随疏演义钞》卷八,《大正藏》第36卷,第61页下。
③ 澄观:《华严经随疏演义钞序》,《大正藏》第36卷,第1页上。

的五教判观。

其三，以一心法界为宗，整合完善华严"四法界"说。

澄观把华严唯心论进一步约归于"一心法界"，以此构建唐代华严的"四法界说"。澄观认为，十玄门系为解说事事无碍而立，与理事无碍范围有别。法藏以广狭自在无碍门、主伴圆明具德门，取代智俨之诸藏纯杂具德门、唯心回转善成门，在事事无碍范围内，较智俨更显理论上的一致，因此也显得更为合理。① 澄观把唐代华严所建构的法界观门，更明确地定位为"四法界说"，并从如来藏缘起论与真如论的结合，主张"以证圆教唯心之义，知一切法即心自性"②。这一析解立场，对唐代中后期华严教义学的推展，特别是禅教一致论，起到了重要作用。

澄观的华严阐释，立足于充分建构唯心论的义理体系，并在此基础完善华严基于心体论的实践修行。因此，对于华严唯心论的阐释，成为澄观华严义学建构的主体内容。在经据上看，澄观对华严唯心论的阐释，主要基于《八十华严·夜摩宫中偈赞品》中"心如工画师，能画诸世间。五蕴悉从生，无法而不造。若人欲了知，三世一切佛，应观法界性，一切唯心造"之偈的疏析。澄观指出："若不知心常画妄境，观唯心造则了真佛，上半有机，下半示观。然有二释，一云若欲了佛者，应观法界性，上一切差别皆唯心作，以见法即见佛故。二观法界性是真如门，观唯心造即生灭门，是双结也。又一是真如实观，一是唯心识观，大乘观要不出此二。观此二门唯是一心，皆各总摄一切法尽，二谛双融，无碍一味，三世诸佛证此为体故。"③ 显然，澄观基于《起信论》一心开二门的义理结构，以析解华严唯一心之旨。特别是华严观行思想的阐释，充分体现其华严圆行的实践性特征。这种实践性格，主要基于心境本同、体用一如的思维原则，最终突出华严观行的不可思议性："依心现境，依体起用，作诸佛

---

① 澄观：《华严经随疏演义钞》卷一〇，《大正藏》第36卷，第75页上。
② 澄观：《华严经随疏演义钞》卷二，《大正藏》第36卷，第94页下、第95页上。
③ 澄观：《华严经疏》卷二一，《大正藏》第35卷，第659页上。

事,体用不碍,得未曾有。"①

总之,澄观所建构的华严唯心论,并非玄学化、空泛化的唯心论,而是充满实践特征的观行法门。心体论的义理与性体论的义理,即体即用,体用一如。以法界为性体,以真知为心体,并对心体与性体之关系,提出了独特的四句料简,终契佛果之境。②

其四,内圆外通,博综台、禅,开华严经义学的通贯阐释之新风。

作为"华严疏主",澄观博综内外,通贯禅与教、天台与华严。尤为显著的是,澄观以其博学与识养,主动契应当时禅宗独盛的佛教格局,基于佛教经论的义理立场,积极吸纳儒道的思想观念,致力于禅教、台贤的贯通,为完善华严理事圆融、法界统观而注入新的解说,从而维护了华严在唐代佛教的应有地位。

与李通玄一样,澄观拥有深厚的儒道传统文化学养,在新华严经义学的阐释中,能够自如地运用儒道思想观念,从而使唐译华严经义学的阐释透显出浓郁的中国思维,为华严义理渗透士子奠定了重要基础,迅速扩大了华严教学在社会上的影响力。澄观时代,达到了唐代华严教学扩展其社会影响的顶峰时期。

澄观的华严阐释,具有极强的包容性。而这种包容性思想,则根植于他对佛教经论的深刻解读之中。如其圆通台贤教学的阐释立场,正是得益于对《起信论》的解读。澄观尝问学于晚年的天台中兴之祖荆溪湛然。湛然的天台学阐释有着明确的论辩性。其论辩对象,则具体包括唐代禅宗、华严与唯识三家义理。据《佛祖统纪》卷七载:"而自唐以来,传衣钵者起于庾岭,谈法界、阐名相者盛于长安,是三者皆以道行卓荦,名播九重,为帝王师范,故得侈大其学,自名一家。然而宗经弘论,判释无归。讲华严者,唯尊我佛。读唯识者,不许他经。至于教外别传,但任胸

---

① 澄观:《华严经疏》卷二一,《大正藏》第35卷,第659页上。
② 澄观:《华严经疏》卷一五,《大正藏》第35卷,第612页中、下。

臆而已。师追援其说辩而论之。曰《金錍》、曰《义例》,皆孟子尊孔道辟杨墨之辞。"①

对于谈论法界的华严学者,湛然以其为"唯尊我佛",剧谈佛果,而鲜及于观行。他对法藏阐释《起信论》及澄观《华严经大疏》,颇持异议,以至于后世过分夸湛然批辟华严的重要性。如宗鉴《释门正统》卷二就具体记载了湛然批驳华严义学的二个事例。一是驳法藏之释《起信论》,二是辟澄观"瓦石非佛性"之论。"盖昔天竺祖师马鸣造《大乘起信论》,首述归敬三宝,偈有曰:'及彼身体相,法性真如海。'贤首藏师消释之,乃谓释论云,在众生数中,名为佛性。马鸣只作一体三宝赞之,贤主却作别相三宝释之。师谓非唯不符佛祖大意,亦乃释论初无是说。又清凉观师于《华严大疏》复以瓦石非性之文,翼成贤首偏见,因有《金錍》之作。盖申涅槃佛性,进不教部权实之义,以救其弊,故假梦寄客,立以宾主,实欲兹錍一施,厚膜必去,于一切处,悉见毗卢遮那之指耳。"②其实,湛然对于天台学的阐释,仍不乏引述华严学之处。如湛然在《止观大意》中引《华严经》阐释一心止观称:"……心佛及众生,是三无差别。众生理具,诸佛已成,成之与理,莫不性等。谓一一心中一切心,一一尘中一切尘,一一心中一切尘,一一尘中一切心,一一尘中一切刹,一切刹尘亦复然。诸法诸尘诸刹身,其体宛然无自性,无性本来随物变,所以相入事恒分。……如是观时,名观心性。随缘不变故为性,不变随缘故为心。"③在其《法华文句记》、《金錍论》、《止观大意》等撰著中,湛然皆有真如不变随缘之说。澄观不仅运用《起信论》一心开二门之论,与华严法界义相结合,颇受真如不变随缘之说的影响。澄观承绪法藏的华严阐释,尽管扩展了华严经义学与佛教诸经论之间的融会贯通,但同时也导致了一些歧义(如会通

---

① 志磐:《佛祖统纪》卷七,《大正藏》第49卷,第188页下—第189页上。
② 宗鉴:《释门正统》卷二,《续藏经》第75册,第275页上。宗鉴此说,实为宋代天台学僧的捏造之说,参见镰田茂雄《中国华严思想史研究》第一部第四节《澄观思想的形成》,第174页。
③ 湛然:《止观大意》,《大正藏》第46卷,第460页中。

天台性恶论及无情有性论),遭到了宋代天台学者的一系列反驳。

除圆通天台教学之外,澄观还严正地强调顿教在华严五教判中的合理性,并进一步把禅宗列归于顿教。在此基础上,促进了华严教学与禅学的对话。他以本觉思想"灵知之心",融合荷泽南禅之学,更是对推展华严禅有着重要影响,不仅对后世中国佛学思想产生持久作用,甚至对佛道儒的和会都不无影响。继之而起的圭峰宗密,即据此推展"华严禅"。

澄观生活的8—9世纪,正是中国禅宗全面确立的历史时期。澄观修学其间,与宗门关系甚密。[①] 当时,不仅有六祖慧能(638—713)、荷泽神会(670—762)所代表南宗禅系、神秀(8世纪)北宗禅系及牛头禅系,始竟其美,更有马祖道一(709—788)、百丈怀海(720—814)、大珠慧海(生卒未详)等南宗禅僧各擅其场。面对唐代禅宗诸派竞秀的兴盛局面,澄观对南北禅系表现出甚具独立性的判析立场,即主张达摩禅法"以心传心"、"即心是佛",乃是其思想基础。这一禅法的思想原则,成为澄观圆通华严与禅的基点所在。而其依据则源出于八十《华严》和《菩萨问明品第十》所说"法界众生界,究竟无差别。一切悉了知,此是如来境。……非识所能识,亦非心境界,其性本清净,开示诸群生"[②]。显然,澄观判析禅法与华严的会通,关键在于生佛同具的本性清净心,此亦即真心法界。

澄观正是通过结合华严经文本的义学阐释,而展开其对南北二宗的批评。对于上述经文,澄观基于如来佛果的双重属性,即十地之因的可知可行(可证入性)与佛果境界的不可思议(实无所入性)。唯有二者的结合,才是真正实现证悟。他说,"一约一切众生即如来藏,更何所入,翻迷之悟,故云证入。二约理非即非异,故云入无所入。三约心境,心冥真

---

① 有关澄观与当时禅宗的关系问题,可参见镰田茂雄《中国华严思想史研究》第二部第五章《澄观禅思想之形成》;吉津宜英《华严禅思想史的研究》第四章《澄观的华严学与禅宗》,东京,大东出版社,1985;吉津宜英《关于澄观的禅宗观》(《印佛研》)。
② 唐译八十《华严经》卷一四,《大正藏》第10卷,第69页上。

境,故说为入。若有所入,境智未亡,岂得称入?实无所入,方名真入。即广之深,本起言念;即深之广,安测其涯。"①澄观还进一步从因之三义(殊胜、微妙和广大)、证入法界义等阐析了作为能证佛果与所证法界之间的内在关联。从南宗禅的"心体离念"上看,"知即心体,了别即非真知,故非识所识。瞥起亦非真知,故非心境界。心体离念,即非有念可无,故云性本清净。众生等有,或翳不知,故佛开示皆令悟入。即体之用,故问之以知。即用之体,故答以性净。知之一字,众妙之门。若能虚己而会,便契佛境。"②在终极性的如来圆镜智中,"无念顿现"。澄观针对南北禅宗所提出的四句料简,最终落归于"即体之用"之真知与"即用之体"之性净。而这正是《如来出现品》所称的"菩提普现诸心行"之义。

在《华严疏钞》中,澄观则结合南北禅宗对"知"体的阐释,更为具体地辨析了"知即心体,了别即非真知,故非识所识"之解的禅法对治意义。他说:"了别则非真知下,双会南北宗禅,以通经意。此句即遣南宗病也。谓识以了别为义,了见心性,亦非真知。……今有了别之识,故非真知,真知唯无念方见。"③

至于"瞥起亦非真知",则属于"遣北宗之病"。其理由是:"北宗以不起心为玄妙故。以集起名心,起心看心,是即妄想,故非真知。是以真知必忘心遗照,言思道断矣。……但以无念心称此而知,即同佛知见。经云'如实即无念',是用无念心见闻觉知一切事法。心常寂静,即如来藏。"心体离念,即是真知无念。北宗以不起心为宗,则更是具"起心看心"之病,远非心体真知。

对于第三句"心体离念,非有念可无者",澄观认为此即和会南北宗之义。有见于"北宗宗于离念",故南宗破之以"离念则有念可离,无念即本自无之。离念如拂镜,无念如本净"。澄观还援引《起信论》所说"心体

---

① 澄观:《华严经疏》卷一五,《大正藏》第35卷,第612页上。
② 同上书,第612页中。
③ 澄观:《华严疏钞》卷三四,《大正藏》第36卷,第261页下。

离念"论,认为念本自离,非有念可离,此同无念可无,亦即"性净"之义,并非看心方净。若无看之看,亦犹如无念,念者则念真如。澄观辨析离念与无念之异,更表明了真知的性净之义。

对于最后一句,澄观运用《法华经》开、示、悟、入佛知见的经典训示,称"开除惑障,显示真理,令悟体空,证入心体也"。结合北、南二宗禅法对开、示、悟、入四义的修证论阐释,澄观征引称:"北宗云:'智用是知,慧用是见,见心不起名智。智能知,五根不动名慧。'慧能见,是佛知见。心不动是开,开者开方便门。色不动是示,示者示真实相。悟即妄念不生,入即万境常寂。南宗云:'众生佛智,妄隔不见。'但得无念,即本来自性寂静为开。寂静体上自有本智,以本智能见本来自性寂静名示。既得指示,即见本性佛与众生本来无异为悟。悟后于一切有为无为有佛无佛常见本性。自知妄想无性,自觉圣智故是菩萨。前圣所知,转相传授,即是入义。"①唐代宗门二支对开、示、悟、入修证方法的不同阐释,北宗源于"不起心",而南宗则基于"心体无念",各具其理。

对于荷泽神会"知之一字,众妙之门"的体用论,澄观的辨析虽基于性净论立场而主张体用双运,但对神会的析解,却显得颇为首肯。他说:"……水南(即神会)善知识云:'即体之用名知,即用之体为寂。'如即灯之时即是光,即光之时即是灯。灯为体,光为用,无二而二也。'知之一字,众妙之门',亦是水南之言也。若能虚已下劝修,即可以神会,难可以事求也。能如是会,非唯空识而已,于我有分也。"②

澄观对禅宗心法的上述辨析,其运思关键是真如心体(心体)与性净本体(性体)的通贯一致。如果把这个思想原则贯彻到底,就会取消禅法"以心传心"的独特性,而是置列于更为广泛的性相关系的整体视野之中。因此,澄观辨析达摩心法的会通阐释,可以说是当时南北二宗所遭

---

① 澄观:《华严疏钞》卷三四,《大正藏》第36卷,第261页下。
② 同上书,第261页下、第262页上。

遇的一大挑战。

澄观《贞元新译华严经疏》玄谈十门之第五门"辨修证浅深",即意欲取消宗门以心传心的独特性,坚决强调教证印心的绝对至上性。澄观首先追溯经教之于佛法的历史本源称:"辨修证浅深者,然一经之内,上下诸门,皆明修证,恐文浩博,复撮其要。自大师法眼晦迹双林,诸圣传灯,明明不绝,以圣教为龟镜,以心契为冥符,故曰以心传心,不在文字,苟领文系之表,复何患于文哉?不可以筌为鱼,不可弃镜求像,自一味汩乱,南北分流,于能诠所诠,成定、慧两学。慧学者,复分性、相;定学者,有渐、顿不同。"①

在澄观看来,当时禅修者过于推崇"以心传心"的至上性,或难以避免导致定慧割裂、性相二分、顿渐对立等弊端。对于修证浅深而论,神秀主渐修为浅,慧能主顿悟为深,成为其时宗门的普遍识见:"谓说渐者,则看心修净,方便通经,或顿悟渐修,或渐修渐悟。说顿者,直指心体,或顿毁语言,或顿悟顿修,或无修无悟,虽此不同,并欲识心,俱期见理,得意则双美,殊涂同归;失旨则两伤,亡羊不异。今寄言以筌理,令得月于指端,然其所悟,或言心体离念本性清净不生不灭,多约渐也,或云无住空寂真如绝相,或妄空真有,或妄有真空,或即心即佛,非心非佛,本具佛法,多属顿门,然皆不离心之性相,并可通用,若明能悟入法,千门不离定慧,故定慧二门,若天之日月易之乾坤。何者?夫心犹水火,澄之聚之,其用则全。揽之散之,其用则薄。故波摇影碎,水浊影昏,清明止澄,巨细斯鉴。无定无慧,是狂是愚,偏修一门,是渐是近。若并运双寂,方为正门,成两足尊,非比不可。若言不起心为修道,定为门也。若云看心观心体心觉心求心融心,皆慧为门也。若云无念无修,定为门也。若云知心空寂知见无念朗彻照寂,慧为门也。若云寂照或知无念,则双明定慧门也。若云扬眉瞪目皆称为道,即此名修,此通二意,一令知其触目为

---

① 澄观:《贞元新译华严经疏》卷二,《续藏经》第5册,第64页上、中。

道,即慧门也。二令心无所当,即定门也。余可类知,不出定慧。"①

澄观具体辨析了禅悟的二种类型,即明了性相之"解悟"与心造玄极之"证悟"。据此类型划分,则有更多的分别,具体包括顿悟渐修、渐修顿悟、渐修渐悟、顿悟顿修四种组合。"若云顿悟渐修,此约解悟,谓豁了心性,后渐修学,令其契合,则悟如月照,顿朗万法,修如拂镜,渐莹渐明。若云渐修顿悟,谓初摄境唯心,次视心本净,后心境双寂,瞥起不生,前后际断,湛犹停海,旷若虚空。此约证名悟,则修如莹镜,悟似镜明。若云渐修渐悟,亦是证悟,则修之与悟,并如登台,足履渐高,所鉴渐远。若云顿悟顿修,此通三义,若先悟后修,谓廓然顿了,名之为悟。不看不证,不收不摄,旷然合道,名之为修,此则解悟,此定为门,亦犹不拂不莹而镜自明。"②无论是"顿悟渐修"之解悟与"渐修顿悟"之证悟,都具有悟与修、顿与渐之间的平衡关系,否则皆无从谈论真正的解悟或证悟。

从时间性的先后关系上看,则有"先修后悟"之证悟与"修悟同时"之解悟。

"若云先修后悟,谓依前而修,忽见心性,名之为悟,此为证悟,则修如服药,悟如病除。若云修悟一时,谓无心忘照,任运寂知,则定慧双运,如明镜无心,顿照万像,则悟道解证。若云本具一切佛法,名之为顿;一念具足十度万行,名之为修。则修如饮大海水,悟如得百川味,亦通解证。若云非心非佛,名之为顿,无念无修,名之为修。此约拂迹显理名顿,以定门修,以此为悟,亦通解证。若云无渐无顿,名之为顿;无悟不悟,名之为悟。此亦拂迹,约理名顿,约定门修,亦通解证,苟若得意,皆成定慧,如其失旨,不成妄想,即堕无记。若云夫称顿者,明理不可分悟,悟极照以顿明悟,义不容二,不二之悟,符不分之理,此则理智兼释,谓之顿悟,则唯证称悟,信解名修,若云立有阶位名之为渐,不立为顿,亦通解

---

① 澄观:《贞元新译华严经疏》卷二,《续藏经》第5册,第64页上、中。
② 同上书,第64页中、下。

证,是顿教中意,通前顿义。"①

澄观对悟修、顿渐料简的全面评析,体现了华严学僧严谨的逻辑性,对后世有关悟修顿渐关系的辨析、乃至于性相关系的讨论,皆产生了重要影响,表明中国佛教思维的成就与深入。

佛教修证活动中渐顿分别,主要典据出于《楞伽经》的"四渐四顿"之说。澄观阐释说,《楞伽》"四渐"(渐熟、渐成、渐生、渐就),"约地前十信三贤"言。而"四顿"(顿现、顿照、顿知、顿能),则"约登地已上无分别智"说。"初地八地报身法身,以分为四,此则行修为渐,证理名顿。若指《华严》以为圆顿,余皆渐者,约所诠义理,谓初心顿具,名之为顿,具德庄严,名之为圆。"②四渐四顿,终摄于华严圆顿之旨,这无疑充分表明了澄观以华严圆教涵括顿渐悟修的原则立场。

对于教法修学上的顿渐关系,也是澄观处理禅教关系时所辨析一个问题。华严为圆顿之教,既是化仪之顿,同时更是化法之顿,并非修行意义的"观行渐顿"。这种阐释,对于重禅轻教的风习,无疑有着重要的警示效应。所以澄观告诫学人说:"岂得趣执一言欲该佛法,或师己见,或毁真筌,愿诸后学,无勇于知,无执于石,无轻于圣,无滞于言,无得自欺,无竞说嘿,广如经文。"③

澄观结合《楞伽经》、《起信论》等佛教经论,用以配解唐译八十《华严》的经本,相当充分地辨析悟与修、顿与渐等当时佛教修学活动至关重要的理论问题,表明其阐释能够契应佛教修行活动的实践,对于宗密更广泛地圆通华严教证与禅修法门的思考,奠定重要的义理基础。

澄观晚年主持五台山大华严寺,不仅使之成为华严宗的根本道场,对于后世在五台山为中心的北方华严的弘扬产生了重要影响。尤其是随着宋代中国密教的扩展,五台山地区更成为华严教与密教相结合的中

---

①② 澄观:《贞元新译华严经疏》卷二,《续藏经》第 5 册,第 64 页下。
③ 同上书,第 65 页上。

心地区。正是通过五台山密教圣地和华严圣地的双重地位，对于辽、元时期的中国佛教思想的演变产生了重要影响，致使澄观思想在辽、元时期达到了历史的另一个高峰。

三、"华严五祖"宗密及其思想

1. 生平行历

宗密(780—841)，俗姓何，果州西充(今四川西充)人。① 出身于豪盛之家，少有经世之志，通世儒之学。及至弱冠，始听习佛教经论。元和二年(807，一说元和元年)，弃举业，从遂州道圆禅师披剃受教。同年，进具足戒于拯律师。

宗密的生活时代，既是唐代禅宗的大盛时代，更是唐代佛教由盛而衰的转折时期。宗密出家后，学无常师，转益多方。概而言之，宗密从学师资，约有如下三类。②

一是荷泽神会(684—758)一系的南宗禅诸师。

宗密得法于荷泽系荆南南印(惟忠)的上足弟子道圆和尚，并先后参谒南印、神照等荷泽系禅师(俗姓张，为道圆同门师兄)。从文献记载上看，宗密的"禅师"形象，已全然不同于唐初杜顺隐居潜修的"禅僧"形象，而更具有涉世、应世的记载内容。

二是以经教为师，其中影响最大的经教即《圆觉经》。

禅宗荷泽，教归《圆觉》，这是宗密为学的基本特质。故时人称，孔子志在《春秋》，宗密则"心宗《圆觉》"。对于自己与《圆觉经》的殊胜因缘，

---

① 有关宗密的传记资料，可参见裴休《圭峰禅师碑铭并序》(亦称《唐故圭峰宗密定慧禅师传》)、宗密《圆觉经大疏钞》卷一下、《圆觉经略疏钞》卷下二，及《隆兴佛教编年通论》卷二五、《景德传灯录》卷一三、《佛祖历代通载》卷一六、《宋高僧传》卷六、《佛祖统纪》卷二九等。
② 有关宗密的传法世系，可参见胡适《跋裴休的〈唐故圭峰宗密定慧禅师传法碑〉》，《胡适学术文集·中国佛学史》，北京，中华书局，1997；冉云华《宗密传法世系的再检讨》，收于《宗密》附录，台北，东大图书公司，1988；小川隆《宗密传法世系再考》，《禅文化研究所纪要》第15号(1988)，第67—82页。

宗密本人曾感慨系之:"自此耽习,乃至如今。不知前世会习,不知有何因缘,但觉耽乐,彻于心髓。寻访章疏,及诸讲说匠伯,数年不倦。"① 裴休则更称,"(宗密)受《圆觉》悬记",当大弘圆顿之教。②

三是师承"华严疏主"清凉澄观。

师承澄观,是宗密为学转向的关键。元和五年(810),宗密抵襄汉,遇灵峰法师,获读澄观华严疏、钞,欣然有得,称"吾禅遇南宗,教逢《圆觉》……今复得此大法,吾其幸哉!"③在二度宣讲华严疏、钞后,宗密决定师从澄观。他先修书表达自己愿执弟子礼的心意,得到澄观的首肯后,就北上师事,随侍二年,深受澄观印可。

元和十一年(816)后,宗密在终南山智炬寺及长安兴福寺、保寿寺诸道场,或遍阅藏经,或勤于撰述,或化导门生,完成了许多重要著述,培养了众多佛门弟子。

长庆年间(821—827),宗密退居终南山草堂寺、丰德寺等,继续从事著述。唐文宗太和年间(827—835),数度应诏入内殿,讲释法要,钦赐紫袍,敕号大德。

宗密行化京师期间,"朝臣士庶,咸皆归仰",堪可比拟于乃师清凉澄观。④ 白居易对于宗密博学与修行,甚表推崇,尝赋诗《赠草堂宗密上人》,称:"吾师道与佛相应,念念无为法法能。口藏宣传十二部,心台照耀千百灯。尽离文字非中道,长住空虚是小乘。少有人知菩萨行,世间只是重高僧。"⑤宗密博学多识,固然是受到朝贵文士推崇的内在缘由,不过宗密"解行相应"的高僧气概,亦是其中的重要原因。所以,《宋高僧

---

① 宗密:《圆觉经略疏钞》卷二,《续藏经》第15册,第212页下。
② 裴休:《大方广圆觉经略疏序》,《大正藏》第39卷,第523页下。
③ 续法:《法界宗五祖略记》,《续藏经》第77册,第624页下。
④ 有关宗密与当时朝贵文士间的交游活动,可参见冉云华《宗密》,台北,东大图书公司,1988,第29—37页。
⑤《白居易集》,第355页,上海,上海古籍出版社,1990。

传》述称:"道既芬馨,名惟烜赫,内众慕膻既如彼,朝贵答响又如此。"①特别是相国裴休,深入堂奥而为其外护。自称"休与大师,于法为昆仲,于义为交友,于恩为善知识,于教为内外护",并以"详而叙之"的诚恳态度,撰写了著名的《唐故圭峰宗密定慧禅师传法碑并序》,成为记述宗密一生行实的宝贵文献。② 裴休还为宗密的著述撰写序文,如《禅源诸诠集都序》、《注华严法界观门序》、《道俗酬答文集序》、《圆觉经大疏序》等,广其流传。

武宗会昌元年(841)正月,宗密寂于兴福寺。唐宣宗追谥"定慧禅师",塔曰青莲。裴休撰《唐故圭峰宗密定慧禅师传法碑并序》,概述其一生行化。

宗密一生,由儒入佛,从禅入教,禅教并弘,转益多师,博综内外之学,考述禅教之际,对于诸如印度佛教经论与中国佛教之关系、佛教诸宗派间的义理关系、特别是佛教心性解脱与世间教化秩序之间的关系等问题,都进行了颇具深度的思考,提供了体系化的解答,对后世影响极其深远。宗密的佛学造诣与修行,备受时人及后人的推崇,甚至以"圭峰宗"称之,可见其影响之盛。

宗密以"圭峰禅师"称名当时,以"定慧禅师"闻名于后,但其一生行化,决非纯粹的一介学僧而已。据文献记载,宗密生前多遭时人"不守禅行,而广讲经论;游名邑大都,以兴建为务"之异议。宗密虽师承澄观,被后世推尊其为"华严五祖",其学却深植于阐扬《圆觉了义经》,融会《起信论》一念法门,以论衡禅教为要务。宗密自许"数十年中,学无常师,博考内外,以原自身"③,却洁己自律自修,心怀四耻:一耻"穷子不归,贫女不富";二耻"三乘不兴,四分不振";三耻"忠孝不并化,荷担不胜任";四耻

---

① 《宋高僧传》卷六《唐圭峰草堂寺宗密传》,《大正藏》第50卷,第742页上。
② 裴休:《圭峰慧禅碑铭并序》,《全唐文》卷七四三,第3409页下,上海,上海古籍出版社,1990。
③ 宗密:《华严原人论序》,《大正藏》第50卷,第707页下。

"避名滞相,匿我增慢"。① 宗密的"四耻心"与乃师清凉澄观的"十誓文"相比较,其所践履的佛门行化,当更有其宗教社会史意义上的深度与广度,成为后世佛门所推崇的"解行相应"的典范高僧。

2. 著述与弟子

宗密一生,学无常师,博通内外,著述颇丰。据镰田茂雄先生的考证,宗密的著作达三十七种。冉云华先生则依据敦煌残卷,集录了宗密著作四十一种。黄连忠则综合二位学者,认为宗密的著作多达六十三种。② 综观宗密超过二百余卷的著述,从撰著形式上,约为编纂、注释和创作三大形式,大致可分为如下五类。

一是大乘经论的疏释之作。

其中尤以《圆觉经》阐释为典型,计有《圆觉经科文》二卷、《圆觉经纂要》二卷、《圆觉经大疏》三卷、《圆觉经大疏释义钞》(亦称《大钞》)十三卷、《圆觉经略疏》二卷、《略疏钞》(亦称《小钞》)六卷及《圆觉经道场修证仪》十八卷、《圆觉经礼忏本》(略本)四卷、《圆觉道场六时礼》一卷、《圆觉经辨疑误》一卷、《圆觉庶礼文》十八卷、《圆觉经了义图》一卷等,并行于世,几占其撰著的四分之一。

《圆觉经》是宗密用力最为专精的佛典,前后持续二十年。宗密于长庆二年(823)完成《圆觉经大疏》三卷,其后复加详释,成《圆觉经大疏钞》十三卷。宗密《圆觉》经义的阐释之作,并非限于经文的疏释,旁征博引,既有佛教戒、定、慧三学诸经论,亦有儒、道、禅、教诸典籍,其体裁内容包罗众广,堪称为佛教百科全书式的撰著。

《圆觉经大疏释义钞》也是宗密精思审虑的自得之作,前后历时八年而成。宗密本人详述其间的经历,称:

---

① 参见裴休《圭峰慧禅碑铭并序》,《全唐文》卷七四三,第3409页中。《宋高僧传》卷六《宗密传》,《大正藏》第50卷,第742页中。
② 有关宗密的著述情形,可参见镰田茂雄《中国华严思想史研究》(1965)、《宗密教学之思想史研究》(1975),冉云华《宗密》,台北,东大图书公司,1988,黄连忠《宗密的禅学思想》第2章第3节,台北,新文丰出版公司,1995。

良由此经,具法性、法相、破相三宗经论,南北顿渐两宗禅门,又分同华严圆教具足悟修门户,故难得其人也。宗密遂研精覃思,竟无疲厌,后因攻《华严》大部、清凉《广疏》,穷本究末。又遍阅藏经,凡所听习咨询、讨论披读,一一对详《圆觉》,以求旨趣。至元和十一年(816)正月中,方在终南山智炬寺,出科文科之,以为纲领。因转藏经,兼对诸疏,搜采其义,抄略相当,纂为两卷。后却入京都,每私捡之,以详经文,亦未敢条流纶绪,因为同志同徒,详量数遍,渐觉通彻,不见疑滞之处,后自觉化缘劳虑。至长庆元年(821)正月,又退在南山草堂寺,绝迹息缘,养神炼智。至二年(822)春,遂取先所制《科文》及两卷《纂要》,兼集数十部经论,数部诸家章疏,课虚扣寂,率愚为疏。至三年夏终,方遂终毕。①

二是有关禅宗的撰述。

宗密晚年编有《集禅源诸论开要》(又称《禅藏》)一书,据称多达一百三十卷。宗密的禅学名著《禅源诸诠集都序》四卷(现存二卷)、《中华传心地禅门师资承袭图》,可谓是这部《禅藏》的纲要与图示。上述二书,与《圆觉经大疏钞》十三卷,成为后世研究中华禅宗史的重要文献资料。

三是有关华严义学的撰述。

在这类撰著中,既有宗密本人撰著,亦有对华严祖师撰著的疏作。有《华严原人论》一卷、《华严经纶(论)贯》五卷、《华严心要法门注》(亦称《华严心要注》)一卷、《注华严法界观门》一卷、《注华严法界观门科文》一卷。其中对于澄观的华严疏作,计有《普贤行愿品疏钞》二卷、《普贤行愿品疏钞科文》一卷、《华严行愿品随疏义记》(亦称《行愿品疏钞》)六卷、《华严行愿品随疏义记科》一卷等。特别值得一提的是,《华严原人论》会通儒道,堪称宋代道学之先声。

四是有关《涅槃经》、《金刚经》、《盂兰盆经》及《四分律》、《起信论》、

---

① 宗密:《圆觉经大疏释义钞》卷一下,《续藏经》第9册,第478页上、中。

《唯识论》等经律论的疏钞撰著。

其中,《涅槃经纲要》三卷、《涅槃经疏》卷数不详。

《金刚经》有六种疏释之作,即《金刚经十八注图》一卷、《金刚经纂要疏》一卷、《金刚经纂要疏钞》二卷、《金刚经纂要疏科文》一卷、《金刚般若经疏》一卷、《金刚般若经疏钞》一卷。宗密追随唐代华严智俨、法藏诸祖师,致力于《金刚经》的疏释工作,且成果最为突出,对于后世的影响亦最大。

宗密有关《大乘起信论》的疏释之作,主要有《大乘起信论疏》二卷(一作四卷)、《起信论疏钞》二卷、《起信论疏科文》一卷、《起信图》一卷,凡四种。宗密成为继法藏后撰著《起信论疏释》的一代宗师,对宋代华严学僧影响较大。[①]

宗密有关《起信论》的疏钞之作,在华严教学博综经论的阐释史上,有着承前启后的重要地位。承法藏《大乘起信论义记》而起,《起信论疏》即是法藏《起信论义记》改削之作,故其题称"西太原寺沙门法藏述、草堂沙门宗密录之随科注于论文之下"。[②] 启宋代华严学僧(特别是"二水")疏释《起信论》之后,如石壁寺传奥(生卒不详)对宗密《注疏》的详解之作《大乘起信论随疏记》六卷(今佚)及长水子璿《起信论疏笔削记》二十卷,就是在宗密之作基础上改削而成。同时,《起信论》所内具的教禅一致、诸宗融会的义理思想,对于宗密及其华严思想的阐释,亦有着重要影响。当时北宗禅、慧能禅、牛头禅及马祖禅的法门观念中,均易见《起信论》思想的影响。

此外,宗密还撰著了《盂兰盆经疏》一卷,其所阐释的"戒孝一致论",对后世影响颇广,宗密本人亦因此博得"佛门孝子"的美誉。

宗密有关佛教律藏的疏释之作,计有《四分律藏疏》五卷、《四分律钞

---

① 参见柏木弘雄《中国、日本的大乘起信论研究史》,平川彰主编《如来藏与大乘起信论》,东京,春秋社,1990。
② 《起信论疏》四卷本,题称"西太原寺沙门法藏述、草堂沙门宗密录之随科注于论文之下"。

玄谈》二卷、《四分律藏疏科文》一卷及《注发菩提心戒》一卷,皆已失佚。

至于《唯识论》的疏释之作,则有《唯识论疏》(颂疏)二卷、《唯识颂疏钞》九卷、《唯识颂疏科文》一卷等。

五是其他著述。

如《道俗酬答文集》(亦称《酬答书》)十卷,包括著名的《遥禀清凉国师书》、《答山南温造尚书》、《示学徒文》等文,亦包括《修门人书》、《答真妄颂》、《一心修证始末图》、《三教图》等。此外,宗密尚有许多"自述心迹"的忏愿文,则收录于《圆觉经道场修证仪》中。

宗密身兼华严与禅宗二家祖师,学贯禅教,成为后世禅教一致论的实践典范。宗密一生注重文献的整理汇编,经、律、论三藏兼学,门下弟子自然众多。《宋高僧传》称:"持服执弟子礼四众数千百人矣。"①其弟子可考者,有慈恩寺泰恭(裴休所谓"断臂以酬德"者)、玄珪、智辉、圭峰温师、兴善寺太锡、万乘寺宗、瑞岩寺觉、化度寺仁瑜及居士裴休等人。其中,玄珪、智辉为送呈《圭峰定慧禅师遥禀清凉国师书》的二位弟子。②

宗密也是悲智双运的楷模人物,对门下弟子谆谆善诱,慈祥有加。透过其所撰《示学徒文》,后人大可领略宗密之为一代修行导师的慈悲心量:

> 一从别后,相忆是常。未审朝暮用心在何境界?得背尘合觉否?外境内心觉了不相关否?定慧轻安适悦否?修行若忘失菩提心,知之总是魔业否?数数觉察,勤勤观照,习气若起,当处即休,辄莫随之,亦莫灭之。何以故?阳焰之水不应趁故,不应灭故。不应趁故,免落凡夫纵情;不应灭故,免堕二乘调伏。圆宗顿教,毕竟如斯。但与本性相应,觉智自然无间。长时之事,难可具书,略标大

---

① 赞宁:《宋高僧传》卷六《宗密传》,《大正藏》第 50 卷,第 742 页下。
② 参见镰田茂雄《宗密以后的华严宗》,收于《华严学论集》,第 85—91 页。另见台湾《普门学报》总第 3 期(2001),第 72—79 页。

分,自须努力,不多述也。①

3. 思想与影响

宗密的学识博杂,不仅思想创造能力强,而且综合能力更突出。其疏释撰著,大都文辞典雅,说理严谨,议论公正,文献全面,多是唐代教苑著述的精彩之作。所有这些因素,都充分奠定了宗密作为唐代一流佛教思想家的地位,扩展了宗密思想对后世佛教理论的持续影响。

从宗密一生的撰著情况来看,宗密的华严思想具有典型的综合特征。教、律、禅、密诸法门,皆有所涉及。全面评述宗密思想的历史形成及其构成特征,殊非易事。兹仅举其华严学阐释的思想特点,作一简论。

经过智俨、法藏、澄观三位华严大师的相继努力,唐代华严教义学建构得以全面确立。在此历史背景下,如何更好地阐释华严教义,如何运用华严教义处理禅教关系,就成为宗密佛学思考的议题。思想处境的变迁,使宗密思想体现出不同于智俨、法藏等人的一些特点。

从宗密的华严思想阐释上看,则至少具有三大显著特点。

一是在华严学阐释,突出体现了宗密对经教统合的创造性关注。

宗密是奉行以经教为师的一大典范。华严阐释的经教统合,典型地体现于选择《圆觉经》为基础,结合《大乘起信论》的一心法门,以阐释华严义学。总体而言,宗密学脉最切近于澄观,并上承法藏,但不同于此前的唐代杜顺、智俨等华严祖师。这种经教统合的阐释取向,对后世特别是北宋时期的华严学阐释有着直接影响。

宗密之所以如此推崇《圆觉经》,至少有二大理由。

第一个理由是相信圆觉经旨完全源出于佛教戒、定、慧三学并举的历史传统。诚如裴休所称:"圆觉也,盖圆觉能出一切法,一切法未尝离圆觉。今夫经、律、论三藏之文,传于中国者五千余卷,其所诠者何也?戒、定、慧而已。修戒、定、慧而求者何也?圆觉而已。圆觉一法也,张万

---

① 宗密:《示学徒文》,收于《全唐文》卷九二〇,第4250页上。

行而求之者何？众生之根器异也。然则大藏皆圆觉之经，此疏乃大藏之疏也。"①《圆觉经》是涵括戒、定、慧三学，圆觉即是戒、定、慧三学之总名。圆觉不离万行，万行终归圆觉。在此意义上，《圆觉经》即是经、律、论三藏之学，而《圆觉经疏》实为三藏之疏释。裴休的这种解释，从宗密是可以成立的。

第二个理由是，《圆觉经》不仅博涉法性、法相、破相三宗所据之经论，旁及南北、顿渐两宗禅门，更重要的是可以与华严圆教相互配解，成为阐释禅教、性相义理不可多得的经本。"此经具法性、法相、破相三宗经论，旁及南北、顿渐两宗禅门，又分同华严圆教，具足悟修门户，故难得其人也。"②

宗密选择《圆觉经》作为运用华严教理阐释佛教修学法门的经据，同样体现了唐代华严学僧博综经论、以经证教的运思特征。

二是宗密在以经证教的基础上，强调教禅的融会，明确主张以教证禅，尤其积极推进澄观开创的华严禅思想。

如果说经教的统合阐释，是宗密承绪法藏、特别是澄观"以经证义"这一佛教学统的结果，那么教禅的融会，则是顺应当时华严教学环境的现实产物。

宗与教的区分，在宗密的《禅源诸诠集序都》中有着明确的界说，即先叙禅门，后以教证。"禅三宗者，一息妄修心宗，二泯绝无寄宗，三直显心性宗。教三种者，一密意依性说相教，二密意破相显性教，三显示真心即性教。右此三教如次，同前三宗相对，一一证之，然后总会为一味。"③宗密的禅教一致论，仍有以教证禅的企图。这种方法取向，对于教家来说，无疑是颇具吸引力的。

上述二大阐释取向，所导致的结果就是把华严性起论思想与《圆觉

---

① 裴休:《圆觉经大疏序》,《续藏经》第 9 册,第 323 页中。
② 宗密:《圆觉经略疏钞》卷二,《续藏经》第 9 册,第 838 页中。
③ 宗密:《禅源诸诠集都序》卷一之下,《大正藏》第 48 卷,第 402 页中。

经》"本来成佛论"观念结合起来,这构成了宗密华严教义学阐释的第三个、也是最突出的特点。

宗密的华严阐释,继法藏、澄观而述,尤以结合《起信论》思想而推展其"一心法界"说为突出。他指出:"清凉《新经疏》云:'统唯一真法界,谓总该万有,即是一心,然心融万有,便成四种法界。'一事法界,界是分义,一一差别,有分齐故。二理法界,界是性义,无尽事法,同一性故。三理事无碍法界,具性分义,性分无碍故。四事事无碍法界,一切分齐事法,一一如性融通,重重无尽故。"①宗密更明确地把澄观与法藏的法界析义结合起来,以心统(万有)事、理,推进了华严"唯心论"观念,并成为其禅教一致说的理论核心,影响颇广。

清凉澄观的《新经疏》即《贞元新译华严经疏》,其卷二对于华严经教与禅修法门之间的关系进行了鞭辟入里的辨析。

澄观与宗密所处的中晚唐,是禅宗分派而全盛时期。他们不似智俨、法藏等人对唯识、天台的关注,而转入主要针对禅宗思想的融摄。澄观、宗密的华严思想,更多的是围绕禅教关系而展开。如果说华严教内的统合由澄观而完成,那么宗密则致力于华严教外的统合。特别突出的是,宗密基于禅教一致而阐论华严与禅之间的会通,成为后世"华严禅"的真正奠基者。这是宗密的华严学阐释对后世影响最深远之处。

宗密的"华严禅",是一条双向并进的通路。既是"教外别传"的禅宗接通华严圆教法门之路,也是"教内别传"的华严圆教法门圆摄禅修法门的通路。宗密把荷泽禅法的宗旨概括为"知之一字,众妙之门",不仅对后世理解南宗禅法有着定论式的导向作用,而且还扩展到更广泛的思想文化领域,扩大了禅教统观的社会影响。

所谓"华严禅",并不是意指中国佛教的特定宗派,而是中国化佛教的一种融合思潮或佛教传统。"华严禅"首先并最主要的是指禅门的一

---

① 宗密:《注华严法界观门》,《大正藏》第45卷,第684页中、下。

种融合方法。狭义而言,"华严禅"特指宗密所推进的华严与禅宗荷泽系的融合;广义上的"华严禅",则涵括禅教、禅密、禅净、顿渐乃至三教会通的思想融合。"华严禅"的思想特质,在于以一心法界为原则的教禅一致论。"华严禅"思想,展现了佛教中国化更丰富的面向,客观上推进了佛教中国化的社会影响。

在华严判教系统中,澄观把南北禅宗安于顿教,尚与华严别圆之教存在落差。宗密顺应时势的需要,依荷泽禅的顿悟渐修论,立直显心性宗与显示真心即性教,转向禅(南禅)教(华严)并置,同样维护了华严在当时佛教修行格局中的应有地位。在此意义上,宗密应无愧于华严祖师的称誉,而不致完全淹没于"华严宗主"贤首法藏、"华严论主"长者李通玄和"华严疏主"清凉澄观的唐代华严学僧之林。

从中国佛教思想史上看,宗密的教禅一致论,虽然可以理解为处理华严与禅宗之关系的折衷之论,但其实际效果却赋予了华严圆教法门以"教内别传"之义。从宗密到永明延寿《宗镜录》一百卷的禅教关系论述,即可让人关注唐末五代至北宋初在禅宗"教外别传"与华严圆教"教内别传"之间的微妙平衡。这是宗密在禅教一致论下阐释华严思想最吸引人的地方。

自宗密以降,由于唐末五代的兵乱,教典残毁,禅宗以其新兴法门的后发优势,综合运用其机锋的便捷、灵活,辅之以丛林制度建设的积极推进,迅速跃为社会诸阶层普遍接纳的修行法门。宗密以华严圆教为主体立场的禅教一致论,亦随着弘法环境的变迁,而成为宗门更有效扩展其社会影响的辅佐法门。而天台与华严作为中国化佛教的两大圆教系统,由于教典残毁、法脉凋落,正处于黯淡时期。入宋后,天台在江南地区先于华严而中兴,并一直占据着先机地位,如长水子璿受于天台宗僧洪敏,即可部分说明当时的情势。因此,宋初华严,首要的是必须直接应对天台教家的全方位挑战,导致宗密的禅教一致论逐渐让位于天台与华严之间的教门义理之辨。

不过,弘化处境与思想语境的双重变迁,并未削弱宗密学说的影响力,反倒激起华严学僧在禅教会通论之外审视宗密的华严阐释。特别是华严修证仪轨和华严祖统说,更是引起了时称"华严中兴之主"晋水净源的关注。在中国华严宗史上,宗密最先提出了唐代华严的"三祖说"。他称:"杜顺……是华严新、旧二疏初之祖师,俨尊者为二祖,康藏国师为三祖。"①这是他仿禅宗传法世系而首倡华严世系,对宋代净源等华严学僧最终确立华严宗的祖师谱系影响深远。

至于宗密所撰的《圆觉经道场修证仪》十八卷,则更是成为宋代贤首教院建设、教团弘法和僧众修仪的范本之一。在实修意义上说,宋代华严受宗密思想的影响最直接,也最深刻。这是后人评价宗密思想影响时不可忽视的一个方面。在北方地区,直至辽元统治时期,由于推行崇教抑禅的行政导向,宗密注重践行的教法思想,使北方华严学一度与密教相结合,促使华严密的风行。这也是宗密思想对后世影响的一个内容。

总之,宗密思想学说,虽以禅教会通最为引人注目,但这并非是其影响后世的唯一内容,而是有多方面的综合影响。此外,宗密还对日本、朝鲜的华严学有着较大的影响,在很大程度上促进了东亚华严教学的共同发展。其禅教关系论的深刻阐述,更成为东亚佛教思想的一大共同财富。

第五节 华严宗在隋唐佛教中的地位

隋唐是中国化佛教诸宗并存、交互相涉的鼎盛时期。华严宗正是在与天台宗、唯识宗、禅宗等义理交涉中,展开其经义学的阐释和教义学的建构,确立其地位,扩展其影响。

---

① 宗密:《注华严法界观门》,《大正藏》第45卷,第684页下。

一、华严与诸宗的交涉及其影响

1. 华严与唯识

早期华严研习者多出于地论一派,这一派所宗奉的《十地经论》出于世亲,因而就理论渊源来说,华严宗与唯识宗是有联系的。就师承关系来看,这两派之间也有关联。如昙迁(539—604)与玄奘有间接的师承关系;玄奘在长安曾听法常、僧辩的《摄论》,而智俨也尝依法常习《摄论》,并向僧辩问学。此外,唯识宗所译出的典籍,如《庄严经论》、《佛地经论》,也是唐代华严所资取的重要理据。《华严经》"三界所有法,唯是一心造"。这是华严经义学中"唯心论"或"一心论"的经据所在。唐代华严明确主张"三界一心",心识观也是华严观行的重要内容。但从华严圆教来看,法相唯识宗属于"大乘始教"("相始教"),有别于大乘圆教的"真如缘起"或"如来藏缘起"。在唐代华严义学中,唯识观或唯识论乃是从属于华严"唯心论"的。唯识变现,不具真实性。唯识观并不是独立观门,其内容可整合于法藏所提出的"妄尽还源观"之中。

法藏尝撰有《唯识章》,今已失佚。但智俨《华严孔目章》中收有《明难品初立唯识章》。在《妄尽还源观》中阐释六观义时,法藏对唯识观门有较多论涉。他根据《华严经》"三界虚妄,但一心作"之义,提出了"十重唯识观"(亦称十门唯识观),成为进入华严观门的方便法门。[①] 法藏所设立的十重唯识观,虽构筑于窥基所阐释的五重唯识观之上,[②]但是这种经过改造后的"唯识观",其实是"唯心观",并不能理解为法相唯识系的观点。

[①] 其内容包括"相见俱存,故说唯识"、"摄相归见,故说唯识"、"摄数归王,故说唯识"、"以末归本,故说唯识"、"摄相归性,故说唯识"、"转真成事,故说唯识"、"理事俱融,故说唯识"、"融事相入,故说唯识"、"全事相即,故说唯识"、"帝网无碍,故说唯识"。
[②] 窥基五重唯识观,包括遣虚存实识、舍滥留纯识、摄末归本识、隐劣显胜识、遣相证性识。参见《般若波罗蜜多心经幽赞》卷上、《大乘法苑义林章》卷一等。

法藏所阐论的唯识义,着眼于真如、如来藏与佛性结合的"一心"缘起与"法界缘起"之间的义理关联,以心之作用来说明佛与众生之关系。在心、佛、众生三者关系问题上,无论佛是呈现在众生心中,离众生心外别有佛,或心之内外均无佛,三者皆不相妨。此心于众生位,即为如来藏;此心于佛位,则为众生心中之真如、如来藏显发之果。佛心与众生心均各能总摄一切,这正是华严圆教的"唯一心论"。

唐代华严依据五教判建构其义学体系时,还涉及到法相唯识的种性论及"唯识三性"说。

在种性论上,唐代华严特别是法藏,认为种性论与行位论密切相关,坚持"据位说性"的原则立场,主张任何众生皆无一成不变的种性,强调了众生后天修习至位与种性显发的缘起关系,从而超越了法相唯识系(瑜伽行派)对种性论的先天规定。

三性论是法相唯识系建构世间法的理论主脉。三性指遍计所执(自)性、依他起(自)性和圆成实(自)性。法藏对唯识三性的析解,以《大乘起信论》真如论为理据,把唯识三性析解本、末二个层次,"本之三性"即真性之不变、依他之无性和所执之理无,"末之三性"则指真性之随缘、依他之似有和所执之情有。本末三性,一体无二,同而非异,是"不坏末而常本"与"不动本而常末"的圆融统一。本之三性为真性,末之三性为妄相,由真如不变而随缘,故"真该妄末,妄彻真源,性相通融,无障无碍"①。基于本末、真妄关系析解三性,从而批判地改造了唯识三性,提出"三性一际"之说,成为唐代华严教义学建构的重要理论环节之一。

玄奘系的新唯识论属有相唯识,主张"二分染净依他"的"三性"观,法藏则将其融摄到圆成实性(真性)的不变与随缘二义,以"心性本净"的真如性体作为世界万有的根源所在。这就使得法藏更倾向于真谛所传的无相唯识,即以真如本觉化的"解性赖耶"(或称如来藏藏识)为转依主

---

① 法藏:《华严五教章》卷四,《大正藏》第45卷,第499页上。

体,由此开出一切诸法。

据法藏所见,"真性"具"不变"与"随缘"二义。"真性"之"不变",乃是指其自性清净,指此一"清净自性"不因染净之缘而生起变化,"不坏末而常本",即"真性"之本体虽具随缘之用,却不改变其真常之体。三性各具真、妄二义,兼具空、有二性,都是真如自性清净的不同面相。真如缘起而生,其体性依圆成而设。遍计虽是无明,因其迷于理体而生起妄念,其实不离真如自性清净之体。因此,无明与真如不一不异。

法藏提出了三性异同的二个总原则,一是"三性一际,举一全收";二是"真妄互融,性无障碍"①。法藏援引《摄大乘论》对依他性二分解说,指出因其分别性(染污分)而成生死,由真实性(清净分)而成涅槃,阐明了"真该妄末,无不称真;妄彻真源,体无不寂,真妄交彻,二分双融,无碍全摄"的观点。法藏对瑜伽行派的核心思想"三性说"的辨析,表明了华严缘起论思想,不同于唯识系的"阿赖耶识缘起",而是属于"真如缘起"或"如来藏缘起"。

在澄观的唐译八十《华严》阐释中,同样对法相唯识学表示出应有的关注。

2. 华严与天台

天台兴于隋,华严盛于唐。自智𫖮、灌顶(561—632)之后,从智威(?—680)、慧威(634?—713?)、玄朗(673—754)直至荆溪湛然(711—782)中兴,被称为天台教学史上第一个"黯淡时期"。唐代华严,自法藏后仍隆盛一时,同时者有李通玄,继之者则有清凉澄观、圭峰宗密,与中唐以降的天台相比,呈现出此消彼长之势。

唐代华严与天台的最大交涉在于判教观。作为唐代华严定说的五教判,有取于天台智者之论,自不待言。判教理论的建构,隐含着宗派的意识。天台"会三归一"之说,对华严证成别教一乘义,具有极大的挑战。

---

① 法藏:《华严五教章》卷四,《大正藏》第 45 卷,第 501 页下。

在宋代的台贤之争中,这一问题更显得突出。阐释同教一乘与别教一乘,既是华严判教理论建构的重要环节,也是其立说归趣之所在。继法藏以后,澄观对天台的评价也大抵如此。

天台与华严同为中国佛学显教体系的精华。天台教理在诠述诸法实相,而以性具说为依归,教观总持是天台佛学的最高真诠。天台性具说,智者大师始创于先,荆溪湛然等继阐于后,其义大畅,成为天台宗的标志性理论,影响深广。华严则综合天台的实相论与缘起论,以性起为宗,一统印度中观、瑜珈两大学系的论争,以诠述唯心缘起无障碍法界不思议为宗趣。

中唐以来,因受禅宗传法世系(传灯说)的强烈刺激,华严、天台等中国化佛教宗派意识日益强化。尽管华严、天台都面临着自立于"教外别传"的祖宗的深刻挑战,但作为中国圆教体系的代表宗派,华严与天台无不基于圆教立场展开圆摄他宗、阐扬己派的建构努力。澄观与天台中兴之祖荆溪湛然之间的思想交涉,即可视为中唐时期华严的典型事例。

澄观一度师事湛然,学《摩诃止观》。这一修学经历,对于澄观阐释华严产生了一定的影响。澄观明确阐述自己疏释华严的基本动机之一,就是称"会南北二宗之禅门,撮台衡三观之玄趣"①。所谓"撮台衡三观之玄趣",就是试图圆摄天台智者大师与衡山慧思大师的即空即假即中三观思想。② 除天台三观外,澄观所关注的还是天台性具善恶论。在其《华严经疏钞》卷七九中,尝摄天台湛然所重之佛性具恶之义,而阐论如来不断性恶。值得注意的是,作为中唐天台中兴之祖的荆溪湛然,则撰有《华严经纲目》二卷,从天台立场析解唐代新译华严,可见湛然对当时华严教

---

① 澄观:《演义钞》卷二,《大正藏》第36卷,第17页上。在《华严玄谈》卷二中,澄观表达了同样的意思,参见《续藏经》第5册,第705页中。
② 普瑞释之曰:"南宗则慧能之禅,北宗则神秀之禅。虽顿渐有异,而见性无殊,故皆会之。天台山即智者大师,衡山即思大师,皆宗空、假、中三观之玄趣。"《华严玄谈会玄记》卷八,《续藏经》第8册,第145页上、中。

学的关注。① 对于澄观圆摄天台义理的方法取向,宋代志磐在《佛祖统记》卷二九中尝引铠庵评述:"《法界观》别为一缘,谓五教无断伏分齐。然则若教若观,徒张虚文,应无修证之道。至若清凉之立顿顿,浪言超胜《法华》。(志磐注:观师判《华严》为顿顿,以天台判兼别,失如来意。又谓:"《华严》是菩萨请,超胜于《法华》也。)"唐代华严初祖杜顺撰《法界观门》,归宗法界;法藏判释五教分章,立别教一乘。虽具教观,实为有教无观。到澄观更立《华严》为圆顿之教,而以《法华》为兼顿,主张《华严》远胜《法华》。但在华严教理阐释中,澄观却每每借用天台教观。"清凉既宗贤首,及疏《华严》,则引用天台性善性恶、三观三德、一念三千之文。然则教之与观,进退两失。"②尽管澄观宗归法藏所立的华严判教,却引用天台性具论、一心三观、一念三千诸说,以完善华严教义学建构中的观法理论。自澄观始,华严与天台二大教门之间错综复杂的义理关涉,直接影响到宋代台贤二家的教观之辨,甚至对明清以后的佛教义学理论仍产生影响。

天台基于空宗的中道缘起,依《中论·观四谛品》立"一心三观"法门,于一切法即空即假即中。在天台宗杂妄和合之一心的当下统观之下,无明本为虚幻无住,同时无明即是法性。因此,众生当下现前的介尔一念阴妄之心,无住无性,不可妄分差别,当下具足三千大千世界。在智俨、法藏所建构的华严教义学中,通过以如来藏自性清净心为一切流转还灭的依止主体,进而主张积极引入如来藏心,必舍流转还灭之法,唯依真如一心。这一理论,后来遭致了天台宗人的评议,断称华严教学之圆教非为真圆,而是"缘理断九"(如四明知礼),乃是意在舍妄归真的"唯真心"(如荆溪湛然)。

在佛性佛果论上,华严圆教基于佛果觉智,更具有圆满果性之德,以证

---

① 参见池田鲁参《华严教学对荆溪湛然的影响》,《华严学论集》,第333—348页。
② 引见志磐《佛祖统记》卷二九,《大正藏》第29卷,第292页下。

成成佛的普遍性与广大性。天台圆教则基于众生因心的本具善恶、十界与三千,充分展现从因向果的上进性。这两大中国化佛教的圆教系统各具其擅。由于天台性具论包含着佛教修行论上的充分有效性,使华严在圆果观行上面临天台观法的直接挑战,以至于不得不重视其非情有性论及性恶论等天台宗义,李通玄、澄观等人的华严阐释中,这些影响尤为显见。

3. 华严与禅宗

六祖慧能以降,自标"教外别传"的禅宗大盛一时,汇成众多的灯录语类文献。在五家分灯之前,如《楞伽师资记》、《历代法宝记》及初期禅宗灯史与语录等文献中,皆可看到禅宗与华严交涉关系。

唐代华严与禅宗的交涉关系,错综复杂。从时间上看,如有华严与初期禅宗、华严与分灯禅等关系问题;从禅宗系统上看,则有华严与北宗禅、华严与南宗禅及五家分灯之后禅宗的关系等;从实修效应上看,既有从华严而修禅观者,也有援华严而入禅理者。上述情形中,又多有交叉现象。①

自杜顺以来,华严学僧中兼修禅观者,即已不乏其人。如与法藏同学于智俨门下的惠招,即常年习禅。但这种摄念禅修,有异于唐代禅宗所为。法藏而后,宗门异军突起,实不能不波及唐代华严义学。

唐代华严与初期禅宗之间的关系,不仅可见于早期禅宗灯史及语录,②甚至对唐代华严祖师的思想形成亦有影响。如智俨即对当时新兴的道信东山法门表示关注③,至于澄观思想的形成,则与牛头禅之间关系密切,宗密更被推尊为身兼华严与禅宗(荷泽系)二家祖师。所有这些现象,都无不表明华严与禅宗之间的交互关系。

宗密所倡的"华严禅",无疑是华严与禅宗之相互交涉的最典型形

---

① 有关华严与禅宗之交涉的研究文献,参见高峰了州《禅与华严之通路》(南都佛教研究会,1956)、镰田茂雄《禅典籍内华严资料集成》(东京,大藏出版社,1982)及吉津宜英《华严禅之思想史研究》(东京,大东出版社,1985)等。
② 田中良昭《初期禅宗与华严》一文,考察了初期禅宗文献,特别是"五家以前"的敦煌文献中有关华严的材料,《华严学论集》,第431—450页。
③ 参见石井公成《华严思想之研究》,第244页,东京,春秋社,1996。

态。透过"华严禅"所表达的禅教一致论,也可以体会到唐代华严所面临的禅宗挑战。在五家分灯之后,禅宗与华严之间的交涉,就集中体现于华严禅的推展。

就唐代禅宗对华严思想的摄受而言,也有许多例子。如相传为达摩所著的《观心论》,即尝引用《十地经》之文。"大通禅师"神秀(606—706)所撰的《五方便》写本,亦引《华严经》文"观心"法门对华严义理的引用。据义天《诸宗教藏经总目录》称,神秀尝撰有《华严经疏》三十卷及《妙理圆成观》三卷,《圆宗文类》卷四更引有其《华严经疏》卷一上的文本。① 值得注意的是,在题为"沙门神秀述"的《华严经疏》卷一上中,竟有二次称引法藏《华严五教章》,而《华严五教章》之称,却多为日本、高丽学僧所用。在唐宋华严学僧中,则多以《华严一乘教义章》称之。

除神秀外,唐代宗门中有许多禅僧相当关注华严义学。临济义玄(? —867)与李通玄(635—730)新译华严学阐释之间的思想关系,尝举五台山与文殊为话头,阐述看教与参禅之间的关系问题。②

义玄开示说:"有一般学人,向五台山里求文殊,早错了也。五台山无文殊。尔欲识文殊么? 只尔目前用处,始终不异,处处不疑,此个是活文殊。尔一念心无差别光,处处总是真普贤。尔一念心自能解缚,随处解脱,此是观音三昧法。互为主伴,出则一时出,一即三,三即一,如是解得,始好看教。"③文殊、普贤、观音为华严三圣菩萨,最终融归于毗卢遮那法界,一即三,三即一,皆入一念心中,随处自在解脱。一切入凡入圣,入染入净,入诸佛国土,入弥勒楼阁,入毗卢遮那法界,不见有去来相貌,求

---

① 神秀《华严经疏》卷一上的疏文内容,见于日本顺高《起信论本疏听集记》卷三末(《日本佛教全书》第 27 卷《论疏部十一》,第 144—145 页),题称"沙门神秀述"。有关神秀撰《华严经疏》的情形,可参见吉津宜英《关于神秀〈华严经疏〉》,此文还收录了《华严经疏》卷一上的文本。另可参见 Faure Bernard《神秀与华严经》,《禅文化研究纪要》第 15 号(1988)。
② 参见小岛岱山《临济义玄与李通玄》,《中国佛教与文化》,第 418—423 页,东京,大藏出版社,1988。
③ 《镇州临济慧照禅师语录》,《大正藏》第 47 卷,第 498 页下—第 499 页上。

其生死了不可得,便入无生法界,处处游履国土,入华藏世界。①

唐末五代,则有云门禅的法眼文益(885—958)及其嗣法弟子永明延寿(904—975),皆以教入禅,教宗华严,尤为推崇《华严经》。文益尝著《宗门十规颂》,其中颂《华严六相义》,以理事观而论禅理。而延寿撰《宗镜录》100卷,更是"立心为宗",此一真心,即是如来藏自性清净心。中国佛教以华严禅为代表的禅教一致的思想传统,经由宋代宗门的消化,下贯明清近世禅门,蔚为大观。

在中国化佛教传统中,华严归属于性宗,却有着独特的唯心论思维;禅宗自诩为"以心印心"、"以心传心"的"佛心宗",却以印证自性为宗归,显然有着倾向于性宗的修行论主张。华严与禅,成为唐代后期华严学推展的中心议题之一,虽说是时势使然,但其中却蕴涵着佛教心性论展开的逻辑因素,可说是体现了历史与逻辑的内在统一。

二、华严宗的历史影响

1. 对宋代华严的影响

唐代华严,自宗密以后,似乎顿陷于无传。经武宗废佛的"会昌法难"(845)及五代动乱,华严典籍章疏散佚者众,进入华严宗的"黯淡时期"。唐末五代的华严学传承,一线如缕。② 至宋代净源(1011—1088),华严再弘,不仅重新刊布了一些已散佚的论著,并且撰著了不少新章疏和科解。现存的宋版华严宗的章疏,大都刊刻于南宋绍兴年间。

宋代华严宗义学的展开,堪称为唐代华严学的复振运动。这种复振,有着强烈的宗派建构意识。在宋代以宗派理论与宗派思想的双重建构为主导的华严复振过程,较具代表性的有净源、道亭、师会、观复、希迪等华严学僧人。

---

① 参见《镇州临济慧照禅师语录》,《大正藏》第47卷,第498页中。
② 据《华严宗师资传承系统表》载,太原传奥→渐水从朗→绝观现师→五台承迁→晋水净源。参见镰田茂雄《宗密以后的华严宗》,《华严学论集》,第92页下。

净源俗姓杨，字伯长（一作伯常），泉州晋水（今福建晋江）人，故有"晋水净源"之称。净源曾北上五台，参华严承迁，从横海明覃学《华严合论》，后南还见长水子璿，"尽得华严奥旨"。净源在华严学的历史传承中具有承前启后的重要地位，被称为宋代华严宗的"中兴教主"。净源尝住杭州慧因禅寺（后改为教寺），成为专弘华严的道场，更是宋代传播华严教学的中心。

宋哲宗元祐元年（1086），高丽僧统义天航海来宋，礼慧因寺净源为师，不仅折返了《华严经》三个译本共一百八十卷，还将唐代华严祖师的撰著送回，其中包括《华严法界观》、《华严五教章》、《华严经义海百门》、《妄尽还源观》及《华严金师子章》等。这些唐代华严典籍的折返，为宋代华严学的复振提供了不可或缺的文献资源。宋代（特别是南宋）浙江成为盛弘华严学的中心区域。

义和（号圆澄，亦称圆证大师）①，继净源之后住杭州慧因寺，撰《无尽灯》，阐扬华严念佛法门。义和同样注重华严典籍的收集、整理和流通。绍兴十五年（1145），他请准将华严典籍编入大藏经，此后还把从高丽搜集到的智俨、法藏等华严祖师的著作重新刊刻流通。

从华严教义学的阐释内容来看，南宋时期的华严学以阐释法藏的《华严五教章》为主，并由此论辨华严，强化宗派建构意识。在两宋有关法藏《华严五教章》的注释者中，影响较大者为道亭、师会、观复和希迪等人，后世并称之为"宋代华严四大家"。② 道亭撰有《华严一乘教义分齐章义苑疏》（简称《义苑疏》）十卷，对后世《华严五教章》的阐释有着较大的示范作用。不过，师会认为此作依据澄观、宗密，而没有根据智俨、法藏本人的著述，其疏释仍有缺失之处。

---

① 义和略传见《佛祖统纪》卷二九。
② 黄忏华《中国佛教史》第四章称道亭、观复、师会和希迪为"宋代华严四大家"。蒋维乔《中国佛教史》卷三则称净源、师会、希迪、道亭为"宋代华严四大家"。郭朋《中国佛教思想史》下册，则称子璿、净源、师会、希迪为"宋代华严四大家"，魏道儒《中国华严宗通史》将道亭、师会、观复和希迪称为"宋代华严四大家"。

师会(1102—1166,字可堂)为净源的三传弟子,撰有《华严一乘教义分齐章复古记》(简称《复古记》)六卷、《华严一乘教义章焚薪》(简称《焚薪》,又名《析薪膏肓》)二卷及《华严同教一乘策》一卷(亦称《同教策》、《同教问答》)等。其门下主要有善熹、希迪、观复等弟子。

宋代特别是南宋时期的华严教义学,更多地着眼于华严宗义学的论辩,或释智俨,或述法藏。其论辩内容,大多与唐代华严的判教思想相关,尤其是同教与别教之辩,反映了当时华严与天台之间的交涉关系。

2. 对宋代理学的影响

在隋唐诸派佛学中,华严学与禅学最为晚出,对宋儒性理之学的影响也相对较大。宗密作为唐代"华严禅"的典型代表,对宋代儒学的影响更为直接。但这并不意味着以宗密的"华严禅"可以取代华严教义学甚至华严宗义学。

宋代儒学以新的思想形态跃然于世,史称"道学"或"理学",关注心性、性理诸形上问题的辨析,构筑了基于理气论、道器论的宇宙观,特别是通过严辨理欲,建构了形态完备的天理论圣贤观。

有宋一代,最盛行者莫过于禅宗。禅宗虽高唱"教外别传"、"不立文字",但宗门禅僧与习禅悦者,言及《华严》、《法华》等经典,却屡见不鲜。即便是超佛越祖的分灯禅,重视《华严》教典者,仍不乏其人。如圆悟克勤到荆州访张商英,曾剧谈"华严旨要"。而张商英得《华严决疑论》,"疾读之,疑情顿释"[①]。大慧宗杲在吴门虎丘阅《华严经》。宋代以首唱文字禅著称的惠洪觉范,在其《智证传》中,更是数次征引法藏所撰著的《华严义海百门》、《修华严奥旨妄尽还源观》等书中的阐论。

唐代建构的华严教义学,注重"摄相归性"、"理事圆融",上承玄学与佛学合流之余绪,成为华严哲学与中国传统思想相融摄的重要理论。宋代程、朱一派的所谓"性理之学",即以理气关系为其重要论题之一,甚至

---

① 志磐:《佛祖统纪》卷四六,《大正藏》第49卷,第417页。

直接用理事、理气作为其哲学运思的主要范畴。从程朱宋儒阐释性理之学所涉的诸多论题及其阐释方式、途径上,都从华严义学中得到了许多启发。

在《河南程氏遗书》中载有一条为学者们所普遍关注的材料。程伊川记称:

> 问:某尝读《华严经》,第一真空绝相观,第二事理无碍观,第三事事无碍观。譬如镜镫之类,包含万象,无有穷尽,此理如何?曰:只为释氏要周遮,一言以蔽之,不过曰万理归于一理也。又问:未知所以破他处?曰:亦未得道他不是。①

这里所谈到的三观,正是作为华严"法界观门"的核心内容。当然,问中所称读《华严经》,其实是澄观、宗密等华严祖师疏释"法界观门"的著作。程伊川将华严法界三观归结为"万理归于一理",可谓深得华严宗理事说的本旨。从中亦可见其"一物之理即万物之理"这一命题的佛学渊源所自。对此,伊川也承认"亦未得道他不是"。

尽管相类似的事例不胜枚举,却不可据此夸大唐代华严对宋儒性理之学的影响。隋唐华严本身是一个具有独立形态的理论建构体系,其价值和地位并不取决于对宋儒性理之学产生了多大的影响。

3. 对日本华严的影响

至少在公元 8 世纪初,日本就开始有《华严经》的流传。公元 722 年(养老八年),日本出现了唐译八十《华严》的书写本。道璿禅师(702—760)是最早将华严典籍传播到日本的中国僧人。

道璿,俗姓卫,唐许州人(今河南开封)。出家后曾一度学律,后随神秀弟子普寂(651—739)习禅,兼研华严义学。公元 736 年(天平八年),道璿应日僧普照、荣睿之邀赴日传律,除律典《梵网经》外,他还将唐代华严章疏携往日本。

---

① 《河南程氏遗书》卷一八,《二程集》第 1 册,第 195 页。

天平十二年(740),僧正良辨(689—773)礼请新罗学僧审祥(? —742)前往金钟道场(后为东大寺法华堂)讲《华严经》。这成为日本宣讲《华严经》之始。审祥此前曾渡海入唐,亲从法藏习华严教义。他讲演六十《华严》的依据,即是法藏的《华严经探玄记》20卷。此后,以法藏思想为主体的华严教义学在日本逐渐盛行,并影响朝廷。审祥传法于良辨。良辨门下徒众甚多,其中最著名者为实忠。另有寿灵著《华严五教章指事记》,这是法藏《华严五教章》的注释之作,被称为是"日本华严教学指针"。①

在审祥等人的影响下,日本圣武天皇在公元743年(天平十五年)专为华严宗建立了规模宏大的东大寺,并于次年诏令每年必讲《华严经》。东大寺是总国分寺,其所奉的大佛像即依《华严经》所说的教主报身佛卢舍那佛的法相,而其造型设计则完全依据于华严教理。在日本奈良时代,东大寺是日本华严宗的中心道场。该寺每年都举行华严会,诵读《华严经》,并成为惯例。除东大寺外,当时的大安寺、药师寺、西大寺、元兴寺等,一度也是研修华严学的重要道场。

由于皇室的推崇,日本佛教界对于华严教学的研究也随之展开。除法藏的华严思想外,还相当重视慧苑的《刊定记》。由于审祥的关系,新罗学僧元晓的疏作、义湘和表圆等人的华严著述,亦颇受推重。

到了镰仓时代,日本华严教学分为东大寺系华严和高山系华严。其正统和主流为东大寺派(亦称本寺派),高山寺派则归为旁支(亦称末寺派)。东大寺系华严的重要学僧凝然(1240—1321)为其最重要的代表。在凝然之前,则有宗性(1203—?)。宗性对华严教义学的阐释,主要依据于法藏与澄观的思想。这截然不同于高山系华严对李通玄《华严经论》的推崇。凝然著有《华严法界义镜》、《华严宗要义》等,成为日本华严宗

---

① 镰田茂雄:《华严思想的接受形态:中国、朝鲜、日本华严的特点》,《中日佛教学术会议论文集》,第179页。

的代表作。凝然对华严教义学的阐释,相当忠实于法藏和澄观的理论化建构,统一了此前杂乱的华严学,全面确立法藏与澄观在日本华严宗系的正统地位。凝然门下有禅尔、俊才等人,二人皆注释过《华严五教章》,并建立了华严寺。

江户时代的日本华严学,其主要代表为凤潭(1657—1738)和普寂(1707—1781)。他们的共同之处,都是通过注释法藏的《华严五教章》来阐扬华严教义。凤潭学识渊博,通过融合天台宗与华严宗,另立新宗,在山城创建了大华严寺。凤潭一生著述颇丰,重要撰著为《五教章匡真钞》、《探玄记玄潭》、《四教义增晖》、《楞严经千百眼髓》、《因明大疏瑞源记》、《梵网戒本疏记要》、《起信论幻虎录》等。①

在此值得一提的是,凤潭门下的觉州,还提出法藏是华严宗的鼻祖,认为澄观与宗密等人视《大乘起信论》的真如随缘说为华严圆教义,他主张真正的华严宗义应该是由智俨所确立经法藏始大成的别教一乘、无尽缘起和五教判。由此亦可见唐代华严在日本华严宗义学上的历史地位。

纵观日本华严的引入及其演进,虽有各种歧异阐释,但唐代华严始终是日本华严的主流派系,法藏甚至还被推尊为日本华严宗的鼻祖。

4. 对朝鲜华严的影响

相对于日本华严思想,唐代华严学对新罗华严教学的传布有着更直接而深远的影响。

唐代华严的教义学思想,主要通过义湘而影响新罗佛教界。特别是智俨、法藏的华严教义学思想通过海东义湘而影响新罗佛教界。义湘著有《华严一乘法界图》一卷(现存)②、《法界图记》一卷、《法界略疏》、《括尽

---

① 参见村上专精《日本佛教史观》(杨曾文译),第247页,北京,商务印书馆,1999。
② 义湘《华严一乘法界图》,别称甚多,如《华严一乘法界图章》、《华严法界图》、《法界图章》、《海印图》、《法性图》、《法性偈》等,参见金知见《关于〈华严一乘法界图〉》,《印佛研》第18卷第2号(1969),第751页。

一乘疏要》《千岁龟镜》《白花道场发愿文》等。另据《义天录》,义湘尚撰有《入法界品钞记》一卷、《华严十门看法记》一卷、《阿弥陀经义记》一卷等,皆今佚无存。其中,《华严一乘法界图》一卷,撰于总章元年(668)7月15日,是朝鲜华严学的一部名著,"依《华严经》及《十地论》,表圆教宗要"。撰注者代不乏人。其文本内容为七言偈三十句(亦称《法性偈》),凡二百一十字,配有五十四角图,除义湘本人撰有《法界图记》一卷之外,后世尚有体元编《法界图记丛髓录》四卷、均如《法界图圆通记》二卷、雪岑(金时习,1435—1493)《大华严一乘法界图注》等。

如智通撰《锥洞记》(或称《锥穴问答》、《大华严经要义问答》、《智通记》)二卷,道身撰《大华严经一乘问答》(或称《道身章》)二卷。二者似为义湘与诸弟子答问的笔录,因此也可以从中可见义湘的华严思想。义湘门人甚众,知名者有悟真、智通、能仁、义尽、真定、相圆、亮元、表训、梵体、道身等"十大德"。义湘示寂后,高丽肃宗谥以"圆教国师"之号。义湘弘化"以法界为家",讲宣之外,精勤修炼,后被尊为"海东(朝鲜)华严初祖"。

约与义湘同时或继义湘之后,新罗研习《华严》学僧辈出。相继有元晓、审详、明晶、见登、珍嵩、太贤等,皆有阐释华严的撰述行世。如审祥撰《华严起信观行法门》一卷(今佚),明晶撰《华严海印三昧论》一卷,见登撰《华严一乘成佛妙义》一卷,珍嵩撰《华严孔目记》六卷,太贤撰《大华严经古迹记》十卷(成五卷)、《大乘起信论古迹记》一卷。

唐德宗时,新罗僧梵修入唐求法,得般若新译四十《华严》及清凉澄观所撰《新译华严经后分经疏》十卷,于贞元十五年(799)归国弘传。

唐末五代,虽然新罗入华僧一度沉寂不闻,但唐代华严对朝鲜的影响仍在持续,直至高丽僧统义天入宋求决,礼晋水净源为师之时。

继义湘及其弟子之后,高丽王朝的均如(923—973)分别为法藏的《华严五教章》和义湘的《华严一乘法界图》作注,撰有《释华严教分记圆通钞》。均如援引澄观的学说来解释义湘和法藏的华严思想,最终完成了朝鲜华严教学的理论建构。

此外,继承五台山系华严学的普照知讷(1158—1201),撰写了《华严论节要》,则开创了朝鲜实践华严之风。

日本具有国际影响的华严学权威学者镰田茂雄曾比较中国、日本、朝鲜三国华严思想的不同形态,而得出结论说:

> 中国的华严是将印度《华严经》……加以整理,并使之体系化。目的在于统一杂多,确立无碍自在生存的哲学根据。传播到东亚各地的华严思想,在新罗朝鲜被当成国家统一的意识形态;在高丽以后,被用作阐明自心究明和证悟的理论,实践性极为强烈。在日本,华严作为建造大佛的理论根据,并进一步要求教学整理和简洁性,排除繁杂的部分,逐渐变成庭园盆景式的缩影,形成别具一格的体系。①

在中国、日本、朝鲜东亚三国的华严思想的形塑过程中,唐代华严诸祖师的华严教义学理论无不占据着不可取代的主导地位。唐代华严教义学理论,如别教一乘、法界缘起、五教判、六相圆融、十玄无碍、行位果德论等学说,无不成为后世华严宗义学的重要理论基石,不仅奠立了中国华严宗的义理架构,而且影响远及日本与朝鲜,并成为其华严学的主流学说。有见于此,镰田茂雄先生明确主张,东亚三国推展华严教学的比较研究中,首先是必须将法藏的《华严五教章》视作为开宗之书,并有必要详细调查和比较中国宋代有关《华严五教章》的注释、高丽均如《释华严教分记圆通钞》、日本凝然《五教章通路记》及以后的相关注释书。于此可见,以贤首法藏为代表的唐代华严教学对于东亚华严思想所具有的独特而重要的影响力。

---

① 镰田茂雄:《华严思想的接受形态:中国、朝鲜、日本华严的特点》,第181—182页。

第二章 禅 宗

禅宗是以禅立宗的中国佛教宗派,禅宗之"禅",是"禅那"的简称,与佛教对于禅的一般理解之"静虑"、"思惟修"即使心专注一境、正审思虑的修心、安心之道不完全相同,禅宗之禅,如同圭峰宗密所概括的,是"定慧之通称",即禅定和智慧的统一。以此种禅而立宗的禅宗,强调通过传佛心印,使众生觉悟自心本性而解脱,因而也称佛心宗。其宗风后来被概括为"教外别传,不立文字,直指人心,见性成佛"。

禅宗的发展,以菩提达摩为中土初祖,从菩提达摩到禅宗五祖东山弘忍,是禅宗发展的早期阶段,由于达摩以《楞伽经》传宗,其所传也被称为楞伽宗。其中在四祖道信时,禅宗在道场规模、所据经典、禅的精神等方面又有重大的变化。在道信时期,实际上并列了两系禅法,一系是道信至弘忍的东山法门,另一系是以法融为首的牛头宗。在五祖弘忍门下,培养了后世禅宗发展的众多僧才,并分化出南宗和北宗,分别以慧能和神秀为代表,世称"南能北秀",但后来实际的发展,北宗渐渐衰落,南宗不断兴盛,成为禅宗的主流。慧能是南宗的创立者,在禅学思想和禅法修行等方面提出了一整套创新性的观点,将禅宗引入一个全新的时代,其言行记录被称为《坛经》,成为禅门之经。

慧能门下最有代表性的有三系禅法,即荷泽系、青原系和南岳系,荷泽神会对于推广慧能禅法在北方的政治影响有重大的贡献,而南宗禅法的更大发展则主要体现在青原与南岳后嗣方面,经过超佛越祖的发展,这两系后来发展出五家,分灯别照,是为沩仰宗、临济宗、曹洞宗、云门宗和法眼宗,其中临济宗在义玄六传之后至石霜楚圆门下又衍化出黄龙和杨岐两派,世称"五家七宗"。各宗自有其特色性的"宗风",使得禅法丰富多彩。五家之中,发展最盛的是临济,曹洞一宗也传承不绝,禅界有"临天下,曹一角"之说,描述两家的发展态势。

入宋之后,禅宗又体现出一些新的特色,禅风有所改变,出现了大立文字的文字禅,注重对公案的参究,禅文学得到很大的发展,参禅也成为众多士大夫的一种生活方式,同时禅也走上了融合之路,强调禅教合一,禅净合一。至于禅法的创新,曹洞宗师宏智正觉提倡的默照禅和临济宗师大慧宗杲推动的话头禅是有代表性的类型。

禅宗作为最有中国化特色的一个佛教宗派,在其创立过程中,充分体现了三教合一的理念,以佛教为本位融合中国以儒道为代表的传统文化精髓,同时,又对后世的中国文化产生了重大影响,其本身也成为中国思想文化的一个重要组成部分。

第一节　从达摩禅法到东山法门

禅宗的起源和发展自菩提达摩开始,他依据《楞伽经》立宗,以二入四行为其禅法的主要内容,被尊为禅宗初祖,活动中心在河南,其传承的流派也被称为"楞伽宗"。慧可传承了菩提达摩的禅法,推广了这一系禅法在北方地区的影响,也呈现出了和北方传统禅法的区别。慧可时代活跃着不同风格的楞伽师,依对于《楞伽经》有无文字性的诠释作品,大致区分为两类楞伽师。慧可被尊为禅宗二祖,慧可之后,僧璨被尊为禅宗三祖,此二祖的活动区域主要在安徽,禅修形式上也有头陀禅的特点。

从四祖道信开始,禅宗有了更大的发展,风格也有所转变,道场规模大为扩展,尊奉的经典增加了般若类经,同时开始确立农禅并重的传统。道信的禅法得到弘忍的发展,两位祖师的活动范围主要在湖北黄梅,以弘忍的活动场所而言,有"东山法门"之雅称。除却这一系的禅法传承,另有法融创立的牛头宗一系,活跃在以金陵牛首山为中心的江南地区。弘忍门徒众多,发展出后来禅界所称的南北二系,以神秀为代表的是北宗一系,以慧能为代表的是南禅一系。

一、菩提达摩行历及其禅法

1. 历史和传说中的达摩

菩提达摩在中国禅宗史上的重要性,从其祖师地位可以看出,法如一系推其为初祖,又是禅宗南派的初祖,楞伽宗的二祖,荷泽宗的初祖,保唐宗初祖。后来禅宗中常提及的"祖师西来意"中的"祖师",就是指达摩。

菩提达摩(Bodhidharma),简称达摩,有的资料也记作"达磨",在他身上,历史和传说并存,扑朔迷离,实际上,一个禅僧的传说越多,在一定程度上就越证明他在历史上的重要地位。达摩的事迹在《魏书·释老志》、《出三藏记集》、《梁高僧传》等南北朝时期的一些资料中都没有记载,可能是他当时作为一个在民间游化的禅僧,还不被史家所关注。从历史的角度来看达摩,达摩是一个历史人物,这一点已是没有怀疑的了,[①]其证据之一,首先是北朝时期北魏杨衒之的《洛阳伽蓝记》,此书"永宁寺"条提到达摩时说:

> 时有西域沙门菩提达磨者,波斯国胡人也,起自荒裔,来游中土,见金盘炫日,光照云表,宝铎含风,响出天外。歌咏赞叹:实是神

[①] 这种怀疑是存在过的,胡适在其《菩提达摩考》中曾讲到,由于在达摩身上的许多神话,引起后来学者的怀疑,竟有人怀疑达摩为无是公、乌有先生一流的人。

功。自云年一百五十岁,历涉诸国,靡不周遍,而此寺精丽,阎浮所无也,极物境界亦未有此。口唱南无,合掌连日。①

此处讲到永宁寺的壮丽,来自外国的见闻甚多的达摩对其赞叹有加。

《洛阳伽蓝记》"修梵寺"条又引证达摩赞叹此寺造像的话:"菩提达磨云:得其真相也。"②富有怀疑精神的胡适博士在其《菩提达摩考》一文中也承认达摩是历史人物,讲到此处资料时,以此二条理由说明此记载可信③。

其证据之二是昙林作序的《略辨大乘入道四行》,或《达磨论》。这是已知最早对达摩的思想加以记录的史料。昙林是达摩的弟子,具体事迹不详。这也许是达摩僧团在当时的佛教界处于边缘化状态的必然结果。《续高僧传》卷十六《僧可传》附有《法林传》,此法林也有可能就是昙林,或称林法师。他长于《胜鬘经》,精于撰述讲说。《楞伽师资记》说:"此四行,是达摩禅师亲说,余则弟子昙林记师言行,集成一卷,名之《达磨论》也。"④

其证据之三是僧传的记录。僧传中第一次明确为达摩作传应该是道宣的《续高僧传》,此传卷十六有《菩提达摩传》,简要地记录了达摩的言行,此传中其他一些禅僧的传记也提到达摩。他讲到达摩传教时,"识真之士从奉归悟,录其言诰(语),卷流于世"⑤。这可能也涉及到昙林所记的资料,因此,昙林的记录,又为道宣所用。与杨衒之的资料相比,除了对达摩的年龄记录相同之外,更多的是不同,表现有七:一是原籍变

---

① 杨衒之:《洛阳伽蓝记》卷一,《大正藏》第51卷,第1000页中。
② 同上书,第1004页上。
③ "杨衒之著书的时候,距此寺被毁时不远,他与达摩可算是先后同时的人,此其可信者一;那时未有禅宗的传说,杨氏无伪托的必要,此其可信者二。"(姜义华主编:《胡适学术文集·中国佛学史》,第271页,北京,中华书局,1997)
④《楞伽师资记》,《大正藏》第85卷,第1285页中。
⑤ 道宣:《续高僧传》卷十六,《大正藏》第50卷,第551页下。

化,由"荒裔"的波斯人变成"南天竺婆罗门种",二是明确了来华的行动路线,由南而北,"初达宋境南越,末又北度至魏"。① 三是记录了达摩的弟子名单,《达摩传》提到的有道育和慧(僧)可,《僧可传》中又有向居士、化公、廖公。《僧副传》讲到僧副从达摩出家。四是谈到达摩的晚年终归,在《达摩传》中讲"不测于终"。《僧可传》中则讲"灭化洛滨"。五是阐述达摩禅法的内容,即二入四行论,和昙林记载的资料大致相同。六是指出达摩禅的传教经典,即《楞伽经》。七是夹杂以自己的评论见解。比如他称达摩"志存大乘,冥心虚寂"②,这使其记录有"述评"的性质。

　　道宣的研究态度是非常认真的,带有实证精神,他"或博咨先达,或取讯行人,或即目舒之,或讨雠集传。南北国史,附见徽音,效郭碑碣,旌其懿德,皆摄其志行,举其器略"③。因此,其研究成果带有极高的可信度,是对第一手资料分析的结果,有些记述有矛盾,比如晚年终归之事,这可能取自两种不同的原始资料,或许是口传资料。这也说明,在道宣时代,达摩的真相并不为人们所全部了知。由于道宣的学术研究的权威性,他对达摩研究的许多观点在后世成为定论。稍后的《传法宝记》(法如系的作品)和《楞伽师资记》(神秀系的作品)中对达摩的记述,也基本上是以道宣的说法为准的。

　　根据这些记载,大致可以给达摩勾勒出这样的事迹来:

　　菩提达摩,南天竺人,婆罗门种姓,他"志存大乘,冥心虚寂,通微彻数,定学高之"④,他曾历游西域诸国,他来华的确切时间,已难以详考,大致在南朝初年,《传法宝记》称达摩是个王子。达摩可能是由海路来华,先在南越(今广东省南部一带)活动,又北上到江南,后渡江继续北上,到魏境,在洛阳、嵩山一带行禅。在洛阳,他赞叹洛阳伽蓝的壮美,佛像的神韵。由于达摩在嵩山的经历,少林寺就被推为禅宗祖庭,其实嵩

---

① 道宣:《续高僧传》卷一六,《大正藏》第50卷,第551页中、下。
②④ 同上书,第551页中。
③ 同上书,第425页中。

山少林寺最初是北魏孝文帝为喜好坐禅的佛陀禅师而造的。

达摩的弟子,可以明确的是慧可和道育,"达磨禅师后,有惠可、惠育二人"①。在《慧可传》中,道宣记载说,达摩以四卷《楞伽经》传慧可:"我观汉地,惟有此经,仁者依行,自得度世。"②在《法冲传》中,道宣称道育"受道心行,口未曾说"③。另外还有僧副、昙林等。《续高僧传》卷十六有僧副传,称其曾从达摩受学。

自唐代前期开始,关于达摩的资料就逐渐形成并增多了,其中不排除有伪托的成分,有些则可能是后世弟子回忆复述。高丽本禅典中有些资料记录了达摩的思想,比如《禅门撮要》中的《血脉论》和《观心论》都标为达摩所说,关于四行思想,则有《菩提达摩四行论》一文。其他资料,像《达摩少室六门》所含《心经颂》、《破相论》、《二种入》、《安心法门》、《悟性论》、《血脉论》六种,敦煌文献《达摩和尚绝观论》、《释菩提达摩无心论》、《南天竺菩提达摩禅师观门》等,虽然包含有部分达摩的思想,但也或多或少地反映复述者和伪托者对禅学的理解。甚至还有托名达摩的《达摩易筋经》、《达摩一掌金》、《达摩洗髓经》等武术类文献,乃至道教方面也要借用达摩的大名而编造出《达摩大师住世留形内心妙用诀》之类的仙术作品。

后世增加的达摩资料中最为重要的一件就是增加了达摩和梁武帝的对话。日僧最澄(767—822)《内证佛法相承血脉谱》中引《传法记》云:

> (达摩)渡来此土,初至梁国,武帝迎就殿内,问云:朕广造寺度人,写经铸像,有何功德?达摩大师答云:无功德。武帝问曰:以何无功德?达摩大师云:此是有为之事,不是实功德。不称帝情,遂发遣劳过。大师杖锡行至嵩山。④

---

①③ 道宣:《续高僧传》卷一六,《大正藏》第50卷,第666页中。
② 同上书,第552页中。
④ 《传教大师全集》卷二,第518页。转引自胡适《菩提达摩考》。

《传法记》已佚,可能是 8 世纪的作品。在《坛经》里,也提到了这段事迹:

> 使君问:弟子见说,达磨大师化武帝,帝问达磨:朕一生已来,造寺布施供养,有功德否?达磨答言:并无功德。武帝惆怅,遂遣达磨出境。①

据此可知,至少在 8 世纪,这一故事流传很广了。《历代法宝记》、《景德传灯录》等作品对这些事又有更详细的描述,后来,雪窦重显将其列为第一公案而加以唱颂,《碧岩录》也将其作为第一则公案,在禅界更为广泛流传。

2. 达摩禅法的基本内容:二入四行

达摩的禅法,其弟子昙林归纳为"如是安心,如是发行,如是顺物,如是方便"四条,这是达摩安心法门的主要内容,其中最根本的是"如是安心,如是发行"两条,前者指的是"壁观",后者为发四种行,达摩自己则称为"理入"和"行入",行入又有四种,故称"二入四行"。

何为理入?理入有三个步骤:藉教悟宗、壁观、入真性而舍教。"理入者,谓藉教悟宗,深信含生同一真性,但为客尘妄想所覆,不能显了,若也舍妄归真,凝住壁观,无自无他,凡圣等一,坚住不移,更不随于文教,此即与理冥符,无有分别,寂然无为,名之理入。"②

理入是指对禅理的把握或悟入,这种悟入,达摩认为是需要借助于经教的,此所谓"藉教悟宗"。这个"教",即指佛教经典,特别是指《楞伽经》,非指后来具有宗派意义的"教门"之教;这个"宗",乃宗通之宗,能通过自己的修习而达到对终极真理的通达或了悟,为宗通,与此相对的是说通,即通过语言文字来领会、解说最高真理。因此,"宗"是不立文字、超越语言的,《楞伽经》说:"宗通者,谓缘自得胜进相,远离言说、文字妄

---

① 敦煌本《坛经》(铃木贞太郎校订本)第 34 节。
② 《菩提达摩略辨大乘入道四行》,《景德传灯录》卷三○,《大正藏》第 51 卷,第 458 页中。

想,趋无漏界自觉地自相;远离一切虚妄觉相,降伏一切外道众魔,缘自觉,趋光明晖发。"①

达摩依据《楞伽经》中的如来藏思想来悟宗,强调心性本净,客尘所染,只有去掉尘垢,自性清净心就能自然显发。

借助如来藏理论来体悟真性,还需要通过禅修的内证来加行,这就是"壁观"。壁观是除去污染,舍妄归真的过程。后人对于壁观多有不同的解释,圭峰宗密把壁观理解为"外止诸缘,内心无喘,心如墙壁"。②《景德传灯录》等作品也都是这样来理解的。另一种理解,则是把壁观看成是定心、凝心、看心,这是从禅定的角度看壁观,神秀一系就是这种观点。其实,作为一种安心法门,达摩的壁观在形式上是与坐禅相联系的,其最初的意义,是面壁而观,通过此法,而使心止于一处,舍除妄想杂念。

由壁观而达到的内证,证得了般若中道观,无自我,也无他法,无凡夫,也无圣贤,无有妄执,并能得意而忘言。证得这种境界之后,又能离却经教,是所谓借教而不依于教,最终抛弃经教语言。

何谓行入？行入是从禅修的角度具体地讨论趣入真性的方式,从定慧关系来看,是属定的部分,但达摩在这里所修习的禅行,并不是专指心止于一处、凝心入定的禅定,而是更广泛意义上的修习,其实是依般若性空等原理而修头陀行,具体地讲,行入分为四:报冤行、随缘行、无所求行、称法行。

何谓报冤行？"谓修道行人,若受苦时,当自念言:我从往昔无数劫中弃本从末,流浪诸有,多起冤憎,违害无限,今虽无犯,是我宿殃恶业果熟,非天非人所能见与,甘心忍受,都无冤诉。"③

这是依据佛教的因果报应论、人生痛苦论、忍辱论等价值观和伦理观而倡导的对痛苦的忍受和无冤精神,因为众生当下所受的痛苦从本质

---

① 《楞伽经》卷三,《大正藏》第16卷,第499页中、下。
② 宗密:《禅源诸诠集都序》卷三,《大正藏》第48卷,第403页下。
③ 《菩提达摩略辨大乘入道四行》,《景德传灯录》卷三〇,《大正藏》第51卷,第458页中、下。

上讲都源于其自身久远之际所造之业的自然果报,所以没有理由对自心以外的任何一方产生怨恨之情,自作应自受。达摩以为,只要有这样的忍辱忍苦之心,就会和第一义相符,所谓"此心生时,与理相应"①。

何谓随缘行?"众生无我,并缘业所转,苦乐齐受,皆从缘生,若得胜报、荣誉等事,是我过去宿因所感,今方得之,缘尽还无,何喜之有?得失从缘,心无增减。"②

报冤行所讲的是遇苦无冤,而随缘行则是讲得乐不喜,其所依据的理论是因果报应论和业感缘起论。达摩认为,包括人自身在内的一切事法都是由因缘和合而成,随着因缘的变化而变化,没有自性,对于人生所谓的喜事,不必为之心动,这不过是自心善业所感,从本质上讲是空幻的,对于苦乐得失,都应看到其性空的本质,以不动心视之。对于人生来讲,如何正确地对待顺境,要比正确对待逆境更困难。达摩说,如果能做到见喜不动,就合乎真性了,"喜风不动,冥顺于道"③。达摩在此也是在讲禅的道德规范。

何谓无所求行?"世人长迷,处处贪著,名之为求。智者悟真,理将俗反,安心无为,形随运转。万有斯空,无所愿乐,功德黑暗,常相随逐,三界久居,犹如火宅,有身皆苦,谁得而安?了达此处,故舍诸有,息想无求。"④

所谓无求,指没有欲求,没有欲望,这也是基于空的思考,一切皆空,三界也是空,而且痛苦不堪,《法华经》中有三界如火宅之说,达摩此说与经意也有相通之处。三界中的众生其实都在火宅中受苦,不可更增其欲望,加其痛苦,而应该随顺因缘之"运"的流转,息灭妄想杂念。无求才是真正的修行,所谓"无求真为道行"⑤。

何谓称法行?"称法行,性净之理,目之为法,此理众相斯空,无染无

---

①②③④⑤《菩提达摩略辨大乘入道四行》,《景德传灯录》卷三〇,《大正藏》第 51 卷,第 458 页下。

著,无此无彼。经云:法无众生,离众生垢故;法无有我,离我垢故。智者若能信解此理,应当称法而行。……为除妄想,修行六度,而无所行,是为称法行。"①

称法行是按照经教中的性净之理而修行,不过根据达摩对"性净之理"的分析,实际所指的是般若性空之理,称法行之"法",即指此理。理入时,要依如来藏自性清净心之理,而行入时,实际上是要依性空之理。

关于达摩的禅法,道宣在其《续高僧传·习禅篇》的"论"中,曾有过这样的评论,他说:"稠怀念处,清范可崇;摩法虚宗,玄旨幽赜。可崇则情事易显,幽赜则理性难通。"②他指出了达摩禅法和僧稠的四念处禅法的区别在于崇"虚",达摩虚宗的特点是"遣荡",破斥一切妄执,这就是道宣所理解的壁观。达摩又讲"罪福之宗两舍"③。这是指"行入"的内容了。在《法冲传》中,道宣又将达摩的禅法归纳为"南天竺一乘宗"。

根据日本学者柳田圣山、铃木大拙等整理的关于达摩的二入四行的思想资料,比一般所知的《续高僧传》、《景德传灯录》等收入的内容要更为丰富,特别是般若空观的思想有更多的表达④。

二、《楞伽经》、楞伽师与楞伽禅

达摩以《楞伽经》四卷传于慧可,此经成为早期禅宗所依的根本经典,依此经而修的达摩禅的僧人被称为"楞伽师",其禅法亦称"楞伽禅"。

1.《楞伽经》及其基本思想

《楞伽经》在中国佛教史上先后有四译,现存三种译本,达摩所传是此经最早的汉译本,为南朝刘宋求那跋陀罗译于元嘉二十年(443)的《楞伽阿跋多罗宝经》,简称《楞伽经》,或四卷《楞伽》。此经只有一品,即《一切佛语心品》,意为此经是一切佛说之心要,体现出此经的重要性。此经

---

① 《菩提达摩略辨大乘入道四行》,《景德传灯录》卷三〇,《大正藏》第51卷,第458页下。
②③《续高僧传》卷二〇,《大正藏》第50卷,第596页下。
④ 参见杨曾文《唐五代禅宗史》,北京,中国社会科学出版社,1999。

的思想很丰富,需要特别提出的是其空的思想和唯识思想。

《楞伽经》是唯识系经典,但却处处显明无相,破除妄执,阐述性空之理,比如其开篇一百零八句,就都是破斥之词,遣荡执著,体现空理。空的最基本的体现是我法二空,经中称为二种无相,"善观二种无我相,云何二种无我相?谓人无我及法无我"①。达摩的"虚宗"的特色,与此经的空观思想是有相通之处的。

禅宗中常说的三界唯心,万法唯识,在此经中都有体现。在心法关系的处理上,强调心识有主体性地位,诸法唯识所现,"云何菩萨摩诃萨善分别自心现,谓如是观三界唯心分齐,离我、我所,无动摇离去来"②。对于心识,此经又用如来藏来概括,此如来藏,一方面是自性清净的,另一方面,又是世界万法的原因,是所谓"善、不善因","如来之藏是善不善因,能遍兴造一切趣生"③。心识又分为八,是为八识,"自性无垢,毕竟清净,其诸余识有生有灭,意、意识等念念有七。"④无垢清净的是如来藏识,也称"识藏心",其余七识,第七识的意(末那),第六识的意识,这是依第七意识而生之识,另外五识,即是眼耳鼻舌身诸识。

2. 慧可

慧可,或作惠可,又名僧可,禅宗第二祖,俗姓姬,虎牢(今河南省洛阳市东部)人,他的文化程度比较高,通内籍外典,悟解能力很强,道宣称其"独蕴大照,解悟绝群"⑤。他四十岁时,遇到在洛阳、嵩山一带弘化的达摩,遂奉其为师,师事达摩六年,达摩传给他的禅法,乃是藉《楞伽经》而行的法门,达摩之后,慧可一度埋迹隐名,但由于他在禅界有很高的声誉,许多人找到他,向其求法,使得他的禅法迅速传播开来,言满天下。也有人和他的观点不同,有位叫道恒的僧人曾指派他人和慧可辩论,但

---

① 《楞伽经》卷一,《大正藏》第16卷,第487页下。
② 同上书,卷二,第489页下。
③④ 同上书,卷四,第510页中。
⑤ 道宣:《慧可传》,《续高僧传》卷一六,《大正藏》第50卷,第551页下。

反而为慧可的禅法所折服。道恒因此而恼恨在心,他"货赇俗府,非理屠害"①。贿赂官府,欲加害于慧可。后来慧可被砍掉一只手臂,据道宣说,这是"遭贼砍臂"。

后来在慧可身上,也有许多传说。比如慧可求见达摩一事,有慧可立雪断臂自呈其心的传说,这个传说就否认慧可遭贼砍臂的说法,《传法宝记》中讲,"余《传》云'被贼斫臂',盖是一时谬传耳!"批评道宣的历史记载。又,慧可和达摩初见时的机缘问答,有心不可得,无心可安的谈话,显示出无法之法的思想。又,达摩付法,要了解诸弟子的悟解,对他们有得肉、得骨、得髓的评价,慧可则一言未发,被达摩认为是得其精髓的。这反映了禅不可说,不立语言文字的精神。

慧可的禅法,道宣记为"精究一乘,理事兼融,苦乐无滞,而解非方便,慧出神心"②。这个"一乘",是达摩"南天竺一乘宗"之一乘,"理事兼融",是理事不二之法,"苦乐无滞"属于行入,与达摩的报冤行和随缘行相当,"解非方便,慧出神心"有直指人心、不假方便之意,因为自心具足,提供了直指的可能性,而这一点也是慧能南宗禅法的基本精神之所在。

就禅的定慧两方面特色来分别讨论,慧可禅法中的慧法,可以用一个"玄"字来概括,慧可专附玄理。有位向居士,曾给慧可写过一封信,专门讨论这种玄理:

> 影由形起,响逐声来。弄影劳形,不知形之是影;扬声止响,不识声是响根。除烦恼而求涅槃者,喻去形而觅影;离众生而求佛,喻默声而寻响。故迷悟一途,愚智非别。无名作名,因其名则是非生矣;无理作理,因其理则诤论起矣。幻化非真,谁是谁非?虚妄无实,何空何有?将知得无所得,失无所失。未及造谈,聊申此意,想为答之。③

---

①② 道宣:《慧可传》,《续高僧传》卷一六,《大正藏》第 50 卷,第 552 页上。
③ 同上书,第 552 页上、中。

信中表达了不离烦恼而求涅槃,不离众生而求成佛,迷悟不二,愚智不二等观点,他这种观点的出发点是强调诸法的虚幻,对此,慧可是大致赞同的,但也略有修正,他说:

> 说此真法皆如实,与真幽理竟不殊。
> 本迷摩尼谓瓦砾,豁然自觉是真珠。
> 无明智慧等无异,当知万法即皆如。
> 愍此二见之徒辈,伸词措笔作斯书,
> 观身与佛不差别,何须更觅彼无馀?①

慧可的答偈,出发点是强调诸法的真性,万法皆如,在此基础上,他也表达了对不二法门的观点,迷执与觉悟不二,无明与智慧不二,真如与万法不二。众生心中自有摩尼宝珠,但迷而不识,视之为瓦砾,如果一旦豁然觉悟这宝珠,就与佛无异。"豁然自觉"表达了两层意义:一是豁然而悟,是顿悟。二是自悟,不依他力,强调禅的主体性精神。

关于慧可禅法的特点,道宣在《法冲传》中有一段记载,其中讲到《楞伽经》的特点是"专唯念惠,不在话言"。依据此经,"达磨禅师传之南北,忘言忘念,无得正观为宗,后行中原。惠可禅师创得纲纽,魏境文学,多不齿之,领宗得意者,时能启悟"②。由此可见,达摩和慧可的禅法是重在悟解,和当时北方推崇的禅法潮流有所不同,所以为时流所不容。

慧可禅法中的定的方面,表现为头陀行,道宣说:"一衣,一钵,一坐,一食,以可常行,兼奉头陀。"③他和一些同道常在远离村落的地方修行,这种禅修方式,流动性很大,而当时北方的正统禅学是在寺而修的。

3. 慧可时代的楞伽师

唐代净觉法师编有《楞伽师资记》一卷,记录楞伽师的八代传承,以

---

① 道宣:《慧可传》,《续高僧传》卷一六,《大正藏》第50卷,第552中。
② 道宣:《法冲传》,《续高僧传》卷二五,《大正藏》第50卷,第666页中。
③ 道宣:《法冲传》,《续高僧传》卷一六,《大正藏》第50卷,第552页下。

《楞伽经》的译者求那跋陀罗为第一代,菩提达摩为第二代,提及的弟子有道育、惠(慧)可、昙林,惠(慧)可为第三代,粲禅师(僧璨)为第四代,道信为第五代,弘忍为第六代,神秀为第七代,普寂、敬贤、义福、惠福等人为第八代。实际上把后来的东山法门和北宗禅都包括进去了。而一般理解的楞伽师更多地是集中在达摩之后慧可时代的一批禅僧,其中许多是尊慧可为师的。

依据道宣的《法冲传》,慧可之后的楞伽师大致有两类:

一类是"口说玄理,不出文记"[①]者,即依据《楞伽经》而说,没有关于此经研究的文字,包括粲禅师、惠禅师、盛禅师、那老师、端禅师、长藏师、真法师、玉法师。

另一类是对此经有所研究,留下研究文字的,包括善禅师(有《楞伽抄》四卷)、丰禅师、明禅师、胡明师(均有《楞伽疏》五卷)。

这一类楞伽师还可以区分为出自慧可门下和其他门下的禅师:

出自慧可门下,远承慧可禅师的有大聪禅师(有《楞伽疏》五卷)、道荫禅师(有《楞伽抄》四卷)、冲法师(有《楞伽疏》五卷)、岸法师(有《楞伽疏》五卷)、宠法师(有《楞伽疏》八卷)、大明法师(有《楞伽疏》十卷)。

不出自慧可门下的楞伽师有迁禅师(有《楞伽疏》四卷)、尚德律师(有《入楞伽疏》十卷)。

属于慧可再传的楞伽师:

那禅师门下有实禅师、惠禅师、旷法师、弘智师。

明禅师门下有伽法师、宝瑜法师、宝迎法师、道莹法师。

这些楞伽师中,最为重要的是列在第一的粲禅师,即僧璨禅师,在南宗禅的法统中,被尊为第三祖。

道宣说慧可"卒无荣嗣"。这句话不是指慧可没有弟子,而是说他没显赫荣耀的弟子。关于僧璨的历史记载,几乎一无所有,道宣在《慧可

[①] 道宣:《法冲传》,《续高僧传》卷一六,《大正藏》第50卷,卷二五,第666页中。

传》中提到的慧可弟子中,并无僧璨,在《法冲传》中讲到"可僧师后,粲禅师"等人,把粲禅师列为第一门徒。在《辩义传》中,道宣又提到僧粲的事迹,说僧粲曾在安徽庐州的独山(今安徽庐江县西北)一带烧香求水。这粲禅师和僧粲,应该就是这里所指的僧璨。

《传法宝记》中对僧璨的事迹记载也只有数语:因为遭到周武帝灭法的打击,僧璨曾流遁山谷达十年久,直到隋开皇初年,又与同学定禅师一起,隐居于皖公山(今安徽省潜山县西北)。对于僧璨的生平事迹,宗密有一个简单的记述,"付法已,或居市廛街巷,止宿不拣处所,言语不避深浅。后入罗浮山数年,临终归岿山,树下立,合掌而终也"①。

僧璨不出文记,没有法语记录,但是后人提出《信心铭》是僧璨所作,而这部作品在禅宗中的影响很大,但在早期的权威资料,如《续高僧传》、《楞伽师资记》等作品中,并无关于此书的记载,也许它是一部托名之作,但在一定程度上反映了僧璨禅学观点的一些基本内容。

三、道信、弘忍与东山法门

从道信开始,禅史有了一些比较明确的资料,在禅宗史上,道信是一重大的转折,主要表现在由专重《楞伽经》转向亦重般若类经,僧团规模也大大扩张,四祖道信和五祖弘忍禅师法被概括为"东山法门",因为弘忍居住的黄梅冯墓山在道信居住的双峰山之东,称为东山,东山主要指的是弘忍,但由于道信和弘忍的禅法传承及相近特点的关系,道信也被纳入东山法门之中。

1. 道信及其禅法

道信(580—651),俗姓司马,《续高僧传》和《楞伽师资记》都没有提到道信的籍贯,《传法宝记》称其为河内(今河南省沁阳县)人。

关于道信和僧璨的传承因缘,道宣在《道信传》中有这样的记载:"有

---

① 《圆觉经大疏钞》卷三之下,《续藏经》第9册,第532页上。

二僧,莫知何来,入舒州皖公山静修禅业,〔信〕闻而往赴,便蒙授法,随逐依学,遂经十年。"①

后人据此认为,这二僧中,有一位就是僧璨,因为《辩义传》中说过,僧粲禅师曾在庐州独山求过水,独山和皖公山相邻。

在皖公山,传法于道信的僧璨又到司空山(今安徽省太湖县境内)隐居,道信则仍留在皖公山修道,后来因朝廷寻访贤良之士,道信被允许正式出家,配住江西的吉州寺。这出家的时间,《传法宝记》认为是隋朝大业(605—617)年间。吉州(今江西吉安县)一度曾遭反政府军事力量的围困,长达七十多天,道信为缺水的市民从城外运来水,又提出解围的办法(念《般若经》),平定之后,道信到湖南衡山去修道,路经江州(今江西九江市)时,被庐山道俗留住,居大林寺十年,这反映了道信的声望。十年后,蕲州(治所在今湖北省蕲春县)僧众请道信到黄梅(今湖北省黄梅县)去,道信选择在山中修行,因其所居住的山为双峰山(原名破头山,道信住此山时,改为双峰山),丛林中遂称其为双峰道信。在双峰道场,从学弟子有五百多人,其中不乏远道而来者,道宣描述为"无远不至"。

道信的禅法,从藉教悟宗的角度看,所藉之经教,包括《楞伽经》和《文殊说般若经》,他曾写过一本《入道安心方便法门》,就是依据这两种经典而作的,他说:"我此法要,依《楞伽经》诸佛心第一,又依《文殊说般若经》一行三昧,即念佛心是佛,妄念是凡夫。"②

一行三昧是道信禅法的特色。一行三昧,从理上说,是要观真如法界的平等之相,即所谓"法界一相,系缘法界,是名一行三昧"③。从事上说,是指坐禅法门,念佛法门。但在道信的禅法中,一行三昧又体现出任心运作的无修之修,他强调:"身心方寸,举足下足,常在道场;施为举动,

---

① 道宣:《道信传》,《续高僧传》卷二〇,《大正藏》第50卷,第606页中。
② 净觉:《楞伽师资记》卷一,《大正藏》第80卷,第1286页下。
③《文殊说般若经》卷下,《大正藏》第8卷,第731页上。

皆是菩提。"①

至于具体的修行方法,道信主张方便法门,先要行忏悔,端坐不动,念诸法实相,除去障碍妄想,在此基础上,进行念佛,以进一步去除执心,念念不断,最后忽然而得到澄明解脱。这种念佛,并不是往生西方,而是念自心之佛,道信把这种念佛称为安心,他提出了五事方便来实现安心法门:

一是了知心之本体,心的体性本来清净,无染无污,与佛相同。

二是了知心的相用,心能生灭万法,而心的本身却是不生不灭的。万法皆由心生,从本质上讲,都与心没有差别。

三是经常保持这种觉悟之心,了知诸法的空寂本性,而能于相无相,不生执著之念。

四是观身,观自己的色身是空,空幻如影,可见而不可得。

五是守一不移,不论是动是静,常守本心,这样就可以明见佛性,早入定门。

道信的方便法门是针对不同根性的学人而施设的,他区分四种根性:有行有解有证,是上上之人;无行有解有证,是中上之人;有行有解无证,是中下之人;有行无解无证,是下下之人。

对于上根学人,强调须任运而修:"亦不念佛,亦不捉心,亦不看心,亦不计心,亦不思惟,亦不观行,亦不散乱,直任运,亦不令去,亦不令住,独一清净,究竟处,心自明净。"②这其实这是一种无修之修。对于下根众生,则可以行看心之法:"或可谛看,心即得明净,心如明镜,或可一年,心更明净,或可三五年,心更明净。"③这需要长期渐进修习才能达到最终的觉悟。

《传法宝记》中对道信禅法的描述十分简单,含两项内容,一是坐禅,

---

① 净觉:《楞伽师资记》卷一,《大正藏》第80卷,第1287页上。
②③ 同上书,第1287页中。

二是作务(即劳作、劳动):"〔信〕每劝诸门人曰:努力勤坐,坐为根本,能作三五年,得一口食塞饥疮,即闭门坐,莫读经,莫共人语。"①这种"作",不只是指一般的日常行为,而特别是指农业劳动。农禅的精神自此开始确立,这也是强调一种经济的自立,是对于佛教托钵乞食传统的改革,对于后世禅宗的发展有着重要的意义。

2. 弘忍及其禅法

弘忍(601—674),俗姓周,据《楞伽师资记》所引《楞伽人法志》,他为湖北黄梅县人,七岁时奉道信为师。其禅法和修行特点:"住度弘憨,怀抱贞纯,缄口于是非之场,融心于色空之境,役力以申供养,法侣资其足焉。"②可以看出,弘忍聪明纯真,心无分别,专于禅法。《传法宝记》还说弘忍生性木讷沉厚,以至于同学都欺侮和嘲笑他。"役力"是指劳动,他亲身带领大家参加农业生产劳动,以提供僧众的衣食之需,使大家都感到衣食充足,这也是弘忍能有崇高声望的重要原因。弘忍的弘法道场,僧众之多,《坛经》中说有一千多人,这又远远超过了道信的道场,据载,当时国内十有八九的禅僧来投弘忍门下。

弘忍的禅法有两点是非常突出的,一是农禅并重,二是重《金刚经》。

农禅并重的特点在弘忍身上体现得比道信更为明显。《传法宝记》称弘忍"昼则混迹驱给,夜便坐摄至晓"。乃是白天劳作,晚上坐禅,但这并不是说弘忍就把禅修和劳作截然分为两断,事实上,他把禅修贯穿于日常生活的一切过程,所谓"四仪皆是道场,三业咸伪(为)佛事"③。行住坐卧四仪都是禅行,身口意三业均为佛事,农业劳动也是禅修的一部分。从这里可以看到禅宗"禅是生活"的思想渊源。

对《金刚经》的重视,《楞伽师资记》里没有提及,而在《坛经》中已指出了这一点,从《最上乘论》中可以看出,弘忍对《金刚经》已有所引用,又

---

① 《传法宝记》。
②③ 净觉:《楞伽师资记》卷一,《大正藏》第80卷,第1289页中。

引用《维摩诘经》和《涅槃经》等经典,这些经典都是后来南宗禅所藉之经。慧能就是听了有人诵《金刚经》而有悟,并且被告知,此经是东山弘忍所传。但弘忍并未放弃传统的《楞伽经》。

《楞伽人法志》里所记载的弘忍的禅法,乃是"看心"的坐禅法门,是渐修法门。弘忍说:"尔坐禅时平面端身正坐,宽放身心,尽空际远看一字,自有次第。"①对初学者,先要看自心中某一字,以停息攀缘之心,再慢慢扩展开来,看自心如虚空,并超越身心,把这虚空延扩至整个世界,看虚空极远处的一个字,这样就可以渐次趣入。得悟之后,还须认真地维护,也就是后来的禅师们常讲的保任,维护的方法还是坐禅。弘忍这样描述悟后的修证:"证后坐时,状若旷野泽中,迥处独一高山,山上露地坐,四顾远看,无有边畔,坐时满世界,宽放身心,住佛境界。清净法身,无有边畔,其状亦如是。"②

佛性论也是弘忍禅法的一个基本内容,弘忍说:"有一口屋,满中总是粪秽草土,是何物?"③又说:"扫除却粪秽草土并当尽,一物亦无,是何物?"④这都是讲的众生之心,此心在未分之前,乃是染污之心,扫除之后,乃是清净之心。不管是染是净,都是同一个心,平等无二。

弘忍又说:"汝正在寺中坐禅时,山林树下,亦有汝身坐禅不?一切土木瓦石亦能坐禅不?土木瓦石亦能见色闻声、著衣持钵不?"⑤这是问的无情之物有没有佛性,弘忍在此是似乎倾向无情有性的。

在《最上乘论》中,弘忍提出了一些守心之法(守本真心),所涉及的问题要比《楞伽人法志》略广些,从慧的角度而言,以识自心为修道的第一步,要了知心的清净,自性圆满,并以此心为"本师",即自心本来具足的教授师。在此基础上所习之定,则注重发明自心。所谓一行三昧的念佛法门,应是念自心。具体而言,则强调守心的重要性,以守心为至要之

---

①②③④ 净觉:《楞伽师资记》卷一,《大正藏》第80卷,第1289页下。
⑤ 同上书,第1290页上。

道,"此守心者,乃是涅槃之根本,入道之要门,十二部经之宗,三世诸佛之祖"①。所谓守心,其实就是看心,"闲静身心,一切无所攀缘,端坐正念,善调气息,惩其心不在内,不在外,不在中间,好好如如,稳看看熟"②。一直要看到心识自灭,凝寂淡泊,皎洁泰然。这属于渐修法门。

四、法融与牛头禅

与道信的禅法同时,在金陵牛头山至润州(今江苏省镇江市)茅山之间的区域,出现了以法融为代表的一系禅法,以其活动的主要区域牛头山(今牛首山)为名,而称牛头宗。其传法世系,在后来的禅宗世系中,被视作是道信的旁出,连宗密也如此说:"四祖下分出也,其先即牛头慧融大师,是五祖忍大师同学。"③至于此宗的传法世系,依宗密在《圆觉经大疏钞》卷三之下中的说法,依次是:法融—智严—慧方—法持—智威—慧(惠)忠。智威下又旁出一系,即:智威—鹤林寺马素—径山道钦。道宣的《续高僧传》没有记载法融和智严之间的师承关系,智严传慧方的师承关系,道宣甚至没有给慧方立传。但从法持开始,关系就有点清晰了。

法融(594—657),俗姓韦,润州延陵(今江苏省丹阳市)人,其家庭是当地有名的望族,十九岁之前,他已对儒道典籍有了很多的了解,但后来转向了佛教,原因在于,"儒道俗文,信同糠粃,般若止观,实可舟航"④。于是放弃儒学,入茅山向炅法师习三论。一说炅法师就是三论宗兴皇法朗的弟子大明法师。茅山三论学风是重慧轻定,法融认为这样难以入道,"慧发乱纵,定开心府。如不凝想,妄虑难摧"⑤。因此他注重习定,前后达二十年,终于"大入妙门百八总持,乐说无尽"⑥。这个"百八总持"是《楞伽经》中大慧菩萨提出的一百零八句问,佛以一百零八句作答。

---

① 弘忍:《最上乘论》,《大正藏》第48卷,第377页下。
② 同上书,第379页上。
③ 宗密:《圆觉经大疏钞》卷三之下,《续藏经》第9册,第534页下。
④⑤⑥《法融传》,《续高僧传》卷二〇,《大正藏》第50卷,第603页下。

这体现出法融禅法和《楞伽经》的关系。唐武德七年(624),房玄龄整肃僧籍,法融曾经进京陈词,但终究被要求还俗宾王,后来又再度出家。贞观十年(636),法融到金陵南郊牛头山幽栖寺北岩下别立茅舍习禅,同时到附近的佛窟寺阅藏抄经达八年之久,由此而达到融会贯通的地步。从此之后,他开讲《法华经》、《大集经》、《大品般若经》等各种经典,由此可以显现出他对于三论宗经典的重视。显庆元年(656),法融因司功萧元善之请进京,作为一个"山僧",要去当"京僧",法融留下了诀别之言:"从今一去,再践无期。离合之道,此常规耳。"①

道信和法融的这种关系,几乎是当时的普遍性看法,一些相关的碑铭中也有类似的说法②。但在另一些资料,比如《续高僧传》的《法融传》和《道信传》中并无提及。

法融的著作,道宣在《法融传》中没有记载,只说看了他的作品之后,感觉其特点是一个"融"字。宗密记载法融曾撰有《绝观论》,《宗镜录》中曾经引用此作,近代敦煌发现一些《绝观论》的本子,被认为是法融的作品。另有一篇《心铭》,也被认为是法融所作。

法融是一个禅教并重、定慧双修的禅僧,他的禅法被宗密归入讲一切皆空的"泯绝无寄宗"一类:

> 说凡圣等法,皆如梦幻,都无所有,本来空寂,非今始无,即此达无之智,亦不可得,平等法界,无佛无众生,法界亦是假名。心既不有,谁言法界? 无修不修,无佛不佛,设有一法胜过涅槃,我说亦如梦幻,无法可拘,无佛可作,凡有所作,皆是迷妄。如此了达本来无事,心无所寄,方免颠倒,始名解脱。……便令心行与此相应,不令滞情于一法上,日久功至,尘习自亡,则于怨亲苦乐一切无碍。③

---

① 《法融传》,《续高僧传》卷二〇,《大正藏》第 50 卷,第 604 页上。
② 如李华《润州鹤林寺故径山大师碑铭》、刘禹锡《牛头山第一祖融大师新塔记》等。
③ 《禅源诸诠集都序》卷二,《大正藏》第 48 卷,第 402 页下。

宗密又将法融的牛头宗概括出这样的思想特点：

> 牛头宗意者，体诸法如梦，本来无事，心境本寂，非今始空，迷之为有，即见荣枯贵贱等事，事迹既有，相违相顺，故生爱恶等情，情生则诸苦所系，梦作梦受，何损何益？有此能了之智，亦如梦心，乃至设有一法过于涅槃，亦如梦如幻。既达本来无事，理宜丧己忘情，情忘即绝苦因，方度一切苦厄，此以忘情为修也。①

宗密还将其思想概括为"以本无事为悟，忘情为修"②。具体而言，"言本无事者，是所悟理，谓心境本空，非今始寂，迷之谓有，所以生憎爱等情，情生，诸苦所系，梦作梦受，故了达本来无等，即须丧己忘情，情忘即度苦厄，故以忘情为修行也"③。

从禅理的角度看，牛头宗受三论宗的空观的影响，讲本来无事。这个本来无事，是从万物的本性上说的，一切皆空，不是从某一个起点而开始空，先天就是空，因此，空就有本体的地位。依此空观来观察万法，诸法都空幻不实，没有主体之我，没有客体之法，也没有境界之涅槃，也没有证明此种空观的智慧。众生正是因为不懂得这个空的真理，迷执虚妄之法为实有，生情生爱，受苦受乐，处于梦幻之中而不觉。

从禅行的角度看，以空观为基础，以无事为修，至于具体行无事之修的方法，是灭虚妄情执，心不滞情于一法，不论善法或恶法，空却心灵，使心休歇，这也是一种安心法门。

五、神秀与北宗禅

在弘忍门下的禅法发展，被区分为南宗和北宗，北宗的核心人物是神秀，而广义的北宗，则包括了更多的禅宗人物，正如宗密所说："北宗

---

①②《禅门师资承袭图》，《续藏经》第63册，第33页下。
③《圆觉经大疏钞》卷三之下，《续藏经》第9册，第534页下。

者,从五祖下傍出,谓有神秀等一十人,同是五祖忍大师弟子,大师印许各堪为一方之师故,时人云忍生十子(能和尚直承其嗣,非此十数也),于中,秀及老安、智诜道德最著,皆为高宗皇帝之所师敬。"①他们都是弘忍门下的同学,后来各为一方法主,促进了禅宗的繁荣。

1. 神秀禅系的北宗禅法

神秀(？—706),俗姓李,汴州尉氏(今河南省尉氏县)人(《传法宝记》称他为大梁人,即河南开封附近人),他少年时代所习的是儒学等世法之书,十三岁时,因隋末王世充起兵,河南、山东等地百姓饥病交加,神秀到河南荥阳的义仓去领粮食,途中遇到一位僧人,就随之出家。出家后,神秀游历各地,东吴、越地、闽地、粤地等处都留下了他的足迹。神秀在造访许多名胜古迹的同时,也学习老庄之学、儒家之书,又遍涉佛教经律论内典,所以神秀是个文化水平很高的人。神秀受具足戒的时间,张说在《大通禅师碑》中记为武德八年(625),地点在洛阳天宫寺。神秀在四十六岁时,听说黄梅东山有弘忍大师在传禅法,就投弘忍会下,昼夜服侍弘忍,经常为弘忍洗脚。神秀很注重戒律和定慧之学,很受弘忍赞赏,弘忍曾称:"东山之法,尽在秀矣!"②在《坛经》中,神秀也被认为是弘忍的上首弟子,在众同学中很有威信。神秀常与弘忍讨论《楞伽经》中的思想,弘忍非常欣赏神秀的见解,称道:"我与神秀论《楞伽经》,玄理通快,必多利益。"③

关于付法之事,张说只记神秀"于是涕辞而去,退藏于密"④,被迫含泪离开弘忍,去过着隐居的生活。张说曾在京师向神秀问法,执弟子之礼,却未提有弘忍向神秀付法之事。唐仪凤(677—679)年间,神秀被推举为湖北当阳玉泉寺住持,其实他并未住在寺中,而是在寺东七华里的

---

① 宗密:《禅门师资承袭图》,《续藏经》第63册,第31页中。
② 张说:《大通禅师碑》。
③ 《楞伽师资记》,《大正藏》第85卷,第1289页下。
④ 《大通禅师碑》。

一处地势平坦山势险峻的场所禅修授徒，并准备终老在此，"此正楞伽孤峰，度门兰若，荫松藉草，吾将老焉"①。神秀的弘法道场也是十分兴旺，从学者成都如市，"学徒不远万里，归我法坛，遂开善诱，随机弘济，天下志学，莫不望会"②。这种影响，成为神秀引起皇室注意的一个重要原因，久视年（700）（一说在大足元年，即 701），武则天诏神秀入宫，自此，神秀就随圣驾来往洛阳、长安之间，为帝师。神秀的内心可能不愿意这样做，他在武则天死后，曾向中宗表示辞归之意，但没有被批准，不久，他于神龙二年（706）在洛阳圆寂，留有三字遗嘱：屈、曲、直。

关于神秀禅法的资料，有一些敦煌卷子讲五方便等法，根据宗密的记录，今人断定为神秀的作品，宗密是这样说的："疏'有拂尘看净，方便通经'下……此宗秀大师为宗源，弟子普寂等大弘之。"③接着叙述"拂尘看净、方便通经"的具体内容。《大乘无生方便门》（S.2503）开篇就说："第一总彰佛体，第二开智慧门，第三显示不思议法，第四明诸法正性，第五自然无碍解脱道。"④这和宗密的记载相同，里面的内容也多有相同之处，可以断定此乃反映了神秀北宗的禅法。这样，《大乘无生方便门》（S.2503，S.1002）、《大乘五方便（北宗）》（P.2058）、《无题》（P.2270）、《无题》（附《赞禅门诗》，S.2503），这些都讲到五方便的修行方法。另外，《大乘北宗论》（S.2581），讲不起心，《观心论》（S.2595）讲禅理，都能从宗密有关记载中得到启发，证明是反映神秀北宗思想的作品。依着这种说法，可以断定这批敦煌资料，反映了神秀一系，也包括义福、普寂等人的思想。

神秀对自己的禅法核心有个概括，"我之道法，总会归体用两字，亦曰重玄门，亦曰转法轮，亦曰道果"⑤。这就是说，体用原则体现在神秀禅

---

① 《大通禅师碑》。
② 《传法宝记》。
③ 《圆觉经大疏钞》卷三之下，《续藏经》第 9 册，第 532 页下。
④ 《大正藏》第 85 卷，第 1273 页中，也载于《敦煌宝藏》第 20 册，台湾，新文丰出版公司，1980。
⑤ 《楞伽师资记》，《大正藏》第 85 卷，第 1290 页下。

法的一切方面,它体现在禅理之中(谓重玄门),体现在说法开示的过程中(谓转法轮),也体现在禅修之中(谓道果)。

张说对神秀的禅法是这样记载的:

> 尔其开法大略,则忘念以息想,极力以摄心。其入也,品均凡圣;其到也,行无前后。趣定之前,万缘尽闭,发慧之后,一切皆如。特奉《楞伽》,递为心要。①

这是渐修的、由定发慧的禅法,所谓"专念",大概是指一行三昧的念佛法门了,神秀曾向武则天汇报说,他所承继的是东山法门,依《文殊说般若经》中所讲的一行三昧而修。神秀要以念佛之功息灭妄念,以禅定之力摄心不乱。

宗密将此法归纳为:"背境观心,息灭妄念,念尽即觉悟,无所不知,如镜昏尘,须勤勤拂拭,尘尽明现,即无所不照。"②

至于神秀禅法中的方便法门,即所谓使"万缘尽闭"的方法,具体的看心看净之法,则是这样的:"远离愦闹,住闲静处,调身调息,跏趺宴默,舌拄上腭,心注一境。"③

神秀自己也说:"看心若净,名净心地,莫卷缩身心,舒展身心,放旷远看,平等尽虚空看。""向前远看,向后远看,四维上下,一时平等看,尽虚空看,长用净心眼看,莫间断,亦不限多少看,使得者然,身心调用无障碍。"④

这个观点直接来自弘忍,和弘忍的说法毫无二致,是典型的渐修法门。

神秀禅法中也有顿的思想,比如说:"超凡证圣,目击非遥,悟在须

---

① 《大通禅师碑》。
②③ 《禅源诸诠集都序》卷二,《大正藏》第 48 卷,第 402 页中。
④ 《大乘无生方便门》,《大正藏》第 85 卷,第 1273 页下。

臾，何烦皓首？"①"诸佛如来有入道大方便，一念净心，顿超佛地。"②"末世众生愚痴钝根，不解如来三种阿僧祇秘密之说，遂言成历劫。"③由此可知，神秀主张，历劫渐修乃是钝根众生而修的，利根人是言顿的。顿悟之后，超佛越祖。

张说也讲神秀所传乃顿悟法门：如来"万劫而遥付法印，一念而顿授佛身，谁其宏之？实大通禅师其人也"④。

禅宗的藉教悟宗精神，在神秀身上表现为方便通经，有五种方便：一是离念。这与《大乘起信论》会通；二是开智慧，身心不动。这与《妙法莲华经》会通；三是显示不思议解脱。这与《维摩诘经》会通；四是明了诸法正性。这与《思益经》相会通；五是了无异自然无碍解脱。这与《华严经》相会通。

神秀一生度人无数，得法大弟子有四人，即普寂、敬贤、义福、惠福，这四人的禅法特征，《楞伽师资记》总括为："宴坐名山，澄神邃谷；德冥性海，行茂禅枝；清净无为，萧然独步；禅灯默照。学者皆证佛心也。"⑤这段话其实是对四人禅法不同特点的概括，是对下面这段总结的进一步说明："法山净，法海清，法镜朗，法灯明。"⑥其中义福和普寂在神秀门下更有重要的地位。

义福(658—736)，俗姓姜，山西上党人，载初元年(689)投师神秀，在神秀门下侍奉十多年，为神秀弟子中的一杰。神秀圆寂后，他自嵩山应邀到京师长安，住在京郊终南山的化感寺，在此修持神秀的渐门禅法达二十多年。开元十年(722)，义福移住慈恩寺，后来多次随驾来往于长安和洛阳两京之间，当他第一次到洛阳，经过蒲、虢两州时，二州刺史及信众持幡捧花迎接，可见其影响之大。义福死后谥"大智禅师"号，据说送

---

① 《观心论》，《大正藏》第 85 卷，第 1273 页中。
② 《大乘无生方便门》，《大正藏》第 85 卷，第 1273 页下。
③ 《观心论》，《大正藏》第 85 卷，第 1271 页上。
④ 《大通禅师碑》。
⑤⑥《楞伽师资记》，《大正藏》第 85 卷，第 1290 页下。

葬者达到数万。

义福极重自己的禅行,从"萧然独步"看,他的禅行可以说是当时少有的,在化感寺,他"处方丈之室凡二十余年,未尝出房宇之外"①。属于以行感人一类,中书侍郎严挺之在为义福所撰的《大智禅师碑铭并序》中讲到义福在神秀门下"摄念虑,栖榛林,练五门,入七净"。坐在林中摄心守心,"五门"当是"方便通经"中所讲的五方便门,"入七净"中的七净,即《维摩诘经》中的"七净华",此经中有偈曰"布以七净华,浴此无垢人"②。罗什解释七净为戒净、心净、见净、度疑净、道非道知见净、行知见净、断知见净,强调的就是一个"净"字。

普寂(651—739),俗姓冯,长乐信都(今河北省冀州市)人(一说蒲州河东人,即今山西省永济市人),他出家后听习过经律论典,也曾在嵩山隐居,他本来是准备投法如门下的,但等他赶到法如处,法如就圆寂了,因而改投神秀,武则天召神秀入京时,神秀也推荐了普寂。神秀晚年,中宗因其年事已高(神秀当时已是百岁老人了),曾令普寂代替神秀统摄全国僧众,实际上成为全国僧众的领袖,神秀圆寂后,普寂一直保持着这一地位,当唐玄宗带着义福东巡时,普寂则必须留在长安主理僧务。普寂的声势,胡适称为"势焰熏天",其实也不为过,当时的资料记道:"普寂禅师名字盖国,天下闻知,众中共传,不可思议。"③普寂把神秀禅法的影响推向了极致。

普寂的禅法,也注重禅定,不崇尚玄谈,《大照禅师塔铭》记述了他在神秀门下的禅法:"宝镜磨拂,万象乃呈;玉水澄清,百丈皆见。"④

这个"磨拂",正是所谓"时时勤拂拭",渐修磨治,和神秀的风格是一致的。普寂的坐禅也有过人之处,他"心无所存,背无所倚",背不至席,

---

① 《义福传》,《宋高僧传》卷九,《大正藏》第50卷,第760页中。
② 《维摩诘经》卷中,《大正藏》第14卷,第549页下。
③ 《(神会)答崇远法师问》。
④ 《大照禅师塔铭》。

长坐不卧。

普寂对禅的顿渐问题也有讨论,他说:"其始也,摄心一处,息虑万缘,或刹那可通,或岁月渐证。"[1]有顿悟,也有渐悟,但不论顿渐,都有一个渐修的方便阶段。普寂也承继了神秀方便通经的法门,神秀曾令普寂看两部经,一部是《思益经》,另一部是《楞伽经》。《楞伽经》是北宗所依的基本经典,《思益经》则是五方便中第四方便门所通之经,此经非常重视方便法门。

2. 老安系保唐宗的北宗禅法

老安(582—709),即慧安,《祖堂集》卷三对其的记录极短,只是片断的对话,《宋高僧传》卷一八和《景德传灯录》卷四均有传,碑传资料则有《大唐嵩山会善寺故大德道安禅师碑并序》等,其事迹亦不很清楚。因其年龄很大,丛林中遂尊称他为老安。俗姓卫(一说姓李),荆州枝江(今湖北省境内)人,他于隋文帝初年出家,隋大业年中,隋炀帝开通济渠,民丁饿死无数,老安曾乞食救民,炀帝于是征他进京,他又逃入山中。唐贞观年间,老安因仰慕弘忍的禅法,来黄梅投弘忍,弘忍称赞他深有道行。武则天也征他进京,任国师,为"老安国师"。景龙三年(709),他辞别京师,回到嵩山,同年终于山中。

老安的禅法缺乏记载,从老安门徒的禅法中,也可以看出老安禅法的一点踪迹来。

老安门徒之一是陈七哥,保唐宗的无住禅师曾在陈七哥处开悟,两人所传均为老安法门,宗密概括其禅法为"教行不拘而灭识"。教行不拘,是其修行方法,是定;灭识,是其禅理,是慧。

所谓教行不拘,是指不受一切佛教修行仪式的拘束,把戒律、礼忏、转读、画佛、写经等等,都斥之为妄想。所谓灭识,是指息灭妄识,心不起,心无分别。在日常修行方面,不讲究衣食,有人送则吃饱穿暖,没有

---

[1] 《大照禅师塔铭》。

人送则任饥任寒。有人入院,不论贵贱,都不迎送。以示无分别。教行不拘的目的,就是为了灭妄识,如宗密所言,"毁诸教相者,且意在息灭分别而全真也"①。

3. 智诜系剑南净众宗的北宗禅法

智诜(诜或作侁,609—702),资州(今四川省资中市)人,据《历代法宝记》载,智诜十三岁出家,先是从玄奘学习经论,后来改投弘忍门下,弘忍曾称他"兼有文性"。智诜也是武则天门下的国师,后来得以如愿回乡。

智诜一系,智诜传处寂(648—734),他也曾被武则天召入宫中,并受赐法衣。处寂传益州无相(684—762),无相创立剑南净众宗。

净众宗的禅法,宗密概括为"三句用心,谓戒定慧"。是以"三句"配合戒定慧三学。

所谓三句指无忆、无念、莫忘。已经消逝的事法,不要去追忆,为无忆;未来的荣辱之事,不要去念虑,为无念;经常保持这种无忆、无念之智,心不昏错,为莫忘。或者理解为不忆外境、不念内心、修然无寄。

净众宗的修行方法是渐修,在每年十二月到正月之间,集中传授,先教大家念佛,然后坐禅息念,对于难以开悟的人,则要一七、二七地坐下去。无相禅师自己坐禅时,常常一坐就是五天,"每入定,多是五日为度"②。属于渐修顿悟的禅法类型。

4. 宣什系的北宗禅法

这是以宣什为代表的渐修禅法。宣什,宗密认为也是弘忍的弟子,但《楞伽师资记》和《历代法宝记》中都未提到,看来不在"忍生十子"的十大弟子之列。此一禅系在唐代中期就已经不很清楚了,宗密保存的关于此宗的资料是目前为止所知唯一的研究依据,"疏'有藉传香而存佛'者,

---

① 《圆觉经大疏钞》卷三之下,《续藏经》第9册,第534页上。
② 《无相传》,《宋高僧传》卷一九,《大正藏》第50卷,第832页下。

第六家也,即南山念佛门禅宗也,其先亦五祖下分出,法名宣什,果州未和上、阆州蕴玉、相如县尼一乘皆弘之,余不的知禀承师资昭穆。"①宣什所传,丛林中称南山念佛宗,代表人物除宣什外,还有果州(今四川省南充市)的未和尚、阆州(今四川省阆中市)的蕴玉和尚、相如(今四川省蓬安县)的一乘尼僧等。宣什宗后来的传承不明,但其实际影响却深入到了民间,成为民俗佛教的一部分了。

宣什宗的禅法,宗密称为"藉传香而存佛"。所谓"传香",是该宗的修行仪式(益州无相门下也是这样的),以传香为师资传授的凭信,而一反传统的传衣。具体的方法是,老师传香给弟子,弟子又返回给老师,如此三遍。"存佛",即是念佛,先讲禅法道理,接着就念佛,也不坐禅。先由口念,渐渐至微声念、无声念,意想着佛。但意念又太粗,需再由意而至心,念念存想佛在心中。这是由持名念佛而至观想念佛。最后,从念念存想佛而至无想,这时就能与道相合。这属于渐修法门。

第二节 慧能与南宗禅

慧(一作惠)能在禅宗史上,开创南禅一系,史称南宗,和北宗相对称。依照慧能本人的说法,南北之分,只是地域的概念,但一般把南北宗的差别定位在"南顿北渐"。南宗在发展过程中,实际上成了后来整个禅宗的代表,从南宗禅的思想特色和历史影响来看,六祖慧能是禅宗的创始人,慧能的禅法,可以称之为"佛学的革命",其最主要的禅学思想是众生即佛的心性论,顿悟成佛的解脱论和无修之修的修行论。

一、慧能行历

从慧能的行历体现出一些突出的特点,比如,他是一个少数民族的

---

① 《圆觉经大疏钞》卷三之下,《续藏经》第9册,第534页下。

边民,曾是一个赤贫困苦的体力劳动者,也是一个不识字的僧人,是有顿悟经历的高僧,是具有忠孝伦理的僧人。从这些特色中也可以了解慧能禅法的内在精神。

1. 岭南边民

慧能(638—713),俗姓卢,王维在其《六祖能禅师碑铭》中称慧能是"某郡某县人",没有具体点明其籍贯,因为王维认为"法无中边",佛法无所谓中原汉地之法和边疆蛮区之法的区分,无天竺之"中国"之法和天竺周围边地之法的区分,哪里的佛法不是平等的?因此不一定要纠缠于是哪里人。一般的资料记载,慧能祖籍范阳(今河北省涿州)人,生长在今河北涿州的卢家泺村(今称卢场村),该村如今还保存有卢氏族谱。慧能究竟是"本官范阳"(敦煌古写本《坛经》,指铃木校订时所依的敦煌本)还是"本贯范阳"(敦煌本《坛经》铃木贞太郎校订本)?神会认为慧能"先祖范阳也,因父官岭外,便居新州"①,这就成了籍贯范阳了。慧能的父亲卢行瑶原来在范阳做官,后来"左降迁流岭南"②,因贬而至当时落后的岭南新州(今广东省新兴县)。其父到岭南后,依照敦煌本中慧能自己的说法,是由官为民的,"作新州百姓"。但依神会的说法,则似乎到新州后还在做官。在唐代,"降"和"流"有所不同,"降"(贬降、左降)是贬官降职,迁流则是流放,"贬则降秩而已,流为摒死之刑"③。在此两个概念连用,可能就是指流放,神会的说法突出了慧能祖上的官位。

其父到岭南后,和当地的女子结婚成家,落在一个村里,村名现在叫夏卢村,今存,据当地人说村名是卢姓的北方官员在一个夏天来到这个村的意思。慧能在当地出生,传说出生后当地有两个僧人来到他家,给他起名"惠能",惠的意思是以法术让群众受恩惠,能是能做佛事。在唐代,岭南是比较落后的地区,岭南人被称为"南人",中国传统文化中有一

---

① 《神会禅师语录》第 55 节。
② 敦煌本《坛经》第 2 节。
③ 《唐会要·左降官及流人》。

种中原文化的优越感,而周边的少数民族地区则受到歧视,称其为狄、蛮、戎、夷。作为边民的慧能从其母亲一系来分,属于今天讲的"少数民族"。所以后来弘忍称慧能是"獦獠","獦"字,依《颜氏家训》,为"猎"(獵)字之误①,"猎化为獦"②。意思为打猎,獦人即是猎人。"獠"字,《说文解字》释为"猎也",指猎物,猎人,就称作"獠徒"。獦獠是北方人对于南方少数民族人的一种歧视性称呼。但《宋僧传》中说慧能对那里的落后文化沾染并不深,"虽蛮风獠俗,渍染不深"③。这种边民的身份是了解慧能必须注意的一点。

慧能三岁丧父,经历了人生第一灾难,所以他说:"此身不幸,父又早亡,老母孤遗。"④从笔者通过文化人类学的田野调查了解到,可能村中乡邻对于他们孤儿寡母不是很好,所以他们就搬到龙山,在山脚下住,离夏卢村不太远,多年前有人在山脚下发掘出两小间唐代房屋基址,据称就是慧能母子居住过的。依《坛经》的记载,他们是移居到了南海(今属广东省广州市)。慧能及其母亲平时的生活来源大概很大程度上是靠慧能打柴卖钱而维持的,敦煌本《坛经》中记载有慧能"于市卖柴"之语。显而易见,慧能处在社会生活的最底层,依靠自己的劳动勉强维持生活。慧能的这种生存背景,使他在中国广大的下层社会具有了广泛的代表性,也造就了慧能作为平民思想家的特色。这种苦难的生活经历和平民的身份也是了解慧能必须注意的。

在这样的生活环境下,慧能没有受到必要的学校教育,不识字,后来慧能在多种场合提及自己不识字。其实慧能倒并不见得真的大字不识一个,可以认定的是,慧能在识字水准、受学校教育意义上的"文化程度"也许比较低,但按憨山德清的说法,岭南自汉代就有中原文化的传入,到

---

① 《祖堂集·惠能和尚》中就是"猎"、"獦"混用的。"獦"原是兽名,《山海经·东山经》称"獦狙"。
② 《颜氏家训·书证》。
③ 《慧能传》,《宋高僧传》卷八,《大正藏》第 50 卷,第 754 页下。
④ 敦煌本《坛经》第 2 节。

唐代时,当地文化已经很发达了,"三代之化,衣冠文物,至汉始通,至唐始盛"①。且降流至岭南的官员,也带去文化知识②,形成独特的"流放文化",可以确信的是,慧能受到的社会教育对其影响很大,三岁之前,也应该受过其父亲的家庭教育。因此,他虽然"不识字",但不等于没有"文化"素养,不等于没有特定的社会心理、价值取向、道德观念、思维方式等最具"文化"特点的要素在其心中③,他是一个"不识字"的文化伟人。南宗人渲染其"不识字",这对于慧能的禅文化来讲有何意义呢?这表明,禅和语言文字无关涉,和知解无关涉,也就是所谓"佛性之理,非关文字能解"④,这种不识字的特点是了解慧能必须注意的。

2. 投师黄梅

依《坛经》所载,有一次慧能在城里卖柴时,在一处地方(据说是金台寺⑤)忽然听到有人读一部经,心有所悟,这是他的一次顿悟的经历。有的《坛经》本子甚至精确到慧能是听到哪一句经文而悟的:"能一闻经云'应无所住而生其心',心即开悟。"⑥《祖堂集》记载得更具体,认为向慧能买柴的客人叫安道诚,读《金刚经》的人也是安道诚。《坛经》中所记此事,一是在强调顿悟,二是在强调《金刚经》的地位。这种顿悟的经历是了解慧能必须注意的。

慧能了解到这是《金刚经》,湖北黄梅的弘忍法师在弘传此经,因此

---

① 德清:《题门人超逸书〈华严经〉后》,《憨山大师梦游全集》卷八。
② 请参看王承文《唐代左降官与岭南文化》,《唐代文化研究论集》,上海,上海人民出版社,1994。
③ 饶宗颐认为,慧能肯定有相当的文化素养:"从我个人去新兴的感受来说,慧能不应是如《坛经》等禅籍所描述的那样目不识丁,国恩寺系慧能舍其故宅而建……国恩寺的情况说明,慧能是有产业的,虽然其父早死,但绝非沦落至无以为生,慧能幼时母亲尤在,卢氏作为北方著姓,应有一定的家庭教育传统,因而慧能肯定有相当的文化素养,否则如不识字,何以能听懂《金刚经》、《涅槃经》?这是不可想象的。"饶宗颐:《慧能及〈六祖坛经〉的一些问题》,《六祖慧能思想研究》,第235页,学术研究杂志社,1997。
④ 《曹溪大师别传》,《续藏经》第86册,第49页下。
⑤ 现存的金台寺是迁址后复建的。
⑥ 《法宝坛经·悟法传衣第一》,《大正藏》第48卷,第349页上。

就有礼拜弘忍,随其习禅的想法。关于这一段,禅史记载中的差异是,《坛经》认为是慧能在听《金刚经》后马上就打听到此经是从黄梅弘忍处得来,于是发心往投黄梅。

而《曹溪大师别传》则记载为慧能先是在曹溪三年,和曹溪村的刘志略结为兄弟。刘志略的一个姑妈是尼僧,法号无尽藏,住山涧寺,常念《涅槃经》。慧能白天在寺里劳动,晚上则听无尽藏讲经,他第二天就能为她解释经义了,无尽藏叫慧能读经,慧能说,我不识字。不识字怎么会解释经义?慧能说,佛性之理并不是语言文字所能解释得了的。后来据说又随乐昌县的一位禅师学坐禅,因为遇到一位叫惠纪的禅师在诵《投陀经》,慧能一闻,而知坐禅并无益处,感叹道:经意如此,我为什么要这样空坐呢?惠纪就建议慧能到黄梅去投弘忍。按照这种说法,慧能投师弘忍就和《金刚经》没有关系了。《曹溪大师别传》突出的是《涅槃经》在慧能禅法的中的重要地位。

法海在《六祖大师缘外记》中讲到慧能后来在法性寺受戒后的次年就"辞众归宝林"。宝林指曹溪宝林寺①,先未曾至此,何由言归?看来慧能在这段时间内,可能先到过曹溪。

投黄梅之前,还有一个问题要处理,如何安置老母?敦煌本《坛经》只是简单一提,没有细说,惠昕本《坛经》增加了有客人施银的情节:"慧能闻说,宿业有缘,乃蒙一客取银十两与慧能,令充老母衣粮,教便往黄梅礼拜五祖。慧能安置母毕,便即辞亲,不经三十余日,便至黄梅,礼拜五祖。"②《法宝坛经曹溪原本》、宗宝本《坛经》也如是说。

那么究竟是谁给的钱?十两银子就够了吗?《祖堂集》更是详尽描述:

---

① 胡适有一个观点,一般未作关注:"韶州广果寺正是能大师住的寺。""伪作《六祖坛经》的人已不知此寺名,故敦煌本《坛经》题'六祖惠能大师于韶州大梵寺施法坛经一卷'。"胡适:《能禅师与韶州广果寺》,《胡适学术文集·中国佛学史》,第297页。
② 《六祖坛经·悟法传衣门》。

慧能闻说,宿业有缘。其时道诚劝慧能往黄梅山礼拜五祖,慧能报云:缘有老母,家乏欠阙,如何抛母?无人供给。其道诚遂与慧能银一百两,以充老母衣粮,便令慧能往去礼拜五祖大师。慧能领得其粮,分付安排母讫,便辞母亲。①

这样,慧能的孝的形象就比较完善了,现在新兴还存有别母亭,纪念慧能母子的离别。这种重视孝行的伦理取向是了解慧能必须注意的。

慧能初见弘忍时,可能穿着南方少数民族人的服装,且说着岭南土话,前一点是学界的猜测②,后一点则是有《坛经》为据的,惠昕本说慧能"语又不正",曹溪原本说慧能"语音不正",弘忍称其为"獦獠"。据说慧能和弘忍之间有过一段著名的对话:

> 弘忍和尚问惠能曰:"汝何方人?来此山礼吾,汝今向吾边复求何物?"
>
> 惠能答曰:"弟子是岭南人,新州百姓,今故远来礼拜和尚,不求余物,唯求作佛。"
>
> 大师遂责惠能曰:"汝是岭南人,又是獦獠,若为堪作佛?"
>
> 惠能答曰:"人即有南北,佛性即无南北。獦獠身与和尚不同,佛性有何差别?"③

这一佛性平等论显然受到弘忍的欣赏,但鉴于当时在场的人很多,弘忍不便表态,就打发慧能随大家一起做体力劳动,在后院的磨房里踏碓八个月。

宗宝本《坛经》在讲到这里时,又加进了一些话,大意是,弘忍后来有一天忽然遇到慧能,就对慧能说:我想你的看法还是可以的,但我恐怕有

---

① 《惠能和尚传》,《祖堂集》卷三。
② 例如张春波推测,慧能"去弘忍那里时,穿的可能是少数民族服装"。张春波:《慧能》,《中国古代著名哲学家评传》第 2 卷,第 602 页,济南,齐鲁书社,1980。
③ 敦煌本《坛经》第 3 节。

人加害你,所以没有对你说,你能体会到吗?慧能回答道,弟子我也知道老师您的意思,所以我一直没有到前面殿堂里去,这样大家就不会知道了。《曹溪大师别传》中讲到慧能在踏碓时,因身体瘦小,就在腰上系了一块石头,《法宝坛经曹溪原本》也提到慧能"腰石舂米",这块石头就是"六祖坠腰石",体现出慧能劳动的认真态度。

3. 述偈承嗣

有一天,弘忍准备寻找嗣法弟子,他要求大家呈一首偈子,各显自己心中所悟,当时弘忍会下被认为水平最高的是神秀,据说神秀题了这样的一首偈:

> 身是菩提树,心如明镜台。时时勤拂拭,莫使有尘埃。①

这最后一句,有的《坛经》本子中或作"勿使有尘埃",或"勿使惹尘埃",意思都一样。

弘忍认为神秀的这首偈子并未彻见本性,还只是到大门口,但一般人照此修行,也有利益,不过要依此而得到无上菩提则不大可能。慧能在碓房,原先对此事一点都不知道,当他听到一位小童在诵这首偈,认为并未见性。他也来到题偈壁前,因为不识字,就请人读一遍,心中已成一偈,他也请人代为写上。

慧能所述之偈是这样的:

> 菩提本无树,明镜亦无台。佛性常清净,何处有尘埃?

另一首:

> 心是菩提树,身为明镜台。明镜本清净,何处染尘埃?②

惠昕本中把两偈合为一首:

> 菩提本无树,明镜亦非台。本来无一物,何处有尘埃?

---

① 敦煌本《坛经》,第6节。
② 同上书,第8节。

以后的《坛经》本子都是一首偈了,其中最后一句,有的本子也作"何处惹尘埃"。

呈偈之事,北宗门下就没有这种记载,法海的《法宝坛经略序》中也未提及,《神会语录》和《曹溪大师别传》中也未提及。

弘忍一看慧能的偈,认为他已经彻见心性,但他也只是淡淡地说:"此亦未得了。"据《坛经》所记,弘忍当夜就把慧能带到自己房内,单独向他讲述《金刚经》,说法传衣,衣为得法之信。有这段经历,慧能被尊为六祖。

弘忍向慧能单独传授《金刚经》后,叫慧能连夜南逃。慧能南逃的原因,禅宗正史中都指出是慧能得法衣后,怕他人争夺袈裟,因为得衣法者中,常常有性命之虞,"自古传法,气如悬丝"①。

南逃路上,途经大庾岭时,在追捕慧能的人当中,有位叫陈惠顺的人首先追上。对此,敦煌本《坛经》中简单一提:慧能把法衣给惠顺,惠顺不取,说是为法而来,非为衣而来,于是慧能向惠顺传法,惠顺言下而悟。

这件事在后来的诸本《坛经》中,进一步得到渲染,比如曹溪原本这样记载(陈惠顺在惠昕本《坛经》中已改为陈惠明了):

慧能见惠明追来,就把衣钵扔在石头上,隐于草中观看,惠明提衣提不动,就喊慧能出来,称自己是为法来,不为衣来,请慧能为自己说法,慧能就问他:不思善,不思恶,什么是你惠明的本来面目?惠明言下大悟,说道:今蒙指示,如人饮水,冷暖自知。

这段话成为后来禅宗中的重要思想资源,其中,"提不起"是喻指你没有资格承嗣,担当不起传法的重任。"本来面目"是众生清净本觉之性的代名词,通过"不思善,不思恶"来体会本来面目,也就是以无念来发明本性。"如人饮水,冷暖自知"是对禅悟境界的描述,生动地体现了禅的

---

① 敦煌本《坛经》,第9节。

不可说性,禅悟的不可说性,禅悟的个体经验性特征。

到广东后,慧能长期在隐遁,王维记述慧能"杂居止编人","混农商劳侣"①。躲藏在普通百姓中,据《曹溪大师别传》和惠昕本《坛经》等载,慧能一度逃到过曹溪,但还是被人追寻,于是又在四会、怀集两县避难,常和猎人为伍。这段潜藏时间,诸种资料对此的记载差异较大,有三年说(敦煌本《坛经》)、五年说(《曹溪大师别传》、惠昕本、大乘寺本《坛经》)、十五年说(曹溪原本、宗宝本)、十六年说(法海《法宝坛经略序》、王维《六祖能禅师碑铭》、柳宗元《赐谥大鉴禅师碑并序》、宗密《圆觉经大疏钞》卷三之下)和十七年说(《历代法宝记》),初看似乎敦煌本中的三年说较为可信,仔细思量,法海等人的十六年说法更可靠些,神会应该了解慧能长期潜藏的事实,但在其语录中也没有讲到,不过受其影响的王维却记为十五年,公开了这个事实。宗密的学术品格是值得信任的,他的关于十六年的记载应该是可靠的。

4. 开法传禅

唐仪凤元年(676),慧能结束潜藏生活,来到广州,他在广州制旨寺(当时称法性寺)听印宗法师讲《涅槃经》,印宗法师也曾参过弘忍。据说听讲的四位小僧,因风吹幡动而发生争论:

第一人说:幡是无情,因风而动。第二人反驳说:风、幡都是无情,如何能动?第三人说:因缘和合所以能动。第四人说:幡不动,是风自己在动。慧能大声说:"幡无如余种动。所言动者,人(仁)者心自动耳。"②

这一故事敦煌本《坛经》中不存,惠昕本简要概括为:

> 时有风吹幡动,一僧云幡动,一僧云风动,慧能云:非幡动风动,人心自动。

---

① 《六祖能禅师碑铭》。
② 《曹溪大师别传》,《续藏经》第86册,第50页下。

这就是所谓的心生种种法生,心灭种种法灭。这种看法使印宗很惊奇,忙把慧能请来,得知了慧能的身份,这一年,印宗为慧能剃发、受戒,在此之前,慧能还只是个行者。慧能应印宗之邀在此寺说法,初示其禅法宗旨。

不久,慧能就到曹溪宝林寺开法,在当地产生了很大的影响,韶州刺史韦璩邀请慧能到曲江县(今广东省韶关市)县城内去说法,此次开法,由慧能的弟子法海记录,整理成文,与其他的讲法内容,合编成册,称作《坛经》,这是中国佛教史上中国僧人所讲述的作品中唯一被尊为"经"的一部。佛教中的经,都应是佛所说,而慧能所说,禅界竟然敢称为经,这就是禅宗自信精神的体现。

在慧能身上,还有一件重要的事情是必须提及的,这就是他拒绝皇帝的征召。在北宗门下,老安、神秀师徒、智诜师徒和玄赜等,都有进宫的经历,而慧能与他们有所不同。

关于武则天、唐中宗召慧能进京事,敦煌本《坛经》中并无记载,法海的《法宝坛经略序》中并无记载,神会也未提及。首先讲到此事的是王维,他在《六祖能禅师碑铭》中说:"则天太后、孝和皇帝并敕书劝谕,征赴京城,禅师……竟不奉诏。"柳宗元在《赐谥大鉴禅师碑》中也有记载:"中宗闻名,使幸臣再征,不能致。"刘禹锡在《大鉴禅师碑》中也如此记载。

武则天征慧能之事是很有可能的,从她曾征神秀等人的行为来看,她想收罗天下名僧进京供养,以慧能在南方的影响,当属被征之列,只是为何慧能、法海、神会等人又都未提及?《坛经》中慧能自述生平,只讲到大庾岭上,并不是全部生平事迹的述说。法海的序,也只是对慧能一些主要事迹的叙述,神会为南宗争正统,强调顿渐之别,他也和法海一样,可能都未体会到拒绝应召之事对确立慧能禅法与神秀之不同特点的作用。但在此事的具体细节上,各种资料矛盾很多以至于今人会有一些怀疑的观点。

唐高宗李治弘道元年(683),慧能的故居建成报恩寺,以报四恩(父母恩、众生恩、国王恩、三宝恩),体现了慧能的伦理取向。二十四年以后(707),唐中宗赐此寺为"国恩寺",慧能晚年回到故乡,先请弟子在国恩寺建报恩塔,先天元年(712),回国恩寺居住,据说还种了一棵荔枝树,与龙山顶上其母亲的树相呼应①,以报母恩。第二年,慧能在此寺内圆寂,真身在宝林寺供奉,多次受谥号,唐宪宗谥"大鉴禅师",宋太宗加谥"大鉴真空禅师",宋仁宗加谥"大鉴真空普觉禅师"。

慧能的弟子,敦煌本《坛经》列有十人,《祖堂集》列有八人,《景德传灯录》载有四十三人,其中最著名的人青原行思、南岳怀让、荷泽神会、南阳慧忠和永嘉玄觉五人,神会曾为慧能禅法争正统,行思和怀让门下禅法最盛,形成青原系和南岳系,传承不绝。

二、《坛经》

慧能讲法的记录,门人整理为《坛经》,《坛经》是慧能思想的主要载体,当然人们还可以依从其他资料,比如《曹溪大师别传》、《神会语录》、各种碑铭、僧传等,但主要应该依据《坛经》。《坛经》在历史上形成了不同的版本,依《坛经》来研究慧能的思想,敦煌本《坛经》是十分重要的,但也不能完全否定其他版本《坛经》的意义。

1. 换个角度看《坛经》的流变

慧能应韶州刺史韦璩之邀而到大梵寺中宣讲其禅文化宗旨,在座的听众有在家及出家信众一万多人,另有当地官员三十多人,儒生三十多人。法海担任记录,这一记录,称为《坛经》,全称《南宗顿教最上大乘摩诃般若波罗蜜经六祖慧能大师于韶州大梵寺施法坛经》,对于这个经名

---

① 据传慧能母亲在慧能离开后,因思念慧能,在山顶上种植一棵荔枝树,如今龙山顶上的"唐荔"被认为正是此树。

的解读,文本有不同的记法,学界也有不同的看法。

敦煌本的名称(S.5475):

南宗顿教最上大乘摩诃般若波罗密经

  六祖慧能大师于韶州大梵寺施法坛经一卷

  兼受无相　戒弘法弟子法海集记

敦煌本的名称(敦博 077 号):

南宗顿教最上大乘摩诃般若波罗密经六祖慧能大师于韶州大梵寺施法坛经一卷兼受无相　戒弘法弟子法海集记

第一行写到头再回头另写而成二行,但是在卷末则简称"南宗顿教最上大乘坛经"。

旅顺博物馆本:

  南宗顿教最上大乘摩诃般若波罗密经

   六祖慧能大师于韶州大梵寺施法坛经一卷兼受无相

    戒弘法弟子法海集记

这个标题,学者们争论就多了:

  铃木贞太郎本的标题:

南宗顿教最上大乘摩诃般若波罗密经六祖慧能大师于韶州大梵寺施法坛经一卷

     兼受无相戒弘法弟子法海集记

郭朋校释本的标题:

南宗顿教最上大乘摩诃般若波罗密经六祖慧能大师于韶州大梵寺施法坛经一卷

     兼受无相戒弘法弟子法海集记

杨曾文校释本的标题:

南宗顿教最上大乘摩诃般若波罗密经六祖慧能大师于韶州大梵寺施法坛经一卷

     兼受无相戒弘法弟子法海集记

周绍良本的标题：

南宗顿教最上大乘摩诃般若波罗密经

六祖慧能大师于韶州大梵寺施法坛经一卷兼受（授）无相〔戒〕

〔受无相〕戒弘法弟子法海集记

邓文宽本的标题：

南宗顿教最上大乘摩诃般若波罗密经

——六祖慧能大师于韶州大梵寺施法坛经一卷兼授无相戒

弘法弟子法海集记

方广锠本的标题：

南宗顿教最上大乘摩诃般若波罗密经

——六祖慧能大师于韶州大梵寺施法坛经一卷兼受无相戒弘法弟子法海集记

但是唐代即简称此经为《坛经》了，比如《日本比丘圆珍入唐求法目录》中请到日本的《坛经》称"曹溪能大师坛经一卷"。

从现存的各种《坛经》看，实际上的内容并不限于大梵寺的说法，还包括慧能在曹溪宝林寺的开示内容，而《坛经》最初包含的内容，只是指大梵寺说法部分，宝林寺的开示，传授的也只是此经，敦煌本言"大师住曹溪山……传授《坛经》，以此为依约"①，即有此意。但宝林寺的开示，由慧能的十位弟子整理，也称为《坛经》，"拾僧得教授已，写为《坛经》"②。两者合为一体，就是现行敦煌本的构架③。至于《坛经》这种提法，把自己的开示称为"经"，似乎在慧能自己也是认同的了，他对十弟子说："已后传法，递相教授一卷《坛经》。"④但这话很像是后加的。

---

① 敦煌本《坛经》第38节。
② 同上书，第47节。
③ 印顺将这部分称为《坛经》的"附编部分"。印顺：《中国禅宗史》，第266页，上海，中国书店，1992。
④ 敦煌本《坛经》第47节。

第二章 禅宗

《坛经》成为了传法的依据,没有《坛经》的禀承,就不是南宗弟子,也不是南宗的宗旨,因此,其至尊的地位被确立起来。也正因为这样,随着禅宗的发展,慧能的后嗣们都要从《坛经》中来寻求自己对禅宗发展的经典依据,为了强化这一点,有时不免要根据需要而对《坛经》作些适当的增损,而抄经的盛行也为此提供了方便。同时,早期的流行本中不免会有一些字、词或句式的不规范处,比如文字,不免会"鄙俚繁杂"①。在后代有文化的禅僧看来,也有必要作一番修改。虽然对这种风气也有批评者②,但并不能改变既成事实,也不能阻止住此风的延续,于是历史上就有了各种本子的《坛经》③。我们现在知道最早的本子是近代在敦煌发现的,这是最接近于曹溪古写本(或称《坛经》祖本)的一个本子,称敦煌本,其他各种本子中,则以惠昕本、契嵩本最为重要④,宗宝本出现之后,逐渐成为佛教界最为重视的本子。

换一个角度来看《坛经》的流变问题,这种情形既说明了慧能思想的历史影响,也从一定程度上说明了禅宗在慧能之后的发展或新变化,比如说,在神会的时代,为了增强其为慧能禅法争正统的感召力和行为的合法性,就有可能在《坛经》中加入一些观点,"吾灭后二十余年,邪法撩乱,惑我宗旨。有人出来,不惜身命,定佛教是非,竖立宗旨,即是吾正法"⑤。这话也很难否认是神会一系加入的。如果此种看法成立⑥,那么可以这样认为,从曹溪古写本到敦煌本《坛经》时代,慧能禅法有一个从

---

① 郎简:《六祖坛经序》。
② 比如南阳慧忠国师批评道:"吾比游方,多见此色,近尤盛矣!聚却三五百众,目视云汉,云是南方宗旨,把它《坛经》改换,添糅鄙谭,削除后意,惑乱后徒,岂成言教?苦哉,吾宗丧矣!"(《景德传灯录·南阳慧忠国师语》,《大正藏》第51卷,第438页上。)
③ 柳田圣山在其《六祖坛经诸本集成》中收入11种本子的《坛经》。柳田圣山:《六祖坛经诸本集成》,京都,中文出版社,1976。
④ 参见《〈坛经〉诸本的演变》,杨曾文:《敦煌新本六祖坛经》,第276页,上海,上海古籍出版社,1995。
⑤ 敦煌本《坛经》第49节。
⑥ 胡适是坚持这一看法的,不过他认为《坛经》(指敦煌本)就是神会的作品,把话说过了头。见《胡适作品集16·神会和尚传》,台湾,远流出版社,1986。

区域性向全国性发展的过程。又如,从曹溪原本等本子中可以发现慧能接机的弟子多了些,有青原行思、南岳怀让等,这实际上反映了禅宗从慧能的祖师禅向慧能之后分灯禅的过渡,而像这样对神会的批评性的言语:"汝向去有把茆盖头,也只成个知解宗徒。"①你这种人将来即使能成为一方法主,也只是个重知解者。这种对知解的批评口气,很像洪州、临济门下的看法,由此可以反映神会禅系的衰落和洪州系对于《坛经》的解释。

《坛经》的流变事实上还说明了这样的问题,即南禅中也存在着经学思维的习惯,这和中国传统的思维习惯有关。这种思维方式必然会导致禅宗创造力的减弱,这是在面对南禅丰富多彩的个性化特色的同时必须看到的。禅宗的式微正是和《坛经》流传本的不断增多成正比的。

2.《坛经》的基本内容

以敦煌本《坛经》为例,《坛经》中的两大部分,主体部分为大梵寺说法的内容,依铃木贞太郎的编号,全经57节的内容,这一部分有37节,其中,第1节为《坛经》缘起,第2到11节为自述身世,包括贫苦家世、答弘忍问、呈偈明心、密受衣法、南逃广东等经历。其中反映出慧能禅学思想的社会背景,所代表的阶层,所体现的价值取向,以及佛性论的观点,而得法偈则更显现出多重的理论含义。从第12节开始,集中阐述其禅学观点,包括理论篇(1)、仪轨篇、理论篇(2)、应机篇。

理论篇(1)包含内容(第12—19节):论一切众生都有菩提般若之知(第12节);论定慧法门,明定慧等义(第13节);论一行三昧义,反对北宗坐禅法门(第14节);再论定慧等义(第15节);论顿渐义,明法无顿渐,人有利钝(第16节);论无念、无相、无住(第17节);斥北宗坐禅,反

---

① 《法宝坛经曹溪原本·南顿北渐第七》,《大正藏》第48卷,第359页下。

对看心看净(第18节);论南宗坐禅义(第19节)。

仪轨篇包含内容(第20—23节):明三归依,归依自性三身佛,述自性清净义(第20节);发四弘誓,强调自性自度(第21节);明无相忏悔,不被愚迷染污(第22节);授无相三归依戒,归于自性佛(觉)、法(正)、僧(净)(第23节)。

理论篇(2)包含内容(第24—33节):释般若波罗蜜义(第24节);论自性和万法的关系,性含万法(第25节);论需真修般若行(第26节);论以智慧观照,见性成佛道(第27节);论《金刚经》的意义(第28节);论修持《金刚经》的方法,强调顿悟,不假外修(第29节);论法因人兴,迷悟在人,迷即众生,悟即是佛(第30节);论自悟的方法,大善知识的引导作用(第31节);论顿悟后的神妙,得慧能法者,慧能常在其左右(第32节);述《无相颂》(亦称《灭罪颂》)(第33节)。

应机篇包含内容(第34—37节):论修福与修德的关系(第34节);论自性和西方净土的关系(第35节);论在家和出家的关系,作另一首《无相颂》(第36节);论此《无相颂》的意义(第37节)。

曹溪宝林寺说法部分是些应机杂说,是慧能的随机开示,是对大梵寺开示的进一步发挥,所包含的内容有(第38—57节):明《坛经》为南宗弟子传法凭信(第38节);论禅宗的南北区别(第39节);为志诚说法,明菩提和烦恼的关系(第40节)、南宗和北宗的戒定慧理论之区别(第41节);为法达说法,明对经典的态度,转经而不被经转(第42节);为智常说法,明三乘和一乘(上乘)之意(第43节);为神会说法,强调自悟自修(第44节);为十弟子说法,指示禅文化的方法论——对法——的原理(第45节);具体阐述三十六对法(第46节);再论《坛经》为南禅传承之凭信(第47节);临终遗嘱,称赞神会,留《真假动静偈》(第48节);留悬记,诵《五祖传衣付法颂》及六祖慧能颂(第49节);另作二颂,明确迷人依此修行,可以见性(第50节);谈禅宗祖师传承,西天34祖,东土自达摩至慧能的6祖,共40祖(第

51节);明不离众生而觅佛,留《真佛解脱颂》(第52节);又留《自性真佛解脱颂》(第53节);慧能灭度后的祥瑞(第54节);《坛经》成书经过(第55节);明《坛经》须上根器依承(第56节);赞慧能,警告根性低下者,不得妄传《坛经》(第57节)。

这一部分,有一些很明显就可以看出并非出自慧能之口,至少第54、55、56、57诸节是如此。

3. 《坛经》成立的意义

《坛经》的成立,对于禅宗,对于整个中国佛教,甚至整个中国文化,都有着重要的意义。

意义之一,标志着一个新的佛教流派的出现,即南宗禅系的诞生。这个"新",不只是对宗门而言,也是对教门而言的,对于教门而言,《坛经》所体现的思想有着佛教史上的革命性的突破,比如说,其方便简易似乎和净土宗相似,但理论基础有不同的特色,慧能讲自心净土,净土宗则讲西方净土,慧能讲自力拯救,净土宗讲他力解脱。而慧能禅之简洁的风格,又和善于建构体系的教门三论、天台、华严、唯识诸家有别,当然,慧能也采纳了教门的一些思想。可以说,慧能根据中国文化的特点,根据中国人宗教心理的特点,而创立了更具中国特色的佛教宗派。对于宗门来说,《坛经》的"新"主要体现为南北宗之别,虽然从敦煌发现的北宗的资料来看,两者的理论和修行观点的差别并没有当时南宗人所说的那么大①,但当时张扬这些差别,自有其宗教的意义,从现在的分析看,南北的差别依然是存在的,不能因此而忽略。

意义之二,标志着禅宗新的发展阶段的开始。传统禅宗的传承,要依据法衣为凭信,由祖师选择弟子一人,密传袈裟,代代相传。这种传承方式,强化了宗门内部的立嗣之争,所以承嗣者命如悬丝,《坛经》中也有

---

① "从现存的南北禅宗双方资料看来,其修行方法、宗教理论、思维方式都比较接近。"任继愈:《神秀北宗禅法》,《汉唐佛教思想史论》,第286页,北京,人民出版社,1994。

这样的记载,慧能初见弘忍,弘忍对其关于佛性平等的回答非常满意,但又不便表现出来,"见左右在傍边,大师更不言"①。看到慧能之偈,弘忍心知慧能已经悟得真性,但"恐众人知,五祖乃谓众人曰:此亦未得了"②。虽然这并不一定是事实,因为《楞伽师资记》中讲到弘忍的各大弟子"并堪为人师,但一方人物",都可以成为一方法主,似乎并未指定专人承嗣,但《坛经》中的这种记载多少也反映出禅宗史上曾经存在过的传承惯例,这一方式势必影响到宗门的发展。慧能将传法的凭信规定为《坛经》,只要悟得《坛经》真义者,都可以开法传宗,这为宗门发展大开方便之门。

意义之三:在中国文化史上首先完成三教合一的理论建构。在中国文化发展的三教关系史上,有三教之争,也有三教之融合,在三教纷争的过程中,三教各自实际上也在进行着对其他教派合理内核(对本教而言)的吸收工作,慧能的禅宗率先完成三教合一(合于佛教),从这一点来看,更凸显出慧能和中国文化的关系。儒学在宋代(理学),道教在元代(全真道),也先后完成了各自的三教融合。

意义之四:推动中国化的佛教最终确立。佛教传入中国后一直在走中国化的道路,道安、慧远、僧肇、竺道生等早期佛教史上的高僧都作了各自的努力,隋唐时期,佛教的中国化进入高潮,先后有各种中国佛教特色的宗派产生,教门中以天台、华严等宗最为典型,但是,慧能的禅宗完成了佛教中国化的工作,也就是说,慧能的禅宗是最具有中国化特色的,原因何在?就在于这个《坛经》之"经"的出现。佛教的经藏有三类,为经、律、论,各教门多在本教的"论"上发挥,所依之经,仍是印度佛教的经典,实际上,教门诸高僧的"论",何尝又不可以称为"经"?慧能的"经"在理论上有许多方面观照到中国文化史上的重要问题,知和行的关系问

---

① 敦煌本《坛经》第3节。
② 同上书,第8节。

题,语言和真理的关系问题,心性的问题,甚至形和神的关系,禅宗伦理和儒学伦理的关系问题,慧能都涉及到了,至于佛教发展所要处理的一些问题,现世和出世的关系,在家和出家的关系,东方和西方的关系,慧能都作了回答,这都是其禅学思想的重要内容,也是其中国化特色的具体体现。慧能首先造出了宗门的"经",以此为据,诸禅师又造出了各种"论"(语录),百丈怀海又造出了禅宗的"律"(百丈清规),这样,禅宗的三藏就组织完成了,其中最重要的一项建设工作就是"经"的建设,于是,《坛经》的地位就突出出来了。佛教有佛、法、僧三宝,慧能讲自心具足三宝,禅宗三宝的条件也具备了,这又为慧能禅宗的中国化特色提供了重要依据。

三、慧能禅学的主要思想

慧能禅学思想的主题,大致可以从心性论、悟修论、中道方法论诸方面考察,其中悟修论包括了顿悟成佛和无修之修两个方面的内容,中道方法论则表达为对法。

1. 慧能的心性论

慧能的心性论思想,讨论众生的本性问题,本性清净、觉悟、智慧,其中,众生佛性是核心命题,构成慧能佛学革命的基本原理之一。

(1) 心的清净本性

慧能的心和性,既是世界观意义的概念,又是认识论意义的概念;既具有一般性,是对众生共同本质的抽象或超越,又有具象性,是每一个众生的具体的内在主体和本质,是具体的人心和人性;既有本体意义,是整个世界的本性,又有功能的意义,是世界上一切现象存在或不存在的根据,因而既是形而上,又是形而下,既是实体,又是虚空,尤其对于心而言,既是清净的,又是染污的,既是觉悟的,又是迷妄的,因而心又是有层次的,同时,慧能有时又将心、性两个概念混同,心或是性,性或是心,但更多的情况下,是作为心的本质而出现的。心的概念大致是在三个层次上使用的:最高层次意义上的心,相当于性;次一层次的心,相当于唯识宗的阿赖耶识;第三层次的心,相当于宗密讲的缘虑心。

心和性的关系,慧能的观点可以理解为性决定论,性决定心,是心的本质和意义所在,但性又不离开心。他结合身、心、性的关系,用一个比喻来表达其观点:

> 世人自色身是城,眼耳鼻舌身即是城门,外有五门,内有意门。心即是地,性即是王,性在王在,性去王无;性在身心存,性去身心王坏。①

也就是说,人是由肉体之身、精神性的心和最本质的性所构成的,如果把肉体之身看作是城邑,五官就是外城的五城门,意根是内城门,心如同这个城邑的地盘范围,性是统治建立在这块土地上的城邑之王,是身心的主宰,统摄心地、意根、六门、色身,只有性的存在,其余的一切才有其内在的基础。这是以性为本质的心性统一论,价值判断上的性含染净善恶而性体清净虚空论。

心的本性的第一层内容,是清净本性,慧能结合虚空来谈清净性。按照中观学派的观点,清净和空并无冲突,空就意味着清净,"毕竟空,即是毕竟清净,以人畏空,故言清净"②。慧能言心的清净,在其得法偈中已有表达:"佛性常清净,何处有尘埃?""明镜本清净,何处惹染埃。"这都是讲清净。圭峰宗密曾批评神秀之偈"不觉妄念本空,心性本净"③。慧能和神秀同样都讲心的清净,但神秀执著于染污清净心的尘埃,没有从空的角度体认出尘埃本身也是空,所以也没有真正悟解心性本净之意,而慧能则从般若空观角度论清净心、清净

---

① 敦煌本《坛经》第35节。
② 《大智度论》卷六三,《大正藏》第25卷,第508页下。
③ 《禅门师资承袭图》第二,《续藏经》第63册,第33页上。

佛性，论妄念尘埃，尘埃既是空，又何能真正染污清净心？心体清净，又何患外在的染污？除了此偈文中所体现的清净观，慧能还多次谈到这一点，比如说："心但无不净，西方去此不远。"①"菩提本清净，起心即是妄。"②

在心之外，慧能又讲性的概念。把性有时在心的意义上使用，作为心之本质的性，同样具有清净的特征，"但能离相，性体清净"③。"世人性本净，犹如清天"④。

（2）心的觉悟本性

慧能的心性论，目的不在于在一般意义上讨论心和性的概念、心性和事法的关系之类的问题，而在于讨论众生和佛的关系，特别是人和佛的关系，涉及的是佛性论问题。慧能的观点可以表述为：一切众生皆有佛性，或者说，众生即佛。慧能更多的是在人的意义上论佛性的，而不太重视其他种类有情生命的佛性问题，更反对无情万法的佛性说，突出了对人的生命本质的关注。

心和性两个概念，性作为心的本质，这种性，慧能又表述为佛性，佛性既有清净的特性，又有虚空的特性。

在佛性论上最为重要的观点，体现了这样的意思：一切众生都有佛性。慧能初见弘忍时所说的"人即有南北，佛性即无南北。獦獠身与和尚不同，佛性有何差别"⑤正是在此种佛性论上宣示了人与人之间的先天平等性。慧能强调的佛性不是一般的、众生身外的佛性，而是具体的，每个人心中本有的佛性，他认为只有这种佛性对于人的解脱才是真正有意义的。"我心自有佛，自佛是真佛。""但识众生，即能见佛。"⑥所谓佛性，

---

① 敦煌本《坛经》第35节。
② 同上书，第36节。
③ 同上书，第17节。
④ 同上书，第20节。
⑤ 同上书，第3节。
⑥ 同上书，第52节。

与他人无关,我心中自有佛性,这个佛性对我来说才真正起主宰作用,别人心中的佛性是别人的财宝。我的这种佛性并非别人赋予我的,而是我心中本来就具有,是先天地、圆满地预成在我心中的,是所谓"佛性本自有之"①。

慧能的这种佛性论体现了平等观念,即反对一切外在的偶像、否定外在权威的平等观念。关于平等,慧能的最基本的看法是,从初见弘忍的回答中可以看出,是南人和北人的平等,禅法不只是在北方,南方同样也有。不只是北方人有佛性,南方人同样有。就禅理本身来看这种平等,佛性论证明了佛性面前人人平等,佛性面前,无佛与众生之分,无高下之分,无贵贱之分,无彼岸与此岸之分。关于反权威、反偶像等的意义,也从佛性论中体现出来,因为慧能把传统佛教放在彼岸世界的佛加以否定,只承认众生自心的佛才是真正的佛。但是也应该注意到这种反对权威、反偶像思想的另一方面的作用,这就是对宗教信仰的消解作用。一般的宗教都要求尊一个精神实体为信仰的对象,以此为价值判断的标准,慧能把这种标准移入每个人的自心,由每人自己来掌握这个标准,实际的表现结果,如果缺乏对觉悟的行之有效的验证系统,狂禅的出现就不可避免。

佛性的含义,是觉悟之性,一切众生都有佛性,就可以理解为"一切众生都有觉性",这个觉性是众生心中本来就先天具足的,因此,慧能又讲个本觉:"自色身中……自有本觉性。"②从这个意义上讲,慧能也是主张本觉的。

同时,慧能佛性论的一个重要特点是从人性角度而论的,佛性即是人之性,或人性,因此,这种佛性论是人本的。他说:"三世诸佛,十二部经,亦在人性中,本自具有。"③这里的"人性",指人的本性,佛在每个人的

---

① 《曹溪大师别传》,《续藏经》第86册,第52页上。
② 敦煌本《坛经》第21节。
③ 同上书,第31节。

本性中，是人的根本特性，人本来具有的这种佛性。这里的"人"，就是平常的普通人，或"世人"，现实生活中的每一个具体的人，"世人性净，犹如清天"①。佛性清净，也就是人之本性的本来清净，"人性本净，为妄念故，盖覆真如，离妄念，本清净"②。

慧能对世人心中佛性存在的确认，把一般认为彼岸世界的佛、心外存在的佛确认在世人的自心中，实际上指出了成佛解脱的可能性和根据等问题，而把佛性和人性的等同，又进一步说明，世人对成佛的追求，发明自心佛性的悟修，就在于对成人的追求，在于发明自性，世人之心的本性，成佛就是成就世俗生活中的现实的人。这样，他把彼岸理想直接纳入人们的现实生活之中，这构成后世人间佛教理想的理论基础。

至于佛性的普遍性问题，慧能反对泛性论，反对将佛性遍及有情众生之外的一切自然物，即无情万物，佛性只在有情之众生中，而这种有情众生，又是特指世人的，因此有"无情无佛种"③的观点，"佛种"也就是佛种性、佛性。慧能这句话是在批评坐禅时讲的，认为如果修习坐禅，坐而不动，不就同无情木石相同了吗？而木石是没有佛性的。在这个问题上，慧能和牛头宗形成区别，突出了人本的倾向。他只是想说明，佛教所要解决的最主要的问题，是人生的解脱问题，也就是说，首先是要解决人自身的问题，这就要求一切从具体的、现实的人出发，从世俗生活中妄念流动的人出发，而不是从外在的神或佛出发，从外在的价值、法则、权威出发，因此，慧能的佛性论不是"神本主义"的，而是"人本主义"的。牛头宗人受三论宗影响较大，在佛性论上主张"青青翠竹，尽是法身；郁郁黄花，无非般若"的泛性论，而牛头宗的这种泛性论也受到慧能后嗣神会等人的批评。

---

① 敦煌本《坛经》第 20 节。
② 同上书，第 18 节。
③ 同上书，第 48 节。

(3) 心的智慧本性

在慧能的佛性论中,人心、人性、佛性又是和般若智慧相统一的,佛性是人之为人,人具有其人格尊严的终极依据,般若智慧又是体认自心佛性的根本条件,只讲佛性论,顿悟的理论准备还不是十分充分,再讲智慧本性,把涅槃和般若结合起来,顿悟论的出现就有了充足的理论依据。

慧能在讨论世人的智慧本性之前,实际上有一个对于什么是般若智慧的自觉思考。般若究竟是什么意思?慧能首先明了这一点:"何名般若?般若是智惠。"① 慧能有时单称一个"知"字或"智"字来讲般若智慧,而有"般若之知"或"般若之智"之说,这种智慧,有时也称"知见",《法华经》中有"开佛知见"说,是指佛的智慧,慧能解释为"觉知见",即"关于觉悟的智慧"。他特别说明,要开觉知见,而不要开众生知见,实际上又把智慧分析为佛智和众生智,真智和俗智。众生智是关于世俗生活的智慧,佛智则是关于众生解脱,引导众生走向解脱之境的智慧。"知见"一语,在后来的禅门中是在"一般性知识"的意义上来理解的,也称为"知解",这已经离开了这里所特指的佛智慧的意义了。

慧能对般若智慧的理解体现为多个方面。其一,般若是空的智慧。慧能把空描述为"虚空",心如虚空,性如虚空,广大无边,没有限量,妄念是空,万法皆空,本质空无。其二,般若是不二的智慧或对法的智慧。"不二",即佛教中的"不二法门",对矛盾双方都不执著,超越两边,不落任何一方,这是大乘佛教认识事物的一种基本方法,慧能以此为其基本的世界观和方法论原则,他对这种原则的概括就是其"对法"。他以对法来处理各种关系,而形成其独立的禅学思想体系。如果要用一句话来概括其对法原则的话,那就是"即俗而真"。其三,般若是无得的智慧。无

---

① 敦煌本《坛经》第 26 节。

得,即无所得,得而非得。悟修本是有所追求,但所悟出的佛性本在自心,本是自己财宝,只是过去未知,现在已知,未悟,本未失,已悟,亦无得。这是从慧能的佛性论必然推出的结论。从空的智慧证得无相的真理,而使自心无所执著,不生分别之心,为无所得,慧能则以这种无得之法为最上乘,"作无所得,为最上乘"①。

慧能还在更广泛的意义上解释智慧。智慧的本性,或者本质特征,慧能称为"明","惠如日,智如月,知惠常明""自性常清净,日月常明"②。清净自性中,自有光明,能除心中黑暗,是所谓"一灯能除千年暗,一智能灭万年愚"③。

智慧的功能,慧能规范为观照。这种观照是宗教性的直觉内观照,这种宗教体验是超验性的,个体性的,也是难以表述为一种普遍特征而为人所共遵的规则的,是所谓"如人饮水,冷暖自知",因而在世俗认识论看来是神秘性的,实际上观照重视的是个人的修证体验。

慧能又对般若和智慧作了区分,智慧是般若的本质,"般若无形相,智惠性即是"④。般若如虚空,虚空体上,以智慧为本性。这种看法直接影响到神会的"知为心体"的观点,也是宗密以"知之一字,众妙之门"为神会禅文化总纲的依据。慧能在此是讲一佛智(根本智)和其他佛教智慧的关系,也就是一智和多智的关系,从一中产生多,"善知识,我此法门,从一般若生八万四千智惠"⑤。以此众多的智慧对治众多的烦恼。众生有无数烦恼,要使众生解脱,必须有对治烦恼之智慧,各种智慧都是方便智,般若才是根本智,所以有这种一和多的关系。但根据中观原则,一般若和多智慧又是一而二、二而一的。

---

① 敦煌本《坛经》第43节。
②③ 同上书,第20节。
④ 同上书,第26节。
⑤ 同上书,第27节。

在智慧问题上,慧能最根本的观点是要说明众生本有智慧,即人的智慧本性。他说:"菩提般若之知,世人本自有之。"①"本性自有般若之智。"②这种智慧被称为无师智、自然智,言其存在的先天性。由于人人都具有这种智慧本性,同样也可以得出众生平等的观点,不管是大人,或是小人,都没有差别,"般若之智,亦无大小"③。不论少根之人还是大根器人,都没有差别,"少根之人,亦复如是,有般若之智,与大智之人,亦无差别"④。

2. 慧能的顿悟论

心性论是慧能的解脱论的基础理论,既然佛性、般若智慧在世人自心,那么,如何觉悟自心?在觉悟之前,众生与佛的平等还是潜在的,并没有真正实现,要使之从潜在变成现实,必须悟。觉悟的方式,慧能提出顿悟论,这个顿悟,把慧能禅学思想的重心突出出来了。从哲学的角度看,这属于认识论领域的问题,但在慧能本身,讨论的仍然是解脱论。

(1) 顿渐迷悟

慧能在讨论顿悟论时,十分注意分清这样一些基本的问题:什么是顿?什么是渐?迷有何表现?悟有何表现?

其一,顿与渐。

慧能在世时,已有了南能北秀的提法,南顿北渐的看法。

慧能对顿渐问题的看法,从法和人的角度分析,佛法是唯一的,而人则因为认识能力的差异,对佛法的体悟、理解也不同,这是两个层面的问题,不能混而为一:

> 何以渐顿?法即一种,见有迟疾,见迟即渐,见疾即顿。法无顿

---
① 敦煌本《坛经》第12节。
② 同上书,第28节。
③④ 同上书,第29节。

渐，人有利钝，故名顿渐。①

法无顿渐，人有利钝，迷即渐契，悟即顿修。②

法无不一，迷悟有殊，见有迟疾。③

教即无顿渐，迷悟有迟疾。④

慧能反复强调这一点，从佛法的角度来看，没有顿法渐法之别。人心的差异，也就是认识论上讲的人的认识能力的差异，佛教讲根性或根器的差异，从根性的角度讲，则突出了认识能力的先天性，也包括了认识能力的先天的心理基础差异和生理基础差异。慧能认为，佛法因人而兴，针对不同根器者，而有不同的施设，"一切经书，因人说有，缘在人中有愚有智"⑤。这就是万法在人，认识能力低者，觉悟得较慢，逐渐接近佛性，这就是渐，认识能力强者，可以在瞬间成就觉悟，这就是顿。

法即一种，那么只有一种什么法？"惟传顿教法，出世破邪宗"⑥。只有一种顿法，慧能反对顿法、渐法之分，只承认禅法的唯一性，其意也在于这种顿法。既然是顿，实际上就只是为根性慧利者说的，慧能在谈到能、秀在戒定慧三学上的区别时讲到："汝师戒定慧，劝小根智人，吾戒定慧，劝上人。"⑦其实，慧能"上根禅法"理论本身也包含有禅宗发展的内在的矛盾，既有促使禅宗蓬勃发展的活力，又有导致自身衰落的根据。这一个观点，需要用整个唐代之后的佛教史来证明。

与顿渐问题相联系的是南北问题。慧能指出，南宗和北宗，不是有两种佛法，一种是南宗之法，一种是北宗之法，法即一种。南北问题其实就是个地域区分问题：

---

① 敦煌本《坛经》第39节。
② 同上书，第16节。
③ 同上书，第35节。
④⑥ 同上书，第36节。
⑤ 同上书，第30节。
⑦ 同上书，第41节。

第二章 禅宗

世人尽言南能北秀,未知根本事由,且秀禅师于南荆府当阳县玉泉寺主持修行,慧能大师于韶州城东三十五里曹溪山住,法即一宗,人有南北,因此便立南北。①

这段话,从行文看似乎并不是慧能所说,因为一般不会自称"慧能大师",但这完全反映慧能的看法。慧能在南方传宗,而有南宗之称,神秀于北方开法,而有北宗之称,除此地域区别之外,没有任何别的意义。

其二,迷与悟。

众生与佛处于同一个清净、空寂、本觉、智慧的心体中,两者的区别就在于迷与悟的不同,佛不过就是悟得了自心佛性的众生,众生则是还不知自心有佛性,不信自心有佛性,因而不悟此性的佛而已。从众生到佛的角色转换的关键,全在于一个"悟"字。所以慧能说:"自性迷,佛即众生;自性悟,众生即是佛。"②在确定了佛性论的基础之后,觉悟的地位就突出出来了。

众生为什么不能觉悟呢?是因为烦恼的污染。慧能这样具体解释这一看法:

因何闻法即不悟?缘邪见障重,烦恼根深。犹如大云,盖覆于日,不得风吹,日无能现。③

自性常清净,日月常明,只为云覆盖,上明下暗,不能了见日月星辰。④

这就是如来藏的说法,依如来藏理论,世间一切众生都统摄于如来之性中,这种如来之性,即是真如,真性,万法为"所摄";众生因为烦恼之

---

① 敦煌本《坛经》第39节。
② 同上书,第35节。
③ 同上书,第29节。
④ 同上书,第20节。

故,不见如来藏性,为"隐覆";如来藏性虽然被众生的烦恼所覆盖,仍然不失其一切功德,为"能摄"。烦恼和真性一体,真性被烦恼覆盖。这种障碍佛性的烦恼,总为贪、瞋、痴三毒,实际上就是指人们精神层面的不良观念,或者说是一些道德层面上的恶:

> 迷即佛众生,悟即众生佛;愚痴佛众生,智惠众生佛;心险佛众生,平等众生佛。①

以此理而推论,就是这样的结论:"心中众生,所谓邪迷心、诳妄心、不善心、嫉妒心、恶毒心,如是等心,尽是众生。"②"心中众生"之"众生",当理解为各种妄念心。

(2) 顿悟成佛

悟的地位如此重要,是打通众生与佛、烦恼与菩提之间障碍的关键之处,但如何悟?慧能言顿悟,他自己也有顿悟的经验。如果说慧能的佛性理论是其佛学革命的第一大宣言,那么这顿悟的口号是其佛学革命的第二大宣言,对教门之渐,对禅家北宗之渐,都是一种突破和变革。

慧能没有给顿悟下过明确的定义,但从慧能的言谈之间,可以了知慧能对于顿悟的解释。

其一,顿悟是识心见性的内省。

用哲学认识论的方法来检视,顿悟作为一种特殊的宗教认识活动,也有其认识的主体和客体。顿悟活动的主体和客体是完全合一的,是心的自我体认,自心的向内思维,称为内省式的认识,这种内省不需要通过感觉器官,甚至也不需要世俗认识活动中的理性功能,而是一种向内的直觉,因此又可以一般地称为直觉的认识。

以心性论为基础,慧能在宣讲顿悟法门时,首先明确的就是顿悟所指向的对象,或者说是客体,这就是自心的本性、佛性、人性。敦煌本《坛

---

① 敦煌本《坛经》第52节。
② 宗宝本《坛经·坐禅品第五》。

经》中有一句话,是在描述慧能请人题偈时的一点议论,不一定是慧能所说,但完全反映着慧能的看法:"不识本心,学法无益;识心见性,即悟大意。"①这"识心见性"一语,就是后世"明心见性"说的早期提法。修行的目的不是去追求一些对心外事法的看法,而是要进一步和人生的解脱联系起来,而人生的解脱,关键之处在于对自心本性的认识,因此,禅学不仅仅是哲学,更是人生的终极解脱的理论和修行体系。

慧能以其心性论来证明识心见性论:既然万法都依自心而有,那就应该从自心中实现顿悟,不能外求,"一切万法,尽在自身中,何不从于自心顿现真如本性?"②自心的本有智慧在顿悟论的证明中也起着重要的作用,慧能常讲到智慧的观照功能,用智慧观照自心,见性成佛,"用智惠观照,于一切法不取不舍,即见性成佛道"③。"本性自有般若之智,自用智惠观照,不假文字"④。

但慧能有时又将观照看作是众生不能自悟佛性时采用的方法,或称之为第二步骤,如果直接就能识心见性(第一步骤),连观照的功夫都是不需要的,"汝若不得自悟,当起般若观照,刹那间,妄念俱灭"⑤。但观照时,不能执著于它,《曹溪大师别传》中描述了慧能的这种看法。薛简问慧能:"修道之人若不用智慧照生死烦恼,何得出离?"慧能说:"烦恼即菩提,无二无别。汝见有智慧为能照,此是二乘见解,有智之人悉不如是。"⑥智慧有观照的功能,但如果执著于这种观照,并且视智慧为能照的主体,烦恼为所照的客体,这就把能所分为了不同的两个方面,把烦恼和智慧、菩提看作了不同的两个方面,不明了智慧不离愚痴,菩提不离烦恼的中道之理。只要明白了这一层原理,那么,即使有照,因为烦恼性空无

---

① 敦煌本《坛经》第8节。
② 同上书,第30节。
③ 同上书,第27节。
④ 同上书,第28节。
⑤ 同上书,第31节。
⑥ 《续藏经》第86册,第52页上。

常，也是照而无照。

识心见性的内向性，就决定了成佛不能向外求索，所以慧能提出了这样的口号："佛是自性作，莫向身外求。"① 向身外求，能求得真佛吗？慧能说："自若无佛心，向何处求佛？"② 即使求得，也不是自己内心固有的，自佛才是真佛，才是真正的自家宝藏。

依据这个向内的原则，慧能对佛教的修行仪式提出了自己独特的观点，这就是慧能的无相戒体系，这个体系包括四个部分，一是归依自性三身佛，二是发四弘誓，三是自性忏悔，四是归依自性三宝。

慧能的归依三身佛强调了向自心的归依。三身佛即佛的法身、化身和报身，传统的大乘佛教讲的三身佛，各家自有异说，总的特征都在众生自性之外，归依三身佛，一般都是指归依心外的三身，如慧能所批评的，"外觅三身如来，不见自色身三身佛"③。慧能则讲清净法身佛、千百亿化身佛（自性化身佛）、圆满报身佛，这三身都在众生自性，因此，归依三身佛，也就是归依自性，这都和传统的说法不同。

慧能的自性忏悔，也是向自心行忏悔。根据义净所译的《根本说一切有部毗奈耶》卷十五的界定，忏是请求原谅，较轻的罪行忏，悔是自己申诉罪状，严重的罪用悔。忏悔的特征是在他人面前进行，在佛、菩萨、师长、大众面前告白、道歉。中国佛教在戒法之外，又发展出与之互补的忏法，即依经而立的忏悔仪轨。慧能的自相忏法强调的是自性忏，不是向他人行忏悔。

慧能的归依三宝，也是归依自性三宝，三宝指佛宝、法宝、僧宝，佛有觉的意义，法有正的意义，僧有净的意义，众生自性觉，归依佛，也就是归依自性。自心无邪念，自然就是正，归依法，也就是归依自心无邪之性。自性清净，归依净，也就是归依自性清净心，这也不同于传统的解释。

---

① 敦煌本《坛经》第 35 节。
② 同上书，第 52 节。
③ 同上书，第 20 节。

一般的佛教言佛在自心外,慧能却说佛在自心中,要使众生识心见性,还有一个问题须解决,就是使众生产生一个"信"的心,确信自心有本佛性,毫不怀疑。这是慧能确立的自信原则。在慧能看来,自信心的确立对于小根器众生来说尤其重要,因为他们怀疑自心竟然会本来具有佛性,怀疑他们和佛本来没有差别,怀疑世间还有倡导这种观念的禅法,"少根智人,若闻法,心不生信"[1]。从佛性论中必然会得出信而无疑的结论。

其二,顿悟是直指人心的直觉。

在顿悟的方法上,慧能强调了"直指",直指可以从两方面来说明,一是指禅师的教学方法而言,二是就众生的顿悟方法而言。

作为教学方法上的直指,乃是直接就学人自心深处的清净性上做注脚,直接指示学人自心的佛性,直接揭示学人的本来面目,不依赖一切中介性的手段,不容拟议,不历渐阶,不需绕路,直达心体,直指心源,一针见血,一箭中的,丛林中称"直了"。慧能就是依这一精神径直开示众生,他说:"善知识,世人性本自净,万法在自性。"[2]这是直接指示众生自心的清净本性。又说:"三世诸佛,十二部经,亦在人性中,本自具有。"[3]这是直接指示众生心中本来具有佛性佛法。又说:"善知识,菩提般若之知,世人本自有之。"[4]这是直接指示众生的本有智慧。在这种直示下,根性慧利者,就能直下顿悟。

作为众生顿悟方法而言,直指之道在于直接就自己本性上做文章,直接体究自己的本命元辰,发掘自家宝藏,直下了悟。这可以是在大善知识开示下的直指,也可以是在某种机缘启发下的直指。慧能就是在听了《金刚经》后直了自性的。

---

[1] 敦煌本《坛经》第28节。
[2] 同上书,第20节。
[3] 同上书,第31节。
[4] 同上书,第12节。

这种直指,和其他宗派的觉悟方法有何区别?总的区别就是这"直"和"曲"。何谓曲?依赖语言文字,依靠思辨的作用来证明佛性的存在,为曲;通过渐进的修行,逐步接近佛性,为曲。慧能是通过现代认识论中定义的"直觉"来直指的,人们的顿悟也是通过直觉,超越了理性的思辨,不完全依赖语言文字,是直接把握自性的,没有渐进的过程。称慧能的直觉是"非理性"的,是指这种直觉超越了人们关于感性(感觉、知觉、表象)和理性认识(概念、判断、推理)的观念,顿悟中发生作用的实际上还有意志、信仰、灵感甚至情感等非理性因素的复杂作用,是以直觉为代表的非理性活动。

其三,顿悟是顿除烦恼,顿现佛性。

直指所指向的人心,真妄俱混、染净兼杂,烦恼和菩提俱有,善恶相杂,但这并不是人性论上的"善恶混",不是烦恼和菩提的二元论,因为菩提有永恒性而烦恼是有生灭的,烦恼不具有本原的意义。从空观的立场,也能得出烦恼本空的理解,它并不是一种实有。但是如果对烦恼的本性没有这种正确的认知,那么就会执著于它,产生种种错误的认识,称为"邪见"、"迷"。

众生与佛的差别,只在于迷与悟的不同,由于烦恼的障碍作用,对治烦恼在顿悟中就显得尤为重要了,因此慧能特别强调这一点,他主张烦恼本性空无,染而非染,可以一时顿除,因为烦恼如同乌云,无根无基,随风而飘,一遇大风,刹那吹尽。因此而言"何处染尘埃"。烦恼顿除的同时,就是对自性的顿悟,这两者是同一瞬间。

其四,顿悟是一念相应的瞬间。

慧能禅法的开悟,特点就在一个"顿"字上,顿,言觉悟之迅速、快捷、无过程,无阶段,同时也言其方便简洁,没有繁琐的修行,没有复杂的思辨。对顿的形容,慧能使用"刹那间"、"一念"等表述。"刹那间,妄念俱灭,即是自真正善知识,一悟即知佛也。"[①]"性中但自离五欲,见性刹那即

---

① 敦煌本《坛经》第31节。

是真。"①"刹那"用在对觉悟的描述,指对时间的超越性,非常短的时间。慧能讲的一念,也就是一刹那,慧能更多地用"一念"来形容顿悟:"一念善,知惠即生,此名自性化身。"②"一念愚即般若绝,一念智即般若生。"③"一念若悟,即众生是佛。"④一念之悟,是指伴随妄念流动着的自心在一刹那间和自性清净佛性的契合,一刹那间,自性光明的闪耀,灵感的显现。慧能坚持《金刚经》中的空观,心无所住,不系执于任何一法,内心自然不会散乱。因此,觉悟的主体是活泼泼的而非枯寂的、流动着的而非静止的生命体——自心,心则念念无住,人则行住坐卧,在这种流动的生命状态中,无法预期的、非刻意追求的、突如其来的机缘触发,而使心性相契,顿悟在瞬间完成了。

其五,顿悟是完全彻底的觉悟。

这种一念相应而瞬间完成的顿悟,对自心本性的把握,或者说,对真理的把握,是完整性的,而不是部分的,是彻底的,没有遗漏的,慧能称其为"尽悟":"但于自心,令自本性常起正见,烦恼尘劳众生,当时尽悟。"⑤为什么能一时尽悟,无丝毫的遗漏?这涉及到心性本身的性质,心性不是一个空间的概念,虽然慧能也讲心量广大,犹如虚空,但这只是一个比喻,喻指心能含摄世出世间一切万法,心作为认识的主体,其认识能力的无限性。心又体现为意识的自由流淌,无法将其分开。这样的真理本性,先天地存在于众生自心,众生的智慧对其观照可以在一刹那间彻底洞明。

其六,顿悟是瞬时实现的永恒。

这种瞬间实现的完全的觉悟,一旦得到以后,会不会丢失,会不会再要去做这样的觉悟?慧能认为,一切都在这个一刹那的瞬间解决了,以

---

① 敦煌本《坛经》第53节。
② 同上书,第20节。
③ 同上书,第26节。
④ 同上书,第30节。
⑤ 同上书,第29节。

后的生活就是去体悟这种禅悦,享受其利益。这是永久性的觉悟,永恒性的觉悟,你再也不用担心会回到迷失的愚痴状态,刘禹锡在其《大鉴禅师碑》中将慧能的这种思想概括为"一言顿悟,不践初地"。初地是大乘菩萨修行实践十地阶位的第一阶段。这段话清楚地反映了慧能的一悟永恒的顿悟观。

其七,顿悟是自性自度的自主。

顿悟的实现,必须依赖于众生自己,依靠自己的力量来实现人生的解脱。大乘佛教讲六度,六种脱离生死此岸,到达无生灭境界的彼岸的方法。其中有一度就是智度,以智慧度过生死苦海,音译为"般若波罗蜜",慧能对此十分注意,他也一再解释说:"摩诃般若波罗蜜者,西国梵语,唐言大智惠彼岸到。"[①]"何名波罗蜜?此是西国梵音,唐言彼岸到,解义离生灭。著境生灭起,如水有波浪,即是为此岸。离境无生灭,如水承长流,故即名到彼岸,故名波罗蜜。"[②]

慧能清楚地表明,所谓生死,只是自心造成的,自心有迷,著境生执,而有生死轮回,这就是此岸。如果觉悟自心之空,于境不生执心,生死自然脱离,也就是到彼岸了。因此,所谓的此岸和彼岸,都在自己一心,迷则此岸,悟则彼岸,不是心外另有一个此岸、彼岸,悟,也就是慧能所讲的度的方法,强调自悟,自度。慧能称为自性自度,对此专门有一段讨论:

> 何名自性自度?自色身中,邪见烦恼,愚痴迷妄,自有本觉性,将正见度,即悟正见,般若之智,除却愚痴迷妄众生,各各自度,邪来正度,迷来悟度,愚来智度,恶来善度,烦恼来菩提度。如是度者,是名真度。[③]

自度的理论根据仍然是佛性论、本智论,通过自心本有的根本智慧

[①] 敦煌本《坛经》第24节。
[②] 同上书,第26节。
[③] 同上书,第21节。

觉悟佛性,确立正见,这就是根本智的显现,再以从根本智中产生的各种智慧有针对性地消除各种邪见,这样的自度,才是真正意义上的解脱,自力解脱是真正的解脱。

慧能也一再启发人们对自度的决心:"众生无边誓愿度!不是慧能度,善知识,心中众生,各于自身自性自度。"①这里的心中"众生",特指众生心中的各种烦恼而言。慧能就是要求这些心中充满烦恼的每一个人,都依靠自己的力量获得觉悟,而不是依靠慧能。那么如何理解大善知识的指示作用呢?大善知识只是指出人们的自性本质,而不是代替人们去实现解脱,大善知识的指示只是激发出一种机缘,最终还是要靠人们自己决定自己的命运,没有众生内在的觉悟,大善知识再有开示,终究无益,"若自心邪迷,妄念颠倒,外善知识即有教授,救不可得"②。人们要依靠的,是自心的智慧,即"内善知识"。

这种自作主宰,在后世的诸本《坛经》中也十分看重,比如在讲到慧能得法南逃时,弘忍送到九江对岸的渡口,也就是作一番吩咐"努力向南,三年勿弘"等等,而在惠昕本中,则对此情此景作了渲染:

> 五祖令慧能上舡,五祖把橹自摇,慧能言:请和尚坐,弟子合摇橹。五祖言:只合是吾度汝,不可汝却度吾,无有是处。慧能言:弟子迷时,和尚须度;今吾悟矣,过江摇橹,合是弟子度之。度名虽一,用处不同。慧能生在边方,语又不正,蒙师教旨付法,今已得悟,即合自性自度。"③

这也可以看出,自作主宰的精神在慧能禅学思想中的重要地位,这种精神,不妨称作主体性精神。

其八,顿悟是悟而无所得。

---

① 敦煌本《坛经》第21节。
② 同上书,第31节。
③ 惠昕本《坛经·缘起说法门》。

顿悟自心佛性后,究竟是有所得还是无所得呢?若无所得,悟个什么?若有所得,得个什么?在这个问题上,既是有得的,又是无得的,有得,是指悟得了佛性,从邪转正,从染转净,从迷转悟,由愚痴转为智慧,由烦恼转为菩提,由众生成为了活佛活祖。但这种得,又是无所得,因为自心本觉,本正,本清净,本有智慧,本是菩提,未顿悟时,未失去一分,已觉悟时,也未增加一分,所悟得的,本来就是自己的,不是从外部又有所得来。这种境界之得,不妨称为"得无所得"。慧能把他的无所得法门,称作是最上乘法,"万法尽通,万行俱备,一切无杂,且离法相,作无所得,是最上乘"①。《曹溪大师别传》中也指出了慧能禅法的这一特点:"道毕竟无得无证,岂况坐禅?"②王维的《六祖能禅师碑铭》中的最后一句铭文就是"悉无所得,应如是住"。应以无得的观点来理解慧能的禅法。刘禹锡在《大鉴禅师碑》中以"无修而修,无得而得"来概括慧能的思想,也是非常贴切的。因此,在这个问题上,应该是没有疑义的。

这种得无所得的禅悟境界,也是自由境界的具体表现,慧能明确提到这种境界是"自由"之境,"自在解脱"之境:"于六尘中,不离不染,来去自由,即是般若三昧,自在解脱。"③这种自由,指谓精神的自由,既是人们摆脱了欲望的污染后所得的自由,也是存在于自性中的自由本性,这两者是合而为一的,慧能的佛性论中,就包含有自由的本质。

其九,顿悟是得而不可说。

不可说,是禅的一般性观点,慧能在语言和真理的关系问题上处以对法原则,对于禅的可说与不可说,则坚持中道。这是基本的准则,但具体的教化则是依随不同机缘的,慧能针对执著于文字相,讲不立文字,针对执著于禅的不立文字相,则又讲不离文字。就前一种而言,慧能禅学中有一著名的格言,"如人饮水,冷暖自知"。这正是讲的禅悟的不可说

---

① 敦煌本《坛经》第43节。
② 《续藏经》第86册,第51页下。
③ 敦煌本《坛经》第31节。

性,虽然敦煌本中无此句,但十分符合慧能禅学的精神,这种不可说,既说明禅和语言之间的不一致性,也涉及到禅悟体验的个性化或非普遍性。禅的这一特色在慧能之后的禅学发展中十分流行,丛林中各种奇言奇行,所体现的也有此不可说性的含义。

3. 慧能的修行论

慧能的修行论,可以概括为无修之修,无修,是言其反对如同北宗强调的渐渐修行之修,反对看心看净,反对坐禅,悟后也无渐修的维护,而将禅修落实于日常生活中,而这种修,又是其特殊的修行,也或以称为"顿修","迷人渐契,悟人顿修"①。"自性顿修,亦无渐契"②。这种顿修之顿,在一刹那间、一念之间完成。这种顿修和顿悟是同一个瞬间,修时亦为悟时,悟时亦是修时,实乃悟修一时,顿修顿悟,顿悟顿修,都无区别。慧能的无修之修,具体内容包括无念说、定慧等说、一行三昧说,这可以说是慧能佛学革命的第三大宣言。

(1) 无念法门

慧能讲顿悟之顿时,常用"一念"的提法,这个一念,也就是慧能讲的无念。无念是慧能无修理论的总括,其实包含三方面的内容,即无念、无相、无住,不妨称其为"三无"或"三句",慧能将其视作修行之根本:"善知识,我此法门,从上已来,顿渐皆立无念为宗,无相为体,无住为本。"③

这里的宗、体、本,都是指的终极本质,如果要强作区分的话,"宗"是指宗旨,修行理论的根本宗旨就是无念,这是总说,下面两条为分说。"体"为本质,涉及的是对外之事相的看法,对事相要无执著之念。"本"是基础,涉及的是对内之意识的看法,对自心的种种欲望要无执著之念,三者都是从融合空有的对法中道角度来立论的。其实,三者的区分并不是那么严格的,三者是一而三,三而一的,用一个无念,也就能概括三者,

---

① 敦煌本《坛经》第16节。
② 同上书,第41节。
③ 同上书,第17节。

所以,后来神会只讲一个无念,也是有其道理的。

其一,无念为宗。

何为无念?

解释之一:"无念者,于念而不念。"①

慧能的无念,不是没有一念存于心,不是什么都不思考,百物不思,不是坐下来去看心看净,磨尘去垢,其实是有念的,是有念而无念,"于念而不念",前一个"念",乃是人们日常生活中精神状态或心理状态的体现,是阿赖耶层次的心,乃至前七识层次上的心,含染含净,有善有恶,而更多的是被称为妄念之念。后一个"念",即不以妄念为念,不被妄念所缠、所染,念念无住,无所停驻,一有停驻,心识一指向某一对象,就是执著,从这个角度看,无念也叫无住。

解释之二:"无者无何事?念者念何物?无者,离二相诸尘劳;念者,念真如本性。"②

慧能对无念的进一步诠解,是分别对"无"和"念"作出说明。单独一个"无",表示否定,遮,否定的二相尘劳指的是生灭、有无、一多、来去、人我等两边分别、边见,也就是妄念。单独一个"念",表示念不是无,又是有的,是念真如本性,这在慧能也就是佛性、人性的同义词。

就慧能对无念的两条解释综合起来看,其无念论是建立在对真如之性的认识基础上对妄念的无执,去除妄念,不是要去做一个离念的渐修功夫,而是即妄念本身而看其空性。只要认得真性,于万象中,不必出离,即染而无染,"自性起念,虽即见闻觉知,不染万境,而常自在"③。

为何要立无念法门?

缘于有人妄念不息,自有妄念,又以自妄念去迷惑他人。慧能这样分析说:

> 学道者,用心,莫不思法意,自错尚可,更劝他人迷。不见自迷,

---

①②③ 敦煌本《坛经》第17节。

又谤经法。是以立无念为宗,即缘迷人于境上有念,念上便起邪见,一切尘劳妄念,从此而生。然此教门立无念为宗,世人离见,不起于念,若无有念,"无念"亦不立。①

这样于境上有念的批评,应该说是指人不指教的,从"法无顿渐,人有利钝"的原则来推论,法无"有念""无念"之别,人有有执与无执之分。慧能所指的人,不只是自迷者,主要是指乐为人师的迷人者。

其二,无相为体。

何谓无相?"无相者,于相而离相。"②

这种表述,在方法上和"于念而不念"是一致的,其理论基础是《金刚经》代表的空观,经中说,"凡所有相,皆是虚妄"。慧能对无相的解释和对无念的解释是一致的,前述"于一切境上不染,名为无念"突出的也正是无相之意,无相和无念,并不是两个不同的概念,是一而二、二而一的。"于相而离相",和僧肇讲的"即物之自虚"一样,都是要从事物本身当下就认识其虚空之性,不是离物而讲空。无相,不是纯粹的离相,应是即相而离相,就事相本身看到其虚性,就是离相了。

如何理解"无相为体"?慧能对这个问题实际上提供了答案,这就是把无相真正提高到本体的位置。慧能禅门的戒法,称为无相戒,比如说,言归依三身佛,要看到佛身无相,如《金刚经》所言,"不可以身相得见如来"。言忏悔,是无相忏悔,言归依佛法僧,为无相三归依。又作《无相颂》,或《灭罪颂》,强调自性顿悟,反对以修福代替修道。另作一颂,讲法无顿渐,人有迷悟,烦恼即菩提,净性即妄心,现世即出世,也叫《无相颂》。可以说,慧能禅法的基本思想,他都用"无相"理论来概括了。

其三,无住为本。

何谓无住?

> 无住者,为人本性。念念不住,前念、今念、后念,念念相续,无

---

① ② 敦煌本《坛经》第17节。

有断绝。若一念断绝,法身即是离色身。念念时中,于一切法上无住,一念若住,念念即住,名系缚。于一切[法]上念念不住,即无缚也。此是以无住为本。①

这是慧能对无住法门的一段集中而明确的表述,有四层意思:一是从人的本性高度确定无住论的地位,二是无住的基本含义,三是反证,四是对无住之基本意义的深化。

无住的基本含义是念念不停留,"住"有停顿、止息、不动等义,人的意识是一个自然流淌的过程,自由运动的过程,没有阻滞,不受一法干扰,不被一念所缠,是在无念基础上的精神自由境界的体现。一旦流动之念被中断,会造成什么样的后果?"法身即是离色身。"导致法身和色身的分离,慧能在这里实际上涉及到了精神和肉体的关系,一旦断念,精神将会离开肉体,剩下的将是毫无意识能力的躯体,人在现世的生命就会完结,精神到何处去了,它将进入新的轮回,寻找新的载体去了,也就是说,如果有念,一念有住,那就不能超出生死轮回,不能得解脱。

无住为什么要提到"本"的位置?慧能进一步提出他关于无住的观点,无住不是对某一件事法的无系缚、不断绝,而是要把无住落实到对每一件事法的看法上,"于一切法上念念不住"。这实际上就把无住提高到了本体的意义,同时,无住也具有了方法论的意义,从这种意义上,慧能提出其无住为本论。

慧能把念念不住的无住看作人的本性,在对无念概念的解释时,一开始就指出了这一点,如何理解这个观点呢?慧能对其禅法的讨论,是时刻从人们的世俗生活的现实状态出发的,人们就是生活在不断流淌的意识之中,这种流淌的意识,和慧能所讲的诳诳心、嫉妒心等染心相联系。慧能也把佛性看作人的本性,作为佛性的本性,不是离开众生的流

---

① 敦煌本《坛经》第 17 节。

淌中的意识而孤立地存在,反而就在于这些意识之中。

(2) 定慧等说

定慧等法,是慧能在大梵寺讲法中最先介绍的思想,慧能说:"善知识,我此法门,以定惠为本。第一勿迷,言定惠别,定惠体一不二,即定是惠体,即惠是定用;即惠之时定在惠,即定之时惠在定。善知识,此义即是定惠等。"①

慧能以定慧合一概括了佛教的全部内容,对于定慧等法的证明,慧能运用的是体用论,以即体即用的方法论证两者的融合无二。"定惠体一不二",定是体,慧是用。从体用不二关系最一般的意义上讲,用不离体,摄用归体,在本体的基础上,两者得以统一,是为体一不二。接着慧能进一步说明,定和慧分别以对方为自身存在的载体,分别以存在于对方之中为自身存在的意义,定在慧中,慧在定中。"即惠之时定在惠",定即慧,禅定就存在于智慧中,没有离开慧而单独修行的禅定之法。"即定之时惠在定",慧即定,智慧就存在于禅定之中,没有离开禅定而单独存在的智慧。这强调了"即"这个概念的"相在"的意义。依据慧能的这个定慧等思想,可以这样认为,只讲一个定时,已经在讲智慧了,禅定本身就是定慧的合一体;只讲一个慧时,已经在讲禅定了,智慧本身就是定慧的合一体。因此,在慧能的禅法中,定亦可,慧亦可,都是讲的无修之修。

慧能指出在定慧问题上最应该注意的事情,就是把定慧看作是两截,看作有分别的两个不同方面,他举出了以先后关系论定慧的看法,所以他警告说:"莫言先定发惠,先惠发定,定惠各别。作此见者,法有二相,口说善,心不善,定惠不等。"②把定和慧分作两个阶段,表现之一为从定发慧,从时间的角度看,是先有定,后有慧,表现之二是以慧正定。以慧能的体用关系而言,体用是不能以先后而论的。

---

①② 敦煌本《坛经》第13节。

(3) 禅定和一行三昧

在这种定慧等学的基础上,慧能对于禅定和一行三昧作出了独特的解释。

对于坐禅或禅定,慧能是以无修之修来重释。

慧能解释坐禅道:"此法门中,何名坐禅?此法门中,一切无碍,外于一切境界上念不起为坐,见本性不乱为禅。"①"此法门中坐禅,元不著心,亦不著净,亦不言不动。"②

他又这样解释:"何名为禅定?外离相曰禅,内不乱曰定。外若著相,内心即乱,外若离相,内心不乱,本性自净自定,只缘触境,触即乱,离相不乱即定。外离相即禅,内不乱即定,外禅内定,故名禅定。"③

从慧能的无念论可知,对坐禅或禅定的解释,是以此论为基础的,包含了对外和对内两层关系,对外则无执著,对境不生执心,不起烦恼尘劳,对内则要发明真性,觉悟到自性本身的定而非乱,即使讲一个定,也是本性所具有的本质,不是通过渐修得来的。心不著相何用坐?自心不乱何由定?这类观点,都包含了对于北宗禅修观的批评。

在修行问题上,还涉及到对于一行三昧的看法,这个一行三昧,在当时的禅学界一般来讲是被看作坐禅的同义语的,"迷人著法相,执一行三昧,直言坐不动,除妄不起心,即是一行三昧"④。慧能对一行三昧的解释与传统观点不同,是和无修之修的观点一致的,所谓一行三昧,就是常行直心,"一行三昧者,于一切时中,行住坐卧,常行直心是"⑤。"直心",是指自性显露之心,正直而无虚假之心,对一切法都不生执著之心,无分别的心,慧能引用了《维摩诘经》中"直心是道场"、"直心是菩萨净土"的观点来说明直心,所谓修行,完全是自己的真实无伪之心的自然流露,只要行直心,那么,行住坐卧,处处皆是成佛道场,这也就是一行三昧了。如

---

①③ 敦煌本《坛经》第19节。
② 同上书,第18节。
④⑤ 同上书,第14节。

果把一行三昧理解成不动的坐禅,这在慧能看来,是谄曲心了,谄者,奉承,献媚,是虚伪的表现。

4. 慧能的对法中道论

印度大乘佛教的一个基本的方法论原则就是中道,慧能以对法来体现中道,提出了三十六种对法,也就是三十六种不二法,慧能把它融化在其禅法的各个方面,构成其禅学思想的超越性特色。

（1）对法及其使用方法

对法,慧能在此的用法不同于印度佛教中的概念,印度佛教中也有对法,是对阿毗达磨(abhidharma)一词的意译,意思包括了对于教法的研究,对佛所说经典的研究,这种研究,构成佛教的论藏。慧能的对法,是对中道观的表述,也是一种教学方法。不过慧能的对法也不是说和阿毗达磨完全无关的,慧能留下的临终遗嘱是这样说的,"举三科法门,动用三十六对"①等等,这"三科法门",阴(五阴)、界(十八界)、入(十二入),就是阿毗达磨的内容,属于阿毗昙小乘体系。

其一,三十六对。

为了说明对法的原理,慧能列举了三十六种对法,他认为对三十六种对法能够掌握的话,就可以达到对一切对待之法的超越境界,而不落两边之内,"此三十六对,解用通一切经,出入即离两边"②。三十六对法分为三大类：

第一类：外境无情类,即不具有人的生命特征的自然界中的存在物,自然现象,有五对,分别是：天与地对,日与月对,暗与明对,阴与阳对,水与火对。

第二类：语言法相对,即一般性的用语和佛教特殊的概念组成的对法,依慧能所列举的内容,主要是指由人的社会活动而形成的社会性的存在物,社会现象,有十二对③,实际上举出了十三对,分别是：有为与无为对,有

---

① 敦煌本《坛经》第45节。
② 同上书,第46节。
③ 此依敦煌本,惠昕本中,第一语与法对,第二有与无对,取消了有为与无为对、长与短对和高与下对。曹溪原本、宗宝本都与惠昕本同。

色与无色对,有相与无相对,有漏与无漏对,色与空对,动与静对,清与浊对,凡与圣对,僧与俗对,老与少对,大与小对①,长与短对,高与下对。

第三类:自性起用对,主要是指对由人的活动而产生的结果所进行的价值评判,涉及人的精神生活方面的内容,有十九对②,实际上举出了二十对,分别是:邪与正对,痴与惠对,愚与智对,乱与定对,戒与非对,直与曲对,实与虚对,险与平对,烦恼与菩提对,慈与害对,喜与嗔对,舍与悭对,进与退对,生与灭对,常与无常对,法身与色身对,化身与报身对,体与用对,性与相对③,有情与无情对。

三十六对是从何产生的? 从慧能的心生则种种法生,心灭则种种法灭的心法关系原则出发,一切法都由众生自性生,三科法是从自性生,比如十八界,"由自性邪,起十八邪,若自性正,起十八正"④。三十六对法也是如此,是"自性起用三十六对"⑤。

其二,三十六对的使用方法。

如何使用这种对法呢? 基本的原则可以归纳为"离两边","出没即离两边,说一切法,莫离于性相,若有人问法,出语尽双,皆取对法,来去相因,究竟二法尽除,更无去处"⑥。慧能想要说明的就是对两边的超越,既要看到事物的自性方面,又要看到自性引起的相用方面,性相也是一对法,执著于性,是被性缚,是边见,执著于相,是被相缚,也是边见,性相

---

① 敦煌博物馆本《坛经》中无此对,斯5475号敦煌写本《坛经》中作"大大与少少对",铃木贞太郎校为"大与小对",郭朋认为此句"当是衍文,否则就成'十三对'了"。郭朋:《隋唐佛教》第532页注①,济南,齐鲁书社,1980。
② 此依敦煌本,惠昕本中第一长与短对,加悲与害对,改慈与害对为慈与毒对,去体与用、性与相、有情与无情三对,曹溪原本和宗宝本与此同。
③ 敦煌博物馆本《坛经》中是如此,S.5475号敦煌写本《坛经》此处作"性与相",无"对"字,所以郭朋引用此文时用这样的标点:"性与相——有清(情)无亲(情)对。"这样就把两对合作了一对,以符合十九对之数(郭朋:《隋唐佛教》,第532页)。其实,依敦博本可知,本来就是多举出一对,铃木贞太郎校写时也作"性与相对",补出一个"对"字,但未作校写说明。
④ 敦煌本《坛经》第45节。
⑤ 同上书,第46节。
⑥ 同上书,第45节。

皆不落,为不落两边。问性以相对,问相以性对,两个方面结合起来,中道的意义就出来了。空是一边,相(有)是一边,对于空有之对法的运用,就要求:"出外于相离相,入内于空离空。"①于相离相,就要求从事相本身看到其空的性质,于空离空,就要求看到空不离有。既不执著于空,也不能执著于有。

(2) 对法的体现

慧能的对法,不仅仅指三十六对,而是将其落实在更广泛的层面,从对法的方法看,众生和佛对,烦恼和菩提对,无明和智慧对,生死和涅槃对,自性和净土对,在家和出家对,入世和出世对,这些对法,都依中道的方法对待。

其一,众生与佛不二:即众生是佛。

众生与佛之对法,依不二法门的原则,即众生是佛。

根据慧能心性论的观点,一切众生都有佛性,一切众生都能成佛,但佛性只是众生成佛的可能性和内在依据,要真正发明自心佛性,有一个明心见性的瞬间,觉悟的瞬间,或者说,超越的瞬间。从众生到佛的超越,不是离开众生的生存状况而另觅佛的境界,就在众生心体上实现,即众生是佛,严格地讲,是即众生心而成佛,即心即佛,不离众生自心而实现对众生的超越,成就佛境界,而非即色身是佛。

其二,烦恼与菩提不二:即烦恼是菩提。

烦恼与菩提之对法,依不二法门的原则,即烦恼是菩提,不离人生烦恼而实现解脱,不离现实的人生而成就菩提。

依据慧能的佛性理论,清净佛性并不是一个孤立的存在,它是和烦恼共生的,妄念覆盖了真性,成为世人发明真性的障碍,佛性虽然被烦恼覆盖,但佛性自身不会被染污,不会被烦恼消解,受污染的是世人的心识,佛性是真实的,先天存在的,完整的,永恒的,佛性之外的一切存在,

---

① 敦煌本《坛经》第 46 节。

都是虚妄不实的,一切烦恼自然也是虚妄不实的,体会佛性,不是要等到把烦恼消除至尽而有佛性的自然显现,体会到烦恼的虚妄特性,不被烦恼所缠,自然就是即烦恼而菩提。顿悟的理论,无修的理论,都在这一基础上建立起来。

其三,无明与智慧不二:即无明是智慧。

无明与智慧之对法,依不二法门的原则,即无明而成智慧,不离无明而得智慧。

众生之所以称为众生,是因为众生被烦恼所缠,众生之所以会被烦恼所缠,最根本的原因就在于无明,而世人之心,就其本质来讲是以智慧为本性的,只是智慧的本性被因无明而产生的烦恼所覆盖,不能显现,无明和智慧本质上依于同一个性体,没有离开无明而单独存在的纯粹的智慧,如同没有离开污泥而单独生长的莲花,只要用智慧观照,使光明充满自性之宅,自然不被无明所染,不被无明染,也就能实现转无明为智慧的解脱方式。

其四,生死和涅槃不二:不舍生死而入涅槃。

生死和涅槃之对法,依不二法门的原则,不舍生死而入涅槃。

这种涅槃,并不是脱离生死,不是离开世人的生死轮回现象而另有一个纯粹的涅槃解脱之境,惠昕本《坛经》在讲述慧能的这一观点时,是这样表述的:"不舍生死而入涅槃,是顿悟。"[1]是结合顿悟来讲涅槃的,或者说,是以涅槃来解释顿悟的,这句话出自神会语录,而神会是慧能的弟子,神会的观点基本上是照述慧能的,因此,这一观点可以看作是对慧能思想的说明。这个观点还可以表述为即生死是涅槃,从顿悟的角度入手,很自然地能理解这一点,顿悟是得涅槃解脱的手段,而顿悟只是一瞬间的事,在一刹那中完成,这一瞬间之后,顿悟者的肉体之身还在,还有生死,但对生死的看法完全改变了,完全不受生死的束缚。

---

[1] 惠昕本《坛经·为时众说定慧门》。

其五,自性与净土不二:即自性而净土。

自性与净土之对法,依不二法门的原则,即自性是净土,不离自性而入净土。

慧能对这一问题的讨论是因刺史韦璩之问而引起的,韦璩以其在家佛学爱好者的身份,针对其所了解的佛教界净土信仰流行的现状,自然问及净土信仰和慧能的自心佛性信仰之别:"弟子见僧俗常念阿弥陀佛,愿往生西方,愿和尚说得生彼否?望为破疑。"①

对此问题,慧能提出三点看法:一是西方离此不远;二是心净则是佛土净,三是悟则顿见西方。慧能一方面指出了自性即西方净土的新观点,另一方面也认为净土法门只为接引下根众生而设的。自性与西方净土的关系,也是慧能对东西方关系的一个回答。慧能观点可以概括为即东方人自心是西方:"使君,东方人但净心无罪,西方心不净有愆迷人愿生东方,两者所在处,并皆一种。"②惠昕本中谈到这个观点时更明确:"使君,东方人但心净即无罪,虽西方人,心不净亦有愆,东方人造罪,念佛求生西方,西方人造罪,念佛求生何国?凡愚不了自性,不识身中净土,愿东愿西,悟人在处一般,所以佛言:随所住处恒安乐。"③慧能的意思是,西方人也不都是纯净无污的,西方人也有染心,如果东方人都向往西方,那西方想求解脱,应该到哪儿去呢?到东方来?东方人的问题,应该在东方解决,东方人自己的问题,应该由东方人自己解决,佛经中的西方,在东方人看来,应该不离东方而达到。

其六,在家和出家不二:即在家而出家。

在家和出家之对法,依不二法门的原则,即在家而出家,不离在家而出家。

在中国佛教的发展过程中,经常受到伦理、经济等方面的批评,不论

---

①② 敦煌本《坛经》第35节。
③ 惠昕本《坛经·问答功德及西方相状门》。

是儒家还是道教,都批评过佛教徒的出家是不孝。其实佛教信众还有居士一类,在家的檀越或男女居士,是佛教的护法,起到保护、维持佛教正法的作用。僧人是出家的,居士是在家的,慧能提倡在家修行的居士佛教,信众不一定都要坚持出家这一形式,这可以解决历史上出家和世法的冲突,调和世法和出世法的矛盾,以实际方案回答了儒家和道教对佛教的批评,他说:"若欲修行,在家亦得,不由在寺,在寺不修,如西方心恶之人,在家若修行,如东方人修善。但愿自家修清净,即是西方。"①居士更可以把世俗的日常生活看作修行,在世俗生活中追求人生的解脱。

其七,入世和出世不二:即入世而出世。

入世和出世之对法,依不二法门的原则,即世法是出世法,不离世法而求出世法,或者说,即入世而出世。

一般的观点,佛教是追求出世间的,而众生生存的世界是世俗的人世间,佛法是出世间法,而世俗社会遵循的是世间法(世法),世间是此岸,出世间是彼岸,世间是现实世界,出世间是理想境界,两者的关系如何处理呢?慧能在《无相颂》中这样表达他的观点:"法元在世间,于世出世间,勿离世间上,外求出世间。"②曹溪原本中,此段偈文是这样的:

佛法在世间,不离世间觉,离世觅菩提,恰如求兔角。③

这清楚地表明,慧能认为没有离开世间的出世法,没有离开世间的所谓觉悟,出世间有佛法,只能在世间存在,理想的境界只存在于现实世界中,彼岸世界只存在于此岸之中。

慧能的即入世而出世观点表明,必须有入世的情怀才能求得出世的解脱,信仰佛法不是逃离现世,而是要通过在人间的去恶行善,实现出世的理想。

---

①② 敦煌本《坛经》第36节。
③ 《法宝坛经曹溪原本·悟法传衣第一》。

四、慧能南宗禅与本土思想传统

慧能的禅学思想吸收了以儒家和道家（特别是儒家）为代表的中国本土思想中的诸多内容，由此构成其三教合一的特性。这种融合或吸收回应突出体现在心性论、形神观、言意观、知行观、悟修论、自力论和道德观等多个方面。

1. 慧能南宗与心性论传统

心性论是中国哲学的主题之一，儒家重要的理论基础，也是佛学的理论重点，儒佛对心性论的重视又影响到道教心性论的生长。慧能就在这种思想融合背景上，遵循佛学的传统，回应儒学的立场，提出自己对此问题的理解。儒学在这个问题上，讨论了人的本质，心和性的关系，性和情的不同特性，等等，以孟子的性善论观点为主流。相关的讨论，也在心性论的基础上展开，比如说，心和世界的关系，道德修养的方法论问题等。慧能禅学的特点是，也以心性论为其禅法的基础理论，全部问题都在心性论的基础上展开。特别是在讨论传统的佛性问题时，慧能不是一般地在佛教的立场谈，而是直接论人性，与此相关的心法关系、修养方法论也都和儒家文化有着相近的地方。

印度佛学中，心性论就是一个十分重要的问题，具体讨论的方向是心的本性问题，对此问题的探讨从原始佛教时期就开始出现了，心的本性是清净的，还是染污的？原始佛教主张心性清净，而到部派佛教时期，则出现了不同的观点，大众部主张心性本净，有部讲心性不净。大众部的看法成为大乘佛教时期心性论的基础，而大乘佛教对于心性的理解更多元化，心的本性被理解为如来藏性、佛性、菩提性、真如本性（真性）、法性、空性、阿赖耶识性等，讨论的范围涉及到本体论、佛性论、体悟论、解脱论、伦理学等诸方面。

中国佛学自竺道生讲一阐提人都能成佛后，中国佛学的发展方向从般若空观转向涅槃心性论，而以佛性论为心性论的重要论题。到隋唐佛教宗派时期,中国佛教的心性论更完备地发展起来。慧能只是沿着中国佛学这一发展道路接着走,也就是说,慧能的心性论首先是从佛学本身发展来的,而不是从儒学来的。

但是,慧能对佛教心性问题思考的方式,又确实有儒学的影响,一是人性化的佛性论,二是道德化的佛性论,三是从智慧角度论人性。如果说孟子是以人性问题为心性论的主题的话,慧能则以佛性问题为心性论的重要问题,而且,直接以人性讨论佛性,认为佛性就是人性。孟子的人性论是性善论,慧能的佛性论似乎没有直接讨论人性之善或恶,而讲不思善,不思恶,但从慧能在其佛性论基础上建立的修养论看,是强调去恶从善的,实际的倾向是性善的,从整个的《坛经》中,都可以看出这种道德化的倾向。孟子的人性论讲心体固有的良知,慧能则讲心体本有智慧。正是在这一层意义上,可以称其心性论有一定程度的儒学化。儒化,即具有某种儒学的色彩,而不是完全等同。

2. 慧能南宗与形神观传统

形神观讨论肉体和精神或灵与肉的关系。在这一问题上,中国传统文化中本来就存在有神与无神的不同观点,佛教传入中国后,有些人站在有神的立场上去理解,和本土无神一系的传统形成冲突。慧能在形神统一论的前提下,强调神的存在对于形以及对于身心统一体的积极作用,这是他的突破之处。

在先秦时期,管子把人看作是形和神的结合体,认为精神是由元气中精细的成分组成的,"天出其精,地出其形,合此以为人"①。这有形神不相分的意义,人是形神的统一体。庄子把精神看作是肉体的原因,而精神又以道为根据,"精神生于道,形本生于精"②。荀子则提出肉体是精神存在的依据,"形具而神生"③。汉代思想界由王充第一次对灵魂不灭

---

① 《管子·内业》。
② 《庄子·知北游》。
③ 《荀子·天论》。

论提出明确的批判,他认为:"形须气而成,气须形而知,天下无独燃之火,世间安得有无知独体之精?"①强调精神依赖于形体,对社会上盛行的鬼神崇拜提出批评。魏晋南北朝之际形成了新一轮的灵魂不灭论的流行高峰,也导致了关于神灭和神不灭问题的争论。佛教界以薪火之喻说明神不灭,东晋慧远强调"形尽神不灭","火之传于薪,犹神之传于形;火之传异薪,犹神之传异形"②。范缜提出著名的神灭论,其目的是反对佛教的因果报应论,主要观点有二:形神相即;形质神用。形神相即指形和神的不分离性,同时强调形对于神的生成论意义,"神即形也,形即神也。是以形存则神存,形谢则神灭也"③。形质神用是从体用关系立论,强调形为物质性实体,神为用,体必显用,用不离体,"形者神之质,神者形之用,是则形称其质,神言其用。形之于神,不得相异"④。这种关系,范缜喻以刃与利的关系,刀刃和它的锋利,离开刀刃就没有锋利,不存在刀不存而其锋利独存的道理。

范缜此论被梁武帝指为"异端",梁武帝主张"神明成佛论",他其实是从佛性论角度来讲形神关系的,这也是后来慧能讨论此问题的思路。

道教对形神论有更多的关注,这涉及到其修养论,基本的观点是形神双修,养神与炼形兼重。隋唐时期的儒学界基本上不再把形神问题作为关注的重点,而佛教界却在心性论的范围内实际上继续讨论之。慧能的突破表现为从形神统一、心性统一的观点出发,强调神对于形的作用。他把色身、五根、心、性比喻为城、门、地、王,人的身体比作城邑,外城门是五个感觉器官,内城门是第六识意识,心是城邑范围内的地盘,性是统治全城的大王,性在这里也可以解释为传统意义上讲的神。从这个比喻来看,慧能认为,性是全城的主宰,心和色身都离不开性的主宰作用,强调心性的统一,色身和性体的统一。南北朝时对形神的讨论,佛教方面突出了

---

① 《论衡·论死》。
② 《沙门不敬王者论》,《弘明集》卷五,《大正藏》第52卷,第32页上。
③④ 《神灭论》,《梁书·范缜传》。

精神超越于肉体的一面,强调神的绝对性,形的相对性,神是决定性的终极存在。范缜则突出了形对神的本体意义或决定作用,还缺乏对神的作用的进一步研究。慧能强调从形神统一的角度来表达他的观点:一方面,性是王,精神的存在赋予形体色身的存在以生命的意义,缺乏这一点,色身就不会成为活生生的生命体;另一方面,精神之性如果离开身心,失去了城邑,又能起什么现实的作用? 因此可以说,慧能的形神观是在以性或精神为主宰条件下的形神统一论,突出了神对于形的积极作用。

3. 慧能南宗与言意论传统

中国本土哲学中的言意之辩,讨论的是语言与真理的关系问题,语言能否完整地表达真理的意义? 能否充分表达人的思想? 对于这类问题,基本上有肯定和否定两种回答,而以否定的观点,即言不尽意论为主流。慧能的禅宗则试图超越可说与不可说两边,提出以中道论为原则的言意观。

道家对言意关系的讨论,今通行本《老子》开篇就讲:"道可道,非常道,名可名,非常名。"确立了道家对真理与语言关系的基本观点。《庄子》继续发挥这种常道不可说、常名不可名的观点,认为人类一般的感知能力、语言、概念,都不能涉及道的本质。《庄子》用筌和鱼、蹄和兔的关系来比喻言与意,"筌者所以在鱼,得鱼而忘筌;蹄者所以在兔,得兔而忘蹄。言者所以在意,得意而忘言"①。《庄子》的分析其实比老子要更进一层,老子只讲不可说,《庄子》还要问:不说(默)是否就能真正体会道的本质呢? 其观点是:"言、默不足以载。"②说和不说,其实都难以体会道的本质。如何处理这一说与不说的关系呢?"非言非默,议有所极。"③这是说,通过类似于后来佛教的中道方法,大致可以对道有一个体悟。什么是非言非默? 依禅宗言意观来反观,道不可说,又不得不说,这种说,是

---

① 《庄子·外物》。
②③ 《庄子·则阳》。

说不可说之说,体会所说之非说之处。

《易传》对言意关系的基本立场也是强调语言的局限性,"书不尽言,言不尽意"。"圣人立象以尽意,设卦以尽情伪,系辞焉以其言"①。文章或文字记载并不能完全表达所说的意义,而言说又不能完全表达人们的思想,因此,为了弥补语言文字的缺陷,圣人就用摹仿性的符号(象)表达思想。象具有高度的抽象性和广泛的意义指谓。又用卦(抽象程度稍低于象的符号)来表达人们的不同的意见。"情伪",情是真情,伪是假意,泛指各种思想,不同的观点。象、卦都具有抽象性,所以又必须用语言(卦辞、爻辞)解释卦象。

魏晋时期,玄学界对言意问题展开激烈的争论,形成两类不同的观点:言尽意和言不尽意。言不尽意论的代表王弼根据对《周易》的研究,经过层层推进式的论证,最终的观点是,语言不能穷尽真理,语言的作用是有限的,由此产生的认识论上的结论是,真理是不可认识的,强调语言的局限性,使其成为认识终极真理的障碍,从语言的角度看,真理是不可知的,以至于要体会真理,必须去除语言的作用。

而言尽意论的代表欧阳建实际上不再从语言和真理的关系角度谈,而是从纯技术性的名实关系而论。名是语言、概念,实是名所要表达的内容、客观实在。欧阳建认为名完全能够反映实的内容,语言完全能够表达对象的意义。如果不这样,人的社会交往就无法展开,认识活动就不成为可能。

道教在讨论言意关系时,也是侧重于探讨语言能否完全把握绝对真理。成玄英在对《老子》的注疏中就提出这个观点,他认为:"自然者,重玄之极道也,欲明至道绝言,言即乖理,唯当忘言遣教,适可契会虚玄也。"②他提倡的重玄,玄之又玄,就是最高的道,对这种道的认识,语言完

---

① 《周易·系辞上》。
② 严灵峰辑:《道德经开题序诀义疏》卷一。

全不能起作用,一旦运用语言,就和道的本质相违背。只有忘却语言,才能契合道体。他明确以"语言和真理"关系概括言意论的实质,"真理既绝于言象,至教亦超于声说"①。他还把言意和名实结合起来阐述其看法:"道无称谓,降迹立名,意在引物向方,归根返本。既知寄言诠理,应须止名求实,不可滞执筌蹄,失于鱼兔。"②这实际上把王弼的和欧阳建的意见都考虑到了。李荣对言意关系的看法引入了佛教的中道方法,一方面,道不可说,另一方面,提出无说无不说的中观看法,这和佛教禅宗的观点是非常相似的了。

禅宗是讲不立文字的,一般地讲,慧能也是坚持不立文字原则的,但慧能所面对的是禅界流行的对禅不可说的片面强调,因此,他曾引人注目地批评这种执著:

> 谤法,直言不用文字。既云"不用文字",人不合言语,言语即是文字。③

对于禅的本质来讲,以为语言文字能够完全把握它,这是边见,以为语言文字完全不能把握,也是边见。因此,在对待语言和禅的关系上,执著于语言,不是禅,只讲不立文字,也不一定是禅,因为都不符合中道原则。对于禅,可说又不可说。不可说,又不能不说。可说,又不能执著于说。即说而非说,不离言说而立禅,才是符合中道的。对于文字,既不是片面的不立,也不是片面的大立,而是立而非立,不离文字而传禅。当时禅界专重的是不立文字说,因而慧能在此主要批评了这种片面性倾向。

由此观点来反观玄学的言意之辩,言不尽意一派片面强调了语言和真理的对立,而言尽意一派没有看到语言本身的局限性;言不尽意派只看到真理的不可说性,完全否定了语言的作用,言尽意派只看到真理的

---

① 严灵峰辑:《道德经开题序诀义疏》卷一。
② 严灵峰辑:《道德经开题序诀义疏》卷三。
③ 敦煌本《坛经》第 46 节。

可说性,绝对肯定语言的作用。在慧能看来,语言和真理之间,是二而不二,不二而二的,这是慧能在言意之辩方面的超越之处。

4. 慧能南宗与知行观传统

知行是中国传统哲学的重要范畴,传统的知行观,侧重于轻重、先后、难易等问题,这在儒家的观点中显现得特别明显,道教结合佛教的观点,发挥庄子的思想,从止观角度谈知行观,主张止观双修,慧能从定慧角度谈知行论,他的贡献在于提倡定慧的统一。

中国哲学最早对知行关系的意见是从难易角度立论的,知易行难,是所谓"非知之实难,将在行之"[①]。"非知之艰,行之惟艰"[②]。先秦儒家一系,孔子在知行观上探讨了知的不同来源,并有行重于知的倾向。关于知的来源,即知识是如何产生的问题,孔子的观点体现了两重性:生而知之和学而知之。孔子又有重行的倾向,行比知更重要,他强调,对一个人的考察,不只是听他说得如何,更要看其做得如何。孟子的知行观着重在知识的起源问题上发展了孔子先验的观点,提出了良知良能说,良知良能完全是由内心先天固有的,和人类的实践行为毫无关系。荀子在知行观上以经验论为基础,确立知识的客观性基础,同时更强调行的作用。先秦墨家一系,墨子对知行观持经验论的立场,强调行对于知的决定性意义,行重于知,知源于人的经验。先秦道家一系,基本倾向是把知和行割裂开来,不但讲不行而知,甚至连知的可能性都否定掉了。汉代的哲学家中,董仲舒主张孔子、孟子知行观中生而知之的知先行后说,主要观点是"知先后为","为"就是指施为、行为。王充反对生而知之说,强调知识的经验性来源,认为耳目等感官的感觉,是知识的直接来源,不以此为基础,无法形成知识,圣人并不是生而知之,并不能前知千岁,后知万世。这是行先知后观,行是知的基础。

---

① 《左传·昭公十年》。
② 《古文尚书·说命中》。

慧能在知行观上,则又是一种思路,他超越了传统的看法,讲定慧等。这个"等",表示了定慧之间的统一性。传统的看法,包括佛教天台宗的定慧双修说,实际上是把定和慧分别看作两个不同的方面,而慧能将其视作完全统一的整体,言定时,慧在其中,说慧时,定在其中,在这种境界上,任从定或慧入手,都能达到两者的统一,这是慧能对于知行问题的新贡献。

还必须指出的是,慧能定慧学中的道德意义。一个达到高度道德修养的人,其道德行为和道德观念必定是完全统一的,不是知而不行,也不是行而不知,其知必定反映了深入的行,其行也充分体现其知。

5. 慧能南宗与悟修论传统

慧能禅法中的定慧观重在讨论两者的关系,具体的习慧和修定的方法,可以概括为悟修观。慧能和孔孟老庄之间,在认识和修行的方向上是一致的,有些悟修法门也是相通的。

孔子强调向自己内在的生命用心,他提出了一种"为己之学","古之学者为己,今之学者为人"[1]。为己,不是为自身谋私利,而是完善自己的道德,或者称为"修己"。至于具体的修习方法,就是要维护、推广内心的仁。孟子也重视内省式,反求诸己,尊重并发明自心固有的至善的价值准则。

老子和庄子在向内用力这一点上是相同的,在具体的悟修方法上,则有些差别,但都给予慧能的禅学以不同的启发。在具体的修行表现上,老子讲以"无为"为修,无事为修:"我无为,而民自化,我好静,而民自正,我无事,而民自富,我无欲,而民自朴。"[2]无为或无事,不是单纯强调不为、无所事事,而是为而有道,不做违背道的本质之事,不做违背规律之事,以此达到无不为的目的,是无为之为,无事之事,所以老子讲:"为

---

[1]《论语·宪问》。
[2]《老子》第 57 章。

无为,事无事,味无味。"①这给慧能为代表的无修之修以启发。

在《庄子》外篇和杂篇中,体现出一些独特的修行方法。比如匠石运斤的寓言,所体现的观点和慧能禅宗讲的无念、无心是很相似的。庄子推崇的逍遥无事的至人之行,也是一种无修之修,这和慧能的禅修精神是相似的。

慧能禅学强调直指人心,明心见性,悟心成佛,其悟修的致力方向是和儒道一致的,至于具体的悟修方法,慧能以直觉体悟自性,而这种直觉在道禅之间是一贯延续的,和儒学之间,也有一定的相似性,孟子养夜气,人只有在这种境界中,才会体悟到自心的道德本性。这种悟,既非学,也非思,更非与外物接。慧能的无修,和道家的无为也有相似性,其无修之修在方法上和道家的无为之为是一致的,慧能由无修而至于人生的解脱,即涅槃、自由,老庄的无为也是自由的体现。

6. 慧能南宗与自力论传统

在修行和解脱方式上,慧能强调的是自修自成佛自解脱,充分开发人心的内在价值资源,鼓励人们主动把握自己的命运。而这一点上,不论是儒家、道家,还是墨家,都是非常注重的。

在儒家,孔子和孟子都有关于自力修行的观点。孔子说:"为仁由己,而由乎人哉?"②仁是人们心中的内在价值,仁的实现,他人无法代替,而必须由你自己亲自去发现,去维护。同样,社会的理想价值,也只能由每个具体的人去推行,是所谓"人能弘道,非道弘人"③。孟子则多方面鼓励人们的自信,其性善说,良知良能说,浩然之气说,都是如此。孟子强调尽心的作用,尽心知性而知天,人们应该去求得对自性的认识,不但要自信,更要去行动,"求则得之,舍则失之,是求有益于得也,求在我者

---

① 《老子》第63章。
② 《论语·颜渊》。
③ 《论语·卫灵公》。

也"①。孟子反对人们的自暴自弃行为,因为这是放弃自我超越的努力,否认自己的力量,自取其辱。一个人如果不尊重自己,也难以赢得他人的尊重,这样的人要想实现道德理想,总是十分困难的。

老子的修行论,在于鼓励人们克服情见给自心带来的污染,涤除玄览不是靠他人,而是靠自己。一个修行者,关键的问题是要有自知之明,要有对自我的清醒了解,并要有超越自我、战胜自我的能力和勇气,是所谓"知人者智,自知者明;胜人者有力,自胜者强"②。自力修行的过程,也就是了解自我、战胜自我的过程,真正的敌人是内心的染污。能战胜自我者,才是真正的强者。这段话,充分体现出老子的自力论观点。

庄子特别讲到修身不应求外人,《渔父》中说:"今不修之身而求之人,不亦外乎?"③你不去自修你身,而去外求于他人,不是令人奇怪的事吗?

墨子的自力思想,突出体现为"尚力"和"非命"两个命题。"尚力"乃崇尚自力,墨子以此作为人与动物之区别的根本特点。为了强化自力说,墨子对传统的命定论提出了批判,否定其权威性和对人事的主宰作用,形成其独特的非命思想。墨子是小手工业者的代言人。手工业者从经济上讲,也是自给自足式的,他们从其日常生活的经验出发,非常朴素地体会到自己的劳动能力对于自身生存的决定性作用,他们能够把握这一点,确信无疑,由此而形成自力的观念。墨子从理论上将这种生活的经验加以推广,而赋予更深的政治性含义,即自力不但是小生产者的生存原则,也应该是社会普遍的道德规范。

慧能禅学也讲自力,他和墨子都是代表平民利益的思想家,以此为基础,两人可以找到共同点。墨子的自力,更多的是依靠自身的劳动能力,在慧能则体现为众生的自悟和自修,而慧能的自修也包含农禅意义

---

① 《孟子·尽心上》。
② 《老子》第33章。
③ 《庄子·渔父》。

上的作务。慧能同孔孟自力论上的相近,还带有认识论上的讨论,慧能同道家自力论的接近,又还带有解脱论上的讨论。自力的观念在中国传统文化中,从其根源上说,是建立在小农经济土壤中的一种文化精神的反映,小农经济型的文化有一个二重性的特点,既重自力,又重他力,既看到自力在日常生活中经验领域的作用,又看到在许多方面自力的无效性,尤其在一些形上性的问题上更是如此,希望他力拯救。既极度自信,又缺乏自信。孔子的思想中有这种二重性,墨子的思想中由这种二重性更导致其内在的理论矛盾。在中国佛教中,有的教派突出了此二重性中重他力的一面,如净土宗,有的宗派则发展出自力的一面,这就是慧能的禅宗。慧能超越了儒墨内在的理论矛盾,并发展了自力的传统。

7. 慧能南宗与道德观传统

慧能的禅学,具有道德化的特征,离开了道德层面的理解,对于慧能禅学的了解是不全面的。慧能禅学的道德与传统的道德思想也具有相关性。儒家道德长期以来被视作社会道德和个人道德修养的标准,不管是道教还是佛教都受其影响,都主动融纳儒教道德于自身的思想体系之中。因此,在道德层面,慧能所回应的主要是儒家道德规范。

在道德的起源问题上,慧能和孟子之间持相近的观点。慧能也认为道德源于每个人的内心,人人先天具足完善的道德,从未丢失,只是被蒙盖。稍有不同的是,道德本源在孟子那里是微弱的种子,而在慧能这里,则是完善的具体,孟子讲小人容易去除道德种子,而慧能认为众生只是不识道德本体,不存在去不去的问题。

人性问题,慧能从佛性角度讨论,从佛教的一般方法论上讲人性非善非恶,超越两边对立,要求在不思善、不思恶的情景下觉悟道德本心,但实际的诠释中,慧能并没有否定人性的善,人性的清净。清净也有伦理学上善的意义。只是,慧能注重到众生心的具体存在状态,净心被染心覆盖。染污也有伦理学上恶的意义,但这并不是说慧能是讲善恶混的,因为慧能对心或性的讨论是多义的,既有最本质的真心层面,也有较低的阿赖耶识的层面,甚至,还有更为外化的八识层面,在阿赖耶识层面上,心是包含恶的,而在真心的层面上,则是无善无恶的,或可称此为无善无恶之善。

对于理想人格,在慧能就是佛的人格,或者说,就是觉悟了的世人的人格,因为他把佛性人性化,成佛即是成人,或者说,只有成人,才是成佛,没有成人之外的成佛。慧能的理想人格可以称为觉慧统一说,觉是佛性,觉悟之性,慧是智慧。这和孔子的仁智统一说是相近的。

对于道德修养方法,慧能和儒学都重视内省,重视主体的道德自觉,稍有差别的是,孔子还有他律的观念,而慧能重道德自律,更和孟子接近。同时,慧能强调的是顿悟的道德体验,虽然孔子也有相近的看法,但毕竟不能将此比附为顿悟。

慧能对道德生活的讨论,也遵循了佛教的"诸恶莫作,众善奉行"的原则,这也是中国文化中的道德生活准则,更是人类道德生活的一般准则。他讲众生心中本有智慧,而众生的智慧又是通过善来发明的。他讲的忏悔,就是去除恶行,不被恶的道德所染。他讲的三皈依,也都是皈依自心之善:皈依佛,是皈依自心完善的道德本性;皈依法,是皈依正法,持正念,念念无邪;皈依僧,是皈依清净至善。他又讲对他人行恭敬心,平等心,不轻慢他人。他强调居士修行的原则是修善断恶。这种道德化的禅,更符合中国传统的道德教化追求。

第三节 南宗禅三系

慧能门下,最杰出的五人中,有三人的禅法各成重要的流派,荷泽神会一系发展出荷泽宗,青原行思一系由石头希迁发展出石头宗,南岳怀让门下由马祖道一发展出洪州宗,此三宗禅法可以概括为南宗禅三系,其中石头宗和洪州宗成为后世南宗的主流,衍化出五家分灯的盛况。

一、荷泽宗

荷泽宗是由荷泽神会创立的禅法流派,其思想以寂知和无念为核心,其世系传承为:曹溪慧能—荷泽神会—磁州智如—益州南印—遂州道圆—圭峰宗密,是南宗三系中相对细弱的一支,到宗密时此宗有所发展,但宗密之后,荷泽宗就渐渐失去影响了。神会由于对推动慧能禅学等方面的贡献,被尊为禅宗七祖。由于七祖的确立,其师慧能的六祖地位也由官方确认。

1. 神会其人及其行历

这一点要结合神会的生平来谈,关于神会的生平资料,比较系统的有宗密的《圆觉经大疏钞》卷三之下、慧空的《荷泽大师神会塔铭》、赞宁的《宋高僧传·神会传》、道原的《景德传灯录·荷泽神会禅师》等,在王维的《六祖能禅师碑》和有些版本的《坛经》中,也记载有一些神会的资料。

(1) 两访曹溪

荷泽神会(684—758)[①],俗姓高,湖北襄阳人[②],神会的学问之路是由儒而道再入佛,自小所受的是儒家经典的教育,对儒家的基本精神有着比较深入的了解,僧传中称他对儒家五经是"克通幽赜"。后来他又浸染老庄之学,由此而感到心地豁然。他对佛教的理解是从阅读史书《后汉书》开始的,"览《后汉书》,知浮图之说"[③]。从此,他就留心佛教,并在家乡国昌寺从颢元禅师出家,出家年龄应当比较早,《大乘顿教颂》的序

[①] 此据出土于1983年12月的慧空所撰的《神会塔铭并序》。赞宁的《宋高僧传·神会传》记为"上元元年……其夜示灭,受生九十三岁矣"。据此,即为668—760。
[②] 此据《宋高僧传》,也是影响较大的一般性说法,《圆觉经大疏钞》中称神会为俗姓万,并没有提及其籍贯,《坛经》等资料以神会为南阳人,这其实是把神会曾居的南阳龙兴寺当作他的籍贯了。
[③]《神会传》,《宋高僧传》卷八,《大正藏》第50卷,第756页下。

言中说:"我荷泽和尚……在幼稚科,游山访道。"①出家后的神会在经论方面又显现出极高的天赋,"讽颂群经,易同反掌"②。未受具足戒前,年轻的神会学善财童子五十三参,就出去参访。参访中,他常问的一个问题是涅槃论方面的,但并没有得到满意的答案,"问以涅槃本寂之义,皆久而不对,心甚异之"③。他曾到过玉泉寺去参神秀禅师,在神秀门下侍奉三年,直至神秀大足二年(702)被敕召入东都洛阳后才离去。神会听说岭南的曹溪慧能也在弘扬禅法,学人群集,也就投慧能去了。

神会初见慧能才十四岁④,根据宗密的记载,神会曾先后两次来见慧能,初次相见之后,神会就留在了慧能门下,以苦行供养慧能,挑柴担水,砍冰推磨。但他后来又离开曹溪而北上,宗密说:"神会北游,广其闻见,于西京受戒。"⑤离开的原因是为了进一步增长见闻。

这一次的游历时间较长,因为受具足戒的年龄一般是在二十岁,他到过西京长安,并在长安受了大戒,长安是北方禅学的中心,这一经历,又使他对以神秀为核心的北方禅法有了更进一步的了解。

唐景龙年间,神会回到曹溪,再参慧能,得到慧能的印证,成为慧能的十大弟子之一。《坛经》中有关慧能和神会的机缘对答,其中有"不离左右"一语,可能是属于第二次相见时的对答。敦煌本《坛经》中有这样的记载:

> 又有一僧,名神会,南阳人也,至曹溪礼拜,问言:"和尚坐禅,见亦不见?"
> 大师起,把〔杖〕打神会三下,却问神会:"吾打汝,痛不痛?"
> 神会答言:"亦痛亦不痛。"

---

① 杨曾文:《神会和尚禅话录》,第112页,北京,中华书局,1996年。
②《神会传》,《宋高僧传》卷八,《大正藏》第50卷,第756页下。
③《大乘顿教颂并序》,《神会和尚禅话录》,第112页。
④ 此据《圆觉经大疏钞》,《法宝坛经曹溪原本》和《曹溪大师别传》等资料中则称十三岁。
⑤《圆觉经大疏钞》卷三之下,《续藏经》第9册,第532页中。

六祖言曰:"吾亦见亦不见。"

神会又问大师:"何以亦见亦不见?"

大师言:"吾亦见〔者〕,常见自过患,故云亦见;亦不见者,不见天、地、人过罪,所以亦见亦不见也。汝亦痛亦不痛如何?"

神会答曰:"若不痛,即同无情木石,若痛,即同凡夫,即起恨。"

大师言:"神会,向前见不见是两边,痛不痛是生灭,汝自性且不见,敢来弄人?"

神会礼拜,更不敢言。

大师言:"汝心迷不见,问善知识觅路;汝心悟自见,依法修行。汝自迷不见自心,却来问慧能见否。吾不自知,代汝迷不得;汝若自见,代得吾迷?何不自修,乃问吾见否?"

神会作礼,便为门人,不离曹溪山中,常在左右。①

《坛经》诸本对这一对答的记载是大致相同的。在《曹溪大师别传》中,这类问答却是问佛性义了。神会一系认为神会的回答是很高明的,但在后来的禅宗人看来却是执著于知解。在《坛经》的一些其他本子中,借慧能之口对神会提出了批评,比如曹溪原本中批评道:"汝向去有把茆盖头,也只成个知解宗徒。"意思是说,即使你将来能成为一方法主,也只不过是个重知解的人。

至于说神会密受慧能的付嘱,成为慧能唯一的嗣法弟子,慧能一系的正统,则是荷泽一系的说法,他们把这种观点加入《坛经》中,敦煌本《坛经》中说:

上座法海向前言:"大师去后,衣法当付何人?"

大师言:"法即付了,汝不须问,吾灭后二十余年,邪法撩乱,惑我宗旨,有人出来,不惜身命,定佛教是非,竖立宗旨,即是吾

---

① 敦煌本《坛经》第44节。

正法。"①

这是预言神会为慧能争正统的事迹,指明此人就是慧能禅法的继承人。事实上,慧能已打破了传统禅宗密授单传的方法,而是公开允许弟子们各为一方法主,只要不失宗旨就行。

在王维的《六祖能禅师碑铭》中,有这样一段:"弟子曰神会,遇师晚景,闻道中年。"这应该是指的和慧能的第二次相见,神会见慧能时,慧能已是高龄了。

(2) 滑台大会

慧能去世后,神会曾经在曹溪留住几年,然后又北上,在北方活动,并受到中央政府的重视,以至于在开元八年(720),被敕住南阳(今河南境内)的龙兴寺,因而有"南阳和尚"之称,甚至有的人以为神会就是南阳人了,《坛经》中就持此说。在此前后,神会一直与社会各界广泛交往,谈论禅法,宗密说到神会"答王赵公三车义,名渐闻于名贤"②。这位王赵公指户部尚书王琚,这段对话也见于《神会禅师语录》第3节,从此语录中还可以找到一些官员,如礼部侍郎苏晋、润州刺史李峻、常州司户元直、润州司马王幼林、苏州长史唐法通、扬州长史王怡、给事中房绾、洛阳县令徐锷、南阳太守王弼等。也有与文人的交往,比如王维,向神会问法后,大为惊奇,对其他官员说:"此南阳郡有好大德,有佛法甚不可思议。"③并与神会成为至交。神会不但向官员层介绍他所理解的慧能禅法,更向北方禅学界进行宣传,与其切磋禅义的有来自庐山、牛头山等地的,也有龙兴寺本寺的,有禅师、法师,也有律师。有了这种广泛的交往和宣传所产生的影响,神会觉得是向普寂把持的北宗禅法发出挑战的时候了。

---

① 敦煌本《坛经》第49节。
② 《圆觉经大疏钞》卷三之下,《续藏经》第9册,第532页下。
③ 《神会禅师语录》第29节,《神会和尚禅话录》,第85页。

当时北方禅学的情形,是神秀一系的天下,所谓"两京之间,皆宗神秀"①。这时候虽然神秀已经去世,但其禅法的影响不减,其弟子普寂和义福,活动于两京,深受朝廷呵护,道俗群奉,气焰冲天,特别是普寂,正如宗密所言:"谬称七祖,二京法主,三帝门师。"②普寂是七祖,其师神秀自然是六祖了。神秀的禅法在这样的气氛中,自然是公认的正统,谁也不会有怀疑。但是神会要来推翻神秀禅法的正统地位。

开元二十二年(734)正月十五日,神会在滑台(今河南省滑县)大云寺开无遮大会,宣布曹溪慧能才是达摩禅法的真正继承人,是禅法的正宗。在场的各地高僧大德有四十多人,但只有山东崇远法师出来和神会辩论,大会的经过记录成《菩提达摩南宗定是非论》,因此这篇作品实际上是两人的辩论集。还有一部分材料,铃木大拙称为《坛语》(《南阳和尚顿教解脱禅门直了性坛语》)者,胡适以为就是《菩提达摩南宗定是非论》的一部分。石峻等编的《中国佛教思想资料选编》第2卷第4册中,名为《答崇远法师问》。两人的辩论次数较多,据独孤沛在其《南宗定是非论》的序言看,似乎两人在开元十八、十九、二十年都有辩论。在《神会语录》中也有两人问答的记录。

神会宣布慧能为禅法正宗的理由,主要是宗教上的。一是指出从达摩到慧能的传法世系,二是举出袈裟凭信。此世系一出,神秀传承自然是旁系。至于袈裟,神会抬出已死的神秀,"秀禅师在日,指第六代传法袈裟在韶州,口不自称为第六代。"③而普寂以第七代自称,这就意味着神秀是第六代了,神会"不许"这种现象存在。至于禅学思想上,则明顿渐之别。这也说是宗密所总结的,以"师承是傍,法门是渐"④驳倒北宗的基本理由。

---

① 《神会传》,《宋高僧传》卷八,《大正藏》第50卷,第756页下。
② 《圆觉经大疏钞》卷三之下,《续藏经》第9册,532页下。
③ 《答崇远法师问》。
④ 《禅门师资承袭图》第一,《续藏经》第63册,第31页下。

辩论会场的气氛是很紧张的,本来会场上有作为庄严的屏风,但被人借故撤走了,以此拆台。论坛上一开始甚至连坐床都未设,两人站着论战,神会出言惊世之处,在座者"左右惭惶,相顾无色"。① 神会真是勇气十足。

对于无遮大会的实际影响,慧能的思想逐渐在北宗禅的中心地带宣示起来,南顿北渐意义上的南北二宗的区分,在这时就进一步确立起来了,用宗密的话说,神会使"曹溪了义大播洛阳,荷泽顿门派流天下"②。赞宁也说:"南北二宗,时始判焉,致普寂之门,盈而后虚。"③胡适的评价更高:"所以滑台之会是北宗消灭的先声,也是中国佛教史上的一大革命。"④这是胡适在评论神会时喜好使用的夸张性的语言,但必须承认,神会在此公开提出了慧能应该具有的正统禅法的地位,指出普寂自称七祖是"非法"的(不合神会所宣布的禅宗传法世系),这实际上也指出了神秀禅法的正统地位应该被取代。

(3) 推销度牒

在推广慧能禅法的过程中,神会做了一件很有影响的事,为政府推销度牒,筹集经费之事,因为此事皇室重新重视神会,并因此对爱及南宗起到一定的作用。

天宝四年(745),兵部侍郎宋鼎请神会入东都洛阳,住荷泽寺,这件事显示出滑台大会的影响,神会在此又举行了无遮大会,但没有资料留传下来。神会还在其寺中设一专门禅堂供奉慧能像,并请宋鼎为慧能撰碑,即《唐曹溪能大师碑》,又在禅堂内绘有六叶图,即从达摩到慧能的六代祖师像,太尉房琯并作有《六叶图序》,而且,神会的身边也聚集了越来越多的追随者。这些对北宗表示蔑视的做法却已经埋下了自身灾祸的

---

① 《南宗定是非论》。
② 《圆觉经大疏钞》卷三之下,《续藏经》第9册,第532页下。
③ 《神会传》,《宋高僧传》卷八,《大正藏》第50卷,第756页下。
④ 胡适:《菏泽大师神会传》,《胡适说禅》,第117页,北京,东方出版社,1993。

种子。

天宝十二年(753),御史卢弈告神会聚集徒众,疑有不利于国家安定之举,唐玄宗将神会贬至弋阳(今河南省潢川县),在同一年又移至武当郡(今湖北省均县),天宝十三年(754)移至襄州(今湖北省襄阳市),同年七月移至荆州(今湖北省境内)。

宗密认为此事"皆北宗门下之所[害]也"①,赞宁为了证明这一点,在记述此事时特别加上一句,"天宝中,御史卢弈阿比于寂"②。这应该理解为卢弈亲附于普寂禅门,而不是亲附于普寂本人,因为普寂在开元二十七年(739)就死了。神会的被贬不能说和北宗门下毫无关联,而仅理解为一个单纯的政府行为。神会的被逐,体现出北宗的胜利。

事情的转机开始于安史之乱,临危登基的唐肃宗令郭子仪为副元帅平叛。依《宋高僧传》的记载,因经费不足,郭子仪采纳右仆射裴冕的建议,以推销度牒来筹钱,称"香水钱"。洛阳先被攻陷,卢弈也被叛军所杀,于是人们就想到神会来主持此事,所得香水钱资军费之需。此事从目前所知的资料看,不见《宋高僧传》之前唐代有关神会的史料。神会被贬,京中仍不乏他的支持者,最初的贬地在弋阳,由弋阳到武当郡,从距洛阳的距离看,后者要近,再贬襄州,则是从偏僻小城到中等城市了。这说明京城方面支持和反对神会的人都没有忘记神会,支持者并没有停止活动,当此发生重大变故之时,这些支持者自然想到神会来主持这一工作,筹香水钱在当时也是一种较为普遍的做法,让神会来做,一方面说明了神会个人的魅力,也反映了神会所宣传的慧能禅法的内在吸引力。

(4) 敕立七祖

平息叛乱后,唐肃宗回京,神会的境遇得到根本性的改变。改变的

---

① 《圆觉经大疏钞》卷三之下,《续藏经》第 9 册,第 532 页下。
② 《宋高僧传·神会传》,《大正藏》第 50 卷,第 756 页下。

原因,自从胡适之后,一般认为神会这次售度牒是最主要的,因而此事成了慧能南宗向正统宗教发展的关键,这就极大地提高了此事的意义。事实上,当力主放逐神会的卢弈一死,反神会一派的力量就有所减弱,同时,批准放逐神会的皇帝也退了,在这样的情况下,只要有政府官员中神会支持者的活动,神会终究是会被平反的,不管他售没售度牒,不过有此售度牒之功,对神会被平反的速度和平反后所受待遇的提高都是有所帮助的。

赞宁说:"肃宗皇帝,敕将作大匠并功齐力,为造禅宇于荷泽寺中是也。"[1]两京收复是在至德二年(757),诏神会时,神会仍在荆州,第二年就死于此,死后迁塔于洛阳。这说明如果此诏是确实的话,年高的神会没有进京,也说明中央政府已把神会的荷泽系及其所宣传的南宗和其他原先的正统宗派同等看待,从而具有合法的地位了,这是神会的成功之处,也是对慧能南宗禅法的贡献之处。

贞元十二年(796),唐德宗"敕皇太子集诸禅师楷定禅门宗旨,搜求传法傍正,遂有敕下,立荷泽大师为第七祖"[2]。神会为七祖,慧能自然就是六祖了。同时,普寂的七祖地位自动被否定,因而普寂所尊的神秀这六祖位置自然也就被否定了。其七祖的地位也被时人所接受,刘禹锡有《送宗密上人归南山草堂寺因诣河南尹白侍郎》一首:

宿习修来得慧根,多闻第一却忘言。
自从七祖传心印,不要三乘入便门。
东泛沧海寻古迹,西归紫阁出尘喧。
河南白尹大檀越,好把真经相对翻。

这里提到的七祖,就是指的宗密的法祖荷泽神会。

---

[1]《宋高僧传·神会传》,《大正藏》第50卷,第757页上。
[2]《禅门师资承袭图》,《续藏经》第63册,第31页下。

这是否就说明，神会推翻了神秀北宗，真正创立了禅宗呢①？在慧能禅宗取得正统的过程中，有多种因素在起作用，不能说完全归于神会的功劳，但从政治角度看，神会应该是最主要的贡献者。

2. 荷泽神会的禅学思想

宗密讲过这样的话："荷泽宗者，全是曹溪之法，无别教旨。"②实际上，神会在继承慧能的禅法的同时，也有适当的选择性及发展，因此，可以说有同也有异，以同为主。

就继承而言，神会继承了慧能般若之空和佛性、智慧相结合而论禅法的传统。因此，两者都言一切皆空，善法恶法，天堂地狱，都是空，烦恼也是空，真如之法也是空。但虚空之体又存在着佛性，存在着般若智慧。一切众生皆有佛性，一切众生都有般若智。

神会继承了慧能顿悟的认识方法论，强调刹那解脱成佛，这是神会最为突出的理论，与北宗论战时的主要思想。

神会继承了慧能无修之修的实践方法，反对北宗的渐修，强调定慧等学，定慧一体。

就选择性而言，慧能讲三无法门，无念为宗，无相为体，无住为本，而神会将三无合为无念一门，或选择无念代表三无而有其修行上的无念为宗。

就发展性而言，对于如来藏理论中佛性与烦恼的关系，神会解释其一为常，一为无常，佛性为常，烦恼为无常，因而一为本，一不得为本，避免了佛性、烦恼二元的结论；从慧能的本觉发展到本知，突出知的作用，宗密概括的知之一字，众妙之门，也非虚言；强化了慧能的有情佛性论，反对以牛头宗人为代表的无情有性论；对于顿悟理论，概括出一个关于顿悟的系统解释；对于慧能付嘱的中道方法论，神会处处注意在开示说

---

① "滑台大会是北宗消灭的先声。"胡适：《荷泽大师神会传》，《胡适说禅》，第 117 页；"神会实在是禅宗的真正开山之祖。"胡适：《从整理国故到研究和尚》，《胡适说禅》，第 9 页。
② 《禅门师资承袭图》，《续藏经》第 63 册，第 31 页下。

法中具体运用,体现南禅的理论魅力;关于修行,又以悟后渐修而修证无修说,而有顿悟渐修的初步观点。

但是,慧能的有些思想,在神会的禅法中并没有明确体现出来,慧能的戒禅合一没有体现,无相戒的思想没有涉及;慧能禅法的入世精神,或者说即入世而出世的禅法奥妙,神会没有体现出来。

(1) 神会的佛性论

对于心性论,神会没有像慧能那样作详尽的展开,神会没有仔细讨论心和性的性质,他只简单地谈到心的空寂本性,他也把心归结为"本心",强调心是每个人的具体的和现实的心,在讲心性关系时,神会也谈到"真如之性,即是本心",他更多的是讨论佛性论。

什么是佛性?神会也认为,不能把佛性比作一个具体的事物,佛性不似个物,佛性非边义,不能以边见来理解佛性,佛性是超越两边的,要以中道来把握它,佛性非色非不色,不长不短,不高不下,不生不灭,这就是中道。神会和学僧之间,有一段关于佛性的问答:

> 又问:"佛性是有是无?"
> 答曰:"佛性非边义,何故问有无?"
> 又问:"何者是非边义?"
> 答曰:"不有不无,是非边义。"
> 又问:"何者是不有,云何是不无?"
> 答曰:"不有者,不言所有;不无者,不言所无。二俱不可得,是故非边也。"①

神会的佛性论认为,众生心就是佛心,这是他的即心即佛论,众生和佛的平等,是心的平等。他以金性来说明众生的同一本性,一般意义上的佛性,如同金子的金性,而众生的佛性则如同各种具体的金器,金器虽然形式不同,但金的本性是相同的:

---

① 《神会禅师语录》。

苏州长史唐法通问曰:"众生佛性与〔佛〕佛性同异?"

答:"亦同亦异。"

又问曰:"何故亦同亦异?"

答曰:"言其同者,犹如金,言其异者,犹如碗盏等器。"①

他的看法是,不存在着脱离具体的金器而抽象的金性,金总是表现为具体的金器,同样,也不存在着抽象的佛性,佛性都是具体的,存在具体的众生心中,凡言佛性,都是指谓的众生的本性,凡言佛心,也都是指谓的众生心。

那么为什么还会有佛和众生的不同呢？神会通过说明《涅槃经》卷一〇中的一个"本有今无"偈来说明这一点:"本有今无,本无今有,三世有法,无有是处。"神会认为,这里的"本有今无",就是指佛性本有,而众生现今由烦恼的障覆,不能明心见性,从这个意义上说,佛性没有了,是"今无","言无佛性者,为被烦恼盖覆不见,所以言无"。②"本无今有",则是指本来并没有烦恼,烦恼的本性是空的,但是众生不知烦恼的空性,执著烦恼为实有,而今具有许多烦恼。慧能认为,烦恼也是与生俱来的,神会则说,即使是恒沙大劫中就存在着的先天烦恼,也只是今天才具有的,都是本无今有的,更强调现世对烦恼的染着。

由于烦恼的"今有"本性,那么它和佛性就不是二元的。神会特别指出,虽然佛性和烦恼都是与生俱来的,但佛性可以称为本,而烦恼不得为本。他依据《涅槃经》中的观点,根据佛性和烦恼的不同特性来说明佛性的一元。佛性如同虚空,没有生灭来去,从这一点看,佛性可以称为"常",即具有永恒性,而烦恼是生灭之法,是有生有灭的,烦恼生则佛性暗,烦恼灭则佛性明。这是区别之一。区别之二,佛性是出三世法,而烦恼是三世法,三世之法,自然是有生灭的。神会用金和金矿的关系来进一步阐述这个道理,他说,金子是和矿石一起俱生的,但金和矿石的性质

---

①②《神会禅师语录》。

不同,虽然金在矿石中,但通过冶化,金则愈炼愈精,矿石则炼成了灰土。金子无生无灭,永恒存在,而矿石则是生灭无常的。无常者,不能为本。神会在这里还根据佛性和烦恼不相离的特性,提出了不断烦恼而得涅槃的思想。

在佛性论上,慧能不是泛性论者,主张无情无佛种,神会也坚持这一点。牛头宗是讲无情有性的,此宗宗师有一段名言:青青翠竹,尽是法身;郁郁黄花,无非般若。所以牛头宗一系的禅僧以这一祖训来问神会:

牛头山袁禅师问:"佛性遍一切处否?"

答曰:"佛性遍一切有情,不遍一切无情。"

问曰:"先辈大德皆言'青青翠竹,尽是法身;郁郁黄花,无非般若。'今禅师何故言道佛性独遍一切有情,不遍一切无情?"

答曰:"岂将青青翠竹同于功德法身?岂将郁郁黄花等般若之智?若青竹、黄花同于法身、般若者,如来于何经中说与青竹、黄花授菩提记?若是将青竹、黄花同于法身、般若者,此即外道说也,何以故?《涅槃经》具有明文:无佛性者,所谓无情物是也。"①

神会认为,牛头宗的这种看法没有经典的依据,是外道之说。

(2) 神会的本知论

圭峰宗密把神会的禅学概括为一个"知"字,"知之一字,众妙之门"。神会的知,其实也就是指众生心体之上本有的般若智慧,是如来知见,以这个知,众生而能自悟心性,神会因而称其为无师智,自然智。神会的知,宗密称为"寂知","寂"是讲的心的性质,心体空寂,"知"就是这空寂心体上的知,神会说:"本空寂体上,自有般若智能知,不假缘起。"②"无住体上,自有本智,以本智能知。"③"若以众生心净,自然有大智慧光,照

---

①②③《神会禅师语录》。

无余世界。"①由此可见,知,一方面是指智慧,是个名词,另一方面也是指的观照,具有内证的功能,是动词。

神会有时也从"知解"的意义上来论知,这个知解,详神会之意,也是指禅的内证之悟,并不是如后人所猛烈抨击的那样,是对禅强作理智的分别,神会把知解之"解"指为一种无念之念,"但得无念,即是解"②。以此知解,而能得解脱,"今日许侍郎学解,未得修行,但得知解,以知解久熏习故,一切攀缘妄想,所有重者,自渐轻微"③。这里有渐修的意味。就知解而言,神会的理解和后人的理解还是有很大区别的,神会强调,知解也是直指人心,不假文字的,"然此法门,直指契要,不假繁文"④。而后人所讲的知解,乃是指违背直指的禅风,以名言事相去分析,去推理论证,把禅的直觉化为理性的思维行为。

(3) 神会的顿悟论

在顿悟的问题上,神会是坚持慧能的观点的,强调不依赖渐修而言顿悟,与慧能不同的是,神会对顿悟有集中的论述,同时,神会又是讲顿悟渐修的。

神会对顿悟下有明确的定义:"事须理智兼释,谓之顿悟;并不由阶渐,自然是顿悟义;自心从本已来空寂者,是顿悟;即心无所得者为顿悟;即心是道为顿悟;即心无所住是顿悟;存法悟心,心无所得,是顿悟;知一切法是一切法,为顿悟;闻说空,不著空,即不取不空,是顿悟;闻说我,不著〔我〕,即不取无我,是顿悟;不舍生死而入涅槃,是顿悟。"⑤

对于顿悟的理解,理的方面和智的方面都不能执著,理,是指真如之理,真如佛性,是顿悟所内观的对象;智,指智慧,是顿悟时能观的主体。顿悟是超越主体和客体之分的,不能以世俗认识论中的主客论来理解,两者都放下,才是顿悟的境界,这种顿悟不是从渐修而得。

---

①⑤《神会禅师语录》。
②③④《荷泽和尚与拓拔开府书》。

接着分别从内心和外法两个方面来论顿悟义。

从心的本质角度看,顿悟乃是体悟自心的空寂本性,因而,顿悟的结果是无所得的,所悟乃是心的空寂。从心性关系的角度而论,顿悟所悟的心,也就是佛教所说的终极真理,也就是道,悟得自心是道,就是顿悟了。从心的状态角度来看,体悟到自心的无住状态,就是顿悟了。

从对事法之本质的理解角度来论顿悟,顿悟是向内的观照,离却万法,内观自心,照而无所得,就是顿悟了。对一切事法,都要知道其虚幻的实质,性空的实质,就是顿悟。不能执事法为有,但同时对于性空之空也不能执著,空有双忘,入中道义,才是顿悟。诸法性空假有,没有自性之我,对于"我"或"无我",也都不能执著,才是顿悟。同时,顿悟是立足于现世生死流转中的众生而实现的超越,不应离生死众生而得涅槃。

这可以说是神会的广义的顿悟观,神会还对顿悟之"顿"的瞬间性和顿的意义作了许多说明,可以视为神会的狭义的顿悟观。

顿悟的瞬间性,表现为"一念相应而成正觉"。神会说,顿悟是不可思议的,是出世间的不可思议之事,"出世不思议者,众生心中,具足贪爱无明宛然者,但遇真正善知识,一念相应,便成正觉,岂不是出世不思议事"?[①]

顿悟之"顿",是顿除烦恼,顿见自性。一念相应,是和自心佛性相应,神会把这种相应称为"见无念",称为"了自性","相应善也,谓见无念,见无念者,谓了自性,了自性者,谓无所得"[②]。见性或了性,是无得之见,无得之了,这样的见,才是真见,这样的了,才是真了,神会说,这样的顿悟具足无尽的功德。

神会还比较了顿和渐的区别,众生发菩提心有顿有渐,顿发心,即可顿悟,渐发心,则只能渐悟;众生迷悟有区别,迷即累劫渐契,悟则须臾解脱。怎样才是顿发菩提心?神会举了一例:

---

①②《神会禅师语录》。

譬如一綟之丝,其数无量,若合为一绳,置木上,利剑一斩,一时俱断,丝数虽多,不胜一剑。发菩提心,亦复如是。①

(4) 神会的无修之修

在修行论上,神会也是和慧能一样持无修之说,以无修为修,虽然神会是讲顿悟渐修的,但这个渐修,在神会现有资料中,并没有更多的说明,只是到宗密才对这一观点进行深入的分析,在神会,更多地强调的还是无修,以无念论、定慧等学来否定北宗的坐禅。

关于无念,慧能是在无念、无相、无住三句中论述的,神会于此三句中,以无念来概括:"若见无念者……即戒、定、慧学一时齐等,万行俱备,即同如来知见,广大深远。"②

对无念的讨论,和慧能一样,神会也是从般若空观和涅槃佛性两个角度进行的。从般若空观的角度看,无念是无所念的,不能从世俗的有无观来理解无念。具体地说,无所念是对有无两边都不执著,超越边见,神会说:"云何无念?所谓不念有无,不念善恶,不念有边际无边际,不念有限量〔无限量〕,不念菩提,不以菩提为念,不念涅槃,不以涅槃为念。"③这是从中道的意义上来论无念,但对这个有无双遣的中道也是不能执著的,真正的无念,乃是连中道也要泯绝的,"有无双遣,中道〔亦〕亡者,即是无念"④。

无念是一种什么样的境界呢?是心的空寂平等的状态,不动心的状态,空寂平等心,就是慧能所讲的直心,常行直心,就是一行三昧,所以神会又把无念法门称为一行三昧,"是无〔念〕者,即是般若波罗蜜,般若波罗蜜者,即是一行三昧"⑤。在慧能的禅法中,一行三昧也是被作为无修法门的。

从涅槃佛性论的角度来看,无念又是有所念的,无念之"无",是无有

---

① 《神会禅师语录》。
②③④⑤ 《荷泽神会禅师语录》。

二边之法,无念之"念",乃是念真如本性,这个念和真如的关系,是体用关系,从这个意义上立无念为宗。这一点和慧能的观点也是一致的。

神会又以定慧等学来论无修之修,何谓定慧等法?定慧学,是体用一如,圆融无碍,定中有慧,慧中有定,定不异慧,慧不异定,定就是慧,慧就是定。对于定慧等学,不能从先后的意义上来理解,不是先定后慧,由定发慧。

神会的无修之修,又表述为"任运修习",在自心自然智的基础上,任由心灵自由自在,"众生承自然智,任运修习,谓寂灭法,得成于佛"①。这是神会的自由观。与慧能相比,神会更多地讲"自然",这是神会自由观的另一种表述。这个概念来自道家,道家以自然来指谓世界的本来状态,神会以此来描述众生的智慧本性,也指修行观上的无修之修,众生以自然本性,而任运无为。在这里,神会还有融会佛道的看法。

二、洪州宗

中唐时代,中国文化的发展达到巅峰,在诸多领域涌现出了许多成就卓著、继往开来之英才。就诗歌创作来说,有李白、杜甫、白居易等天才诗人。就中国禅宗而言,有石头希迁、马祖道一两大士。马祖师承南岳怀让,创立洪州宗。石头师承青原行思,创立石头宗。因此,叙述洪州宗的形成及其发展,当首先介绍南岳怀让。

1. 南岳怀让与马祖道一

南岳怀让(677—744),金州(今陕西安康市)人,姓杜,年十五依荆州玉泉寺弘景律师出家,受具之后,研习律学。一日自叹曰:夫出家者,为无为法。遂与坦然一同谒嵩山老安禅师。老安禅师启发之,令怀让参谒六祖慧能。

祖(慧能)问:什么处来?(怀让)曰:嵩山来。祖曰:什么物怎么

---

① 《荷泽神会禅师语录》。

来?曰:说似一物即不中。祖曰:还可修证否?曰:修证即不无,污染即不得。祖曰:只此不污染,诸佛之所护念。汝既如是,吾亦如是。西天般若多罗谶汝足下出一马驹,踏杀天下人。并在汝心,不须速说。师(怀让)豁然契会。执侍左右一十五载。①

在慧能的点拨下,怀让悟得真乘。怀让悟后,又跟随慧能十五载。唐先天二年(713)始往湖南衡山,住般若寺弘扬"直指人心,见性成佛"的顿悟法门。示徒云:

> 一切万法,皆从心生,心无所生,法无能住,若达心地,所作无碍。非遇上根,宜慎辞哉。
> 僧问:如镜铸像,像成后,光归何处?
> 师云:如大德未出家时相状向什么处去?
> 僧云:成后为什么不鉴照?
> 师云:虽然不鉴照,谩他一点不得。②

怀让禅师的禅法,旨在明心见性,所谓"若达心地,所作无碍",在这一点上,怀让禅师的禅法与历代祖师一脉相承。怀让禅师的禅法风格,朴实无华,与六祖慧能同一风格。

天宝三年(744)八月十一日,怀让禅师示寂于南岳,谥大慧禅师,其嗣法弟子有:马祖道一、南岳智达、南岳坦然禅师、潮州神照禅师、大名严峻禅师、新罗本如禅师、南岳玄晟禅师、东雾法本禅师、南岳常浩禅师。其中,马祖道一最著名,建立起当时最著名的二大禅修中心之一——洪州道场,孕育了唐末宋初的"五家七宗"。

马祖道一(709—788),四川什邡县人,姓马,悟道之后,人们尊称为马祖。马祖道一幼年,依资州(今四川资中北)处寂禅师,二十岁左右,在渝州(今重庆)依圆律师受具足戒。开元中,遇怀让禅师,受其点拨,因缘

---

① 《景德传灯录》卷五,《大正藏》第51卷,第240页下。
② 《古尊宿语录》卷一,《续藏经》第68册,第3页上。

相契,发明心地。

玄宗开元二十一年(733),马祖道一到南岳衡山传法院,结庵坐禅。灯录记载:

> 师(南岳)知是法器,往问曰:大德坐禅图什么?一(马祖)曰:图作佛。师乃取一砖,于彼庵前石上磨。一曰:磨作什么?师曰:磨作镜。一曰:磨砖岂得成镜邪?师曰:磨砖既不成镜,坐禅岂得作佛?一曰:如何即是?师曰:如牛驾车,车若不行,打车即是,打牛即是?一无对。师又曰:汝学坐禅,为学坐佛?若学坐禅,禅非坐卧。若学坐佛,佛非定相。于无住法,不应取舍。汝若坐佛,即是杀佛。若执坐相,非达其理。一闻示诲,如饮醍醐,礼拜问曰:如何用心,即合无相三昧?师曰:汝学心地法门,如下种子。我说法要,譬彼天泽。汝缘合故,当见其道。又问:道非色相,云何能见?师曰:心地法眼能见乎道,无相三昧亦复然矣。一曰:有成坏否?师曰:若以成坏聚散而见道者,非见道也。听吾偈曰:心地含诸种,遇泽悉皆萌,三昧华无相,何坏复何成?①

马祖悟道之后,继续跟随怀让禅师,经十载之锻炼,方至道业纯熟,方建立洪州道场,广开禅门教化。

玄宗天宝元年(742),马祖道一在建阳(今福建南平市建阳区)佛迹岭摄受志贤、慧海等信徒,是为开堂说法之始。后住江西临川(唐时为抚州所辖)西里山、宜黄石巩、南康龚公山等,达三十余年。代宗大历八年(773),移居钟陵(今江西进贤县)开元寺,为洪州(今江西南昌市)属地。之后,马祖道一即以洪州为中心,广泛传扬南宗禅法,直至圆寂。"洪州宗"即以其居住地而得名。

2. 马祖道一的禅学思想

马祖道一的禅法,针对修行者的具体情况,通常表述为三句话,一、

---

① 《五灯会元》卷三,《续藏经》第80册,第69页下。

即心即佛。二、非心非佛。三、平常心是道。

第一，即心即佛。学佛之人，多立凡圣知见，自心之外另求别佛，故马祖道一高擎佛祖之印，直指人心是佛，故言"即心即佛"，此为破"心外求佛"之见。马祖云：

> 汝等诸人各信自心是佛，此心即是佛。……夫求法者，应无所求，心外无别佛，佛外无别心。①

第二，非心非佛。"即心即佛"是为了破除学人的向外追求，令其返观自鉴，识得自心实相，然而，此心既不名心，亦不名佛，学人执名执相，亦成名相障碍，故又以"非心非佛"之说，破除"心佛名相"之执。马祖有问答云：

> 僧问：和尚为什么说即心即佛？祖（马祖）曰：为止小儿啼。曰：啼止时如何？祖曰：非心非佛。曰：除此二种人来时如何？曰：且教伊体会大道。②

第三，平常心是道。马祖道一由"即心即佛"而至"非心非佛"，意在"教伊体会大道"，那么，这个"大道"又是什么呢？马祖云：

> 若欲直会其道，平常心是道。何谓平常心？无造作、无是非、无取舍、无断常、无凡无圣。经云：非凡夫行，非圣贤行，是菩萨道。只如今行住坐卧，应机接物，尽是道。道即是法界，乃至河沙妙用，不出法界。若不然者，云何言心地法门？云何言无尽灯？一切法皆是心法，一切名皆是心名，万法皆从心生，心为万法之根本。③

马祖道一的禅法，向以"峻烈直捷，开合圆转"而著称。语录记载："西堂（智藏）、百丈（怀海）、南泉（普愿）侍祖（马祖）玩月次。祖曰：正恁么时如何？西堂云：正好供养。百丈云：正好修行。南泉拂袖便去。祖

---

①②《景德传灯录》卷六，《大正藏》第51卷，第246页上。
③《景德传灯录》卷二八，《大正藏》第51卷，第440页上。

云:经入藏,禅归海,唯有普愿独超物外。"①此为马祖道一主动提问,勘验三人,对机指正。又载:"问:如何是西来意?祖曰:即今是什么意?"②此为马祖运用反问手法,以使学人反观自心,直下悟去。又载:"僧问:如何得合道?祖曰:我早不合道。问:如何是西来意?祖便打曰:我若不打汝,诸方笑我也。"③此为马祖施展棒喝之法,遮遣学人之束缚。

马祖道一弟子众多,洪州即有"选佛场"之誉。据灯录记载:"师入室弟子一百三十九人,各为一方宗主,转化无穷。"④西堂智藏在虔州,百丈怀海在洪州,大珠慧海在越州,归宗智常在江州,鹅湖大义在信州,盐官齐安在杭州,南泉普愿在池州,东寺如会在长沙,章敬怀晖在齐州,兴善惟宽曾到闽越、少林等,五泄灵默在婺州,石拱慧藏在抚州,麻谷宝彻在蒲州,茗溪道行在沣州,佛光如满曾住五台、京城,龟洋无了在泉州,杉山智坚、芙蓉太毓在常州,无等禅师在鄂州,南源道明在袁州,大梅法常在明州,大体上以江西为中心辐射到今湖南、湖北、安徽、浙江、江苏、福建,几乎笼罩了南部中国。可见洪州禅当时之盛况。在马祖的众多弟子中,传承马祖禅法最得力最久远者,莫过于百丈怀海,其下形成沩仰与临济二宗。除此之外,大珠慧海的《顿悟入道要门论》是禅林经典之作,庞蕴则以居士身响彻禅林,南泉普愿一系也较为著名。

贞元四年(788)正月中,马祖道一登建昌石门山,于林中经行时,见洞壑平坦处,谓侍者曰:吾之朽质当于来月归兹地矣。言讫而回。至二月四日,果有微疾,沐浴讫,跏趺入灭。元和中追谥大寂禅师,塔曰大庄严。今存《马祖道一禅师语录》、《广录》各一卷。

三、石头宗

青原行思乃青原禅系的源头,然而,将青原禅系发扬光大者,乃青原

---

① 《江西马祖道一禅师语录》,《续藏经》第69册,第3页下。
② 同上书,第4页下。
③ 同上书,第4页下、第5页上。
④ 《景德传灯录》卷六,《大正藏》第51卷,第246页下。

行思的弟子——石头希迁。石头希迁继承了青原行思的法脉,创立了一个宏大的禅修宗派,禅宗史上称之为石头宗,因此,叙述石头宗的形成,首先要叙述青原行思的禅学思想,然后再叙述石头希迁的禅学思想。

1. 青原行思与石头希迁

青原行思(?—740),吉州庐陵(今江西吉安市)人,姓刘,幼年出家,参六祖慧能而开悟,成为六祖慧能的上首弟子。灯录记载:

> (行思)问曰:当何所务即不落阶级?祖(慧能)曰:汝曾作什么?师(行思)曰:圣谛亦不为。祖曰:落何阶级?曰:圣谛尚不为,何阶级之有?祖深器之。①

以上禅话所说的"阶级",即是进道之"阶位",行证之"次第"。从般若空性的角度而论,一切阶位、次第,皆属虚妄,只要契入般若,便能一切解脱。显然,行思的"圣谛尚不为,何阶级之有?"这是立足于般若实相的回答。因此,六祖慧能深器之,且嘱之曰:"汝当分化一方,勿令断绝。"行思遵师之教,回归故里,住持青原山静居寺,弘法利生,故人称青原行思禅师。

唐开元二十八年(740)庚辰十二月十三日,青原行思,升堂告众,跏趺而逝,谥弘济,塔曰归真。

行思门下,学者麇至,然而,继承行思禅法,且使之传布未来者,石头希迁最著名。

石头希迁(700—790),端州高安(今广东省高安县)人,姓陈,少年出家,在六祖慧能门下参学,然而,慧能圆寂时,他依然未悟。慧能圆寂之后,希迁遵照慧能的嘱咐,又依止慧能的大弟子青原行思参学。据记载:

> 师(行思)问曰:子何方而来?迁(希迁)曰:曹溪。师曰:将得什么来?曰:未到曹溪亦不失。师曰:恁么用去曹溪作什么?曰:若不

---

① 《景德传灯录》卷五,《大正藏》第51卷,第240页上。

到曹溪,争知不失。迁又问曰:曹溪大师还识和尚否?师曰:汝今识吾否?曰:识又争能识得。师曰:众角虽多,一麟足矣。①

行思的一句问话:"将得什么来?"亦即支配你的四大色身来到这里的,这是个什么物?在行思的逼问下,希迁返观一鉴,豁然有省。行思许之曰:"众角虽多,一麟足矣。"

天宝初年,希迁来到湖南衡山。衡山南寺之东,有一块巨石,形状如台,希迁于此石上,结庵而居,修心养道,名胜天下,故称石头希迁禅师。

2. 石头宗的禅学思想

石头宗的禅学思想主要体现在青原行思与石头希迁的禅法之中。青原行思的禅法,已经具有了"问东答西,截断横流"的接引手法。譬如学人问:如何是佛法大意?行思避开问话,反问学人:庐陵米作么价?②学人以为,佛法是某种"意识""思想",因此,便向禅师口里讨消息,在思想上求答案。青原行思见学人向外驰求,于是,便抛出一句"问东答西"的话,用来"截断葛藤,打破缠缚"。

在中国禅宗史上,青原行思是第一个"举拂子,示禅意"的人。行思问希迁:汝什么处来?希迁曰:曹溪。行思举起拂子,问曰:曹溪还有这个么?希迁答道:非但曹溪,西天亦无。行思再进一步勘辨:子莫曾到西天否?希迁曰:若到,即有也。行思曰:未在,更道。希迁曰:和尚也须道取一半,莫全靠学人。行思曰:不辞向汝道,恐以后无人承当。③青原行思之后,"竖拂子,示禅意"便成了禅门常常运用的接引手段,"举拂子,示禅意",也成了禅机时代的重要标志之一。

石头希迁的禅法,以灵源支派、明暗理事、回互不回互等名相,阐扬宗乘纲要。希迁的《石头和尚草庵歌》,展示了他的禅法见地。《草庵歌》云:

---

①③《景德传灯录》卷五,《大正藏》第 51 卷,第 240 页中。
②同上书,第 240 页下。

吾结草庵无宝贝,饭了从容图睡快,成时初见茅草新,破后还将茅草盖。住庵人,镇常在,不属中间与内外,世人住处我不住,世人爱处我不爱。庵虽小,含法界,方丈老人相体解,上乘菩萨信无疑,中下闻之必生怪。问此庵,坏不坏,坏与不坏主元在,不居南北与东西,基址坚牢以为最。青松下,明窗内,玉殿朱楼未为对,衲被蒙头万事休,此时山僧都不会。住此庵,休作解,谁夸铺席图人买,回光返照便归来,廓达灵根非向背。遇祖师,亲训诲,结草为庵莫生退,百年抛却任纵横,摆手便行且无罪。千种言,万般解,只要教君长不昧,欲识庵中不死人,岂离而今这皮袋?①

石头希迁的这一段禅意开示,看似说草庵,实是说自性。自性非内非外、无向无背、包罗万象、亘古不坏,此便是石头禅师所说的"庵中不死人",亦是临济禅师所说的"赤肉团上无位真人",也是禅宗所说的"主人公"。

石头希迁还有一篇著名的《参同契》。参,即参究。同,即共同。契即契悟。合其总义,即:参究至玄之理,同契最上一乘。《参同契》云:

竺土大仙心,东西密相付。人根有利钝,道无南北祖。灵源明皎洁,枝派暗流注。执事元是迷,契理亦非悟。门门一切境,回互不回互。回而更相涉,不尔依位住。色本殊质象,声元异乐苦。暗合上中言,明明清浊句。四大性自复,如子得其母。火热风动摇,水湿地坚固。眼色耳音声,鼻香舌咸醋。然于一一法,依根叶分布。本末须归宗,尊卑用其语。当明中有暗,勿以暗相遇。当暗中有明,勿以明相睹。明暗各相对,比如前后步。万物自有功,当言用及处。事存函盖合,理应箭锋拄。承言须会宗,勿自立规矩。触目不会道,运足焉知路。进步非近远,迷隔山河固。谨白参玄人,光阴莫

---

① 《景德传灯录》卷三〇,《大正藏》第 51 卷,第 461 页下。

虚度。①

《参同契》一文,文字规范整齐,禅意隐匿晦涩,这也正是禅机时代的禅法特征之一。譬如,通常称"佛",石头却称之为"大仙"。通常说"万法同源",石头却说"灵源明皎洁,枝派暗流注"。通常说"法身向上",或曰"毗卢遮那顶上行",石头却说"执事元是迷,契理亦非悟",等等,这种表达禅意的方式,正是纯禅语言向禅机语言的过渡。透过其隐匿晦涩的表意形式,我们就会发现,石头希迁的禅法,意在"识心达本",不在"理路玄辩"。下面的一段开示,就体现了他的这一禅法意旨。

> 吾之法门,先佛传授,不论禅定精进,唯达佛之知见,即心即佛,心佛众生,菩提烦恼,名异体一。汝等当知,自己心灵,体离断常,性非垢净,湛然圆满,凡圣齐同,应用无方,离心意识,三界六道,唯自心现,水月镜像,岂有生灭?汝能知之,无所不备。②

石头希迁继承了六祖慧能之见地,尽管其禅法风格有所改变,然而,其禅法的宗旨却与历代祖师不同。

在禅法风格上,石头希迁的禅法,具有隐晦险峻的特点,马祖道一曾有评价曰"石头路滑"。灯录记载:

> 邓隐峰辞师(道一)。师云:什么处去?对云:石头去。师云:石头路滑。对云:竿木随身,逢场作戏。便去。才到石头,即绕禅床一匝,振锡一声,问:是何宗旨?石头云:苍天苍天。隐峰无语。却回举似师。师云:汝更去,见他道苍天,汝便嘘嘘。隐峰又去石头,一依前问:是何宗旨?石头乃嘘嘘。隐峰又无语。归来。师云:向汝道,石头路滑。③

---

① 《景德传灯录》卷三〇,《大正藏》第51卷,第459页中。
② 《景德传灯录》卷一四,《大正藏》第51册,第309页中。
③ 《景德传灯录》卷六,《大正藏》第51册,第246页中。

石头路滑,即石头禅法,不拘一格,灵动无比,若非通达无碍之人,则难以与之相应。灯录记载:

> 问:如何是西来意?师(希迁)曰:问取露柱。曰:学人不会。师曰:我更不会。①

达摩西来,意在何处?学人不会,请问希迁。希迁却云:问取露柱。依照世俗的观念,露柱不说"西来意"。可是,依照禅宗的观念,不但露柱说示"西来意",即使山河大地,有情无情,无不说示"西来意",故希迁曰"问取露柱"。

石头希迁继承了青原行思的禅法,在湖南创立了一个宏大的禅学中心(另一禅学中心即江西道一所创立的洪州道场),灯录记载:"江西主大寂,湖南主石头,往来憧憧,并凑二大士之门矣。"②这个由石头希迁所创立的"石头道场",便是禅宗史上的"石头宗"。

贞元六年(790)庚午十二月二十五日,石头希迁安然圆寂,世寿九十一,门人建塔于东岭,长庆中,谥无际,塔曰见相。

石头希迁的入室弟子有众多,《景德传灯录》记有21人,其中较著名者有:荆州天皇寺道悟禅师,澧州药山惟俨禅师,邓州丹霞山天然禅师,京兆尸利禅师,潭州招提寺慧朗禅师,长沙兴国寺振朗禅师等等,然而,推广石头禅法而至远者,莫过于药山惟俨与天皇道悟。继石头希迁之后,历经几代发展,药山惟俨门下形成了曹洞宗,天皇道悟门下形成了云门宗与法眼宗。石头希迁门下,除了药山惟俨与天皇道悟这两个重要禅系之外,丹霞天然这一禅系也比较著名。

丹霞天然禅师(739—824),未知何许人氏,原是一位儒者,在赴京赶考途中,遇一禅者,禅者问他:仁者何往?丹霞曰:选官去。禅者曰:选官何如选佛?丹霞曰:选佛当往何所?禅客曰:今江西马大师出世,是选佛

---

① 《景德传灯录》卷一四,《大正藏》第51卷,第309页中。
② 同上书,第309下。

道场,仁者可往。丹霞直造江西,谒马祖道一。马祖顾视良久。遂告之曰:石头希迁是汝师也。丹霞再抵南岳,谒石头希迁。丹霞在石头门下历练三年,方剃度出家。剃度完毕,石头与之说戒,丹霞掩耳而出,径直再来马祖道场,先入僧堂,骑圣像颈上。大众惊愕,遂报马祖。马祖入堂,视之曰:吾子天然。丹霞遂礼拜曰:谢师赐法号。遂名天然。马祖再次堪辨,问曰:从什么处来?丹霞云:石头。又问:石头路滑,还跶倒汝么?丹霞曰:若跶倒,即不来。后来,丹霞离开了马祖的道场,住天台华顶峰三年。再后来,住河南省南召县丹霞山,故人称丹霞天然禅师。

丹霞禅师的禅法,一法不立,万法平等,即使诸佛祖师,亦"平等无二",所以,他有一句著名的禅话,即"佛之一字,永不喜闻",以破学人欣上厌下之病。丹霞禅师云:

> 阿尔浑家,切须保护一灵之物,不是尔造作名貌得,更说什么荐与不荐?吾往日见石头和尚,亦只教切须自保护,此事不是尔谈话得。阿尔浑家,各有一坐具地,更疑什么?禅可是尔解的物?岂有佛可成?佛之一字,永不喜闻。阿尔自看,善巧方便,慈悲喜舍,不从外得,不着方寸。善巧是文殊,方便是普贤,尔更拟趁逐什么物?今时学者,纷纷扰扰,皆是参禅问道,吾此间无道可修,无法可证,一饮一啄,各自有分,不用疑虑。①

道本天然,非假修成,人人本具,不用外求。这正是丹霞禅师的禅法见地。丹霞所说的"一灵之物",即是妙明真心,亦名本来面目。学人不识自心本佛,只知向外求佛求道。求佛被佛缚,求道被道障,凡有所求,皆成障碍,这也违背了佛教的本意,辜负了祖师的悲心,所以,丹霞禅师向人道"佛之一字,永不喜闻",以此而破学人的无绳自缚。

长庆四年(824)六月,丹霞禅师告门人曰:备汤沐浴,吾欲行矣,乃戴

---

① 《景德传灯录》卷一四。《大正藏》第51卷,第311页上。

笠策杖受屦,垂一足未及地而化,世寿八十六。门人建塔,谥智通,塔曰妙觉。

丹霞天然禅师法嗣七人,其中有言录者五人:京兆翠微无学禅师、丹霞山义安禅师、吉州性空禅师、本童和尚、米仓和尚等,其中,传承丹霞天然禅法而至远者,翠微无学禅师最著名。

翠微无学禅师,姓氏籍贯不详。初参丹霞,言下领旨,深契上乘。无学悟后,住翠微山接引学众,道风远播,故人称翠微无学禅师。翠微无学继承了丹霞天然的禅风,披荆斩棘,直显佛意,更不与人拐弯子兜圈子。

翠微无学禅师法嗣五人,有言录者四人:鄂州清平山令遵禅师、舒州投子山大同禅师、湖州道场山如讷禅师、建州白云约禅师。其中,投子大同最著名。

投子大同禅师(819—914),舒州怀宁(今安徽省潜山县)人,姓刘,幼岁依保唐满禅师出家,最初修习安般法门,后来,参究华严,似有相应,再参翠微无学,顿悟玄旨。后来,住安徽桐城投子山,弘扬宗乘,故人称投子大同禅师。

投子禅师的禅法,上契翠微无学,远承丹霞天然,反对向外求索,反对语句上生解。投子禅师上堂云:

> 汝诸人来这里,拟觅新鲜语句,攒华四六,口里贵有可道,我老人气力稍劣,唇舌迟钝,汝若问我,我便随汝答对,也无玄妙可及于汝,亦不教汝堕根(有所住),终不说向上向下,有佛有法,有凡有圣,亦不存坐系缚汝诸人,变现千般,总是汝生解自担带,将来自作自受。这里无可与汝,不敢诳吓汝。无表无里可得说似,汝诸人还知么?①

学人总希望听到玄妙的语句,总喜欢思考深奥的道理,可是,在大同

---

① 《景德传灯录》卷一五。《大正藏》第51卷,第319页上。

禅师这里,玄妙的语句与深奥的道理,皆属"生灭法",不是"第一义"。佛法的"第一义",只须向自心上会。若能会得自心,则全体一味,无非佛法,所谓"在在处处,即为有佛"。

乾化四年甲戌四月六日,投子大同示疾,告大众已,跏趺而寂,世寿九十六,谥慈济,塔曰真寂。

投子大同禅师的嗣法弟子有福州牛头微禅师、西川香山澄照大师、匦府天福和尚、濠州思明和尚、凤翔府招福和尚、兴元中梁山遵古禅师、襄州谷隐和尚等等。其后的法脉传承,则未得其详。

第四节 后期禅宗

六祖门下分出二个禅系,一是南岳怀让系。二是青原行思系。南岳怀让这一禅系,经过马祖道一而至百丈怀海。百丈怀海门下,再分两支,形成二宗:一、沩山灵祐与仰山慧寂所创立的沩仰宗。二、黄檗希运与临济义玄所创立的临济宗。六祖门下的青原行思这一禅系,一传而至石头希迁,石头希迁门下分成二个禅系、三个宗派,一、药山惟俨这一禅系所形成的曹洞宗。二、天皇道悟这一禅系所形成的云门宗与法眼宗。北宋中期,临济宗又分出黄龙、杨歧二派,与五宗合称"五家七宗"。此乃禅宗五宗形成的大致过程。如图所示:

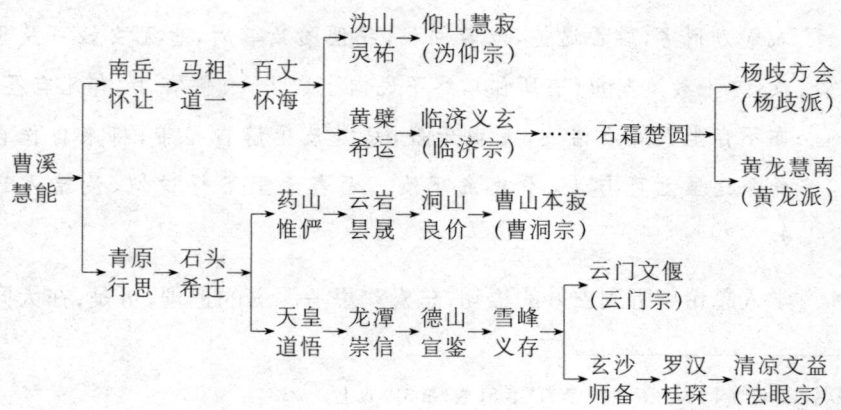

一、沩仰宗

马祖门下,得其真乘者,号称"八十四人善知识",然而,传承至远者,唯百丈怀海之一人。百丈怀海,首创禅刹,制定禅规,随机施教,为马祖门下法脉最盛、影响最广、传承最远者。《人天眼目》概括云:"百丈派出大沩祐,香严仰山亲得绍,南塔芭蕉清续传,儿孙未见继其后。"①根据《人天眼目》的概括,沩仰宗的师徒传承关系如下:百丈怀海—沩山灵祐—香严智闲与仰山慧寂—南塔光涌—芭蕉慧清。百丈怀海,开发出沩仰宗与临济宗,故叙述沩仰宗与临济宗之前,须先叙述百丈怀海及其禅法。

1. 沩仰宗的形成过程

(1) 百丈怀海

① 生平

百丈怀海(720—814),福州长乐人,姓王(一说姓黄),自幼喜欢佛教,年二十,依西山慧照出家,受具游方,逢马祖道一,乃倾心依附,为马祖道一侍者。马祖道一借种种机缘向怀海开示佛法的大意。

> 檀越每送斋饭来,师(百丈)才揭开盘盖,马大师便拈起一片胡饼,示众云:是什么?每每如此,经三年。一日,侍马祖行次,见一群野鸭飞过。祖曰:是什么?师曰:野鸭子。祖曰:什处去也?师曰:飞过去也。祖遂把师鼻扭,负痛失声。祖曰:又道飞过去也。师于言下有省。②

遂得马祖印可,与西堂智藏、南泉普愿,同为马祖道一之入室弟子,时称马祖门下"三大士"。

怀海初住石门(今江西靖安县),继往新吴(江西奉新),住大雄山。大雄山岩峦高峻,兀立千心尺之处,又称百丈山,故人称百丈怀海。四方

---

① 《人天眼目》卷六,《大正藏》第48卷,第336页上。
② 《指月录》卷八,《续藏经》第83册,第475页中。

禅者竞奔而来，蔚为一大禅林。后出主新吴(江西奉新)百丈山，自立禅院，制订清规，率众修持，农禅并举，尝曰"一日不作，一日不食"，成为禅门佳话。元和九年入寂，世寿九十五，谥大智，塔号"大宝胜轮"，座下弟子有：沩山灵祐禅师、黄檗希运禅师、长庆大安禅师、大慈寰中禅师、平田普岸禅师、五峰常观禅师、石霜性空禅师、古灵神赞禅师、和安寺通禅师、龙云台禅师、卫国院道禅师、镇州万岁和尚、东山慧禅师、清田和尚、百丈涅盘和尚，其中，沩山灵祐、黄檗希运最著名，开发出沩仰宗与临济宗。

② 禅法

第一，百丈怀海的《古清规》。《百丈清规》草创于中唐之际，经晚唐、五代而不断完备，至北宋初期而失传。《百丈清规》的主要内容，在北宋真宗景德元年(1004)杨亿所作的《古清规序》中有详细的引录。徽宗崇宁二年(1103)，宗赜编订《禅苑清规》十卷，成为禅宗之所依。考究较量《古清规序》一文与《禅苑清规》一书，其主旨精神是一致的。元惠宗至元元年(1335)，德辉重编《百丈清规》，题名《敕修百丈清规》，共八卷，成为后世通行之版本。虽非百丈古清规之面目，但以《古清规序》与《禅苑清规》为依据，故三者之要旨完全相通。现存《敕修百丈清规》是至元二年(1336)的增订本，已经过后人大量之删增，已不复百丈《古清规》的旧貌，但大体上依然保存百丈《古清规》的精华。兹录杨亿《古清规序》全文如下：

> 百丈大智禅师，以禅宗肇自少室，至曹溪以来，多居律寺。虽列别院，然于说法住持，未合规度，故常尔介怀。乃曰：佛祖之道，欲诞布化元，冀来际不泯者，岂当与诸部阿笈摩教为随行耶？或曰：《瑜伽论》、《璎珞经》是大乘戒律，胡不依随哉？师曰：吾所宗，非局大小乘，非异大小乘，当博约折中，设于制范，务其宜也。于是创意，别立禅居。
>
> 凡具道眼，有可尊之德者，号曰长老，如西域道高腊长呼须菩提等之谓也。既为化主，即处于方丈，同净名之室，非私寝之室也。不

立佛殿,惟树法堂者,表佛祖亲嘱,授当代为尊也。所褒学众,无多少,无高下,尽入僧堂,依夏次安排,设长连床,施椸架,挂搭道具。卧必斜枕床唇,右胁吉祥睡者,以其坐禅既久,略偃息而已,具四威仪也。除入室请益,任学者勤怠,或上或下,不拘常准。其阖院大众,朝参夕聚。长老上堂升座,主事、徒众雁立侧聆,宾主问酬,激扬宗要者,示依法而住也。斋粥随宜,二时均遍者,务于节俭,表法食双运也。行普请法,上下均力也。置十务谓之寮舍,每用首领一人,管多人营事,令各司其局也。或有假号窃形,混于清众,并别致喧挠之事,即当维那检举,抽下本位挂搭,摈令出院者,贵安清众也。或彼有所犯,集众公议行责,即以拄杖杖之,遣逐从偏门而出者,示耻辱也。

详此一条,制有四益:一、不污清众,生恭信故。二、不毁僧形,循佛制故。三、不扰公门,省狱讼故。四、不泄于外,护宗纲故。禅门独行,由百丈之始。今略叙大要,遍示后代学者,令不忘本也。[1]

百丈怀海创立清规之宗旨、要则,已如前述。百丈禅法,以无著、无念、无求为要,建立清规,以规范大众。其要点与意义如下:

一者尊卑有序,以具道眼之禅僧为化主,僧众按戒腊排序。此正相应于儒家之礼仪规范,融通中国传统文化,广为世人之所认同与接受。

二者以现前之师与法为中心,不立佛殿,唯树法堂,表示佛祖亲自嘱咐。佛教正法命脉,自佛陀以来,师师递相授受,代代传衍不断,而至于今日。此所谓传承清净也。

三者学人集体住在僧堂,行住坐卧须具四威仪,由维那监督处罚。集体式的共修生活,对于破除我执,树立和合观念,大有裨益。

四者长老升座说法,徒众立听,宾主问答,激扬宗要。启发性的机锋问答,因人而异,正如孔子"因材施教"之作为。全在发明心地上立言立

---

[1]《景德传灯录》卷六,《大正藏》第51卷,第250页下—251页上、中。

行,此所谓依法而住也。

五者勤劳节俭,上下均力。秉承"一日不作,一日不食"之训示,使禅修与劳作相结合,保持中华民族自力更生、勤劳节俭的传统美德,增上禅修的活泼性,也不失之为转化烦恼的良好方法。且尊卑平等,不搞特殊化,彰显佛法众生平等之精神。

六者禅修、说法、劳作相结合,使修行方式多样化,以免枯寂乏味。

七者注重德行之培养,体现福慧双修之原则。

《百丈清规》对禅宗的贡献。其一,《百丈清规》的制订,给禅宗的特立独行提供了制度保障,对禅宗的存在与发展起到了很大的作用。其二,"别立禅居"的规定,使禅宗有了适合于自己的修行场所,促进了禅宗的修行。其三,"普请劳作"的规定,为禅宗的"自给自足,独立发展"奠定了经济基础,使禅宗获得了困境之下的生存主动权。

第二,农禅并重。

在禅宗的四祖道信、五祖弘忍之时,农禅并举之禅风已经略显端倪,至马祖道一创丛林之后,百丈怀海始制清规而加以规范化。一改印度佛教乞食的制度,适应地域文化,拓宽佛教发展的空间,是佛教中国化的标志,为日后各宗的兴盛做了铺垫。

在百丈清规中,有"普请"制度。"普请"就是共同参加劳动,上至大方丈,下至小沙弥,所有出家人都必须参加集体劳动,没有任何人可以例外。"集体劳动"这一丛林现象,在百丈禅师之前就已经存在了,到了百丈禅师的时候,由于百丈禅师的努力,"集体劳动"就成了一种丛林制度。把集体劳动制度化,这是需要超人的胆识与魄力的,因为古代印度的佛教制度,一直就是托钵乞食制,是不许从事耕种劳作的,而且古印度的佛教制度把比丘的耕种劳作视为不正确的活命方式。百丈禅师从中国文化的实际出发,及时地对佛教制度作了大胆的调整,提倡"农禅并重"的丛林作风,而且身体力行,除了领着大众修行之外,他还亲自参加集体劳动,留下了"一日不作,一日不食"的丛林佳话。根据灯录上的记载:凡是

"普请劳作",百丈禅师总是随众共作,直到晚年,依然如此。

第三,渐顿兼容。

百丈禅法,还具有渐顿兼容的特点。百丈禅师除了注重禅宗的"顿悟"之外,他还十分重视禅宗的"渐修"。譬如有学人问:什么是大乘佛教的顿悟法要?百丈禅师既不棒,亦不喝,亦不说令人莫名其妙的话,他循循善诱,敦促学人如实用功,他说:

> 汝等先歇诸缘,休息万事。善与不善、世出世间,一切诸法,莫记忆,莫缘念。放舍身心,令其自在。心如木石,无所辨别,心无所行。心地若空,慧日自现,如云开日出相似。但歇一切攀缘,贪嗔爱取,垢净情尽,对五欲八风不动,不被见闻觉知所缚,不被诸境所惑,自然具足神通妙用,是解脱人。对一切境,心无静乱,不摄不散,透过一切声色,无有滞碍,名为道人。善恶是非,俱不运用,亦不爱一法,亦不舍一法,名为大乘人。不被一切善恶空有垢净、有为无为、世出世间、福德智慧之所拘系,名为佛慧。是非好丑、是理非理,诸知见情尽,不能系缚,处处自在,名为初发心菩萨,便登佛地。①

从百丈禅师的上堂开示中可看出,其禅法很像"苦行僧"的风格——心如木石,无所辨别。这种"歇下所有,不为境动"的修行方法,只是禅门修行的途径,不是禅门修行的目的。对于禅门的修行来说,这个苦行僧的阶段,到头来虽然属于梦幻佛事一场,然而,也是明心见性的必经之路。

百丈禅师的禅法,直显佛教的究竟了义。在百丈禅师所住持的禅堂里,"不立佛堂,唯树法堂",彰显了佛法的究竟了义。因为,佛教的本质,不是"人佛二元,偶像崇拜",而是"超言绝待,回归本真"的般若智慧之学。至于说佛堂的作用,则是用于表法的方便,令人于此环境中,达到心灵的净化,以至于达到"顿悟自性"的目的,而不是令人向外求佛,乃至陷

---

① 《景德传灯录》卷六,《大正藏》第51卷,第250页上。

入愚痴的迷信状态。百丈禅师的禅法,其究竟义趣,不是向外求佛,而是明心见性,所以百丈禅师说:

> 灵光独耀,迥脱根尘,体露真常,不拘文字。
> 心性无染,本自圆成,但离妄缘,即如如佛。①

百丈怀海接引学人的手法,如嬉笑、喝骂、捶打、举拂、归方丈等,尽得马祖道一真传。对此,仰山慧寂有"百丈得大机"之评语。百丈怀海有"假借声缘,开示学人"的禅机问答。

> 因普请钁地次,忽有一僧闻饭鼓鸣,举起钁头,大笑便归。师云:俊哉!此是观音入理之门。师归院,乃唤其僧,问:适来见什么道理便恁么?对云:适来只闻鼓声动,归吃饭去来。师乃笑。②

闻饭鼓鸣,举起钁头,大笑而归。闻声悟道,一时解脱,庆快平生。香严闻"击竹声"而悟道,此僧闻"饭鼓声"而明心,皆属"闻声悟道"。百丈借此机缘开示大众云:此是"观音入理"之门——借助于所闻之声,领悟到能闻之心。百丈归来,再勘辨此僧:适来见什么道理便恁么?对曰:适来只闻鼓声动,归吃饭去来。百丈乃笑。师徒之间,如此默契,更无"口耳相传"的秘密。百丈禅师更有著名的下堂句。

> 师(百丈)有时说法竟。大众下堂。(百丈)乃召之。大众回首。师云:是什么?(药山目之为百丈下堂句)③

大众下堂,百丈召之。大众回首。百丈云:这"闻声即响"的是什么?这闻"语默动静"的是谁?大众还识么?一大藏教的秘密,全在这"百丈下堂句"里。

唐宪宗元和九年(814)正月十七日,百丈怀海示寂,谥"大智禅师"。

---

① 《百丈怀海禅师语录》,《续藏经》第69册,第6页中。
② 《景德传灯录》卷六,《大正藏》第51卷,第250页上。
③ 同上书,第250页下。

《景德传灯录》卷九载其法嗣者有三十人,见于言录者十四人,即沩山灵祐、黄檗希运、大慈寰中、天台普岸、筠州常观、石霜性空、长庆大安、古灵神赞、和安通、龙云台、卫国道、镇州万岁、百丈涅盘、洪州东山,以沩山灵祐、黄檗希运为上首,其下分别开启沩仰、临济二宗。

(2) 沩山灵祐

① 生平

沩山灵祐,福建福州长溪(今福建霞浦)人,姓赵,十五岁依从本郡法常律师剃发,三年后受具足戒,究研大小乘教义。后入浙江天台山,初遇寒山子,又遇异人拾得。二十三岁遵寒山、拾得之嘱,往参百丈,顿悟心法,与黄檗希运同居参学之首。

唐宪宗元和年间,灵祐遵百丈之嘱,栖止湖南大沩山(今长沙市宁乡境),在此荒无人烟之地,孤身清修五七载。后懒安禅师与数位僧人,从百丈山赶来,辅佐灵祐禅师,愿为典座之职。自此之后,山民知之,共建梵宇,李景让奏请而赐号同庆寺。灵祐禅师说法十数年,徒众五百余人,法音宇寰,故人称沩山禅师。

武宗会昌(841—845年)法难时,沩山禅师扮成平民。法难过后,相国裴休来访,执弟子之礼,谈论玄妙之事,广大徒众,复聚如初。相国崔慎由亦崇重倍加,于是沩山名扬天下。沩山禅师弘扬禅门心法,凡四十余年,达者不可胜数。

② 禅法

沩山禅法以"镜智"为宗要,以出离"三种生"为力用。沩山云:

> 师(沩山)谓仰山曰:吾以镜智为宗要,出三种生,所谓想生、相生、流注生。楞严经云:想相为尘,识情为垢,二俱远离,则汝法眼应时清明,云何不成无上知觉?想生即能思之心杂乱,相生即所思之境历然,微细流注,俱为尘垢。若能净尽,方得自在。①

---

① 《人天眼目》卷四,《大正藏》第48卷,第321页中。

沩山禅法,证体断妄,功行绵密,重视"悟后牧牛",直至"尘垢净尽"之究竟圆满。

第一,镜智——宗要。

所谓"镜智",即大圆镜智,是转有漏阿赖耶识所得之无漏智,如实映现一切法的般若智慧。镜智能够远离能所,性相清净,无有杂染,朗照一切,无欠无余,犹如圆镜,朗现万法。

修行重在开显这种镜智,开显的途径有二:一、破除无明,顿悟心宗,此为获得根本智。二、断转习气,增上善巧,应机众生,此为获得后得智。众生本具这种"镜智",唯囿于情见,故不得显现,故须自心上体会,认取这个本来圆满的"大圆镜智",进而随缘了却旧习,即可恢复本来面目。《楞严经》云:"理则顿悟,乘悟并销。事非顿除,因次第尽。"①沩山举扬楞严宗旨,融通顿悟与渐修、修与无修,化解南顿北渐之争,有利于禅宗之发展。关于顿悟之后是否尚须修行之问题,沩山云:

> 若真悟得本,他自知时,修与不修,是两头语。如今初心虽从缘得,一念顿悟自理,犹有无始旷劫习气未能顿净,须教渠净除现业流识,即是修也。不可别有法,教渠修行趋向。从闻入理,闻理深妙,心自圆明,不居惑地。②

"顿悟自理",即明见心性,得根本智,犹有习气"未能顿净",故须安住本位,历境练心,方可具足报化,成就后得智。此即以"镜智"为宗,渐除"三种生"之要义。

第二,断三种生——力用。

"顿悟自理"之后,须"净除现业流识",即消除习气,要明了"三种生"为虚妄而予以断除,方至究竟之地。"三种生",即想生、相生、流注生。净尽"三种生",方得"随缘自在"之功。

---

① 《大佛顶如来密因修证了义诸菩萨万行首楞严经》卷一〇,《大正藏》第19卷,第155页上。
② 《潭州沩山灵祐禅师语录》,《大正藏》第47卷,第577页下。

想生,即思维之主体,所谓思量分别之心念。天堂地狱,缘于心造。成佛作祖,也在此心。善念恶念,皆由心成,所作所为,缘心而有。相生,即思维之客体,所谓思量分别之对象。一切万法,皆为心之所缘,众生执著虚幻境相为真,为境所转,心、境宛然对立。流注生,即众生迷于外境,念念流浪,习染深厚,有粗妄、细妄、微细妄、极微细妄之不同,非一时所能净尽,须励力进修,渐次消转。断粗妄,打破能所之对立,即可明心见性,初登圣位。之后,渐断细妄,历登圣位。至于八地,始断微细妄,方得基本自在。更进一步,再断极微细妄,直至彻底断除,方得究竟自在。

宣宗大中七年(853)示寂,世寿八十三,戒腊六十四,谥大圆。沩山法嗣有四十四人,以仰山慧寂、香严智闲为上首,今存《潭州沩山灵祐禅师语录》一卷。

(3) 仰山慧寂

① 生平

仰山慧寂,韶州怀化人,姓叶,九岁时,于广州和安寺,礼不语通禅师出家,十四岁时,父母领其回家,欲为其娶妻,慧寂坚决不从,断手二指,跪至父母前,誓求出家,成就正法,以报大恩。最终,感通父母,乃许以出家。

于是再回不语通禅师处,落发为僧。慧寂禅师悟道心切,未及受具足戒,即游方参学,以求了悟大事因缘。初参吉州耽源应真,已悟玄旨,然而未得彻底脱落,后参沩山,问:"如何是真佛住处?"沩山云:"以思无思之妙,返思灵焰之无穷,思尽还源,性相常住,事理不二,真佛如如。"慧寂于言下大悟,从此执侍沩山,不离左右,"前后盘桓十五载"①,故慧寂云:"我在耽源处得名,沩山处得地。"②

慧寂悟后,前往江陵受具足戒,结夏安居,探寻律藏,又到各地参寻。

---

① 《袁州仰山慧寂禅师语录》,《大正藏》第47卷,第582页中。
② 同上书,第585页上。

三十五岁正式开堂说法，领众修学，大弘禅法，人称"小释迦"。曾住五莽山，弘化一时。唐僖宗乾符六年（879），还归住持袁州大仰山，故人称仰山禅师。仰山禅师化人无数，道誉天下，其接机利物之风格，后人视为宗门之规范。晚年又迁住韶州东平山，唐昭宗大顺二年（891）示寂，世寿七十七岁。892年，其弟子南塔光涌迁其师灵骨送归仰山供奉，建塔于集云峰下，谥智通。

仰山法嗣有十人，即西塔光穆、南塔光涌、五冠顺支等。今存《袁州仰山慧寂禅师语录》一卷。

② 禅法

沩仰宗开创于沩山，完成于仰山。在禅宗顿悟法门上，沩山、仰山乃一脉相传，然而，在应机风格上，二人不尽相同。仰山继承沩山法脉，也以"镜智"为宗要，注重如实而修，明了圆相机用。

第一，镜智——宗要。仰山秉承沩山"以思无思之妙，返思灵焰之无穷，思尽还源，性相常住，事理不二，真佛如如"之法旨，以"镜智"为宗旨，提倡如实而修，当机设教，总令修行落在实处。即修行贵在脚踏实地，以证原本清净之灵知心性。仰山有问答云：

> 问：禅宗顿悟，毕竟入门的意如何？师（仰山）云：此意极难。若是祖宗门下，上根上智，一闻千悟，得大总持。其有根微智劣，若不安禅静虑，到这里总须茫然。[1]

上根人能当下顿悟，而下根者，须安禅静虑，待内因成熟时，便能悟了自心。沩仰宗的教法，并非一律排斥经教、坐禅，而是根据不同人的根机，施设方便法门，显示了沩仰禅法的活泼与妙用。仰山云：

> 我今分明向汝说圣边事，且莫将心凑泊，但向自己性海，如实而修，不要三明六通。何以故？此是圣末边事。如今且要识心达本，

---

[1]《袁州仰山慧寂禅师语录》，《大正藏》第47卷，第587页上中。

但得其本,不愁其末。他时后日,自具去在。①

仰山主张"回光返照",不执言教,"但向自己性海,如实而修,不要三明六通",亦即返自心之光,鉴自家之佛性,断无始之习气,待得凡圣情尽时,自然神通具足。此即"镜智"、"三生"之要义。

第二,九十七圆相——机用。仰山光大耽源所传之九十七圆相,以圆相接引学人,是沩仰禅法之特色。耽源与仰山问答云:

> 耽源谓师(仰山)云:国师(慧忠)当时传得六代祖师圆相,共九十七个,授与老僧。(中略)我今付汝,汝当奉持。遂将其本过与师,师接得一览,便将火烧却。耽源一日问:前来诸相,甚宜秘惜。师云:当时看了,便烧却也。耽源云:吾此法门,无人能会,唯先师及诸祖师、诸大圣人,方可委悉,子何得焚之?师云:慧寂一览,已知其意,但用得,不可执本也。耽源云:然虽如此,于子即得,后人信之不及。师云:和尚若要,重录不难。即重集一本呈上,更无遗失。耽源云:然。②

仰山烧却法本,以为"但用得,不可执本",即不可死执其相,以至成为教条。耽源赞同其"不可执本"之见地,而恐其偏执一端,然而,恐"后人信之不及",也是耽源之慈悲胸怀。圆相运用之妙,完全在于一心,则保存法本与烧却法本,两无碍也。为破执相之故,一并烧却,仰山是也。为不废其用故,重录存世,耽源是也。九十七圆相,其传承如下:六祖—南阳慧忠(690—775)—耽源应真—仰山慧寂。

仰山常常运用圆相接引学人,强调不取于相,也不舍于相,不取不舍,尽得自在,彰显仰山在教化上的大机大用。九十七圆相即表法之征,概有六重意义,所谓"圆相总六名:一圆相、义海、暗机、字海、意语、六

---

① 《袁州仰山慧寂禅师语录》,《大正藏》第47卷,第586页上。
② 同上书,第582页上、中。

默论"。①

第一,圆相——绝待。

所谓圆相,即表"离却言语、超越相对"之境界,清净寂灭,绝待无为,不可思议。据《袁州仰山慧寂禅师语录》载:

> 师(仰山)因韦宙就沩山请一伽陀。沩山云:觌面相呈,犹是钝汉,岂况形于纸墨? 韦乃就师请。师于纸上,画一圆相。注云:思而知之,落第二头。不思而知,落第三首。②

般若之智,乃如实照见之境,乃现量呈现之境,其见其现,无能无所,此时,心境一体,非比量也。为令学人得如是之见,画一圆相,以表法身圆满,并进一步开示云:"思而知之,落第二头。不思而知,落第三首。"仰山如此说,乃令学人脱开思与不思相见,以免学人落二落三。〇相表法身实相无相,故一法不立。而法身实相又随缘现相,故妙用恒沙。首在离却言语等执,以显法身实相,之后善自护持,即可回复本来圆满之真实面目也。

第二,义海——觉海。

所谓义海,即以圆相来表述禅理,把觉海变为义海,三藏圣教之所由出也。依义海而证悟觉海,因觉海而建立教化。据《袁州仰山慧寂禅师语录》记载:

> 师(仰山)坐次,有僧来作礼,师不顾。其僧乃问:师识字否? 师云:随分。僧乃右旋一匝云:是什么字? 师于地上书十字酬之。僧又左旋一匝云:是什么字? 师改十字作卍字。僧画此〇相,以两手拓,如修罗掌日月势,云:是什么字? 师乃画此⊕相对之,僧乃作娄至德势。师云:如是如是,此是诸佛之所护念,汝亦如是,吾亦如是,善自护持。……师云:吾以义为汝解释,此是八种三昧,是觉海变为

---

① 《祖庭事苑》卷二,《续藏经》第64册,第332页上。
② 《大正藏》第47卷,第584页下。

义海,体则同然,此义合有因有果、即时异时、总别,不离隐身三昧也。①

就义理来说,此八种三昧,本体是一,其名其用则有多种。今以因果、时差、总别等义理说明所悟之境,旨在依教起修,归于心性,即以义海证觉海。二人问答间,皆以圆相呈现,传达其中所蕴涵之要义,正可依之修行。

第三,暗机——密意。

所谓暗机,即以特定之圆形符号来暗喻心性之旨,以显现机用—接引、勘验学人,使未悟者,因接引而悟入。对已悟者,则用来勘验所悟之境界。据《袁州仰山慧寂禅师语录》记载:

> 师(仰山)因一梵僧来参,师于地上,画半月相。僧近前,添作圆相,以脚抹却。师展两手,僧拂袖便出。②

仰山"画半月相",似无意味,实则勘验梵僧之脚跟,看其脚跟是否立稳。梵僧当仁不让,随即"添作圆相",又"以脚抹却",表"即圆相而离圆相"。仰山"展两手",再行勘验,梵僧"拂袖便出",表"正见之时而无见可得,是名真见"。

第四,字海——禅机。

所谓字海,即以言语彰显禅机。运用言语接引学人,贵在随机应变,而目的则一,即接引、勘验学人。据《袁州仰山慧寂禅师语录》记载:

> 师(仰山)到虔州处微。处微问云:汝名什么?师云:慧寂。处微云:哪个是慧?哪个是寂?师云:只在目前。处微云:犹有前后在。师云:前后且置,和尚见个什么?处微云:吃茶去。③

仰山"只在目前",示此"孤明历历,法身常现"。处微"犹有前后在",

---

① 《大正藏》第 47 卷,第 586 页中、下。
② 同上书,第 586 页下。
③ 同上书,第 585 页下。

恐其有执法之病。仰山复问和尚之所见,以表"我无此执"。处微"吃茶去",言此历历孤明也不可得。此为言语问答,展现各自见地,同时,亦作互为勘验之用。

第五,意语——意会。

所谓意语,即不落言诠,体悟寂常心性。概举凡言语,皆有局限性,文字所述,只是道理与方法,尚须亲身实践,其真实境界必待亲证时方知。据《袁州仰山慧寂禅师语录》载:

> 师(仰山)卧次。僧问云:法身还解说法也无?师云:我说不得,别有一人说得。云:说得的人在什么处?师推出枕子。沩山闻云:寂子用剑刃上事。①

法身无相,非可言表,必向自心会取始得。法身又无不相,举凡现前诸法,皆为示现说法。沩山云"寂子用剑刃上事",乃赞叹仰山善说无言之旨。

第六,默论——语默动静。

所谓默论,即以语默、动静等展开机锋对辩,以接引、勘验学人。据《袁州仰山慧寂禅师语录》记载:

> 沩山一日见师来,即以两手相交过,各拨三下,却竖一指。师亦以两手相交过,各拨三下,却向胸前,仰一手覆一手,以目瞻视。沩山休去。②

以此语默动静传达佛法之见地,所谓举手投足、扬眉瞬目,皆是禅机。必有真实的契悟,方可如此展现,否则,皆成"未证言证"之妄语。

2. 沩仰宗与沩仰禅法

沩仰家风,重在师资酬唱,事理不二,审细密切。今分三点,略述如下:

---

① 《大正藏》第 47 卷,第 586 页下。
② 同上书,第 583 页下。

(1) 方圆默契,似关合符

《宗门十规论》云:"沩仰则方圆默契,如谷应韵,似关合符。"①此乃沩仰宗之显著特色。据《袁州仰山慧寂禅师语录》记载:

> 师(仰山)扫地次。沩山问:尘非扫得,空不自生,如何是尘非扫得?师扫地一下。沩山云:如何是空不自生?师指自身,又指沩山。沩山云:尘非扫得,空不自生,离此二途,又作么生?师又扫地一下,又指自身,并指沩山。②

"尘非扫得",生灭不实,不扫而自空。"空不自空",缘起无自性,故而言空。空有二相,本来一体,所谓"色即是空,空即是色"。别无他物,如是而已。师徒默契,上下一贯,心心相印,故《人天眼目·沩仰宗》卷四云:"沩仰宗者,父慈子孝,上令下从。尔欲捧饭,我便与羹。尔欲渡江,我便撑船。隔山见烟,便知是火。隔墙见角,便知是牛。"③

(2) 师资唱和,语默不露

《五家宗旨纂要》卷下云:"师资唱和,语默不露。"④据《袁州仰山慧寂禅师语录》载:

> 师(仰山)一日侍沩山,忽闻鸟鸣。沩山云:伊说事却径。师云:不可向别人道。沩山云:何故恁么道?师云:为伊说太直。沩山云:多少法门,寂子一时推下。师云:推下事作么生?沩山敲禅床三下。⑤

《首楞严经》卷六云:"此方真教体,清净在音闻。"⑥故鸟鸣声声,无非畅演佛法,若借音闻而悟本真,便可成就耳根圆通。此事全向自心会取,无法说于别人。鸟鸣虽直示向人,人却每每不信,实是自信不及。万法

---

① 《宗门十规论》,《续藏经》第63册,第37页下。
② 《袁州仰山慧寂禅师语录》,第47册,第582页中。
③ 《大正藏》第48卷,第323页中。
④ 《续藏经》第65册,第276页下。
⑤ 《大正藏》第47卷,第584页上。
⑥ 《大正藏》第19卷,第130页下。

皆在此归宗,然学人总在东绕西绕,或在相上求取,或在故纸堆里追寻,或贪执法多为盛事,或以己法为胜而排斥他宗等,奈何?

(3) 明暗交驰,体用双彰

《五家宗旨纂要》卷下云:"明暗交驰,体用双彰。"①据《景德传灯录》卷九记载:

> 普请摘茶,师(沩山)谓仰山曰:终日摘茶,只闻子声,不见子形,请现本形相见。仰山撼茶树。师云:子只得其用,不得其体。仰山云:未审和尚如何?师良久。仰山云:和尚只得其体,不得其用。师云:放子三十捧。②

体不离用,用不离体,当下具足体用,《人天眼目》卷四概括沩仰宗风云:"大约沩仰宗风,举缘即用,忘机得体。不过此也。"③

3. 沩仰宗的后世传承

关于沩仰宗的传承,据《景德传灯录》以及相关资料记载,沩山法嗣有四十四人,为沩仰宗一世。仰山法嗣有十人、香严智闲有十二人、径山洪諲(828—901)有六人等,为沩仰宗二世。西塔光穆(852—940)法嗣有一人、南塔光涌有五人等,为沩仰宗三世。资福如宝(890—960)法嗣有四人、芭蕉慧清(885—960)有十一人、慧林鸿究有一人、清化全怤(882—947)有一人等,为沩仰宗四世。报慈德韶法嗣有二人,承天辞确有二人等,为沩仰宗五世。三角志谦、兴阳词铎(925—995)二人为报慈之弟子,灵庆海渊、罗汉继宗为承天之弟子等,为沩仰宗六世。之后,不见传承。

(1) 香严智闲

① 生平

香严智闲(810—898),山东青州人,初从百丈学禅,通达经教,后参

---

① 《续藏经》第65册,第276页下。
② 《大正藏》第51卷,第265页上。
③ 《大正藏》第48卷,第323页下。

沩山,依然执持文字。沩山以"父母未生时"问之,香严始知"画饼不可充饥",后来,结庵清修,因缘相合,方得开悟。

> 山(沩山)问:我闻汝在百丈先师处,问一答十,问十答百。此是汝聪明灵利,意识识想,生死根本。父母未生时,试道一句看。师(智闲)被一问,直得茫然。归寮,将平日看过的文字,从头要寻一句酬对,竟不能得,乃自叹曰:画饼不可充饥。屡乞沩山说破,山曰:我若说似汝,汝以后骂我去。我说的是我的,终不干汝事。师遂将平昔所看文字烧却,曰:此生不学佛法也,且作个长行粥饭僧,免役心神。乃泣辞沩山,直过南阳,睹忠国师遗迹,遂憩止焉。一日,芟除草木,偶抛瓦砾,击竹作声,忽然省悟。①

沩山的问话——"父母未生前,试道一句看",香严智闲"道又道不出,放又放不下",推思共想,全无作用。香严如此状态,自然具有参禅之功。抛瓦击竹,闻声悟道,方知沩山老人用心处,遂偈曰:"一击忘所知,更不假修持,动容扬古路,不堕悄然机。处处无踪迹,声色外威仪,诸方达道者,咸言上上机。"智闲之悟,得沩山印可。

后住河南邓州。凡示学徒,语多简直,有偈颂二百余篇,随缘对机,诸方盛行。唐昭宗光化元年示寂,谥袭灯。法嗣有十二人,即吉州止观、寿州绍宗、南禅无染等。

② 禅法

在香严智闲与仰山慧寂的禅机问答中,有如来禅与祖师禅之说。《佛学常见词汇》"如来禅"条解释云:"经教里的禅法,因它是如来所说,后人因名之为如来禅。至于禅宗中的禅法,因它是祖师所倡,后人因名之为祖师禅。其实祖师禅也是如来所传,并非祖师所发明。释尊在灵山会上,把正法眼藏,涅槃妙心,咐嘱摩诃迦叶,这便是祖师禅的

---

① 《五灯会元》卷九,《续藏经》第 80 册,第 191 页上。

来源。"①

依照学术界的通常说法,如来禅,即经教所说之禅法,有次第可寻,依经教文字,渐修而悟。祖师禅,即祖师以心传心之禅法,不依次第,不立文字,顿悟渐修。但二者并无本质之别,如来禅虽立次第,然必超越于次第,方可得悟,即入祖师禅。祖师禅虽不立次第,然非废除次第。如来禅依于文字,也是藉教明心,然而,若执于文字,必定不能解脱。祖师禅不立文字,但非废除文字,其所证境界必定契合经教,若废除文字,必然落于断灭。究实而言,在仰山处,如来禅与祖师禅,意在勘验香严,看其是否"于万相之中而超然于相外",属于接引之手法。后人不明其旨,遂有如来禅与祖师禅之断然区分,恰似相上着意,迷在幻境。非凡夫而何?

香严从经教入手,虽依禅师而参,犹有文字之执,故难契心地。后经沩山接引,始放下经教之执,注重心地用功,进而由"贫无立锥之地",到"锥也无",乃至"若人不会,别唤沙弥",体现了香严修行用功的历程。

香严接引学人,语多简练,直指心性。香严禅师云:"道由悟达,不在语言,况是密密堂堂,曾无间隔,不劳心意,暂借回光,日用全功,迷徒自背。"本来是佛,故"不在语言"、"不劳心意",一念回光即是。又云:"子啐母啄,子觉母壳,子母俱亡,应缘不错,同道唱和,妙玄独脚。"②师生默契,因缘和合,心法相应,道在其中。

(2) 南塔光涌

南塔光涌(850—938),俗姓章,豫章丰城人。依仰山出家。参临济,后归侍仰山。仰山曰:"汝来作什么?"南塔曰:"礼觐和尚。"一任平常事。仰山曰:"还见和尚么?"南塔曰:"见。"别无奇特。仰山曰:"和尚何似驴?"南塔曰:"某甲见和尚,亦不似佛。"见无可见。仰山曰:"若不似佛,似个什么?"南塔曰:"若有所似,与驴何别?"坐断凡圣。仰山大惊曰:"凡

---

① 陈义孝编:《佛学常见词汇》,福建莆田广化寺佛经流通处印,(92)国宗发字259号(增订本),第159页中。
② 《五灯会元》卷九,《续藏经》第80册,第191页中、下。

圣两忘,情尽体露,吾以此验人,二十年无决了者,子保任之。"山每指谓人曰:此子肉身佛也。① "凡圣两忘",凡圣也不可得,非彻见法性者而不能,故仰山以"肉身佛"深许之。

南塔后继仰山法席,举唱沩仰宗风。五代后晋高祖天福三年(938)示寂,法嗣有五人,即清化全怤、芭蕉慧清、黄连义初等。

南塔接引学人,体现"举缘即用,忘机得体"之宗风。南塔有问答云:

  僧问:文殊是七佛之师,文殊还有师否?师曰:遇缘即有。曰:如何是文殊师?师竖起拂子。僧曰:莫只这便是么?师入下拂子,叉手。问:如何是妙用一句?师曰:水到渠成。问:真佛住在何处?师曰:言下无相,也不在别处。②

文殊、文殊之师、真佛三者,不在别处,非从外得,但向自心会取,识得本心即是。南塔随机开示,引导学人当下见性。

(3) 五冠顺支

新罗五冠顺支(825—910),字了悟,姓朴,幼年出家,宣宗大中十二年(858)入唐,参礼仰山,问道殷勤。僖宗乾符元年(874)回国,住五冠山龙严寺,后改瑞云寺,大弘禅法,为新罗沩仰宗之初传。五代后梁太祖开平五年(910)示寂。今存《五冠了悟和尚与仰山之玄问玄答》、《三篇》、《三遍成佛》等。传承不详。

顺支禅法主要体现在对于圆相的运用与开拓上。五冠顺支有禅机问答云:

  僧问:如何是西来意?师(顺支)竖拂子。僧曰:莫这个便是。师放下拂子。问:以字不成,八字不是,是什么字?师作圆相示之。有僧于师前作五花圆相,师画破作一圆相。③

---

① 《五灯会元》卷九,《续藏经》第80册,第192页下。
② 同上书,第192页下、第193页上。
③ 同上书,第193页下。

涅槃妙心,不可言传,以圆相示之。圆相犹如指月之指,而非所指之真月也。又云:

> 若不具正眼,焉能辨此?似子期听伯牙之琴,如提婆晓龙树之相。喻鸡抱卵,啐啄同时,迟钝浅流,卒难顿晓,如盲视色而转错也。①

强调师生契合,心心相印,体现了"方圆默契"的沩仰宗风。又以圆相表示见性成佛之迟疾,主张应机而施。

沩仰宗是禅宗顿悟法门中成立最早之宗派,开启"一花开五叶"之先声。初始人才辈出,法门兴盛,至北宋初年而衰亡。在中国,沩仰宗作为独立之宗派虽不复存在,然而,其接引手法、机缘语录等广为后人参用,就其意义而言,又未见衰亡。至于清末民国,虚云德清远承兴阳词铎,为沩仰宗第八世,该宗法脉得以延续。

二、临济宗

百丈怀海传黄檗希运,黄檗传临济义玄,弘化于北方,宗风大振,自成一派,世称临济宗。该宗为禅宗五家中最为兴盛、最具影响的一个宗派,有"临济家天下"之称。临济宗风气势磅礴,纵横开合,不拘一格,影响久远而深入,直至今日。《人天眼目》概括云:"南岳马祖百丈运,临兴南穴首山汾,慈明南会开二续,心出新清端演勤。"②根据《人天眼目》的概括,临济宗的法脉如下所示:

南岳怀让—马祖道一—百丈怀海—黄檗希运—临济义玄—兴化存奖—南院慧颙—风穴延沼—首山省念—汾阳善昭—慈明楚圆(石霜楚圆)
┌黄龙慧南 — 黄龙祖心 — 黄龙悟新
└杨岐方会 — 白云守端 — 五祖法演 —— 圆悟克勤

---

① 《人天眼目》卷四,《大正藏》第48卷,第322页中。
② 《人天眼目》卷六,《大正藏》第48卷,第336页上。

我们叙述临济宗,便依照这个传承顺序。从南岳怀让至马祖道一,在上文已经作了叙述,百丈怀海及其禅法,也已进行了叙述。临济义玄之禅法,直承黄檗希运,因此,我们的叙述便从黄檗希运及其禅法开始。

1. 临济宗的形成过程

(1) 黄檗希运

① 生平

黄檗希运,福建福州人,生卒年不详,约生活在中晚唐时期。幼年出家,后游京师,因人启发,往参马祖。至南昌,马祖已寂,乃依百丈,深悟禅法,位居上首,百丈赞扬道:"见与师齐,减师半德,子甚有超师之作。"①后主江西筠州高安黄檗山,开堂说法,大弘百丈之旨,道隆日盛,声名远播,四方学人前来依止修习,往来者常达千余人。

武宗会昌二年(842),裴休时任职钟陵(今江西进贤),迎请黄檗住龙兴寺,以避法难。宣宗大中二年(848),裴休任职宛陵(今安徽宣城),建禅苑,请黄檗说法,并录其法语,辑为《传心法要》与《宛陵录》。

宣宗大中年间(847—858)示寂,谥断际。法嗣有十三人,即临济义玄、睦州陈尊宿、相国裴休等。今存《黄檗山断际禅师传心法要》②(简称《传心法要》)和《黄檗断际禅师宛陵录》③(简称《宛陵录》)各一卷。

② 禅法

黄檗希运的禅法,继承马祖道一之禅法,倡导"即心是佛"、"无心是道"之旨。《宛陵录》有问答云:

> 问:何者是佛?师云:汝心是佛,佛即是心,心佛不异,故云即心是佛。若离于心,别更无佛。云:若自心是佛,祖师西来如何传授?

---

① 《百丈怀海禅师语录》,《四家语录》卷二,《续藏经》第 69 册,第 6 页上。
② 《大正藏》第 48 卷,第 379—384 页。
③ 同上书,第 384—387 页。

师云：祖师西来唯传心佛，直指汝等，心本来是佛，心心不异，故名为祖。①

黄檗的"即心是佛"，秉承禅宗"直指人心，见性成佛"之旨，故黄檗反对心外求佛，反对心外求法，并将此视为恶法邪行，与道了不相干。《传心法要》云："如今学道人，不悟此心体，便于心上生心，向外求佛，着相修行，皆是恶法，非菩提道。"②基于对心外求法的反对，他亦反对从文字理路上知解佛法，故云："纵尔学得多知，勤苦修行，草衣木食，不识自心，尽名邪行，定作天魔眷属。如此修行，当复何益？"③可见黄檗的佛法见地。

黄檗举唱"无心是道"，作为"即心是佛"之深入。体认此心是佛，得个入处，更进一步，心也不可得，方合"本来如是"之旨。《宛陵录》有问答云：

> 问：如何是佛？师（黄檗）云：即心是佛，无心是道。但无生心动念、有无、长短、彼我、能所等心，心本是佛，佛本是心，心如虚空。④

"无心是道"，并不是"平常心是道"的翻版。"无心是道"乃从无心可心的角度，体悟"平常心是道"。《传心法要》云："学道人直下无心，默契而已，拟心即差。"⑤即息下有无、自他等，当时便可默契"平常心"。故云："此心即法，法外无心，心自无心，亦无无心者，将心无心，心却成有，默契而已，绝诸思议，故曰：言语道断，心行处灭。"⑥

黄檗禅风峻烈，机锋犀利，上承马祖、百丈，下启临济义玄。

---

① 《黄檗断际禅师宛陵录》，《大正藏》第48卷，第385页中。
② 《黄檗山断际禅师传心法要》，《大正藏》第48卷，第380页上。
③ 同上书，第383页中。
④ 《黄檗断际禅师宛陵录》，《大正藏》第48卷，第384页中。
⑤ 《黄檗山断际禅师传心法要》，《大正藏》第48卷，第381页中。
⑥ 同上书，第380页中。

(2) 临济义玄

① 生平

临济义玄(787—867年),曹州(今山东菏泽)人,姓邢,初究戒律,博学经论,颇觉其不足,遂留心禅法,外出参访。在黄檗道场随众作务,三年不曾参问。时睦州陈尊宿为黄檗道场首座,劝临济参问"佛法之大意",临济便前问法。声未绝,黄檗便打。三度问话,三度被打。豁然遭一棒,妄念顿时消。此时更是个何光景?万念尽消它不去,了了常明本来人。临济不会,欲辞黄檗,另参别处。黄檗告以往参大愚。于是,临济往参大愚,承大愚之接引而契悟真乘,乃云:"元来黄檗佛法无多子。"①再回黄檗,依止修学,成其大机大用。

黄檗欲将百丈先师禅板、几案,付于临济,而临济却呼"将火来",黄檗赞曰:"吾宗到汝,大兴于世。"果然临济不负师心,开创临济禅派,成为禅宗乃至佛教之主流。

主河北镇州临济禅院,弘布黄檗宗风,为天下人眼目,临济宗即因地而得名。唐懿宗咸通八年(867)示寂,谥慧照。法嗣有四十八人,即三圣慧然、魏府大觉、兴化存奖、宝寿沼、灌溪志闲等。今存《镇州临济慧照禅师语录》②一卷。

② 禅法

禅宗五家中,临济宗独树一帜,最为兴盛,成为延续禅宗乃至佛教命脉的一盏明灯。临济在禅法、宗风、机用上,皆奠定了该派的基础,为后世之规范。

第一,无位真人与三身佛。

无位真人即人人本具之佛性,无有凡圣、迷悟等差别,正如《心经》所说"不生不灭、不增不减、不垢不净"。迷之为凡夫,悟之为圣人。然凡夫

---

① 《五灯会元》卷一一,《续藏经》第80册,第221页上。
② 《大正藏》第47卷,第495—506页。

迷时，佛性也不曾灭、减、垢。圣人悟时，佛性也不会生、增、净。我人行为造作，乃至万法，皆为佛性之显现。知与不知，皆是如此，故本来平等，圆满无缺。临济上堂云：

> 赤肉团上有一无位真人，常从汝等诸人面门出入，未证据者看看。①

此无位真人不在别处，即与色身、万法不相分离，但能"即相离相"便得。身心一体，故常从"面门出入"。又开示三身佛云：

> 尔一念心上清净光，是尔屋里法身佛。尔一念心上无分别光，是尔屋里报身佛。尔一念心上无差别光，是尔屋里化身佛。此三种身，是尔即今目前听法底人。只为不向外驰求，有此功用。②

法身佛，即一念清净心，绝诸对待。报身佛，即一念无分别心，清净光明之相，非有相可见之光。化身佛，即一念无差别心，依于佛体所起之妙用，妙用虽殊，体性不别。三身佛即在一念心中法尔具足，不必向外驰求，一念回转即是。又云：

> 尔且识取弄光影底人，是诸佛之本源，一切处是道流归舍处。是尔四大色身不解说法听法，脾胃肝胆不解说法听法，虚空不解说法听法，是什么解说法听法？是尔目前历历底勿一个形段孤明，是这个解说法听法。③

此无位真人乃诸佛之本源、万法之源头，为我人"归舍处"，即安身立命处。诸位要见么？即今孤明历历者是，也无孤明历历者可得。

第二，真正见解与佛魔之辨。

临济重视建立般若正见，名为"真正见解"。禅宗素来"贵见地"，概见地纯正，行履必在其中，非废行履也。临济云："若是真正学道

---

① 《镇州临济慧照禅师语录》，《大正藏》第47卷，第496页下。
②③ 同上书，第497页中。

人,不求世间过,切急要求真正见解。若达真正见解圆明,方始了毕。"①见解圆明,即见地透彻无碍,脚根站稳,不为一切境界所惑。又有问答云:

> 问:如何是真正见解? 师(临济)云:尔但一切入凡入圣、入染入净、入诸佛国土、入弥勒楼阁、入毗卢遮那法界,处处皆现国土成住坏空,佛出于世,转大法轮,却入涅槃,不见有去来相貌,求其生死了不可得。便入无生法界,处处游履国土,入华藏世界,尽见诸法空相,皆无实法。唯有听法无依道人,是诸佛之母,所以佛从无依生。若悟无依,佛亦无得。若如是见得者,是真正见解。②

真正见解,即"尽见诸法空相,皆无实法"。举凡相对之法,皆为虚妄,求其实际了不可得。"无依"者,即无能依,无所依,无所得。学佛成佛,最后得个无所得。

建立真正见解,即可明辨佛魔、真伪、凡圣等相,不受其惑,摧邪显正,住持正法。故临济云:"夫出家者,须辨得平常真正见解,辨佛辨魔、辨真辨伪、辨凡辨圣。若如是辨得,名真出家。"③真用功时,佛来佛斩,魔来魔斩。真见地处,佛魔不立,绝待清净,而又活泼泼地,应缘万物。

第三,棒喝截流与四无相境。

临济在接引手法上,灵活多变,善用棒喝,禅林有"临济喝"之誉。棒喝旨在遣除学人执著,打破驰求之心,引归自性之家。

> 有定上座到参,问:如何是佛法大意? 师(临济)下绳床,擒住与一掌,便托开。定伫立,旁僧云:定上座何不礼拜? 定方礼拜,忽然

---

① 《镇州临济慧照禅师语录》,《大正藏》第47卷,第498页中。
② 同上书,第498页中、下。
③ 同上书,第498页上。

大悟。①

定上座问佛法大意之时,即思维正起之时,临济予以擒打,断其分别。定上座回心自照,豁然契悟真心。棒喝截流之机,意在截断意识之流,令人体悟真常之心。又云:

> 取山僧见处,坐断报化佛头,十地满心犹如客作儿,等妙二觉担枷锁汉,罗汉辟支犹如厕秽,菩提涅槃如系驴橛。何以如此?只为道流不达三祇劫空,所以有此障碍。②

呵佛骂祖,扫除学人佛、祖之执著,此正临济之大悲流露。

若把临济禅师的喝佛骂祖,当作一味谩骂,那实在是不识其意旨。为了防备学人的机械模仿,临济告诫学人云:"夫大善知识,始敢毁佛毁祖,是非天下,排斥三藏教,骂辱诸小儿,向逆顺中觅人。所以我于十二年中,求一个业性,知芥子许不可得。"③可见圣人设教,旨在化导,据情接引,无有定格,非但不见过失,反具无量功德。若无真修实证,装模作样,则下地狱如箭射在。

学修之障碍,不外四种无相境。临济有问答云:"问:如何是四种无相境?师云:尔一念心疑,被地来碍。尔一念心爱,被水来溺。尔一念心嗔,被火来烧。尔一念心喜,被风来飘。若能如是辨得,不被境转。"④疑、爱、嗔、喜四者,障蔽菩提,故须遣除。如是四心得转,境即随转,转即菩提。

至于临济之四料简、三句、三玄三要、四喝、四宾主、四照用等应机作略,也为临济宗禅法之要旨,故在下文阐述。

---

① 《镇州临济慧照禅师语录》,《大正藏》第47卷,第504页上。
② 同上书,第497页下。
③ 同上书,第499页中。
④ 同上书,第498页下。

2. 临济宗与临济禅法

《五家宗旨纂要》概括临济家风云："临济家风,全机大用,棒喝齐施,虎骤龙奔,星驰电掣。负冲天意气,用格外提持。卷舒纵擒,杀活自在,扫除情见,迥脱廉纤。以无位真人为宗,或喝或棒,或竖拂明之。"①临济禅法以无位真人为纲宗,棒喝齐施,门庭高峻。临济四料简、三玄三要、四喝、四宾主、四照用等,成为临济宗之重要接引手法,为后世广泛运用。

(1) 四料简

所谓四料简,又作四料拣,即四种量度、简别之法,依学人根器与修行程度,予以相应的鉴别、勘验、教授,旨在破除执著。执著有二,一为我执,即执著于有一实在之我体可得。二为法执,即执著于一切法皆有实在之体用可得。临济云："有时夺人不夺境,有时夺境不夺人,有时人境俱夺,有时人境俱不夺。"或夺与不夺,或夺人与夺境,皆视具体情形而定。夺有破除、摈弃、放下之意。人即我执,境即法执。"僧问:如何是夺人不夺境?师云:煦日发生铺地锦,婴儿垂发白如丝。"上句存境,下句夺人。有执我之病,故夺人而存境。若得我空,则境也不有,是为心境俱空。概心境互生,本来一体。"僧问:如何是夺境不夺人?师云:王令已行天下遍,将军塞外绝烟尘。"上句夺境,下句存人。有执法之病,故夺境而存人。若得境空,则人也不有,是为心境俱空。"僧问:如何是人境俱夺?师云:并汾绝信,独处一方。"并汾为二州之名。有人法二执,故人境俱夺。"僧问:如何是人境俱不夺?师云:王登宝殿,野老讴歌。"②无人法二执,则人境俱不夺。

四料简运用之道,临济分四种根器来判断与实施。又云："如诸方学人来,山僧此间,作三种根器断:如中下根器来,我便夺其境,而不除其法。或中上根器来,我便境法俱夺。如上上根器来,我便境法人俱不夺。如有出格见解人来,山僧此间便全体作用,不历根器。"③四种根器者,即

---

① 《五家宗旨纂要》卷上,《续藏经》第 65 册,第 255 页下。
② 《镇州临济慧照禅师语录》,《大正藏》第 47 卷,第 497 页上。
③ 同上书,第 501 页中。

中下根器、中上根器、上上根器、出格见解。识别根器,非明眼善知识而不可。

(2) 三句

临济禅师有问答云:

> 问:如何是真佛真法真道?乞垂开示。师云:佛者,心清净是。法者,心光明是。道者,处处无碍净光是。三即一,皆是空名,而无实有。(中略)山僧今日见处,与祖佛不别。若第一句中得,与祖佛为师。若第二句中得,与人天为师。若第三句中得,自救不了。①

临济有关于"三句"之解释。有问答云:

> 僧问。如何是第一句。师云。三要印开朱点侧。未容拟议主宾分。问如何是第二句。师云。妙解岂容无着问。沤和争负截流机。问如何是第三句。师云。看取棚头弄傀儡。抽牵都来里有人。②

第一句,"佛者,心清净是"。体用一如,主宾自分,故"与祖佛为师",禅家判为彻悟者。第二句,"法者,心光明是"。有截流之机,而存功用之痕,故"与人天为师",禅家判为悟后保任者。第三句,"道者,处处无碍净光是"。识取抽牵之人,原是佛性,故"自救不了",禅家判为初悟者。初悟佛性,而习染深厚,如婴孩虽为人身,而无法自立生存,故"自救不了"。此三句,指明用功之进程。

(3) 三玄三要

临济禅师云:"一语须具三玄门,一玄门须具三要,有权有用。"③"三句"指明了修行用功的进程,"三玄三要"则更加详细地解释了这一过程。关于"三玄三要"的内涵,汾阳善昭有问答云:"僧问:如何是第一玄?汾

---

① 《镇州临济慧照禅师语录》,《大正藏》第47卷,第501页上—第502页上。
②③ 同上书,第497页上。

阳云:亲嘱饮光前。"但此妙心,本来有之——识取妙心。"如何是第二玄？汾阳云:绝相离言诠。"此妙心绝诸对待——妙心不可得。"如何是第三玄？汾阳云:明镜照无偏。"此妙心可缘起万法,具足一切——心法一体。"如何是第一要？汾阳云:言中无作造。"此妙心离一切造作,故放下驰求心即是——初悟。"如何是第二要？汾阳云:千圣入玄奥。"消除习染,长养妙心——保任。"如何是第三要？汾阳云:四句百非外,尽踏寒山道。"心物一如,任运逍遥——放任。①

(4) 四喝

关于"四喝",临济禅师云:"师问僧:有时一喝如金刚王宝剑,有时一喝如踞地师子,有时一喝如探竿影草,有时一喝不作一喝用,汝作么生会？僧拟议,师便喝。"②临济一生凭此四喝,具百般妙用,成就诸多禅林佳话。

一喝如金刚王宝剑时,摧破学人情执,直指心性,此时言语思维、种种情见等,何有依处？故惠洪云:"金刚王剑,觌露堂堂。才涉唇吻,即犯锋芒。"一喝如踞地金毛师子时,丧却学人我执我见,打破无明窠臼,直下见性。故惠洪云:"踞地师子,本无窠臼。顾伫停机,即成渗漏。"一喝如探竿影草时,执著修行成佛之知解,难以放下。故惠洪云:"探竿影草,不入阴界。一点不来,贼身自败。"一喝不作一喝用时,知解佛法,故纸堆里寻佛,无有出头之日。故惠洪云:"有时一喝,不作喝用。佛法大有,只是牙痛。"③

(5) 四宾主

关于"四宾主",《人天眼目》有云:"参学人大须仔细,如宾主相见,便有言论往来,或应物现形,或全体作用,或把机权喜怒,或现半身,或乘师子,或乘象王。如有真正学人,便喝,先拈出一个胶盆子,善知识不辨是

---

① 《人天眼目》卷一,《大正藏》第48卷,第302页上。
② 同上书,第302页中。
③ 所引惠洪语,皆出自《人天眼目》卷一,《大正藏》第48卷,第302页中。

境,便上他境上作模作样,学人便喝,前人不肯放,此是膏肓之病,不堪医治,唤作宾看主。或是善知识不抬出物,随学人问处即夺,学人被夺,抵死不放,此是主看宾。或有学人应一个清净境,出善知识前,善知识辨得是境,把得抛向坑里。学人言:大好善知识。即云:咄哉!不识好恶。学人便礼拜,此唤作主看主。或有学人披枷带锁,出善知识前,善知识更与安一重枷锁,学人欢喜,彼此不辨,呼为宾看宾。"①

此即临济四宾主。宾主即宾主之间问答酬唱,宾即参学者,或悟或未悟。主即善知识,必悟道者是。四宾主,即宾主(或主客)相见之时,善知识接引学人,使未悟者得悟,已悟者更增上,情况有四:

第一,宾看主,即学人是真修者,见地高于居主位者,首先发问,抛出一境,而居主位者不知,还故作开示一番,若学人再喝,必然无法收场。

第二,主看宾,即居主位者为真善知识,随学人之问,随即夺其落处,然学人不能回心,则无法悟入。

第三,主看主,即学人发问设境,善知识知机应机,转得其境,学人于此得个悟处。

第四,宾看宾,即学人情见很重,而居主位者不识其病,胡乱说法,等于加重其情见,学人却欢喜而去。

(6) 四照用

关于"四照用",临济禅师云:"我有时先照后用,有时先用后照,有时照用同时,有时照用不同时。先照后用,有人在。先用后照,有法在。照用同时,驱耕夫之牛,夺饥人之食,敲骨取髓,痛下针锥。照用不同时,有问有答,立宾立主,合水和泥,应机接物。"②

临济禅师的"四照用",即四种观照、转化之功用,破除学人的执著。

---

① 《人天眼目》卷一,《大正藏》第48卷,第303页上、中。
② 同上书,第304页上。

照者,观照,旨在转化外境。用者,功用,旨在转化自身。

先照后用,有人在,即先破外境执著,则外境既转,人也不有。先用后照,有法在,即先破人我执著,则人我既转,境也不存。照用同时,即同时破除外境执著与人我执著。照用不同时,即对于不执著外境与人我者,无须破除,自可任运无为,应机接物。

3. 临济宗的后世传承

(1) 传承概况

关于临济宗之传承,据《联灯会要》等载,临济之法嗣有四十八人,为临济一世。三圣慧然法嗣有十一人,魏府大觉法嗣有五人,兴化存奖法嗣有十一人等,为临济二世。南院慧颙法嗣有十五人,守廓侍者法嗣有三人等,为临济三世。风穴延沼法嗣有十七人等,为临济四世。首山省念法嗣有九人等,为临济五世。汾阳善昭法嗣有十一人,叶县归省法嗣有十二人,谷隐蕴聪法嗣有十四人,广慧元琏(?—1036)法嗣有十三人,神鼎鸿谭(991—?)法嗣有十五人,承天智嵩法嗣有十一人等,为临济六世。石霜楚圆法嗣有二十人,大愚守芝法嗣有十一人,琅琊慧觉法嗣有十七人,浮山法远(991—1067)法嗣有八人,达观昙颖法嗣有九人,都尉李遵勖(?—1040)法嗣有六人,侍郎杨亿(947—1020)法嗣有九人等,为临济七世。再下即为黄龙慧南、杨歧方会,而成黄龙、杨歧二派。

临济一系,法脉隆盛,成家天下之势。此与临济"机用灵活,卷舒自在"之宗风有关,又经后世不断洗练与发扬,造就了临济宗渊源流长之局面。

临济下传兴化存奖,三传而至南院慧颙,未有明显建树,仅能续传临济宗风,从四传风穴延沼开始,临济宗渐次得以中兴。

(2) 兴化存奖

魏府兴化存奖(840—925),生平不详。先在临济门下为侍者,参悟禅法,临济示寂后,又在其师兄三圣慧然处任首座,又在其师兄魏府大觉处任院主,承蒙两位师兄的教导,渐至佳境,被大觉师兄一顿痛打,方消无始疑惑，始显本色风光。《五灯会元》记云："师（兴化存奖）于言下荐得临济先师于黄檗处吃棒的道理。"①

兴化存奖弘法数十年，彰显临济宗风。晚年曾为后唐庄宗说法，获赐紫衣师号，而皆不受。圆寂后，谥广济。

兴化承续"临济喝"之禅风，但反对"盲喝乱喝"。概临济示寂后，乱喝成风，故兴化予以斥责，旨在保持"临济喝"之风范，延续慧命。兴化示众云：

> 我闻前廊下也喝，后架里也喝。诸子！汝莫盲喝乱喝，直饶喝得兴化向虚空里，却扑下来一点气也无，待我苏息起来，向汝道未在。何故？我未曾向紫罗帐里撒真珠与汝诸人去在，胡喝乱喝作么？②

可见，若无"真修实证"，一味乱喝，恰似鹦鹉学舌，毫无意义。所谓"临济喝"，必具四喝之用，以遮遣学人之执著，方显临济宗的慈悲情怀与大机大用。兴化存奖对于临济宗风，无多贡献，仅能维护续传而已。

兴化之法嗣有十一人，即南院慧颙、太行克宾、守廓等。有《兴化禅师语录》③半卷。

（3）南院慧颙

汝州南院慧颙（870—950年），又名宝应，生平无考。《南岳单传记》④只记载其为河北人，事兴化而悟真，后住南院弘化，为南院第一世主。有上堂开示云：

> 上堂：赤肉团上，壁立千仞。僧问：赤肉团上，壁立千仞，岂不是和尚道？师（南院慧颙）曰：是。僧便掀倒禅床。师曰：这瞎驴乱作。

---

① 《五灯会元》卷一一，《续藏经》第80册，第233页中。
② 同上书，第233页下。
③ 《古尊宿语录》卷五，《续藏经》第68册，第34页。
④ 《南岳单传记》，《续藏经》第86册，第27页下。

僧拟议,师便打。①

"赤肉团上,壁立千仞",即临济所说"赤肉团上有一无位真人",此无位真人超越一切对待,正如《楞严经》卷一云,"能生诸缘,缘所遗者"②,正是我人之本来面目。其僧识得此事,故有"掀倒禅床"之举,然而,见处不透脱,故有"拟议",故遭他老和尚打。南院上堂云:

> 诸方只具啐啄同时眼,不具啐啄同时用。僧便问:如何是啐啄同时用?师曰:作家不啐啄,啐啄同时失。曰:此犹未是某甲问处。师曰:汝问处作么生?僧曰:失。师便打。其僧不肯,后于云门会下,闻二僧举此话。一僧曰:当时南院棒折那。其僧忽契悟,遂奔回省觐,师已圆寂,乃谒风穴。穴一见便问:上座莫是当时问先师啐啄同时话的么?僧曰:是。师曰:汝当时作么生会?曰:某甲当时如在灯影里行相似。穴曰:汝会也。③

不论"啐啄同时眼",还是"啐啄同时用",在禅师作家那里,了无挂碍,只是应机而施之善巧而已,旨在接引学人识取自心。此时学人须在禅师之言下会取,便可当下知归。若在言语里追寻,则失之远矣。"问处"岂在言语之中?其僧不知,故"不肯"而离去。后遇缘而悟南院之接引语句,方明从前错用心处。

在南院这里,虽未有明显建树,但能竭力提持临济宗风,以待来者。

南院之法嗣有十五人,即风穴延沼、颖桥安等。《古尊宿语录》卷八载《汝州南院禅师语录》半卷。

(4) 风穴延沼

风穴延沼(896—973),浙江余杭人,姓刘,先修天台止观,后归心禅宗,依参多人,有所契悟。后依南院六年,机缘相合,尽得临济玄要。主

---

① 《五灯会元》卷一一,《续藏经》第80册,第227页中。
② 《大佛顶如来密因修证了义诸菩萨万行首楞严经》,《大正藏》第19卷,第108页下。
③ 《五灯会元》卷一一,《续藏经》第80册,第227页中、下。

汝州风穴寺、广慧寺,大弘临济宗风。宋太祖开宝六年示寂,法嗣有十五人,即首山省念、广慧真、凤翔长兴等。《古尊宿语录》卷八载《风穴禅师语录》半卷。

兴化与南院时代,临济宗已显消沉。至风穴时,一改消沉之状况,奏响复兴之序曲。风穴对于临济宗最大之贡献,在于不拘泥于师法,推陈出新,应机时代,以显禅门之大事。南院与风穴问答云:

> (南院)问曰:汝闻临济将终时语否?(风穴)曰:闻之。曰:临济曰谁知吾正法眼藏,向这瞎驴边灭却!渠(即临济)平生如师子儿,见即杀人,及其将死,何故屈膝妥尾如此?师曰:密付将终,全主即灭。又问:三圣如何亦无语乎?师曰:亲承入室之真子,不同门外之游人。南院领之。①

"密付将终,全主即灭",代表风穴不拘泥师法之见解。"密付将终",即以秘密付嘱来传禅法,禅法将要终止。"全主即灭",即泥执师法而不知变通,禅法就要灭亡。不变者为体,变者为用。此"无位真人",亘古亘今,而临济机用,则须与时俱进。

临济示寂之前,临济曰:"吾灭后,不得灭却吾正法眼藏。"三圣曰:"争敢灭却和尚正法眼藏。"临济曰:"已后有人问,你向他道什么?"三圣便喝。临济曰:"谁知吾正法眼藏,向这瞎驴边灭却。"②或以为临济是在斥责三圣,非也!此临济试探之语,非秘密授受。正法眼藏即佛性,本来具足,也了不可得,但尽本分而已,故三圣便喝,正是临机不见师。

风穴对于四料简、三玄三要等临济禅法,皆有真实见地,故"南院以为可以支临济"。③

---

①③《南岳单传记》卷一,《续藏经》第86册,第28页下。
②《五灯会元》卷一一,《续藏经》第80册,第223页上、中。

(5) 首山省念

首山省念(926—993),山东莱州人,姓狄,遍游丛林,后来,师事风穴,风穴以"临济之道,至吾将坠"之语,①激励首山放下经教之执,从自心处用功。风穴以"释迦拈花,迦叶微笑"公案启发,首山应机而悟。

初主汝州首山,为第一世。次主宝安山广教院,也为第一世。后主宝应院,为南院第三世。宋太宗淳化四年示寂,法嗣有九人,即汾阳善昭、谷隐蕴聪、承天智嵩、广慧元琏、叶县归省、神鼎洪諲等。《古尊宿语录》卷八载《汝州首山念和尚语录》一卷。

首山继续推进临济宗风之复兴。首山云:"佛法付与国王、大臣、有力檀越,令其佛法不断绝,灯灯相续,至于今日。大众且道!续个什么?良久曰:须是迦叶师兄始得。"②此首山首次开堂法语,表示以举扬临济宗风为己任。开宗明义,欲"灯灯相续",必先识得此妙明真心。

首山"尝作纲宗偈曰:咄哉拙郎君,巧妙无人识,打破凤林关,着靴水上立。咄哉巧女儿,穿梭不解织,看他斗鸡人,水牛也不识。"③此为首山之纲宗,上段言体,下段言用。识此无位真人,为第一步。打磨习气,不为境界所转,为第二步。开显全体大用,为第三步。此为禅宗用功之概要,其细微之处,非亲历者而不知。

首山广泛运用代语、别语。代语即前人答语不契,或无答语,而予以代答。别语即前人答语契旨,而另下一语。下一代语、别语,旨在接引学人,非故求奇特。其实早已有之,如问"如何是佛",古来禅师各有答语,马祖答以"即心即佛"④,赵州答以"庭前柏树子",⑤首山则答以"白马驮经"等。⑥ 首山广泛运用代语、别语,以为接引之法。

---

①③《南岳单传记》卷一,《续藏经》第86册,第29页中。
②《五灯会元》卷一一,《续藏经》第80册,第232页中。
④《五灯会元》卷三,《续藏经》第80册,第7页中。
⑤同上书,第92页下。
⑥《古尊宿语录》卷二三,《续藏经》第68册,第153页中。

首山也善用转语。转语即对境时,回心转念,应机而答,否则皆为思量语句。对于前人答语不契,或无答语者,而下一转语,即为代语。对于前人答语契旨者,而另下一转语,即为别语。首山对古公案及临济三句、四宾主、四料简等各有别语,启发学人,也为后世广泛运用。

(6) 汾阳善昭

① 生平

汾阳善昭(947—1024),山西太原人,姓俞,遍参知识,后参首山,问"百丈卷席"意旨,首山答以"龙袖拂开全体现,象王行处绝狐踪"而得悟①。

《五灯会元》卷三载"百丈卷席"公案:百丈与马祖行,见一群野鸭飞过。祖问:"是什么?"丈曰:"野鸭子。"祖曰:"什处去也?"丈曰:"飞过去也。"祖扭丈鼻,丈负痛失声。祖曰:"又道飞过去也。"百丈于言下省悟。次日,马祖升堂,众僧才集合,百丈出位卷席。马祖便下座,百丈随后到方丈。祖曰:"我适来未曾说话,汝为什便卷却席?"丈曰:"昨日被和尚扭得鼻头痛。"祖曰:"汝昨日向什处留心?"丈曰:"鼻头今日又不痛也。"祖曰:"汝深明昨日事。"②

百丈因鼻痛而于言下知归,悟在声色之外。而百丈卷席,亦无言处之言。"龙袖拂开全体现",情执已去,佛性现前。"象王行处绝狐踪",佛性已呈,了无疑惑。汾阳于言下大悟。侍首山甚久,后主太子院。宋仁宗天圣二年示寂,法嗣有十一人,即石霜楚圆、琅琊慧觉、大愚守芝等。今存《汾阳无德禅师语录》三卷。③

② 禅法

风穴延沼之时,已见临济宗复兴之气象,经首山省念而至汾阳善昭,

---

① 《五灯会元》卷一一,《续藏经》第 80 册,第 233 页下。
② 《五灯会元》卷三,《续藏经》第 80 册,第 71 页上、中。
③ 《大正藏》第 47 卷,第 595—629 页。

复兴气象显著。谷隐蕴聪、承天智嵩、广慧元琏、叶县归省、神鼎洪諲等与汾阳善昭同师首山省念之门,各为一方化主,其中蕴聪有法嗣十四人、智嵩有十一人、元琏有十三人、归省有十二人、鸿諲有十五人,共弘临济禅法。汾阳高举临济宗风,与时俱进,彰显机用,提出十智同真、四句、三种狮子、三诀、三句等接引手法。

第一,十智同真。

《人天眼目》卷一云:"夫说法者,须具十智同真。若不具十智同真,邪正不辨,缁素不分,不能与人天眼目,决断是非。"即说法者,须具勘验接引学人之十种智慧,方为人天之眼目。又云:"作么是十智同真?与诸上座点出:一、同一质,二、同大事,三、总同参,四、同真智,五、同遍普,六、同具足,七、同得失,八、同生杀,九、同音吼,十、同得入。"①

一、同一质,即禅师与学人互为默契,又"法住法位"。二、同大事,即禅师与学人体会生死大事,志同道合。三、总同参,即禅师心境一如,应缘万物,使学人归于心地。四、同真智,即禅师彻见法性,能除学人情见。五、同遍普,即禅师证取此心本与万物同体,与学人打成一片。六、同具足,即禅师证悟佛性,安住学人获正见解脱。七、同得失,即禅师祛除学人执著,证得佛性。八、同生杀,即禅师杀活自在,能断学人烦恼,示学人法身。九、同音吼,即禅师与学人同了佛性,主主相见,于法自在。十、同得入,即禅师与学人,皆得殊胜境界,得无所得,入无所入,十方圆明。

第二,四句。

《人天眼目》卷二云:"僧问:如何是接初机的句?师(汾阳)曰:汝是行脚僧。曰:如何是辨衲僧的句?师曰:西方日出卯。曰:如何是正令行的句?师曰:千里持来呈旧面。曰:如何是立乾坤的句?师曰:北俱卢洲长粳米,食者无贪亦无瞋。乃曰:将此四转语验天下衲僧。"②此四句尽显

---

① 《大正藏》第48卷,第305页上。
② 同上书,第306页下。

汾阳接引学人之禅风,也是临济宗风应机时代之体现。

接初机的句,即修行就在日用平常中,别无奇特,勘验学人是否得个入处。辨衲僧的句,明辨学人是否不落意识分别,下一转语,勘验学人是否得个出处。正令行的句,即传布心法于天下,勘验学人是否得个用处。正令即禅门大旨,行即通行流布。立乾坤的句,即修行旨在自觉觉他,勘验学人是否得个了处。立乾坤即立于天地之间,得安身立命处。

第三,三种狮子。

《人天眼目》卷二云:"浮山圆鉴(即法远)示众云:汾阳有师子句,其师子有三种:一超宗异目,二齐眉共躅,三影响音闻。若超宗异目,见过于师,可为种草,方堪传授。若齐眉共躅,见与师齐,减师半德。若影响音闻,野干倚势,异髅何分。"①

一、超宗异目,即学人有超师之智,足以堪当大任,举扬宗风。二、齐眉共躅,即学人之智与师相当,仅能维持现状。三、影响音闻,即学人智不过师,一代不如一代。

第四,三诀。

《五灯会元》卷十一云:"第一诀,接引无时节,巧语不能诠,云绽青天月。第二诀,舒光辨贤哲,问答利生心,拔却眼中楔。第三诀,西国胡人说,济水过新罗,白地用镔铁。"②此三诀是汾阳接人之手法。若有圆融无碍之境界,方可杀活自在,随手拈取一法,皆可为度生之方便。

第一诀,接引无时节,禅师随手拈来一物,扫却学人之常规思维,打破学人之法执、境执等。第二诀,舒光辨贤哲,禅师依学人之情况,随问即答,以破学人之缠缚,使其悟入心地。第三诀,主主相见,则无定法可说,或言或默,或棒或喝,无非禅法之体现。故汾阳三诀,不是固形死语,而是随机应变之手法。

---

① 《大正藏》第48卷,第307页上。
② 《续藏经》第80册,第234页中。

第二章 禅宗

第五，三句。

《人天眼目》卷二云："问：如何是学人着力处？师（汾阳）曰：嘉州打大象。曰：如何是学人转身处？师曰：陕府灌铁牛。曰：如何是学人亲切处？师曰：西河弄师子。乃曰：若人会得此三句，已辨三玄，更有三要语在，切须荐取，不是等闲。"①

汾阳对于"着力处、转身处、亲切处"的回答，看似无意味语，实则以转化学人情见为旨趣，以破除学人对言语、经教、思维等的执著，故会取三句，便可明了临济"一语须具三玄门"之意。汾阳有三玄颂云：

> 第一玄，法界广无边，参罗及万象，总在镜中圆。
> 第二玄，释尊问阿难，多闻随事答，应器量无边。
> 第三玄，直出古皇前，四句百非外，闾氏问丰干。②

第一玄，即无边法界、森罗万象皆于佛性圆满具足，故佛性为万法之源。以佛性为体，开显万法。万法虽千差万别，而皆归佛性。第二玄，即明佛性，开显机用，施设方便，其问答皆合体性。第三玄，即体用一如，虽机用无边，而无机用之可得。

临济"一句语须具三玄门"，即一句语可具三重要义，如汾阳三颂所示，一、直指佛性，二、开显机用，三、无机用可得。此语虽一句，而据学人根性可显三重要义。

"已辨三玄"后，"更有三要语在"，汾阳颂曰：

> 三玄三要事难分，得意忘言道易亲。一句明明该万象，重阳九日菊花新。③

对于临济"三玄三要"，众说纷纭。汾阳所言也并非就是断语，关键在于如汾阳所云"直须会取古人意旨，然后自心明去，便得通变自在，受

---

① 《大正藏》第48卷，第307页中。
② 《汾阳无德禅师语录》卷上，《大正藏》第47卷，第597页下。
③ 同上书，第597页中。

用无穷,唤作自受用身,佛不从他教,便识得自家活计"。① 由"一语"而"会取古人意旨"——明心见性,"便得通变自在",了知向上一路,开显机用。"一句语"为纲目,"三玄三要"为细化。明其纲目为得本,通其细化为妙用。不于"一句语"中明根本,则"三玄三要"自然难分。"一句明明该万象",即明心见性后,了知此心含摄万法,则"重阳九日菊花新",自是一番新天地。

汾阳著有《公案代别百则》、《诘问百则》、《颂古百则》,②解说古人百则公案,发挥公案微妙大义,启发后人契入根本。

(7) 石霜楚圆

① 生平

石霜楚圆(987—1040),号慈明,广西全州清湘人,俗姓李,其母贤德,使令参学,闻汾阳道望,前往参拜。汾阳为苦其心志,两年不为其说法,且每见必骂诟,或毁诋诸方。石霜诉云:"自至法席,已再夏,不蒙指示,但增世俗尘劳,念岁月飘忽,已事不明,失出家之利。"话未完,即遭汾阳喝骂,且怒而举杖逐打,石霜拟呼救,汾阳急掩其口,于此当下,楚圆乃大悟云:"是知临济道出常情。"③

楚圆悟后,侍师七年,往参智嵩,智嵩引荐杨亿,杨亿又引荐李遵勖,自是三人以法为友。因母老南归,至于瑞州,依止蕴聪三年。历主袁州南源广利寺、潭州道吾山、石霜崇胜寺、南岳福严禅寺、潭州兴化寺等。宋仁宗康定元年示寂,法嗣有二十人,即黄龙慧南、杨歧方会、翠岩可真等。今存《石霜楚圆禅师语录》一卷。④

② 禅法

石霜举唱临济禅法,打开临济宗兴盛之局面,门下有黄龙慧南与杨

---

① 《汾阳无德禅师语录》卷上,《大正藏》第47卷,第597页中。
② 收录于《汾阳无德禅师语录》卷中、下,《大正藏》第47卷。
③ 《五灯会元》卷一二,《续藏经》第80册,第238页中。
④ 《续藏经》第69册,第184—197页。

歧方会两大弟子,各创黄龙宗与杨歧宗,将临济宗之发展推向高潮。

第一,应机施设——无非方便。

临济所设接引之法,贵在善知识临机而用,化解学人执著。但有拾人牙慧之辈,胡喝乱棒,冒充知识。鉴此,祖师皆有纠正,至于石霜而大力品评,以明机用之真义所在。石霜楚圆云:

> 马大师即心即佛,当人未悟。盘山非心非佛,只成戏论之谈。雪岭辊球,诳唬小儿之作。云门顾鉴,笑煞傍观。少室自伤,一场大错。德山入门便棒,未遇奇人。临济入门便喝,太煞轻薄。黄梅呈颂,人我未忘。更言祖祖相传,递相诽谤。①

莫执祖师言语、举止,如拈棒行喝,仅为手段,目的在于放下缠缚,直下承当。所谓祖祖相传的是直指心性——慧命所在,而方法须与时俱进,彰显时代之特色。强调法本无言,道本无说,举凡言说,如三玄四拣、诸多善巧等,皆为应病与药之方便,一时之用而已。

第二,再说如来禅与祖师禅。

石霜楚圆"以拄杖击绳床一下云:大众还会么?不见道:一击忘所知,更不假修持,诸方达道者,咸言上上机。香严与么悟去?分明悟得如来禅,祖师禅未梦见在。且道,祖师有甚长处?若向言中取则,误赚后人,直饶棒下承当,辜负先圣。万法本闲,唯人自闹"②。

香严击竹悟道,偈云:"一击忘所知,更不假修持,动容扬古路,不堕悄然机。处处无踪迹,声色外威仪,诸方达道者,咸言上上机。"沩山予以印可。又偈云:"去年贫,未是贫。今年贫,始是贫。去年贫,犹有卓锥之地。今年贫,锥也无。"仰山许以如来禅。又偈云:"我有一机,瞬目视伊,若人不会,别唤沙弥。"仰山始许以祖师禅。

香严通达经教,苦修禅法多年,机缘成熟,所悟非浅,故沩山当即印

---

① 《古尊宿语录》卷一一,《续藏经》第68卷,第66页中。
② 《石霜楚圆禅师语录》,《续藏经》第69卷,第191页下。

可。仰山再试,香严随问即拈,了无雕琢之迹,非彻悟透底之人绝无此行径。实际上,禅宗史上如香严智闲者,代不乏人。举凡苦修多年,偷心死尽,往往有大悟之机,概几经磨练,习气淡薄,故悟境高深,非初悟之可比。仰山之作略,在于逼拶到底,勘验其转身之机,香严自有应机之道,圆转自如。

石霜楚圆关于"香严击竹"这一公案的点评,有人以为香严果真不会祖师禅。非也！学人妄分如来禅与祖师禅,不得归元不二之旨,石霜楚圆之公案点评,旨在扫却堂下之人的妄想分别。仰山"如来禅许师弟会,祖师禅未梦见在"之许,只是仰山对香严的勘辩语,非究竟落实之处。不幸的是,后人遂将如来禅与祖师禅分为两截,执为实法,死于句下。识取自心,既入本位。欲至究竟,尚须悟后起修,消除习气,至"全体一味,体用一如"时方得。

三、云门宗

云门宗远承于青原行思,经过石头希迁→天皇道悟→龙潭崇信→德山宣鉴→雪峰义存→云门文偃而形成云门宗。关于云门宗的传承历史,《人天眼目》概括云:"青石天龙接德山,雪峰云门香林远,北塔雪窦付天衣,二本从兹门大显。"① 根据《人天眼目》概括,云门宗的师徒传承关系如下:青原行思→石头希迁→天皇道悟→龙潭崇信→德山宣鉴→雪峰义存→云门文偃→香林澄远→智门光祚→雪窦重显→天衣义怀→慧林宗本。我们对云门宗历史发展的叙述,将按照这一传承关系进行。青原行思与石头希迁及其禅法,我们已在前文进行了叙述,紧接上章所述,我们将叙述云门宗的形成过程与后续发展。

1. 云门宗的形成过程

在石头希迁的弟子中,继承石头希迁之禅法且传承至远者,有二人,

---

① 《人天眼目》卷六,《大正藏》第48卷,第336页上。

一是药山惟俨。二是天皇道悟。天皇道悟是云门宗直接源头。天皇道悟(747—807),婺州东阳(浙江金华)人,姓张,十四出家,依明州大德和尚披剃,年二十五,于杭州竹林寺受具足戒。唐大历中,抵达钟陵,参马祖道一,时经二夏。又谒石头希迁,往来问答之间,顿悟玄旨。灯录记载:

(道悟)问曰:离却定慧,以何法示人?石头曰:我这里无奴婢,离个什么?曰:如何明得?石头曰:汝还撮得空么?曰:恁么即不从今日去也。石头曰:未审汝早晚从那边来。曰:道悟不是那边人。石头曰:我早知汝来处。曰:师何以赃诬于人。石头曰:汝身见在。曰:虽如是,毕竟如何示于后人?石头曰:汝道阿谁是后人?师(道悟)从此顿悟。①

依照禅门的见地,前人后人,同一真性,更说什么前人、后人与今人?于是,石头反问道悟禅师:汝道阿谁是后人?于此言下,道悟禅师当下超然,所谓"不离万有,超然相外"。

后来,住持天皇寺,弘扬禅门心法,道风远扬,香誉天下,丛林学徒,闻风而至,故人称天皇道悟禅师。

当时,裴休任职江陵,致礼倍加,时常问道,然而,道悟禅师接引学人,却客无贵贱,一律平等,因此,裴公愈加亲仰。道悟之禅法,亲切平等,又得到地方长官的支持,故一时大盛。

元和二年丁亥(807)四月,天皇道悟示疾。大众前来看望,此时,道悟呼唤典座一声。典座茫然。道悟禅师问道:会么?典座曰:不会。道悟又拿起枕头,开示禅门之要义。典座依然不会。可惜,慈悲示意人不会,抛却枕子拂袖归。道悟禅师安然而逝,世寿六十。

据《景德传灯录》记载,天皇道悟禅师有嗣法弟子一人——龙潭崇信禅师。龙潭崇信禅师继承了天皇道悟禅师的禅法,再经过几代人的努

---

① 《景德传灯录》卷一四,《大正藏》第 51 卷,第 309 页下—310 页上。

力,才使这一禅系发扬光大起来。

龙潭崇信,荆州(今湖北省江陵县)人,姓氏未详,俗家以卖饼为业,少年时,常送饼与天皇道悟禅师。每次送饼,道悟禅师皆返赠崇信一块。崇信心中生疑:饼是我送与他的,他为何又返赠给我?这其中有什么深奥的道理?于是,请问原由。道悟云:"是汝持来,复汝何咎?"崇信似有相应,故志求出家,法号崇信。从此,服勤左右,参学问道。灯录记载:

> (崇信)一日问曰:某自到来,不蒙指示心要。悟(道悟)曰:自汝到来,吾未尝不指汝心要。师(崇信)曰:何处指示?悟曰:汝擎茶来,吾为汝接。汝行食来,吾为汝受。汝和南时,吾便低首。何处不指示心要?师低头良久。悟曰:见则直下便见,拟思即差。师当下开解,乃复问:如何保任?悟曰:任性逍遥,随缘放旷,但尽凡心,无别胜解。①

作用上见性,现相上悟道,日常一举一动,一言一行,正是自性灵光之作用,正是清净法身之现相,所以,道悟禅师说:"汝擎茶来,吾为汝接。汝行食来,吾为汝受。汝和南时,吾便低首。何处不指示心要?"擎茶、送食、和南,正是自性之妙用。接茶、受食、低头,尽是法身之显现。于此言下,崇信似有所悟。道悟禅师又指示他道:见则直下便见,拟思即差。于此当下,崇信顿悟。

后来,崇信禅师住持澧州(今湖南澧县)的龙潭禅院,名闻天下,故人称龙潭崇信禅师。

崇信禅师的言录,多属禅机问答,少有大段开示,虽然如此,未离禅门"直指人心,顿悟自性"的宗旨。灯录记载:

> 僧问:髻中珠谁人得?师(崇信)曰:不赏玩者得。曰:安着何处?师曰:有处即道来。②

---

① 《景德传灯录》卷一四,《大正藏》第 51 卷,第 313 页中。
② 《五灯会元》卷七,《续藏经》第 80 册,第 142 页上。

髻中珠,比喻真如佛性。依照佛教的观念,真如佛性,人人有之,不从外得。得髻中珠,即明心见性。学人何以不得?只因着相,只因赏玩,所以崇信云:不赏玩者得。它遍一切处,亦无安放处。

> 有尼问:如何得为僧去?师(崇信)曰:作尼来多少时也?曰:还有为僧时也无?师曰:汝即今是什么?曰:现是尼身,何得不识?师曰:谁识汝?①

禅宗的意旨,须是离相而见,若着在相上,则不得见性。这位尼师欣僧厌尼,早已是着在僧尼相上,所以,崇信禅师直接指示她:汝即今是什么?觉性灵知,非僧非尼,何不究取?可惜,这位尼师着在僧尼相上而不知回头,故识不得自家本来面目。

宣鉴禅师前来参谒崇信禅师,可是,崇信禅师躲起来,就是不见他,这时,宣鉴禅师按捺不住,曰:久仰龙潭禅师大名,即今千里迢迢而来,您却藏起来不令得见——"潭又不见,龙亦不现"。这时,崇信禅师便指示德山云:觉性不昧,空寂了了,这是真龙潭——"子亲到龙潭"②。可见,龙潭禅师的禅法,看似莫名其妙,其实也是直指人心。

崇信禅师的众多弟子中,唯德山宣鉴、泐潭宝峰两人有言录,其中德山宣鉴最著名,他也是云门宗、法眼宗得以形成的重要人物。

宣鉴(782—865),剑南(今四川省剑阁县)人,姓周,童年出家,持律精严,研习经论,以讲《金刚经》而著名,人称"周金刚"。尝闻南方禅法"直指人心,见性成佛,天下学人,莫不归附"。于是,愤愤不平,说道:"出家儿千劫学佛威仪,万劫学佛细行而不得成佛,南方魔子敢言'直指人心,见性成佛',我当搂其窟穴,灭其种类,以报佛恩。"遂担《青龙疏抄》出蜀,前往南禅之地。途中逢一卖饼婆子,宣鉴谓婆子云:买饼点心。婆子指着《青龙疏抄》云:这个是什么?宣鉴云:青龙疏抄。婆子云:青龙疏抄

---

① 《五灯会元》卷七,《续藏经》第 80 册,第 142 页上、中。
② 参阅《景德传灯录》卷一四,《大正藏》第 51 卷,第 313 页下。

是讲什么的？宣鉴云：讲《金刚经》的。婆云：我有一问，上座若道得，即供养点心。宣鉴云：便请。婆云：经中道：过去心不可得，现在心不可得，未来心不可得。上座，你点哪个心？宣鉴茫然，始知南方禅法不可思议。

后来，至澧州龙潭寺，参崇信禅师，问答之间，豁然相契，证得实相。灯录记载：

> （德山）一夕于室外默坐。龙（龙潭崇信）问：何不归来？师（德山）对曰：黑。龙乃点烛与师。师拟接。龙便吹灭。师乃礼拜。龙曰：见什么？曰：从今向去，不疑天下老和尚舌头也。至明日便发。龙潭谓诸徒曰：可中有一个汉，牙如剑树，口似血盆，一棒打不回头，他时向孤峰顶上立吾道在。①

崇信点一支烛，递于宣鉴。宣鉴正欲接时，崇信豁然吹灭。灯燃则明，灯熄则暗，明暗两相，往来交替，恰恰显出这当下的常明心灯。于此当下，宣鉴顿悟，俯身礼拜。崇信进一步勘辩道：你见个什么？宣鉴说：从今往后，再也不怀疑天下老和尚。崇信禅师甚喜，对大众说：可中有一个汉，牙如剑树，口似血盆，一棒打不回头，他时日后，向孤峰顶上立吾道在。宣鉴悟后，住持澧阳（今湖南省澧县）的德山，大阐宗风，接人无数，故人称德山宣鉴禅师。

德山禅师以"棒"而著名，所以丛林中有"德山棒"之称。德山禅师以"棒"接引学人，学人也每每于其棒下而大事了办。德山禅师有上堂语云：

> 今夜不得问话，问话者三十拄杖。时有僧出，方礼拜，师（德山）乃打之。僧曰：某甲话也未问，和尚因什么打某甲？师曰：汝是什么处人？曰：新罗人。师曰：汝未跨船舷时，便好与三十拄杖。②
>
> 上堂曰：问即有过，不问又乖。有僧出礼拜，师（德山宣鉴）便

---

① 《景德传灯录》卷一五，《大正藏》第51卷，第317页中。
② 同上书，第317页下。

打。僧曰:某甲始礼拜,为什么便打?师曰:待汝开口,堪作什么?

师(宣鉴)见僧来乃闭门。其僧敲门。师曰:阿谁?曰:师子儿。师乃开门。僧礼拜。师便骑项曰:这畜生什么处去来?①

德山宣鉴接引人的手段,为何非棒即喝?只因学人向外寻道理、觅菩提。自家宝藏不顾,抛家向外寻觅,故德山宣鉴棒打葛藤,声喝妄念,令学人于"前后际断"时,得个"不落断灭"的消息。

德山宣鉴的禅法,贵在"无事于心,无心于事"。若无闲事挂心头,自然虚而灵,空而妙。宣鉴上堂示众云:

> 于己无事,则勿妄求。妄求而得,亦非得也。汝但无事于心,无心于事,则虚而灵,空而妙。若毛端许言之本末者,皆为自欺。毫厘系念,三涂业因。瞥尔生情,万劫羁锁。圣名凡号,尽是虚声。殊相劣形,皆为幻色。汝欲求之,得无累乎?及其厌之,又成大患,终而无益。②

宣鉴之机锋棒喝,无论多么玄妙难测,然而,其禅法的大意,只在于此:如来智慧德相,人人本具,切莫外求,求之转远,自投三涂。于自性体上,圣名凡号,尽是虚声。殊相劣形,皆为幻色。若欲求之,徒劳用心,同样,若欲弃之,亦无是处。空花水月,妙用无穷,岂有实际可得?故不可欣厌取舍,若能一心平等,则万法如如,本自解脱。

唐咸通六年乙酉十二月三日,德山宣鉴示现病相,僧问:正病之时,还有不病的么?德山云:有。曰:哪个是不病的?德山云:阿耶!阿耶!德山见人不会,又开示道:扪空追响,劳汝心神,梦觉觉非,竟有何事?言毕,端然而寂,世寿八十六,谥见性。

德山宣鉴的嗣法弟子有:鄂州岩头全豁禅师、福州雪峰义存禅师、天台瑞龙院慧恭禅师、泉州瓦棺和尚、襄州高亭简禅师、洪州感潭资国和尚

---

① 《景德传灯录》卷一五,《大正藏》第51卷,第318页上。
② 同上书,第317页下。

等等,其中,传承德山禅法而至远者,雪峰义存禅师最著名。

雪峰义存禅师,泉州南安(今福建泉州)人,姓曾,生于奉佛之家,十二岁时,随其父游莆田玉涧寺,自愿留于寺中。十七岁正式落发出家,后往幽州(今北京市)宝刹寺受具足戒。此后,遍参禅宗道场,所谓"三到投子,九至洞山",然而,皆未相应。后来,参德山宣鉴,经过多次开示,义存似有所省。一日,德山令侍者唤义存,义存应唤而来,德山说:"我自唤义存,汝又来作什么?"义存茫然。又一次,义存问:南泉斩猫儿,意旨如何?德山便打。打过之后,又唤义存一声。然后问曰:会么?义存曰:不会。德山道:我恁么老婆心,你还不会?再一次,义存问:从上宗乘,学人还有分也无?德山打一棒,问云:道什么?曰:不会。德山告诉义存,明天再问。第二天,义存又来请益,德山告之曰:我宗无语句,实无一法与人。义存似有所省。①

后来,在岩头全豁禅师的开示之下,义存禅师顿悟心源,便向岩头全豁禅师作礼,且连声曰:师兄,今日始是成道日。

唐咸通十一年(870),义存回到福州雪峰山,创立禅院,开法接众,一时徒众翕然,身边常随弟子达一千七百余人,故人称雪峰义存禅师。闽帅王审知敬仰雪峰义存禅师,并依止雪峰义存参学。在王审知的护持下,佛法在闽中一带极为兴盛。

雪峰义存的禅法,隐晦险峻,神秘难测,虽然如此,却不离"一心之法"。《雪峰禅师语录》记载:

> 大王(闽王)请师(义存)与玄沙入内论佛心印。大王问二禅师:诸佛并达磨所传秘密心印,乞师的实为说。且祖佛已来,究竟修何因果,乃得成佛。师云:须是见性,方得成佛。王云:何为见性?师云:见自本性。王云:有形状否?师云:见自本性,无物可见。此是难信之法,百千诸佛同得。王云:争得否?师云:若称扬此事,尽大

---

① 参见《五灯会元》卷七,《续藏经》第80册,第143页上、下。

地说不能尽。若达磨亲传,只是一言,便转凡成圣。不是小小之事。悟即刹那间,不悟尘沙劫。大王,大藏教中,一切经论,千般万般,只为一心,祖祖相传一心。①

可见,无论雪峰义存禅师运用何种手段接引学人,或明示,或暗喻,或棒打,或声喝,皆围绕着"一心之法"而展开,唯令学人识得此"心",转凡成圣。在这一根本宗旨上,雪峰义存上承德山宣鉴,乃至历代祖师,下化云门文偃、玄沙师备,乃至未来诸禅师。此"一心之法",乃禅门第一要旨,也是教下究竟义趣,所以说,一切经论,万般言说,只为"识心达本源",禅师举拂子、竖拳头、禅机问答、明说暗喻,亦复如是。

义存禅师的佛法开示,亦有"直截了当"的一面。灯录记载:

一日,绍卿随师经行次,见芊叶动。师(雪峰义存)指动叶示之。卿曰:某甲怕怖。师曰:是汝屋里的,怕怖什么? 绍卿从此开悟。

释迦睹明星而悟道,迦叶见拈花而明心,即今绍卿见芊叶动而知归,此亦见色明心之范例也。

雪峰义存亦承袭了德山宣鉴的"呵佛骂祖"的禅风:艸蔀头

三世诸佛是草里汉,十经五论是系驴橛,八十卷华严经是艸蔀头搏饭食言语,十二分教是虾蟆口里事。还知么? 所以道,如今千百人中,若有一人大肯与我做驴驼物,供养它有什么罪过?②

呵佛,为人破佛执。骂祖,为人解祖缚,种种手段,无非为人解粘去缚,使人透彻自己当下的这段无始心光,此乃一代时教之究竟指归。

五代后梁开平二年(908)三月,雪峰义存禅师略示病相,五月二日游蓝田,暮归澡身,安然入灭,世寿八十七。雪峰义存有《雪峰禅师语录》留世。

---

① 《雪峰义存禅师语录》,《续藏经》第69册,第78页中。
② 同上书,第73页上。

雪峰义存住闽川四十余年，慕道参访者，常常不下一千五百人，较著名者有：云门文偃禅师、玄沙师备禅师、长庆慧棱禅师、保福从展禅师、皱山神晏国师、龙华灵照禅师、翠岩令参禅师、镜清道怤禅师等等，其中，传承雪峰义存禅法而至远者，莫过于玄沙师备与云门文偃二人。玄沙师备这一支，经过玄沙师备→罗汉桂琛→清凉文益而形成了法眼宗，云门文偃这一支，经过云门禅师的大力弘扬而形成了云门宗。

2. 云门宗与云门禅法

云门宗是中国佛教"禅宗五家"之一，该宗的创立人是文偃禅师，他住韶州云门山（广东乳源县）的光泰禅院，所以，他所创立的禅门宗派，便称为云门宗。

(1) 文偃生平

云门文偃（864—949），姑苏嘉兴（浙江省嘉兴市）人，姓张，自幼投本州空王寺志澄律师门下作侍童，后来，正式出家，于毗陵（今江苏常州）坛受具足戒。受戒之后，依然跟随志澄律师学习律学，专攻《四分律》，并研习经论，其戒行清严，护持缜密。后参睦州（今浙江建德市）陈尊宿（黄檗希运的嗣法弟子），人称睦州禅师。睦州每见文偃前来，便开门与之一见，然后即闭却门。文偃上前扣门。睦州云：谁？文偃云：某甲。睦州云：作什么？文偃道：己事未明，乞师指示。睦州开门一见，又闭却门。如是三日扣门，睦州皆"开门一见，却又闭却"。至第三日，睦州刚一开门，文偃便一步跨入，睦州擒住云："道！道！"文偃拟议欲道，睦州托开云："秦时𨍏轹钻。"睦州这句埋头没脑的话，恰似利剑一挥，顿断一切妄念。于此当下，文偃顿悟玄机。

文偃悟后，继续留在睦州身边锻炼。数载之后，睦州又令文偃参雪峰（福州象骨山广福院雪峰义存禅师），以资锻炼。文偃在雪峰禅师处，经过数载锻炼，直至道业纯熟，方辞别雪峰禅师。后来，在韶州灵树如敏禅师的道场作首座。南汉高祖乾亨元年（917），灵树如敏禅师圆寂，文偃受高祖之命，继任灵树法席。文偃又住乳源云门山广泰禅院，弘扬禅门心法,故人称云门文偃禅师,云门禅师所创立的禅门宗派,随之也被称为云门宗。

(2) 云门禅法

云门禅师的禅法,打杀所有,剿绝一切,字字狮子吼,句句惊雷鸣,超佛越祖,天马行空,《人天眼目》概括云:"端明顾鉴,不犯毫芒,格外纵擒,言前定夺,直是剑锋有路,铁壁无门,打翻路布葛藤,剪却常情见解,烈焰宁容凑泊,迅雷不及思量。"①此即云门禅法之特点也。云门禅法,虽然如此,然而,向上一路,不别先圣,所以,云门意旨,堪称"教外别传"。云门禅师云:

> 直下无事,早是相埋没了也,更欲踏步向前,寻言逐句,求觅解会,千差万别,广设问难,赢得一场口滑,去道转远,有什么歇时?此事若在言语上,三乘十二分教岂是无言语?因什么更道教外别传?若从学解机智得,只如十地圣人,说法如云如雨,犹被呵责,见性如隔罗縠。以此故知,一切有心,天地悬殊,虽然如此,若是得的人道,火不能烧口,终日说事,未尝挂着唇齿,未尝道着一字,终日着衣吃饭,未尝触着一粒米,挂一缕丝,虽然如此,犹是门庭之说也,须是实得恁么始得。②

佛法本来现成,只因众生外求,故而转远转疏,为使人们契悟宗乘,云门告诫人们,脱开言语,顿歇思虑,佛法本来现成。云门指示心要云:

> 我寻常向汝道,微尘刹土中,三世诸佛西天二十八祖唐土六祖,尽在拄杖头说法,神通变现,声应十方,一任纵横。尔还会么?若不会,且莫掠虚。虽然如此,且谛当实见也未?直饶到此田地,也未梦见衲僧沙弥在。三家村里不逢一人。师(文偃)蓦拈拄杖,划地一

---

① 《人天眼目》卷二,《大正藏》第48卷,第313页中。
② 《五灯会元》卷一五,《续藏经》第80册,第303页下。

下,云:总在这里。又划一下,云:总从这里出去也。珍重。①

云门云:"三世诸佛西天二十八祖唐土六祖,尽在拄杖头说法。"云门此说,意在何处?若见"三世诸佛,历代祖师"在柱杖头说法,那是见鬼。若不见"三世诸佛,历代祖师"在柱杖头上说法,则是自迷。云门又将柱杖划地一下,云,"总在这里","总从这里出去"。祖师西来,意在这里,云门禅意,亦在这里。

① 云门"三关"。云门禅师曾用"三关"表述他的禅法,亦即云门三句:"函盖乾坤,目机铢两,不涉万相。"涵盖乾坤,即自性之光,犹如明镜,包罗万象。目机铢两,即自心之光,显现差别,历历分明。不涉万相,即自性之光,一尘不染,清清净净。此三种功用,不离一心,若能一处勘破,则三处即一处。何是这"一处"? 一处者,万法之本源。三处者,一处之三德。若能透过这"一"关,便能一通百畅,此便是云门所说的"一锄破三关"。云门上堂云:

函盖乾坤,目机铢两,不涉春缘,作么生承当?代云:一镞破三关。师(云门)或云:南来北往,飞禽走兽,为什么却有异?代云:辨却多少人。或云:尔诸人,担钵囊行脚,不知有佛法。佛殿上蚩吻,却知有佛法。代云:佛殿里装香,三门外合掌。师或以拄杖一划云:微尘诸佛尽在这里。还辨得尽么? 代云:日出东方夜落西。②

"三关"无非"一关","一关"即是"一心"。此心本来函盖乾坤,此心本来目机铢两,此心本来不涉万相,学人只须如是识得。云门禅师的弟子——德山缘密,又把"云门三关"归纳为"三句",即"函盖乾坤句,截断众流句,随波逐浪句",且以偈颂而释之:

函盖乾坤:乾坤并万象,地狱及天堂,物物皆真现,头头总不伤。

---

① 《云门匡真禅师广录》卷上,《大正藏》第47卷,第550页上、中。
② 同上书,第563页上。

截断众流:堆山积岳来,一一尽尘埃,更拟论玄妙,冰消瓦解摧。

随波逐浪:辩口利舌问,高低总不亏,还如应病药,诊候在临时。①

可见,云门"截断众流"之法,意在"一锄破三关",所谓"一镞辽空,超脱意言,不留情见,以无伴为宗"。

② 云门禅师的"一字禅"。截断横流,堵断妄想,此亦是云门禅法的一大特点。云门禅师接引学人,每每用一语、一字,蓦地"截断葛藤",使学人于"妄念顿断"之时,当下鉴得"自家本真"。

问:树凋叶落时如何? 师(云门)曰:体露金风。

问:如何是佛? 师曰:干屎橛。

问:如何是诸佛出身处? 师曰:东山水上行。

问:古人面壁,意旨如何? 师曰:念七。

问:如何是祖师西来意? 师曰:日里看山。②

学人想从禅师口里讨个消息,然后,再用意识加以推断,这对于参禅悟道来说,实在是南辕北辙,背道而驰,所以,学人前来问话,云门总是用莫名其妙的一句、一字作答,以此"堵断妄想"。云门禅师的"一字相酬"的禅机回答,被人们称为"云门一字禅"。

问:如何是正法眼? 师曰:普。

问:如何是啐啄机? 师曰:响。

问:如何是云门一路? 师曰:亲。

问:杀父杀母,向佛前忏悔。杀佛杀祖,向什么处忏悔。师曰:露。

问:凿壁偷光时如何? 师曰:恰。

---

① 《云门匡真禅师广录》卷中,《大正藏》第47卷,第576页中。
② 《五灯会元》卷一五,《续藏经》第80册,第306页上。

问：三身中那身说法？师曰：要。①

在云门禅师的禅机问答中，所问与所答，没有任何事实上的逻辑关系，因此，学人面对云门禅师的回答，无法展开其逻辑思维。逻辑思维展开不得时，正是"言语道断，心行处灭"时。此时，正是"悟入真乘的一个大好机缘"。云门禅师的用意，亦正在这里。

③ 云门禅师的"顾、鉴、咦"。云门更有"顾、鉴、咦"之法。所谓"顾、鉴、咦"，即每当学人前来问话，云门必特"顾"之，且曰：鉴。学人不解，拟议思虑，云门便曰：咦。这种方法，被人们称之为"顾、鉴、咦"。这也是云门禅师接引学人的独特手法。《人天眼目》云：

> 师（云门）每见僧，以目顾之，即曰鉴，或曰咦。而录者曰"顾鉴咦"。后来德山圆明密禅师，删去顾字，但曰"鉴咦"，故丛林目之曰抽顾。②

智门光祚颂云：

> 云门顾鉴笑嘻嘻，拟议遭他顾鉴咦，任是张良多智巧，到头终是也难施。③

云门宗风，绝断众流，不容拟议，凡圣无路，情解不通，若非上上根，难以窥其堂奥。

④ 云门禅师的"呵佛骂祖"。为了打破学人的对佛祖的执著，云门禅师不惜用"呵佛骂祖"的手段，为人解粘去缚，以示"别传之旨"。云门禅师云：

> 举世尊初生下，一手指天，一手指地，周行七步，目顾四方，云：天上天下，唯我独尊。师云：我当时若见，一棒打杀与狗子吃却，贵

---

① 《五灯会元》卷一五，《续藏经》第 80 册，第 306 页上、中。
②③ 《人天眼目》卷二，《大正藏》第 48 册，第 312 页中。

图天下太平。①

　　诸方老秃奴,曲木禅床上座地,求名求利,问佛答佛,问祖答祖,屙屎送尿也,三家村里老婆传口令相似,识个什么好恶?总似这般的,水也难消。②

绝断众流,斩断系缚,不许丝发碍于胸中,此乃云门与人解粘去缚之手段。学人若能于此"凡圣情解,一时顿消"之时,豁然识得自家本真,则"别传之旨"明矣。云门禅法,手段种种,然而,归宗之意,无非如此。

干和七年四月十日,云门文偃端坐示寂,世寿八十五。云门文偃的肉身,至今还保存在云门山,且有《云门匡真禅师广录》三卷留世。

云门文偃的嗣法弟子,《景德传灯录》记有六十一人,较著名者有:白云子祥禅师、德山缘密禅师、新开颢鉴禅师、双泉师宽禅师、香林澄远禅师、洞山守初禅师、泐潭道谦禅师、奉先深禅师、双泉仁郁禅师、披云智寂禅师等等。在云门文偃的众多弟子中,传承其法脉而至远者有四人:香林澄远、双泉师宽、德山缘密、双泉仁郁。其中,香林澄远最著名。

3. 云门宗的后世传承

云门文偃禅师的弟子中,以香林澄远为上首。香林澄远住持益州青城山香林院。香林澄远的弟子中,以智门光祚为上首,绕路说禅,门风高峻,有《智门光祚禅师语要》一卷。智门光祚的弟子中,以雪窦重显为最著名,弘法亦最盛,所以,雪窦重显这一时期的云门禅法,被称为云门中兴。云门宗在五代时兴起,入宋之时与临济宗并兴,及金人入侵,宋都南迁,此时的云门宗也就进入了衰微之状。以下,我们将按照云门宗后世传承的顺序叙述其历史过程。

香林澄远禅师(907—987),汉州绵竹(四川省绵竹县)人,姓上官,幼年在成都真相院出家,16岁受具足戒,后游诸方,至云门道场,深得云门

---

① 《云门匡真禅师广录》卷中,《大正藏》第47册,第560页中。
② 《云门匡真禅师广录》卷上,《大正藏》第47册,第553页上。

器重,故十八年为云门侍者。十八年中,云门常常呼唤:澄远。澄远便应声而诺。云门禅师便问他:是什么?如此呼唤,如此应诺,如此相问,十八年之久。一日,云门禅师呼唤:澄远。澄远应声而诺。云门禅师又问他:是什么?澄远当下有省。云门说:从今往后,我不再唤你了。澄远禅师之悟,乃"闻声悟道"之典型。一日,澄远辞别云门,云门问道:光含万象一句,作么生道?澄远禅师拟议,云门禅师便令他再住三年。① 后来,澄远禅师返回蜀地弘法,初住导江县水晶宫,不久,移锡青城县承天寺,北宋初年,承天寺改名为香林院,澄远禅师住持香林院四十年,故人称香林澄远禅师。

香林澄远继承了云门文偃的禅法,亦继承了云门文偃的禅风,禅机问答,多用"绝断众流"的手段。

>僧问:美味醍醐,为什么变成毒药?师(澄远)曰:导江纸贵。
>
>问:见色便见心时如何?师曰:适来什么处去来?
>
>曰:心境俱忘时如何?师曰:开眼坐睡。
>
>问:北斗里藏身,意旨如何?师曰:月似弯弓,少雨多风。
>
>问:如何是诸佛心?师曰:清则始终清。曰:如何领会?师曰:莫受人谩好。②

澄远禅师的这段禅机问答,全是"问东答西"的话,尽属"应病与药"的语,若论其宗旨,无非是"打断葛藤,亲证当下",所谓明心见性。试看澄远禅的上堂语,其禅法宗旨,昭然可见。

>上堂,是汝诸人,尽是担钵囊,向外行脚,还识得性也未?若识得,试出来道看,若识不得,只是被人热谩将去。且问汝诸人,是汝参学日久,用心扫地煎茶,游山玩水,汝且钉钉,唤什么作自性?诸人且道,始终不变不异,无高无下,无好无丑,不生不灭,究竟归于何

---

① 参《指月录》卷二一,《续藏经》第 83 册,第 634 页中。
② 《五灯会元》卷一五,《续藏经》第 80 册,第 309 页上。

处?诸人还知得下落所在也未?若于这里知得所在,是诸佛解脱法门,悟道见性,始终不疑不虑,一任横行,一切人不奈汝何,出言吐气,实有来处。①

澄远禅师的上堂语,道破学人之病处:一味向外求索,不见自己佛性。何以不见自己佛性?只因着佛语,被佛语所谩,着祖意,被祖意所谩。若欲不被佛语祖意所谩,先须不被自己所谩,若欲不被自己所谩,则须返观识得自性,所谓明心见性,如此,则佛语祖意不相谩矣。

宋太宗赵光义雍熙四年(987),澄远禅师预知时至,向成都知府宋公珰告辞云:老僧行脚去。通判在旁,惑曰:这疯和尚,已是八十岁高龄,他到哪里行脚?宋公珰却说:大善知识,去住自由。澄远禅师又告众曰:老僧四十年,方打成一片。言讫而逝,塔于香林院。

香林澄远禅师的嗣法弟子,《景德传灯录》仅记有一人:灌州罗汉和尚。《五灯会元》记有三人:智门光祚禅师、灌州罗汉和尚、香林信禅师,其中,智门光祚最著名,法脉传承亦最远。

智门光祚之生辰、籍贯、姓氏,皆无记载。光祚禅师参香林澄远而悟,密受心印,承续法脉。光祚悟后,住持湖北随州智门寺,故人称智门光祚。

智门光祚继承云门宗风,其禅语多用"问东答西,披荆斩棘"之法。学人面对其"问东答西"的禅话,往往是"言语道断,思虑全亡"。其禅机问答云:

僧问:如何是佛?师(智门光祚)曰:踏破草鞋赤脚走。(僧)曰:如何是佛向上事?师曰:拄杖头上挑日月。

问:如何是祖师西来意?师曰:眼不见鼻。曰:便怎么领会时如何?师曰:鼻孔里呷羹。

问:曹溪路上还有俗谈也无?师曰:六祖是卢行者。

---

① 《五灯会元》卷一五,《续藏经》第80册,第309页中。

> 问:一切智智清净,还有地狱也无? 师曰:阎罗王是鬼做。①

智门光祚禅师的这些禅机问答,全无道理可讲,亦无道理可寻,此便是禅门所谓的无理路话。所谓无理路话,就是所问与所答之间,没有任何逻辑关系,思虑言动不得其用的禅话。正是因为所问与所答之间,没有任何逻辑关系,所以,学人面对"无理路话",无法展开其逻辑思维。逻辑思维无法展开时,正是"言语道断,思虑顿亡"时,此正是契悟真乘之机缘。用无理路话,隔断学人的逻辑思维,以达"断妄证真"的目的,这便是云门宗常常运用的禅法手段,智门光祚也继承了这一手段。

相对于智门光祚的禅机问答,其上堂普说倒是略显几分"直心直说"的禅风。其上堂语云:

> 一法若有,毗卢堕在凡夫。万法若无,普贤失其境界。正当恁么时,文殊向什么处出头? 若也出头不得,金毛师子腰折。幸好一盘饭,莫待糁椒姜。②

一法不有,莫落于空。万法不空,莫住于色。落于空,则黑山背后,灰身灭智。住于色,则捕风捉影,定性凡夫。色即是空,空即是色,色空二名,同实异名。若亦明得色空二相之同源本真处,则色色尽是文殊显现,声声全是观音当前,哪有不是佛法处? 若也不见此意,则"毗卢堕在凡夫"。所以智门光祚开示曰:"正当恁么时,文殊向什么处出头? 若也出头不得,金毛师子腰折。"

智门光祚的禅法,亦有文字禅的特点。在他的禅话语录里,至简至易的禅法,却被蒙上了一层浮华之词,使得学人难见其禅义。光祚颂三把鼻云:

> 座主巴鼻,休夸不二,维摩一默,文殊失利。

―――――
① 《五灯会元》卷一五,《续藏经》第80册,第318页上、中。
② 同上书,第318页中。

衲僧巴鼻,高原陆地,不生莲华,岂容香气?

禅师巴鼻,师子游戏,水涨船高,蒲牢颭屃。①

如此三把鼻颂,何人借此能悟?此颂,亦只是颂者自斟自饮,难成导俗化他之功。智门光祚的弟子雪窦重显,对智门光祚的禅风再行推进,使得颂古评唱成了当时的主导禅风。

智门光祚的嗣法弟子,《景德传灯录》无记载。《五灯会元》记有十人:雪窦重显禅师、延庆子荣禅师、百丈智映禅师、南华宝缘禅师、护国寿禅师、九峰勤禅师、云盖继鹏禅师、黄龙海禅师、彰法澄泗禅师、云台省因禅师等,其中最著名者,莫过于雪窦重显禅师。

雪窦重显(981—1052),遂州(四川省潼州府遂宁)人,姓李,于益州(四川省程度府)普安院出家,二十二岁受具足戒。之后,出蜀游方,至复州之北塔,参谒智门光祚禅师,问云:不起一念,云何有过?光祚示意,近前会话。重显近前,才欲问话,光祚蓦地以拂子打其口,重显妄念顿歇。稍后,重显又拟开口,光祚又打。此时,重显开口不得,动念不得。正于"开口不得,动念不得"时,豁然开悟。悟后,再住五年,以资锻炼。后住雪窦山资圣寺,开堂弘法三十一年,法音寰宇,学侣奔集,故人称雪窦重显禅师。雪窦重显禅师以其独特的方式,阐扬禅门心法,故《补续高僧传》云:"云门一宗,得雪窦而中兴。"

雪窦重显禅师,素有"工翰墨"之显名,他在未悟道之时,就曾有诗云:"红芍药边方舞蝶,碧梧桐里正啼莺。离亭不折依依柳,况有青山送又迎。"造句清新,意境深密,确属诗中之上品。然而,诗是诗,禅是禅,且不可谓天下诗家是禅师。雪窦重显悟道之后,其意境更加高远超拔,再配之以诗文天赋,遂成当时禅宗颂古评唱之显赫人物。

在禅宗史上,雪窦重显顺着汾阳善昭"颂古"之风,选取了禅宗史中的一百则公案,以歌颂的形式,拈出其中的玄旨,而成《颂古百则》一卷。

---

① 《古尊宿语录》卷三九,《续藏经》第68册,第257页中。

所谓"颂古",即以韵文歌颂的形式,对禅门公案进行赞誉性解释,以揭示出其中的心学奥义。颂古之风,创始于汾阳善昭,发展于雪窦重显,造极于圆悟克勤。这样,颂古评唱之禅风,便成了当时禅学的一种重要表达形式,此亦禅门衰象之征兆也。《禅林宝训》云:

> 教外别传之道,至简至要,初无他说,前辈行之不疑,守之不易。天禧间,雪窦以辩博之才,美意变弄,求新琢巧,继汾阳为颂古,笼络当世学者,宗风由此一变矣。逮宣政间,圆悟又出己意,离之为《碧岩集》。彼时迈古淳全之士,如宁道者死心灵源佛鉴诸老,皆莫能回其说,于是,新进后生,珍重其语,朝诵暮习,谓之至学,莫有悟其非者,痛哉!学者之心术坏矣。绍兴初,佛日入闽,见学者牵之不返,日驰月骛,浸渍成弊,即碎其板,辟其说,以至祛迷援溺,剔繁拨剧,摧邪显正,特然而振之,衲子稍知其非而不复慕。然非佛日高明远见,乘悲愿力救末法之弊,则丛林大有可畏者矣。①

佛日者,即大慧宗杲禅师是也。何以大慧宗杲出而制止此文字禅风呢?盖因禅师与学人,津津乐道于文字言说,巧辩玄解于古代公案,遂耽搁于文字言说、巧辩玄解,忘却了返本还原之大旨。

尽管雪窦重显以颂古评唱的形式而绕路说禅,然而,若论其宗旨,唯是"识自本心,见自本性"。除此之外,更无别意。雪窦重显上堂云:

> 人天普集,合发明个什么事?焉可互分宾主、驰骋问答便当宗乘去?广大门风,威德自在,辉腾今古,把定乾坤,千圣只言自知,五乘莫能建立,所以声前悟旨,犹迷顾鉴之端,言下知宗,尚昧识情之表。诸人要知真实相么?但以上无攀仰,下绝己躬,自然常光现前,个个壁立千仞。还辩明得也无?未辩辩取,未明明取。既辩明得,能截生死流,同据佛祖位,妙圆超悟。正在此时,堪报不报之恩,

---

① 《禅林宝训》卷四,《大正藏》第 48 卷,第 1036 页中、下。

以助无为之化。①

雪窦重显亦继承了云门一派"一言半语,截断众流"的手法,使学人于"妄念顿断"之时,亲证自心本性。可惜,学人多是错过了也,所以雪窦重显说"放过一着"。

  问:如何是佛法大意?师(重显)曰:祥云五色。曰:学人不会。师曰:头上漫漫。
  问:达磨未来时如何?师曰:猿啼古木。曰:来后如何?师曰:鹤唳青霄。曰:即今事作么生?师曰:一不成,二不是。
  问:和尚未见智门时如何?师曰:尔鼻孔在我手里。曰:见后如何?师曰:穿过髑髅。②

学人不老实,以莫名其妙的禅话问于禅师。禅师漫言说,以卖弄玄虚的禅话答于学人。这样,除了弄些玄虚,更有何益?学人口中的莫名其妙的禅话,全是从禅师那里学来的,即今却成了返本还源的障碍。谁之过?

宋仁宗帝皇祐四年,雪窦重显示寂,世寿七十三,谥明觉,留世著作有《颂古百则》、《洞庭语录》、《雪窦开堂录》、《瀑泉集》、《祖英集》、《颂古集》、《拈古集》、《雪窦后录》七种,其嗣法弟子,《续传灯录》记有八十四人,《五灯会元》记有十一人:天衣义怀禅师、称心省倧禅师、万寿助禅师、称心守明禅师、承天传宗禅师、南明日慎禅师、投子法宗道者、宝相蕴观禅师、君山显升禅师、洞庭惠金典座,等等,其中最著名者,莫过于天衣义怀禅师。

天衣义怀禅师(989—1060),永嘉乐清人,姓陈。北宋仁宗天圣年间,义怀禅师参加试经而得度出家,后参雪窦重显而得悟。

  觉(重显)问:汝名什么?(义怀)曰:义怀。觉曰:何不名怀义?

---

①②《五灯会元》卷一五,《续藏经》第80册,第322页中。

曰：当时致得。觉曰：谁为汝立名？曰：受戒来十年矣。觉曰：汝行脚费却多少草鞋？曰：和尚莫瞒人好。觉曰：我也没量罪过，汝也没量罪过，你作么生？师无语。觉打曰：脱空谩语汉！出去！

入室次，觉曰：怎么也不得，不怎么也不得，怎么不怎么总不得。师拟议。觉又打出。①

义怀如此请益四次，四次皆被打出。一日，义怀禅师挑水，扁担突然而断，水桶落地，此时，义怀禅师"妄念顿息，豁然大悟"，他当即而作偈云：

一二三四五六七，万仞峰头独足立。
骊龙颔下夺明珠，一言勘破维摩诘。②

重显禅师知道了义怀禅师的悟缘，拍案称善，予以印可。不久，即辞别雪窦，住持越州天衣山（今浙江绍兴境内）弘扬禅门心法，故人称天衣义怀禅师。其著名的上堂语云：

雁过长空，影沉寒水。雁无遗踪之意，水无留影之心。若能如是，方解向异类中行。不用续凫截鹤，夷岳盈壑。放行也百丑千拙，收来也挛挛拳拳。用之，则敢与八大龙王斗富。不用，都来不值半分钱。参！③

万相心中空去来，岂有朕迹可留？相不住心，心不留影，心相一体，妙用无边，所以，义怀禅师云："用之，则敢与八大龙王斗富。不用，都来不值半分钱。"此是什么？义怀禅师云："参。"

北宋仁宗嘉祐五年（1060），天衣义怀禅师示寂，世寿七十二。天衣义怀的嗣法弟子，《五灯会元》记有三十六人，较著名者有：慧林圆照禅师、法云法秀禅师、慧林觉海禅师、长芦应夫禅师、佛日智才禅师、天钵重

---

① ②《五灯会元》卷一六，《续藏经》第80册，第328页中。
③ 同上书，第328页下。

元禅师、瑞岩子鸿禅师、栖贤智迁禅师,等等,其中,慧林圆照(亦称慧林宗本)禅师最著名。

4. 慧林宗本及同时代的云门宗著名禅师

慧林宗本禅师(1020—1099),常州无锡人,姓管,年十九依姑苏承天永安道升禅师出家,巾侍十载,剃度受具。又三年,辞别永安道升禅师,参学诸方,至池阳谒天衣义怀禅师,一言相契,顿悟本来。

> 宗(天衣义怀)举:天亲从弥勒内宫而下,无着问云:人间四百年,彼天为一昼夜,弥勒于一时中,成就五百亿天子证无生法忍,未审说什么法?天亲曰:只说这个法。如何是这个法?师(慧林宗本)久而开悟。一日,室中问师(宗本):即心即佛时如何?曰:杀人放火有什么难?于是名播寰宇。①

三世诸佛,历代祖师,种种方便,只说这个法。百千妙用,生灭幻化,尽是源于这个法,即使"杀人放火",亦非例外。证得此法,谓之"识心达本源"。

慧林宗本禅师的禅机问答,亦具有"问东答西,截断横流"的特点。

> 僧问:如何是祖师西来意?师(宗本)曰:韩信临朝。曰:中下之流,如何领会?师曰:伏尸万里。曰:早知今日事,悔不慎当初。师曰:三皇冢上草离离。②

六祖慧能之后,禅宗的参问酬答,逐渐走上了"问东答西"的禅话形式,特别是五家分灯之后,就更是如此,慧林宗本禅师亦是如此。然而,宗本禅师的上堂普说,倒是具有几分质朴。其上堂语云:

> 看!看!烁烁瑞光照大千界,百亿微尘国土,百亿大海水,百亿须弥山,百亿日月,百亿四天下,乃至微尘刹土,皆于光中,一时发

---

① 《五灯会元》卷一六,《续藏经》第80册,第334页中。
② 同上书,第334页下。

现,诸仁者,还见么?若也见得,许汝亲在瑞光,若也不见,莫道瑞光不照好。参!①

烁烁瑞光,只是自家心光,可惜,学人不会,未得其功。拈花无人笑,相安无事好。

哲宗元符二年(1099),宗本禅师入灭,春秋八十岁,塔于苏州之灵岩。有《慧林宗本禅师别录》留世。

云门文偃门下,除了香林澄远→智门光祚→雪窦重显→天衣义怀→慧林宗本这一禅系之外,同时还有三个著名禅系:1.双泉师宽→五祖师戒→泐潭怀澄→育王怀琏(大觉怀琏)。2.德山缘密→文殊应真→洞山晓聪→佛日契嵩。3.双泉仁郁→开先善暹→佛印了元。

北宋前中期,云门宗逐渐由岭南向北推移,出现了许多有影响的禅师,其中圆通居讷(1010—1071)、大觉怀琏(1009—1090)、佛印了元(1032—1098)、佛日契嵩(1011—1072)、雪窦重显、慧林宗本等最著名。以上著名禅师与云门文偃的传承关系,如图所示:

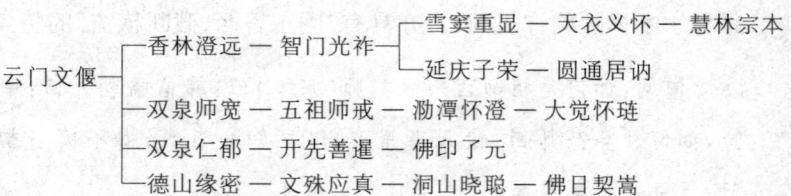

圆通居讷,梓州中江(今属四川)人,俗姓蹇,十一岁出家,参延庆子荣而悟,悟后随侍子荣禅师十年,之后,先住庐山归宗寺,后住圆通寺,故人称圆通居讷禅师。庆历四年(1044),欧阳修游览庐山,与居讷禅师谈论佛法,深得受益,肃然起敬。皇祐初,诏请居讷禅师住持汴京净因寺,他因疾而辞,推举大觉怀琏。

大觉怀琏和尚,福建省漳州人,俗姓陈,少年出家,师事泐潭怀澄十

---

①《五灯会元》卷一六,《续藏经》第80册,第334页下。

余年,五十四岁应召入内,阐扬佛法,其著名禅语云:"古佛堂中,曾无异说。流通句内,诚有多谈。得之者,妙用无穷。失之者,触途成滞。所以,溪山云月,处处同风。水鸟树林,头头显道。若向迦叶门下,直得尧风荡荡,舜日高明。野老讴诃,渔人鼓舞。当此之时,纯乐无为之化,焉知有恁么事?"宋仁宗大悦,赐"大觉禅师"。

佛印了元,饶州浮梁(今属江西)人,姓林,未入佛门前,精通儒学,擅长诗文书法。悟道之后,曾住持庐山归宗寺、镇江金山寺、江西云居寺等,"凡四十年间,德化缁素,缙绅之贤者多与之游"。佛印了元禅师与苏轼兄弟、黄庭坚等著名文人交往甚深,与理学家周敦颐结青松社,自为社主,推动了宋明理学的产生。

佛日契嵩禅师,藤州镡津李氏子,七岁出家,十三得度,十九游方,遍参知识,后参洞山晓聪禅师而得悟本。佛日契嵩之禅风,俊杰豪迈,史载:"其文之高拔胜迈,绝出古今……然求世之知言审音者,不亦难其人哉!"①契嵩一生,著述颇丰,据称"所著书自《定祖图》而下,谓之《嘉祐集》,又有《治平集》,凡百余卷,总六十余万言"②。契嵩的著作并没有完全被保存下来,两宋之际,散佚颇多,宋代禅僧怀悟禅师,历时二十余年,仅收集到了契嵩著作的一半,名之曰《镡津文集》,其余皆散佚无闻矣。此外还有《传法正宗记》、《传法正宗论》和《传法正宗定祖图》。

契嵩在禅宗史上的贡献,一是他的《辅教编》,广征博引,以证"儒释道三家,本无二致",提倡三教融合,维护佛教正见。二是他的《传法正宗定祖图》、《传法正宗论》等,确定了禅宗的传法世系。

熙宁四年(1071)六月四日,契嵩禅师有偈曰:后夜月初明,吾今喜独行,不学大梅老,贪随鼯鼠声。至中夜而化,赐号明教大师。

云门宗自南宋起开始衰微,至元初其法系已无从查考。

---

① 《镡津文集》卷一九,《大正藏》第 52 卷,第 747 页上。
② 《镡津文集》卷一,《大正藏》第 52 卷,第 648 页下。

四、法眼宗

法眼宗的创始人乃法眼文益禅师。在法眼宗的历史传承中,从石头希迁至雪峰义存这一时段,是法眼宗与云门宗形成之前的共史,这段共史,已在云门宗作了叙述,因此,我们叙述法眼宗的前史,则从雪峰义存的弟子——玄沙师备开始。关于法眼宗的历史,《人天眼目》概括云:雪峰傍出玄沙备,地藏法眼益尊贵,韶国师传寿与津,佛法新罗而已耳。①根据《人天眼目》的概括,法眼宗的师徒传承关系如下:雪峰义存—玄沙师备—罗汉桂琛—清凉文益—天台德韶—永明延寿—朝明津。我们对法眼宗历史的叙述,将按照这传承关系进行叙述。

1. 法眼宗的形成过程

玄沙师备禅师,雪峰义存之嗣法弟子,福建人,姓谢,少年之时,泛小舟于江上,以钓鱼为乐事。唐咸通初年(860),师备三十岁,心生出尘之志,投芙蓉灵训禅师出家,又往豫章开元寺受具足戒。之后,精进修行,终日坐禅。玄沙师备与雪峰义存,皆在芙蓉灵训禅师门下参学,然而,玄沙师备却侍雪峰义存如师,雪峰义存也确实起到了禅门师资的作用。

> 一日峰(雪峰义存)问:阿那个是备头陀?师(玄沙师备)曰:终不敢诳于人。异日,峰召曰:备头陀何不遍参去?师曰:达磨不来东土,二祖不往西天。峰然之。暨登象骨山,乃与师同力缔构,玄徒臻萃。师入室咨决,罔替晨昏,又阅楞严,发明心地。由是应机敏捷,与修多罗冥契,诸方玄学有所未决,必从之请益。②

师备禅师悟后,初住普应院,后住玄沙,开法接众,天下丛林,望风而礼。闽帅王审知,亦执弟子之礼,并奏赐紫衣,号宗一大师,故人称玄沙师备宗一禅师。

---

① 《人天眼目》卷六,《大正藏》第48卷,第336页上。
② 《五灯会元》卷七,《续藏经》第80册,第149页上。

玄沙师备继承雪峰义存之禅法,直截了当地开示禅门心法。玄沙师备云:

> 佛道闲旷,无有程途。无门,解脱之门。无意,道人之意。不在三际,故不可升沉。建立乖真,非属造化。……镜照诸像,不乱光辉,鸟飞空中,不杂空色,所以十方无影像,三界绝行踪,不堕往来机,不住中间意。①

玄沙师备的开示,直显禅门心法:心法不属造作,不落阶级,修之不成,废亦不坏,本来皎皎现成事,只须返观一鉴,便能了然明白。既然如此,则不须外觅,不须用功,何以故? 外觅则成背道而驰,用功则属有为造作,终不是本分事。玄沙师备云:

> 法法恒然,性性如是,切忌外觅。若具大信根,诸佛只是诸人自受用三昧,行住坐卧未曾不是。②

玄沙师备所说之事,非情量所及,非智解所到,唯通身放下,返观自鉴,方有相应的分。若能鉴得明白,则即凡而圣。若亦颟顸笼统,则即圣而凡。圣智廓彻,不落凡圣,妙用恒沙,不着一物,此正是一个本来如是的事实。诸佛祖师,或直指,或彻却,或渐进,或顿显,唯令学人识得这个"原本的真实",唯令学人受益这个"原本的真实",不是向文字义理中问东问西,所以学人问:"如何是自受用三昧?"师备与之否定,曰:"用如许多三昧作么?"

后梁开平戊辰(908),师备禅师示寂,世寿七十四。师备禅师教化于闽地,前后三十余年,其嗣法弟子有漳州罗汉桂琛禅师、福州安国慧球禅师、杭州天龙重机禅师、福州僊宗契符禅师、婺州国泰瑫禅师、衡岳南台诚禅师等十余人,在玄沙师备禅师的众多弟子中,传承其法脉而至远者,

---

① 《玄沙师备禅师广录》,《续藏经》第73册,第29页下。
② 同上书,第1页下。

唯有罗汉桂琛禅师。

罗汉桂琛禅师,常山人,姓李,弱冠后出家,侍本府万岁寺无相大师,先习毗尼,持戒精严,一日,自叹曰:"持犯但律身而已,非真解脱也。依文作解,岂发圣乎?"于是,寻南方宗师,以求发明心地。后参玄沙师备而发明大事。玄沙师备尝问云:三界唯心,汝作么生会?桂琛指着椅子云:和尚唤这个作什么?师备云:椅子。琛云:和尚不会三界唯心。师备云:我唤这个作竹木,汝唤作什么?琛云:桂琛亦唤作竹木。师备云:尽大地觅一个会佛法的人不可得。自尔之后,桂琛愈加激励。

桂琛悟后,先受漳州刺史王诚之请,住持地藏院十余年,后应勤州太保、琅琊公志之请,移居漳州罗汉院,大弘禅门心法,故人称罗汉桂琛禅师。

罗汉桂琛之禅法,善于运用"声相"接引学人。试看其如下开示:

> 风吹松树也是声,虾蟆老鸦也是声,何不那里听取拣择去?若那里有个意度模样,只如老师口里,又有多少意度与上坐。莫错。①

罗汉桂琛亦善用"色相"接引学人。试看其如下开示:

> 师(桂琛)见僧来,举拂子曰:还会么?僧曰:谢和尚慈悲示学人。师曰:见我竖拂子,便道示学人,汝每日见山见水,可不示汝?

> 师又见僧来,举拂子。其僧赞叹礼拜。师曰:见我竖拂子,便礼拜赞叹,那里扫地竖起扫帚,为什么不赞叹?②

一切音声,一切色相,有情无情,尘尘刹刹,尽在这"觉性灵明"中虚生幻现,桂琛禅师的这两则禅话,其意亦在于此。若也会得此意,无师智已得,正好参学。

后唐明宗帝天成三年(928),罗汉桂琛示寂,世寿六十二,荼毗收舍

---

① 《景德传灯录》卷二一,《大正藏》第 51 卷,第 371 页上、中。
② 同上书,第 371 页下。

利,建塔于院之西隅,谥真应,嗣法弟子有清凉文益禅师、清溪洪进禅师、清凉休复禅师、龙济绍修禅师、延庆傅殷禅师、南台守安禅师、天龙院秀禅师等等,其中,传承其法脉而至远者,唯有法眼文益禅师。法眼文益禅师也是法眼宗的创始人。

2. **法眼宗与法眼禅法**

法眼宗的创宗立派者,乃罗汉桂琛禅师的首座弟子——法眼文益禅师。法眼文益禅师(885—958),余杭(今浙江省杭州)人,姓鲁,七岁在新定智通院披剃出家,后于越州(今浙江绍兴)开元寺受具,从希觉律师学习律学。再后来,仰慕禅宗,参访丛林。文益与绍修、法进二禅师结伴,准备往岭南参学。途经地藏院(今在福建漳州),天降大雪,故暂住地藏院。此时,桂琛禅师住持地藏院。桂琛禅师十分器重文益禅师,故锐意而接之。

> 藏(桂琛)问:此行何之?师(文益)曰:行脚去。藏曰:作么生是行脚事?师曰:不知。藏曰:不知最亲切。又同三人举肇论至"天地与我同根"处。藏曰:山河大地,与上座自己是同是别?师曰:别。藏竖起两指。师曰:同。藏又竖起两指。便起去。
>
> 雪霁,辞去。藏门送之。问曰:上座寻常说"三界唯心,万法唯识"。乃指庭下片石曰:且道此石在心内?在心外?师曰:在心内。藏曰:行脚人着什么来由,安片石在心头。师窘无以对,即放包,依席下求决择,近一月余,日呈见解,说道理。藏语之曰:佛法不恁么。师曰:某甲词穷理绝也。藏曰:若论佛法,一切见成。师于言下大悟。①

后来,文益禅师来到江西抚州,应州牧之请,一度住持抚州崇寿院(江西省抚州市)。后来,南唐国主李昇迎请文益禅师至金陵,住持报恩禅院,再后,又迁至清凉寺,一直到他圆寂,皆住持清凉寺,故人称清凉文

---

① 《五灯会元》卷一〇,《续藏经》第80册,第197页上、中。

益禅师。文益禅师圆寂之后,谥大法眼,故亦称法眼文益禅师,法眼文益禅师所创立的禅门宗派,遂被称之为法眼宗。

在同时代的禅师中,文益禅师的禅法独倡"禅教合一"之谈,其禅法开示,语不险而理幽,锋不露而用活,无"呵佛骂祖,隐晦险峻"之时弊。文益禅师之禅法,发扬了石头希迁的"理事明暗"之谈,显示了华严经的"圆理互摄"之境,兼带"三界惟心,万法惟识"之理。禅教圆解,理事兼备,此乃法眼文益禅法之显著特点也。法眼文益自己亦云:

> 大凡祖佛之宗,具理具事,事依理立,理假事明,理事相资,还同目足。若有事而无理,则滞泥不通。若有理而无事,则汗漫无归。欲其不二,贵在圆融。①

借文字而悟实相,依教理而通别传,乃法眼文益之真实为人处。文益云:

> 诸人,各曾看还源观、百门义海、华严论、涅槃经诸多策子,阿哪个教中有这个时节?若有,试举看。莫是恁么经里有恁么语,是此时节么?有什么交涉?所以道,微言滞于心首,常为缘虑之场。实际居于目前,翻为多相之境。又作么生得翻去?若也翻去,又作么生得正去?还会么?莫只恁么念策子,有什么用处?②

由上可见,在文益禅师的道场中,是允许学人读经看教的,只是不许学人"依文造境,徒劳心虑"而已,而是令学人借着"教典文字"之谈,识得"教外别传"之旨——识得诸人自己。假文字而勿滞于名相,通实相而不废于言教,实乃文益禅法之特色也。

融华严之教观,通禅门之实相,禅教融通,归于不二,乃文益禅师之教法。文益禅师颂"华严六相义"云:

---

① 《宗门十规论》卷一,《续藏经》第 63 册,第 37 页下。
② 《金陵清凉院文益禅师语录》,《大正藏》第 47 卷,第 588 页下。

第二章 禅宗

华严六相义,同中还有异。异若异于同,全非诸佛意。诸佛意总别,何曾有同异?男子身中入定时,女子身中不留意。不留意,绝名字,万象明明无理事。①

借助华严圆融之旨,阐发教外别传之意,实乃当时丛林独此一人耳。当时的丛林之风,已是禅语而代经言,少有借经教而示禅意者,然而,法眼文益却不然,依然是借教说禅。

文益禅师的教法,多用顺向指示,少用逆向教法。所谓顺向指示,即顺着学人的问话而开示佛法的大义。逆向教法,即逆着学人的问话而显示佛法的大义,譬如问东答西、无理路话、一字禅,等等,皆属于逆向指示之法。顺向指示,亦是文益禅师的禅法特点。

僧问:如何是曹源一滴水?师(文益)云:是曹源一滴水。②

归宗玄策禅师,曹州人,初名慧超,谒师问云:慧超咨和尚,如何是佛?师云:汝是慧超。超从此悟入。③

师问修山主:毫厘有差,天地悬隔,兄作么生会?修云:毫厘有差,天地悬隔。师云:怎么会又争得?修云:和尚如何?师云:毫厘有差,天地悬隔。修便礼拜。④

若是同时代的其他禅师,面对如上问话,早已是"非棒即喝,问东答西"了。顺向指示与逆向教法,此两种指示方法,若运用得当,皆能令人悟入实相,并无"此是彼非"之定论。

在修行方法上,文益禅师主张"无执无着,无挂无碍"。世俗之人着世相,学佛之人着法相。此两种人,皆不离执著,故不得解脱,因此,文益禅师主张,"无住无着,无挂无碍"即是修行。文益禅师云:"但着衣吃饭,

---

① 《金陵清凉院文益禅师语录》,《大正藏》第47卷,第591页上。
② 同上书,第591页中。
③ 同上书,第591页下。
④ 同上书,第589页下。

行住坐卧,晨参暮请,一切仍旧,便为无事人也。"这种无事人,行于诸事而无事,且不是"闭目塞听,一事不为"的无事人。若不知"事中无事",而是落在"闭目塞听,一事不为"里,此正是"为"也,亦是着相也。

法眼文益之时的丛林,已经生出许多禅门弊病,因此,文益禅师著《禅门十规论》,指出当时丛林之弊端,以期端正禅风,使禅宗得以健康发展。一、自己心地未明,妄为人师。二、党护门风,不通议论。三、举令提纲,不知血脉。四、对答不观时节,兼无宗眼。五、理事相违,不分触净。六、不经淘汰,臆断古今言句。七、记持露布,临时不解妙用。八、不通教典,乱有引证。九、不关声律,不达理道,好作歌颂。十、护己之短,好争胜负。文益禅师所指出的这十种丛林弊端,对于丛林建设、人才培养等,皆具有深远的意义,值得引以为戒。

关于法眼宗的宗风,《人天眼目》概括为:

> 箭锋相拄,句意合机,始则行行如也,终则激发,渐服人心,削除情解,调机顺物,斥滞磨昏,种种机缘,不尽详举。观其大概,法眼家风,对病施药,相身裁缝,随其器量,扫除情解。要见法眼么?人情尽处难留迹,家破从教四壁空。①

周显德五年(958)戊午七月十七日,文益禅师示疾。闰月五日,剃发澡身,跏趺而寂,颜貌如生,世寿七十四,谥大法眼,嗣法弟子有众多,较著名者有:天台德韶国师、清凉泰钦禅师、灵隐清耸禅师、归宗义柔禅师、百丈道恒禅师、永明道潜禅师、报恩慧明禅师、报慈行言禅师、崇寿契稠禅师、报恩法安禅师、长安延规禅师、云居清锡禅师、正勤希奉禅师、罗汉智依禅师等等,其中,弘法最盛者,即是天台德韶禅师,德韶禅师门下又有永明延寿,使法眼宗的法脉极盛一时。延寿禅师之后,法眼宗又延续了一百多年,方渐渐而息。文益禅师有《金陵清凉院文益禅师语录》、《宗门十规论》留世。

---

① 《人天眼目》卷四,《大正藏》第48卷,第325页上。

3. 法眼宗的后世传承

法眼文益禅师创立法眼宗之后,天台德韶国师接续祖师之位,展开了法眼宗的后续发展。天台德韶禅师,处州(今浙江丽水)人,姓陈,年十七在本州龙归寺出家,年十八赴信州开元寺受具足戒,之后,上舒州投子山谒大通禅师,赴潭州龙牙山造居遁禅师,次至抚州疏山参羌仁禅师,久参未悟,最后,至抚州文益禅师会下,随众而行,无有参问。

> 有问者曰:如何是曹源一滴水?法眼曰:是曹源一滴水。于是,师(德韶禅师)大悟于座下,平生疑滞,涣若冰释,感涕沾衣。法眼曰:汝当大弘吾宗,行矣,无自滞。①

德韶乃辞去,在浙江天台山创院弘法,故人称天台德韶禅师。

德韶禅师初住白沙,当时,吴越王钱弘俶任台州刺史,闻德韶禅师的道名,便请他来治所说法,并执弟子之礼,尊其为国师。德韶国师告诉钱弘俶说:"他日为霸主,无忘佛恩。"后汉乾祐元年(948),钱弘俶果然嗣国位,称忠懿王,护持佛教,尤为尽力。当时,天台宗学人羲寂(螺溪)禅师,与德韶国师关系甚密,告诉德韶国师说:"智者之教,年祀浸远,虑多散落。今新罗国,其本甚备,自非和尚慈力,其孰能致之乎?"于是,德韶国师上奏忠懿王,忠懿王便遣使者前往新罗,缮写智者大师之遗著,完备之后,带回国内。德韶国师的这一举措,在中国佛教史上具有重大的意义。

在般若寺,德韶国师拈提禅门心印,开演般若法会,总计十二余会,试举其几则上堂法语,以见其根本大义。

> 佛法现成,一切具足,古人道,圆同太虚,无欠无余。若如是,且谁欠、谁剩、谁是、谁非?谁是会者?谁是不会者?所以道,东去亦是上座,西去亦是上座,南去亦是上座,北去亦是上座,上座因什么得成东西南北?若会得,自然见闻觉知路绝,一切诸法现前。何故

---

① 参《指月录》卷二三,《续藏经》第 83 册,第 655 页中。

如此？为法身无相,触目皆形,般若无知,对缘而照。一时彻底会取好。诸上座,出家儿合作么生？此是本有之理,未为分外。识心达本源,故号为沙门。①

百千三昧门,百千神通门,百千妙用门,尽不出得般若海中。何以故？为于无住本建立诸法,所以道,生灭去来,邪正动静,千变万化,是诸佛大定门,无过于此。②

禅教融摄,同归一心,乃法眼宗之特色,德韶禅师的禅法,亦继承了这一禅法特点。法眼宗的法脉,通过天台德韶传至永明延寿时,就明确地提出了"禅教合一"的具体要求,以救当时禅宗之时弊。

开宝五年(972)六月,德韶国师微示病相,然而,问答如常。二十八日集众言别,跏趺而逝,世寿八十二。

德韶之嗣法弟子甚多,灯录所记有五十八人：永明延寿禅师、长寿朋彦禅师、天宁可弘禅师、五云志逢禅师、报恩法端禅师、报恩绍安禅师、广平守威禅师、报恩永安禅师、光圣师护禅师、奉先清昱禅师、紫凝智勤禅师、雁荡愿齐禅师等,其中,永明延寿禅师弘法最盛。

永明延寿禅师,余杭(浙江省杭州余杭区)人,姓王,早岁信佛,及冠,日一食,颂《法华》,二十八岁出家,因谒天台德韶禅师而顿悟真乘,初住明州雪窦山,后住永明寺,大兴教化,道闻南北,响及海东,高丽国光宗大成王,遣使赍书,施弟子之礼,使高丽国三十六人依延寿禅师为师,学成归国,于是,法眼宗传于海东。

法眼宗发展到永明延寿禅师之时,就明确地提出了"禅教合一"的要求,永明延寿禅师也是如此而行的,在修持方法上,他力行念佛、持咒、念经之法,以助"契心合道"之行。在教化的方法上,"开宝七年,入天台山度戒约万余人,常与七众授菩萨戒"③,延寿禅师授戒度僧,不废教下方

---

① 《景德得传灯录》卷二五,《大正藏》第51卷,第409页上。
② 《五灯会元》卷一〇,《续藏经》第80册,第201页上。
③ 《五灯会元》卷一〇,《续藏经》第80册,第211页中。

便,会归本源真心,此也"禅教合一"之典范。延寿禅师云:

> 夫万善是菩萨入圣之资粮,众行乃诸佛助道之阶渐,若有目而无足,岂到清凉之池? 得实而忘权,奚升自在之域? 是以方便般若,常相辅翼,真空妙有,恒共成持。《法华》会三归一,万善悉向菩提,《大品》一切无二,众善咸归种智。①

可见,永明延寿禅师的万善之行,乃法界庄严之相,亦唯心净土之德,此"法界庄严"、"唯心净土",即永明延寿禅师一向所尊的"唯一真心"。其《唯心诀》云:

> 千途异说,随顺机宜,无不指归一法而已,故《般若》唯言无二,《法华》但说一乘,《思益》平等如如,《华严》纯真法界,《圆觉》建立一切,《楞严》含裹十方,《大集》染净融通,《宝积》根尘泯合,《涅槃》咸安秘藏,《净名》无非道场,统摄包含,事无不尽,笼罗该括,理无不归,是以一法千名,应缘立号。②

可见,延寿禅师的净土之说,合于禅宗的唯是一心,合于教下的万名一实,不异历代祖师之说,不别圆顿一乘之教。

再看永明延寿禅师的禅机问答。永明延寿禅师的禅机问答,表面而看,则是问东答西,实际上而论,则是直指人心。

> 问:成佛成祖,亦出不得。六道轮回,亦出不得,未审出什么处不得? 师(延寿)曰:出汝问处不得。③

延寿禅师的这句答话,不是一句"无理路话",而是一句"禅门直指",直指这一念起处——问话的是谁? 非心不问,非心不答,问之与答,无非一心。亦即成佛成祖,出不得这一心。六道轮回,出不得这一心。一切

---
① 《万善同归集》卷一,《大正藏》第48卷,第958页下。
② 《永明智觉禅师唯心诀》,《大正藏》第48卷,第993页下。
③ 《五灯会元》卷一〇,《续藏经》第80册,第211页上。

举措施为,皆出不得这一心,这一心是万法之本源。

> 问:教中道,一切诸佛及诸佛法,皆从此经出,如何是此经? 师(延寿)曰:长时转不停,非义亦非声。曰:如何受持? 师曰:若欲受持者,应须着眼听。①

真经非纸墨,非义亦非声,真经无相体,万相从此出。延寿禅师之意,无非如此,所以禅门有言:"眼处闻声方得知。"

开宝八年(975)十二月,延寿禅师示现病相,又过二日,焚香告众,跏趺而寂,塔于大慈山。其留世著作有《宗镜录》、《万善同归集》、《唯心诀》、《三支比量义钞》、《心赋注》等等,其嗣法弟子,《五灯会元》无记载,《景德传灯录》记有二人,且无言录。

清凉文益之下,除了天台德韶→永明延寿这一法脉之外,还有另一重要的法脉,那就是清凉泰钦→云居道齐→瑞岩义海→翠岩嗣元这一禅脉传承。若论其法脉传承,稍远于天台德韶→永明延寿这一禅系,然而,若论其影响,却远不及天台德韶→永明延寿这一禅系。

五、曹洞宗

曹洞宗是禅宗史上传承最远的二个宗派之一(另一个是临济宗)。曹洞宗的开创者乃洞山良价,及洞山良价之弟子——曹山本寂。洞山良价与曹山本寂先后在江西高安县的洞山、吉水县的曹山,弘扬禅门心法,成一家之宗风,故称之为曹洞宗。曹洞宗由洞山良价与曹山本寂所创立,然而,将其法脉传承至远者,却不是曹山本寂,而是洞山良价的另一著名弟子——云居道膺禅师,所谓"曹洞法脉,贯穿古今",即是指洞山良价门下的云居道膺这一禅系。关于曹洞宗的历史传承,《人天眼目》概括云:"青石药山云洞祖,云膺同安丕志附,梁山亲得大阳玄,投子芙蓉淳独

---

① 《五灯会元》卷一〇,《续藏经》第80册,第211页中。

步。"① 根据《人天眼目》的概括,曹洞宗的师徒传承关系如下:青原行思→石头希迁→药山惟俨→云岩昙晟→洞山良价→云居道膺→同安丕→同安志→梁山缘观→大阳警玄→投子义青→芙蓉道楷→丹霞子淳。我们对曹洞宗发展史的叙述,将按照这传承关系进行。

1. 曹洞宗的形成过程

从石头希迁至曹洞宗的形成,经历了以下几位禅师的相继传承:如图所示:

石头希迁 — 药山惟俨 — 云岩昙晟 — 洞山良价 ┬ 曹山本寂
                              └ 云居道膺

我们将按照这一基本的传承过程,叙述曹洞宗的形成过程。

药山惟俨禅师(751—834),绛州(今山西新绛县)人,姓韩,十七岁南下潮州,依西山慧照禅师出家,二十二岁从衡岳寺希操律师受具足戒。惟俨精通经论,持戒精严,后来,他感叹道:"大丈夫当离法自净,焉能屑屑事细行于布巾耶?"于是,便前往湖南,参礼石头希迁。

关于药山惟俨的参学经历,各种资料记载,稍有不同。《景德传灯录》记云:

(药山惟俨)曰:大丈夫当离法自净,岂能屑屑事细行于布巾耶?即谒石头,密领玄旨。一日师坐次,石头睹之问曰:汝在这里作么?曰:一切不为。石头曰:恁么即闲坐也。曰:若闲坐,即为也。石头曰:汝道不为,且不为个什么?曰:千圣亦不识。石头以偈赞曰:

从来共住不知名,任运相将只么行。

自古上贤犹不识,造次凡流岂可明?②

《景德传灯录》的记载,只言"谒石头,密领玄旨",未记其"悟道因缘"。这一时期的禅史资料,少有"省略悟道因缘而不记"的,然而,在《五

---

① 《人天眼目》卷六,《大正藏》第48卷,第336页上。
② 《景德传灯录》卷一四,《大正藏》第51卷,第311页中。

灯会元》《联灯会要》及《马祖广录》等资料中,却记载着药山惟俨在马祖道一门下的"悟道因缘"。《五灯会元》记载:

> (惟俨)首造石头之室,便问:三乘十二分教,某甲粗知,尝闻南方"直指人心,见性成佛",实未明了,伏望和尚慈悲指示。头(石头希迁)曰:恁么也不得,不恁么也不得,恁么、不恁么总不得,子作么生?师(惟俨)罔措。头曰:子因缘不在此,且往马大师处去。师禀命恭礼马祖,仍伸前问。祖(马祖)曰:我有时教伊扬眉瞬目,有时不教伊扬眉瞬目,有时扬眉瞬目者是,有时扬眉瞬目者不是,子作么生?师于言下契悟,便礼拜。祖曰:你见什么道理便礼拜?师曰:某甲在石头处,如蚊子上铁牛。祖曰:汝既如是,善自护持。侍奉三年。①

若如《五灯会元》所记,那么,药山惟俨的参学经历,就应该是这样的:先参石头希迁,未契。再参马祖道一,契入。再回石头,以资锻炼。最后,住持药山,弘法利生。当时的学人,无不往来于江西洪州与湖南石头这两大禅学中心,秉承二大师之教,惟俨禅师的参学,亦复如是。

贞元初,惟俨禅师开始住持澧州药山,海众云会(广语见别卷),誉满天下,故人称药山惟俨禅师。

药山惟俨的禅法,上承石头希迁,下开云岩昙晟。云岩昙晟门下有洞山良价接续,开创出曹洞宗。药山惟俨的禅法,既有质朴直说的一面,亦有机锋险峻的一面。灯录记载:

> 僧问:如何不被诸境惑?师(惟俨)曰:听他何碍汝?曰:不会。师曰:何境惑汝?②

境不惑人而人自惑,相不碍人而人自碍。何以故?不识自心,住境

---

① 《五灯会元》卷五,《续藏经》第80册,第109页上。
② 《景德传灯录》卷一四,《大正藏》第51卷,第311页下。

着相。因此,惟俨禅师告诫学人:你若"无心于事,无事于心",则"万法如如,性相常然",何境惑人?

> 一日,院主请师(惟俨)上堂。大众才集。师良久,便归方丈,闭门。院主逐后曰:和尚许某甲上堂,为什么却归方丈?师曰:院主。经有经师,论有论师,律有律师,又争怪得老僧。①

以上禅机问答中,惟俨禅师"良久""默然",诸人还得闻否?语来闻声,默来闻静,岂能无闻?闻性了了,寂然常照。惟俨禅师"良久""默然"的意,恰恰就在这里。三藏佛典,千般言说,万般指示,究竟意旨,亦在这里。所以说,莫说"惟俨无语"好,音声如雷。

禅宗发展到了药山惟俨这个时代,往来问答,已有机锋斗法之相,虽有玄妙语句,然而,多不相应。药山惟俨禅师的禅机问答,亦具此特点。灯录记载:

> 僧问:学人拟归乡时如何?师(惟俨)曰:汝父母遍身红烂,卧在荆棘林中,汝归何所?僧曰:恁么即不归去也。师曰:汝却须归去。汝若归乡,我示汝个休粮方。僧曰:便请。师曰:二时上堂,不得咬破一粒米。②

药山惟俨的话语,虽有甚深禅意,然而,法不当机,亦同儿戏。学人也不知羞惭,却问个"拟归乡时如何?"不懂装懂,未会言会,野干鸣,非狮子吼,若这样参禅问道,驴年马月也不会。

> 师(惟俨)看经。有僧问:和尚寻常不许人看经,为什么却自看?师曰:我只图遮眼。曰:某甲学和尚还得也无?师曰:若是汝,牛皮也须看透。③

---

① 《景德传灯录》卷一四,《大正藏》第 51 卷,第 311 页下。
② 同上书,第 311 页下—312 页上。
③ 同上书,第 312 页中。

读经看教，须一一从自心上得见。迷人看经则不然，只在文字义理上钻研探究，所以药山惟俨说，"若是汝，牛皮也须看透"。

李翱也曾参访过药山惟俨禅师，且留下了一段禅门佳话。李翱前来问道，药山禅师依旧看经，不起于坐，不迎于宾。李翱久等，仍不见药山禅师起坐相顾，乃曰：你的名声很大，可是，今日一见，不过如此。于是，药山禅师呼唤一声"太守"。李翱闻声应诺。药山禅师指示李翱道：你何必贵耳贱目呢？这个闻声的，即是见色的。这个"闻声见色的灵妙之心"，即是禅门所说的"大宝贝"，亦教下所说的"如意珠"、"净法身"，你向外求什么？若欲会得佛法的意，只须向这"见色闻声的主人公"上会，佛法不是别的物，只是这"见色闻声的主人公"。李翱不会，又问曰：如何是道？药山禅师用手指天，然后又指地。李翱依然不会。药山禅师将其推开，免得他死在指月之指上，曰：云在青天水在瓶。①

大和八年（834）二月，药山惟俨临顺世之际，呼唤大众云：法堂倒也，法堂倒也。大众不明其意，故慌忙以柱支撑法堂。药山惟俨摆摆手，道：你们不会我意。言毕而寂，世寿八十四，建塔于院东隅，谥弘道，塔曰化城。

药山惟俨的入室弟子主要有：潭州道吾山圆智禅师、潭州云岩昙晟禅师、华亭船子德诚禅师、宣州椑树慧省禅师、药山高沙弥、鄂州百颜明哲禅师等等，其中，云岩昙晟禅师最著名，开发出洞山良价，成就了源远流长的曹洞宗。

云岩昙晟禅师（782—841），钟陵（今江西省进贤县）人，姓王，少年时代出家，受具足戒后，在百丈怀海的道场参学，二十年未得相契。百丈圆寂之后，再参药山惟俨，问答之间，言下契悟。

    侍立次，山（药山惟俨）又问：百丈更说什么法？师（云岩昙晟）曰：有时道，三句外省去，六句内会取。山曰：三千里外，且喜没交

---

①《景德传灯录》卷一四，《大正藏》第51卷，第312页中。

涉。山又问：更说什么法？师曰：有时上堂，大众立定，以拄杖一时趁散。复召大众。众回首。丈曰：是什么？山曰：何不早恁么道，今日因子得见海兄。师于言下顿省。便礼拜。①

药山因昙晟举"百丈下堂句"而"得见海兄"。昙晟又因药山如此说而"言下顿省"。试问：师徒二人，见了个什么？又省了个什么？佛教的秘密全在这里，禅宗的意旨亦在这里。

昙晟禅师悟道之后，住潭州（今湖南省长沙市）的云岩山，弘扬佛法，故人称云岩昙晟禅师。

昙晟禅师的禅法，已经不再具有纯禅时代的禅风，而是以绕路说禅的方式，开示禅门的大义。下面选摘几段昙晟禅师的禅机问答，以见其禅法风格。

道吾问：大悲千手眼如何？师（昙晟）曰：如无灯时，把得枕子怎么生？道吾曰：我会也，我会也。师曰：怎么生会？道吾曰：通身是眼。②

千手千眼，乃觉性遍照之表法，可是，云岩昙成却不直说这个"妙明觉性"，而是反问：夜间无灯时，为何能把得枕子？这个妙明觉性，不因光明而觉照，亦不因黑暗而暗昧，它觉性遍照，随缘现相。若不然者，夜间无灯之时，何以能得见黑暗？何以能把得枕子？此个夜间见黑暗的，即是昼时见光明的，所以道悟禅师云：通身是眼。通身是眼，即是觉性遍照。又有禅机问答云：

师（昙晟）问尼众：汝爷在否？曰：在。师曰：年多少？曰：年八十。师曰：汝有个爷，不年八十，还知否？曰：莫是恁么来者。师曰：犹是儿子。③

---

① 《五灯会元》卷五，《续藏经》第80册，第114页中。
② 《景德传灯录》卷一四，《大正藏》第51卷，第315页上。
③ 同上书，第315页中。

佛性,乃佛家之通常概念,然而,昙晟禅师却偏偏用"爷"来代称。昙晟禅师的这种称谓,通常会引起别人的误会。云岩昙晟问尼师:汝爷年多少?尼师便答道:我的老父亲年八十。昙晟进一步指示她:你还有一个爷,他不是八十岁,你还识得他否?昙晟所说的这个"不年八十"的"爷",就是禅宗所说的"主人公",可是,昙晟却用"爷"来指称它。这种以俗话代禅语的教化风格,是禅机时代的一大特征。尼师不会,昙晟更给她一惑:那不是爷,犹是儿子。亦即那不是"主人公",而是"流浪汉"。像这样的流于俗语的禅机问答,既失去了它的严肃性,也增加了悟道的难度。

唐会昌元年(841)辛酉十月,云岩昙晟示现病相,二十六日沐浴毕,唤主事僧,令其备斋,告之曰:明日有上座要发去。至二十七日,并无人去。二十七日夜,昙晟归寂,世寿六十。荼毗得舍利一千余粒,瘗于石坟,谥无住,塔曰净胜。

据灯录所载,云岩昙晟禅师的嗣法弟子,有言录者四人:筠州洞山良价禅师、涿州杏山鉴洪禅师、潭州神山僧密禅师、幽溪和尚。洞山良价为其最著名者,也是源远流长的曹洞宗的创始人。

2. 曹洞宗与曹洞禅法

曹洞宗的创立者,乃洞山良价与曹山本寂师徒二人。洞山良价(807—869),会稽(今浙江省诸暨市)人,姓俞,早年从师读《心经》,一日,读至"无眼耳鼻舌身意"处,一手扪面而问其师曰:"某甲有眼耳鼻舌身意,何故经言无?"其师惊愕,推荐他去浙江五泄山拜谒灵默禅师,且在五泄山出家。二十一岁去嵩山纳戒,后参诸方,皆未契入,最后,来到云岩禅师的道场,问答之间,契入真乘。

> (洞山良价)问:无情说法什么人得闻?岩(云岩昙晟)曰:无情得闻。师(洞山良价)曰:和尚闻否?岩曰:我若闻,汝即不闻吾说法也。师曰:某甲为什么不闻?岩竖起拂子,曰:还闻么?师曰:不闻。岩曰:我说法汝尚不闻,岂况无情说法乎?师曰:无情说法,该何典

教?岩曰:岂不见弥陀经云:水鸟树林,悉皆念佛念法。师于此有省,乃述偈曰:也大奇,也大奇,无情说法不思议,若将耳听终难会,眼处闻时方可知。①

往来问答之间,良价豁然有省,然而,却非彻悟。后来,良价辞别昙晟禅师,在涉水过溪之时,见水中的倒影,豁然彻悟,而说偈曰:

> 切忌从他觅,迢迢与我疏。
> 我今独自往,处处得逢渠。
> 渠今正是我,我今不是渠。
> 应须恁么会,方得契如如。②

宣宗帝大中末,住新丰山接引学徒,后移筠州洞山(江西省宜丰县境内)弘法,故人称洞山良价禅师。

洞山良价的禅法,远契石头希迁的"灵源支派,君臣理事,回互不回互",其《宝镜三昧》云:"重离六爻,偏正回互,叠而为三,变尽成五。"此即以"正偏回互"喻"理事相应"。又云:"臣事于君,子顺于父,不顺非孝,不奉非辅。"此即以"君臣父子"喻"理事体用"。又云:"潜行密用,如愚如鲁,但能相续,名主中主。"此即以"浑然一体"喻"理事不二"。

在洞山良价的禅法中,"正"喻"理体","偏"喻"事用","偏正回互"喻"理事相融",其具体表述,则有五个次第,亦即禅门进道的五个阶段,所谓正中偏、偏中正、正中来、兼中至、兼中到。洞山良价颂云:

> 正中偏:三更初夜月明前。莫怪相逢不相识,隐隐犹怀旧日嫌。
> 偏中正:失晓老婆逢古镜。分明觌面别无真,休更迷头犹认影。
> 正中来:无中有路隔尘埃。但能不触当今讳,也胜前朝断舌才。
> 兼中至:两刃交锋不须避。好手犹如火里莲,宛然自有冲天志。

---

① 《筠州洞山悟本禅师语录》,《大正藏》第47卷,第507页下。
② 《瑞州洞山良价禅师语录》卷一,《大正藏》第47卷,第508页上、中。

兼中到：不落有无谁敢和。人人尽欲出常流，折合还归炭里坐。①

正中偏，即本来处于"正位"，然而，由于迷于事相，故落于偏位，故称之曰"正中偏"，亦被称为"凡夫位"。

偏中正，即于日常事相中，豁然识得真性（正），此是借偏悟正，故称之为"偏中正"，亦被称为"见道位"。

正中来，即依据所证之理体，随缘而起各种妙用，此是依体起用，故称之为"正中来"，亦被称之为"修道位"。

兼中至，即于事相诸用之中，法法会归自性，此是摄用归体，故称之为"偏中至"，亦被称之为"修道位"。

兼中到，即理事不二，性相一如，全体一味，无偏无正，故称之为"兼中到"，亦称之为"究竟位"。

"偏正五位"的行证次第，概括如下：

① 正中偏——日用而不知——凡夫位
② 偏中正——脱妄证本体——见道位
③ 正中来——证体起妙用——修道位
④ 兼中至——摄用归本体——修道位
⑤ 兼中到——体用浑然一——究竟位

洞山良价除了运用"偏正五位"表其禅法之外，还善于运用"功勋五位"、"三渗漏"、"三路"等接引学人。

所谓功勋五位，即向、奉、功、共功、功功，这五个阶位，也是趋向究竟解脱的五个阶段。

上堂曰：向时作么生？奉时作么生？功时作么生？共功时作么生？功功时作么生？僧问：如何是向？师曰：吃饭时作么生？又曰：得力须忘饱，休粮更不饥。云：如何是奉？师曰：背时作么生？又曰：只知朱紫贵，孤负本来人。云：如何是功？师曰：放下镢头时作

---

① 《瑞州洞山良价禅师语录》卷一，《大正藏》第47卷，第525页下。

么生？又曰：撒手端然坐，白云幽处闲。云：如何是共功？师曰：不得色。又曰：素粉难沉迹，长安不久居。云：如何是功功？师曰：不共。又曰：混然无讳处，此外更何求？①

洞山良价的五位功勋，从向位至功功位，不是徒有虚名，也不是独特于诸家之谈，而是用洞山良价的独特语言，表述了禅门修行的实际过程。从向道之行，至究竟之果，次第分明。

洞山良价所说的三渗漏，即三种过失。洞山良价云："末法时代，人多干慧，若要辨验真伪，有三种渗漏：一、见渗漏。谓机不离位，堕在毒海。二、情渗漏。谓滞在向背，见处偏枯。三、语渗漏。谓究妙失宗，机昧终始。学者浊智流转，不出此三种。"②

洞山良价所说的三路，即禅者的三种禅行。其实，三种亦是一种，论其究竟，无二亦无三。洞山云："我有三路接人：鸟道、玄路、展手。"③鸟道，即行无踪迹。玄路，即一行三昧。展手，即舒展含廓。

洞山良价之禅法，大致如此。

懿宗帝咸通十年（869），沐浴更衣，奄然而逝，门徒悲号，良价开眼而云："夫出家之人，心不依物，是真修行，劳生息死，于悲何有？"又延七日，端坐圆寂，世寿六十三。洞山良价禅师有《宝镜三昧歌》、《玄中铭》、《新丰吟》、《五位君臣颂》、《五位显诀》和《纲要偈》传世，并有语录二卷。

洞山良价之入室弟子有洪州云居山道膺禅师、抚州曹山本寂禅师、洞山第二世道全禅师、湖南龙牙山居遁禅师、京兆华严寺休静禅师、京兆蚬子和尚、筠州九峰普满大师、台州幽栖道幽禅师等，其中最著名者有二人，一是曹山本寂禅师，师徒唱合，禅风相应。二是云居道膺禅师，法脉至远，通贯古今。

---

① 《筠州洞山悟本禅师语录》，《大正藏》第47卷，第510页中。
② 同上书，第526页上。
③ 同上书，第511页上。

从禅法表述的方式上,可以说曹山本寂与洞山良价最为相应,故师徒并称曹洞宗。曹山本寂(840—901),泉州莆田(今福建省莆田市)人,姓黄,少年学习儒业,年十九岁往福州灵石山出家,二十五岁受具足戒,后参洞山道场。洞山问:阇梨名什么?师(曹山)曰:本寂。山曰:向上更道。师曰:不道。山曰:为什么不道?师曰:不名本寂。① 洞山甚器之。自此入室,盘桓数载,方乃辞去。本寂受信众之请,住抚州吉水山(今江西省宜黄县境内),因其崇敬曹溪慧能大师,遂改山名为曹山。本寂住曹山弘法,故人称曹山本寂禅师。

曹山本寂禅师运用"君臣五位",发挥洞山良价的"偏正五位",言语表述,最为相应。从曹山本寂禅师对"君臣五位"的发挥中,可见其禅法的大义。曹山本寂云:

> 正位即空界,本来无物。偏位即色界,有万象形。正中偏者,背理就事。偏中正者,舍事入理。兼带者,冥应众缘,不堕诸有,非染非净,非正非偏,故曰虚玄大道,无着真宗。从上先德,推此一位,最妙最玄,当详审辩明。君为正位,臣为偏位。臣向君,是偏中正。君视臣,是正中偏。君臣道合,是兼带语。②

曹山本寂以"君臣"释"正偏":君为正位,臣为偏位,臣向君是偏中正,君视臣是正中偏,君臣道合是兼带语。

曹山本寂又有"三种堕",即沙门堕、随类堕、尊贵堕。所谓堕,并不是指堕落,而是"脱离、解脱"之义。曹山本寂的"三种堕",亦即远离三种执著,获得三种解脱。

关于"沙门堕"的含义,曹山曰:"入异类中,不认沙门边事,所以古人权借水牯牛为异类,只是事上异类。"

关于"随类堕"的含义,曹山云:"只今于一切声色物物上转身去,不

---

① 《抚州曹山本寂禅师语录》卷上,《大正藏》第 47 卷,第 536 页下。
② 同上书,第 536 页下—537 页上。

堕阶级,唤作随类堕。"

关于"尊贵堕"的含义,曹山云:"尊贵堕者,法身法性是尊贵边事,亦须转却,是尊贵堕。只如露地白牛是法身极则,亦须转却,免他坐一色无辨处。"①

可见,曹山本寂所说的三种堕,乃是三种解脱。不住沙门事相,不拘沙门形式,获沙门解脱,谓之沙门堕。不随相迁,不受事相缚,获事相解脱,谓之随类堕。不住法身,不受法身缚,获法身解脱,谓之尊贵堕。

昭宗帝天复元年(901),曹山本寂禅师问知事僧:今是何日月?对曰:六月十五日。本寂曰:曹山一生行脚到处,只管九十日为一夏。次日辰时告寂,世寿六十二。门人奉真骨树塔,谥元证,塔曰福圆。曹山本寂禅师有《抚州曹山元证禅师语录》一卷、《抚州曹山本寂禅师语录》二卷、《解释洞山五位显诀》等传世。

曹山本寂禅师的嗣法弟子有:抚州荷玉光慧禅师、筠州洞山道延禅师、衡州育王山弘通禅师、抚州金峰从志禅师、襄州鹿门处真禅师、抚州曹山慧霞大师、衡州华光范禅师、处州广利容禅师、泉州庐山小溪院行传禅师等十四人。

曹山本寂所承洞山良价之法,历经四世之传便断续无承,然而,洞山良价的另一弟子云居道膺,却法脉延续,通贯古今。

3. 曹洞宗的后世传承

洪州云居道膺禅师(?—902),洞山良价禅师之著名弟子,幽州(河北)蓟门玉田人,姓王,童年依师禀教,年二十五于范阳(今河北涿州)延寿寺受具足戒,其剃度师要他学习声闻戒律,他不感兴趣,叹道:"大丈夫岂可桎梏于律仪耶!"于是往翠微无学禅师的道场,参学三载,遇一位行脚僧人,赞叹洞山法席,于是,辞别翠微,前往洞山。

> 山(洞山良价)问:汝名什么?师(云居道膺)曰:道膺。山曰:向上更道。师曰:向上即不名道膺。山曰:与老僧祇对道吾的语一般。

---

① 《曹洞五位显诀》卷三,《续藏经》第63册,第213页中。

师问:如何是祖师意?山曰:阇黎。他后有把茅盖头,忽有人问,如何祗对?师曰:道膺罪过。山谓师曰:吾闻思大和尚生倭国作王,是否?师曰:若是思大,佛亦不作。山然之。①

道膺悟后,又在洞山门下锻炼多年,道业纯熟之后,住持洪州云居山,四众云集,故人称云居道膺。曹洞宗法脉之古今传承,全赖云居道膺这一禅系的法脉不断。

道膺禅师之禅法,犹如虚空,泯绝无寄,包罗万象,超然物外。道膺上堂语云:

了无所有,得无所图,言无所恃,行无所依,心无所托,即得无过。在众如无众,无众如在众,岂不是无娆?其德超于万类,脱一切羁锁,千人万人得,尚道不当自己。古人云:体取那边事,却来这边行履。那边有什么事?这边又作么生行履?所以道,有也莫将来,无也莫将去,见在的是谁家事?②

从事相上而言,全体即是事相。从理体上而论,全体即是理体。事相与理体,岂是二事?所以道:莫落有无,不住彼此,试看当下,这是谁家事?透过这里,则见释迦老子,不隔毫端。若也住相取境,则十万八千,所以云居道膺云:"头头上了,物物上通,只唤作了事人,终不唤作尊贵。将知尊贵一路自别。"③

事相即是万法,理体即是一法。事相理体,非一非异,一法万法,犹波与水。道膺禅法的大义,亦复如是。道膺有问答云:

僧问:如何是一法?师(云居道膺)云:如何是万法?云:未审如何领会?师云:一法是你本心,万法是你本性,且道,心与性,是一是二?僧作礼。师示以颂云:一法诸法宗,万法一法通。惟心惟汝性,

---

① 《五灯会元》卷一三。《续藏经》第80册,第266页中。
②③ 《联灯会要》卷二二,《续藏经》第79册,第192页上。

不说异兼同。①

云居道膺上承洞山良价,然而,却不用洞山良价的"偏正"、"回互"等语开示禅意。虽然如此,然而,其禅法的归宗义趣,却与洞山良价一脉相承。

云居道膺的嗣法弟子有:杭州佛日和尚、苏州永光院真禅师、洪州同安道丕禅师、庐山归宗澹权禅师、池州广济和尚、潭州水西南台和尚、歙州朱溪谦禅师、扬州丰化和尚、云居山道简禅师、庐山归宗怀恽禅师、洪州大善慧海禅师等二十七人,其中,同安道丕最著名。曹洞宗的源远流长,即是指云居道膺门下的这一系。

同安道丕禅师(?—905),亦作同安僧丕,洪州人,在家时以孝亲著名,亲殁出家,法嗣云居道膺,居洪州凤栖山同安院,学者云集,故人称同安道丕禅师,亦称同安祖。

同安道丕的禅机问答,具有截断妄想之功:

> 僧问:如何是无缝塔?师(同安道丕)曰:吽,吽。曰:如何是塔中人?师曰:今日大有人从建昌来。②

以上问话,若本分而答,则当如是。问:如何是无缝塔?答:自性灵觉,无形无相,彻天透地,岂有缝隙?问:如何是塔中人?答:即是这起心动念的人,即是这举手投足的人。若也识得,自己即是这主人。

> 问:依经解义,三世佛冤,离经一字,即同魔说。此理如何?师曰:孤峰迥秀,不挂烟萝。片月行空,白云自在。③

以上问话,若本分而答,则当如是。问:依经解义,三世佛冤,离经一字,即同魔说。此理如何?答:你知这"经"么?无字是真经,有字此中生。若依文字经典而妄生己意,则三世佛冤。若昧却真经而漫天言说,

---

① 《联灯会要》卷二二,《续藏经》第 79 册,第 193 页上。
②③ 《五灯会元》卷一三,《续藏经》第 80 册,第 276 页中。

则即同魔说。金刚性体、清净自性,即诸佛所说之真经也。只须返观自鉴,不须向外求索。若也自鉴而得,则处处演妙法,色色是如来。也不是别人,是诸人自己。

从以上禅机问答可见,当时的丛林之中,多是些口头禅,学人未能老实而问,禅师未能质朴而答。学人如此问话,禅师如此答话,禅宗法脉,岂能不奄奄一息?所以,同安道丕之禅法,一传同安志,二传梁山缘观,三传大阳警玄,其禅法风格,基本如此,譬如,人问同安志:凡有言句,尽落今时,学人上来,请师直指。同安志云:目前不现,句后不迷。又问云:向上事如何?同安志云:迥然不换,标的即乖。① 人问梁山缘观:师唱谁家曲?宗风嗣阿谁?梁山缘观云:龙生龙子,凤生凤儿。又问云:如何是西来意?梁山缘观云:葱岭不传唐土印,胡人谩唱太平歌。② 因此,由云居道膺传下来的这一禅系,至大阳警玄之时,终于维持不住,法脉无人接续。不得已,大阳警玄临终时,拜托临济宗的浮山法远③,令其代觅传法之人。

> 自以先德付授之重,足不越限,胁不至席,年八十,叹无可以继者。遂作偈并皮履。布直裰。寄浮山法远禅师,使为求法器。偈曰:杨广山头草,凭君待价焞,异苗翻茂处,深密固灵根。偈尾云:得法者潜众十年,方可阐扬,远拜而受之。④

浮山法远受大阳警玄之托,历经二十余年,始得投子义青,使他接续大阳警玄一系的法脉,延续曹洞法脉。至此之后,曹洞法脉,延续不断,通贯古今。

---

① 参《五灯会元》卷一四,《续藏经》第 80 册,第 284 页上。
② 同上书,第 286 页下。
③ 浮山法远:临济宗下六世,上承世谱是:临济义玄→兴化存奖→南院慧颙→风穴延沼→首山省念→叶县归省→浮山法远。
④ 参《五灯会元》卷一四,《续藏经》第 80 册,第 288 页下。

第三章　净土宗

净土宗是指以往生极乐净土为目的、以"三经一论"为依据、以念佛为主要修行方法的中国佛教宗派。

但是,在中国佛教史上,净土是否成宗,历来有所争论。主要原因是,与其他佛教宗派比,净土宗没有严格的法统传承,其历代祖师多是后人将那些对于弘扬净土法门有突出贡献的高僧,推戴而成。加之,追求往生极乐净土的信众很多,有不少人兼修其他法门,甚至本身属于其他宗派,因此,有人认为净土宗只是"寓宗"。所谓"寓宗",亦即寄托、依附于其他宗派之下的一个流派,而不是一个独立的宗派。例如,汤用彤先生说:"至于净土,则只有志磐谓其'立教',但中国各宗均有净土之说,而且弥陀、弥勒崇拜实有不同,亦无统一之理论。"[1]而《中国净土宗通史》的作者陈扬迥先生则认为:"净土宗只是学派意义上而不是宗派意义上的'宗',即'寓宗'。它始终没有自己的组织和法嗣相传的制度。"[2]

---

[1]《论中国佛教无"十宗"》,《汤用彤学术论文集》,第370页,北京,中华书局,1983。
[2] 陈扬炯《中国净土宗通史·前言》,第2页,南京,江苏古籍出版社,2000。寓宗最早为日本佛教用语。又称附宗,谓寄寓于他宗之宗旨。即指不独立成一宗,而附属于其他之宗派者。据《元亨释书》卷二七《诸宗志》所载,净土、成实、俱舍三宗为寓宗,譬如国之附庸。日本镰仓时代,此三宗为其他诸宗所兼学,未成独立之一宗,故称为寓宗。

当然,佛教界与学术界还有另一种看法,认为虽然净土宗没有严格的法统传承,但从信仰体系(以往生极乐净土为目的)、经典依据("三经一论")和修行方法("持名念佛"为根本的修行方法)等方面看,中国佛教的阿弥陀净土信仰确实自成一宗。本书作者持后一种看法,以下将从思想渊源、法脉传承、经典依据、信仰特点和修行方法等方面对净土宗作一简要的叙述。

第一节　佛教净土思想及净土种类

一、净土思想的起源

净土,即清净的佛土,又称作清净土、清净国土、清净佛刹、净刹、净国、净邦、净世界、净妙土、妙土、佛土、佛刹、佛国。相对于世俗众生所居的"秽土",佛所居的清净之所,谓之"净土"。佛教"净土"的概念是对不同佛土的概括,比如阿弥陀佛的极乐世界(又称安乐国、安养国)、阿閦佛的东方欢喜国、弥勒的兜率天等。梵语中并无相当于净土的原语,经典中所见净土的对应语,为 buddha-kṣetra(佛国土、佛世界)或其关联语。

佛教净土信仰是伴随着大乘佛教的兴起而出现的,公元前后出现的大乘佛教经典中就有净土思想。龙树著《十住毗婆沙论·易行品》中,提到阿弥陀佛的本愿力以及未来世的弥勒佛等等。大约公元2、3世纪时,印度的净土思想迅速发展。在坚慧所著的《究竟一乘宝性论》和世亲所著《无量寿经优婆提舍愿生偈》等著作中,一致称颂诸佛净土,尤其是阿弥陀佛净土。

1. 生天思想与净土信仰

净土思想起源很早。在婆罗门教中,净土是毗湿奴所在的天界。天是高于人世的时空,修梵行才能到达。生天思想是净土信仰的起源之一。生天,即生于天界。生天思想,为古印度普遍的信仰。印度哲学诸派中,"弥曼差派"认为通过祭祀可获得一种新的能力,由其力量能于未来世生天(梵语 abhyudaya,胜报,有上升、成功、繁荣等义),享受至乐,解脱轮回。胜论派也以生天为胜报,但此果报仍未能脱出轮回,应研究六句义哲学及实修,才能得真解脱。

佛教继承了印度传统的生天思想,在佛教修行中就有"念天"的方法。念天,梵语 deva^nusmr! ti,巴利语 deva-nussati。为"十念"之第六,或"六念"之第六,指专精系念诸天之富乐,并修布施、持戒等善业,令身口意清净而不作秽业,以感得殊胜之天人身。《增一阿含经》卷二《广演品》记载:"世尊告曰:若有比丘正身正意,结跏趺坐,系念在前,无有他想,专精念天,身口意净,不造秽行,行戒成身,身放光明,无所不照……常当思惟不离天念,便当获此诸善功德。"①

佛教把天界作为修行能够达到的境界,认为修梵行能够生于天界。根据《阿含经》的记载,能获得生天果报的善因很多,比如礼敬佛迹、父母、六方等,修习梵行、善行、持戒等,供养沙门衣食等。此外,《般若经》、《金光明经》、《楞伽经》等也有生天之说。

但是,佛教认为天界仍然是六道之一,即使生于天界仍难免轮回之苦。天界分为很多层次,从低到高依次分布在欲界、色界和无色界,从欲界第六层开始皆为天界,高于欲界前五道。天界与欲界前五个层次——地狱、畜生、饿鬼、人、阿修罗合称"六道":

> 佛告比丘:"欲界众生有十二种。何等为十二?一者地狱;二者畜生,三者饿鬼,四者人,五者阿须伦,六者四天王,七者忉利天,八者焰摩天,九者兜率天,十者化自在天,十一者他化自在天,十二者魔天。色界众生有二十二种:一者梵身天,二者梵辅天,三者梵众天,四者大梵天,五者光天,六者少光天,七者无量光天,八者光音天,九者净天,十者少净天,十一者无量净天,十二者遍净天,十三者

---

① 《大正藏》第 2 卷,第 555 页下。

严饰天,十四者小严饰天,十五者无量严饰天,十六者严饰果实天,十七者无想天,十八者无造天,十九者无热天,二十者善见天,二十一者大善见天,二十二者阿迦尼吒天。无色界众生有四种,何等为四?一者空智天,二者识智天,三者无所有智天,四者有想无想智天。"①

根据《长阿含经》,不同层次的诸天界在六道中的位置可以标志如下:

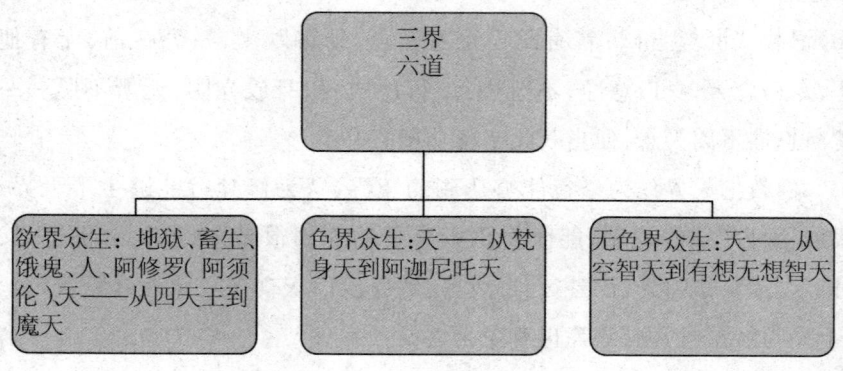

六道是处于轮回之中的生命形态,由低到高分布在欲界、色界、无色界三界,均为凡夫界,没有解脱烦恼和生死轮回,与佛教圣者"四圣"相对,因此又称"六凡"。六道凡夫界为迷界。四圣是声闻、缘觉、菩萨、佛,为圣者之悟界。六凡四圣合称十界。

六道众生生命有限,虽然相对于其他众生来讲,天界寿命更加长久,但也有坏灭之时:

佛告比丘:"世有三灾。云何为三? 一者火灾,二者水灾,三者风灾。有三灾上际,云何为三? 一者光音天,二者遍净天,三者果实天。若火灾起时,至光音天,光音天为际。若水灾起时,至遍净天,

---

① 《长阿含经》卷二〇,第373页,北京,宗教文化出版社,1999。

遍净天为际。若风灾起时,至果实天,果实天为际。云何为火灾?火灾始欲起时,此世间人皆行正法,正见不倒,修十善行。行此法时,有人得第二禅者,即踊身上升于虚空中,住圣人道、天道、梵道。高声唱言'诸贤,当知无觉、无观第二禅乐!第二禅乐!'时,世间人闻此声已,仰语彼言'善哉!善哉!唯愿为我说无觉、无观第二禅道'时,空中人闻其语已,即为说无觉、无观第二禅道。此世间人闻彼说已,即修无觉、无观第二禅道。身坏命终,生光音天。"

是时,地狱众生罪毕命终,来生人间,复修无觉、无观第二禅。身坏命终,生光音天。畜生、饿鬼、阿须伦、四天王、忉利天、炎天、兜率天、化自在天、他化自在天、梵天众生命终,来生人间,修无觉、无观第二禅。身坏命终,生光音天。由此因缘地狱道尽。畜生、饿鬼、阿须伦……乃至梵天皆尽。当于尔时,先地狱尽,然后畜生尽;畜生尽已,饿鬼尽;饿鬼尽已,阿须伦尽;阿须伦尽已,四天王尽;四天王尽已,忉利天王尽;忉利天王尽已,炎摩天尽;炎摩天尽已,兜率天尽;兜率天尽已,化自在天尽;化自在天尽已,他化自在天尽;他化自在天尽已,梵天尽;梵天尽已,然后人尽,无有遗余。人尽无余已,此世败坏,乃成为灾,其后天不降雨,百谷草木自然枯死。

佛告比丘:"以是当知,一切行无常,变易朽坏,不可恃怙。有为诸法,甚可厌患。当求度世解脱之道。"①

可见,即使是天界,也是无常的,充满了生老病死的苦难,而修行佛教的"四谛",才是解脱之道:

诸比丘,萤火之明不如灯烛。灯烛之明不如炬火。炬火之明不如积火。积火之明不如四天王宫殿、城堑、璎珞、衣服、身色光明。四天王宫殿、城堑、璎珞、衣服、身色光明不如三十三天光明。三十三天光明不如焰摩天光明。焰摩天光明不如兜率天光明。兜率天

---

① 《长阿含经》卷二〇,第377—378页。

光明不如化自在天光明。化自在天光明不如他化自在天光明。他化自在天光明不如梵迦夷天宫殿、衣服、身色光明。梵迦夷天宫殿、衣服、身色光明不如光音天光明。光音天光明不如遍净天光明。遍净天光明不如果实天光明。果实天光明不如无想天光明。无想天光明不如无造天。无造天光明不如无热天。无热天光明不如善见天。善见天光明不如大善天。大善天光明不如色究竟天。色究竟天光明不如地自在天。地自在天光明不如佛光明。从萤火光至佛光明。合集尔所光明，不如苦谛、集谛、灭谛、道谛光明。是故，诸比丘，欲求光明者，当求苦谛、集谛、灭谛、道谛光明，当作是修行。①

佛教的终极关怀是追求解脱，并不追求生于天界。但早期佛典对于天界的描述后来直接变成净土信仰对于净土的描绘。比如，《长阿含经》描述了须弥山王顶上三十三天城的壮观景象，随便从其中摘一段就可以看到后来净土世界的雏形：

> 堂有四门，周匝栏楯，以七宝成。其堂阶道纵广五百由旬，门郭七重，七重栏楯、七重罗网、七重行树，周匝校饰，以七宝成。乃至无数众鸟相和而鸣，亦复如是。善见堂北有帝释宫殿，纵广千由旬，宫墙七重，七重栏楯、七重罗网、七重行树，周匝校饰，以七宝成。乃至无数众鸟相和而鸣，亦复如是。善见堂东有园林，名曰粗涩，纵广千由旬，园墙七重，七重栏楯、七重罗网、七重行树，周匝校饰，以七宝成。乃至无数众鸟相和而鸣，亦复如是。粗涩园中有二石垛，天金校饰：一名贤，二名善贤，纵广各五十由旬，其石柔软。软若天衣。②

下面几段分别是弥勒净土和阿弥陀净土的壮丽景观：

---

① 《长阿含经》卷二〇，第366页。其中两处"地自在天"在该书中误为"他化自在天"，两处"光音天"在该书中依高丽藏文本误为"光念天"，本书引用时予以改正。
② 《长阿含经》卷四，第362页。

时诸天子作是愿已,是诸宝冠化作五百万亿宝宫。一一宝宫有七重垣,一一垣七宝所成,一一宝出五百亿光明,一一光明中有五百亿莲华,一一莲华化作五百亿七宝行树,一一树叶有五百亿宝色,一一宝色有五百亿阎浮檀金光,一一阎浮檀金光中出五百亿诸天宝女,一一宝女住立树下,执百亿宝无数璎珞,出妙音乐。时乐音中演说不退转地法轮之行。其树生果如颇黎色,一切众色入颇梨色中,是诸光明右旋婉转流出众音……尔时此宫有一大神,名牢度跋提,即从座起,遍礼十方佛,发弘誓愿:若我福德应为弥勒菩萨造善法堂,令我额上自然出珠。既发愿已,额上自然出五百亿宝珠,琉璃颇梨,一切众色无不具足。如紫绀摩尼,表里映彻。此摩尼光回旋空中,化为四十九重微妙宝宫,一一栏楯万亿梵摩尼宝所共合成……亦有七宝大师子座,高四由旬,阎浮檀金,无量众宝以为庄严。座四角头生四莲华,一一莲华百宝所成,一一宝出百亿光明。其光微妙化为五百亿众宝杂花庄严宝帐。①

彼土何故名为极乐?其国众生无有众苦,但受诸乐,故名极乐。又舍利弗,极乐国土七重栏楯,七重罗网,七重行树,皆是四宝周匝围绕,是故彼国名曰极乐。又舍利弗,极乐国土有七宝池,八功德水充满其中,池底纯以金沙布地,四边阶道,金银、琉璃、颇梨合成,上有楼阁,亦以金银、琉璃、颇梨、车磲、赤珠、马瑙而严饰之,池中莲花大如车轮,青色青光,黄色黄光,赤色赤光,白色白光,微妙香洁。舍利弗,极乐国土,成就如是功德庄严。②

又其国土,七宝诸树,周满世界。金树、银树、琉璃树、玻璃树、珊瑚树、玛瑙树、砗磲之树,或有二宝、三宝,乃至七宝,转共合成。或有金树,银叶华果。或有银树,金叶华果。或琉璃树,玻璃为叶,

---

① 《佛说观弥勒菩萨上生兜率天经》,《大正藏》第14卷,第452页中。
② 鸠摩罗什译:《佛说阿弥陀经》,《大正藏》第12卷,第346页下—347页上。

华果亦然……行行相值,茎茎相望,枝枝相准,叶叶相向,华华相顺,实实相当。荣色光曜,不可胜视。清风时发,出五音声,微妙宫商,自然相和。

又无量寿佛,其道场树,高四百万里,其本周围五千由旬,枝叶四布二十万里,一切众宝自然合成。以月光摩尼、持海轮宝,众宝之王,而庄严之。周匝条间,垂宝璎珞,百千万色,种种异变,无量光炎,照曜无极。珍妙宝网,罗覆其上。一切庄严,随应而现。[①]

弥勒净土和阿弥陀净土的富丽堂皇和宏伟壮观景象,不管从布局上还是内容上,都能看到早期佛典中记载的天界的影子。由此可知,生天思想是净土信仰的思想源头之一。佛教并不把生天看作解脱的究竟,为什么大乘佛教净土信仰又类似于生天思想呢?原因是多方面的。概而论之,至少有以下几个原因:

首先,未来佛弥勒就是从天界下生的,天界毕竟高于人世;其次,以天界为模本的净土更具感性成分,能够吸引下层民众信仰者;再次,即使早期佛典也不否认生天是佛教修行的结果。在《长阿含经》卷四中,佛在讲述解脱无常之苦的道理时,举的是"善见王"修道的例子。他说:"夫生有死,合会有离。何有生此而永寿者?宜割恩爱以存道意。"这种"道意"正是佛教参透生死的解脱之道。后来"善见王忽然命终。犹如壮士美饭一餐,无有苦恼,魂神上生第七梵天"[②]。

原始佛教认为在同一个世界中,不可能同时出现两个佛或两个转轮王。但大乘佛教认为十方世界中诸佛同时存在,并住于各自的佛世界,诸佛在其国土教化众生。因此,佛教净土信仰是大乘佛教产生和发展的必然结果。从生天思想演变而来的净土信仰并没有背离佛教的解脱论,只是将解脱境界赋予了更为感性直接的形象。当然,这种终

---

① 康僧铠译:《佛说无量寿经》卷上,《大正藏》第12卷,第270页下—271页上。
② 《长阿含经》卷四,第67页。

极关怀的具象化与缘起论和般若中观思想如何调和,成为后来净土信仰所面临的问题。后世高僧尤其是一些中国高僧就此对净土信仰提出过一些质疑,中国净土宗人也有过回应。当然,有一点是肯定的,净土信仰已经不是生天思想的简单重复,一般而言,大乘佛教的净土是超越轮回的。《摄大乘论·智差别胜相》宣称净土"出过三界行处",显然超越了天界。世亲《往生论》卷上也明确指出,阿弥陀净土"观彼世界相,胜过三界道"。质言之,往生净土就是解脱之道,而且是最便捷的解脱法门。大乘佛教所信仰的净土大都超越三界,惟有弥勒的兜率净土是由小乘佛教信仰的未来佛所居之兜率天发展而来,仍留在三界之内,成为三界中唯一的一个净土。这也成为净土信仰与生天思想渊源关系的证据。

2. 本愿思想和本生经

净土信仰作为佛教思想形态区别于生天思想的主要标志,一是从原始佛教继承下来的、依四谛获得解脱的追求;二是作为大乘佛教形态,强调慈悲的修行理论。

净土信仰对慈悲的强调表现在两个方面:一、净土多是教主为利益众生而发宏愿(本愿)经历艰苦修行建成,显发了大乘佛教普度众生的情怀;二、慈悲利他是修行净土法门的基本要求。第一个方面在净土经典中最为明显,而第二个方面在中国净土宗那里得以发挥。从净土信仰起源的角度来看,第一个方面尤其值得注意。

本愿,梵语 puˆrva-pran! idhaˆna。全称本弘誓愿。又作本誓、宿愿。即佛及菩萨于过去世未成佛果以前,在"因位"修行时为救度众生所发起之誓愿。本愿分为总愿和别愿。总愿是一切菩萨发菩提心救度众生、成就佛果的共同誓愿;而不同的菩萨依各自之意所发具有自己特点的誓愿,称为别愿。

净土本愿思想是受到佛教本生经的影响发展而来。佛教经典总称"三藏",包括九种(或十二种),称为"九部"(或十二部),其中一种为"本生经"。本生经记载佛前生修行之种种大悲行。最早是释迦于过去世受生为各种不同身形及身份而行菩萨道之故事。后来出现了关于弥勒等诸弟子及阿弥陀等诸佛之本生故事。巴利文经藏亦有各种本生故事之汇辑,当中描述释迦以国王、婆罗门僧、商人、女人等身份,及象、猴、鹿、熊等各种动物之身形,或救度众生之危难,或为求法而精进之种种善业功德。经中充满牺牲精神,由此精神发展出大乘佛教慈悲利他之宗旨。慈悲精神在净土经典中集中体现在本愿思想中。《弥勒菩萨所问本愿经》说弥勒奉行十善愿,《药师如来本愿经》有十二愿、《药师琉璃光七佛本愿功德经》卷上有四十四愿、《佛说无量寿经》卷上载述阿弥陀佛(法藏菩萨)四十八愿(梵本作四十六愿,异译经典亦有作三十六愿或二十四愿者)。一般而言,从佛本愿的多少和成熟程度可以大致判断相关经典产生的早晚,据此也可以发现不同净土思想发展过程中彼此相互影响的情况。

强调慈悲的修行理论是大乘区别于小乘佛教的根本特点,所以净土本愿思想在大乘佛教发展中意义重大。小乘佛教修行论可以概括为戒、定、慧"三学",大乘经典规定修行的基本内容是"六度":布施、持戒、忍辱、精进、禅定、般若(智慧)。严格说来,"六度"对"三学"的重要发展主要体现在"布施"上,这正是慈悲的体现。"六度"在早期大乘经典中就已经出现,比如早期般若类经典。虽然般若空观思想与净土信仰旨趣不同,但很多般若经都以往生阿閦佛净土为追求理想。

二、净土的种类

大乘佛教认为三世十方有无数无量的佛,每一个佛都有自己所居住的世界,所以从理论上讲,净土也应该有无数个。有影响的净土如弥勒净土、阿閦佛净土、阿弥陀净土、药师佛净土、文殊净土等。这些净土都是佛、菩萨依据自己的愿力所建,分布于不同地方,可以归为一大类型——他方净土。他方净土在现实的娑婆世界之外,各有一定之方位,故称为十方净土。

还有另外一种类型的净土,就是唯心净土。"唯心净土"的概念来源于《维摩诘经》。《维摩诘所说经·佛国品》有一段著名的命题,经常被引用:"若菩萨欲得净土,当净其心,随其心净,则佛土净。"这是说净土不在其他地方,只存在于人的心中。借用儒家的语言表达,就是寻找净土也要"反身而求",只有心灵的净化才是世界的净化的根本。所以修行关键是主观因素,不能"向外驰求"。中国禅宗和其他派别的僧人曾以此理论为依据诘难净土宗,促使净土宗调和净土与净心的关系。

《维摩诘经》为了说明这个道理,借小乘佛教的代表、释迦佛的弟子舍利弗之口设问:"若菩萨心净则佛土净者,我世尊本为菩萨时,意岂不净,而是佛土不净若此?"现实世界是释迦牟尼的国土,而此世界存在种种不净,难道是释迦佛的过错吗?然后佛以盲者不见日月"非日月咎"的道理说明"众生罪故不见如来佛国严净"。可见,心净则土净,心秽则土秽。后人引申出心中有什么则眼中有什么的命题。中国佛教典故中有一个流传很广的传说与此有关:苏东坡自认为修行不错,就问佛印禅师:"禅师您看我坐在这里像什么?"佛印称赞他说:"居士现在的样子就像一尊佛啊!"苏东坡听了心里很得意。佛印这时反过来问他:"您看我坐在这里像什么?"苏东坡不知是计,打趣禅师道:"我觉得您的样子就像一堆牛粪。"佛印听了哈哈大笑。东坡恍然大悟,知道自己落败。这个故事不论真假,蕴涵的道理就是佛教心净见净、心秽见秽的思想。

唯心净土也可以分为很多种类,《法华经》的灵山净土、《华严经》的莲华藏世界、《梵网经》的莲华台藏世界、《大乘密严经》之密严净土等都可视为唯心净土。

上述两种类型的净土影响都很大。普通信仰者更容易接受他方净土,当然,这种更强调信仰的净土也吸引了作为社会精英的知识信众,也正是他们将两种类型的净土思想融会在一起。

在众多种类的净土信仰中,早期主要是三个,即所谓的"净土三系",分别是:弥勒信仰、阿閦佛信仰和阿弥陀信仰,系龙树时代流行的三种净土思想。阿閦佛,梵名 Aksobhya-buddha,为东方现在佛名。略称阿閦。又称阿閦鞞佛、阿刍鞞耶佛、恶乞閦毗也佛,意译不动佛、无动佛,或无怒佛、无嗔恚佛。依据《阿閦佛国经》卷上《发意受慧品》与《善快品》所载,过去东方去此千佛刹,有阿比罗提世界(梵 Abhirati),大目如来出现其中,为诸菩萨说六度无极之行,其时有一菩萨,于闻法后发无上正真道意,发愿断嗔恚、断淫欲,乃至成最正觉,大目如来欢喜而赐号阿閦。阿閦菩萨遂于东方阿比罗提世界成佛,现今仍于彼土说法。又据《法华经》卷三化城喻品载,大通智胜佛未出家时有十六王子,后皆出家而为沙弥,其第一子名为智积,即阿閦,于东方欢喜国成佛。《悲华经》卷四载,阿弥陀佛于过去世为无诤念王时有千子,其第九子蜜苏即阿閦,在东方成佛,国号妙乐。《阿閦佛国经》介绍了阿閦佛的本愿,其中十二愿是关于自己修行的"自行愿";另外二十愿是建设理想国土的"净土愿"。

阿弥陀,梵名 Amita,意译无量。另有梵名 Amita-yus,意译无量寿;梵名 Amita-bha,意译无量光。关于阿弥陀佛名号之由来,据鸠摩罗什译之《阿弥陀经》载,此佛光明无量、寿命无量,故称阿弥陀佛。据梵本《阿弥陀经》及《称赞净土佛摄受经》载,此佛寿命无数、妙光无边,故称无量寿佛、无量光佛。一佛而有不同义之二名,为其他诸佛所未见。然而,在《般舟三昧经》、《大阿弥陀经》、《维摩诘经》等早期经典中,仅有阿弥陀之称号,可以推知无量寿、无量光之称号,系后代依其名之原义所立。据《无量寿经》卷上载,过去久远劫世自在王佛住世时,有一国王发无上道心,舍王位出家,名为法藏比丘,于世自在王佛处修行,熟知诸佛之净土,历经五劫之思虑而发殊胜之四十八愿。此后,不断积聚功德,而于距今十劫之前,愿行圆满,成阿弥陀佛,在离此十万亿佛土之西方,报得极乐净土。迄今仍在彼土说法,成为西方净土教主,能接引念佛人往生西方净土,故又称接引佛。现存大乘经论中,记载阿弥陀及其极乐净土之事者凡有二百余部,足见其影响之大。但专门系统阐述阿弥陀净土信仰的大乘经论主要是《佛说无量寿经》、《佛说观无量寿经》、《佛说阿弥陀经》和《无量寿经优婆提舍愿生偈》。

在小乘佛教时期就出现了弥勒信仰,那时弥勒被认为是未来佛,并被后来大乘佛教所继承。后来发展起来作为教主的弥勒佛及其净土信仰。3—5世纪时始出现宣说弥勒净土的经典。弥勒信仰发展的表现就是分为下生信仰和上生信仰。前者期盼弥勒菩萨未来下生成佛救世,相应大乘经典主要是《弥勒下生经》;后者将弥勒视为净土的建立者,期盼往生其净土,相应大乘经典主要是《弥勒上生经》。下生信仰直接来自小乘佛教未来佛的信仰,因此总体上看,下生类经典早于上生类经典。《弥勒上生经》记载了往生弥勒净土的种种便捷和净土的殊胜,吸收了其他净土思想。

由净土之描述不同,可以看出思想的发展轨迹。阿閦佛刹有女人,人民皆着由树所取五色衣服,有通往忉利天之三道宝阶,可视为较早之思想。阿閦佛与般若类经典关系密切。阿弥陀净土则无女人,皆化生,受自然虚无之体,无极之身,是最为成熟的净土信仰。

随着佛教的传入,净土信仰不久也即传入中国。净土经典开始传入中国是在东汉时期,支娄迦谶译出《无量清净平等觉经》、《般舟三昧经》等。后来竺法护译出《弥勒菩萨所问经》、《佛说弥勒下生经》,支谦译出《大阿弥陀经》,畺良耶舍译出《观无量寿经》。随着净土经典的传译,中国开始出现净土信仰,据载,早在西晋时期,我国就已出现对西方净土的信仰活动。净土的信仰逐渐发展起来,其中,影响最大的两种净土信仰是弥勒净土(包含现在的兜率天净土与未来的人间净土)和阿弥陀净土,盖因其对理想世界的描述和对于信众的承诺较其他净土思想更符合处于苦难中的民众的心理需要。

三、弥勒信仰及其经典

弥勒,梵语 Maitreya,巴利语 Metteyya,意译为慈氏,音译有梅呾俪药、梅呾丽耶、末怛唎耶、迷底屦、弥帝礼等。依弥勒上生经、弥勒下生经所载,弥勒出生于婆罗门家庭,后为佛弟子,先佛入灭,以菩萨身为天人说法,住于兜率天。据传此菩萨欲成熟诸众生,由初发心即不食肉,以此因缘而名为慈氏。《大日经疏》卷一谓慈氏菩萨系以佛四无量中之慈为首,此慈从如来种姓中生,能令一切世间不断佛种,故称为慈氏。

在原始佛教时期就有了弥勒之名,他是佛的弟子。《中阿含经》卷一三和《长阿含经》卷六都记载释迦牟尼预言未来人的寿命八万岁时弥勒成佛。上文提到,原始佛教认为在同一个世界中,不可能同时出现两个佛或两个转轮王。但在不同时间段,则有不同的佛出世。佛教很早就有过去佛、现在佛、未来佛的说法,现在佛是释迦佛;在其之前是过去佛,依次是毗婆尸佛、尸弃佛、毗舍婆佛、拘楼孙佛、拘那含佛、迦叶佛;释迦佛之后亦有佛出世,为未来佛,而未来第一佛正是弥勒。

另外,《增一阿含经》卷四五、《贤劫经》卷七《佛兴立品》等,皆以弥勒为未来出现之第一佛。《阿毗昙八犍度论》卷二七,亦载当来弥勒成佛之事。

释尊曾预言授记,当其寿四千岁(约人间五十七亿六千万年)尽时,将下生此世,于龙华树下成佛,分三会说法。以其代释迦佛说教之意,称作一生补处菩萨,至彼时已得佛格,故亦称弥勒佛、弥勒如来。因此,弥勒具有佛和菩萨两种身份,这在佛教中也是比较特殊的。在历史上出现的佛教造像中,弥勒也是有佛和菩萨两种形象。

与弥勒信仰有关的大乘经典也有不少,其思想经历了一个由简单到复杂的发展过程。每种经典都带有当时佛教发展阶段的思想特点。弥勒信仰发展到一定阶段,弥勒净土思想也臻于成熟。

中国关于弥勒信仰之译经,始自西晋,先后共十余种译本,可归纳为

"上生"、"下生"、"本愿"三系统。根据这些经典，弥勒信仰又分为两派，一派为上生信仰，信仰现今于兜率天说法之弥勒菩萨，而欲往生兜率天；另一派为下生信仰，相信弥勒将来下生此世界时，于龙华树下，三会说法，以救度众生，而自己亦能生此世界，于龙华树下听受说法而成佛，故有龙华三会之说。

记载弥勒成佛事迹的经典主要有六部，叙述弥勒上生兜率天，及自兜率天下生阎浮提成佛时，其国土、时节、种族、出家、成道、转法轮等事，皆收于《大正藏》第14卷，被称为弥勒六部经。分别为：(一)《弥勒上生经》，刘宋沮渠京声译。(二)《弥勒下生成佛经》，后秦鸠摩罗什译。(三)《弥勒来时经》，译者不详。(四)《观弥勒菩萨下生经》，竺法护译。(五)《弥勒下生成佛经》，义净译。(六)《弥勒大成佛经》，鸠摩罗什译。六部经典中有的属于同本异译。其中(一)(四)(六)三部另称为弥勒三部经。成佛经和下生经经文中有反映小乘佛教四谛、十二因缘思想的字句，还包含了般若思想。这些经典将弥勒下生成佛定在遥远的未来，而上生经许诺人在命终之后可直接往生兜率天，兜率天有种种殊胜之处。由此可知上生经是在成佛经和下生经之后出现的，是弥勒信仰最终形成的标志。上生经的这种宣传更符合信徒的需要，与阿弥陀信仰已经差别不大了，但仍带有弥勒信仰早期的思想痕迹，而成佛经和下生经更为显著。弥勒所居兜率天作为欲界之天，其天众仍有种种欲乐，还有天女奉侍，后来中国净土宗高僧据此论证阿弥陀净土优于弥勒净土。这主要是早期经典内容，保留了小乘佛教时期的弥勒信仰的因素。

兜率，又作兜率天、兜术天、兜率陀天、兜率多天、兜师陀天、睹史多天、兜驶多天。意译知足天、妙足天、喜足天、喜乐天，与夜摩天合称为兜夜。乃欲界六天之第四天，位于夜摩天与乐变化天之间，距夜摩天十六万由旬，在虚空密云之上，纵广八万由旬。关于此天之名，《立世阿毗昙论》卷六谓，欢乐饱满，于其资具满足，于八圣道不生知足，故称为兜率陀天。《佛地经论》卷五则谓，后身菩萨于中教化，多修喜足，故称为喜足天。此天有内外两院,兜率内院乃即将成佛者(即补处菩萨)之居处,今则为弥勒菩萨之净土;弥勒现亦为补处菩萨,于此宣说佛法,若住此天满四千岁,即下生人间,成佛于龙华树下。昔时释迦如来身为菩萨时,亦从此天下生人间而成佛。一般所传内院有四十九院,即依据《弥勒上生经》之说,其经文谓:"此摩尼光回旋空中,化为四十九重微妙宝宫。"①外院属欲界天,为天众之所居,享受欲乐。

《弥勒上生经》云:当弥勒上生兜率陀天时,天上有五百亿天子以"天福力"为他造作宫殿,各各以栴檀摩尼宝冠化作五百亿宝宫:"一一宝宫有七重垣……诸垣中有八色琉璃渠,一一渠有五百亿宝珠而用合成。一一渠中有八味水,八色具足,其水上涌,绕梁栋间,于四门外化生四华,水出华中,如宝华流。一一华上有二十四天女,身色微妙,如诸菩萨庄严身相,手中自然化五百亿宝器,一一器中天诸甘露自然盈满……若有往生兜率天上,自然得此天女侍御。"与阿弥陀净土信仰一样,弥勒净土信仰一个特点就是可以借助佛的力量使修行更加便捷。这种思想在净土信仰发展过程中相互影响。净土信仰的便捷之处在修行和往生方面得到体现。《弥勒上生经》云:"若有得闻弥勒菩萨摩诃萨名者,闻已欢喜,恭敬礼拜,此人命终,如弹指顷,即得往生。"即使是作恶者,"若一念顷称弥勒名,此人除却千二百劫生死之罪,但闻弥勒名合掌恭敬,此人除却五十劫生死之罪,若有礼敬弥勒者,除去百亿劫生死之罪"。当然,佛教思想不单纯是一种信仰,还要体现伦理要求,因此,弥勒信仰也鼓励各种修行,《弥勒上生经》曰:"佛灭度后,我诸弟子,若有精修诸功德,威仪不缺,扫塔涂地,以众名香妙花供养,行众三昧,深入正受,读诵经典,如是等人应当至心,虽不断结,如得六通,应当系念,念佛形象,称弥勒号,如是等辈,若一念顷,受八戒斋,修诸净业,发弘誓愿,命终之后,誓如壮士屈伸臂顷,即得往生兜率陀天。"至于那些便利条件,并不是鼓励懈怠修行,更

---

① 《大正藏》第14卷,第419页上。

多的是宣传需要，除了与外道之争，当时佛教各派别之间也应有竞争。

佛教史上曾将弥勒与阿逸多相混淆，据《法华经》卷六《随喜功德品》、《平等觉经》卷四等所说，弥勒与佛陀之另一弟子阿逸多为同一人。很多人以为阿逸多是弥勒的另外一个名字。然而考诸更早的经典，其实不然。据《中阿含》卷一三《说本经》、《出曜经》卷六及《大毗婆沙论》卷一七八等所说，弥勒与阿逸多实为不同之二人。

阿逸多梵名 Ajita。为佛陀弟子之一。又作阿氏多、阿恃多、阿嗜多、阿夷哆，意译无胜、无能胜或无三毒。立志当来成蠰佉转轮圣王。巴利文经典《经集·彼岸道品》之序偈中并举阿恃多及帝须弥勒之名，完全以之为另一人。《中阿含》卷一三《说本经》及《贤愚经》卷一二载，尊者阿夷哆，于未来久远人寿为八万岁时，愿成转轮王，名号为蠰。尊者弥勒亦于未来久远人寿为八万岁时，愿成佛，号为弥勒如来。《大毗婆沙论》卷一七八亦载，阿氏多比丘于有而起意乐，起胜解，起欣慕，起希望，起寻求，故佛呵斥之。慈氏菩萨于有不起意乐乃至寻求，于利乐诸有情事起意乐乃至寻求，故佛赞叹之。由是可见阿逸多与弥勒实为两人，同为佛陀时代受佛教化之弟子。佛典中多次同时提到弥勒与阿逸多，这可能是后人混淆二者的原因。

历史上传说有另外一个弥勒。现存汉译藏经中，署名弥勒的有《瑜伽师地论》、《大乘庄严经论颂》、《辩中边论颂》、《金刚般若波罗蜜经论》等；在藏文《大藏经》中，除上述诸论之外，还有《现观庄严论》、《法法性分别论》、《大乘究竟要议论》。相传弥勒为无著菩萨之师，创倡瑜伽唯识之教理，后传授无著。另据《婆薮槃豆法师传》所载，无著尝上兜率天，向弥勒菩萨咨问大乘空观之理。后世遂视之为当来成佛之弥勒。弥勒被认为是唯识学的开山祖师、大乘佛教瑜伽行学派的创始人。这个弥勒究竟是否为真实历史人物，至今未有定论。很多学者认为，上述弥勒之著作，实际上可能是无著综合诸先贤之学说，假托为弥勒所作。

弥勒信仰在印度曾经很兴盛。《名僧传抄·法盛传》载,佛灭度后四八〇年,呵利难陀罗汉上升兜率天绘弥勒之像,至忧长国东北,造牛头栴檀弥勒大像。《大唐西域求法高僧传》卷下《灵运传》载,那烂陀寺供有弥勒像。《大唐西域记》卷七、卷八亦载,战主国都城西北之伽蓝供奉弥勒像。摩揭陀国佛陀成道之菩提树东方有精舍,以白银铸十余尺高之弥勒像。

弥勒的上生信仰和下生信仰在中国都有影响。上生信仰者,以道安为始。据梁《高僧传》卷五《道安传》记载,前秦苻坚遣使西域,携回弥勒结珠像等,道安开席讲法时,常罗列尊像。道安常与弟子法遇、道愿、昙戒等八人在弥勒像前"立誓愿往生兜率"。昙戒在病重时曾不断称诵弥勒佛号,弟子问他为何不愿往生西方极乐世界,他答道,"吾与和上(指道安)等八人同愿生兜率,和上及道愿等皆已往生,吾未得去,是故有愿耳"。① 道安之友竺僧辅也是一个弥勒佛信仰者,也曾发愿"誓生兜率,仰瞻慈氏"②。其后有戴颙等人。《法苑珠林》卷一六记载,东晋戴颙依据梦告,造立弥勒像,后安置于会稽龙华寺。据《名僧传抄》载,南朝刘宋元嘉九年(432),法祥建弥勒精舍。南朝宋初之比丘尼云藻、光静,梁比丘尼净秀,北魏北齐的统法上、僧昙衍等,也都常诵念弥勒佛号,发愿往生兜率净土。此外上生信仰者尚有道矫、僧业、慧严、道汪、道法、法盛、昙副、昙斌等。至唐代,玄奘、窥基亦弘扬兜率上生信仰,而成为法相宗之传统。下生信仰也曾普及。据《出三藏记集》卷一二《法苑杂缘原始集目录序》载,刘宋明帝(465—472 在位)撰龙华誓愿文,周颙作京师诸邑造弥勒三会记,齐竟陵文宣王作龙华会记,南岳慧思作立誓愿文,叙述弥勒下生之说。

有学者认为印度的弥勒信仰属于当时世界范围内弥赛亚信仰的一

---

① 释慧皎撰、汤用彤校注:《高僧传》,第204页,北京,中华书局,1992。
② 同上书,第196页。

部分,同属于未来救世主的传说。① 不仅弥勒信仰,其他净土信仰与弥赛亚信仰也有相似之处。但是,佛教的净土信仰,尤其是中国的净土宗,不仅仅是一种信仰、一种救度思想,更是一套系统的修行的方式,这些修行方式主要还是通过自力进行的,就连净土信仰强调的"信"也包括相信自己的能力。这是佛教与其他某些宗教的根本区别之一。另外,弥勒净土信仰与阿閦佛净土信仰都注重人间净土的实现,与基督宗教亦是大异其趣。

无论弥勒信仰与弥赛亚信仰有何关系,他们都为人们的精神信仰提供了一个未来的希望,因此也常常被用来作为反抗统治秩序的旗帜。在中国历史上就曾发生过借助弥勒下生信仰聚众举事的情况。隋大业九年(613),宋子贤自称弥勒出世,集众袭击炀帝鸾驾而被捕。陕西扶风人向海明亦自称弥勒出世,号召反抗。唐代开元初年(713),贝州(河北)王怀古自称新佛(解作弥勒佛),举事被捕。唐僖宗(873—888 在位)时,弥勒教徒于西蜀地方扩展势力,组织弥勒会。北宋仁宗(1023—1063 在位)时,贝州王则率领弥勒教徒起事。南宋及元代之白莲教亦混入弥勒教,假借弥勒下生之名造反,迄至明、清时代,尚流行于各地。当然,宗教也可以为统治者利用。唐代武则天于永昌元年(689)命法朗等伪作《大云经》,宣扬自己是弥勒下生。

由于弥勒信仰之普及,历来关于弥勒之造像,多不胜数。南齐建武年中,僧护曾发愿于剡县石城山雕凿千尺弥勒像,然愿未果而入寂,后由僧祐于天监十五年(516)完成,世称三世石佛、剡县大佛。北魏献文帝

---

① 弥勒 Maitreya 和弥赛亚 Messiah,他们两个读音相近,都被认为是未来救世主。复旦大学钱文忠教授认为,公元前 1000 年左右,包括西亚、北非、小亚细亚、两河流域和埃及在内的广大地区,流行着一种未来救世主的信仰,耶稣宗教里的弥塞亚,就是这种救世主信仰中最有代表性的一种。这种信仰在《圣经·旧约》里面就已经有了。包括钱文忠教授在内的一些学者认为,印度的弥勒信仰和这种全世界范围的救世主信仰是密切相关、彼此影响的。印度的弥勒信仰就是一种救世主信仰,是当时普遍流行的弥赛亚信仰的一个部分。未来救世主信仰反映了被压迫的民族对自由和幸福的渴望,中亚和东亚历史上造反的起义者都曾引用他们的名义。

时,凿造大同云冈第十三窟弥勒洞,安置十六公尺高之倚像,迁都洛阳后,又造龙门石窟,内有太和、景明、永平等年间所造之大小弥勒佛像数百尊。此外,山东历城黄石崖、千佛山亦有许多北朝所造弥勒像。中国弥勒之造像形式,甚至通过朝鲜半岛影响及于日本。

现在寺庙里弥勒的形象多以布袋和尚为原形。布袋和尚,五代明州奉化人(或说四明人),不知名氏,来历不详,自称"契此"。他笑口常开,蹙额大腹,经常佯狂疯癫,出语不定,随遇而安。他给人欢喜快活、逍遥自在、大肚能容的深刻印象。手持禅杖,肩荷布袋,所有供身资具通通放在囊袋中。梁贞明三年(917),布袋和尚端坐在明州岳林寺东廊下的一块磐石上,将入灭前,说了一偈:"弥勒真弥勒,分身千百亿,时时示时人,时人自不识。"说完安然坐化。人们认为布袋和尚是弥勒菩萨的化身,于是世人竞相描绘他的图像供奉在家中。

中国弥勒信仰于南北朝时开始逐渐盛行。在北魏以前,北方社会普遍存在的净土信仰主要是弥勒信仰。根据学者统计,在北朝佛教造像中,弥勒佛仅次于释迦佛而居第二位;在有铭文誓愿往生净土的佛像中,最多者为观音、释迦和弥勒佛,接下来才是阿弥陀佛。大约从北齐、北周时代起,阿弥陀信仰逐渐兴盛,发愿往生西方净土者渐多,至唐代后,阿弥陀信仰成为净土教的主流。

然 19、20 世纪之民间宗教社团犹深受弥勒信仰之影响。弥勒信仰还通过中国传到朝鲜和日本,在当地亦颇为盛行。

弥勒信仰衰落的原因是多方面的。直接原因,也是最主要的原因,是历史上统治者对弥勒下生信仰的忌讳和限制。此外,也有信仰特点、思想学说对信徒的吸引力以及修行方式的创新性等方面的原因。弥勒作为未来佛,不易给人以现实的精神依托;作为净土教主的弥勒与成熟的净土信仰阿弥陀净土相比并不占优势。信仰弥勒的慈恩宗思想繁复,理论艰涩,不易理解,而净土宗恰恰是最简单的易行道,更容易被人接受。净土宗有独到的修行方法,并且不断创新,比弥勒信仰更具有可操作性。这些原因或可解释为什么历史上阿弥陀信仰比弥勒信仰更加兴盛,但近代由太虚开启的人间佛教运动更接近弥勒信仰的追求。

第二节 净土宗经典——"三经一论"

有学者统计,现存大乘经论中,有二百余部记载了阿弥陀佛及其净土,约占大乘经论数量的三分之一。但专门和系统宣说阿弥陀佛净土的经典和论著是"三经一论",即《佛说无量寿经》、《佛说观无量寿佛经》、《佛说阿弥陀经》和《无量寿经优婆提舍愿生偈》。①

一、《佛说无量寿经》及其主要思想

《佛说无量寿经》二卷。曹魏康僧铠译。又称《双卷经》、《两卷无量寿经》、《大无量寿经》、《大经》。本经之汉译本极多,古来即有十二种译本之说,其中"五存七缺"。现存的异译本如下:1.《无量清净平等觉经》四卷,东汉支娄迦谶译。有学者考证此译本为西晋竺法护所译。2.《佛说阿弥陀三耶三佛萨楼佛檀过度人道经》二卷,吴支谦译。其在经录中一般简称《阿弥陀经》,与"三经一论"中另外一部经鸠摩罗什译的《阿弥陀经》重名,其实为不同经典,为示区别,后人称其为《大阿弥陀经》。3.《大宝积经·无量寿如来会》二卷,唐菩提流志译。4.《大乘无量寿庄严经》三卷,宋法贤译。

所缺的七本为:1.《无量寿经》二卷,东汉安世高译。2.《无量清净平等觉经》二卷,曹魏帛延译。3.《无量寿经》二卷,西晋竺法护译。4.《无量寿至真等正觉经》一卷,东晋竺法力译。5.《新无量寿经》二卷,东晋佛陀跋陀罗译。6.《新无量寿经》二卷,刘宋宝云译。7.《新无量寿

---

① 日本的源空以"正、傍"来判释净土经典,第66—67页认为"三经一论"为"正",而其他兼说净土的经典为"傍"。所谓"正"、"傍",差别主要在于是专弘阿弥陀净土还是兼说净土。明代莲池大师在《弥陀疏钞》中,也曾对净土经典加以分类。

经》二卷,刘宋昙摩密多译。然近代日本学者对宋元以来十二译之说提出质疑,认为其中有重复。

南宋绍兴三十年(1160),龙舒人王日休将现存四译本(除去《大宝积经·无量寿如来会》),互相参照,重新编纂而成《大阿弥陀经》二卷,为各版无量寿经中流通极广之版本,非直接译自梵文本。本经之梵文原本亦有数种。近代学者将其译为英文和日文。还发现有藏译本。自本经各种语言版本陆续刊行后,学者对照研究,发现全经章段之出入、愿文之多寡、与会之大比丘众人数、菩萨众之名称数目、法藏菩萨所见佛刹土之数目,乃至经文中"弥陀入灭,观音补处"之说、"五恶段"之文、过去佛及十二光佛之数、偈颂之有无、位置之差异等,各译本与梵本均有所异。

本经主要是介绍阿弥陀佛于因地修行时,发四十八愿成就依正庄严的清净国土的事迹,宣扬净土的庄严,解说五恶、五痛、五烧的剧苦,劝发众生精进修行,以求往生彼佛国土。全经内容可分为五个部分:

第一,本愿缘起。

阿弥陀佛的本生——法藏比丘,于世自在王如来时,原为一国王,以闻佛说法,心怀喜悦,于是弃捐王位,出家作沙门,高才果决明智,与世超异。后闻世自在王佛为其广说二百一十亿诸佛刹土天人的善恶,国土的粗妙,应其心愿,悉现与之。从而起发无上殊胜之愿,于五劫中摄取二百一十亿诸佛妙土清净之行,如是修行已,至佛前具发四十八大愿,愿度脱一切众生。

第二,四十八大愿。

法藏比丘所发的四十八大愿如下:国无恶道愿、不更恶道愿、身真金色愿、形色相同愿、宿命智通愿、天眼普见愿、天耳普闻愿、他心悉知愿、神足无碍愿、不贪计身愿、住正定灭愿、光明无量愿、寿命无量愿、声闻无数愿、随愿修短愿、不闻恶名愿、诸佛称扬愿、十念必生愿、临终接引愿、系念定生愿、三十二相愿、一生补处愿、供养诸佛愿、供具随意愿、演说妙智愿、那罗延身愿、一切严净愿、道树高显愿、诵经得慧愿、慧辩无限愿、国土清净愿、宝香妙严愿、蒙光柔软愿、闻名得忍愿、脱离女身愿、常修梵行愿、人天致敬愿、衣服随念愿、乐如漏尽愿、树中现刹愿、诸根具足愿、清净解脱愿、生尊贵家愿、具足德本愿、住定见佛愿、随愿闻法愿、闻名不退愿、得三法忍愿。

其中最重要者是十念必生愿——设我得佛,十方众生至心信乐,欲生我国,乃至十念,若不生者,不取正觉。唯除五逆,诽谤正法。此愿有愿王、王本愿之称。综观四十八愿,可见教主愿力广大,凸显出阿弥陀法门的种种殊胜。后人将其分门别类加以概括,比如,隋慧远将四十八愿分为三类:摄法身愿,包括第十二、第十三、第十七愿;摄净土愿,为第三十一、第三十二愿;其余四十三愿为摄众生愿。

阿弥陀佛的本愿思想是佛教本愿思想发展成熟的形态,本身也经历了从简单到复杂、从少到多的完善过程。后汉译《平等觉经》、《后出阿弥陀偈》和吴译《大阿弥陀经》都只有二十四愿;鸠摩罗什译《摩诃般若经》为三十愿;宋译《大乘无量庄严经》有三十六愿;唐译《无量寿如来会》与曹魏译《无量寿经》一样,有四十八愿。一般来讲,愿越多,其经典原本越晚出,吸收丰富了先出经典的思想。但《大阿弥陀经》中,"国无女人"和"莲花化生"两愿,不见于曹魏译《无量寿经》,后者有"脱离女身愿"与前者"国无女人愿"类似。"四十八愿"的说法被普遍接受。

第三,净土的庄严。

极乐净土是依阿弥陀佛的本愿,于十劫之前所建立的清净世界,其国中具种种庄严,包括国土庄严、佛身殊胜、圣众庄严、各种环境严净:宝树、伎乐、宫殿、宝池、衣食等等。居民正报庄严、依报殊胜、诸佛普为十方众生说微妙法。

第四,往生行业。

① 三辈往生

至心愿生阿弥陀净土的十方世界诸天人民,可分为上辈、中辈、下辈三类众生。

上辈往生：舍家弃欲而作沙门，发菩提心，一向专念无量寿佛，修诸功德，愿生彼国，此等众生，临寿终时，无量寿佛与诸大众现其人前，即随彼佛往生其国，便于七宝华中自然化生，住不退转，智慧勇猛，神通自在。

中辈往生：虽不能行作沙门，大修功德，当发无上菩提之心，一向专念无量寿佛，多少修善，奉持斋戒，起立塔像，饭食沙门，悬缯燃灯，散华烧香，以此回向愿生彼国，其人临终，无量寿佛化现其身，光明相好，具如真佛，与诸大众现其人前，即随化佛往生其国，住不退转，功德智慧次如上辈者。

下辈往生：假使不能作诸功德，当发无上菩提之心，一向专意，乃至十念，念无量寿佛，愿生其国，若闻深法，欢喜信乐，不生疑惑，乃至一念，念于彼佛，以至诚心愿生其国，此人临终，梦见彼佛，亦得往生，功德智慧次如中辈者。

三辈往生，行虽有别，辨其正因，必须发菩提心、专念无量寿佛圣号、修诸福善、回向愿生等四行，方得往生。

② 胎生、化生

往生极乐净土的人，有化生、胎生二种。极乐世界没有女人，所谓胎生，指若有众生，以疑惑心修诸功德，愿生彼国，不了佛智，不思议智、不可称智、大乘广智、无等无伦最上智，于此诸智疑惑不信，然犹信罪福，修习善本，愿生其国，此诸众生生彼宫殿，寿五百岁，常不见佛，不闻经法，不见菩萨、声闻圣众，是故于彼国土，谓之胎生。而作诸功德则化生。

第五，五恶、五痛、五烧、五善。

本经广宣五恶、五痛、五烧的剧苦，令修行者去五痛，离五烧，持五善，获得福德度世长寿涅槃的乐果。

本经为净土宗根本圣典，历来颇受重视，很多高僧曾为之注疏。

二、《佛说观无量寿佛经》及其主要思想

《佛说观无量寿佛经》一卷。刘宋文帝元嘉元年（424），畺良耶舍在

健康译出。又称《观无量寿佛经》、《无量寿佛观经》、《无量寿观经》、《十六观经》，略称《观经》，叙述佛陀应韦提希夫人所请，示现西方极乐净土，并说修三福、十六观为往生法。

此经的内容，是叙述王舍城内阿阇世太子，听信提婆达多的恶言，将其父频婆娑罗王幽闭于七重室内，欲令饿死；后来又将母幽闭于深宫，不令出外，这时韦提希忧愁憔悴，遥礼耆阇崛山向佛祈祷，佛和目犍连、阿难现身于王宫内，时韦提希愿欲往生阿弥陀佛极乐世界，佛即在宫内为她宣说三福、十六观的往生法门。韦提希闻佛说后，欢喜悟解，得无生忍。此中所说的三福、十六观，即是往生净土的修行方法。

三福：一、世福（孝亲、敬师、戒杀、修十善业）；二、戒福（受持三皈、净戒并护威仪）；三、行福（发菩提心、深信因果、诵大乘经并劝他行）。

这三种福业，又称为净业正因，是往生净土的基本条件。

十六观：一、日想观；二、水想观；三、地想观；四、宝树观；五、宝池观；六、宝楼观；七、华座观；八、像观；九、真身观；十、观音观；十一、势至观；十二、普观；十三、杂想观；十四、上辈生想观；十五、中辈生想观；十六、下辈生想观。

净土宗观想念佛的修行方法就是以十六观为理论基础的。由于便于操作，此经自从刘宋畺良耶舍译出以后，观念往生的法门便日见弘通。庐山慧远身体力行，隋、唐以来更为各宗所重视，著名的大师如净影慧远（地论宗）、智𫖮（天台宗）、吉藏（三论宗）、善导（净土宗）、怀感（慈恩宗）、澄观（贤首宗）、元照（律宗）等都广事疏讲。其中善导的注疏最为系统，自成一家之言，很多观点成为净土宗信仰的理论基础和基本教义，后文详论。

三、《佛说阿弥陀经》及其主要思想

《佛说阿弥陀经》一卷，后秦鸠摩罗什译。佛无问自说，叙说阿弥陀

佛净土功德庄严及执持名号、诸佛护念的利益而劝念佛往生。此经首先叙述佛在祇树给孤独园对舍利弗等讲说西方极乐世界的无上庄严："彼土何故名为极乐？其国众生无有众苦，但受诸乐，故名极乐。又舍利弗，极乐国土七重栏楯，七重罗网，七重行树，皆是四宝周匝围绕，是故彼国名曰极乐。又舍利弗，极乐国土有七宝池，八功德水充满其中，池底纯以金沙布地，四边阶道，金银、琉璃、颇梨合成，上有楼阁，亦以金银、琉璃、颇梨、车磲、赤珠、马瑙而严饰之，池中莲花大如车轮，青色青光，黄色黄光，赤色赤光，白色白光，微妙香洁。舍利弗，极乐国土，成就如是功德庄严。又舍利弗，彼佛国土常作天乐，黄金为地，昼夜六时天雨曼陀罗华，其国众生常以清旦，各以衣裓盛众妙华，供养他方十万亿佛，即以食时还到本国，饭食经行。舍利弗，极乐国土成就如是功德庄严。"①其次，此经宣说称呼阿弥陀佛的名号的利益："舍利弗，若有善男子、善女人闻说阿弥陀佛，执持名号，若一日，若二日，若三日，若四日，若五日，若六日，若七日，一心不乱，其人临命终时，阿弥陀佛与诸圣众，现在其前。是人终时心不颠倒，即得往生阿弥陀佛极乐国土。舍利弗，我见是利故说此言。若有众生闻是说者，应当发愿生彼国土。"②值得注意的是，往生极乐者即得不退转，"极乐国土众生生者，皆是阿鞞跋致。其中多有一生补处，其数甚多，非是算数所能知之"③。甚至闻说此经即得不退转，"若有善男子、善女人，闻是经受持者，及闻诸佛名者，是诸善男子、善女人，皆为一切诸佛共所护念，皆得不退转于阿耨多罗三藐三菩提。是故舍利弗！汝等皆当信受我语及诸佛所说"④。最后，经文还交代了往生净土咒及受持诵读功德。

此经在中国弘传极盛，曾经三次汉文译出。第一译是姚秦弘始四年（402）鸠摩罗什在长安（逍遥园）译出。第二译是刘宋孝建年中（454—

---

① 鸠摩罗什译：《佛说阿弥陀经》，《大正藏》第12卷，第346页下—347页上。
②③ 同上书，第347页中。
④ 同上书，第348页上。

456）求那跋陀罗在荆州辛寺译出，名《小无量寿经》，今佚。第三译是唐永徽元年（650）玄奘在长安大慈恩寺译出，名《称赞净土佛摄受经》，一卷。此经现存梵文本，近代译为英文和日文。此经汉译中的罗什译本，文辞平易流畅，流传最广。古来各家多据此本从事疏讲。此经在朝鲜、日本流传也甚广。

此经汉译仅约2000字，容易背诵，加上修行方法简便，故流传甚广，净土宗也因此经扩大了影响。宋明以后，该经成了寺院中每天必念的日课。

四、《无量寿经优婆提舍愿生偈》及其主要思想

《无量寿经优婆提舍愿生偈》二卷，世亲造，北魏菩提流支译。简称《往生论》，又称《净土论》、《往生净土论》、《无量寿经论》、《无量寿优波提舍经论》、《无量寿经优波提舍》、《愿生偈》。本论为唯一翻译的印度撰述的净土论，因而净土宗特别重视。

本论依《无量寿经》作愿生偈，并且对其一一作了解释。赞叹极乐净土之庄严。论中说修习"五念门"可得种种成就，并次第得"近门"、"大会众门"、"宅门"、"屋门"、"园林游戏地门"等五种功德。前四种功德为"入功德"，往生安乐净土，即入大乘正定之聚毕竟不退，与三途诸苦永隔。"园林游戏地门"则为"出功德"，即以慈悲心回入生死，游戏神通至教化地，如是自利利他，速成就菩提。北魏昙鸾著有《往生论注》二卷，与论并行于世。本注上卷引用龙树《十住毗婆沙论》，说明修行有难、易二道。判净土教为易行道。次为总说分，就愿生偈文逐次解释。下卷释解义分，有：愿偈大意、起观生信、观行体相、净入愿心、善巧摄化、离菩提障、顺菩提门、名义摄对、愿事成就、利行满足等十科注释文义，最后，又强调自利利他之要义。《往生论注》是中国佛教史上唯一一部系统注解《往生论》的作品，对后世净土宗思想影响深远，成为净土宗经典著作。

五、其他经典

除了"三经一论",还有一些其他经典与净土宗有关联。清代咸丰年间的魏源居士将《华严经·普贤菩萨行愿品》附在三经之后,该经提倡修普贤行,供养十方佛、忏悔、修行、回向,以期临终往生极乐国。清末民初时印光大师又将《楞严经·大势至菩萨念佛圆通章》列为净土经典。此章内容为释迦牟尼佛在楞严会中询问诸大菩萨圆成佛道的法门。其中大势至菩萨提出其以念佛方法修学,关键在于"都摄六根,净念相继",集中心神,专一忆佛念佛,维持净念相续不断。于是就有净土宗"五经一论"的说法。其实,带说净土的大乘经典,不胜枚举。《华严经·普贤菩萨行愿品》和《楞严经·大势至菩萨念佛圆通章》虽因为种种原因被后世净土宗人所重视,而其并非专门讲述阿弥陀净土的独立经论,对于净土宗产生和发展的影响,显然不能与"三经一论"相提并论。

此外,《般舟三昧经》对阿弥陀净土信仰的早期传播起到了重要作用。

《般舟三昧经》,又作《十方现在佛悉在前立定经》。支娄迦谶于东汉灵帝光和二年(179)译。全经共分十六品,内容系采佛陀应贤护菩萨之请而说法之形式。本经梵本已散佚不传。据《开元释教录》记载,其汉译本有七种,然现存者仅有四译,四译之中,以译者佚名之《拔陂菩萨经》一卷为最早。《大集经贤护分戒行具足品》记载,佛入灭五百年之末一百岁中,正法灭时,时诸国相伐,此经正于阎浮提流行。据此可推知,《般舟三昧经》之编纂,大约在公元前后1世纪左右。此经为早期大乘经典,亦是阿弥陀信仰之最早文献。其注疏本较重要者有智顗《般舟三昧行法》、元晓《般舟三昧经疏》等。

般舟(梵 pratyutpanna)乃现前、佛立之意。般舟三昧,定行之一种。又作常行三昧、般舟定、诸佛现前三昧、佛立三昧。在一特定期间(七日至九十日)内,修行三昧,得见诸佛。据般舟赞载,以九十日为一期,常行无休息,除用食之外,均须经行,不得休息,步步声声,念念唯在阿弥陀佛。般舟赞又谓,行此定法,须正身业,口称佛名,意观佛体,三业相应,故总称为三业无间。庐山慧远最早聚众结社行此定法,其后智𫖯、善导、慧日、承远、法照等诸师继承发扬这种修行方法。

《般舟经》所言的三昧见佛不只限于见阿弥陀佛,而是见十方佛。提倡念诸佛功德、形相,念,意念,主要是观想念佛。《般舟经》处处体现空观理论:"复更作念,佛亦不用心得,亦不用身得,亦不用心得佛,亦不用色得佛,何以故?心者佛无心,色者佛无色。""诸法空,是如泥洹,亦不坏亦不腐亦不坚,亦不在是间,亦不在彼边,无有想,不动摇,何等为不动摇?智者不计,是故不动摇,如是颰陀和,菩萨见佛,以菩萨心念无所著,何以故?说无所有。"(卷中)空观基础上的念佛观并不符合净土宗的旨趣。

虽然该经对阿弥陀净土信仰的传播有一定影响,但净土宗的信仰和修行方法的确立,显然是主要立足于"三经一论"。

第三节 净土信仰历代祖师与净土宗的建立

佛教史上净土宗祖师系统,并非根据师徒相承、衣钵相传的原则确立的,而是后人将历史上倡导阿弥陀净土信仰有较大影响的人物编排而成。南宋四明宗晓(1151—1214)在《乐邦文类》卷三中立慧远、善导、法照、少康、省常、宗赜等为净土历代祖师,志磐《佛祖统纪》卷二六《净土立教志》改立慧远、善导、承远、法照、少康、延寿、省常为净土传承。明清之际加推袾宏为八祖。清代道光间,悟开《莲宗正传》推智旭为九祖、实贤为十祖、际醒为十一祖。民国时期的印光又改推行策为十祖,实贤、际醒递降为十一祖、十二祖。印光的门下推印光为十三祖。

一、净土信仰的历代祖师

据有关资料记载,在中国佛教史上,最早提倡阿弥陀净土信仰的高僧是东晋慧远。慧远时期已经译出的相关经典有《无量清净平等觉经》、《无量寿经》和《佛说阿弥陀经》。《高僧传》卷六《慧远传》记载了慧远与"十八高贤"建立莲社之事:"远乃于精舍无量寿像前,建斋立誓,共期西方。乃令刘遗民著其文曰:惟岁在摄提秋七月戊辰朔二十八日乙未,法师释慧远贞感幽奥,宿怀特发,乃延命同志息心贞信之士百有二十三人,集于庐山之阴般若台精舍阿弥陀像前,率以香华敬荐而誓焉。"现代的佛教学者多怀疑这种记载的真实性,但不能否认庐山慧远对弘传阿弥陀信仰的所起的重大作用。以至于宋元以后的佛教史籍将慧远列为净土宗初祖。但慧远在这方面的贡献似还不足以起到开宗立派的作用。

学术界曾普遍认为善导是净土宗的实际创始人,但现在越来越多的中国学者认为中国净土的开宗,其实比善导要早。汤用彤先生在其《汉魏两晋南北朝佛教史》中提到净土宗(书中称"净土教")时,着重考察的就是昙鸾的阿弥陀净土信仰及其念佛修行对于后世修行方式的影响。从信仰和修行两个方面对净土宗进行定位,昙鸾可归于净土宗之列。陈扬炯的《中国净土宗通史》就将昙鸾作为净土宗初祖[1]。当代很多学者采纳了这种观点。

1. 昙鸾

昙鸾(476—?)南北朝时期高僧。雁门(山西代县)人,一说并州汶水(山西太原)人,姓氏不详,家住五台山附近。五台山是文殊菩萨道场,昙鸾小时候时常听说神迹灵异之事,十四岁登山出家。昙鸾勤苦学经,尤其精通般若学,对于道家也有深入了解。尝读《大集经》,为之注解,书未成即染疾,遍求不治。一日忽见天门洞开,其疾顿愈。经历此事之后,昙鸾觉得欲有所成就必须有足够的时间,乃发心求长生不死之法。听说道教仙方之学可长寿不老,乃往江南,到句容山拜访陶弘景,得到《仙经》十卷。归途过洛阳,恰遇菩提流支。菩提流支认为,仙经纵得长年,少时不

---

[1] 陈扬炯:《中国净土宗通史》,第109页,南京,江苏古籍出版社,2000。

死,终更轮回三有。劝他放弃道术,归信佛法,并授《观无量寿经》一部,说:"此大仙方,依之修行,当得解脱生死也。"①昙鸾便烧《仙经》,专修西方净土。

精进的修行使昙鸾的影响不断增强,归依他的人越来越多。东魏孝静帝十分敬重他,称他为"神鸾",并敕住并州(今山西太原)大岩寺,晚年又息影汾州石壁山(今山西交城)玄中寺。在此期间,昙鸾经常去介山(今山西介休绵山)之阳集众念佛,后人为了纪念他,就把这里称为"鸾公岩"。

昙鸾著有《往生论注》二卷,全称《无量寿经优婆提舍愿生偈注》。另著有《赞阿弥陀佛偈》、《调气论》、《略论安乐净土义》等。

昙鸾认为,由于世风混浊,依靠自力很难解脱,所以主张乘佛愿力往生净土。他的"二力二道"说,成为净土宗判教理论的核心思想。在他所著的《往生论注》、《略论安乐净土义》中,提倡一心专念阿弥陀佛便可往生安乐国土的思想,他说:"若念佛名字,若念佛相好,若念佛光明,若念佛神力,若念佛功德,若念佛智慧,若念佛本愿……即是生安乐时。"这里,既有"念佛名字"的称名念佛,也有观想念佛。在《观无量寿经》里,讲了十六种"观",其中前九种,都属对阿弥陀佛和西方净土各类功德的观想。昙鸾所谓"观佛相好"等,便是根据这一经义而阐发的。昙鸾大量讨论了观想念佛,但肯定了"持名念佛,即得往生",开启了称名念佛的风气。

昙鸾强调依佛本愿力,其思想根源于《无量寿经》。他在《往生论注》卷下说明阿弥陀佛本愿力的殊胜和修五念门以自利利他,可以速得成就阿耨多罗三藐三菩提,其要点在以阿弥陀如来为增上缘。以阿弥陀如来四十八愿中的第十一、第十八、第二十二等三大本愿为中心的他力本愿,阐发了阿弥陀净土的教义。后来唐代善导所发挥的阿弥陀本愿论,主张

---

① 《续高僧传》卷六,《高僧传合集》,第150页中—150页下,上海,上海古籍出版社,1991。

以持名念佛,一心不乱为内因,阿弥陀佛与诸圣众临终接引为外缘,内外相应,自他结合,即得往生极乐国土,就是祖述昙鸾此说的。

由于昙鸾长期在汾州(治所在今山西汾阳)玄中寺传播佛教,因此当时北方以汾州、并州(治所在今山西太原)等地为中心,涌现出了大量的西方净土信仰者。据载,早在西晋时期,我国就已出现对西方净土的信仰活动,但西方净土信仰的流行是在昙鸾的时代。这其中固然有昙鸾的功劳,但根本原因还是社会历史条件使然。南北朝是中国历史上最为混乱的时代之一,战乱频仍,民不聊生,民众只能从宗教中获得慰藉,佛教在这一时期迅速发展,而阿弥陀净土信仰承诺了最便利有效的解脱之道,能够满足民众的心理需求,吸引了很多信众。这种吸引力因为当时的末法思潮更加增强。佛教本来就有末法思想,认为释尊入灭后,教法住世历经正法、像法和末法时代,佛教渐次衰落。北魏太武帝灭佛事件被佛教界看作末法时期到来的一个标志。而在末法时期,因去圣愈远,世道日浊,众生业障深重,若专依自力,则修道难有成就。净土信仰者认为,只能依靠佛力,修净土法门,方能获得解脱。昙曜有见于此,故在太武帝死后,即加紧开凿石窟、传钞经典、塑造佛像,又"译《付法藏传》并净土经,流通后贤,意存无绝"①。在这样的历史背景下,阿弥陀净土信仰更能吸引信众。

经过昙鸾的宣传,净土信仰进一步在各地流传开来。后来对净土经典的研究也开始加强。隋净影寺慧远、灵祐、吉藏、法常等名家先后为《无量寿经》、《观无量寿经》作疏;智顗、道基、智俨等高僧也纷纷著书讨论佛的报身、化土等问题;地论、摄论等学派对净土信仰中有关问题,展开过热烈讨论,从而促进了净土思想的流传和净土宗的发展。

关于昙鸾的寂年,《续高僧传》卷六谓东魏兴和四年(542)示寂于平遥山寺;同书卷二十《道绰传》与《往生西方净土瑞应删传》中均有"齐时

---

① 《续高僧传》卷一,《高僧传合集》,第 108 页上。

昙鸾法师"之语；另迦才《净土论》卷下谓魏末高齐之初师犹健在；又高齐天保五年(554)二月之太子造像铭亦出师之名。据此推知师之示寂应在北齐天保五年以后。

2．道绰

道绰(562—645)，俗姓卫，并州汶水(今山西文水)人。十四岁出家，学习《大般涅槃经》。曾师事太原开化寺慧瓒禅师，修涉空理。后移住汶水石壁玄中寺，在那里看到《昙鸾和尚碑》，被感化，乃改信净土。三十余年间，讲《观无量寿经》近二百遍。他特别重视称名念佛，"劝人念弥陀佛名，或用麻豆等物而为数量，每一称名，便数一粒。如是率之，乃积数百万斛者"。"才有余暇，口诵佛名，日以七万为限。声声相注，弘于净业"。后又穿木珠(念珠)，"以为数法，遗之四众，教其称念，屡呈贞瑞"①。在道俗中影响极广，以致望风而成习。这也是中国最早的使用念珠之记载。后来念珠成为佛教的标志之一。②经过道绰的倡导，持名念佛成为净土宗主要修行方法。可见道绰对佛教修行方法贡献之大。

道绰的主要著作是《安乐集》二卷。该书共分十二大门，以《观无量寿经》思想统以贯之。道绰认为，佛教有"圣道"和"净土"两大门类，前者凭自力修行，断惑证理，入圣得果，是为"难行"；后者依阿弥陀佛愿力，往生极乐国土，入圣证果，是为"易行"。强调在末法时代，只有净土一门，才是解脱的唯一道路。尽管该书体系比较零乱，迦才认为它"虽广引众

---

① 《续高僧传》卷二〇，《高僧传合集》，第 273 页上。
② 念珠作为佛教的重要法器，为我国汉传佛教、藏传佛教以及日本、韩国僧俗信众普遍携带。然使用念珠并非佛教所创。印度人自古即有以璎珞鬘条缠身之风习，由是遂演变成念珠之使用。如古代毗湿奴派极早即有持带念珠之习惯。晚近自印度西北地方所发掘之"龙王归佛"雕像中，有一尊首悬念珠之婆罗门像，此雕像被推定为 2 世纪左右之作品，故知其时念珠之使用业已风行于婆罗门之间。据《佛光大辞典》，佛教使用念珠之时代，恐系在婆罗门教(2 世纪)之后。佛教经典中有关念珠之起源，一般多以《佛说木槵子经》所记载佛陀对波流离王之开示为通说。此外，伊斯兰教苏菲派引入念珠。天主教亦使用念珠。初期教会史记载，隐居者圣保禄 St Paul the Hermit 每日装上三百粒石子，每念一段经文即抛去一粒，抛完三百粒就是念完一天的经文。用小豆、念珠、石子等工具计算念诵次数的方法，有相通之处。而念珠源于印度，应无异议。

经,略申道理,其文义参杂,章品混淆,后之读之者亦踌躇未决"①。但其在净土宗产生初期具有重要作用,对后世也有深远影响,不失为净土宗的重要著作。迦才本人就经常引用道绰的观点,受道绰思想影响很深。

3. 善导

善导(613—681)是道绰的弟子。俗姓朱,号终南大师。《新修往生传》说为临淄(今山东临淄市)人,《往生西方净土瑞应传》则说为泗州人(今江苏宿迁)。幼年投密州明胜法师出家,诵《法华》、《维摩》等经。偶入经藏取读《观无量寿经》,大为欣赏。受戒以后与妙开律师共研《观经》,觉得只此观念法门,最易超脱,其他行业迂僻难行,于是依《观经》修十六观。因慕东晋慧远结社念佛的高风,曾亲往庐山叩寻遗范。后更周游各地,访问高德。闻道绰在西河(今山西境),盛弘净业,即于贞观十五年(641)赴并州(今太原)石壁山玄中寺相访。在此修学方等忏法,又听讲《观无量寿经》,道绰授以念佛往生法门。此后专事念佛,笃勤精苦,遂得念佛三昧,于定中亲见净土之庄严。道绰卒后,入长安光明寺,倡导念佛净土。行持精严,日常合掌胡坐,一心念佛,至力竭方休。三十余年中,不别定寝处,不举目视女子,亦不受沙弥礼拜,并远避名利,不受供养,好衣美食皆送大厨供养大众,自食皆粗恶。《佛祖统纪》卷二六记其曾将所得施财"写《弥陀经》十万卷,画净土变相三百壁"②。唐高宗敕于洛阳龙门兴造大卢舍那佛像,命他监督工程。调露元年(679),奉敕于大佛像之南建奉先寺。他的佛教活动影响极广,弟子不可胜数,"以其化者,至有诵《弥陀经》十万至五十万卷者,念佛日课万声至十万声者"③。一生之中,前后演说净土法门三十余年,被后人誉为"弥陀化身"。

善导著作有:《观无量寿佛经疏》四卷、《往生礼赞》一卷、《净土法事赞》二卷、《般舟赞》一卷、《观念法门》一卷等。《观无量寿佛经疏》于 8 世

---

① 《净土论·序》,《大正藏》第 47 卷,第 83 页中。
②③ 《佛祖统纪》卷二六,《大正藏》第 49 卷,第 263 页中。

纪时传入日本,流传甚广,日僧法然(源空)即依该书创立日本净土宗,并尊师为高祖。

《观无量寿佛经疏》又称《观经四帖疏》,因它主要阐述净土法门的教相教义,故又可名为"教相分"或"解义分",而其他著述则因主要阐述净土法门的行事仪式,故名之为"行义分"。《往生礼赞》详细介绍昼夜六时礼赞弥陀佛以及观音、势至两菩萨的仪式。《净土法事赞》具体说明《阿弥陀经》转读行道的方法。《般舟赞》介绍修习般舟三昧行道的方法。《观念法门》则叙述观念佛三昧的行相和入道场念佛、忏悔发愿的方法。

善导把往生净土的起行分为正、杂二行。正行是专依净土经典所修的行业。杂行是其余诸善万行。正、杂二行的分判抬高了阿弥陀净土法门的地位。正行又分作五种:(1) 称名正行,专称弥陀一佛的名号。(2) 读诵正行,专读诵此宗正依的《观经》、《弥陀经》、《无量寿经》。(3) 观察正行,专思想、观察、忆念弥陀净土依、正二报的庄严。(4) 礼拜正行,专礼拜弥陀一佛。(5) 赞叹供养正行,专赞叹、供养弥陀一佛,其中称名正行最重要,是"正业";读诵、观察、礼拜、赞叹供养都是"助业"。这种理论可以概括为"二行二业",善导的净土法门,便是舍杂行,归正行;而又正修正业,旁修助业;一心专念弥陀一佛的名号,念念不舍,以往生净土为期。正、助二业的分判是对道绰修行论的发展。自道绰和善导以后,称名念佛成为净土宗的主要修行方法。

善导的学说和净影寺慧远、智𫖮、吉藏等大师的净土学说有很大不同,从而体现了净土宗的特色。就教说,有自力、他力的不同。慧远等说依靠自己修行定、散二善的力量往生净土,善导却说凭借佛的愿力往生。所谓"定善"与"散善"的问题是针对《观无量寿经》所言的"十六观"而发的。隋净影慧远说:"造逆之人,行有定、散。观佛三昧名之为'定',修余善根说以为'散'。"①慧远在此将通过"定力"观佛的形相称之为"定善",

---

① 《观无量寿经义疏》卷下,《大正藏》第 37 卷,第 184 页下。

其他修习方法为"散善"。天台智𫖮也认为"十六观"属于"定善",是"观佛三昧"的内容。而善导不同意净影慧远、天台智𫖮的说法。他说:"从'日观'下至十三观已来,名为定善;三福九品,名为散善。"①此外,慧远等人还认为,在定、散二善之中,以定善的功德为胜。如慧远《观无量寿经义疏》:"散善力微,不能灭除五逆重罪,不得往生。'大经'就此故说不生。定善力强,能消逆罪容得往,此经明观,所以说生。"②对此,善导认为"定善观察"不是本愿之行,而"称名念佛"虽是"散善",但因是本愿生因之行,故其功德胜于"定善"。就机说,有凡夫、圣者的不同。慧远等说《观经》的九品通凡夫和圣者,善导却说九品只是凡夫。就佛身、佛土说,有应佛应土、报佛报土的不同。慧远等说弥陀是应身、净土是应土。善导却继承道绰《安乐集》的说法说是报身、报土。总结善导一系的净土教义,即《无量寿经》的三辈、《观经》的九品,都是五浊凡夫,凭借佛的愿力即得往生。即凭借弥陀本愿的他力,虽然是见、思惑未断的凡夫,也得和地上菩萨同入真实无漏的报土。因此,一般称之为他力念佛法门。

善导继道绰之后,完备了净土宗的教义和行仪,把他力往生和称名念佛视为自宗的根本内容。是净土宗集大成者。

善导在净土宗发展史上的作用地位极其重要,关于净土宗的祖师有很多说法,但从古至今,无论佛教界还是学术界,对于善导作为净土宗祖师均无异议,很多人甚至认为善导是净土宗的实际创始人。善导入灭后,慕其遗风者兴起倡导净土法门,以法照、少康最为著名。《西方略传》有言:"后有法照大师,即善导之后身。"《宋高僧传》卷二五《少康传》以"后善导"称美少康,"时号后善导"③。这些都从侧面反映出善导的地位及人们对他的仰慕。

古代有两位善导的说法,其说起始于宋《新修净土传》中的《善导

---

① 《观无量寿佛经疏》卷一,《大正藏》第37卷,第247页中。
② 《观无量寿经义疏》卷下,《大正藏》第37卷,第184页下。
③ 《大正藏》第50卷,第867页下。

传》。12世纪时日本源空所著《类聚净土五祖传》中曾加以引录。13世纪时良忠撰《观经玄义分传通记》第一,载明《新修净土传》中有三十三人的传记,其中第二十五人为善导,第二十六人为善道。前者为京师光明寺的善导,后者为终南山悟真寺的善道。《佛祖统纪》第二七卷有《善导传》,第二八卷有《善道传》。善道被误以为是另外一个善导。

4. 善导的弟子及善导之后净土诸师

善导的弟子,以怀感最为知名。此外见于史传碑铭的,尚有贞固、净业等人。

怀感生卒年、籍贯均不详。初居长安千福寺,学唯识与戒律,博通经典,不信念佛往生之说。后来师事善导,善导鼓励他入道场精勤念佛。于三七日后,未见灵瑞,自恨罪障深重,怀感欲绝食而死,为善导所阻。怀感继续精诚念佛,三年后感得灵验,见金色玉毫,证念佛三昧。怀感的主要著作是《释净土群疑论》,未竟而示寂,由同门怀恽完成其书。

怀恽,于长安西明寺出家,时善导在光明寺弘法,他即趋侍座下十余年,尽传善导之学。善导示寂,他于神禾原建造灵塔葬之,又于塔边构筑伽蓝,并造十三级大窣堵波。后依敕为长安实际寺主,常讲《观经》、《贤护》、《弥陀经》等,劝四众专念弥陀名号。寂后谥隆阐大禅师。

贞固,郑地荥川人,于氾水等慈寺从远法师出家;后于襄州遇善导,接受净土法门,精勤称念阿弥陀佛。至庐山,住东林寺。至广州,邂逅义净,同渡南海到达室利佛逝。

净业,弘道元年(683)出家,善讲《观无量寿经》和《释净土群疑论》。他为香积寺主二十余年,劝修净土行业,年五十八圆寂。

与善导同时代的迦才也是深受道绰影响的净土高僧。

迦才,生卒年不详。贞观年间,住长安弘法寺,勤修净业,弘扬净土法门,着手整理净土诸论著。撰有《净土论》三卷,主张念佛以观想为主。据续《高僧传》卷二〇《静琳传》记载,弘法寺乃唐高祖武德三年(620)正平公李安远所造,静琳始住之。静琳是《摄论》宏扬者,由此推知迦才与摄论宗有关系。

善导之后,净土宗的重要人物有慧日、承远、法照、少康等。他们虽非善导弟子,但于弘扬念佛法门颇有贡献,在净土宗历史上有很高地位。

慧日(680—748),俗姓辛,青州东莱郡(今山东莱州)人。出家后见义净由印度回国,深表钦羡,乃誓游印度。他自海路而往,陆路而归,前后十八年,历经七十余国。回国后,致力于弘扬净土法门。著有《净土慈悲集》三卷、《般舟三昧赞》一卷、《西方赞》一卷等,其中《净土慈悲集》又名《往生净土集》。

史称慧日与善导、少康等人"异时同化"净土宗。慧日提倡与善导相似的净土往生法门,主张回心念佛、凡夫得生净土等。但他反对善导的专修净土。在《往生净土集》中,提倡禅教一致、禅净合修、戒净双修等。延寿在《万善同归集》中,两处引用慧日著述,以论证禅净双修,如说:"圣教所说正禅定者,制心一处……所修行业,回向往生西方净土。若能如是修习禅定者,是佛禅定与圣教合。"在这方面延寿受到慧日的影响,但他有"唯心净土"的思想,与慧日不同。

慧日曾受唐玄宗赐号"慈愍三藏",他的禅净双修与慧远单纯的观想念佛以及善导单纯的称名念佛不同,所以后人把他的净土思想名之为"慈愍流",是"净土三流"之一。"净土三流"是日本净土宗人源空提出的概念,以其作为中国净土宗的不同流派,分别为东晋庐山慧远为代表的"慧远流"、善导开创的"善导流"和"慈愍流"。这三者的修行方法确实有差异,有的净、教并重,注重观想念佛,有的专修称名念佛,有的注重慧解,融会禅、净。但这种划分并不严密,慧远不能归入净土宗范畴;称名念佛从道绰时就成为净土宗主要修行方法了,不是善导专利;三者地位不一样,善导一系是净土宗主流;至于后世禅净合流,则与净土宗主流自身有关,不是其他流派的复兴。

"慈愍流"还包括慧日的弟子承远和再传弟子法照。

承远(712—802),俗姓谢,江州(今四川广汉)人。出家后,初师事智诜门下的处寂,受学禅法。后赴广州从慧日受净土教义,专修念佛。天宝元年(742),至南岳衡山,建立般舟道场,专念弥陀,世称"弥陀和尚"。远近风闻,从之受教化者数以万计。柳宗元曾为他撰《南岳弥陀和尚碑》文,称他有"异德","天子南向而立"。弟子有法照等人。

法照,"五会念佛法"的创立者,生卒年不详。唐代宗永泰元年(765)在庐山结西方道场,修念佛三昧。不久赴南岳,师事承远。他依据《无量寿经》经文,创设"五会念佛法",又作"五会真声"。系模仿《无量寿经》中风吹宝树,出五音声,令道俗欣羡净土。此仪式每集合音声佳美之道俗数人,威仪齐肃,分为五会,依五种高低缓急之音调而念佛。其第一会平声缓念,第二会为平上声,亦缓念,第三会非缓非急念,第四会渐急念,第五会阿弥陀佛四字转为急念。据称此五会念佛具有除五苦、断五盖、截五趣、净五眼、具五根、成五力、得菩提、具五解脱、能速疾成就五分法身等利益。以五日为一会,念佛诵经,影响很大。曾被代宗迎至京城长安,在宫中传授五会念佛之法。尊为国师,卒谥"大悟和尚"。著有《净土五会念佛略法事仪赞》一卷、《净土五会念佛诵经观行仪》三卷。《净土五会念佛诵经观行仪》,略称《五会法事仪》,广述五会念佛之行仪作法。此书原三卷,久不传;1908年,法国人伯希和(P. Pelliot)于敦煌发现中、下二卷。

承远和法照分别被志磐立为净土宗三祖和四祖。五祖是少康。

少康(? —805),俗姓周,缙云仙都山(在今浙江缙云东)人。自幼出家,诵《法华经》、《楞严经》等。后至越州(治所在今浙江绍兴)嘉祥寺受戒学律。五年后又至上元(今江苏南京)龙兴寺听讲《华严经》、《瑜伽师地论》。唐德宗贞元元年(785),至洛阳白马寺,因读善导《西方化导文》,产生对净土的信仰。乃往长安善导影堂,礼拜善导遗像,决心弘扬念佛净土法门。后于睦州(治所人估今浙江建德)建立净土道场,专事念佛。常劝小孩念阿弥陀佛,念一声付一钱,后又约十声付一钱。"如是一年,男女无少长,凡见康者,则曰'阿弥陀佛'。以故睦城之人相与念佛,盈道路焉"①。临终嘱累道俗："当于安养起增进心,于阎浮提生厌离心。"又曰:"汝曹此时,能见光明,真我弟子。"遂放异光数道,奄弃世焉。②因他传播净土有功,时人称之为"后善导"。著作有与文谂合撰的《往生西方净土瑞应删传》,集录自东晋慧远至唐代邵愿保等四十八人愿生西方之事迹。

飞锡,唐代僧。籍贯、生卒年皆不详。据《宋高僧传·飞锡传》,他神气高邈,识量绝群,通晓儒墨,善于文笔。曾经学习律仪和天台宗"一心三观",后来修密教,多所亲证。代宗永泰元年(765),奉诏与良贲等十六人参与北天竺大译经家不空之译场。于大明宫内译有《仁王护国般若经》二卷、《密严经》三卷等,颇受重视。又曾著《念佛三昧宝王论》三卷,宣扬净土。另著有《无上深妙禅门传集法宝》、《誓往生净土文》各一卷。

在净土宗人之中,飞锡是比较注重自力的一位,他提出了"当来佛"的思想。他说的"当来佛"不是指未来佛弥勒,而是一切众生:

> 浴大海者,已用于百川;念佛名者,必成于三昧。一言以蔽,其在兹焉。亦犹清珠下于浊水,浊水不得不清;佛想投于乱心,乱心不得不佛。既契之后,心、佛双亡,双亡定也,双照慧也,即定慧齐均,亦何心而不佛?何佛而不心?心、佛既然,则万境、万缘无非三昧者也。

> 而世上之人,多念过去释迦之月面,想现在弥陀之海目,如拔毒箭矣!如登快乐宫矣!吾亦以之为至教矣!犹未闻念未来诸佛之聚日者。何耶?盖谓不了如来对众生之粗,说诸佛之妙,遂隔众生于诸佛之外,故不闻焉,孰肯念焉?《净名经》中,有嗅薝卜,不嗅余香,花有着身、不着身者,此是抑扬大乘也。抑小则置钵茫然,扬大则同游不二。《法华经》决了声闻法,是诸经之王,一切薝卜不着之旨明矣。苟非其人,则以诸佛为至尊也,众生为至卑也,高下出焉,群妄兴矣,敬傲立焉,一真隐矣!

---

①②《新修往生传》卷下,《续藏经》,第78册,第158页上。

夫如是必草芥万有,锱铢天下,幔幢已设,高倨棱层,目送飞鸿,心游青汉,不可屈也,则阻《维摩》一切见敬为供养中最之文矣!又不信《楞伽经》说,如来藏自性清净,转三十二相,入于一切众生心中。如大无价宝珠,垢衣所缠,岂观城中最下乞人,与难胜如来,等无有异。若圆念三世佛,普观十方尊,则合夫理趣般若"一切有情皆如来藏,普贤菩萨自体遍故"之文矣。贫女怀王,米在糠粰之旨,镜然可观。岂可罹此八慢之责哉?

人皆侮未来玉毫,不敢侮过、现金色。殊不知起罪之源,皆在于当来佛上,非已今佛上也。众生苟非,当佛焉在?若知母因子贵,米以糠全。有协《法华》不轻之心,则念佛三昧,不速而成矣。①

飞锡认为对于人最有意义的"佛"不是过去和现在的已经成正果的佛,而是"当来佛",即能够解脱的人自身。人们不敢轻侮代表过去、现在佛的佛像,害怕获罪,殊不知罪恶不在于"佛"的降罪,而在于自身不良的行为。"如来藏自性清净,转三十二相,入于一切众生心中",可见众生皆有佛性。念佛亦成于三昧。解脱之境,心、佛不二。

二、昙鸾与净土宗的建立

如同净土信仰是否成宗史上多有争议一样,净土宗创立于何时及何人是净土宗的创始人问题,学术界和佛教界也一直有不同看法。根据现有的资料,我们赞同昙鸾是净土宗实际创始人的看法,理由如次:

一个宗派的形成,除了以上述及的应有相对严格的法脉传承外,必须有该宗所依据的主要经典、相对独立的判教理论和相对稳定的修行方法。中国佛教的净土信仰自昙鸾起,都较好具备了以上几大要素。

第一,虽然很多大乘佛教经典都涉及了阿弥陀信仰,但大都不是专门讲这方面的内容,只有"三经一论"——《无量寿经》、《观无量寿佛经》、《阿

---

① 《念佛三昧宝王论》卷上,《大正藏》第47卷,第134页上、中。

弥陀经》和《往生论》是专门和系统阐述阿弥陀信仰的经典,是净土宗自成一系的经典依据。昙鸾的净土思想主要来源于"三经一论",并对这些净土经典作了较深入系统的阐扬,其所作《往生论注》,被后世奉为经典,影响深远。昙鸾在弘传本宗经典方面的开创性贡献无人可望其项背。

第二,在解释这些净土经典的基础上提出自己的判教理论,体现净土宗自身的独特的思想。

在龙树所著《十住毗婆沙论·易行品》中,已提到阿弥陀佛的本愿力以及未来世的弥勒佛等等,并把借他力求取净土的修行方法称作"易行道",以与他种修行方法的"难行道"相区别。他说:易行道者,谓信佛语,修佛三昧,愿生净土,乘阿弥陀佛愿力摄持,决定往生不疑也。如人水路行,借船力故,须臾即至千里,谓他力也。在中国佛教史上,最早为阿弥陀净土信仰提出系统判教理论的高僧就是昙鸾。在他所作《往生论注》中,引龙树所著《十住毗婆沙论》,提出菩萨欲求阿毗跋致(不退转法),有易行道和难行道两种。在五浊恶世无佛之时欲求阿毗跋致,属难行道,会遇到多种困难:"一者,外道相善,乱菩萨法;二者,声闻自利,障大慈悲;三者,无顾恶人,破他胜德;四者,颠倒善果,能坏梵行;五者,唯是自力,无他力持。如斯等事,触目皆是。"反之,以信佛因缘,凭借阿弥陀佛宏誓大愿,往生净土,佛力住持,即入大乘正定之聚,是易行道。难行道好比陆路行走,无可凭靠,受到各种干扰;易行道好比水路乘船,借佛愿力,有所依凭。[①]

昙鸾也介绍了自力解脱的途径,并与借助他力的效果作了进一步的比较:

当复引例示自力、他力相。如:人畏三涂故,受持禁戒。受持禁戒故,能修禅定。以禅定故,修习神通。以神通故,能游四天下。如是等名为"自力"。又如劣夫跨驴不上,从转轮王行,便乘虚空,游四天下无所障碍。如是等名为"他力"。愚哉!后之学者。闻他力可乘,当生信心。勿

[①]《往生论注》卷下,陈扬炯、冯巧英:《〈昙鸾集〉评注》,第228页,太原,山西人民出版社,1992。

自局分也。①

佛教认为通过自己的修行能够解脱,昙鸾也不否认凭自力解脱的可能性,但他强调,自力修行难,借助佛力则容易成就。这种思想被称为"二力二道说",是对龙树"二道"思想的发展。龙树虽然也讲易行道,但不是专门的判教理论。昙鸾专修阿弥陀净土法门,他的"二力二道说"对净土宗深入传播起到了至关重要的作用。这种理论提高了阿弥陀信仰对于下层民众的吸引力,在当时就产生了广泛影响,吸引了很多信众。他的判教观点被后世净土宗人继承下来,经常被引用,成为净土宗的招牌,体现了判教理论的历史作用。

昙鸾的影响并不局限在下层民众之中。他精通中观理论,是当时著名的四论(《中论》、《百论》、《十二门论》、《大智度论》)学者,后世尊之为四论宗之祖。他对于净土思想的理论阐释,调和(实际上是打通)了佛教哲学与净土教信仰,使净土信仰建立在哲学思想的根基上,对精英阶层更具有吸引力。后世净土信仰者既有一般民众,又不乏大德高僧。

第三,昙鸾确立了净土宗独特的"持名念佛"的修行方法。

净土信仰的主要修行方法是念佛,在诸多净土经典中的念佛主要是观想念佛,而净土宗的创新之处就是将持名念佛作为主要的修行方法,这一点区别于印度佛教和中国佛教其他宗派。而持名念佛作为主要的修行方法始于昙鸾。

圭峰宗密把念佛分为称名念佛、观像念佛、观想念佛、实相念佛四种②。从修行论角度看,观像念佛和观想念佛实不可分,皆关注于佛之形象。观像念谓观如来塑画等像。《观经》中对佛的观想、忆念处处强调了佛的光明相好。所以念佛修行主要是三种方式:称名念佛、观想念佛、实相念佛。观想念佛在净土宗出现以前就已经存在,而实相念佛亦非净土

---

① 《往生论注》卷上,陈扬炯、冯巧英:《〈昙鸾集〉评注》,第82页。
② 《大方广佛华严经普贤行愿品别行疏钞》卷四,《续藏经》,第5册,第281页上。

宗范畴。"实相"者，无相也，即般若境界下世界万有的本相。《大智度论》云："菩萨摩诃萨念佛，不以三十二相念……是佛身自性无故。若法无性，是为无所有。何以故？无忆故，是为念佛。"实相念佛重视智慧，要运用般若观体悟诸法空相的道理，是禅净融合的修行方式。净土宗认为净土实存，强调佛的相好和佛力的作用，被称为"指方立相"。所谓"指方立相"即指示西方这一方，而观想西方极乐净土依报、正报之事相，这不符合般若空观，因此备受诘难。可见，实相念佛与净土宗旨趣不同。净土宗主要的修行方式应是称名念佛和观想念佛，其中独特的修行方式就是持名念佛，而昙鸾最早明确将阿弥陀信仰与持名念佛的修行方法结合起来，在这方面，后世净土宗的信仰、修行论并没有根本改变。

《阿弥陀经》梵文本中，念佛原语为 buddhamanasika^ra，念，是"发心"、"起意"的意思，后来演变为 buddha-nusmr! ti，指对佛的"忆念"。念佛本来是禅定的一种，被称为"念佛三昧"。庐山慧远法师曾在《念佛三昧诗集序》中说"念佛三昧"是指在定境中见佛，主要是忆念阿弥陀佛的形象、功德等。《观经》谓："更观无量寿佛身相光明……念佛众生摄取不舍。其光相好及与化佛，不可具说。但当忆想，令心明见。见此事者，即见十方一切诸佛。以见诸佛，故名念佛三昧。"①定境中见佛被称为"念佛三昧"，于此可见观想念佛与禅定的关系。佛经中也提倡称名念佛，但只是作为念佛三昧的附庸。称名念佛的修行方法受到昙鸾的重视，与观想念佛、实相念佛并重，后来经过道绰和善导的大力提倡，简便易行的称名念佛成为净土宗主要的修行方法。更主要的是昙鸾第一次明确将持名念佛与禅定联系起来：

> 奢摩他云止者，今有三义：一者，一心专念阿弥陀如来，愿生彼土，此如来名号及彼国土名号能止一切恶；二者，彼安乐土过三界道，若人亦生彼国，自然止身、口、意恶；三者，阿弥陀如来正觉住持

---

① 《佛说观无量寿佛经》，《大正藏》第 12 卷，第 343 页中。

力,自然止求声闻辟支佛心。此三种止,从如来如实功德生,是故言欲如实修行奢摩他故。①

"奢摩他"是最高之禅定,这是对于世亲一段话的解释,在《往生论》中世亲提到"心常作愿,一心专念,毕竟往生安乐国土,欲如实修行奢摩他故"。只是说"欲如实修行奢摩他",并且没有指明是持名念佛。慧远的"念佛三昧"也是经典中固有的观想念佛之意。昙鸾认为"此如来名号及彼国土名号能止一切恶",明确指出持名念佛具有禅定之功效,止身、口、意恶。在昙鸾那里,持名念佛始作为一种独立的修行方法出现,并日益为后人所重视。使持名念佛净土法门对普通人而言更具可操作性。这是昙鸾的重大创举,对后来净土宗的修行论的发展起到了指导作用,深刻地影响了净土宗的发展,使净土宗能够自成一体,因此也奠定了自己作为净土宗创始人的地位。

9世纪时,日本天台宗僧侣圆仁入唐求学天台宗和密宗教义,同时修习净土念佛法门,后将净土念佛传入日本。12世纪时,日僧源空(法然)依据善导的《观无量寿经疏》,著《选择本愿念佛集》,倡导专修念佛,开创日本净土宗,尊昙鸾、道绰、善导为最初三祖。

中国净土宗作为日本净土宗的祖庭,其初祖显然不会晚于日本。日僧亲鸾创立的净土真宗虽然将祖师系列上溯至龙树、世亲,昙鸾成为真宗七祖之第三祖,但真宗太过强调信仰和他力,与中国佛教又有不同。②

---

① 《往生论注》卷下,陈扬炯、冯巧英:《〈昙鸾集〉评注》,第167页。
② 近代,日本净土真宗传到中国的时候,曾因为宣扬"他力信心"而遭到中国佛教学者的批判。净土真宗认为:"信心从他力而发,名他力信心,佛力为他力,明信佛智为信心。祖师曰:归命之心,非从我生,从佛敕生,故名他力信心。"(《评真宗教旨》,《杨仁山全集》,黄山书社2000年版第527页。)"归命之心,非从我生,从佛敕生"的观点类似基督宗教的"天启"说和"选民"论。杨仁山对这种教义大不以为然:"信心者,自心所起也;他力者,自心所见之他力也。除却现前一念,复何有哉?"(同上,第525页。)他认为,发心往生,仍系自务。若云从他力生,他力普遍平等,而众生有信、不信,岂非各由自力而生信乎?倘不仗自力,全仗他力,则十方众生皆应一时同生西方,目前何有四生六道,流转受苦耶?(同上,第527页。)应该注意的是,杨仁山很推崇净土法门,常自称"以念佛往生为宗,以弘法利生为助缘"(《与日本南条文雄书》)以表示他对于净土宗的重视。

昙鸾强调"他力"的作用,但没有用"他力"取代"自力",他给"他力"定性为"增上缘",①即优越的外在条件。倒是日本净土宗的祖师系列真实反映了昙鸾的开创性功绩。

综上所述,尽管昙鸾并没有按照宗派传承制度组织一个净土信众团体,但是这并不影响昙鸾在净土宗历史上的开创者地位。

第四节 净土宗的基本教义和修行方法

净土宗的基本教义和修行方法可以用信、愿、行概括。信、愿、行被称为往生净土三"资粮",用旅途中的盘缠和干粮比喻信、愿、行的重要意义。昙鸾、道绰、善导皆有相关思想。最早对信、愿、行进行系统论述的应为善导。善导说:"言深心者,即是深信之心也。亦有二种:一者,决定深信自身现是罪恶生死凡夫,旷劫已来,常没常流转,无有出离之缘。二者,决定深信彼阿弥陀佛四十八愿摄受众生,无疑无虑,乘彼愿力,定得往生。又决定深信释迦佛说此《观经》三福九品定散二善,证赞彼佛依正二报,使人欣慕。又决定深信《弥陀经》中十方恒沙诸佛证劝一切凡夫决定得生。又深信者,仰愿一切行者等,一心唯信佛语,不顾身命,决定依行。佛遣舍者即舍,佛遣行者即行,佛遣去处即去,是名随顺佛教随顺佛意,是名随顺佛愿,是名真佛弟子。"②善导认为念佛是具是愿、行:"闻他说言西方快乐不可思议,即作愿言:'我亦愿生。'道此语已更不相续,故名愿也。今此《观经》中十声称佛,即有十愿,十行具足。云何具足?言南无者即是归命,亦是发愿回向之义。言阿弥陀佛者即是此行。以斯义故必得往生。"③后来,遵式、智旭等高僧将信、愿、行并举,作为净宗修行的纲目。袾宏的《阿弥陀经疏钞》认为,"此之三事,号为资粮"。

---

① 《往生论注》卷下,陈扬炯、冯巧英:《〈昙鸾集〉评注》,第228页。
② 《观无量寿佛经疏》卷四,《大正藏》第37卷,第271页上、中。
③ 《观无量寿佛经疏》卷一,《大正藏》第37卷,第250页上。

一、决疑成信

净土宗以其修行简便、成就快捷而称为"方便法门"。与其他法门比较起来,其之所以方便,盖源于阿弥陀佛愿力广大,借佛慈力,功高易进。所以阿弥陀佛信仰是净土宗思想基础之一。下面分别从净土、教主、往生者几个方面说明净土宗信仰内容。

1. 西方盛况和净土性质

净土是诸佛在因位时发净佛国土之本愿所建立的。由于所发之誓愿不同,因此,净土之方位、庄严之程度及住民之种别等随而有别。如阿閦佛刹中有女人,人民皆从树取五色衣服着之,且有通往忉利天的三道宝阶。在阿弥陀净土之中,则无女人。生于彼国者皆是化生,受自然无虚之体、无极之身。净土宗追求往生西方净土,西方净土是阿弥陀佛的愿力所形成的佛化乐土。据《阿弥陀经》:"从是西方过十万亿佛土,有世界,名曰极乐;其土有佛,号阿弥陀,今现在说法。"[1]可知阿弥陀净土名极乐世界,又称西方极乐净土。极乐世界(梵 Sukhâvatî),别名有安乐国、安乐世界、安乐净土等。据《无量寿经》卷上载,其国无有三途苦难,唯有自然快乐之实,故称安乐国。昙鸾撰《略论安乐净土义》、道绰著作《安乐集》等皆取名于此。"安养"为"安乐"之异译,在净土宗经典和论著中亦经常出现。

依据阿弥陀佛的深宏誓愿,任何人只要具足信愿行,如法念佛,则临终时一定会得到他的接引,而往生至真至善至美的净土佛国。根据净土经典的描述,西方极乐国土的景色是极其瑰丽的。当地有七重栏楯、行树,四宝周匝围绕。又有七宝池、八功德水充满其中。池底纯以金沙布地,池中莲花大如车轮。四边阶道及楼阁,都由各种珍宝所庄严。环境的殊胜,远非秽土世界所能比拟。此外,极乐国土以黄金为地,空中经常

---

[1]《大正藏》第12卷,第346页下。

飘下曼陀罗华。阿弥陀佛又化现种种奇妙杂色之鸟,经常发出宣演佛理的法音,使人能生仰念三宝之思。唐代净土高僧怀感,在其所撰《释净土群疑论》卷五之中,曾依据《称赞净土经》、《观无量寿佛经》及《无量寿经》而倡"阿弥陀净土三十益"之说。《往生论》把阿弥陀净土概括为二种清净,即器世间(国土)清净和众生世间清净。二种清净又分别具有十七种庄严成就和十二种庄严成就。总之,非三界所能比拟。

根据往生者修行的情况,可以分为不同的品级。《无量寿经》说,往生阿弥陀净土者分为上、中、下"三辈",《观无量寿经》则提出"三福""九品"。所谓"三福",经文说:"令未来世一切凡夫欲修净业者得生西方极乐国土。欲生彼国者当修三福:一者孝养父母,奉事师长,慈心不杀,修十善业;二者受持三归,具足众戒,不犯威仪;三者发菩提心,深信因果,读诵大乘,劝进行者。如此三事名为净业。"有此三种善业或功德,只要发愿往生阿弥陀净土,皆可如愿。《观无量寿经》将"九品"进行了细致的划分。上品众生有三种:上生,慈心不杀,读诵大乘佛经,修持"六念"(念佛、法、僧、戒、施、天)等佛法;中生,相信诸法性空等圣谛义,深信因果等;下生,相信因果,不谤大乘。中品三种众生是:上生,持五戒八戒,无罪业;中生,若一日一夜持八戒或十戒、具足戒;下生,孝养父母,行仁慈者。下品三种众生是:上生,作众恶业,但不诽谤大乘恶业经典;中生,犯五戒、八戒及具足戒和偷盗僧团财物者;下生,作种种恶业,甚至犯五逆、十恶等罪者。

善导在《观经疏》卷四把第一福称为"世俗善根",第二福为"戒善",第三福为"行善",谓"此是发大乘心凡夫,自能行行,兼劝有缘舍恶持心,回生净土"。一个人或具此三善,或仅具其中二善、一善,或一善不具(是"十恶邪见阐提人"),但只要信奉阿弥陀佛,发愿往生,称念佛的名号,皆可往生净土,但因原来所具有的"正因"有程度差别,往生的速度、方式等有种种差别。

净土按其功用不同,可分为三种:(1) 究竟净土,即法性佛土及自受用佛土,天台教说名常寂光净土及圆满实报庄严土。(2)他受用佛净土,佛为十地菩萨所现净土,天台教说名为圆满之实报庄严土。以上皆非凡夫、外道、二乘所能到的。(3)方便摄受众生净土,就是阿弥陀极乐净土、弥勒兜率净土等。是专为发大乘心、行菩萨道,在这一生未得成就度生自在、转世恐有退堕者,乃摄归方便净土中为作依靠。凡夫、外道贪生死者不求生净土,二乘自求涅槃,大乘圣位菩萨各自生其华藏净土等亦不须求往净土;所以十方佛菩萨变现净土,专为摄受学发大乘心而未自在者所设立。

根据净土性质,可分为报土和化土。报土指由菩萨所修之因行而感果报之土;化土指佛为救度众生而假现之应化土。对于阿弥陀净土的性质,在中国佛教史上曾经是争论的话题,因为净土的真实性关系到净土信仰的根本,所以净土宗必须认真对待净土性质问题。

若依《大智度论》卷三八、《瑜伽师地论》卷七九、陈译《摄大乘论》卷一四所述,净土皆是初地以上之菩萨所居,非地前菩萨、二乘及凡夫女人等所杂居。《摄论》师认为彼土为报土,凡夫不能往生。隋慧远认为阿弥陀净土是化土,凡夫只能进入化土而不能入报土。道绰主张阿弥陀净土为报土,凡、圣都能往生。迦才等认为彼土有报土和化土两种:地上菩萨生于报土,凡夫二乘生于化土。善导坚决主张阿弥陀佛是报身佛弥陀净土为报土:

> 是报非化。云何得知?如《大乘同性经》说,西方安乐阿弥陀佛是报佛报土。又《无量寿经》云:法藏比丘在世饶王佛所行菩萨道时,发四十八愿,一一愿言,若我得佛,十方众生称我名号,愿生我国。下至十念,若不生者,不取正觉。今既成佛,即是酬因之身也。又《观经》中,上辈三人临命终时,皆言阿弥陀佛及与化佛来迎此人,然报身兼化共来授手,故名为与。以此文证,故知是报。①

---

① 《观无量寿佛经疏》卷一,《大正藏》第37卷,第250页中。

善导认为往生者皆为凡夫：

> 又看此《观经》定善，及三辈上下文意，总是佛去世后五浊凡夫，但以遇缘有异，致令九品差别。何者？上品三人是遇大凡夫；中品三人是遇小凡夫；下品三人是遇恶凡夫。以恶业故，临终藉善，乘佛愿力，乃得往生。①

凭借佛的愿力即得往生。即凭借弥陀本愿的他力，虽然是见、思惑未断的凡夫，也得和地上菩萨同入真实无漏的报土。经过善导的宣传，弥陀净土为报土，凡夫念佛借助他力能入弥陀报土，为更多的净土宗人所认可。一般称之为他力念佛法门。

善导认为凡夫乘阿弥陀的本愿力虽能往生极乐净土，但必须具备一定的条件——往生的正因，即所谓安心、起行和作业。安心，即具足《观无量寿经》所说的至诚心、深心和回向发愿心，如是"具足三心必得往生"。起行，即随身口意三业之行。身业是礼拜阿弥陀佛。口业是称赞弥陀及一切圣众的身相光明及净土庄严。意业是专念观察弥陀及诸圣众的身相光明及净土庄严等。作业，即依以下四修法策励实行。一、恭敬修，礼拜弥陀身心恭敬。二、无余修，即称名忆念弥陀及净土圣众，不杂余业。三、无间修，即修行三业乃至回向发愿，无有间断。四、长时修，即以毕命为期，心行相续，誓不中止。②

2. 净土教主与往生众生

西方净土教主是阿弥陀佛，观音菩萨和势至菩萨分别为其左右胁侍，合称西方三圣。

阿弥陀佛是法藏比丘修行的成就。在《佛说无量寿经》中，释迦牟尼告诉阿难法藏比丘因发宏愿，愿度众生而艰苦修行，最终成佛的经过：

> 于是法藏比丘，具足修满如是大愿。诚谛不虚，超出世间，深乐

---

① 《观无量寿佛经疏》卷一，《大正藏》第37卷，第249页上、中。
② 参阅《往生礼赞偈》，《大正藏》第47卷，第439页上。

寂灭。阿难,法藏比丘于彼佛所,诸天、魔、梵、龙、神八部大众之中,发斯弘誓建此愿已,一向专志庄严妙土,所修佛国开廓广大,超胜独妙,建立常然,无衰无变。于不可思议兆载永劫,积殖菩萨无量德行,不生欲觉、嗔觉、害觉,不起欲想、嗔想、害想,不着色、声、香、味、触、法。忍力成就,不计众苦。少欲知足,无染恚痴。三昧常寂,智慧无碍。无有虚伪谄曲之心,和颜软语,先意承问。勇猛精进,志愿无倦,专求清白之法,以慧利群生。恭敬三宝,奉事师长,以大庄严具足众行。令诸众生功德成就。住空、无相、无愿之法。无作无起,观法如化。远离粗言、自害、害彼、彼此俱害,修习善语,自利利人,彼我兼利。弃国捐王,绝去财色。自行六波罗蜜,教人令行。无央数劫积功累德,随其生处,在意所欲。无量宝藏,自然发应。教化安立无数众生,住于无上正真之道。或为长者、居士、豪姓尊贵,或为刹利国君、转轮圣帝,或为六欲天主乃至梵王。常以四事供养恭敬一切诸佛,如是功德不可称说。①

法藏比丘经历艰苦修行方得成佛,实际是完满地践行了大乘佛教所有解脱修行要求,包括自度的戒行、忍力、精进、般若境界以及度人的宏愿和慈悲。阿弥陀佛在因地的修行和果位上的成就是大乘境界的典型代表。阿弥陀佛梵名 Amita-buddha,梵语 amita,意译无量。阿弥陀佛本身就含有"无量佛"的意思,印顺法师曾经引用净土宗经典来说明与其他诸佛的关系:一切佛的功德莫不究竟,圆满、无有限量,而阿弥陀佛却以无量得名。以德立名,着重在一即一切,一切即一的圆满果德。《般舟三昧经》说:观阿弥陀佛成就时,即见一切佛。《观无量寿佛经》也说:观阿弥陀佛成就,即见一切佛。观佛,是以一佛身相功德为对象,心心观察,等到观行成就了,阿弥陀佛现前。观阿弥陀佛,应该只见一佛现前;而经说以观阿弥陀佛方便,即见一切佛。因为阿弥陀是无量,无量即是

---

① 《佛说无量寿经》卷上,《大正藏》第12卷,第269页下。

一切，故见无量佛，即见一切佛现在前。佛法说佛佛道同，千佛万佛皆同一佛，毫无差别，平等平等。声闻乘中说：一切佛的法身、意乐、功德，一切平等。声闻法尚且如此，何况大乘？一佛即是一切佛，一切佛即是一佛，故见一佛等于见一切佛。阿弥陀译义为无量，此名表显了一切佛的究竟果德，这是阿弥陀佛的本义。十方三世一切佛，无量无边，似乎漫无统绪，所以由阿弥陀代表一切佛，显示一切佛的共同佛德。一切经的赞叹阿弥陀佛，也等于赞叹一切佛。从泛称的无量佛，成为一佛的特名，来表彰佛佛道同，在名字上，阿弥陀佛得到了优越的胜利，所以学佛者的信念，自然地集中到阿弥陀佛。①

前文说善导主张阿弥陀是报身。这为净土的真实性提供了依据，但他用般若学方法解释报身，提出"性空即是涅槃"的佛身论：

> 诸法平等，非声闻作，非辟支佛作，非诸菩萨摩诃萨作，非诸佛作。有佛无佛，诸法性常空，性空即是涅槃。云何涅槃，一法非如化。佛告须菩提：如是如是，诸法平等，非声闻所作，乃至性空即是涅槃。若新发意菩萨闻是一切法皆毕竟性空，乃至涅槃亦皆如化者，心则惊怖。为是新发意菩萨故，分别生灭者如化，不生不灭者不如化耶。今既以斯圣教验知弥陀定是报也。②

善导的般若学佛身论与昙鸾思想非常接近，昙鸾认为"法身无相"：

> 诸佛菩萨有二种法身：一者法性法身，二者方便法身。由法性法身生方便法身，由方便法身出法性法身。此二法身异而不可分，一而不可同。是故广略相入，统以法名。菩萨若不知广略相入，则不能自利利他。一法句者，谓清净句，清净句者，谓真实智慧无为法身故。此三句展转相入。依何义名之为法？以清净故。依何义名为清净？以真实智慧无为法身故。真实智慧者，实相智慧也。实相

---

① 《净土与禅》，第80—81页，台北，正闻出版社，1995。
② 《观无量寿佛经疏·观经玄义分卷第一》，《大正藏》第37卷。

无相,故真智无知也。无为法身者,法性身也。法性寂灭,故法身无相也。无相故能无不相,是故相好庄严即法身也。无知故能无不知。是故一切种智即真实智慧也。以真实而目智慧,明智慧非作、非非作也。以无为而标法身,明法身非色、非非色也。非于非者,岂非非之能是乎?盖无非之曰是也。自是无待,复非是也。非是、非非、百非之所不喻。是故言清净句。清净句者,谓真实智慧无为法身也。①

不管是"性空即是涅槃"还是"法身无相",都是净土宗的般若学高手的佛身观,但一般人很难达到他们的境界,尤其是末法时代的众生,根基浅薄,只能示之以方便法门。因此,解释净土和佛身的性质,最好用"指方立相"的方式。所谓"指方立相",即指示西方这一方,而观想西方极乐净土依报、正报之事相。净土宗认为弥陀净土及其所住之佛、菩萨,均有具体之形相,故可作为念佛、观佛之对象。善导《观无量寿经疏》说:"又今此观门等,唯指方立相。住心而取境,总不明无相离念也。如来悬知末代罪浊凡夫,立相住心尚不能得,何况离相而求事者?如似无术通人居空立舍也。"②

3. 心、佛关系

净土宗经典有时候也将佛与心联系起来:

> 诸佛如来是法界身,遍入一切众生心想中。是故汝等心想佛时,是心即是三十二相、八十随形好。是心作佛,是心是佛。诸佛正遍知海从心想生。③

但总体而言,净土宗经典把佛作为他力的根源,是客观的。庐山慧远曾有个疑问,就是定中所见之佛的真实性。慧远认为,定中所见之佛,

---

① 《往生论注》卷下,《大正藏》第40卷,页841页中、下。
② 《观无量寿佛经疏》卷三,《大正藏》第37卷,第267页中。
③ 《佛说观无量寿佛经》,《大正藏》第12卷,第343页上。

若同梦境,则是主观想象,不能称为外在的"佛威神";若是外来之佛,则不是梦境。慧远的问题实际上涉及到佛力与心力的关系。在佛教中,佛力与修行者自身心力关系确实是复杂的问题,这一问题在净土宗犹为突出。与禅宗心性论不同,净土宗更希望借助他力获得修行的便利,但般若学和禅宗思想对净土宗的冲击、尤其是后来二者合流的趋势,使净土宗在定位佛的性质时多少考虑了修行者的心性本身。

昙鸾曾设问作答:

> 问曰:《观无量寿经》言:"诸佛如来是法界身,入一切众生心想中。是故汝等心想佛时,是心即是三十二相、八十随形好。是心作佛,是心是佛。诸佛正遍知海从心想生。"是义云何?答曰:身名集成,界名事别。如眼界缘根、色、空、明、作意五因缘生,名为眼界。是眼但自行已缘,不行他缘,以事别故。耳、鼻、等界亦如是。言"诸佛如来是法界身"者,法界是众生心法也。以心能生世间出世间一切诸法,故名心为法界。法界能生诸如来相好身,亦如色等能生眼识。是故佛身名法界身。是身不行他缘,是故入一切众生心想中。"心想佛时是心即是三十二相、八十随形好"者,当众生心想佛时,佛身相好显现众生心中也。譬如水清则色像现,水之与像不一不异。故言佛相好身即是心想也。"是心作佛"者,言心能作佛也。"是心是佛者",心外无佛也。譬如火从木出火不得离木也。以不离木故,则能烧木。木为火烧木即为火也。"诸佛正遍知海从心想生"者,"正遍知"者,真正如法界而知也。法界无相故诸佛无知也,以无知故无不知也,无知而知者是正遍知也。是知深广不可测量,故譬海也。①

在昙鸾看来,修行论中的"佛"是主观佛,因为"心外无佛也"。心佛关系"譬如水清则色像现,水之与像不一不异",心净则佛显,并不是外在

---

① 《往生论注》卷上,《大正藏》第 40 卷,第 832 页上、中。

的佛来净化人心。心佛不一不异,不是主、客二分的对象崇拜关系。调和客观佛和主观心性的关系。

智旭从"事"、"理"关系说明心、佛之辨:

> 执持则念念忆佛名号,故是思慧。然有事持、理持。事持者,信有西方阿弥陀佛,而犹未达是心作佛、是心是佛,但以决志愿求生故,如子忆母,无时暂忘,名为事持。理持者,信彼西方阿弥陀佛是我心具,是我心造,即以自心所具、所造洪名,而为系心之境,令不暂忘,名为理持。①

由于般若学不二法门的义学底蕴,尤其在禅宗"即心即佛"思想的影响下,即使是倾心净土法门的高僧,也常常主张"唯心净土"、"心佛不二"。而袾宏明确肯定"他方净土",有人问难:"既六方诸佛共赞西方,云何六祖不随佛赞,反似斥无,其故安在?"袾宏回答:"此有四意:一为门不同故;二似毁实赞故;三不为初机故;四记录有讹故。"②法门的差异、信徒根基的不同两条理由比较合理,其他理由不足为据,但其态度是明确的,坚信他方净土和阿弥陀佛的存在。尽管如此,在心、佛关系上,袾宏并没有将二者分判:

> 终日念佛,终日念心。终日念心,终日无念。即心即佛,非佛非心。是则名为真念佛者。③

在解脱之路上,要有扫除一切障碍的魄力。《金刚经》所谓佛法"如筏喻者","法尚应舍,何况非法",认为佛法是帮助解脱的工具,就像渡人的船。到达解脱的彼岸,就该丢掉渡船,若背负前进,反成负担。同样,即使是道德榜样——"佛",也不能成为解脱的干扰。在这个意义上,袾宏甚至冒净土宗之"大不韪",将佛比喻成"毒"药和刀"兵":

---

① 《佛说阿弥陀经要解》,《大正藏》第37卷,第371页中。
② 《佛说阿弥陀经疏钞》卷四,《续藏经》第22册,第675页下。
③ 《佛说阿弥陀经疏钞》卷三,《续藏经》第22册,第252页上。

的指即有念心,得入无念者:心本无念,念起即乖。而众生无始以来,妄想惯习,未易卒遣。今教念佛,是乃以毒攻毒,用兵止兵。病愈寇平,则舍病体,更无自身,即寇盗原我赤子。①

心外本无佛,但由于吾人妄想惯习根深蒂固,难以遽改,只能采取以毒攻毒、用兵止兵的方式对治,强行将心、佛判为二元对立,只是要劝人回头,达到度人的目的。在顽症面前,毒药反成良药;在贼平之后,寇盗原我赤子。

当然,相对于禅宗,净土宗强调他力,因此,对于一般的净土信仰者,佛就是客观的,是能够拯救他们的教主,甚至是神明。净土宗一方面要考虑佛教整体思想的协调,另外一方面也照顾了一般受众的信仰需要。

4. 著乐与修道

"极乐世界"是净土宗的理想境界,也是佛教对于解脱境界的一种形象描述。在《佛说无量寿经》中,佛在介绍极乐世界之缘起的时候,告诉阿难:

> 法藏比丘于彼佛所,诸天、魔、梵、龙、神八部大众之中,发斯弘誓建此愿已,一向专志庄严妙土。所修佛国,开廓广大,超胜独妙。建立常然无衰无变。于不可思议兆载永劫,积植菩萨无量德行,不生欲觉、嗔觉、害觉,不起欲想、嗔想、害想,不著色、声、香、味、触、法。忍力成就,不计众苦。少欲知足,无染恚痴。②

在这里,克服执著、欲望是解脱修行的前提和内容。但是,另一方面,净土宗经典又以世俗的享乐来比附极乐世界的殊胜。在那里,物质财富极大丰富:

> 又舍利弗,极乐国土,七重栏楯七重罗网七重行树,皆是四宝周

---

① 《佛说阿弥陀经疏钞》,《续藏经》第 22 册,第 611 页下。
② 《佛说无量寿经》卷上,《大正藏》第 12 卷,第 268 页下。

匝围绕。是故彼国名曰极乐。又舍利弗,极乐国土有七宝池,八功德水充满其中,池底纯以金沙布地,四边阶道,金、银、琉璃、颇梨合成。上有楼阁,亦以金、银、琉璃、颇梨、车磲、赤珠、马瑙而严饰之。池中莲花大如车轮,青色青光、黄色黄光、赤色赤光、白色白光微妙香洁。舍利弗,极乐国土成就如是功德庄严。①

在这样的物质条件下,人们"永离身心恼,受乐常无间"②,"众生所愿乐,一切能满足"③,"其国众生无有众苦,但受诸乐"④。这些愿望和欲乐包括了世俗的欲望,比如,在极乐世界洗澡和吃饭等物质享受,完全是"自动化",随心所欲,皆能满足:

> 彼诸菩萨及声闻众,若入宝池,意欲令水没足,水即没足;欲令至膝,即至于膝;欲令至腰,水即至腰;欲令至颈,水即至颈;欲令灌身,自然灌身;欲令还复,水辄还复。调和冷暖,自然随意。开神悦体,荡除心垢。

> 彼佛国土诸往生者,具足如是清净色身,诸妙音声神通功德。所处宫殿,衣服、饮食、众妙华香、庄严之具,犹第六天自然之物。若欲食时,七宝应器自然在前。金、银、琉璃、车磲、马瑙、珊瑚、琥珀、明月、真珠,如是众钵,随意而至。百味饮食,自然盈满。虽有此食,实无食者。但见色闻香,意以为食,自然饱足。⑤

净土中众生具有清净色身,不需要饮食,但仍有"见色闻香"的食欲,也有其他物质欲求。这些欲望,都能够得到满足,因而也是正当的。

虽然净土宗经典宣扬极乐世界的享乐,但是净土宗人所理解的净土之"乐"主要为"法乐",即佛教真理对于精神的陶冶,而不是强调

---

① 《佛说阿弥陀经》卷上,《大正藏》第12卷,第346页下—347页上。
② 《无量寿经优婆提舍愿生偈注》卷上,《大正藏》第40卷,第830页中。
③ 同上书,第831页中。
④ 《佛说阿弥陀经》卷上,《大正藏》第12卷,第346页下。
⑤ 《佛说无量寿经》卷上,《大正藏》第12卷,第271页中—271页下。

感官享乐。怀感在《释净土群疑论》中将往生西方的胜益归纳为三十条：

> 问曰：未知得生西方，有几种胜益，劝诸众生而往生也？
>
> 释曰：按《称赞净土经》、《观经》及《无量寿经》四十八弘誓愿中，略举三十益。何者三十？一受用种种功德、庄严清净佛土益；二大乘法乐益；三亲近供养无量寿佛益；四游历十方供养诸佛益；五于诸佛所闻法授记益；六福慧资粮疾圆满益；七速证无上正等菩提益；八诸大士等同一集会益；九常无退转益；十无量行愿念念增进益；十一鹦鹉舍利宣扬法音益；十二清风动树如天众乐益；十三摩尼水流宣说苦空益；十四诸乐音声奏诸法音益；十五四十八弘誓愿中永绝三涂益；十六真金色身益；十七形无美丑益；十八具足五通益；十九住正定聚益；二十无诸不善益；二十一寿命长远益；二十二衣食自然益；二十三唯受众乐益；二十四三十二相益；二十五无有实女人益；二十六无有小乘益；二十七离诸八难益；二十八得三法忍益；二十九身有光明昼夜常光益；三十得那罗延力益。①

在往生西方的三十条胜益中，物质性的享受只有寿命长远、衣食自然两种，其余都是与"佛法"、大乘精神、善、禅定力有关的修行解脱论价值。

中国的净土宗尽管在道德理想中保留了物质性的享受，但在具体的解脱修行论中，仍然将人的欲望判为负面的伦理价值。与其他宗派一样，克除欲望同样是净土宗修行论的基本环节。昙鸾认为：

> 三辈生中，虽行有优劣，莫不皆发无上菩提之心。此无上菩提心即是愿作佛心，愿作佛心即是度众生心，度众生心即摄取众生有佛国土心。是故，愿生彼安乐净土者，要发无上菩提心也。若人

---

① 《释净土群疑论》卷五，《大正藏》第47卷，第61页上。

不发无上菩提心,但闻彼国土受乐无间,为乐故愿生,亦当不得往生也。是故言不求自身住持之乐,欲拔一切众生苦故。①

说明了往生是道德行为的后果,不是单纯享乐的去处。佛教关于"福报"的价值观确有难解之处:一方面认为享乐不利于解脱;一方面又相信世俗的"福"是行善的果报,近代净土宗高僧印光法师注重"惜福",并身体力行,成为表率。正因如此,佛教似乎面临着价值论的悖论,如:在六道(或五趣)之中,天和人同为"善道",若以报应论为标准,"天"比人殊胜,是更好的果报;但以解脱论为标准,佛教认为"人身难得",人比恶道更有条件亲近佛法、比天人更强烈地要求解脱。印顺法师对这个问题有很好的阐述。他说,五趣中,平常以天上最好,地狱最苦,这是一般宗教的传统见识。怕堕地狱,求生天国,是他们共同的要求。佛法独到的见地,却以为人间最好。这因为一切有情中,地狱有寒热苦,几乎有苦无乐;畜生有残杀苦,饿鬼有饥渴苦,也是苦多于乐。天上的享受,虽比人类好,但只是庸俗的,自私的;那种物质欲乐,精神定乐的陶醉,结果是堕落。所以人间最好,经中常说:"人身难得"的名言。《增含·等见品》说:某"天"五衰相现——将死时,有"天"劝他说:你应求生善趣的人间。人间有什么值得诸天崇仰呢?经中接着说:"诸佛世尊皆出人间,非由天而得也。"这即是说:诸佛皆在人间成佛,所以人为天的善趣,值得天神的仰慕。② "诸佛皆在人间成佛","高级"的生命反而仰慕人道。可见解脱论的价值与报应论的价值并不完全一致。

从佛教究竟义上,成佛(解脱)与善行无关,其报应论重在揭示因果律从而推行教化。然而,佛教的教化是为其解脱目的服务的,就人的脱离苦海与社会风化二者关系而言,无疑前者更为根本。即使大乘亦复如

---

① 《无量寿经优婆舍愿生偈注》卷下,《大正藏》第40卷,第842页上。
② 《有情——人类为本的佛法》,《印顺集》,第138页,北京,中国社会科学出版社,1995。

是。大乘菩萨道强调利他,有着深刻的伦理考量,这一方面是对小乘的纠偏,同时与后者深深相关,因为在另一方面,善行(发自内心者)直接关联着解脱之基础——去执。当一个人真诚地帮助他人时,私心杂念就少,或者说,当一个人没有私心(我执)时,更乐于助人。正是在这个意义上,佛教在宣扬报应、提倡行善之际,一再强调不求回报,否则,就与佛理相违。从佛教终极"价值"上,善报本身不具意义,其仍然是世间法。因此,我们就不难理解当梁武帝以自己度僧造寺无数来询问菩提达摩是否有功德时,为什么得到的是断然的否定回答,这也正是经人点拨之后,梁武帝翻然悔悟的原因。这同时也是禅宗对这个故事(暂且不管其真实性如何)津津乐道的原因。在佛教看来,世法无常,不具有终极和永恒的价值,因此,善的效果不过是他人或自身世俗的短暂福报,与解脱无关。可以这样说,世事无常、人生即苦、诸法皆空的世界观就是善不受报的深层基础。

善行与解脱的脱节或曰解脱论与报应论在"福报"价值观上的悖论也许不是太大的问题——因为即使是"天人"也有生、老、病、死的问题,并非永恒的快乐,这种无常性正是一切众生最大的苦难,也是包括天人在内的众生寻求解脱的最大动因。但是这种悖论毕竟是佛教伦理的难题。面对这一问题,净土宗人作出调和,将解脱论作为价值论的根本,报应论价值论以是否有利于解脱为标准:

> 须知真能念佛,不求世间福报,而自得世间福报(如长寿无病,家门清泰,子孙发达,诸缘如意,万事吉祥等),若求世间福报,不肯回向往生,则所得世间福报反为下劣。[1]

昙鸾甚至否认了净土中有世俗欲望,《释论》言:"如斯净土,非三界所摄。"何以言之? 无欲,故非欲界……[2]

---

[1]《与陈锡周居士书》,《印光法师文钞》上册,第44页,北京,宗教文化出版社,2000。
[2]《无量寿经优婆提舍愿生偈注》卷上,《大正藏》第40卷,第830页上。

智顗的净土论著《净土十疑论》认为,没有世俗欲望正是西方极乐世界优于弥勒净土的地方:

> 问:弥勒菩萨,一生补处,即得成佛。上品十善,得生彼处,见弥勒菩萨。随从下生三会之中,自然而得圣果。何须求生西方净土耶?
>
> 答:……二者兜率天宫是欲界,退位者多。无有水鸟树林风声乐响,众生闻者,悉念佛发菩提心,伏灭烦恼。又有女人,皆长诸天爱,着五欲之心。又天女微妙,诸天耽玩,不能自勉。不如弥陀净土水鸟树林风声乐响,众生闻者,皆生念佛发菩提心,伏灭烦恼。又无女人二乘之心,纯一大乘,清净良伴,为此烦恼恶业,毕竟不起,遂至无生之位。如此比校,优劣显然,何须致疑也?……师子觉为受天乐,五欲自娱,在外眷属,从去已来,总不见弥勒。诸小菩萨,生彼尚着五欲,何况凡夫?为此愿生西方定得不退,不求生兜率也。①

这直接否定了极乐世界存在世俗欲望。但是,净土宗经典毕竟宣扬了各种世俗的快乐,据此,有人指出净土中"著乐"与"修道"的矛盾,或有人言:净土之中唯有乐事,多喜著乐,妨废修道。何须愿往生也?②

由此看来,在对"人欲"的价值判摄中,净土宗经典本身面临着难题。面对诘难,净土宗人以佛教的解脱论的伦理价值为标准,对经典中存在的价值论难题进行了圆融。道绰直接从净土宗经典中找论据,反驳了"净土之中唯有乐事,多喜著乐,妨废修道"的指责:

> 答曰:既云净土,无有众秽。若言著乐,便是贪爱烦恼,何名为净?是故《大经》云:彼国人天,往来进止,情无所系。又四十八愿云:十方人天来至我国,若起想念贪计身者,不取正觉。《大经》又云:彼国人天,无所适莫。何有著乐之理也?③

---

① 《净土十疑论·第七疑》,《大正藏》第47卷,第79页中、下。
②③ 《安乐集》卷上,《大正藏》第47卷,第9页中。

对于极乐世界的"乐",智旭是这样解释的:

> 盖凡圣同居净土五浊轻,故无分段八苦,但受不病、不死、自在游行、天食、天衣、上善聚会等乐。方便有余净土体观既巧,故无沈空滞寂之苦,但受游戏神通等乐。实报庄严净土一心圆证,故无隔别不融之苦,但受无碍不思议乐。寂光净土究竟平等,故无法身渗漏真常流注之苦,但受称性圆满究竟乐也。①

与净土的等级相对应,智旭将净土的"享乐"分几个等级。低层次的乐是低等级的净土——凡圣同居净土的乐趣,有"天衣"、"天食"等物质欲望。因为这里还有"五浊",尽管较尘世为轻。净土等级越高,越远离物质欲望,直至"常寂光土","但受称性圆满究竟乐也"。

有人根据事物的发展规律对于"西方极乐"提出了质疑:"物极必反,乐极生悲,为亘古今、通天下毫不可易之公理公则。西方以极乐名,然则亦反乎悲乎?"②印光法师认为世间之乐与净土之乐有本质区别:

> 世间所有,若根身(即吾人之身)、若世界(即现在所住之天地),皆由众生生灭心中,同业(世界)、别业(根身)所感,皆有成坏,皆不久长。身则有生、老、病、死,界则有成、住、坏、空。所谓物极必反,乐极生悲者,此也。以因既是生灭,果亦不能不生灭也。极乐世界,乃阿弥陀佛彻证自心本具之佛性,随心所现不思议称性庄严之世界,故其乐无有穷尽之时期。譬如虚空,宽廓广大,包含一切,森罗万象。世界虽数数成、数数坏,而虚空毕竟无所增减。汝以世间之乐,难极乐之乐。极乐之乐,汝未能见。虚空汝虽未能全见,当天地之间之虚空,汝曾见过改变否?须知一切众生,皆具佛性。故佛(指释迦佛)令人念佛求生西方,以仗阿弥陀佛之大慈悲愿力,亦得受用此不生不灭之乐。以根身,则莲花化生,无生老病死之苦;世界,则

---

① 《〈佛说阿弥陀经〉要解》,《大正藏》第37卷,第367页中。
② 《复冯不疚居士书》,《印光法师文钞》上册,第240页。

称性功德所现,无成住坏空之变。①

世间之乐与净土之乐不同,是因为世界生灭无常,而净土则不生不灭。佛教的"惜福"只能从解脱论意义上理解,显然不是贪享,恰恰是去执之道。智旭也指出净土的乐趣区别于秽土的享乐:

> 娑婆苦乐相杂。苦是苦苦,逼身心故。乐是坏苦,不久住故。不苦不乐是行苦,性迁流故。彼土永离三苦,不同此土对苦之乐,乃名极乐。②

世俗的快乐不能久住,不具终极价值,本质上仍是苦。净土之乐是超越苦乐对待之乐,是解脱之乐,是真正的乐,具有终极价值。在佛家看来,人生的乐亦是苦,即"乐苦",因为"乐"是无常的,也是人的欲望贪执的原因和结果,同样具有负面价值,所以宣扬人生皆苦。僧肇解空的原理可以帮助理解佛教的苦乐观——空不是有的反面,而是有的本质;不是"非有"故"空",而是"不真"乃"空",有、无皆空。同样,苦是苦、乐的本质,不是"无乐"故"苦",而是"无常"故苦,苦、乐皆苦。因此佛教追求的解脱之乐是没有苦乐对待的乐,借用庄子"无用之用"的表述,乃是"无乐之乐",是"苦"的脱解。极乐世界之乐是无"生老病死"之苦、无"成住坏空"之变,正是对有限生命的超越,是对价值理想的精神诉求。

佛教的出发点和归宿是解脱论,解脱的前提是克除无明和贪执。净土宗经典在对"人欲"的价值定位中存在的矛盾,实质上是方便法门的普适性与佛教根本义理之间的矛盾。作为佛教法门,中国净土宗没有违背佛教传统的伦理价值观。净土宗人以佛教解脱论为归依,将去执克欲作为解脱的前提和归宿。在"修道"与"著乐"之间,中国净土宗人明确地选择了前者,保持了佛教解脱伦理的本怀。

---

① 《复冯不疚居士书》,《印光法师文钞》上册,第240页。
② 《〈佛说阿弥陀经〉要解》,《大正藏》第37卷,第367页中。

二、慈悲宏愿

大乘佛教修行者入门须发"四弘誓愿":众生无边誓愿度,烦恼无尽誓愿断,法门无量誓愿学,佛道无上誓愿成。净土宗的"愿"也体现了"四弘誓愿"的精神,同时又有自己的特点。

1. 厌此欣彼的终极关怀

净土宗最具吸引力的地方是其最为简便的解脱途径——往生。关键是往生是不是解脱,净土宗用佛教的无常观来看待世界,并且认为往生极乐世界即是脱离轮回苦难的最便利途径,所以要"厌此欣彼"(厌离五浊恶世,欣求往生净土)。基于这样一种终极关怀,迦才《净土论》设"厌门"和"欣门"两种修行门径:

> 智者于静夜中,结跏趺坐,应自思惟:我今此身危脆如泡,念念不停;复居在火宅不安隐处,宁得安然,不自觉察,不惊不惧,都无怖心。又复思惟:我今此身在何位地?身口意业,恒作何事?无常忽至,生何道中?无始恶业,争受生处,朝暮即是地狱中人,得几时安隐,在床上眠?过去无量无边诸佛菩萨,出现于世,度脱众生,我何处去来,不蒙佛化?①

修行者应该反思世界苦难、人身无常,并深究不得解脱的原因:

> 都由我无始已来,不敬三宝,不近善人,不用善知识语,常在三恶道中,恒与诸佛,不相值遇。十方净土,无苦无恼,我何为不生、常在此秽土多苦恼处?我今此身,难得易失,如《涅槃》说,人身难得,如爪上土。三恶道身,如大地土。无始已来受身,劫不可数;于一一劫中,身不可数;于一一身,造业如尘,业不可数;一一恶业感报,报不可数;一一报中受苦万端,则苦不可数。如此等苦,皆由无智、不

---

①② 迦才:《净土论·第九》,《大正藏》第47卷,第101页中。

用善知识语,常处地狱。过去已受、现在今受、未来当受,未有息时。又今此身从受生已来,为求衣食,若是俗人,养妇活儿;若是出家,求名觅利,恒造种种恶业。②

净土宗认为"我今此身,难得易失"、"人身难得";而"三恶道身,如大地土"。可见"厌离"心不是悲观厌世,而是对于罪恶和苦报的反省。罪恶所招报应是非常严重的:

> 如此诸业轻微之者,犹感五百生;重者数劫。如此恶业,若不发菩提心、惭愧忏悔,一入恶道,无有出期,朝暮之间,即入炉镬锋林剑树,百劫千劫,受于一切深苦、重苦、长远等苦。过去已受身心等苦,未来所可苦,亦无分齐,难舍难离,而不觉知。凡夫如此,甚为可愍。智者作此思惟,应可碎心,宁得安然,故纵身心,不自觉察。又更思惟:我今此身薄福钝根,生在释迦后,复在弥勒前,岂不由我过去骄慢懈怠、不敬三宝、轻慢善人、不受善知识教悔、恒在三恶八难中生、愚痴无智,于此身上,复更轻慢三宝、欺蔑善人、不受善知识语,于未来世,云何更得值遇三宝,得生善处?又复此身,纵欲修道亦不得安隐。以住于此娑婆世界,人命短促,多恶知识,终故孜孜,或衣食不足,或王臣所迫,或为他所欺,或为他所谤,恒被恼乱,不得安隐。始起善心,寻即退失。①

净土宗继承佛教传统的价值观念,认为人时常所执著的恰恰是没有意义的:

> 又复此身,唯是三十六物不净所成,九孔之中,不净恒流,犹如行厕,不可爱乐。复有生苦、老苦、病苦、死苦、爱别离苦、怨憎会苦、求不得苦、五阴盛苦,之所随逐。智者应当观察此身,作怨家想、作粪聚想;于舍宅卧具,作冢墓想、作人皮想;于饮食中,作虫蛆想、作

---

①② 迦才:《净土论·第九》,《大正藏》第 47 卷,第 101 页中。

> 下汁想；于妇儿眷属，作罗刹想、作恶鬼想。若心能如是观察思惟，应于此身极大生厌，愿生生世世，永不受此身，更莫与此身同住。此身是我怨家，常将我向三恶道中，何有智者乐着此身？如《遗教经》说，此是应舍，罪恶之物，假名为身。没在老病生死大海，何有智者得除灭之而不欢喜？（厌门竟）②

身体、财物、亲属，等等，都是没有意义的，如果过于"乐着"，将成为苦的根源，甚至是罪恶的源泉。只有在修行中培养厌离心，才能除灭系缚，获得解脱。

"厌此欣彼"的第二层含义是欣求净土：

> 次明欣门。智者复作此念：我今此身生在第四五百年中，一切圣人隐不现时，虽欲修道，无定慧分，正是忏悔念佛之时。如经中说：阿弥陀佛，举慈悲棹，乘大愿船，运度一切苦恼众生。若人至心念阿弥陀佛，于一一念中，灭八十亿劫生死之罪，命终定得生于净土中，受诸快乐，获得五通，位阶不退。花林宝刹随意遨游；实相圆音任情听受。莲花台内，辉紫磨金色之身；金刚坐上，敞三十二大丈夫相；七宝阶侧，长跪问不二之言；八德池中，洗浴荡无明之垢。衣则绮罗称体；食则百味盈盂；行则足踏青莲；坐即宝花承体。树动琉璃之叶，林摇玛瑙之花。素薰郁氤氲之香，实散轻覆之彩。栏雕四宝，地莹七珍，管发千声，楼含万色。白鹄孔雀，常演五根；鹦鹉舍利，恒宣八正。阿弥陀佛则相相分明；观音菩萨则好好具足。如斯等事，不可思议。孰闻此说而不不生欣？（欣门竟）①

在净土中充满了种种祥和的景象，环境优美，宝物充盈，远离身心痛苦，尽享精神愉悦。这一切都是佛法的象征，解脱的境界。

---

① 迦才：《净土论·第九》，《大正藏》第47卷，第101页中。

2. 回向——作为大乘佛教形态的慈悲要素

作为大乘佛教形态,净土宗不仅提供了最方便的解脱途径,还体现了"慈悲"的本怀。前文说过,净土信仰起源的背景之一就是佛教本愿思想的发展。本愿正是慈悲的体现,而慈悲固然表现了教主建立净土救度众生的愿力,同时也内在地包含了往生众生最终也必须通过学法、修行成佛的要求。这种修行在净土宗那里包括慈悲心的培养。

慈悲在修行论上的体现就是佛教修行方式从小乘的"三学"发展到大乘的"六度"。严格说来,"六度"与"三学"的主要区别就在于多了"布施"等利他的要求。其实在原始佛教里就有"布施",但那时不是作为佛教的修行方法,只是一般的善行,只是获得人间福报的手段。在《长阿含经》中就有明确说明:

> 时王自念:"我本积何功德、修何善本,今获果报,巍巍如是?"复自思念:"以三因缘,致此福报。何谓三?一曰布施,二曰持戒,三曰禅思。以是因缘,今获大报。"王复自念:"我今已受人间福报,当复进修天福之业,宜自抑损,去离愦闹,隐处闲居,以崇道术。"

在小乘佛教时期,布施只带来人间福报,并非终极关怀之"道术"范畴。大乘佛教把"布施"作为修行法门之首要环节,正是基于慈悲的要求。

《阿毗达磨大毗婆沙论》记载,阿氏多及慈氏都希求未来人寿命八万岁时成道传法,但佛呵斥阿氏多而赞扬弥勒,区别就在于前者有执著,求利乐自己、使自己得益,而后者有慈悲,求利乐他人、使他人得益。

> ……时佛说是语已,众中阿氏多苾刍,即从座起,恭敬合掌而白佛言:"世尊,愿我于未来世当得作彼饷佉转轮王,威伏四方,如法化世,广说乃至得般涅槃。"尔时世尊呵叱彼曰:"痴人云何不欲一死而求再死?愿于来世作饷佉转轮王,乃至广说!"……众中慈氏菩萨即从座起,恭敬合掌而白佛言:"世尊,愿我于未来世当得作彼慈氏如来、

应正等觉,广说乃至,如今世尊亦为无量释种弟子侍卫,作大饶益。"尔时世尊闻彼语已,起前际智,审观慈氏三无数劫修四波罗蜜多得圆满不。即如实知皆已圆满……告阿难陀言:"汝可为我觅新金色衣,吾欲持与慈氏。"时阿难陀如教即得,寻时跪进。世尊得已,命慈氏言:"汝可取此新金色衣。"慈氏承命,然不敢取。佛言:"但取,任汝奉施佛上首僧。所以者何?汝于未来当由此福饶益世间故。"……问:"阿氏多及慈氏俱求未来八万岁时身,何故世尊诃阿氏多而赞慈氏?"答:"阿氏多苾刍于有起意乐、起胜解、起欣慕、起希望、起寻求,故佛诃之。慈氏菩萨不于有起意乐、乃至寻求,然于利乐诸有情事起意乐、乃至寻求,故佛赞之。复次,阿氏多求世间轮王位,故佛诃之。慈氏求出世法轮王位,故佛赞之。如是求流转王位,求还灭王位说亦尔。复次,阿氏多求自利乐,故佛诃之。慈氏求利乐他,故佛赞之。如是求自饶益求饶益他说亦尔。"①

可见,在小乘佛教那里,慈悲就与解脱联系在一起。但慈悲不是修行的要目,只是作为一般要求。但大乘佛教认为慈悲利他比个人解脱还要重要,甚至提出了"地狱不空,誓不成佛"的口号。这是大、小乘佛教在终极关怀上的重要区别。

净土宗非常重视慈悲精神在修行中的作用,甚至将其视为往生的必要条件。《往生论》的"五念门"之一"回向门"就有慈悲的内容:

> 若善男子善女人,修五念门成就者,毕竟得生安乐国土,见彼阿弥陀佛。何等五念门?一者礼拜门;二者赞叹门;三者作愿门;四者观察门;五者回向门。
>
> 云何回向?不舍一切苦恼众生,心常作愿,回向为首,得成就大悲心故。②

---

① 《阿毗达磨大毗婆沙论》卷一七八,《大正藏》第 27 卷,第 893 页下—894 页中。
② 《〈往生论〉注》卷下。《大正藏》,第 26 卷,第 231 页中。

昙鸾这样解释"回向门"和"回向":

> 门者,入出义也,如人得门则入出无碍。前四念是入安乐净土门,后一念是出慈悲教化门。

> 回向有二种相:一者往相;二者还相。往相者,以己功德回施一切众生,作愿共往生彼阿弥陀如来安乐净土。还相者,生彼土已,得奢摩他毗婆舍那方便力成就,回入生死稠林,教化一切众生共向佛道。若往若还皆为拔众生渡生死海。是故言回向为首,得成就大悲心故。①

净土宗认为"回向为首,得成就大悲心故"将慈悲心的培养作为修行论的首要目标。"五念门"及昙鸾对于"回向"的解释,被净土宗人普遍接受:

> 四悲愿行者,诸佛菩萨,性海无尽,供养无尽,戒施无尽,乃至饶益无尽。如普贤发十大愿,虚空界众生界,无有尽时。而我此愿,亦无有尽,身语意业,无有疲厌,名为愿王。一切诸佛,无不成就如是愿王证涅槃果。故天亲菩萨,净土五念门,以礼拜、赞叹、作愿、观察前四种,为成就入功德门;回向一切烦恼众生、拔世间苦,为成就出功德门。菩萨修五念门,速得阿耨多罗三藐三菩提。②

> 又言回向者,生彼国已,还起大悲,回入生死,教化众生,亦名回向也。③

> 一切功德,皆悉成就。然后不违安养,回入娑婆。分身无数,遍十方刹。以不可思议自在神力,种种方便,度脱众生。咸令离染,还得净心。同生西方,入不退地。如是大愿,世界无尽,众生无尽,业及烦恼一切无尽,我愿无尽。愿今礼佛、发愿、修持功德,回施有情。

---

① 《〈往生论〉注》卷下。《大正藏》,第26卷,第231页中。
② 袁宏道:《西方合论》卷六,《续藏经》第61册,第804页上。
③ 善导:《观经四帖疏·观经正宗分散善义》卷第四,《大正藏》第37卷,第273页中。

四恩总报,三有齐资。法界众生,同圆种智。①

净土宗并不认为往生是修行的终点,更不是解脱的极致,主张"生彼国已,还起大悲,回入生死"。因为大悲的缘故,极乐世界都可以放弃,可见净土宗坚持了大乘佛教的情怀。

在净土宗经典中,有很多关于净土无小乘人的论述,实际是强调大乘佛教的根本要求:慈悲。《往生论》说,二乘(声闻、缘觉,即小乘人)种不生于净土。昙鸾对此的解释是这样的:

> "大乘善根界,等无讥嫌名,女人及根缺,二乘种不生。"此四句名庄严大义门功德成就。门者,通大义之门也。大义者,大乘所以也,如人造城得门则入。若人得生安乐者,是则成就大乘之门也。……又此论但言二乘种不生。谓安乐国不生二乘种子,亦何妨二乘来生耶?②

昙鸾认为,净土是大乘之门,安乐国没有产生小乘的条件,但不妨碍二乘往生。从另一个角度讲,经典中关于净土不生小乘"种子"的说法也明确标明净土法门作为大乘的本质,净土宗人大多自觉到这一点。

佛教主张以慈悲心对待一切众生,包括与自己没有利害关系的众生。《大智度论》曰:"慈悲心有三种,众生缘、法缘、无缘。凡夫人众生缘;声闻、辟支佛及菩萨,初众生缘,后法缘;诸佛善修行毕竟空,故名为无缘。"佛教认为慈悲的最高境界是"无缘慈悲",净土宗继承了这种思想:

> 然慈悲心有大有小:攀缘分别名之为小;心想都灭而于众生无所分别、自然现益目之为大。小中有三:一众生缘。缘诸众生,欲与其乐,欲拔其苦。二者法缘。观诸众生无我无人,但有五阴生灭法

---

① 袾宏:《西方愿文解》,《续藏经》第61册,第515页中、下。
② 昙鸾:《往生论注》卷上,《大正藏》第40卷,第830页下—831页上。

数而行慈悲。无我无人云何行慈？如《维摩》说自念为生，说如斯法，故名为慈。又念众生妄为我人之所缠缚，深可哀伤，故行慈悲。既无众生，为谁说法？念谁为我之所缠缚。经言无者，但无人性，非无幻化假名众生故，得为说念之被缚。三者无缘。观阴空寂，本无所有而行慈悲。法既不有，云何行慈？亦有两义：一念为生，说如斯法，即是第一义乐与人，故名为慈。二念众生妄为有法之所缠缚，深可哀伤，故行慈悲。法既不有，何处有人而为说乎？释言据彼菩萨自心，实不见人，亦不见法。不见法，故无所言说；不见人，故无可为说。故经说言，平等法界，佛不度生。据彼众生以望菩萨，于众生外别有菩萨，闻彼菩萨说无人法，舍妄契实，同其所得，便言菩萨为生说法。故经说言，众生强分别，说佛度众生。此前三种缘观修习，通名为小。大无量心亦有三种：一众生缘。无心攀缘一切众生而于众生自然现益。故《涅槃》云：我实不往，慈善根力，令诸众生见如是事。二者法缘。无心观法而于诸法自然普照。如日照物，无所分别。三者无缘。无心观如，而于平等第一义中自然安住。今此所论是其大中众生缘也。故今说言，以无缘慈摄取众生。①

慈悲分三种，无缘慈悲为其一。《大智度论》卷四〇云："慈悲心有三种，众生缘、法缘、无缘。凡夫人众生缘；声闻、辟支佛及菩萨，初众生缘，后法缘；诸佛善修行毕竟空，故名为无缘。"②无缘慈悲是般若空观境界下流露的慈悲心，完全无自他之对立，是绝对之慈悲，真实之慈悲，亦为最高之慈悲。净土宗在般若思想基础上强调"无缘慈悲"的修行论意义。不仅如此，佛教还赞扬"以身饲虎"的心肠，崇尚"我不入地狱谁入地狱"的境界，甚至将慈悲精神平等地惠及怨家乃至恶人。儒家并不主张"以德报怨"，而赞成"以直报怨"。但是，佛教却有"以德报怨"的心肠。净土

---

① 慧远：《观无量寿经义疏》，《大正藏》第37卷，第180页下至第181页上。
②《大正藏》第25卷，350页中。

宗主张"观怨家由如赤子":

> 道场众等各各敛心,弹指合掌叩头归命,礼本师释迦佛过现未来诸世尊。所以归依佛者,佛是众生大慈悲父,亦是出世增上良缘。计其恩德,过于尘劫述之难尽。《贤愚经》言:——诸佛,从初发意,终至菩提,专心求法,不顾身财,悲智双行,曾无退念。或可逢人逼试,皮肉分张;或自割身,而延鸽命;或舍千头以求法;或钉千钉而求四句;或刺身血以济夜叉;或舍妻子以充罗刹;或设慈悲方便,化作禽鱼,用济苍生免其饥难;或作金毛师子以上猎师;或作白象抽牙为求菩提而奉施;或观怨家由如赤子;或现外道比若亲儿,彼我无殊,圣凡何异?三祇起行,皆与无漏相应。
>
> 释迦诸佛不舍慈悲,直指西方十万亿刹国名极乐,佛号弥陀,现在说法。其国清净,具四德庄严,永绝讥嫌,等无忧恼。人天善恶皆得往生,到彼无殊,齐同不退。何意然者?乃由弥陀因地,世饶王佛所舍位出家,即起悲智之心,广弘四十八愿。以佛愿力,五逆之与十恶,罪灭得生。谤法阐提,回心皆往。①

儒家反对"以德报怨"是出于伦理的考量,分别用"德"和"直"鼓励德行而避免怨行。佛教虽然"以德报怨",净土宗的"人天善恶皆得往生"也力图避免鼓励作恶,所以善导强调"五逆十恶"、"谤法阐提"要"罪灭"、"回心"才能往生。

佛教的慈悲超越善恶对待,超脱是非取舍,是一种平等一如的境界,唯其如此,所以能够观怨家由如赤子,现外道比若亲儿,彼我无殊,圣凡无异。由是,净土宗认为慈悲"与无漏相应",是道德情感的至上境界。

佛教对治贪爱的认识方法是阐明"诸法无我",认为一切存在都不能自主,没有独立实在性。因此,"爱"之所以无法带给人幸福、满足的理由就在于"爱"是从虚幻的基础出发,执著虚幻的自我,追求虚幻的对象,渴

---

① 善导集记《转经行道愿往生净土法事赞》卷上,《大正藏》第47卷,第425页下—第426页上。

爱越深，苦恼越盛。但是，当人感到自己的痛苦，进而感受到他人的苦恼时，此时"慈悲"的思想就应运而生，产生了对众生之苦的悲悯，以人我同苦之心对待他人，解除他人的苦恼，是"推己及人"的同情。可见慈悲与贪爱不同，前者建立在正确的认识之上，是积极的情感，具有正面价值；而后者产生于错误的见解和颠倒的认识，是消极的情绪，具有否定的价值。

更为重要的是，慈悲本身就是去除执著、获得解脱的最好方式，因为一个人如果胸怀众生苦难，以度人利他为己任，那么他反而忘记了自己的苦恼。孔子所谓"君子坦荡荡，小人常戚戚"，君子正是具有这种"爱人"利他之境界。从这个意义上讲，大乘佛教的慈悲是小乘佛教解脱论的合乎"逻辑"的发展。大乘佛教以自己的方式实践了佛的追求。

作为净土宗立宗之本的本愿思想就是慈悲的体现。本愿虽然是佛、菩萨精神境界的体现，但在佛教中人和佛在体性上并没有差别，本愿本身就是人解脱成佛的修行实践。因此，净土宗的慈悲是双向的，既包括佛对修行者的度化，也要求修行者本身承担起自利利他、自度度人的责任。可以说，慈悲是净土宗修行论的内在要求。①

---

① 净土宗的"慈悲"观与基督宗教的"爱"，既有相似之处，又有区别。

基督宗教宣扬"爱"，在上帝、信徒与他人之间，应该是相互热爱的关系。上帝爱人，人爱上帝；人爱上帝在道德上的表现就是止恶向善、爱人如己。上帝、基督对人的"爱"，类似佛对于人的慈悲；爱人如己的精神又类似净土宗的"无缘慈"；基督宗教甚至要求"爱自己的敌人"，而净土宗有"以德报怨"的境界。就劝人向善的道德要求而言，净土宗的"慈悲"与基督宗教的"爱"有相似、相通之处。然而，二者还是有区别的。

在基督宗教中，"爱"是有差等的，人与人之间的"爱"要服从于人对上帝的"爱"。人的道德境界不能与神相提并论，人的"爱"是不完善的，只有上帝的爱才是圆满、完善的。基督教宣扬"因信称义"、"凭信得救"，认为得救是本乎信和神的恩和怜悯，不是出于行为。由此，人的善行不是救赎的充分条件，只有上帝或基督才能拯救人类。与此相联系，基督宗教特别相信并强调"神迹"论。在人的向善获救之道上，"神迹"的作用远远大于人的道德行为。

然而，作为佛教宗派的净土宗认为人佛平等，佛就是人的修行果位，人的慈悲是成佛的必要条件，因此，人的慈悲与佛的慈悲完全同质、完全等价。尽管净土宗信仰"他力"，其慈悲观仍然构成了区别于基督宗教的特点。

三、念佛修行

1. 念佛修行标准的变化

净土宗的"行"主要就是念佛修行。而修行标准有一个发展过程。大致而言,在净土宗形成之前和形成初期,念佛修行由严而宽,由繁到简。后来,历代净土宗高僧在强调本法门便捷简易的同时,实际上还是秉持严谨的修行标准。现代学者注意到早期念佛修行标准的变化。认为,初期中国往生西方极乐世界者,大都以禅观为主修,或以持戒、或诵《无量寿经》、《法华经普门品》为往生的助缘;而且早期的《般舟三昧经》与《无量寿经》都是注重心念的念佛,非口头的称念。诚如印顺法师所提:"《般舟经》着重于平时的修行,以平时见佛,作为往生的确证;而《无量寿经》着重临命终时的见佛往生。要求往生,必先见佛,见佛而后能往生。"[1]很明显的是"见佛为往生净土的明证",如何能见佛呢?如以上讨论的经典所言"随念"、"作意"的"专心一念"的观佛。事实上,这些弥陀的经典在不同朝代的传译与流通,对中国净土宗派的影响是深远的。由《般舟经》的平时修习止于一念的功夫,而得念佛三昧的定心,到《无量寿经》的三辈往生在临命终时的见佛、梦佛,乃至《观无量寿经》的九品往生,此中往生的条件由定心的"见佛",到五逆十恶之人的"十念称佛",其尺度是明显的由窄而宽、由"定心"到"散心"、由"观佛"到"持名"、由"自力"到"他力"。随着这些经典的流传,中国的净业行者由初期的"定心观佛"的往生,到后来的"持名念佛"、"依赖他力"的往生,往生尺度逐渐放宽。[2]

这种修行实践的变化促进了净土宗的形成,净土宗兴起之后又进一步简化了修行方法,提倡称名念佛。净土宗称名念佛就是口念"阿弥陀

---

[1]《妙云集》下编之四,第49—50页,台北,正闻出版社,1990年。
[2] 参见释道昱《止观在中国佛教初期弥陀信仰中的地位——以南北朝之前为探讨中心》,《圆光佛学学报》第二期(1997.10),台湾,圆光出版社,第54页。

佛"或"南无阿弥陀佛"。"南无阿弥陀佛"被称为"六字洪名"。称名念佛非常容易操作,甚至可以"散心念佛"。"散心念佛"是道绰提出的念佛方法,即不定期限,不调作法,不观佛之相好,不分时、处、所缘等,唯以散乱心口唱名号。这样有利于净土法门的普及。因一般人很难达到三昧境界,散心念佛降低了修行的标准。问题是这样做还能不能达到修行的效果?道绰的回答是肯定的:"若人散心念佛,乃至毕苦,其福不尽。"①

善导说:"一切众生机有二种:一者,定。二者,散。若依定行,即摄生不尽。是以如来方便显开三福,以应散动根机。"②

即使修行者根基差、修行不精,也能够通过如来开显的方便念佛法门获得成就。净土宗持名念佛的修行方式常常与观想念佛的方法相结合。观想念佛也有"定"、"散"的分别:

> 造逆之人行有定散。观佛三昧名之为定;修余善根说以为散。散善力微,不能灭除五逆重罪,不得往生。大经就此故说不生。定善力强,能消逆罪,容得往生。此经明观所以说生。③

> 然娑婆化主因其请故,即广开净土之要门,安乐能人显彰别意之弘愿。其要门者,即此《观经》定散、二门是也。定即息虑以凝心,散即废恶以修善,回斯二行求愿往生也。④

中国佛教净土宗发明的"散心念佛"、"散善"观佛极大地拓展了净土法门的普适性,修行方法的简化对净土宗迅速普及起到了至关重要的作用。净土宗的主要修行方法是称名念佛,虽然"散心念佛"亦可获得利益,但毕竟不如定心念佛。为了取得最大效果,净土宗人发明了种种称名念佛的方法。除了前文曾提到的五会念佛、散心念、十口气念、记数念以及与观想念佛结合起来的观想念、觉照念、礼拜念之外,还有其他方

---

① 《安乐集》卷下,《大正藏》第47卷,第17页中。
② 善导集记《观无量寿佛经疏》卷二,《大正藏》第37卷,第259页上。
③ 慧远:《观无量寿经义疏》卷下,《大正藏》,第37卷,第184页下。
④ 善导集记《观无量寿佛经疏·观经玄义分卷第一》,《大正藏》第37卷,第245页中。

法。比如，可以口中出声口念，也可以不出声心念，因称名念佛又称为"持名念佛"，口念和心念又分别称为"明持"和"默持"。介于二者之间的念法为"半明半默持"，即声在口唇之间、绵绵密密小声念，又有"金刚持"之称。此外，还有追顶念、高声念、暗室念、定课念、四威仪念等等。这些修行方法不仅促进了净土宗的发展，还为佛教修行方法创新和佛教文化发展作出了重大贡献。

2. "十念往生"

除了念佛方法，念佛效力也体现出净土法门的便捷。净土宗人常常引用经典中"十念往生"的内容以强调念佛的利益。

如何往生？净土经典明言：念佛、"十念往生"。《无量寿经》卷上第十八愿文有"乃至十念"，《无量寿经》卷上谓："十方众生，至心信乐，欲生我国，乃至十念，若不生者，不取正觉。"①《观无量寿经》亦说"具足十念，称南无阿弥陀佛"②，二经均载有以十念念佛即可往生弥陀净土之说，成为净土宗重要教义之一。往生的大门向所有众生敞开，包括有罪恶的人，这又被称为"带业往生"。

当然，对于"十念"有不同的理解。据昙鸾之《往生论注》卷上，《观经》所言之十念，即忆念阿弥陀佛之总相及别相，又称念其名号，不掺杂他想而专心持续者，即无间相续之意念可由此完成往生之因，故有"不必具足十念"之说。

飞锡亦合十念为一念。他认为："但一念往生，住不退地，此为正也。如佛所说，谤佛、毁经、打僧、骂尊、五逆、四重，皆一念恶业成，堕无间狱犹如箭射。今之念佛生于净土，亦一念善业成，即登极乐。犹如屈臂。前一念五阴灭，后一念五阴生，如蜡印印泥，印坏文成，尚不须两念，岂要至十念哉？……又《大无量寿经》明一念念佛皆得往生。《观经》十念，良

---

① 《大正藏》第12卷，第268页上。
② 同上书，第346页上。

有以也。盖为遘疾尪羸，力微心劣故，须十称弥陀以助其念；若心盛不昧，一念生焉，亦犹栽植丝发，其茂百围也。"①

义寂认为念乃时间之意，每称念"南无阿弥陀佛"六字一次之时间为一念，称名十次为十念，念念之中，自具足慈悲、护法等十法十念，以十念为限。善导将十念解释为十声称名。但善导之十念，系指一生之称名佛号乃至一声之称名，均可往生净土，故立"念佛往生"之说。又念与声同，故十念一念又作十声一声。其他诸师对此十念亦有种种说法。在元晓之《无量寿经宗要》中，有所谓"显了十念"、"隐密十念"，而以《观经》之十念为显了；《宝积经》第九二卷《弥勒所问经》之十念为隐密；《无量寿经》第十八愿之十念则通于显了及隐密。宋代遵式《晨朝十念法》倡"气息十念"之说："修净业者，须每日清晨服饰已后，面西正立合掌，连声称阿弥陀佛。尽气为一念，如是十气名为十念，但随气长短，不限佛数。"②

虽然对于"十念"的理解不同，净土宗的"带业往生"的解脱途径比以前佛教"情空业尽"的解脱论容易多了，因此吸引了很多信众。为了彻底打消信徒的疑虑，《观经》甚至认为"五逆十恶"都可以往生。似乎净土宗将解脱的希望寄托在"他力"上，不注重伦理和修行。其实不然！在解脱往生论上，净土宗固然信仰和宣传他力的作用，但在具体修行上对主体的要求并没有降低。让我们来看看净土宗如何协调"带业往生"和往生的道德基础之间的关系。

《佛说观无量寿佛经》认为，即使是具诸不善、"五逆十恶"的人也可以往生。

> 佛告阿难及韦提希：下品下生者，或有众生作不善业，五逆十恶，具诸不善，如此愚人以恶业故，应堕恶道，经历多劫，受苦无穷。如此愚人临命终时，遇善知识，种种安慰，为说妙法，教令念佛。彼

---

① 《念佛三昧宝王论卷中·此生他生一念十念门第九》，《大正藏》第47卷，第138页中—139页上。
② 《大正藏》第47卷，第210页中。

> 人苦逼不遑念佛。善友告言：汝若不能念彼佛者，应称归命无量寿佛，如是至心令声不绝，具足十念，称"南无阿弥陀佛"。称佛名故，于念念中，除八十亿劫生死之罪，命终之时见金莲花，犹如日轮，住其人前。如一念顷，即得往生极乐世界。于莲花中满十二大劫，莲花方开。当花敷时，观世音大势至以大悲音声，即为其人广说实相，除灭罪法。闻已欢喜，应时即发菩提之心，是名下品下生者。①

而《佛说无量寿经》则排除了"五逆十恶"往生的可能性：

> 设我得佛，十方众生至心信乐，欲生我国，乃至十念，若不生者，不取正觉。唯除五逆、诽谤正法。②

《佛说观无量寿佛经》关于念佛除灭罪法说充分显示了净土法门的宽厚和方便，为多数净土宗人所接受。但是，净土宗不得不面临各种理论和现实的难题：不强调道德完善的带业往生是否符合佛教解脱论的本意？既然"五逆十恶"都可以往生，那么佛教修行论还有没有价值、道德修养还有没有意义？净土宗的修行论如果陶醉于"带业往生"的许诺，忽视伦理道德修养，就会陷入纯粹的信仰主义，从而丧失作为修行法门的伦理意义。怎样诠释不同经典中的观点，解决方便法门和道德标准之间的悖论，更重要的是，如何建立有效的修行论，从而消除"五逆十恶"往生论可能产生的消极道德后果，成为中国净土宗人面临的课题。因此，关于"五逆十恶"能否往生的问题，净土宗人既要调和不同经典中的不同观点，又要调和往生论的方便与伦理要求之间的矛盾。

昙鸾这样解释：

> 问曰：《无量寿经》言，愿往生者皆得往生，唯除五逆诽谤正法。《观无量寿经》言，作五逆十恶、具诸不善亦得往生。此二经云何会？

---

① 《佛说观无量寿佛经》，《大正藏》第12卷，第346页上。
② 《佛说无量寿经》卷上，《大正藏》第12卷，第268页上。

答曰：一经以具二种重罪。一者五逆、二者诽谤正法，以此二种罪故，所以不得往生。一经但言作十恶五逆等罪，不言诽谤正法。以不谤正法故。是故得生。①

这种解释并没有真正解决问题。怀感则认为两个经典针对的对象不同：

  古今大德释此两经，有十五家。共解此教。一、《观经》取者，是忏悔人；《寿经》除者，是不忏悔人。二、《观经》取者，是轻心造逆人；《寿经》除者，是重心造逆人。三、《观经》取者，唯是造五逆人；《寿经》除者，是造五逆及谤法人。四、《观经》取者，是造逆类人；《寿经》除者，正五逆人。五、《观经》取者，是发菩提心人；《寿经》除者，是不发菩提心人。六、《观经》取者，是至诚念阿弥陀佛人；《寿经》除者，是不至诚念阿弥陀佛人。七、《观经》取者，是十信菩萨人；《寿经》除者，非十信菩萨人。八、《观经》取者，非阐提人；《寿经》除者，是阐提人。九、《观经》取者，是对已造逆人；《寿经》除者，是对未造逆人。十、《观经》取者，是开门；《寿经》除者，是遮门。十一、《观经》取者，说五逆业是不定业，为可转时；《寿经》除者，说五逆业是定业，不可转时。十二、《观经》取者，暖顶位人；《寿经》除者，非暖顶位人。十三，《观经》取者，种解脱分善根人；《寿经》除者，是不种解脱分善根人。十四、《观经》取者，是第二阶人；《寿经》除者，是第三阶人。十五、《观经》取者，是唯具足十念人；《寿经》除者，是通具足十念及不具足十念人。

  问曰："古今大德虽有十五种释，为当俱是，亦有非耶？"释曰："诸家解释各有一途，难分胜劣。"②

除了引用前人的观点——如第三条是昙鸾的观点，第十四条"第二阶人"、"第三阶人"是三阶教的说法——怀感可能也有自己的发挥。这些理由有些强调净土宗的信仰，有些不见经传，比较牵强。其中关于阐

---

① 《往生论注》卷上，《大正藏》第 40 卷，第 834 页上。
② 《释净土群疑论》卷第三，《大正藏》第 47 卷，第 43 页下—44 页页上。

提人不能往生的思想,更是与中国佛教主流思想相违背,也不符合很多佛典的本意,与净土法门标榜的方便殊胜亦不相契合。相比较而言,智𫖮更愿意从道德因素的角度进行解释:

问:"众生无始已来,造无量业,今生一形,不逢善知识,又复作一切罪业,无恶不造。云何临终,十念成就,即得往生,出过三界?结业之事,云何可通?"

释曰:"众生无始已来,善恶业种多少强弱,并不得知。但能临终遇善知识,十念成就者,皆是宿善业强,始得遇善知识,十念成就。若恶业多者,善知识尚不可逢,何可论十念成就?又汝以无始已来,恶业为重,临终十念为轻者。今以道理,三种校量,轻、重、不定,不在时节久近、多少。云何为三?一者、在心;二者、在缘;三者、在决定。在心者,造罪之时,从自虚妄、颠倒生;念佛者,从善知识,闻说阿弥陀佛,真实功德名号生,一虚、一实岂得相比?譬如万年暗室,日光暂至而暗顿灭,岂以久来之暗,不肯灭耶?在缘者,造罪之时,从虚妄、痴暗心,缘虚妄境界,颠倒生;念佛之心,从闻佛清净真实功德名号,缘无上菩提心生,一真、一伪岂得相比?譬如有人被毒箭中,箭深毒磕,伤肌破骨,一闻灭除药鼓,即箭出毒除。岂以箭深毒磕,而不肯出也?在决定者,造罪之时以有间心、有后心也;念佛之时,以无间心、无后心,遂即舍命,善心猛利,是以即生。譬如十围之索,千夫不制;童子挥剑,须臾两分。又如千年积柴,以一豆火焚,少时即尽。又如有人,一生已来,修十善业,应得生天,临终之时,起一念决定邪见,即堕阿鼻地狱。恶业虚妄,以猛利故,尚能排一生之善业,令堕恶道。岂况临终猛心念佛,真实无间善业,不能排无始恶业,得生净土?无有是处。又云:'一念念佛,灭八十亿劫生死之罪。'为念佛时,心猛利故,伏灭恶业,决定得生,不须疑也。上古相传,判十念成就,作别时意者,此定不可。何以得知?《摄论》云:'由唯发愿故。'全无有行。《杂集论》云:'若愿生安乐国土,即得往生;若闻无垢佛名,即得阿耨菩提者,并是别时之因。'

全无有行。若将临终,无间十念猛利善行,是别时意者,几许误哉!愿诸行者,深思此理,自牢其心,莫信异见,自坠陷也。"①

这里,首先肯定经典中的观点,然后进行调和。认为,恶业多者,根本没有机会遇到善知识获得念佛法门,所以,尽管十念能够往生,但对于五逆十恶者来说,这种便利还是没有意义。这样,"唯除五逆"和十念往生就不矛盾了。即使退一步,恶人有机会念佛往生,也是因为念佛的善念力量大于恶念,最终还是善的力量决定往生,仍然与"唯除五逆"不矛盾。哪怕自己的善还不够,有向善的愿望,借佛的力量可以补救,还是突出了道德因素。这种解释没有过分强调信仰,是很精彩的。智顗虽然不属于净土宗,但这里无疑是承认净土经典和其信仰的,这种以净土法门为本位和立场的观点对净土宗不可能没有影响。

近代印光大师也认为经典中的说法并不矛盾,他的解释是:《无量寿经》所说"乃至十念,咸皆摄受;唯除五逆,诽谤正法者",是就平时修行所言。以其既有五逆之极重罪,又加以邪见深重,纵或有一念十念之善根,由无极惭愧极信仰之心,故不能往生也。而《观经》下下品往生包括"五逆十恶",乃约临终阿鼻地狱相现时说。已见地狱至极之苦相,其人恐怖不可言宣,一闻佛名,哀求救护,了无余念,唯有求佛救度之念。虽是乍闻乍念,然已全心是佛,全佛是心,心外无佛,佛外无心。故虽十念,或止一念,亦得蒙佛慈力,接引往生也。四十八愿,乃约平时说,《观经》下下品,乃约临终说。由时事不同,故摄否有异。② 由于往生要求"全心是佛",若"无极惭愧极信仰之心"则不能往生,因此在平常就应该加强修养,提升道德境界,否则福德因缘不具足,往生不易。

可见,净土宗虽广开法门,容纳群生,不排除任何人往生的可能性,但这并不意味着往生与道德无关。且看善导的"四修法":

---

① 《净土十疑论》,《大正藏》第47卷,第79页下—80页中。
② 参阅《复善觉大师书》,《印光法师文钞》上册,第438页。

又劝行四修法,用策三心五念之行,速得往生。何者为四？一者恭敬修。所谓恭敬礼拜彼佛及彼一切圣众等,故名恭敬修。毕命为期,誓不中止,即是长时修。二者无余修。所谓专称彼佛名,专念专想专礼专赞彼佛及一切圣众等,不杂余业,故名无余修。毕命为期,誓不中止,即是长时修。三者无间修。所谓相续恭敬礼拜,称名赞叹,忆念观察,回向发愿。心心相续,不以余业来间,故名无间修。又不以贪嗔烦恼来间,随犯随忏,不令隔念隔时隔日,常使清净,亦名无间修。毕命为期,誓不中止,即是长时修。①

"不以贪嗔烦恼来间,随犯随忏,不令隔念隔时隔日,常使清净",就是专心致志,长时间不间断地修行,让不良的情绪或思想无机可乘,从而达到净化心灵的目的。净土宗力图避免造成作恶不妨碍往生的误解：

> 问曰："如四十八愿中唯除五逆、诽谤正法不得往生。今此《观经》下品下生中简谤法摄五逆者,有何意也？"答曰："此义仰就抑止门中解。如四十八愿中除谤法、五逆者,然此之二业其障极重,众生若造直入阿鼻,历劫周慞无由可出。但如来恐其造斯二过,方便止言不得往生,亦不是不摄也。又下品下生中,取五逆、除谤法者,其五逆已作,不可舍令流转,还发大悲摄取往生。然谤法之罪未为,又止言若起谤法即不得生,此就未造业而解也。若造,还摄得生。虽得生彼,华合径于多劫,此等罪人在华内时有三种障……"②

"抑止门"指佛为抑止众生为恶,故暂将其慈悲心隐藏不显,而说凡作恶者不得往生之教法。"唯除五逆、诽谤正法不得往生"的说法只是善巧方便,但佛的大悲境界不可能舍弃众生、任其流转,还发大悲摄取往生。不过,往生并不意味着取消作恶者与作善者的差异：往生之罪人不能立即见到阿弥陀佛,而是在莲花内等待很长时间。在花内时有种种不

---

① 《往生礼赞偈》,《大正藏》第47卷,第439页上。
② 《观无量寿佛经疏·观经正宗分散善义》卷第四,《大正藏》第37卷,第277页上、中。

如意的障碍。

净土宗力图证明往生本身就是主体自身道德行为的结果。

> 问曰：众生罪业甚久积山，云何十念，得灭尔所许恶业？纵令至百万遍，终是太少。若不灭尽，云何恶业不灭，而得生净土？
>
> 答曰：此有三义。一者不须灭尔许恶业，但临命终时，净土受生者。若临命终时，正念现前者，此心能引无始已来及一生已来所作善业，共相资助。即得往生也。二者诸佛名号总万德成，但能一念念佛者，即一念之中，总念万德。故《维摩经》云：此三句义，三千世界众生，皆如阿难，多闻第一，以劫之寿，亦不能受也。三者无始恶业从妄心生，念佛功德从真心生。真心如日，妄心如暗。真心暂起，妄心即除。如日始出，众暗悉除。由此三义，乃至临终十念成就者，定得往生。①

请注意，往生的根本原因（指内在原因）是"正念"，不是佛力！虽然恶业未灭，但是"正念现前者，此心能引无始已来及一生已来所作善业，共相资助"，而正念的力量超过妄心的能量，所以得以往生。可见，即使是带业往生，就解脱本身来说，仍然是借助主体自身的道德力量——言下之意，如果正念的力量不能超过妄心的能量，也不能够往生。

《佛说阿弥陀经》说：

> 舍利弗，不可以少善根福德因缘得生彼国。舍利弗，若有善男子善女人，闻说阿弥陀佛，执持名号，若一日，若二日，若三日，若四日，若五日，若六日，若七日，一心不乱，其人临命终时，阿弥陀佛与诸圣众，现在其前。是人终时心不颠倒，即得往生阿弥陀佛极乐国土。

对于这段话，袾宏的解释是这样的：

---

① 迦才：《净土论·第九》，《大正藏》第47卷，第102页下。

> 又此七日,不必定是临终七日。以平时有入是定力者,必生彼国。
>
> 平时者,恐人执七日之文,谓必一日至七而便命终,方名七日。故言或临终、或平时,但有一日或七日之定力者,皆得往生也。所谓闲时办,忙时用。后至命终,因果相符,必生彼国。①

袾宏对于往生原因的解释也是修行主体的"定力"和心性。命终往生是平时积累的结果,"因果相符",才能生于彼国。

净土宗一方面宣扬"带业往生",一方面强调修行的价值。印光法师曾从唯心净土与西方净土的联系这个角度论述净心与往生的关系:

> 有唯心净土,方生西方净土。若自心不净,何能即得往生?纵逆恶罪人,以十声念佛即得往生者,由念佛之净心,感生西方之净土。②

带业往生乃至"五逆十恶"往生者,并不是带着罪恶的心往生,而是在保留以前的道德评价的基础上,通过念佛的伦理作用,达到净化心灵的目的,从而得以往生。通过上文的讨论,我们知道,作为行为的道德后果,业力仍然存在,并且将继续发生作用。从这个意义上说,是"带业往生"。这里的"业"是道德后果,却不是往生所要求的道德标准。易言之,在以前的行为所造成的负面后果还存在、人并没有达到"业尽情空"的解脱境界的情况下,只要通过念佛修行,达到当下的"心净",就可以往生。由于净土是由净心所"感生",也只有心净,才能够往生。

> 阿弥陀佛万德洪名,如大冶洪炉。吾人多生罪业,如空中片雪。业力凡夫,由念佛故,业便消灭。如片雪近于洪炉,即便了不可得。又况业力既消,所有善根,自然增长殊胜,又何可疑其不得生,与佛

---

① 《佛说阿弥陀经疏钞》,《续藏经》第22卷,第661页中。
② 《答曲天翔居士问二十七则》,《印光集》,第71页,北京,中国社会科学出版社,1996。

不来接引乎?①

净土宗一直强调"带业往生"的方便,念佛可以除去罪业:

> 名第八观。作是观者,除无量亿劫生死之罪,于现身中得念佛三昧。作是观者名为正观,若他观者名为邪观。②

《大智度论》卷七亦说,念佛三昧能灭除种种烦恼及先世诸罪。但是这种"灭罪",不是他力取代自力直接灭罪(否则必然导致以下两个后果之一:1. 陷入"预定论";2. 引发宗派内部关于解脱是否依赖"预定"的争论),而是自力借助他力而修行的结果。所谓"念佛三昧",强调的恰恰是修行论,而不是信仰主义。信仰主义与强调信仰不能等同,前者是特殊的后者,后者更宽泛。信仰主义是以信仰取代修行,而净土宗是借助信仰促进修行,二者有根本区别。同理,"带业往生"并不意味着人可以不承担道德后果,"罪人"虽可以往生,但仍受罪障之果报:

> 若造(诽谤正法),还摄得生。虽得生彼,华合径于多劫,此等罪人在华内时有三种障:一者不得见佛及诸圣众;二者不得听闻正法;三者不得历事供养。除此已外更无诸苦。经云犹如比丘入三禅之乐也,应知。虽在华中多劫不开,可不胜阿鼻地狱之中长时永劫受诸苦痛也?③

往生不等于解脱,造罪之人仍然要承担道德责任,遇到一些障碍,只不过这种后果要轻得多,本来可能在阿鼻地狱之中长时永劫受诸苦痛,因往生而体现为在莲花中多劫不开之苦。净土宗的殊胜之处不在于超越因果报应,而在于减轻报应。可见净土宗在理论上没有否定因果律。净土宗的"他力"信仰并没有否定道德责任,佛也要遵循因果律:"吾常

---

① 《临终三大要》,《印光法师文钞》下册,第 1655—1656 页。
② 《佛说观无量寿佛经》,《大正藏》第 12 卷,第 343 页中。
③ 《观无量寿佛经疏·观经正宗分散善义卷第四》,《大正藏》第 37 卷,第 277 页中。

曰,因果者,圣人治天下,佛度众生之大权也。约佛法论,从凡夫地,乃至佛果,所有诸法,皆不出因果之外。"①

道德主体的罪业并不能被外在的力量所"宽恕":"生死大事,须当预办。若待临行方修,恐被业力所夺。"②

由于"带业往生"并未解脱,真正消业解脱要求当下的修行。这是净土宗道德责任论的积极意义。更何况对于"带业往生"的理解也不尽相同。现代修净土的广钦和尚就曾经对"带业往生"持有独特的见解,明确指出"带业不能往生,经典中之'带业往生'不是一般人想的那样,你有愿心要往生极乐世界,临终时,如业力大于念力那还是不能往生,但会因你的愿力而转为人身,再继续念,如此转了几转,一直念到你的念力大于业力,就能往生。"③尽管这种解释与其他人不同,但由此可见修净土宗者关于他力不能转变业力的观点是一贯的。

虽然佛力仍然要服从因果律,但是净土宗因果律赋予神佛特殊的地位,那就是主持报应:"前因必感后果,后果必有前因。善恶之报,祸福之临。乃属自作自受,非自天降,天不过因其所为而主之耳。"④

因果报应论是佛教的基本思想,但净土宗强调因果律具有独特的意义。由于净土宗宣扬"他力"的作用,在一定程度上改变了原始佛教以来"依自不依他"的风格,并从而带来一系列理论问题甚至困境,并对佛教伦理的理论基础产生冲击。但是,净土宗非常清醒地维护了因果律的权威,尤其是正确地界定了佛与因果律的关系,将因果律作为根本规律,适用于包括佛力在内的一切领域。这与西方宗教是有区别的。正是有了这个理论基础,净土宗的"他力"论没有滑向纯粹信仰主义的深渊,净土宗信仰也才具有真正的修行论的现实意义。

---

① 《印光法师文钞》中册,第1246页。
② 《复永嘉周群铮居士书》,《印光法师文钞》上册,第104—105页。
③ 《广公上人事迹初编》,承天禅寺编印。
④ 《示净土法门及对治嗔恚等义》,《印光法师文钞》下册,第1771页。

中国佛教净土宗的修行论,在操作层面,并没有依赖"带业往生"的承诺而无所事事,反而贯彻了切实有效的修行方式,使"带业往生"的口号变成"现世消业"的伦理行为。这也是净土宗对"自力"与"他力"关系的理解。如何理解人的行为在解脱中的作用？净土宗强调了"他力"的地位,同时肯定了"自力"的作用。在信仰层面更强调依仗佛力,在修行层面落实到修行者自身。

第五节　净土宗与其他宗派的交涉

在佛教史上,净土宗与其他净土信仰、其他宗派或派别的关系颇为复杂。佛教是包容性很强的宗教,各种不同的思想体系、修行法门之间虽然可能存在着很大的不同,甚至截然对立,但彼此之间仍然能够相互调和、融会甚至贯通。最典型的就是禅宗和净土宗之间的关系：一个主张佛法在世间、一个追求往生西方,一个主张自性具足、一个主张借佛慈力,但它们能够同处大乘佛教体系之中,并相互吸收对方因素,最终导致"禅净合流"。佛教的这种包容性给我们梳理净土宗与其他派别的关系带来麻烦,一方面,有些净土宗人在其他派别中也有很高的地位,甚至被后人视为两个宗派的祖师；另一方面,很多属于其他宗派的僧人兼修阿弥陀净土法门,这种情况越来越普遍,乃至最终形成"诸宗归净"的局面。隋唐时期佛教其他宗派很多高僧研究甚至宣扬阿弥陀净土信仰,包括隋代地论学者慧远、天台宗师智𫖮、三论宗大师吉藏、百疏论主唯识宗窥基等大家。

有时很难将净土宗与其他宗派截然分开,因此,讨论净土宗与其他净土信仰、其他宗派或派别的交涉,既要考虑不同思想体系之间的整体关系,又要简单介绍净土宗人的各种学术思想。

一、净土宗对弥勒净土的态度

净土信仰是大乘佛教的重要内容,其中弥勒净土与阿弥陀净土影响最大。在中国佛教史上,很多高僧对弥勒净土与阿弥陀净土进行过比较。这种比较或多或少地影响了佛教信仰者的认识和行为,因此对后世佛教发展产生深远的影响。从这个意义上讲,早期的比较工作更为重要。最早对弥勒净土与阿弥陀净土进行系统比较的净土宗人是道绰和迦才。

道绰认为弥勒净土与阿弥陀净土有四种区别:

> 据体大别,有其四种。何者?一、弥勒世尊为其天众转不退法轮,闻法生信者获益,名为信同。着乐无信者,其数非一。又来虽生兜率,位是退处。是故经云:"三界无安,犹如火宅。"二、往生兜率,正得寿命四千岁,命终之后不免退落。三、兜率天上虽有水鸟、树林,和鸣哀雅,但与诸天生乐为缘,顺于五欲,不资圣道;若向弥陀净国一得生者,悉是阿毗跋致,更无退人与其杂居。又复,位是无漏,出过三界,不复轮回。论其寿命,即与佛齐,非算数能知。其有水鸟、树林,皆能说法,令人悟解,证会无生。四、据《大经》,且以一种音乐比较者,经赞言:"从世帝王至六天,音乐转妙有八重,展转胜前亿万倍,宝树音丽亦倍然。复有自然妙伎乐,法音清和悦心神,哀婉雅亮超十方。是故稽首清净勋。"①

道绰指出四个区别。第一个区别是弥勒虽然为其天众转不退法轮,但有不信受者,仍会退转。而《佛说无量寿经》介绍阿弥陀佛在因位修行时所发四十八愿中,有这样的愿望:"设我得佛,他方国土诸菩萨众,闻我名字,不即得至不退转者,不取正觉。"②

退转,梵语 vivartana,又称退堕、退失或退。指退失菩提心,堕于二乘凡夫地;或指退失已证得的行位。"不退转",就是不退步、不退堕,修行的效果包括道德品质能够永远保持下去。修行果位能否恒久保持,在佛教史上曾经是激烈争论的问题。小乘佛教不同部派对于四沙门果的退转情形

---

① 《安乐集》,《大正藏》第 47 卷,第 9 页中—第 9 页下。
② 《佛说无量寿经》卷上,《大正藏》第 12 卷,第 269 页中。

有不同见解。其中,说一切有部认为初果必不退,后三果则可能退转。经量部主张四果之初后二果不退,中间二果可能退转。大众部及化地部皆以为前三果有退,第四果无退。这种争论影响了大乘佛教的思想。与小乘佛教相比,大乘佛教更强调信仰的力量。在修行果位问题上,大乘佛教更容易接受不退转的思想。当然,大乘佛教也承认退转的可能性,但到了一定果位就不会退转了,这类似于哲学上讲的量变导致质变的原理。

怀感在《释净土群疑论》卷四中宣扬往生净土不会退转的殊胜,曾对退转的情况进行系统介绍:(一)信退,(二)位退,(三)证退,(四)行退。信退者,十信位中初五心位,犹有退生邪见断善根等。后位不然。位退者,十住位中前六心位,犹得退败作二乘等。后位不然。证退者,十地已前诸凡夫位,于前所证尚有退失。十地不然。行退者,七地已前于所闻行尚生怯劣,不能修学,不能于念念中恒修胜行。……八地菩萨入第三阿僧祇,无四种退,于诸行中具修一切行,于一切时念念相续,常起无漏人法空观,无有一念起有漏心善恶无记。八地菩萨等具四不退,故名阿鞞跋致菩萨也。余七地等无四不退,故全不得名阿鞞跋致。①

其实在不退转方面,弥勒净土和阿弥陀净土没有根本区别,这一点道绰也承认。他所说的区别只在于信与不信。弥勒净土为什么存在不相信者呢?因为执著于享乐。道绰认为弥勒净土有五欲,而阿弥陀净土没有。可见,他从伦理观的角度来看待两种净土之间的区别。

第二个区别是弥勒净土中人的寿命有限,而往生阿弥陀净土可获得无限寿命。第三个区别与第一个区别类似,就是有欲和无欲的区别。第四个区别是阿弥陀净土音乐、法音更加殊胜。这与其说是经典内容的差别,不如说是道绰的个人观点。总的来看,道绰所说的区别比较牵强。但这里集中体现了净土宗人的伦理观,强调了离欲的重要性。这种伦理观被后来的净土宗人所继承,迦才对两种净土的比较正是对这种思想的

---

① 《大正藏》第47卷,第55页中。

继承和发展。

迦才在《净土论》中讨论了九个问题,其中第七个是西方与兜率的比较。

> 此之二处,各有三义……三义者,一是化主,谓佛;二是处所,谓世界;三是所化众生,谓往生者。若于化主,乃齐是法王,俱称善逝,身充万德,土盈众美,俱为化众生。或居秽土,则丘墟满野,或处净刹,则奇宝盈邦。如欲较其佛德,则无优劣也。若论其处,则互有优劣。且如兜率天宫,则构空而立;极乐世界,则就地而安。此则空实异居,人天趣别。若据此土,一往论,则天优人劣也。若论其净秽者,兜率虽是天宫,由有女人,故名之为秽。极乐虽是地界,由无女人,故号之为净。
>
> 然此之净秽,有十种异。一、有女人无女人异。兜率男女杂居,极乐唯男无女。二、有欲无欲异。兜率有上心欲,染着境界;极乐无上心欲,故常发菩提心。三、退不退异。兜率处所是退,极乐处所是不退。四者,寿命异。兜率寿命四千岁,仍有中夭。极乐寿命无量阿僧祇劫,无中夭寿命者。五、三性心异。兜率则有三性心间起,故恶心堕地狱;极乐唯有善心生,故永离恶道。六、三受心异。兜率三受互起,极乐但有乐受。七、六尘境界异。兜率六尘,令人放逸;极乐六尘,令人发菩提心。八、受生异。兜率受生,男在父膝上,女在母膝上;极乐受生,七宝池内莲花中生。九、说法异。兜率唯佛菩萨说法;极乐水鸟树木皆能说法。十、得果异。兜率生者,或得圣果,或不得。极乐生者,定得无上菩提。若就此义,西方大优。兜率极劣也。
>
> 若论往生之人。往西方者易,上兜率者难。此之难易亦有七种差别。一、处别。极乐是人,兜率是天。此则天难人易。二、因别。极乐但持五戒,亦得往生。兜率具修十善,方得上生。三、行别。极乐乃至十念成就,即得往生,出(观经)。兜率具施戒修三种,始得上生(出弥勒经)。四、自力他力别。极乐凭阿弥陀佛四十八大愿他力

往生,兜率无愿可凭,唯自力上生。五、有善知识无善知识别。极乐有观世音大势至,常来此土劝进往生。临命终时,擎金刚台,来迎行者,种种赞叹,劝进其心,即得往生。兜率无此二菩萨故,但自进上生。六、经论劝生处多少别。极乐说处,经经中赞,论论中劝。兜率说处,何但经赞处稀,亦论劝处少。七、观古来大德,趣向者多少别。极乐上古已来,大智名僧趣向者多。兜率上古已来大德愿乐者少。由此义故。往生西方则易。上生兜率稍难也。①

迦才的这段论证有三个层次:一、佛、处所和往生者的区别;二、两种净土净秽不同;三、往生难易有别。

在第一个层次中,二者各有优劣:化主佛德没有区别,其处所,兜率为天界,优于极乐的人界,然而正因如此,后面第三个层次中,往生极乐容易,反成优点。兜率有女人而极乐无女人,极乐比兜率清净。

第三个层次中的难易差别也不是绝对的。迦才提到极乐净土十念即可往生。《佛说观无量寿佛经》认为,即使是具诸不善、"五逆十恶"的人也可以往生:

> 佛告阿难及韦提希:下品下生者,或有众生作不善业,五逆十恶,具诸不善,如此愚人以恶业故,应堕恶道,经历多劫,受苦无穷。如此愚人临命终时,遇善知识,种种安慰,为说妙法,教令念佛。……称佛名故,于念念中,除八十亿劫生死之罪,命终之时见金莲花,犹如日轮,住其人前。如一念顷,即得往生极乐世界。

《佛说无量寿经》"唯除五逆,诽谤正法"的经文则排除了"五逆十恶"往生的可能性。

弥勒净土虽然没有"十念往生"的说法,但这也不足为二者优劣的证据,更何况对"十念"的含义本身就有不同的理解。至于经论赞叹的多与

---

① 《净土论》卷下,《大正藏》第47卷,第100页上—下。

少、往生趣向者众与寡,更不能成为判断优劣的标准。

值得注意的倒是第二个层次的内容。在这里迦才用佛教伦理的标准分别了二者净秽的区别。迦才认为往生兜率净土之后还存在放逸、生贪欲、起恶心的可能性。关于这个方面的观点,已经有学者指出,迦才把弥勒下生时此世界的状态与兜率天界的庄严混淆起来了。① 迦才此论依据的弥勒经典是成佛经,而没有注意到下生经的内容。但是,笔者认为即使迦才注意到下生经的内容,他仍然会坚持自己的观点,因为他有一个重要证据,就是他反复提到的,弥勒净土中有女人身,而在阿弥陀净土中没有。《上生经》和《成佛经》多处提到玉女、兜率有天女侍御。《阿弥陀经》明确宣称西方净土没有女人,倒不是说女人不能往生西方,因为阿弥陀佛第三十五愿是往生者女身可转为男身:其有女人闻我名字,欢喜信乐,发菩提心,厌恶女身。寿终之后,复为女像者,不取正觉。②

有学者认为阿弥陀净土没有女人的说法是男尊女卑思想兴起的结果。这种观点固然有一定道理(更确切地说,男尊女卑思想在古代印度和古代中国一直存在),但没有女人、或女身转为男身的许诺与其说是吸引信众的宣传,不如说是一种象征,即西方世界是清净无欲的。尤其在净土宗人那里,比经典更重视、更强调离欲的伦理观。可以说,迦才关于两种净土净秽有别的所有论说都是这种伦理观的体现。

道绰和迦才对两种净土的比较,在主观上或多或少地带有宗派倾向;在客观上,他们依据的经典并不充分,忽视了弥勒上生经。从佛教、尤其是大乘佛教一般伦理观点看,其实弥勒上生经思想与阿弥陀净土并没有根本区别。但他们的这种区分影响深远,从思想和信仰层面促进了净土宗的传播。比道绰稍晚、与迦才同时代的法相宗高僧窥基认为,相较之下,西方净土优于兜率天宫者有十处:(1)命有长短;(2)处居内外;

---

① 参阅松本文三郎《弥勒净土论》,第九章,北京,宗教文化出版社,2001。
②《佛说无量寿经》卷上,《大正藏》第12卷,第268页下。

(3) 境分秽净;(4) 身报两殊;(5) 种现差分;(6) 进退修异;(7) 界非界别;(8) 好丑形乖;(9) 舍生不同;(10) 经劝多少。从净土性质及环境、往生方式、居民情况、修行成果、佛经对于二者赞扬的多寡等方面作出论证。

法相宗自玄奘起即信仰弥勒,弥勒信仰成为法相宗的传统,窥基是玄奘的弟子、法相宗创始人之一,但他毫不讳言阿弥陀净土的殊胜。究其原因,他对净土宗人的观点应当有所了解,净土宗人对他的影响不可忽视。元晓[①]晚年崇信净土宗,他在其著作《游心安乐集》中对于阿弥陀净土的推崇也延续了道绰等人强调离欲的伦理观。这种伦理观成为净土宗的传统。虽然其经典中宣扬了很多净土的"可欲"性,但净土宗人始终保持既定的价值观。上文已述智旭指出净土的乐趣区别于秽土的享乐,认为"彼土永离三苦,不同此土对苦之乐"。

近代净土宗高僧印光法师专门讨论过"福报"的问题,以此警劝世人不要贪图享乐:

> 凡诵经、持咒、礼拜、忏悔及救灾、济贫,种种慈善功德,皆须回向往生西方。切不可求来生人天福报,一有此心,便无往生之分。而生死未了,福愈大则业愈大,再一来生,难免堕于地狱、饿鬼、畜生之三恶道中。若欲再复人身,再遇净土即生了脱之法门,难如登天矣。佛教人念佛求生西方,是为人现生了生死的。若求来生人天福报,即是违背佛教。如将一颗举世无价之宝珠,换取一根糖吃,岂不可惜?愚人念佛,不求生西方,求来生人天福报,与此无异。[②]

道绰和迦才对两种净土的比较已经为后世净土宗伦理定下基调,他们关于两种净土的区别也几乎成为定论,但现代学者发现其立场有明显的主观性。相比之下,比迦才稍晚的怀感对于弥勒净土的评价更为客

---

① 元晓(617—?),新罗僧,与迦才大致同时代。元晓自新罗来唐求法途中感悟"心外无法,胡用别求"。但其晚年崇信净土宗,从其著作《游心安乐集》的名称和思想内容看,受道绰等净土宗人的影响是显而易见的。
② 《一函遍复》,《印光法师文钞》上册,第3页。

观,他指出了其与西方净土的很多共性,并明确主张两家不要"递相非拔",因为"莫相是非,即为佛法"。①

当然,在中国佛教史上,也有人认为兜率净土比西方净土更为殊胜。主要观点是认为兜率与现实世同在欲界之中,因此,与此娑婆世界之众生较有缘。弥勒下生信仰相信弥勒还要下生世间成佛,广度众生,建立人间佛国。甚至批评阿弥陀信仰忽略了人间净土,这种佛教"专为度死人的,非为活人谋幸福",从这个意义上讲兜率净土比西方净土更为殊胜。值得注意的是,近代以来,这种观点的影响有上升趋势。

二、净土宗与禅宗的关系

1. 禅宗对净土宗的诘难

禅宗是中国化佛教的成熟形态,而净土宗在中国又是影响面最广的佛教宗派,因此,禅、净关系是中国佛教史的重要内容。五代以后,经过永明延寿等高僧的倡导,禅、净双修成为一种趋势,逐渐形成禅净合流的局面,到明清时期,禅净一致成为中国佛教的主流思想。但早期的禅、净关系中存在着更多的争论,其中主要是禅家对净土宗的诘难。

净土信仰因其思想简易和修行便捷的特点,很容易被普通民众接受。就阿弥陀净土来说,东晋慧远身体力行,念佛求生西方,北魏昙鸾大力弘传"易行道",净土宗已初成气候,隋朝道绰发明了新的念佛方法,唐代善导更是集净土宗之大成。禅宗在酝酿和初创时期即面临着净土宗念佛法门流行的局面,《坛经》里面就记载了"僧道俗常念阿弥大佛,愿往生西方"②的情形。禅、净的碰撞不可避免。禅家面对净土信仰的影响,必须对禅、净关系的诸多问题作出回答。

禅宗直指人心,主张"见性成佛",是典型的依靠"自力"解脱的法门,

---

① 《净土群疑论》卷四,《大正藏》第47卷,第53页中。
② 郭朋:《〈坛经〉校释》,第65页,中华书局,1983。

而净土宗在肯定自力作用的同时,更强调"他力"的作用。解脱依靠"自力"还是仰仗"他力",成为禅净分歧的焦点。这个焦点又主要表现在三个方面,都与禅宗思想理论有关联。禅宗是中国化佛教的典型形态,与儒家"为仁由己"的思想相似,禅宗修行论直指人心。就佛教内部传承而言,禅宗思想主要有两个渊源,一个是中观般若学的中道"不二"的方法论,以此为根据,禅宗认为解脱不离世间,与净土宗求生西方的"指方立相"相区别。另一个是如来藏唯心论,这是禅宗"自性清净"、"见性成佛"的理论基础,因此禅宗不同意净土宗的"依仗佛力"。上述文化背景和理论基础决定了禅宗接受"随其心净而佛土净"的唯心净土论,与净土宗的西方净土论大异其趣。

在敦煌文献中,由弘忍的弟子集录、记载弘忍禅法的《修心要论》有这样一段话:"夫修道之体,自识当身本来清净,不生不灭,无有分别,自性圆满清净之心。此见本师,乃胜念十方诸佛。"[1]

在慧能禅宗建立之前,他的老师弘忍就表明了对净土念佛法门的态度。后来,有人请教六祖慧能念佛能否往生西方,他说了这样一段话,可以代表禅宗对净土宗的观点:

> 世尊在舍卫国,说西方引化,经文分明,去此不远。只为下根说近,说远只缘上智。人有两种,法无不一。迷悟有殊,见有迟疾。迷人念佛生彼,悟者自净其心。所以佛言,随其心净则佛土净。……心地但无不净,西方去此不远;心起不净之心,念佛往生难到。……使君但行十善,何须更愿往生?不断十恶之心,何佛即来迎请?若悟无生顿法,见西方只在刹那。不悟顿教大乘,念佛往生路遥,如何得达?[2]

慧能没有否认西方净土的存在,但他认为往生西方的便捷只是为了

---

[1] 转引自杨曾文《弘忍及记述其禅法的〈修心要论〉》,http://www.guoxue.com/discord/yzw/hrjj.htm.
[2] 郭朋:《〈坛经〉校释》,第65—66页。

鼓励那些悟性差的"下根"之人。其实,人心净就是净土,心不净,求生西方也到不了。现世行善解脱了就没必要往生,若不能够把握自我,还继续作恶,企求往生西方也不会受到佛的迎请。所以人不应该把修行解脱的希望放在遥远的彼岸,修行应该从当下做起,体现在现实生活中的一言一行。后来禅宗提倡"当下即是",就是这个道理。所以慧能说"法元在世间"①,解脱法门不在现实世界之外,"自家修清净即是西方"②。这正是般若不二之旨。然而人们执迷不悟,企图通过往生来获得解脱的捷径,恰恰忘记了修行的根本——自净其心。这里,慧能对禅宗和净土宗的高下做了定位。慧能的诘难是非常有力的,产生了深远的影响,不仅明确了禅宗的修行原则,而且也促使净土宗人进行思考和回应,从而影响了净土宗思想的发展。后来出现的禅、净合流的现象,就净土宗方面来看,除了基于佛教整体思想一致的原因之外,净土宗对禅宗思想的容纳也是重要因素。

当然,慧能并没有否认西方净土的存在,禅宗并没有从根本上否定净土宗,宗派的差异只在修行旨趣不同,解脱的本怀是一致的。这是佛教判教思想的典型案例。佛教认为修行有不同方法,所谓"八万四千法门",因人而异,判教只是判别高下,找出更合适的修行方法,而不是强辨是非、斗个你死我活。这体现了佛教的宽容,这种宽容在早期禅宗的"念佛禅"的修行法门中得到体现。

虽然禅宗五祖弘忍认为认识自性清净心胜念十方诸佛,但其门下宣什等人提倡念佛修行,自成一派。宗密《圆觉经大疏钞》卷三下记载:"疏有藉传香而存佛者,第六家也,即南山念佛门禅宗也。其先亦五祖下分出,法名宣什。果州未和尚、阆州蕴玉、相如县尼一乘皆弘之,余下的知禀承师资照穆。言传香者,其初集众礼忏等仪式,如金和尚门下。欲授

---

① 郭朋:《〈坛经〉校释》,第72页。
② 同上书,第71页。

法时,以传香为资师之信。和尚手付,弟子却授和尚,和尚却授弟子。如是三遍,人皆如地(疑为此)。言存佛者,正授法时,先说法门道理、修行意趣,然后令一字念佛,初引声由念,后渐渐没声、微声,乃至无声。送佛至意,意念犹粗。又送至心念,念存想,有佛恒在心中,乃至无想,盍得道?"①

念佛门禅宗的修行虽然融合了观念和口念的念佛修行方法,但最终落实于"乃至无想",保留了禅宗的本色,与净土宗不同。

2. 净土宗人的般若学及其与禅宗的会通

正如赖永海先生所言:"净土法门之西方净土说,是在承认现实世界之外还存在一个彼岸世界为特点。这个思想从一定意义上说,与传统佛教,特别是与作为整个佛教基础理论的佛教般若学的'诸法性空'思想不尽一致。"②正因为这样,包括禅宗在内的许多高僧对于净土宗的诘难往往是很尖锐的,他们经常援引唯心净土思想和般若空观,来批评净土宗的有关思想,这就迫使净土宗人对此作出回应,并将其净土信仰与般若空观进行融会贯通。

净土宗人用缘起论和般若学解释往生的时候,常常令人耳目一新。在《往生论注》中,有人问昙鸾:"大乘经论中,处处说众生毕竟无生如虚空,云何天亲菩萨言愿生耶?"昙鸾这样回答:"说众生无生如虚空有二种,一者如凡夫所谓实众生,如凡夫所见实生死。此所见事毕竟无所有,如龟毛,如虚空;二者谓诸法因缘生故,即是不生,无所有如虚空,天亲菩萨所愿生者,是因缘义,因缘义故假名生。"③此谓往生之生,非凡夫俗子所说所见之实有之生死,而是因缘生,因此所谓往生,亦即不生、无生。昙鸾的解释非常精彩,显示出了高超的理论水平。表面上看没有新鲜之处,因为缘起论是佛教基本理论,但昙鸾实际上巧妙地运用了般若空观。

---

① 《续藏经》第 14 册,第 279 页上。
② 《中国佛性论》,第 277 页,北京,中国青年出版社,1999。
③ 昙鸾:《往生论注》卷上,《大正藏》第 40 卷,第 827 页中。

根据般若中观学不二法门理论,"凡所有相,皆是虚妄"①,"色不异空,空不异色。色即是空,空即是色"②,既然如此,为什么批评净土宗的人还要用世俗的眼光来看待往生呢? 即使世亲愿意往生,在般若中观境界下,也绝非追求世俗所企慕的浮华。只是俗人不懂这个道理,以为舍弃现世到了净土获得很多,但这些仍然是因缘的体现,其实什么也没得到,这些仍然不是执著的对象,往生即是无生! 昙鸾其实很深刻。为了更好地说明他的这一思想,这里引用一个禅宗的故事。有一老一少两个和尚是师徒关系,一天出门办事,被一条浅浅的小河挡住去路。这时发现一个美丽的少妇也要过河,但胆小不敢淌过去,希望得到帮助。老和尚很坦然地把妇人抱过河去。小和尚不理解,认为师父不应该接近女色。他犹豫了很久,后来终于忍不住,问师父为何这样做。师父说:"我已经把她放下了,可是你还没有放下!"老和尚一语双关,他已经放下妇人,其实是指心里没有对美色的执著,已然了悟色即是空,所以胸怀坦荡。小和尚虽然没有接近美色,但还把美色当成美色,心中并没有真正放下。这个故事里的小和尚类似于昙鸾眼中的凡夫,女色类似于昙鸾讲的生死,昙鸾的境界则类似于故事中老和尚的境界。色即空,往生即无生,道理一样。只有执著于美色的人才刻意回避美色,只有执著于生死的凡夫,才会在往生问题上纠缠不休。昙鸾的思想并不完全等同于净土经典的本意,但二者也不矛盾,在昙鸾的思想境界观照下,往生是空,但也有假名存在,空是境界论,不是存有论,不是空无所有,净土还是有的。这才是真正的般若中观境界! 昙鸾的命题看似平淡,实则相当精彩。当然,为了强调净土的殊胜,昙鸾并没有将"不二"之旨贯彻到底,他还是将净土和三界分判高下:"建章言,归命无碍光如来,愿生安乐国。此中有疑。疑言:生为有本,众累之元。弃生愿生,生何可尽? 为释此疑,是故观彼净土庄严

---

① 《金刚般若波罗蜜经》,《大正藏》第 8 卷,第 749 页上。
② 《般若波罗蜜多心经》,《大正藏》第 8 卷,第 848 页下。

功德成就。明彼净土是阿弥陀如来清净本愿无生之生,非如三有(三界)虚妄生也。何以言之?夫法性清净,毕竟无生。言生者,是得生者之情耳。生苟无生,生何所尽?"①安乐国(阿弥陀净土)高于三界,法性清净,非虚妄生,是解脱境界,不是轮回生死之生。与"生死即涅槃"的不二法门不同,作为净土信仰者,昙鸾采取这个态度是可以理解的,不能因此而否认他的般若学境界,更何况他主张往生的终极关怀仍然是"清净"、"无生"的解脱论,非愚夫愚妇所以为的天国乐园,与禅宗根本宗旨并无冲突。

道绰也以因缘生释往生,指出往生即是无生。他说:"今言生者是因缘生,因缘生故,即是假名生,假名生故,即是无生。不违大道理也,非如凡夫谓有实众生、实生死也。"②有人问:"夫生为有本,乃是众累之元,若知此过,舍生求无生者,可有脱期。今既劝生净土,即是弃生求生,生何可净?"道绰答道:"然彼净土乃是阿弥陀如来清净本愿无生之生,非如三有众生爱染虚妄执著生也。何以故?夫法性清净,毕竟无生,而言生者,得生者之情耳。"③此说与上说思想相同,只是表述略有差别而已。上说以因缘生释往生,因缘性空,故生即无生;此说以法性清净释往生,法性清净亦即一无滞碍,不生不灭,因此生净土亦即无生。运用中观理论,往生与无生,西方净土与唯心净土可以并行不悖。净土宗人深厚的思想根基使他们巧妙地解除了净土宗产生和发展中的重大理论障碍。

讨论禅、净关系,除了考察思想内容,还要涉及二者的修行方法。前者注重修禅(广义的禅法,不局限于坐禅),而后者则强调念佛。本来,修禅与念佛并非为任何一个佛教宗派所专有,但是,修禅与念佛分别为禅宗和净土宗所特别提倡,成为各自的特点,而二者的会通主要就体现在修行方法的融合。

禅宗本以"禅那"为宗而得名,在一定意义上说,那是慧能以前的禅

---

① 昙鸾:《往生论注》卷下,第 838 页下。
②③ 道绰:《安乐集》卷上,《大正藏》第 47 卷,第 11 页下。

宗。自从慧能之后，禅宗认为"即心即佛"，其修行方式也是"直指人心"，将禅应用到日常生活的行住坐卧之中，并不局限于坐禅。后来禅宗提出"平常心是道"、"非心非佛"（马祖道一）、"但学无心"（黄檗希运）等，都是慧能禅的发展，禅宗修行论并非否定禅，恰恰体现了禅的精髓。

净土信仰把念佛作为一种最基本的修行方法。慧远早在东晋就建庐结社念佛，"共期西方"。念佛已开始作为往生西方净土的一个重要的修行方法。昙鸾也明确主张"持名念佛，即得往生"。至于净土宗的实际创始人道绰、善导，则更是念佛法门的积极倡导者。

念佛与修禅作为佛教的两种修行方法，并非绝然对立，而是经常相通互融的。禅宗虽重修禅，也不全然排斥念佛，而净宗之实相念佛本身，与禅宗之无念为宗实没有什么区别。道绰、善导曾提倡"不必禅观即可往生"，但净土经典中的念佛三昧不容否认，所以善导本人多次提到念佛三昧。至宋之后，由于禅净日益走上合流的道路，修禅与念佛作为两种修行方法又逐渐被融为一体。当然，禅净合流的修行方法也分两种情况，或偏于禅、或偏于净土，比如念佛禅、参念佛的话头属于禅宗的范畴，以往生为归依的禅修又属于净土法门。实际上，净土宗高僧将念佛法门从一种信仰逐步落实于持名念佛得清净的禅修方式。

三、净土宗与三阶教

若论净土宗与佛教其他派别的关系，三阶教也值得一提。虽然三阶教早已在历史中湮没无闻，但在净土宗产生的早期，鉴于三阶教在当时的影响和二者之间信仰的差异，净土宗人不得不专门批驳其思想观点。

三阶教又称第三阶宗、三阶宗、普法宗。此宗将佛教按"时"、"处"、"机"（指人的根性基础）分为三阶，以第一阶为佛灭后500年，正法时期，"处"所依世界为佛国，其"机"有佛菩萨，所修持者为大乘一乘佛法；又500年为第二阶，像法时期，"处"为五浊诸恶世界，"机"为凡圣混杂，流行大小乘(三乘)佛法;1000年后为第三阶,末法时期,"处"为五浊诸恶世界,然人皆邪解邪行。三阶教认为当时已进入第三阶之末法,人仅为第三阶之不持戒失正见者而已,若依据第一阶之一乘、第二阶之三乘等别法来修行,实甚困难,故必须依第三阶之普法,归依一切三宝,断除一切恶,修持一切善,始易有成。

三阶教为隋代信行(540—594)所创。信行自称一乘菩萨,倡导第三阶之佛教,废具足戒,强调苦行忍辱、从事劳役,并以乞食为生,一日一食。反对偶像崇拜而仅礼拜塔。认为一切众生皆是真佛,故路见男女,一概礼拜。于隋文帝开皇三年(583),设置十六种"无尽藏行"制度,劝化信徒施舍钱粮,由寺院库藏,然后布施或借贷给贫苦信徒,或供修缮寺塔经藏之用。其经济运作模式和活动能力尤其是在下层百姓中的影响,为统治者所忌讳。开皇二十年(600),被视为异端而受到敕禁,但其徒众不绝。唐武则天证圣年间,敕禁乞食、长斋、持戒坐禅以外之行法。玄宗开元十三年(725),复敕令三阶教徒于诸寺所设三阶院之隔障悉除,令之与大院相通,众僧杂居,而禁止三阶教徒别居一处。其经典已佚,从当时批评三阶教的文献中知道其主要经典为《三阶集录》,是《大般涅槃》、《十轮》等的丛钞。据《贞元新定释教目录》卷一〇载,唐德宗贞元十六年(800)四月曾将此宗之典籍入藏,其后,此宗宗典复自大藏经中被剔除,至宋代始湮灭不闻。8世纪,三阶教典曾传入日本;11世纪,传入朝鲜。

三阶教虽然借用了佛教关于正法、像法、末法的说法,但其思想不完全符合佛教正统教义,比如,很多大乘经论都赞叹阿弥陀净土法门的方便,被认为是易行道。但三阶教却认为当今第三阶人的根基不适合阿弥陀净土法门,往生阿弥陀净土是第二阶之上行人方可为之。这显然是牵强的。窥基批评其"偏执一隅,谤疑净业"。[1] 但是三阶教对阿弥陀信仰的很多诘难不失尖锐。窥基《西方要决》记载了他们对阿弥陀信仰提出

---

[1]《西方要决释疑通规》,《大正藏》第47卷,第108页上、下。

的五个疑问,即"三阶五疑":一、厌娑婆欣净土者,凡夫取舍之迷情也,岂得生于净土耶?二、业道如秤,善恶必酬,云何一生造恶不得其果,直得生于净土耶?三、治末世凡夫之曲情,宜以普行普解为宗,别念弥陀,益助长凡情之偏执。岂得免轮回耶?四、三乘之圣众,垂化而应现于娑婆,但宜于此处忏除其罪,今厌此处而向西,岂亡怨结?五、弥陀之净土,上代上行之人所修,非末代凡愚之所及。今当礼忏地藏菩萨受机教相应之益。尊上机上法,岂得成功耶?

除了一些信仰歧义,其中有些疑问立足于佛教自作自受的道德观和报应论,实际是对净土宗"他力"说与佛教有关自力解脱思想之间关系的追问,这些才是最棘手的问题。窥基对其第四疑的回答就强调了净土修成者翻入此世界普度众生的慈悲胸怀及其道德价值,认为往生者之前的罪业伤害了他人,因为前者度化后者而被原谅,从而消除怨嫌。这样,从效果论上为他力与道德主体之间架设了沟通的桥梁。

善导和怀感也反驳过三阶教,尤其是怀感,在《净土群疑论》中系统地批评了三阶教的观点。三阶教引用《十轮经》观点,问:"造十恶轮罪,一切诸佛之所不救。既言不救,如何念佛亦令罪灭得生西方?若得生者,此是救。何名一切诸佛不救也?"对此,怀感解释了救与不救的问题,并抓住三阶教关于往生净土适合第二阶的观点,作为自己的论据:

> 释曰:此不救言,为是怖诸造罪之者。如来密意欲令畏罪不敢为非,恐造斯愆永沈苦海。佛既不救,遂不行非。故言不救耶。为对此人造罪已,无惭愧忏悔。佛对于彼欲令忏悔,言不救耶。为是此罪实忏悔不灭,若造此过,诸佛不救耶。复未知,此罪第二阶人亦得造斯十恶轮罪不耶?若言不得,何为第二阶人能造五逆,而不能造十恶轮罪耶?若造而不救,此显第二阶人亦不得生净土。何因偏以此而证第三阶人不得生于净土耶?①

---

① 《释净土群疑论》卷第三,《大正藏》第47卷,第49页中。

怀感认为经典中说佛不救十恶罪是为了劝阻众生,免其作恶,若真的不救,那么为什么三阶教只强调第三阶众生,而将其与第二阶人区别开来呢?他指出了三阶教观点的逻辑错误。

怀感认为,净土是"当根佛法",即适合当今众生根器的法门。他反问:

> 《观经》言:如来今日教韦提希及未来世一切凡夫,为烦恼贼之所害者,说清净业。及未来世,恶时也;为烦恼贼之所害者,恶人也;此教化兹秽土,恶处也。然此经具斯三义,计是当根佛法,禅师言不当根,何意也?①

怀感等人的反驳还是有力的。飞锡对三阶教的态度不那么尖锐。近代太虚大师认为,善导和怀感都批判三阶教,飞锡的《念佛三昧宝王论》上卷的理论全与三阶教相同,中卷所说则为净土,足见其论是调和净土与三阶教。宋人不知,才尊其为净土宗要典。② 但三阶教最终还是迅速湮没于历史尘埃中。直至近代,才在敦煌石室中发现若干三阶教文献。

三阶教对阿弥陀净土的诘难直接或间接引起净土信仰者的深思,或许影响了净土宗思想、尤其是修行理论的发展。

四、天台宗与华严宗的西方净土思想

很多大乘经典有净土说,天台宗的根本经典《法华经》中"化城喻品"也提到阿弥陀。但阿弥陀佛只是作为诸佛之一,《法华经》并未专门阐扬西方极乐世界的弥陀净土,似乎更推崇弥勒信仰。《法华经·普贤菩萨劝发品》明言:"若有人,受持读诵解其义趣,是人命终,为千佛授手,令不恐怖,不堕恶趣,即往兜率天上,弥勒菩萨所。"③但修持法华法门的人,仅

---

① 《释净土群疑论》卷第四,《大正藏》第47卷,第50页中。
② 转引自陈扬炯《中国净土宗通史》,第544页。
③ 《大正藏》第9卷,第61页下。

极少数人愿生兜率内院的弥勒净土。相反,愿生弥陀净土者却很多。这种状况的出现应与法华忏仪有关。天台智者大师《法华三昧忏仪》中有"至心发愿:愿命终时神不乱,正念直往生安养,面奉弥陀值众圣,修行十地胜常乐"。①智者大师本人亦以阿弥陀净土为归趣。据《续高僧传·智顗传》卷一七记载,大师临终谓"吾诸师友今从观音势至皆来迎我"。智顗的西方净土信仰无疑对天台宗人产生深刻影响,其门人中,愿生净土者有法喜、等观、法俊等人。后世天台宗愿生弥陀净土者亦不胜枚举。天台中兴之祖虽以自心解释念佛三昧所见之佛,"佛既心作故见佛时,名见自心",但仍衷于阿弥陀佛,认为"随向之方必须正西,若障起念佛所向便故。经虽不局令向西方,障起既令专称一佛,诸教所赞多在弥陀,故以西方而为一准"②。

华严宗的根本经典《华严经》也提到无量寿佛:"善男子!我见如是等十方各十佛刹微尘数如来。彼诸如来不来至此,我不往彼。我若欲见安乐世界阿弥陀如来,随意即见;我若欲见栴檀世界金刚光明如来、妙香世界宝光明如来、莲华世界宝莲华光明如来、妙金世界寂静光如来、妙喜世界不动如来、善住世界师子如来、镜光明世界月觉如来、宝师子庄严世界毗卢遮那如来,如是一切,悉皆即见。然彼如来不来至此,我身亦不往诣于彼。知一切佛及与我心,悉皆如梦;知一切佛犹如影像,自心如水;知一切佛所有色相及以自心,悉皆如幻;知一切佛及以己心,悉皆如响。我如是知,如是忆念:所见诸佛,皆由自心。"③由此经文可见,阿弥陀如来亦只作为十方如来之一;佛与我心,如梦如幻;所见诸佛,皆由自心。华严净土——华藏世界属唯心净土。此外,念佛见佛凭借的是"自在决定力":"善男子!我得自在决定解力,信眼清净,智光照曜,普观境界,离一切障,善巧观察,普眼明彻,具清净行,往诣十方一切国土,恭敬供养一切

---

① 《大正藏》第46卷,第953页中。
② 湛然:《止观辅行传弘决》卷第二之一,《大正藏》第46卷。
③ 实叉难陀译:《大方广佛华严经·入法界品》,《大正藏》第10卷,第339页下—340页上。

诸佛,常念一切诸佛如来,总持一切诸佛正法,常见一切十方诸佛。"①

这些观点并不符合净土宗信仰的旨趣。但经典毕竟尊崇阿弥陀如来和念佛法门。根据华严宗法界圆融理论,安乐世界与华藏世界应相入相即,圆融无碍。加之念佛法门的方便殊胜,所以很多华严宗人兼修净土。华严宗四祖澄观还专门作《观经疏》,可见其对阿弥陀净土法门的重视。

五、净土与唯识

净土宗和唯识宗有一定的渊源关系。净土宗基本典籍是所谓的"三经一论",一论是《无量寿经优婆提舍愿生偈》,简称《往生论》。当初昙鸾从倾心道教神仙之术转到专修佛教净土,是受菩提流支的指点,从他那里得到《观无量寿经》。菩提流支是《无量寿经优婆提舍愿生偈》的翻译者,而《无量寿经优婆提舍愿生偈》又是印度唯识学宗师世亲的著作。净土宗和唯识宗以此而具有了更近的"亲缘"关系。中国唯识宗人不仅具有净土信仰,而且也有关于净土的论著。

唐代唯识宗大家窥基撰《〈阿弥陀经〉疏》一卷,专门注释鸠摩罗什所译《阿弥陀经》。收于大正藏第37卷。内容分为七门:(一)明示弥陀佛身通于报化二身,登地菩萨见佛之受用身,地前菩萨及凡夫唯见应化身。(二)就佛土说法性土、自受用土、他受用土、变化土等四种。(三)论不退转义。(四)叙偏赞之心,引用随愿往生经之说,谓若十方皆有净土,众生之心则便慢缓;若唯显示一处,心即殷重,故独赞西方。(五)略述体性,净土以佛及菩萨之唯识智为体。(六)叙述部类多少,宗趣所明。(七)判释本经文义。

很多信仰阿弥陀净土的僧人也有学习唯识的经历,怀感是比较典型的一位。

---

① 《大方广佛华严经·入法界品》,《大正藏》第10卷,第334页中。

唯识论认为万有从心识所变，主体的境遇皆由自心生发，这与《维摩经》的"心净即佛土净"思想相通，都可以概括为"境由心造"。净土宗经典宣扬凡夫借助佛力也可以往生西方净土，与唯识学理论不甚契合。针对陈隋以来摄论、三阶教、唯识学等对净土往生有所存疑，怀感作《释净土群疑论》》①决疑，多以唯识观点解释疑义。《释净土群疑论》为当时净土宗之百科全书。

对于有漏凡夫与净土的关系问题，怀感从几个方面设疑并融会唯识学与净土信仰予以回答。

问曰："极乐世界既许凡夫得生，未知为是有漏土？为是无漏土？"

释曰："如来所变土，佛心无漏，土还无漏。凡夫之心未得无漏，依彼如来无漏土上，自心变现作有漏土，而生其中。若约如来本土而说，则亦得名生无漏土；若约自心所变之土而受用者，亦得说言生有漏土。虽有漏，以托如来无漏之土，而变现故……"

问曰："若是有漏土，三界之中何界所摄？"

释曰："此有二释：一有漏净土是欲、色界摄。以有漏心不离三界故。三界即有漏，有漏即三界。既言有漏，即三界摄。若未离欲界欲，以欲界生得善或方便善，读诵大乘方等经典，修三福行又十六观等，以此善根生于净土，此心所变即欲界摄。若已离欲，得色界心，修十六观生于净土，即色界摄。故彼净土通欲色二界。无色界众生无实色身可生净土，以净土是众宝庄严故，实非无色界摄。定心示现其理可然。彼净土宝地上者，是于欲界。虚空中者，是欲色天。故《无量寿经》阿难白佛言：彼佛国土若无须弥山，其四天王及忉利天依何而住？佛语阿难言：第三炎天乃至色究竟天，皆依何住？

---

① 据该书卷首平昌孟铣所作之序，本论尚未脱稿时，怀感即入寂，由同门之怀恽补修完成。这里以该书作为考察怀感思想的重要资料，为叙述方便，不对二人思想加以区别。

阿难白佛言：行业果报不可思议。佛语阿难言：行业果报不可思议，诸佛世界亦不可思议。其诸众生功德善力，住行业之地，故能尔耳。下卷言：尔时佛告阿难：汝见彼国，从地已上至净居天，其中有微妙严净自然之物，为悉见不？以此准知，彼之净土有漏心所变，即欲色二界摄。二释：虽是有漏所变净土，不得名为是三界摄。"

问："既是有漏识心所变，有漏之心即三界摄，无有漏心而出三界摄。心既三界摄，所现净土宁非三界耶？"

释："虽知有漏体性不出三界，然以别义，但得名有漏，不得名三界。故三界名局，有漏名宽。只如凡夫得生西方非五趣摄，故《无量寿经》言：横截五恶趣，恶趣自然闭。又《阿弥陀经》言：彼佛国土无三恶趣等。又《无量寿经》言：彼国众生非天非人，因顺余方，故有人天之号。故知彼土无五趣。既许生是凡夫，而非五趣所摄，何妨土名有漏，而非三界所收？"

问曰："凡夫众生所生净土。凡夫未得无漏净心，随心所变土还有漏，有漏之土即名秽国，何得亦言生净土？"

释曰："净有多种。有真实净，有相似净，有究竟净，有非究竟净……有体净相秽，有体秽相净，有体相俱净，有体相俱秽……"

问曰："如《维摩经》说：若菩萨欲得生净土，当净其心，随其心净即佛土净……今既不净其心，如何得生净土？"

释曰："净土有多种，非是一途。有究竟净心，有未究竟净心；有有漏净心，有无漏净心；有有相净心，有无相净心；有伏现行净心，有断种子净心；有自力净心，有他力净心……诸佛如来逗机说法，或就究竟作语，或就未究竟为语。如是等说，其义不定。不可唯依《维摩经》说究竟净心，十地之位心净土净之文。不信《观经》伏现行惑，依藉他力得生西方，云心不净不生净土。譬如得通之人方能陵空，何妨未得通人依得通者亦陵空也？又彼言净，谓究竟净心能为他有情现无漏净土。今往生净土，谓依佛净相而现其净土。彼本此末，依他他依。师弟道殊,遂分胜劣。彼据胜说。此约下论。不相妨也。"①

怀感不仅承认佛教唯识说和唯心净土,还以此为基础解释西方净土理论。认为凡夫之心未得无漏,固然变现有漏土,但可寄托于如来无漏心变现的无漏之土。凡夫未得无漏净心,随心所变土还有漏,有漏之土即名秽国,何得亦言生净土?怀感解释,净有多种,凡夫得生西方属于体秽相净。他力也有净心的效果,虽然不是净心的根本,但就像借力也能凌空一样,借助他力也能到达净土。另外,佛经针对不同对象逗机说法,有究竟有不究竟,有本有末,有胜有下,并不冲突。他承认凡夫往生之净土为"有漏识心所变",然因净土超越轮回,"非五趣摄",因此高于三界,即为解脱境界。值得注意的是,怀感不仅没有否认唯心净土和唯识理论,还把它们抬到很高地位,作为解释净土性质的理论基础。

---

①《释净土群疑论》卷一,《大正藏》第47卷,第32页中、下。

第四章 律　宗

隋唐两代,中国南北地区主要流行《四分律》,因此隋唐律学主要是以对《四分律》的弘传研习为中心而展开的,律学思想即是对《四分律》的理论化思维成果。律学的繁荣也正是源于众多律师从不同的角度,以不同的理论和方法对《四分律》的创造性解读和实用性研习。在此基础上,形成了中国佛教史上重要宗派之一的律宗。

唐代律宗的形成是佛教中国化的思维成果之一。它不仅进一步推动了中国佛教律学研习的深入,同时也推动了佛教中国化的进程,其戒律精神和律学思维成果影响着后世中国佛教的发展。

第一节　隋唐时期的菩萨戒

一、隋唐时菩萨戒的经典

中国有关菩萨戒的经典极为丰富,汉地流行的主要有以下四类菩萨戒经典:一是姚秦时鸠摩罗什所翻译的《梵网经》二卷;二是北凉昙无谶译的《菩萨地持经》十卷;三是姚秦时竺佛念译的《菩萨璎珞本业经》(又称《璎珞经》)二卷;四是以如下三种流行的菩萨戒本为代表的经典:

(1) 昙无谶译《菩萨戒本》一卷,又称《地持戒本》,它是为了方便修持菩萨戒者受持诵读而从《菩萨地持经》卷四中录出另行的条文;(2) 刘宋求那跋摩译的《优婆塞五戒威仪经》一卷,其为《地持戒本》的异译本;(3) 唐代玄奘译的《菩萨戒本》一卷。另外,求那跋摩译的《菩萨善戒经》一卷和九卷两种,也是重要的经典。在此之外还有流行于特定的时间和地区的《密宗三昧耶戒仪轨》。

在中国,大乘菩萨戒类经典的翻译历史很长,现今流行的主要经典大都是在隋唐之前译出的,所以唐代玄奘翻译的《瑜伽师地论》标志着中国菩萨戒经典翻译的基本结束。此后,中国"菩萨戒学"的主要内容则基本是僧俗对诸本菩萨戒类经典的注疏、研习的理论结果和持守心得。《瑜伽师地论》共一百卷。本论为弥勒菩萨所说,在玄奘以前曾有过多种节译本,如北凉时昙无谶译的《菩萨地持经》十卷、南朝宋求那跋陀罗译《菩萨善戒经》九卷、真谛译《十七地论》五卷等都行于世。

从经典所属的系统上说,中国的菩萨戒一般分为两大类,一者为《梵网经》系统,包括《菩萨璎珞本业经》系统;二者为瑜伽经系统,即除了第一系统之外的经典均属瑜伽经系统。在中国历史上汉传佛教地区,因为《梵网经》兼具摄律仪戒、摄善法戒和饶益有情戒,所以被认为义理和戒相最为完备,《梵网戒本》也因之广受欢迎与重视,盛行中国千余年。直到民国初年,才有太虚大师全力弘扬瑜伽菩萨戒。

中国佛教到了隋唐时期,除去前面几种之外,在家和出家的菩萨戒类的主要经典还有:

《受十善戒经》一卷,《三归五戒神王名经》一卷,《优婆塞戒经》十卷,《菩萨戒经》八卷,《决定毗尼经》一卷(以及同本别译异名的《清净毗尼方广经》一卷),《文殊师利净律经》一卷,《寂调所问经》一卷,《菩萨戒本》一卷,《优婆塞戒本》一卷,《菩萨戒优婆塞戒坛文》合一卷,《三归及优婆塞二十二戒文》一卷(亦名《优婆塞戒》)《菩萨斋法》一卷(或《正斋法》、《持斋法》),《菩萨斋经》一卷(一名《贤首菩萨斋法经》),《大方广三戒经》三卷(与《大宝积经》"三律会"同本异译),《法律三昧经》一卷,《佛说菩萨内戒经》一卷,《阿惟越致菩萨戒经》一卷,《菩萨波罗提木叉经》一卷,《在家菩萨戒》一卷,《在家律仪》一卷(以及同本别译异名的《优婆塞优婆夷离欲具行二十二戒》一卷),《菩萨地持论》八卷,《优婆塞五学略论》二卷。

上述诸经,有的是不同时期的同本异译,有的是大本经论中略出,也有的是节译本、另出本,因此它们对于菩萨戒的条文戒相诸说也异。如刘宋时求那跋摩译的《佛说菩萨内戒经》说菩萨戒有轻重戒相共四十七种,而梵网菩萨戒则说戒相有十重四十八轻。

二、隋唐时期《梵网经》和菩萨戒的注疏

在中国,南北朝时期的天台宗学者慧思(515—577)是较早设计授受菩萨戒仪的僧人。其后,中国研究菩萨戒仪的著作就逐渐多起来。依智𫖮的《菩萨戒义疏》卷上之说,在智𫖮之时,中国南北菩萨戒本共有六种:梵网本、地持本、高昌本、璎珞本、新撰本、制旨本等。①《梵网经》是释迦从卢舍那所受。《地持经》相传是弥勒所说,莲华菩萨受持,第四戒品中出受戒法。高昌本或题为畅法师本,原出《地持经》,自齐宋以来多用此法,之所以称为高昌本,是因为《地持经》是昙无谶于河西所译之故。后有沙门道进求于昙无谶受菩萨戒,而感得菩萨戒体。其后经道进后学高昌人僧遵及比丘昙景等广传此法。另外也有根据《璎珞经》和制旨本的授菩萨戒法。②

至于新撰本,智𫖮曾比较了当时社会上存在的诸本菩萨戒的不同来源,或者是在设计授菩萨戒仪上的区别。据智𫖮的《菩萨戒义疏》,在当时有"诸师"对《梵网经》菩萨戒授戒方法设计的新撰本,共有十八科:第一师初入道场礼佛,在佛边就座坐;第二弟子入道场,礼佛胡跪;第三师请三宝;第四令起心念三宝,如在目前;第五忏悔十不善业;第六请诸圣作师;第七请现前师;第八师赞叹弟子,能发胜心;第九正乞是戒;第十教

---

①②《菩萨戒义疏》卷上,《大正藏》第40卷,第568页上。

发菩萨心;第十一问遮法(有十五问);第十二想念得戒;第十三发戒时立誓;第十四受菩萨三归;第十六结竟;第十七师还坐劝学;第十八说十重相结,赞叹作礼便去。

菩萨戒的制旨本之戒法,备有在家出家方法。①

隋唐时期,是中国菩萨戒仪撰述的繁荣时期,不仅玄奘有关于菩萨戒经典的翻译,注疏本也很多,僧众对授受菩萨戒的仪式也是相当重视的。唐时授受菩萨戒主要是依据《梵网经》,因此,《梵网经》下卷广受欢迎和重视,并被抽出单独流通,历来疏家众多。今天见于诸本僧经或高丽《新编诸宗教藏总录》中的隋唐时期关于《梵网经》和菩萨戒的主要注疏还有:

(1) 陈隋时释智文的《菩萨戒疏两卷》,今不存;

(2) 慧旻(字玄素,贞观末年卒,77 岁)撰《菩萨戒义疏》(或为《道俗菩萨戒义疏》)四卷,今不存;

(3) 唐澄照的《略授三归五八戒并菩萨戒》一卷;

(4) 唐贤首大师法藏的《梵网经菩萨戒本疏》;

(5) 唐慧沼(650—714)的《大唐三藏法师西域正法藏受菩萨戒法》;

(6) 唐荆溪湛然(711—782)的《授菩萨戒仪》(宋时已佚);②

(7) 唐澄观(738—839)的《受菩提心戒仪》一卷;

(8) 唐法铣的《梵网经菩萨戒疏》四卷;

(9) 唐新罗义寂(生平不详)的《梵网经菩萨戒本疏》三卷;

(10) 唐新罗僧人元晓(617—?)的《菩萨戒本持犯要记》两卷;

(11) 唐新罗太贤(或称"大贤")的《菩萨戒本宗要》一卷和《梵网经古迹记》四卷;

(12) 唐新罗僧人胜庄(生平不详)的《梵网经菩萨戒本述记》四卷;

(13) 唐知周(生平不详)撰的《梵网经菩萨戒本疏》五卷(现存卷二与

---

① 《菩萨戒义疏》卷上,《大正藏》第 40 卷,第 569 页上。
② 《佛祖统纪》卷七,《大正藏》第 49 卷,第 189 页上;《宋高僧传》卷六《湛然传》不载。

卷四);

(14) 唐明旷(生平不详)删补的《梵网菩萨戒经疏删补》三卷;

(15) 不明作者的《菩萨戒》文(完成于唐僖宗乾符四年(877),收于敦煌本史坦因第一〇七三号之后段);

(16) 唐不空的《授发菩提心戒》;

(17) 唐末五代时的传奥(生平不详)述的《梵网经记》两卷。

从慧思开始,天台宗人是都十分重视《梵网经》和菩萨戒的。著名的有智𫗱的《菩萨戒义疏》和湛然的《授菩萨戒仪》。

智𫗱(538—597)为天台宗开宗者和理论的奠基者,他虽然不属于律宗学者,但其十八岁投湘州果愿寺沙门法绪出家时,绪即授以十戒,导以律仪,并让其北上诣慧旷律师求学。① 因此智𫗱有着深厚的律学思想,这尤其体现在他的戒体观和菩萨戒思想上。

智𫗱研究菩萨戒的重要著疏即是他的《菩萨戒义疏》(或为《梵网菩萨戒经义疏》、《天台戒义疏》等)二卷。本疏是由智𫗱讲说、门人灌顶记录而成。

《梵网经》为罗什最后诵出,一言三复,文义幽隐,旨趣深玄,难以理解,所以《菩萨戒义疏》重在指堂晓示,以令后学取悟为易。但是尽管如此,到了明代,智旭即认为《菩萨戒义疏》"文约义广,点示当年之明律者则易,开悟今时昧律者则难"。所以,他才又作疏文进行阐释。②《菩萨戒义疏》初立释名、出体、料简三科,后释经文,义解简略。本疏在历史上影响很大,天台、净土宗所传大乘圆顿戒专依此书而立,因此对其进行再注疏者甚多,如有明旷的《菩萨戒义疏删补》三卷、道熙的《菩萨戒义疏钞》四卷、蕴齐的《菩萨戒义疏记》三卷、袾宏的《菩萨戒经义疏发隐》五卷、道光的《菩萨戒义疏见闻》六卷等。

---

① 《续高僧传》卷一七《智𫗱传》,《大正藏》第50卷,第564页中。
② 《梵网合注·缘起》,《续藏经》第38册,第618页上。

《菩萨戒义疏》也对道宣之前中国义学僧人对戒体理论的研究进行了回顾和总结。在中国,由于诸多经论互说不一,所以陈隋之际,即存在关于"戒体"之有无及其本体属性的争论。智𫖮回顾了中国关于戒体属性及其思想的争论,在疏中保存了当时和菩萨戒相关的观点。考虑到陈隋之前律师们许多菩萨戒和律学著疏大都不存,所以这种回顾就更有史料意义。

荆溪尊者湛然(711—782)也有着精湛的律学造诣。唐天宝年间,他曾往会稽开元寺,从《四分律》相部宗重要传人昙一律师广究律部。湛然自称其撰写《授菩萨戒仪》是"依古德及《梵网》、《璎珞》、《地持》并高昌等文授菩萨戒行事之仪"而成,"略为十二门,虽不专依一家,并不违圣教"。此十二门是:开导、三归、请师、忏悔、发心、问遮、授戒、证明、现相、说相、广愿、劝持。第一开导,即是对受戒者讲述戒律在佛法菩提中的地位和作用,并说明了得菩萨戒的六法:一者能授人,二者所依处,三者高座秉法,四者专求大道,五者生希有心,六者专为利他求戒。第二是三归,首先受戒者作表白三次:愿从今身尽未来际,归依佛两足尊、归依法离欲尊、归依僧众中尊。第三为请师,受戒者表白请大德为己授菩萨戒。第四忏悔,受戒者对自己无始以来所犯罪过进行忏悔,以得法器清净,方堪进受。第五是发四弘誓愿;第六为问遮,即问有无出佛身血、杀父、杀母、杀和上、杀阿阇梨、破羯磨僧、杀圣人七遮罪,若有则不为授。第七为正授戒,问受戒者能否持得摄律仪戒、摄善法戒、饶益有情戒,如是三问三答。第八证明,戒师向受戒者作白,证明其已受得菩萨戒竟。第九现相,受菩萨后,应现种种上品持戒庄严相状。第十说相,授戒师陈说菩萨戒之种种戒相。第十一广愿,即教受戒弟子以忏悔受广大发愿。第十二教令持戒,教导受戒者应具足二持,遍修诸善,遍断诸恶,勤行慈救,恭敬三宝。[①]

[①] 参见《授菩萨戒仪》,《续藏经》第59册,第354页中—357页上。

三、菩萨戒在隋唐社会中的流行

隋唐两代,随着中国大乘菩萨戒经典注疏的繁荣和理论的发展,社会上授受菩萨戒也十分流行。其重要表现之一即是隋唐两代的帝王对受菩萨戒的推崇。

隋开皇五年(585),文帝诏法经法师于大兴殿授菩萨戒,第二年又诏昙延法师于正殿升御座南面授法,帝及群臣,咸席地受八关斋戒。① 隋文帝也勅密戚懿亲等都从昙延受归戒,并躬奉饮食,用敦弟子之仪。② 隋开皇十一年(591),天台僧人智𫖮在扬州向时为晋王的杨广授菩萨戒,此后智𫖮被扬广敕赐"智者"称号,同时智𫖮还称杨广为"总持菩萨"。③ 隋仁寿元年(601),当时被视为"僧杰"的昙延法师也在正殿为隋文帝授菩萨戒。④ 因此隋皇父子两人均自称为"菩萨戒弟子"。隋炀帝在受菩萨戒时还曾作《受菩萨大戒文》表达了自己受戒的心愿和意义,文中说:

> 耻崎岖于小径,希优游于大乘,笑息止于化城,誓舟航于彼岸,开士万行戒善为先。菩萨十受,专持最上。喻立宫室,先必基趾,徒架虚空,终不能成。孔老释门,咸资镕铸,不有轨仪,孰将安仰。⑤

唐太宗李世民也自称菩萨戒弟子,并作《宏福寺施斋愿文》。唐贞观初年,释玄琬曾为皇太子及诸王、皇后、六宫受菩萨戒。并得到储宫之下者以师礼相敬。后又有别敕,被延入内宫为皇后六宫并妃主等授戒。⑥

---

① 《佛祖统纪》卷三九,《大正藏》第49卷,第359页下。
② 《续高僧传》卷八《昙延传》,《大正藏》第50卷,第489页中。
③⑤ 《广弘明集》卷二七《受菩萨大戒文》,《大正藏》第52卷,第305页下。
④ 《集古今佛道论衡》卷二,《大正藏》第52卷,第379页上。
⑥ 《续高僧传》卷二二《释玄琬传》,《大正藏》第50卷,第616页中。

武周万岁通天二年(即神功元年,697),贤首大师被封为菩萨戒师①。另外,释茂亮曾为唐中宗授菩萨戒②;释恒景也为武皇则天、中宗授菩萨戒,并三次被诏入内,供为受戒师③;释崇业曾为唐睿宗授过菩萨戒。道岸被请为中宗的菩萨戒师,并得帝亲率六宫围绕供养;④景龙二年(708),文纲于乾陵宫为内尼受戒⑤;睿宗景云元年(710),刚受内禅的睿宗即请法藏法师从受菩萨戒;⑥文纲被睿宗皇帝于别殿请为菩萨戒师,妃主环阶,侍从罗拜;⑦释唯宽为唐德宗李适授菩萨戒⑧;贞元二年(786),被称为"律沙弥"的道澄为德宗授菩萨戒,贞元五年又敕为妃主嫔御授菩萨戒,并被敕称为"大圆律师";⑨释良贲被唐代宗请为菩萨戒师⑩,等等。

同时,僧众间授受菩萨戒也成为一种重要的纳戒活动。如,越州昙一从安国寺印度沙门受菩萨戒⑪,灵隐寺守直从善无畏受菩萨戒。⑫ 而且,也有的僧人是多次重复受菩萨戒。贞观永徽年间的河东蒲阪人释惠仙(581—655),甚至自陈"出家有年,屡受菩萨戒",在知其将不久于世后,对门人要"今者更欲受之"。⑬ 窥基(632—682)一生中常造弥勒像,对

---

① 《佛祖统记》卷三九,《大正藏》第 49 卷,第 370 页下。
② 《宋高僧传》卷一四《昙一传》,《大正藏》第 50 卷,第 798 页中。
③ 《宋高僧传》卷五《恒景传》,《大正藏》第 50 卷,第 732 页中。
④ 《宋高僧传》卷一四《道岸传》,《大正藏》第 50 卷,第 793 页中。
⑤ 《宋高僧传》卷一四《文纲传》,《大正藏》第 50 卷,第 792 页上。
⑥ 《佛祖统纪》卷四〇,《大正藏》第 49 卷,第 372 页下。
⑦ 《宋高僧传》卷一四《文纲传》,《大正藏》第 50 卷,第 792 页中。
⑧ 《高僧传》卷五《释文质传》释唯宽为释文质的叔叔。原传并没有说释唯宽为谁授菩萨戒。但原文有"宽被诏入长安,止大兴善寺,重诏入内道场,兼请授菩萨戒。质随宽入内,年十五,诵《法华》……"之句,本传还说释文质于唐懿宗咸通二年(861年)入灭,春秋八十四。当知释文质生于 777 年(唐代宗大历十二年)。其十五岁(792年)之前不久时当属唐德宗(在位于 780—804 年)时期。
⑨ 《宋僧传》卷一六《道澄传》,《大正藏》第 50 卷,第 806 页上。
⑩ 《宋高僧传》卷五《良贲传》,《大正藏》第 50 卷,第 735 页中。
⑪ 《宋高僧传》卷一四《昙一传》,《大正藏》第 50 卷,第 798 页中。
⑫ 《宋高僧传》卷一四《守直传》,《大正藏》第 50 卷,第 797 页下。
⑬ 《续高僧传》卷二〇《惠仙传》,《大正藏》第 50 卷,第 600 页中。

其像日诵菩萨戒一遍。①

而且,授受菩萨戒也在社会大众中广为流行,与此相关的史料甚多。如,唐天宝七年(748),鉴真第五次东渡时,因受到狂风怒涛的袭击,于海上漂流至海南岛一带时,当地七十四州官人、选试学人等,与都督同从鉴真受菩萨戒。②

隋唐时,菩萨戒也深入到社会生活的方方面面,融于僧俗的生活和心理之中,也对大众生活产生深刻的影响,并表现在当时的民俗、文学作品和艺术创作之中。

第二节 隋唐时期《四分律》的传承

隋代,《四分律》终于取代在北方流行很久的《摩诃僧祇律》,而成为律师们的研习中心。北方主要的四分律师有洪遵、玄琬和智首,另外还有道洪、法胜、洪渊等。

一、洪遵创开《四分律》之研习

隋代"四分律师"承前启后的重要代表是洪遵。此为唐代相部宗开创者法砺所出之系。正是洪遵律师成为此时《四分律》繁荣的重要推动者。

释洪遵(530—608),俗姓时,相州人,受具后专学律部,曾住嵩山少林寺从道云学习律学,又从邺都道晖律师弘讲《四分律》。洪遵英名远播,受到齐主的尊崇,因其曾平息青齐二州僧众的持久诤讼,被授予"断事沙门"之号。北齐承光元年(577),北齐灭亡,洪遵随隐于白鹿岩。入隋之后,洪遵仍然受到推崇。隋开皇七年(587),洪遵奉敕住大兴善寺。开皇十一年(591),被敕为十大德沙门之一,并参与梵僧阇那崛多的译场。开皇十六年(596),又受"讲律众主"封号,在崇敬寺讲《四分律》。隋

---

① 《宋高僧传》卷四《窥基传》,《大正藏》第50卷,第726页中。
② 《游方记抄(七)·唐大和上东征传》,《大正藏》第51卷,第991页中。

仁寿二年(602),洪遵奉隋文帝之命护送佛舍利至卫州福聚寺。

洪遵律师一方面利用自己的社会影响广弘律学,另一方面又通过"且剖法华、晚扬法正"、"间行《四分》"的巧妙方法,在关中创开《四分律》的种子,使之盛宗帝里,并使该地僧众渐附于《四分律》周围,从而使《四分律》在关中地区得以扎根,令本来重视《摩诃僧祇律》的关内律学为之一变。洪遵著有《四分律大纯钞》五卷。门下有玄琬、洪渊,法孙有相部宗之始祖释法砺等重要律师。①

释玄琬(562—636),活动于隋唐之际,雍州新丰(今陕西临潼一带)人,十五岁出家,师事昙延,受具后从洪遵学习《四分律》,涉猎律部三年。其后又从昙迁学习《摄论》,研讨《法华经》、《大集经》等经论。由于北周法难的影响,入隋后传度法本阙失严重,玄琬因此集义学沙门进行甄别校正。入唐以后,玄琬的社会地位非常高,他曾上书太子乞行慈灭杀,并被采纳。玄琬的弟子也很多,国内僧尼从之受具足戒者有三千人。自王公僚佐至庶人,从受归戒者二十余万。玄琬灭时,天子敕葬,官绅士野并奉戒尽哀。宗正卿李伯药为玄琬制碑文说:"使唐运搜举岁拔贤良,多是律宗,实由琬之笃课。"玄琬撰有《佛教后代国王赏罚三宝法》、《安养苍生论》、《三德论》各一卷。入灭后,唐太宗下诏恻悼,一切葬具由国供给。唐朝沙门之有敕葬,实以玄琬为始。②

如是经过几代律师的努力,到了法砺之时,关中地区研习《四分律》者则已经相当普及了,律家讲学出现了"各竞宗派,微似参辰"的局面③,并出现了一些对律学精义有深刻把握的人物。如释法愿(524—587),对

---

① 《续高僧传》卷二七《洪遵传》,《大正藏》第 50 卷,第 611 页下。
② 《续高僧传》卷二二,《大正藏》第 50 卷,第 616 页至 617 页下。
③ 《宋高僧传》卷一五《如净传》,《大正藏》第 50 卷,第 801 页上。道宣在其《续高僧传》卷三九《释慧云传》中说在智首"当隅开化"时,仍然是"戒律未宏"。智首(567—635)与法砺(569—635)乃同时,都活动在帝京一带,情况应当大致相同。作为同时代的人,道宣的记述也许比赞宁所说更为可信。

"东夏所传四部律本,并制义疏,妙会异同"等。① 这一切都为《四分律》的成宗打下了坚实的基础。法砺也正是在此基础上,通过著《四分律疏》而创开律宗的。

二、智首著《四分律疏》

隋时另一著名律师为智首,唐代南山律宗道宣正是出自其门下。

释智首(567—635),俗姓皇甫,祖籍安定(今甘肃),后随官流寓于今天福建省樟州一带。智首历经三个朝代,道宣列其为唐代僧人。智首年幼即投相州云门寺智旻出家,"岁居学稚、且略禁科",二十二岁禀戒。后又入道洪律席,同侣听律者七百人中锋颖如林,然无出智首其右者。据僧传,其年未至三十,即频开讲席。大业初,隋文帝于长安建大禅定道场,智首即随智旻入住讲律。因慨律论要妙,文义阙少,智首乃至江左淮右,爰及关西,诸有藏经,皆亲检阅。② 隋仁寿以后三十余年间,智首独步京师,法座隆盛。洪遵亦亲列于席,并命门众听学于智首。道宣在其《轻重仪》中称赞道,智首律师孤情绝照,映古夺今,钞疏山积,学徒云踊,齐流五部之辉,通开众见之表。

智首之时,尽管洪遵开创《四分律》使道俗相随,但关中僧众仍有奉《摩诃僧祇律》者。这种五部混而未分的现象,就造成了僧众传度归戒多迷体相,二见纷杂。如受戒时诵法正部之文,行护方面又随相多委,师资相袭。因此,智首在讲肆之余,乃寻阅三藏众经,比较同异,定其废立,补其遗漏,四年考定其有词旨与律相关者,编述而成著《五部区分钞》二十一卷,以令众释然。智首还著有《四分律疏》(后世又称《广疏》、《大疏》)十二卷,《出要律仪纲目章》一卷、《小阿弥陀经钞》二卷等。《四分律疏》早已散佚,今仅存第九卷,其他不存。

---

① 《续高僧传》卷二一《释法愿传》,《大正藏》第 50 卷,第 610 页上。
② 《续萨婆多毗尼毗婆沙序》,《大正藏》第 23 卷,第 558 页下。

唐贞观元年(627),有天竺三藏波罗颇迦罗蜜多罗携来梵本,太宗乃诏有司寻才翻译,智首获选为证义。译事中,凡有义涉律宗者,皆咨而取正。贞观八年(634),太宗为其母在长安造弘福寺,智首受召为上座,并任僧纲。贞观九年(635),智首九十六岁时入化。皇上哀悼,并敕令费用由百司供给。自隋至唐,僧无国葬,智首乃始开其端。① 智首有弟子道宣、道世、慧满、道兴、智兴等。

《四分律》能受崇于唐代,智首作出了很大的贡献。至智首时,众律翻译已达四百余卷,但因循讲解,由来一乱。正是智首括其同异、定其废立,使《四分律》最终一统中国北方。对于智首的律学贡献,道宣说是寻文比义,自言迥拔,玄思厉勇,通冠群宗,刚正严明,风飚遗绪者,莫尚于首矣,"得诸部方驾于唐衢,七众周(即'同')睇于贞观,首之力矣"。②

由于智首奠定了《四分律》的历史地位,对中国律学的发展作出了卓越贡献,因而被后世公认为"四分律宗"的第八祖。

自后魏法聪律师始讲《四分律》,至隋末唐初,北地研习《四分律》者已近十八家,但其篇幅大小、文字多少不定。③ 律师们在对《四分律》的剖析奥义、阐释玄旨的过程中,形成了一个完整的师传队伍,为"四分律学"的最终定宗奠定了坚实的基础。

其间,《四分律》的主要注疏有:道覆纂成《四分律疏》六卷,北齐慧光律师造《疏》一二十纸,道云律师修《疏》九卷,道晖撰《疏》七卷,隋朝法愿裁《疏》十卷,慧满律师造《疏》二十卷,唐智首律师述《疏》二十一卷。

这样,中国律师和义学僧人对《四分律》的研习,对其内容、主旨的理解和把握也到了一个崭新的高度。《四分律》最终在北方取得了牢固的地位,"四分律宗"也就呼之即出。到了道宣写《续高僧传》的唐贞观十九

---

① 《续高僧传》卷二二《智首传》,《大正藏》第50卷,第614页—615页上。
② 同上书,第614页中。
③ 《四分律钞简正记》卷一,《续藏经》第43册,第22页上。

年(645)的时候,已经是"混一唐统,普行《四分》之宗"了。① 道宣也正是在众多律师大德对诸部广律尤其是《四分律》弘研的基础上,才能"以首疏为本,造删补律钞三卷,稍为会要,行事逗机"而创开律宗。②

统一的律本对中国佛教发展有着重要的意义。但事实上,即使在《四分律》成为中国佛教律学研习的中心之后,仍然有众多律师从事对其他律本的传习。如蒲州释慧胄(唐贞观初年卒),受具以后仍然师学《摩诃僧祇律》;③隋大兴善寺释灵藏(519—586),善达持犯,"《僧祇》一部,世称冠冕";④隋唐之际释慧净(578—?),《十诵律》、《摩诃僧祇律》,皆剖判胸怀,激扬清浊;⑤隋唐之际的释明旷(？—623),精研《大智度论》及《摩诃僧祇律》⑥;隋唐之时的释道岳(568—636),也习《摩诃僧祇律》,及具篇禁,更宗律部,指途持犯,性不议非。⑦

综上所述,可以把道宣之前研究《四分律》的律师的谱系简列如下,因为他们之间的师承关系比较复杂,所以这种谱系只能是简略的:

$$\text{法聪—道覆—慧光}\begin{cases}\text{道晖—洪遵—洪渊—法砺}\\\text{道云—道洪—智首—道宣}\end{cases}$$

北宋僧人元照在《南山律宗祖承图录》中把从法聪到道宣这一师传系统之前加上印度的昙无德和昙柯迦罗,而成为"律宗九祖"。南宋释志磐在其《佛祖统纪》中,也采用了这一说法。

三、唐代的"四分律师"系统

隋唐两代,律师众多,尤其是唐代近三百年产生了一些著名的律师。他们中的大部分都以对《四分律》的弘传研习为中心而结成了一个师传

---

① 《续高僧传》卷二九《论律》,《大正藏》第 50 卷,第 620 页下。
② 《宋高僧传》卷一五《如净传》,《大正藏》第 50 卷,第 801 页上。
③ 《续高僧传》卷二九《慧胄传》,《大正藏》第 50 卷,第 697 页下。
④ 《续高僧传》卷二一《灵藏传》,《大正藏》第 50 卷,第 610 页中。
⑤ 《续高僧传》卷三《慧净传》,《大正藏》第 50 卷,第 444 页下。
⑥⑦ 《续高僧传》卷一三《道岳传》,《大正藏》第 50 卷,第 527 页中。

明确的律师队伍。总体上看,隋唐两代以《四分律》为研习中心的律师有三个系统。

第一,从法聪、慧光、智首到道宣、法砺和怀素一系。

这一系,律师众多、叶脉繁茂、成就卓然,这也是通常我们所说的律宗三家系统,它是唐代律学的主体,也是其后中国律学和律宗的主体。其主要代表有法砺,以及智首的弟子道宣、道世、慧满、道兴、智兴等。法砺是中国律学相部宗的开创者。道宣和道世乃唐代南山律宗的扛鼎者,其后道宣随以《四分律删繁补阙行事钞》而创开南山律宗。

释慧满,俗姓梁,雍州长安人,七岁出家,听度后住大兴善寺,为仙法师弟子,进戒奉业于智首律师。隋大业初年,入住大禅定寺。慧满曾随师南北,弘扬《四分律》,或山或世,游采经论,用裨律宗。他曾制《四分律疏》二十卷,讲《四分律》四十余遍。

释慧进,俗姓鲍,潞州上党人,早年即慕缁侣,修习戒检,出家后曾闭关读律八十余遍。慧进曾从相州洪律师听律八遍。其后,又相续而听学八年。慧进前后讲《四分律》约一百二十遍,并覆寻研读三百遍。①

第二,并州地区的律师系统。

唐代的并州辖今天的山西省阳曲以南、文水以北的汾水中游一带,后成为太原府。唐代并州地区是佛教文化极为深厚的地方。当时在并州地区活跃着一支以道云、道晖及其后学为代表的"四分律学"师传系统。他们活动于山西北部的以并州和汾州为中心的地区,存在了很长时间,因此被一些日本学者称为"并州宗"。事实上,此地的律师与道云、慧光及其后学有着密切的师徒渊源关系。因本宗思想现在不得其详,很难说明他们的思想特点以及与法砺和道宣之学的区别。之所以被称为一宗,也许仅仅是因为其所处的地理位置因素。

在道云之后,并州地区活跃着释法掞、释慧瓒、释道杰和释道亮等

---

① 《续高僧传》卷二二《慧满传》、《慧进传》,《大正藏》第50卷,第618页—619页上。

律师。

释法揩,生平不详,曹州人,十五出家,曾依贤统弟子习涅槃学,受具后又专攻《四分律》。法揩之时,道云和道晖正在齐都弘律,法揩随又依其为师,"赐其深奥,无所子遗"。北齐亡后,法揩又南避于江淮寿山之阳,并于此广开律教,后又入返曹州、入京都,住扬化寺弘扬戒律。①

释慧瓒(536—607),俗姓王,沧州人,受具以后偏业毗尼,在定州讲习戒律。慧瓒坐镇并部,"誉满二河,道俗倾望",后住太原蒙山开化寺。晚年还归邺城方立部众,后被敕入京传化。自并州至雍州,慧瓒声名远被。②

释道杰(573—627),俗姓杨,受具后曾学涅槃等经。开皇十四年(594),曾往青州等地学习成实、毗昙。开皇十九年(599)到邺城从慧休法师学摄论,向洪律师听《四分律》,后又至并州从学于志念、法楞等。道杰对经律论均有研习,曾历游讲肆,声名远播。时并州有语"大头杰,难人杀"来言其学业深厚。③

释道亮(569—?),曾从并部慧瓒禅师进具戒,修禅定、慕律宗,后又随严律师专攻《四分律》。唐初,入住义兴寺。道亮讲律,"声被东夏,听徒八百请益日隆,尔后频开律府,计不在数,成讲学士四十余人,并部法兴出自此矣"。④

并部宗律学存在的时间比较长,甚至在唐咸亨元年(670),义净三藏在西京时也曾与并部宗僧人相遇。⑤ 但在宋赞宁时代,并部宗可能已经不存。因为赞宁曾说:"律有三宗,砺、素、宣是欤",以及"至今东京三宗并盛"等等。⑥

---

① 《续高僧传》卷二六《法揩传》,《大正藏》第 50 卷,第 675 页中。
② 《续高僧传》卷一八《慧瓒传》,《大正藏》第 50 卷,第 575 页中。
③ 《续高僧传》卷一三《道杰传》,《大正藏》第 50 卷,第 529 页—530 页。
④ 《续高僧传》卷二二《道亮传》,《大正藏》第 50 卷,第 619 页中。
⑤ 《大唐西域求法高僧传》卷下,《大正藏》第 51 卷,第 7 页下。
⑥ 《宋高僧传》卷一六《澄楚传》,《大正藏》第 50 卷,第 812 页上。

第三,在"慧光—法砺、道宣"系统之外,存在着的四分律师队伍。

这些律师对《四分律》也有着潜心的研述,不过他们有的谱系明确,有的则不然,因此这种情况比较复杂。其中一些人从现存的僧传中看不出其明确的师承关系。著名的如受道宣高度称赞为"律部遐被、实赖斯人"的释智保,以及屡讲《四分律》、曾为唐十大德之一的沙门海藏,现在即不知其所出。①

北起河洛,南及闽越巴蜀,这样不知师承的律师还有一些。

四、隋唐律师的律学著述

隋唐时期,律学的重要成就之一即是其卷帙浩瀚的本土律学撰述,如律疏、义记等。而且,从现存的一些著作或残篇来看,隋唐律学注疏的内容质量也已达到一个崭新的高度。除却道宣、法砺和怀素三家的著作,不包括其他义学僧人相关的律学著作,仅见于唐宋两僧传及新旧两唐书中的律师的著述数量就十分可观。其主要有:

隋蒋州奉诚寺道成:《律大本羯磨》诸经疏等三十六卷②;唐释玄琬:《佛教后代国王赏罚三宝法》一卷、《安养苍生论》一卷、《三德论》一卷;释慧满:《四分律疏》二十卷;定宾:《破迷执记》一卷,《四分律疏饰宗义记》十卷,《四分律戒本疏》二卷;灵崿:《轻重诀》;昙一:《发正义记》十卷;灵一:《法性论》;朗然:《古今诀》十卷;义宣:《折中记》六卷;志鸿:《搜玄录》二十卷(澄观为序);乘如:《文集》三卷;灵澈:《律宗引源》二十一卷;省躬:《顺正记》十卷(门人记录)、《分轻重物仪》;真乘:《法华经解疏记》十卷;昙清:《显宗(记)》;清彻:《集义记》二十卷;常达:《青山履道歌》;爱同:《五分律疏》十卷;玄俨:《行事钞辅篇记》十卷、《羯磨述章》三篇、《金刚义疏》七卷;乘如:《文集》三卷;开元寺深律师:《四分律指训》;慧旻:

---
① 《续高僧传》卷二一《觉朗传》,《大正藏》第 50 卷,第 612 页中。
② 《新编诸宗教藏总录》卷二中,说道成著有《十诵律戒本私记》二卷,参见《大正藏》第 55 卷,第 1174 页中。

《十诵私记》十三卷、《僧尼行事》二卷、《尼众羯磨》两卷、《道俗菩萨戒义疏》四卷;钦律师:《律仪辅演》十卷。

除去道宣,此时律师著作种类最多的当为圆照,其著作有:《大唐安国寺利涉法师传》十卷、《集景云先天开元天宝诰制》三卷、《肃宗代宗制旨碑表集》二卷、《不空三藏碑表集》七卷、《隋传法高僧信行禅师碑表集》三卷、《两寺上座乘如集》三卷、《佥定律疏一行制表集》三卷、《般若三藏续古今翻译图纪》三卷、《大乘理趣六波罗蜜多经音义》二卷、《三教法王存没年代本记》三卷(上卷明佛、中卷言道、下卷说儒)、《翻经大德翰林待诏光宅寺利言集》二卷、《再修释迦佛法王本记》一卷、《佛现八相身利益人天成正觉记》一卷、《判方等道场欲受近圆沙弥忏悔灭罪辩瑞相记》一卷、《五部律翻译年代传授人记》一卷、《庄严寺佛牙宝塔记》三卷、《无忧王寺佛骨塔记》三卷、《传法三学大德碑记集》十五卷、《建中兴元贞元制旨释门表奏记》二卷、《御题章信寺诗太子百寮奉和集》三卷、《贞元续开元释教录》三卷等。

另外,没有被僧传列为律师的一些僧人还有一些律学著述,比如:宗密:《四分律疏》五卷,良贲:《念诵仪轨》一卷,潜真:《菩提心义》一卷、《发菩提心戒》一卷、《三聚净戒及十善法戒》一卷,①神清:《新律疏要诀》(《清钞》)十卷、《钞二众初学仪》一卷。② 上述著作大都不存。

与此相反,由于戒律经典的翻译在魏晋南北朝时已经完成,所以隋唐的译律,除去一些拾遗补阙的律学翻译外,其内容主要有三类,一类是义净翻译的根本说一切有部律,一类是秘密戒的翻译,一类是几部菩萨戒经典。

五、唐代律学中心的南移

由于历史和现实的原因,整个唐代《四分律》的思想研习和弘传的中

---

① 《宋高僧传》卷五《潜真传》,《大正藏》第 50 卷,第 736 页下。
② 《锦江禅灯》卷一六,《续藏经》第 85 册,第 200 页上。

心是在以东西两京洛阳和长安为中心的京畿地区。一些著名律师均居于此地的寺院中,研律传习,名震华夏。这些寺院也因之成为唐代中国律学的中心和航标。其著名者如长安西明寺、净业寺、崇义寺、白泉寺、丰德寺。它们不仅是此时长安和洛阳一带律学的中心,也是中国律宗最初的祖庭。

净业寺,位于今天西安城西南的终南山丰峪口内,始建于隋,盛于唐,道宣曾在此潜心著述,创宗立说。由于其后南山律宗独盛天下,后世遂尊净业寺为律宗祖庭,并以南山宗名震天下。

西明寺,建于唐显庆元年(656)八月,系唐高宗为太子所建,至显庆三年六月始得完成,并遴选五十位大德驻锡,一时名僧云集。以道宣为上座,神泰为寺主,怀素为都维那,并命玄奘监督。其后又有圆测、道世、圆照、道邃、义净等著名律师入住。西明寺不仅集中了唐代的诸多高僧,同时也为后世培育了许多高僧和律师,促进了唐代律学的发展和延续。南方许多律师都曾千里远赴西明寺接受名僧指教。

位于长安的其他著名律宗寺院还有智首律师主持的弘福寺、恒景律师居住的实际寺、灵藏律师居住的大兴善寺、怀素律师居住的崇福寺、义净律师曾住过的荐福寺以及东塔寺、惟宽和良贲所在的安国寺等等。

在东都洛阳,著名的律宗寺院有道璇律师、义净三藏曾经入住译经的福先寺,惠确所在的敬爱寺等①。

当时,关中河洛一带的僧众讲律研律十分盛行。所以当日本僧人荣睿、普照于开元二十一年(733)随日本遣唐史来华学习时,即发现"唐国诸寺三藏大德,皆以戒律为入道之正门,若有不持戒者不齿于僧中"②。此处所谓的"唐国诸寺"主要是指河洛一带的寺院。作为当时中国律学的中心,活动于河洛地区的著名律师众多,仅在道宣的《戒坛图经》一文

---

① 司空图《为东都敬爱寺讲律僧惠确化募雕刻律疏》,《全唐文》卷八〇八,第8494页。
② 《游方记抄(七)·唐大和上东征传》,《大正藏》第51卷,第988页中。

中,道宣说其在关中开戒坛时,有"同法之俦、游方之士",兴心向赴者的三十九位律师和禅师中,其中属终南山的律师就有云际寺大德悟玄律师、龙池寺智善律师、宝德寺道光律师,属于京师的有西明寺大德真懿律师、弘法寺大德恒善律师、大慈恩寺大德弘度律师、光明寺新罗国智仁律师、西明寺大慈律师、西明寺四依律师、弘济寺怀素律师,另有虢州大兴国寺义方律师等共十一人。①

以西明寺为代表的中国律学传承和律学成就,不仅代表了北方律学的最高成就,同时也代表了以《四分律》为研习中心的中国律学发展到了一个新的历史阶段。

但是,唐中期以后,随着关内政治斗争的变化和佛教环境的一度恶化,律学中心渐次南移于吴越、维扬、荆楚一带。除去社会经济和文化发展的外在因素,造成这种律学由关中河洛、长安一带南移的现象有三种主要原因:

第一,江南一带佛教及其律学传统深厚,有成为律学中心的坚实社会文化基础。

江南吴越荆楚一带,因袭南朝的律学之盛和便利的海外交往,律学本就十分发达,到了唐代更为突出,吴越之地成为江南佛教活动的中心和对外佛教交流的集散地。在《宋高僧传》的《明律篇》中,记载南方的律师即有三十一位,他们是:吴兴:齐翰;会稽:文纲、昙一、大义、清江、灵澈、允文;诸暨:玄俨;富阳:德秀;江都:法慎;广陵:鉴真、灵一;杭州:守直、道标、景霄(后唐时期);荆州:严峻;润州:朗然;常州:义宣;苏州:辩秀、彦偁;吴郡:志鸿、常达;江州:神凑;扬州:省躬;湖州:真乘;襄阳:辩才;钟陵:清彻;抚州:上恒;钱唐:慧琳、希觉(后唐时期);天台:从礼(后唐时期)。

这一方面是因为撰《宋高僧传》的赞宁久居吴杭,对此处风物和律学

---

① 《戒坛图经》,《大正藏》第 45 卷,第 816 页下—第 817 页上。

发展熟悉,也可能因为吴杭又是其撰写《宋高僧传》之地,影响了其僧传取材的范围。另一方面,这也说明了此地律学确实发达,思想繁荣,吴越、维扬之地也日渐成了律学义理的中心地区。如扬州的大明寺即因鉴真和尚之名而声震神州。

第二,南方律学的繁荣也是北方律学传播辐射的结果。

北方律学成果也因为南北僧人间的交往而传往南方一带。同时,南方僧人游学北地长安洛阳诸讲寺、律筵后学成返回,也把律学带回江南。僧传中此例甚多。

如唐武周证圣元年(695)出家的玄俨律师,从光州道岸律师受具戒,即游诣上京,探赜律范,从崇福寺满意律师和融济律师,学成后名动京师,安国授记,并充大德,最后南还江左,偏行《四分律》。玄俨有三千门人、五百弟子,影响很大。他撰写的《辅篇记》十卷和《羯磨述章》三篇,到赞宁时还在流行,僧徒远近传写。① 怀素的门人法慎律师,学律声震京师,后不顾诸寺邀为寺主之情,乃默然东归,既还扬都。② 吴地长水人释法相,七岁投师,能诵通《法华经》全部,大历年中,弱冠之年即往长安安国寺得满分戒,于上京习毗尼道,诸部同异,无不该综,十一年后蔚成其业,则东归传法,请学者如林。吴郡太守奏请于开元寺置戒坛,释法相以其高名而为依止师,并被推为寺纲管,恒施二众归戒。③ 湖州八圣道寺真乘律师,出家后曾于通玄寺释常进处研习毗尼,后又西去京师云华寺学《法华经》及天台疏义,大有声望。后还乡里,受到郡守等士绅推崇,僧传中说他八为律学座主、四为临坛正员。④ 鉴真和尚在长安学成后,即东返扬州,十年讲律,使其成为声名远播、独步江淮的一代著名律师。

第三,北方僧人频繁南渡,把律学研究成果带到江南。

---

① 《宋高僧传》卷一四《玄俨传》,《大正藏》第50卷,第795页中。
② 《宋高僧传》卷一四《法慎传》,《大正藏》第50卷,第796页中。
③ 《宋高僧传》卷一六《法相传》,《大正藏》第50卷,第808页上。
④ 《宋高僧传》卷一五《真乘传》,《大正藏》第50卷,第803页中。

第四章 律　宗

北地僧人南渡也是北方律学研习传统广布于南方的一种重要途径。随着国家的统一和社会文化的发展，北方僧人频繁南渡，随把律学研究成果带到江南。这一点在安史之乱、黄巢之乱，尤其在会昌之后更是如此。尤其是会昌法难，以长安和洛阳为中心的北方佛教受到了一定的打击，在律学地位上如日中天的西明寺也渐渐式微，江南因远离政治中心，法难未及，律师的队伍和律学研习者已经渐渐集中于南方包括从维扬、荆楚到吴越一带的广大地区。不久又有唐宣宗重兴佛教，南方佛教基本未受到冲击。在一个相当长的历史时期，南方一带成为北方僧众南游学律之处，也成为事实上的律学中心。

据学者研究，在唐后期有史可查、出于南方的高僧有140人，北方为75人，前者是后者的1.9倍；其在全国僧众总数中的比例由前期的43.3%上升为65.1%。终南山前期住有僧人49人次，后期为8人次。[①] 而且，后来对道宣《行事钞》研究的60家律师，共有39人属于南方地区。如果以现在的行政区划而言，北方地区主要包括：陕西省有长安、京兆、下邽三地，山西省有蒲州、西河两地，山东省有关要镇一地，河南省有汴京、祥府、长水三地。南方地区主要有：安徽省有淮南一地，江苏省有扬州、广陵、润州、钟山、上元、昇州、建康、常州、晋陵、支硎山、苏州、南岳十二地，浙江省有湖州、衡山、秀州、杭州、临安、富阳、钱唐、雷峰、会稽、越州、明州、天台山、丹邱、金华、婺州、信安、永嘉、温州十八地，湖北省有荆州、当阳山两地，江西省有洪州、钟陵两地，福建省有泉州一地，四川省有阆州一地。[②]

正是这种律学中心的转移，使中国律学能够在北方的社会动荡之后幸存下来，为五代和宋时江南律学的繁荣奠定了基础。从某种意义上说，这也是宋代允堪、元照等僧人能够振兴律学的社会文化土壤。

[①] 李映辉：《唐代佛教地理研究》，第44、61页，长沙，湖南大学出版社，2004。
[②] 参见[日]佐藤达玄《戒律在中国佛教的发展》(上册)，释见憨、钟修三、欧先足、林正昭译，第425页，台湾嘉义，香光书乡出版社，1997。

第三节　唐代的戒坛

唐代的戒坛多种类型并存。如有以道宣的新法为主的关中系统,这种建法有着本土特色;以义净为主的洛阳系统,它有着印度说一切有部的痕迹;以及根据大乘思想在中原与敦煌等地建立的方等戒坛,这是印度佛教律令直接汉化的产物,同时又有着政府的因素。[①] 另外,授秘密戒的戒坛,也是唐代戒坛的重要组成部分。

一、道宣的《戒坛图经》

《戒坛图经》又称为《关中创立戒坛图经并序》,共一卷,由唐代道宣律师撰于乾封二年(667)。戒坛十分重要,但是在道宣看来,当时僧众对戒坛的开立却又十分混乱。如他说:

> 自法流东渐居七百年,戒场之坛名实乖爽,律论所显场坛两驰,各备机缘随事便举。有晋扬辇南林戒坛,德铠圣士,厥初基构,中原正伪,蔑尔无闻。有以大界为戒场,有以平场为坛上。[②]

因此,作为一代律师,道宣极为重视立坛受戒,故而他在《行事钞》卷上中也有相当篇幅论述戒坛的设立。他说:

> 如法受戒是名正法久住,是知比丘仪体非戒不存。道必人弘,非戒不立。戒由作业而克,业必藉处而生,处曰戒坛。登降则心因发越,地称胜善;唱结则事用殷勤,岂不以非常之仪能动非常之致![③]

[①] 姜伯勤:《敦煌戒坛与大乘佛教》,参见湛如的《敦煌佛教律仪制度研究》第99页,北京,中华书局,2003。
[②]《关中创立戒坛图经》,《大正藏》第45卷,第817页中。
[③] 同上书,第807页上。

道宣作《戒坛图经》正是为了重振戒坛，如法立坛，依法授戒。

《戒坛图经》全文共有十一节。在前三节，道宣主要说明了戒坛兴起的因缘及印度戒坛的特征；第四节至第十节则主要说明了戒坛的作法、程序和贯彻的思想；第十一节是"戒坛赞述辨德"，记有创筑戒场的坛文、戒坛的铭文、荆州等界寺无行之戒坛舍利赞，并记有唐中原关辅戒场仪等。

道宣作《戒坛图经》以对戒坛的形式和作法进行规范，这得到国家的认可。因此，为了与传统的戒坛构筑和仪式进行区别，遂把根据《戒坛图经》的思想和方法而构筑的戒坛和设计的仪式称为"新法"。麟德二年（665），道宣曾于西安城西南净业寺建立石戒坛，依新法为岳渎沙门再受具足戒。对于这次设坛，道宣说：

> 今立戒坛之场，备依教旨，竖三标而分两界，围空地而绝错疑。先结小界为场坛之本，依自然而集僧，晓同别之殊致，三述戒场之外相，白二约而结之。故使三阶肃而峙列，委登降之接足，四维晏而在隅，识辰昃之斜正。后结大界，僧出戒场，随相各集，别唱别结，因使四处僧事，无乖别之踪，六和显德，有乘权之务，作业成遂。①

高宗乾封二年（667），道宣律师又建灵感戒坛于清官村精舍，天下名德皆来重增戒品。②

道宣《戒坛图经》所设计的戒坛方法虽然为"新法"，但实为小乘戒坛。唐代戒坛最突出者实为"方等戒坛"，即大乘戒坛。

《戒坛图经》为中国佛教立坛传戒之概论性、经典性的典籍，它不仅对唐代戒坛的形成有很大的影响，对于规范中国佛教的传戒的思想、仪式等也有着重要意义。

---

① 《关中创立戒坛图经》，《大正藏》第 45 卷，第 817 页下。
② 《僧史略》卷下，《大正藏》第 54 卷，第 250 页中。

二、唐代的戒坛管理

依照佛教制度，出家者受戒要有十位法师，这即是常说的"三师七证"。由于临坛法师都是由德高望重的饱学僧人来担当，所以他们又被称为"大德"。在唐太宗时，因有薛道衡之女愿出家，太宗为其于宫中造鹤林寺，并请十大德入内授戒，这即是"内临坛"。以此为肇始，唐代诸帝经常于内宫开道场，并诏法师、律师入内讲律传戒。与此相应，一般于寺院中进行的开坛，"三师七证"即被称为"外临坛"。唐代宗永泰元年（765），政府设置有"临坛大德"之号。代宗并敕京城置僧尼临坛大德各十人，并永为通式。如其有阙少，则选明律、德行优者补充。因内外之别，临坛大德也随之有了"内临坛大德"和"外临坛大德"之号。当然，只有德高学硕的律师才能被敕为"内外临坛大德"。唐中宗时的玄畅律师即被敕封为"内外临坛大德"。①

整体上说，唐代政府对戒坛建设是相当重视的，并作为基本的佛教政策来落实，尤其是初唐至中唐这一历史阶段。如，代宗永泰元年（765）三月二十八日，敕大兴善寺筑方等戒坛，所需一切均由官供。至四月，又敕京城僧尼，临坛大德各置十人，永为常式②。代宗也曾敕大兴善寺建方等戒坛。穆宗时，中书令王智兴于泗州建方等戒坛，请遇圣诞度僧。敬宗时，敕两街建方等戒坛，左街安国寺，右街兴福寺。宣宗时，鉴于会昌法难对佛教的影响，敕上都荆扬汴益等地，立方等戒坛，为僧尼再度者重受戒法。③ 显然，开坛甚至是一种受政府鼓励的行为，因此开坛频繁，有时开坛达多日。咸通三年（862），唐懿宗敕两街僧尼、四寺各置方等戒坛等忏法，于右街千福寺、延唐寺度人"各三七日"，④也曾宣僧尼大德二十

---

① 《僧史略》卷下，《大正藏》第54卷，第252页上。
② 同上书，第250页中。
③ 《佛祖统纪》卷五三，《大正藏》第49卷，第462页下—463页上。
④ 《僧史略》卷下，《大正藏》第54卷，第252页中。

人入咸泰殿置坛度内。①

有的律师一生中也频繁开坛。如越州称心寺律师释大义前后开戒坛二十七次,受戒弟子三万余人;②京兆安国寺释乘如应左右街临坛大德,度弟子千人;③抚州景云寺上恒(或作:上弘、上宏)坐甘露戒坛二十年多,男女得度者一万五千余人;④润州招隐寺朗然,一生登坛二十六次;⑤会稽山妙喜寺印宗上元年间受刺史王胄之请,于江东诸寺院各置戒坛度人"可数千百",后被勅召入内宫,又奉勅于江东诸寺院、天柱寺、报恩寺各置戒坛度人。⑥

至少到肃宗至德宗和代宗大历年间(766—779),戒坛还是频开的,因为《宋高僧传》中言越州焦山大历寺神邕于至德大历这一阶段"频受请登坛度戒"。⑦ 但是唐中期以后,尤其是唐代后期,随着社会和经济情况的改变,政府加强了对僧尼出家和戒坛的管理。宪宗元和(806—820)以后,天下禁止私度僧尼,所以对戒坛的管理也就更为严格。⑧ 这样一来,社会上私度僧尼和私开戒坛的现象便时有出现,所以"元和已来,累敕天下州府,不得私度僧尼"。但是长庆四年(824),时为徐州节度使的王智兴,以敬宗诞月为由,请于泗州置僧尼戒坛,度人资福,"江、淮之民,皆群党渡淮"。显然此事对社会很有影响,甚至被人指责为聚货贪财。时有浙西观察使德裕奏道:

> 王智兴于所属泗州置僧尼戒坛,自去冬于江、淮已南,所在悬榜招置。江、淮自元和二年后,不敢私度。自闻泗州有坛,户有三丁,

---

① 《宋高僧传》卷六《僧彻传》,《大正藏》第 49 卷,第 745 页上。
② 《宋高僧传》卷第一四《大义传》,《大正藏》第 50 卷,第 800 页中。
③ 《宋高僧传》卷一五《乘如传》,《大正藏》第 50 卷,第 801 页下。
④ 《宋高僧传》卷一六《上恒传》,《大正藏》第 50 卷,第 806 页下。
⑤ 《宋高僧传》卷一五《朗然传》,《大正藏》第 50 卷,第 800 页上。
⑥ 《宋高僧传》卷四《印宗传》,《大正藏》第 50 卷,第 731 页中。
⑦ 《宋高僧传》卷一七《神邕传》,《大正藏》第 50 卷,第 815 页下。
⑧ 《旧唐书》卷一七四《李德裕传》。但是在《宋高僧传》卷一二《大安传》中有"元和十二年勅建州浦城县干元寺置兜率坛"之说。参见《大正藏》第 50 卷,第 780 页中。

必令一丁落发,意在规避王徭,影庇资产。自正月已来,落发者无算。臣今于蒜山渡点其过者,一日一百余人,勘问唯十四人是旧日沙弥,余是苏、常百姓,亦无本州文凭,寻已勒还本贯。访闻泗州置坛次第,凡僧徒到者,人纳二缗,给牒即回,别无法事。若不特行禁止,比到诞节,计江、淮已南,失却六十万丁壮。此事非细,系于朝廷法度。①

状奏后即日,王智兴被立罢徐州节度使之职。

这一阶段,不仅禁开戒坛,甚至连提议开戒坛也是不被允许的。例如,敬宗宝历二年(826)江西观察使殷侑请于洪州宝历寺置僧尼戒坛,敕殷侑故违制令,擅置戒坛,罚一季俸料。文宗大(太)和三年(829),江西沈传师上奏,要在皇帝诞月为僧尼起方等戒坛,也被斥罚。诏曰:"不度僧尼,累有敕命。传师忝为藩守,合奉诏条,诱致愚妄,庸非理道,宜罚一月俸料。"②

正是由于这种戒坛不开的原因,在长庆年中(821—824)即出现"久废坛度僧,未全法者皆老朽"的现象,所以才出现寻诏两街佛寺各置僧尼受戒坛场,自三月十日始至四月十日方停,开坛长达一个月。此时的开坛度僧,试经的难度也相应宽松了许多,僧能暗诵一百五十纸、尼一百纸,即令与度。③ 而入灭于元和年间的释神清十三岁出家时,其条件是很严格的,"敕条严峻,出家者限念经千纸方许落发"④。

唐代很有影响的一次戒坛是在动乱中进行的。此为安禄山之乱时,两京沦陷,政府军队给养危机,有右仆射裴冕提议,大府各置戒坛度僧,以僧税之香水钱,以助军需。⑤

---

① 《旧唐书》卷一七四《李德裕传》,第 4514 页,北京,中华书局,1975。
② 《旧唐书》卷一七《敬宗文宗》上,第 533 页。
③ 《宋高僧传》卷二九《法真传》,《大正藏》第 50 卷,第 894 页中。
④ 《宋高僧传》卷六《释神清》,《大正藏》第 50 卷,第 740 页下。
⑤ 《宋高僧传》卷八《神会传》,《大正藏》第 50 卷,第 575 页上。

三、唐代的密坛

中唐以后,随着密教经典的大量翻译,社会上秘密教颇为流行,甚至唐肃宗也曾密遣使者向不空求秘密法。① 同时,社会上也广为流行灌顶坛场即密坛。

密宗认为,灌顶是为传法的最重要仪式,通过灌顶可以速证大觉位。灌顶需要三昧耶戒坛,即同时授受秘密戒法。所谓秘密戒又叫三昧耶戒,是传法灌顶以前所授的作法,是不能违越的作法。三昧耶戒戒坛并不完全等于通常所说的汉传显教的戒坛。

唐代灌顶道场还是十分受重视的。如,金刚智,"广敷密藏,建曼拏罗依法制成","所住之刹必建大曼拏罗灌顶道场,度于四众"。中书侍郎杜鸿渐即是金刚智的灌顶弟子。② 不空三藏初至南海郡时,采访使刘巨邻即恳请灌顶,随后不空即于法性寺相次度人"百千万众"。天宝五年(746),不空应诏入内宫为玄宗立坛灌顶。天宝十三年(754),不空于武威开元寺为节度使及士庶数千人灌顶。乾元年中(758—759),不空应诏入内建道场护摩法,为帝授转轮王位七宝灌顶,并加授菩萨戒。大历三年(768),不空又于兴善寺立道场,并得到皇帝的厚赏。③

僧众对密教灌顶也很热心。如唐京师兴善寺潜真,"禀承不空秘教,入曼拏罗,登灌顶坛,受成佛印,显密二教皆闻博赡"④。唐太原府崇福寺怀玉也是真言秘诀,学有所在,曾被代宗委为灌顶道场主⑤。

至于灌顶作法,善无畏作有《无畏三藏禅要》以之作为授菩萨戒、作羯磨之仪轨。此共有十一门,它们是:第一发心门、第二供养门、第三忏

---

① 《宋高僧传》卷一《不空传》,《大正藏》第 50 卷,第 713 页上。
② 《宋高僧传》卷一《金钢智传》,《大正藏》第 50 卷,第 711 页中、712 页上。
③ 《宋高僧传》卷一《不空传》,《大正藏》第 50 卷,第 712 页中、712 页下、713 页上。
④ 《宋高僧传》卷五《潜真传》,《大正藏》第 50 卷,第 736 页下。
⑤ 《宋高僧传》卷二六《怀玉传》,《大正藏》第 50 卷,第 877 页下。

悔门、第四归依门、第五发菩提心门、第六问遮难门、第七请师门、第八羯磨门、第九结界门、第十修四摄门、第十一十重戒门。然后,再授观智密要禅定法门大乘妙旨。虽前已受菩萨净戒,但须重受诸佛内证无漏清净法戒,方可入禅门。入禅门以后,必须要诵陀罗尼。①

在唐代,虽然有不少的僧人和社会大众入密坛、受灌顶,但秘密戒的精神和仪轨并没有进入唐代的律宗思想系统之中。

第四节 唐代律宗的形成与发展

隋唐时期是中国佛教律学理论的繁荣时期,其最直接的结果即是被称为中国佛教八宗之一的律宗的形成。所谓律宗,即是中国佛教僧众在经过对佛教戒律精神和律藏文本长期研究传习的基础上形成的思想成果,它包括思想性的律学理论和以《四分律》为中心而凝聚起来的律师队伍两个方面的涵义。唐代律宗分为三家,即由法砺首开的相部宗、道宣开创的南山宗和怀素创立的东塔宗。

一、相部宗及其理论

1. 相部宗的形成及其发展

(1) 律宗的创立者法砺

相部宗是唐代律宗三家最早成宗者,其创立者为隋唐之际的法砺律师。

释法砺(569—635),俗姓李,原籍为冀州赵郡(今河北赵县),因祖上为官而迁于相州(即邺都,今河北临漳),赞宁列其为隋代僧人。法砺十五岁时从灵裕法师出家,受具以后从静洪津师咨学《四分律》。后又从恒州洪渊律师听集律部大义。刚满两年,即能做到对经律统略枝叶的穷讨

---

① 参见《无畏三藏禅要》,《大正藏》第 18 卷,第 942 页中—946 页上。

根源,并能博引所闻,开讲律要,两年后又往江南游学《十诵律》。隋代末年,法砺北归,因逢乱世之动乱而隐居不出,研钻律部奥义。法砺后移住相州日光寺,大弘教化。入唐之后,法砺应临漳令之请,布展法席,四方学者云集。唐代武德年中,又于临漳宣讲《四分律》,律学南山宗之开山祖师道宣也尝列其讲席,咨决疑滞①。赞宁称法砺为"一方名器、五律宗师","迷方皆俟其指南,得路咸推其乡导"。② 其生平见于唐代道宣的《续高僧传》中。赞宁的《宋高僧传》没有为法砺单独列传,其事迹散见于《圆照传》、《怀素传》、《如净传》等行文之中。

法砺前后讲《四分律》四十余遍。他认为,因为律苑浩繁,不论是律门初入者还是研律经年者,学律若不著以文记,则难解真义,因此他折衷诸说,撰《四分律疏》十卷(或开为本末二十卷)以示己见。另外,他还制有《羯磨疏》三卷、《舍忏仪轻重叙》一卷等都见重于当时。法砺的《四分律疏》是现存最早的最完备的一种《四分律》疏,它也影响到其后的几种形式的《四分律疏》和众多的行事钞疏记的写法和体例。其写法是先玄谈再细说,先总述再分述,纲目清晰,内容完整,其后律家著述大都以之为规程。法砺的《四分律疏》撰于武德元年至九年(618—626)。在律学史上,世人常将本疏与慧光、智首的两部《四分律疏》一起称为《四分律》三要疏。由于本疏上承慧光、下接智首,故被称为"中疏"。书成后,怀素律师又撰《四分律开宗记》十卷驳斥本疏而倡新说,故相对于怀素的《四分律开宗记》而言,法砺的《四分律疏》又被称为"旧疏"。

法砺以其《四分律疏》而奠定了自己的相部宗的祖师地位。由于法砺久居相州,其所开创的律宗遂被称为"相部律宗"、"相部宗"或"相部律"。

---

① 颜真卿在《抚州宝应寺律藏院戒坛记》说是"首传道宣,宣传洪,洪传法励(砺)"。参见《全唐文》卷三三八,颜真卿(三),第3422页。
② 《宋高僧传》卷一五《圆照传》,《大正藏》第50卷,第804页下。

法砺的《四分律疏》为唐代"四分律学"之相部宗的根本文献。

(2) 相部宗的师传延续

作为一代律学宗师,法砺门下的受业者很多,其中主要有昙光、道成、满意等,他们都是相部律学的重要传人。

释昙光,俗姓张,汴州人,从法砺和卫州道烁听受成教,立年则开肆讲学,盛明律藏。法砺曾叹曰:"使吾道流河右,诚此人乎!"因其素德高名,被敕住天宫寺,四方律学莫不咨询。道宣对其也有着高度的评价。①

京兆(长安)恒济寺释道成,身世不详,唐显庆年(656—660)中于都城弘演《四分律》,名震京师,文纲和怀素也都学于其门。垂拱年中(685—688),作为名德,道成应武则天之诏参与日照三藏翻译《显识》等经,与明恂、嘉尚同预证义。道成之门下有满意、定宾等著名律师,继续弘阐相部律学宗。②

满意,生平不详,受具足戒后专究律学。唐高祖武德末年,投法砺之门学相部律,后又受学于恒济寺道成。满意讲说弘律达三十年,因住于长安崇福寺之西塔,世称西塔律师,与居于同寺东塔的怀素律师齐名。赞宁称赞他为"名匠一方,南山上足"③。满意门下法嗣有大亮、定宾、玄俨、法藏、闻惠、义威、远智、全修、惠荣等十六人。法藏后成为华严宗第三祖,号"香象大师"。虽然满意没有著作留下,其学不详,但其后学光耀律门。如观音寺大亮律师随满意学律,后传越州昙一,赞宁说:"盛化之间,出龙象之资,无过意之门也矣。"④

大亮律师,事迹不详,赞宁作《宋高僧传》中仅在《满意传》和《昙一

---

① 《续高僧传》卷二九《昙光传》,《大正藏》第 50 卷,第 624 页上。隋唐两代有两个道成,都是著名的律学大家。一是隋蒋州奉诚寺道成,一是唐京兆恒济寺道成。前者讲《十诵律》,著有《律大本羯磨》诸经疏等三十六卷,后者讲习《四分律》。参见《续高僧传》卷二一《道成传》和《宋高僧传》卷一四《道成传》。
② 《宋高僧传》卷一四《道成传》,《大正藏》第 50 卷,第 791 页下。
③ 《宋高僧传》卷一四《玄俨传》,《大正藏》第 50 卷,第 795 页中。
④ 《宋高僧传》卷一四《满意传》,《大正藏》第 50 卷,第 795 页上。

传》中提到"观音寺大亮"。鉴真大师曾遍参诸学,其学相部律即是师从大亮、义威等相部门人而得。另外,大亮后传有越州昙一。

相部后学授业、传承较为复杂,不仅本部内多是不拘辈份,互相参学,许多律师更兼习道宣的南山律学,因此谱系纷繁。比如,律师文纲,先从学于道宣,后又就学于法砺的学生道成。法慎律师先学道成,后又从道成的学生怀素学律。法慎的传人释义宣曾讲道宣的《行事钞》,并请业于道宣的学生周律师之庭。

(3) 相部律学传到江东一带

经过法砺及其后学等众多律师努力,相部律学在唐至五代时曾广为流行,并南播江东一带。其中昙一律师是相部宗南传历史上的一个重要人物,对相部律学从关内之地远达江东一带起到了很大的作用。

释昙一(692—771),俗姓张,十六岁时因听云门寺茂亮法师讲经而着意出家,至中宗景龙年中其事得成,从丹阳玄昶律师受具戒,又从当阳昙胜律师学道宣的《行事钞》。开元五年(717),释昙一至长安,向观音寺大亮律师学毗尼藏,从安国寺印度沙门受菩萨戒。昙一学业囊括六籍、内学外典均有涉猎。昙一也曾随长安崇福寺满意律师传习法砺《四分律疏》,并与道宣的《行事钞》三卷详略同异,而作《发正义记》十卷斥破南山,以"明两宗之蹐驳、发五部之钤键"。开元二十五年(737),昙一东归故里。翌年,有诏置会稽开元寺,昙一入居。昙一前后讲《四分律》三十五遍,讲道宣《行事钞》二十余遍,度人十万计。昙一弟子众多,号称"三千弟子"、"八万门人"。其有名如吴郡包山神皓、润州招隐寺朗然、台州国清寺湛然、越州妙喜寺常照、建法寺清源、湖州龙兴寺神玩、宣州隐静寺道昂、杭州龙兴寺义宾、苏州开元寺辩秀、润州栖霞寺昭亮、常州龙兴寺法俊等。[①] 另外,清凉澄观等人亦曾参学于昙一门下。

润州(今江苏镇江)招隐寺朗然(724—777),俗姓魏,唐开元年中从

---

① 《宋高僧传》卷一四《昙一传》,《大正藏》第50卷,第798页上—799页上。

业于丹阳开元寺齐大师,天宝初受具于杭州华严寺光律师,后又从灵隐寺依远律师学《四分律》,后禀昙一精研律部。唐肃宗上元年中(760—761),刺史韦儇又请其为招隐统领大德。朗然以讲授之暇,"观其先列古人之义,有所不安则判断之",故号"决",则成《古今决》十卷以解释《四分律钞》。《古今决》数十万言,繁杂义例条贯甚明,大行于世。在其《古今决》之自序中说,他初依天竺威律师学习,后又就学于多位律师。朗然一生中共登戒坛二十六次,皆为坛席之主,讲律钞共二十八遍。高行弟子有清浩择言等。世人归心奉信者有御史中丞洪府、观察使韦儇、吏部员外李华、润州刺史韩贲、湖州刺史韦损、御史大夫刘暹、润州刺史樊冕等。①

越州法华山寺玄俨(675—742),俗姓徐,十二岁辞亲出家,弱冠从南山后学光州道岸律师受具戒,又从学于崇福寺满意律师和融济律师,名动京师,安国授记并充大德,后还江左偏行《四分律》。著《辅篇记》十卷、《羯磨述章》三篇,在赞宁时僧徒仍然远近传写。② 玄俨弟子有大义。释大义(691—779),字符贞,俗姓徐,会稽萧山人,十二岁请师于山阴灵隐寺,中宗时出家入昭玄寺。开元初从吴郡圆律师受具,从玄俨律师学律。大义前后登戒坛计二十七次,受戒弟子三万余人。③

另外,南方相部律师还有吴郡东虎丘寺齐翰、会稽开元寺允文、越州开元寺丹甫、杭州龙兴寺释灵一等。释齐翰(708—775),不明师传,专门弘宣相部义疏,多次主持苏湖戒坛,并为坛长。④ 释允文(805—882),字执经,俗姓朱,秀州人,二十三岁出家,即西至中京攻相部律宗,见解精微。大中初(847—859),允文东返吴越,寓开元寺,宣讲律乘,敷传经律。他常说:"夫苾刍行非家法,具足别解脱律仪、众同分,是其自性,于其形

---

① 《宋高僧传》卷一五《朗然传》,《大正藏》第50卷,第799下—800页上。
② 《宋高僧传》卷一四《玄俨传》,《大正藏》第50卷,第795页中。
③ 《宋高僧传》卷第一五《大义传》,《大正藏》第50卷,第800页上。
④ 《宋高僧传》卷第一四《齐翰传》,《大正藏》第50卷,第799页下。

色精进故,怖畏故,防守故,如是方疾得道果矣。不然,则弟子既堕,师道徒施。"允文一生共讲法砺的《四分律疏》二十七座。① 释丹甫,生平不详,初从业于身毒律师的门人亘文,赞宁说,丹甫唱导相部,从之者若玄金之就磁石一般,越地自昙一、玄俨之后,罕能追蹑者。此时,有"允文匠手,相部风行",又有丹甫使相部律"草从风偃"。②

尽管南山一宗经过诸多律师的弘传及道岸的努力,并借助唐中宗的力量,盛于江南、荆楚,但在中唐以后相当长的时间内,相部律学仍然很受僧众重视,相部宗思想仍然得到广泛的传播。即使在江浙一带,仍然有众多律师弘扬相部律学,"会稽风土,律范渊府"。以至赞宁说在唐大中、咸通年间(847—873)的越州地区,仍然是"相部风行"。一直到赞宁的时代,相部在吴越一带仍然繁荣,法嗣仍存。

2. 法砺的律学思想

法砺的《四分律疏》,对诸部广律均有所引,同时又引用了《心论》、《婆沙论》、《地持论》、《萨婆多论》、《成实论》等,但其思想主要是以《成实论》为指导。这是因为法砺认为《成实论》与《四分律》都属于昙无德部的著作,所以他引证《成实论》以解释《四分律》。

法砺的《四分律疏》卷一本末为玄谈,解释的是《四分律》的要旨、说明的律宗纲要以及戒体的色心属性、回顾律学的发展以及有制戒的因缘等,并说明了其判《四分律》的理由和方法。卷二以下则是随文解释诸条戒相和犍度等。卷二本是自正宗分至比丘四波罗夷法,释第十持犯的对治;卷二末释四波罗夷法,别解淫盗二戒;卷三本自四波罗夷法中杀戒至十三僧残法第八戒缘;卷三末释十三僧残法之余至二不定法;卷四本释三十尼萨耆法的初戒至第四戒;卷四末释三十尼萨耆法第五戒至其余;卷五本自九十单波逸提法之初戒至第二十六戒,卷五末自九十单波逸提

---

① 《宋高僧传》卷一六《允文传》,《大正藏》第50卷,第808页下。
② 《宋高僧传》卷一六《丹甫传》,《大正藏》第50卷,第808页上。

法第二十七戒至第五十八戒;卷六本自九十单波逸提法之余和第二分律比丘尼十七僧残法第七戒;卷六末自比丘尼十七僧残法第八至一百七十八单波逸提法;卷七本末释受戒犍度;卷八本释安居犍度和律衣犍度;卷八末释药犍度和瞻波犍度;卷九本呵啧犍度和遮犍度;卷九末释破僧犍度和灭诤犍度;卷第十本释尼犍度和律毗尼增一;卷第十末释毗尼增一至其余。

法砺的律学思想主要表现于其《四分律疏》之中。除去其对戒律条文的注释,他主要论述了"受随"、"作"与"无作"、戒体的"色心"属性等问题。

第一,"受随"思想。

法砺依从《菩萨地持经》之说法,以"受随"为宗。如他说:

> 戒宗有二,一曰受戒,二曰随戒。……摄受无量净戒,但"受"谓要期创发,纳法在心;"随"据持心次起,义顺于初。又受以创发故,对法要期以成;随次起故,对缘防护以立,故曰受、随二门。若无其受,则行无所起,以有受故,众行得生。若无随行,便有戒羸等失,以有随故,令受光洁。是故,须此受随二法。[1]

在法砺看来,受是为行,行必有受。纳戒之时,始从归礼,是其受门。纳戒之后,直到终尽一形,坚于二持,是其随门。从二者成因上看,第三羯磨一刹那前,判之为受,其后则为随门。从其体性上看,说相等事义通受随,作及无作是其受体。[2]

对于受随二门,他又各开为二。"受戒法门",一为受缘,一为受体。其意思是说,对于所受的同一圣法(戒律),因受戒者根性不同、男女有殊,其戒法所彰、戒行所持也有不同。受戒持戒,必借缘成。"受体"也有两者,一者作戒,二无作戒。"言作戒者,方便身口,造趣营为,称之为

---

[1] 《四分律疏》卷一本,《续藏经》第41册,第524页中、下。
[2] 同上书,第524页下。

作。""无作者,一发续现,四心三性,始末恒有,不藉缘辨,号曰无作。""随戒法门"即是个体受戒后的相状,或持戒的结果。第一是专精不犯,说上行之流,一往顺教,一旦得戒则能恶离为善,持戒不失。而一般之士,但若犯而能悔。他也同样把"持"分为两种,一是止持,一是作持。"止"即是以戒护防身口,不造诸恶;"止"而无违圣戒,顺受光洁,是为"止持"。"作"是奉顺圣教,作法作事,对事作法。"作"而顺受,即是作持。犯而能悔者,不谨之人,放纵身口,违禁起过,污本所受,此即是"犯"。"犯"也有两种,一者是"作犯",违教而行,造诸恶业;一者"止犯",不依教起善,止而有违,故名止犯。但若能惭愧追谢,虽非一往善成,然亦毁而还,令复其本,行善抑恶,亦名为持。简单地说,止持,即是停止身口意一切恶业之造作,随顺所受戒体,保其光洁。实为诸恶不作,本属规范身口不为而达止恶。反之,如若停止修持善法,违却本受戒体,当作不作,即为止犯。作持,即是如法而行,策动身口意,积极造作,以达完善戒体,众善奉行,威仪外彰。如若妄动三业,策动身口,违体犯禁,不持善业,是为作犯。①

第二,戒体思想。

戒体理论是中国佛教律学的重要理论问题。中国在陈隋之前即存在关于戒体的有无及其本体属性的争论。智𫖮和吉藏都对此有所关注。"戒体"者,本是受戒者在纳得戒律后得到的一种防非止恶的功能。因为它在通过作礼乞戒等仪式一发而得之后,无需再假造作,即能够恒常相续,故旧译成"无作"。同时,又因它外不显着,不能以"相"而得,又被新译家们译成"无表"。

尽管法砺之前,中国佛教学界已经有了戒体的理论研究,但从智𫖮所作的《菩萨戒义疏》中看,这种"戒体"还主要是指菩萨戒体,而不是法砺所说的本质上属于小乘意义上的"戒体"。由于法砺之前的其他几本《四分律疏》均已不存,所以法砺关于"戒体"的观点是很有开创意义的,

---

① 《四分律疏》卷一本,《续藏经》第 41 册,第 524 页上。

并影响到道宣的律学理论。

在宗旨上,法砺的戒体思想是宗依《成实论》,判戒体为"非色非心"。

① "作"与"无作"之分。

法砺以成实思想为主线,主张律仪善根为二种,一者为"作",二者为"无作"。而且,法砺也因之将戒体分为"作戒体"和"无作戒体"两种。他说:

> 受体者,据要而论,不出二种,一者作戒,二无作戒。言作戒者,方便身口、造趣营为,称之为"作"。二"无作"者,一发续现,四心、三性,始末恒有,不藉缘辨,号曰无作。①

法砺还依其判教中的"受随二门",而分"戒体"为"受戒体"和"随戒体",这即是:

> 所成二持,作、无作,正是随体。第二若据犯已能悔,亦有众别,能生作行,谓永断相继,还受持清净对治护者,是其因缘。僧别忏境及众法等,是增上缘,还成二戒,是随戒体。②

区分两种戒体,对持守戒律十分重要。法砺就此解释说:"若无其作,无作无所从生。若无无作,不可一形防非。故须两戒。……如上法得戒,以道力故,得无作戒。"③简单地说,之所以研究"戒体"的概念,正是为了更好地持戒。

② "作"与"无作"的先后。

至于"作"与"无作"的成就时间,法砺说,若依《心论》,似一时得,即第三羯磨竟时一念,作及无作同时成就。但是根据《萨婆多论》,初念戒为"教"(即"作")及"无教"(即"无作"),后次等生戒,但只为"无教",而不是"教",故知非一时得。他把"无作"所成分为三个时间,一者"同时无

---

① 《四分律疏》卷一本,《续藏经》第 41 册,第 524 页上。
② 同上书,第 524 页下。
③ 《四分律疏》卷一末,《续藏经》第 41 册,第 536 页上。

作",但是作俱,非今戒体;二者"果时无作",无作为二,一是作俱,二是形俱,形俱一种,方是戒体;三者果后,唯局形俱,此是戒体,以其果时为形俱故,明一时得。若依此宗,似先后故。他引《成实论》说:"问曰:云何名为无作?答:第二念须名为无作,以作戒为初念,故名无作为第二念。唯羯磨竟,所为无作,是兹戒体,前二时中位是作俱所摄。"他也引用《善生经》的说法:"作时心异,众缘和合,得名为作;以作因缘,发生无作;作已过去,唯为无作。"①

③"戒体"的色心属性。

戒体的色心属性问题,在《涅槃经》《俱舍论》《成实论》《十住毗婆沙论》等经典中都有陈述和探讨。本质上,中国律家们关于戒体的思想和理论,是对印度佛教关于色与心、作与无作等问题的延续和发展。

法砺主张"作戒体"为色法、"无作戒体"为非色非心。如他说:

> 作、无作,并色法为体,心及四相不相应法是其戒因。故论云:作及无作假色,是分别色阴。又《涅槃经》云:以是无作色因缘故,故知唯色。所以然者,良由声闻力劣,但防身口,故发戒之时,还从身口,获无作色,以防七支。故作、无作,并局是色。②

在他看来,所谓"戒(体)"为色聚,实有三种,一者,可见有对色,即色入;二者,不可见有对色,谓五根四尘;三者,不见无对色,若法入中,无作。"作戒"为前二色所收,"无作戒"为第三色摄。这即是说,身作可见为对,口作不可见为对,身口无作,俱不可见为无对。法砺认为,一切"法"如果不是属这种"三对",即是"无对"。而"无作戒"法入法界中摄,恰不是此种三对,当为无对。身作者,为色入所摄;口作者,乃为声入摄;无作,为法入所摄,因此身口二作俱是色阴。法砺说:

> 作戒所依,色灭尽已,然始续生。……作戒与所依色,同时而

---

① 《四分律疏》卷一末,《续藏经》第41册,第537页下。
② 同上书,第536页中。

生,体用相依,不既(即)不离,故用无别体。故言作戒,用色为体。①

至于"无作",法砺说:"言无作者,身动灭已,与余识俱,彼法随生,名为无作。"②无作的体性是什么呢?他说:"若(无作)以色为体,则定是色。若是色者,则是无记,故不以色为体。"③因此,他主张"无作"以非色非心为体。其一,"无作"非心。他说:"其三性心者,助业之因,非正业体。"④其意思是,因为心不相应、行阴所摄故,所以心只是助业之因,而非是业体。⑤ 其二,"无作"非色。因为色等五法均为无记,色无善恶性,但是无作却非无记,所以无作非色。又因为色等有恼坏性,而无作却无此性,故而也知无作非色。但是由于声闻者力劣,难究其详,所以只好有时假说二者俱色。⑥

3. 定宾捍卫相部律学

定宾为满意的后学,也是相部宗的重要传人。

定宾,生卒年月、籍贯均不详。赞宁仅在《宋高僧传》卷一四的《怀素传》中附出几句话。根据僧传中的相关内容和《唐大和上东征传》、《东域传灯目录》等文献,可大致知道,定宾出家受具足戒后,就长安崇福寺满意律师学律,尽得相部宗之所传,与大亮、法藏等十五人,并称满意门下上足。因此定宾既是相部宗的捍卫者,又是其后期的主要代表。唐开元二十一年(733),有日本沙门荣睿、普照等入唐求学戒律,曾奉敕在东都大福先寺(太原寺)依定宾律师学律,并得定宾为其授具足戒。显然,就相部律学影响到日本僧人这一点而言,定宾比鉴真还要早。开元二十三(735)年十一月七日,善无畏三藏入灭时,定宾律师曾监护善无畏三藏的

---

① 《四分律疏》卷一末,《续藏经》第 41 册,第 537 页中、下。
② 同上书,第 535 页下。
③ 同上书,第 537 页中、下。
④ 《四分律疏》卷九末,《续藏经》第 41 册,第 796 页上。
⑤ 《四分律疏》卷一末,《续藏经》第 41 册,第 537 页中。
⑥ 同上书,第 537 页上。

葬礼。①

怀素的新疏《四分律开宗记》撰成后,开元年中(713—741),定宾作《破迷执记》一卷,开演法砺之十六大义,以破斥东塔怀素之说。定宾并作《四分律疏饰宗义记》详解法砺的《四分律疏》。《四分律疏饰宗义记》原为十卷,现开为本末二十卷,但今本欠第一卷本、末和第九卷本、末四者,实存十六卷。另外定宾还著有《四分比丘戒本疏》二卷。上述二者今存。另外,定宾还撰有《四分律戒本疏》二卷、《因明正理门论疏》六卷等,但现已不存。

作为相部宗的重要传人,定宾对于《四分律》之名"四分"作出了说明。传统上说是因为律仪之主四度升座诵出律文,故而名之,如法砺即是如此。但定宾认为,"四诵便终一部"难以置信,事实上,《四分律》与《十诵律》和《五分律》一样,也都由其梵夹数而立名,只是夹有大小不同而已。②

定宾的《四分律饰宗义记》是为了反对怀素对法砺的批判而作的,其立论是以《婆沙论》和《成实论》等为基的。定宾虽然也从戒的受成持犯上分,但是他认为"四分律学"要有两门,若以宗求,其唯戒学:第一为受戒法门,第二为随戒行相。他撰述的逻辑思路是:破古、显今、引教证、释名义、辩相须、明教行。因为戒不孤起,起必籍缘,然后方发,所以注律者先明受戒之法。既有能发之缘,必有所发体状,所以第二即说戒体。受戒得体,必须正念护本,所以三明戒行。上品持戒,一往善成,中下之人,持心难定,所以第四要说的即是持犯。这前四门即是缘体相须,合为受门;持犯后起,合为随门。③

对于法砺依"受随二门"而分的"受戒体"和"随戒体",定宾曾这样

---

① 《玄宗朝翻经三藏善无畏赠鸿胪卿行状》,《大正藏》第50卷,第290页中。
② 《四分律疏饰宗义记》卷二本,《续藏经》第42册,第5页下。
③ 同上书,第6页中。

说:"本受戒时,誓愿离恶,受止持体;亦誓修善,受作持体。"①显然,前者,体以发止,后者,体以所作。至于两种体的来源,定宾也坚持师说:

> 若言作戒,以色为体,色唯无记,身语口业损益者,是作色者。谓色本性,是其无记。要善恶心,令身发动及起口业,方成损益,始是作色。②

而且定宾还指出,"无作体"只通善恶二性,而"作体"通善、恶、无记三性。所谓"作",取当时色心为体,因为其为心,所以不说有作体。因为"无作"非心,得籍方便而说有。

定宾之后,相部律虽然也流传了当长的时间,间有习者,但已无中流砥柱之作问世。

二、南山宗律学思想及其发展

1. 南山宗的创立及其传承

(1) 道宣创立南山宗

南山律宗的创立者为道宣律师。释道宣,俗姓钱,浙江吴兴人,或云丹徒人,生于隋开皇十六年(596)。道宣十五岁厌俗,十六岁落发(一说十七岁落发),二十岁从智首受具戒,后曾从智首律师习律。武德四年(621)再依智首律师学律。贞观年间,玄奘回国后在长安组织译经,太宗皇帝诏准正义十二大德、缀文九大德协助玄奘,道宣曾应诏参与玄奘的译场。道宣曾住过长安崇义寺、终南山白泉寺,以及净业寺、丰德寺、西明寺等。显庆三年(658),道宣被敕任长安西明寺上座。

道宣持律严谨,三衣唯布,常坐一食,在当时即赢得了社会僧俗的崇敬,美名天下。玄奘、窥基、圆测、道士孙思邈等都与道宣律师交往甚密,文宗大和年间,甚至有西天竺无畏三藏在天竺时就曾听过西明寺宣律师

---

① 《四分律疏饰宗义记》卷三末,《续藏经》第42册,第62页下。
② 《四分律饰宗义记》,《续藏经》第42册,第24页上。

秉戒持律第一的美名,而专程依止。① 在北宋大中祥符五年(1012),也有天竺酤兰古国刹帝利种沙门觉称,不远数万里来华,"欲礼宣律师塔"以为敬意。②

道宣坐化于乾封二年(667)十月三日,终年七十二岁,僧腊五十二。道宣在中国佛教历史中有着崇高的地位,在他示寂后,唐高宗曾诏令天下寺院图形道宣塑像,以为典型。大历二年(767),唐代宗专门对其进行褒奖,敕令每年从宫内中送西明寺道宣师堂香一盒,以为国焚之祷祝。唐懿宗咸通十年(869),左右街僧人令霄、玄畅等上表乞追赠,其年十月敕谥道宣曰"澄照",塔号"净光"。③ 唐穆宗也曾下昭赞曰:"代有觉人,为如来使。龙鬼归降,天人奉事。声飞五天,辞惊万里。金乌西沈,佛日东举。稽首皈依,肇律宗主。"④在律宗后学中,道宣也赢得了极大的尊重。宋代孤山智圆法师曾应兜率择梧律师之请作《南山祖师礼赞文》,宋允堪也述有《南山祖师礼赞文》。

道宣对其后中国佛教的发展影响很大。对于道宣的思想贡献,日僧凝然即曾有如下的评价:"大乘教理穷尽玄旨,造《法华疏》弘敷一乘,开演涅槃弘生宗,讲《楞伽经》显唯识义,达摄大乘示圆通理,论穷《成实》,律以弘《四分》,纲纪偈教,住持遗法,立教开宗,出体示用。"⑤

道宣最著名的著作是《四分律删繁补阙行事钞》(通常被简称为《行事钞》),他正是以之创开律宗的。由于道宣所居久在终南山,故后世号其学为"南山律宗"。

(2) 道世与《法苑珠林》

道世(?—683?),又被称为世道,俗姓韩,字玄恽,因避太宗李世民

---

① 《宋高僧传》卷一四《道宣传》,《大正藏》第 50 卷,第 791 页中;以及《佛祖历代通载》卷一二,《大正藏》第 49 卷,第 582 页上。
② 《释氏稽古略》卷四,《大正藏》第 49 卷,第 863 页中。
③ 《宋高僧传》卷一四《道宣传》,《大正藏》第 50 卷,第 791 页中。
④ 《南山律师赞》,《全唐文》卷六七,第 712 页。
⑤ 《律宗纲要》卷上,《大正藏》第 74 卷,第 8 页下。

讳，多以玄恽行世。道世十二岁于长安青龙寺剃度出家。隋大业年中从弘福寺智首受具足戒。显庆年中(656—660)，道世曾参加玄奘译场的工作，后来又奉召与道宣同住西明寺，与道宣一同弘扬律学。道世重要的律学著作是《毗尼讨要》，又被称为《四分律讨要》或《四分律僧尼讨要略》，其在《法苑珠林》卷一〇〇中说著有《四分律讨要》五卷，但今本共三卷，现开为本末六卷，分四十章。《毗尼讨要》以解释《四分律》为中心内容，旁通诸部律，阐发研究律藏精神。他在自序中说，该书"上三十五章，通戒僧尼，时有异同，并子注甄别。下有五章，偏勖尼众，今所撰者，以《四分》为宗，若此文不足，则用诸部补阙"①。

除去《法苑珠林》一百卷外，道世的主要著作还有：《善恶业报》和《信福论》共二十三卷，《大小乘禅门观》及《大乘观》共十一卷。《受戒仪式》和《礼佛仪式》共六卷、《四分律讨要》五卷、《四分律尼钞》五卷、《金刚经集注》三卷，共十部一百五十三卷。② 但其中除去《法苑珠林》和《四分律讨要》外，其他均不在。

道世对中国佛教的贡献主要有两个方面。第一，道世作为一代名师，与道宣一起弘传律学，"时道宣律师当涂行律，世且旁敷，同驱五部之车，共导三乘之轨。人莫我及，道望芬然"③。显然道世也是南山律学的重要开创者之一。在其《法苑珠林》卷八八、卷八九中，道世列有"五戒部"、"八戒部"和"十善部"、"三聚部"。在其中，道世通过汇集和"述意"而表达了自己的戒律观。道世也有着把佛教戒律与儒家礼仪相比的倾向。如他说："夫世俗所尚，仁义礼智信也。含识所资，不杀盗淫妄酒也。虽道俗相乖，渐教通也。故发于仁者则不杀，奉于义者则不盗，敬于礼者

---

① 《毗尼讨要》，《续藏经》第 44 册，第 308 页上。
② 《宋高僧传》卷四《道世传》，《大正藏》第 500 卷，第 726 页下。《大唐内典录》说其著作为七部一百三十一卷，即《敬福论》十卷、《略敬福论》二卷、《大小乘观门》十卷、《法苑珠林》一百卷、《四分律僧尼讨要略》五卷、《金刚般若经集注》三卷、《百愿文》一卷。见《大唐内典录》卷五，《大正藏》第 49 卷，第 283 页下。
③ 《宋高僧传》卷四《道世传》，《大正藏》第 50 卷，第 726 页下。

则不淫,说于信者则不妄,师于智者则不酒。斯盖接化于一时,非即修本之教。修本教者,是谓正法。"①

第二,道世对中国佛教的最大贡献即是他于总章元年(668)编就的《法苑珠林》一百卷,此为中国佛教史上重要的佛教百科全书。可能正是他一百卷《法苑珠林》的出色贡献,赞宁才将其列入《宋高僧传》卷四的"义解篇"中,而没入"明律篇"。《法苑珠林》是类书体,他借鉴了南朝梁时沙门僧旻、宝唱的《经律异相》的体系,先成《诸经要集》。内容为从佛经中抄出的一千条材料,分三十部一百八十个余目。后来,他又在此基础上扩充成《法苑珠林》,分一百篇,篇下有部。本书博记名物典故,引用儒释道典籍达四百多种,因而得以保存了诸如《佛本行经》、《菩萨本行经》、《观佛三昧经》、《善权经》、《净度三昧经》等五十二种珍贵的佚文和史料。

(3) 唐代南山宗的主要后学

南山后学中,著名的弟子很多,有的虽然没有新的理论创建或著作传世,但在弘传广布南山律宗思想方面作出了很大贡献。

《宋高僧传》说道宣门下有受法传教弟子"千百"人。② 有唐一世,见于《宋高僧传》中,著名的或有传可证弟子或再传弟子即有大慈、秀律师、灵崿、文纲、道岸、名恪、融济、玄俨、志鸿等。他们广布师说,至于晚唐五代间的一段时间,南山一宗风行更广。

大慈为道宣亲度的律师,住西明寺,撰有《行事钞记》。他也认为是目前所知研究道宣《行事钞》的第一人。③

秀律师,在南山律学史上被奉为南山律宗第二祖,齐安人,生卒不详,寿逾七十。自幼出家,初师事蜀郡兴律师出家,学律四年,又依道宣学律深造达十六年,并以智首律师的《四分律疏》为本,综合诸说作《行持

---

① 《法苑珠林》卷八八,《大正藏》第 53 卷,第 926 页下。
② 《宋高僧传》卷一四《道宣传》,《大正藏》第 50 卷,第 791 页上。
③ 参见[日]佐藤达玄《戒律在中国佛教的发展》(上册),释见憨、钟修三、欧先足、林正昭译,第 424 页。

钞记》而成一家之言,其后游化黄州与安州一带。其弟子著名者有贞固律师。① 贞固律师,曾取梵名娑罗笈多,年二十多岁出家,后总涉律纲,随秀律师学习三载,端心读道宣律师文抄,并至襄州求学于善导,垂拱年中迁桂林,曾在番禺等地宣讲律学九年。永昌元年(689)结伴赴印度求法而至于南海佛逝国。三年后回到广州,宣扬律学,后病逝于此地。②

京师崇圣寺灵崿律师,生卒年均不详。乾封中于西明寺躬预道宣律师法席。他学无常师,曾从文纲、大慈学律,并随讲收采所闻,号之曰《记》(《行事钞记》),以注解道宣律师的《行事钞》。赞宁说,造义章以释《行事钞》,大慈与灵崿为其最早者。大慈与灵崿又别撰《轻重诀》,被时人援引以解道宣的《量处轻重仪》,但至宋代赞宁时已经不存。③

京师章信寺道澄律师(？—803),俗姓梁,京兆人,父亲曾为中书舍人,出家时即是瓶锡常随,冥合律范,被人称为"律沙弥",受具之后遍听南山律学。道澄曾于贞元二年(786)二月八日为唐德宗于寺中授菩萨戒,贞元五年(789)德宗皇帝又至其寺问修心法门,并敕其为妃主嫔御受菩萨戒。④

京师崇圣寺文纲(636—727),俗姓孔,会稽人。十二岁受具戒,从京兆沙门道成律师禀毗尼藏,并曾得到道宣律师的亲授。文纲二十五讲律,三十登坛,一生累历名蓝二十余所,刺血书经六百卷,从其受具者近数千人,唐中宗也事以师礼。中宗景龙年中,文纲又被敕入乾陵宫,为二圣内尼讲《四分律》。先天元年(712),文纲为睿宗授菩萨戒。文纲示寂后,滑台太守李邕为其撰碑铭,言其"不忝怀素前,不惭宣师后"⑤。《释氏稽古略》卷三、《百丈清规证义记》卷七等以文纲为道宣之后的南山宗第二祖师。文纲主要弟子有淮南道岸、蜀川神积、岐陇慧颠以及京兆神慧、

---

① 《宋高僧传》卷一四《秀律师传》,《大正藏》第50卷,第794页下。
② 《大唐西域求法高僧传》卷下,《大正藏》第51卷,第10页中。
③ 《宋高僧传》卷一四《灵崿传》,《大正藏》第50卷,第795页上。
④ 《宋高僧传》卷一六《道澄传》,《大正藏》第50卷,第806页中。
⑤ 《宋高僧传》卷一四《文纲传》,《大正藏》第50卷,第792页上。

思义、绍觉、律藏、恒暹、崇业等五十余人。另有淄州名恪律师,精执律范曾随道宣学律,亲问《行事钞》序义,后也曾就学于文纲。

释道岸(654—717),俗姓唐,颖川(河南许昌)名族之后,永嘉南渡迁于光州,早年曾游学江淮洙泗一带,后讨论百家,研习三教多年。落发后修律仪,入禅慧,登座讲律。道岸为文纲律师的高足弟子,其对南山律学的最大贡献即是请皇帝墨敕执行南山律宗,使之盛于江淮。① 唐中宗赞道岸道:"戒珠皎洁,慧流清净,身局五篇,心融入定,学综真典,观通实性,维持法务,纲统僧政,律藏冀兮传芳,象教因乎光盛。"②道岸律师是道宣之后南山律学的重要推动者,他"命世挺生,天下四百余州以为受戒之主"。其弟子杭州义威律师"声振四远,德流八纮",诸州亦以为受戒师。③道岸的后学中世有高名者还有鉴真律师。

越州法华山寺释玄俨(675—742),俗姓徐,证圣元年(695)出家,弱冠之岁随道岸咨受具戒,后游上京学律于名家,从南山律学的高足崇福寺满意律师、融济律师学律。后还江左偏行《四分律》,建置戒坛,招集律行,宴坐不出达三十载。玄俨有三千门人、五百弟子,皆承般若之深法受毗尼之密行。玄俨著有《辅篇记》十卷、《羯磨述章》三篇,至赞宁时僧徒远近仍在传写。④

志鸿律师,与道宣同籍同姓,湖州长城(浙江)人,俗姓钱,本名俨,生卒年不详,据说活了一百零八岁,被敕署为长寿大师。志鸿先依保茂苑道恒律师研习《行事钞》,与昙清、省躬诸师相互切磋。因"慊先德释南山钞,商略不均,否臧无准",志鸿律师乃广搜大慈、灵崿以下四十余家之记钞精义而撰有《四分律搜玄录》二十卷(今仅存二卷余)。唐代宗大历(766—779)年间,华严宗四祖澄观并为本录作序。⑤

---

① 《宋高僧传》卷一四《道岸传》,《大正藏》第50卷,第793页下。
② 《林光宫道岸法师像赞》,《全唐文》卷一七,第212页。
③ 《游方记抄(七)·唐大和上东征传》,《大正藏》第51卷,第992页中。
④ 《宋高僧传》卷一四《玄俨传》,《大正藏》第50卷,第795页中。
⑤ 《宋高僧传》卷一五《志鸿传》,《大正藏》第50卷,第801页下。

另外唐时还有一些律师没有亲沾道宣法席,但都就学于南山名家,仍然是重要的南山宗律师,如清彻、省躬和义宣等。

释清彻,不详生平,初从吴苑开元寺北院道恒律师学律,宪宗元和八年(813),聚诸家要义,以解南山钞,号《集义》二十卷。至赞宁时,豫章、武昌、晋陵一带的讲士多讲其著。① 扬州慧照寺释省躬,不详生卒时间,著有《顺正记》十卷和《分轻重物仪》别行,沿袭十三章门,条例外加当世物之重轻,颇为要用,被称为"淮南记主"。② 常州兴宁寺义宣,晋陵(今江苏常州一带)人,不详生平,活动于唐天宝末年。出家后孜于律科,探究毗尼。初从扬州法慎学习法砺律学,受到法慎的叹赏。义宣讲终南事钞,又请业于周律师之庭,考核尤精。义宣因嫌融济等人的钞疏有瑕,而作《折中记》六卷以解之。③

(4) 南山宗律学的传播

由于唐宋以降,南山律学独盛,所以严格地说,其后南山律学即成为中国律学的主体。在某种程度上,南山律学成为中国律学的代名词。历史上,南山律学的传播有着两个层次的意义,一是《四分律》的传播与普及,二是以道宣《行事钞》为代表的南山律学思想的流行和普及。道宣之后,《行事钞》基本上成为中国律学的理论中心和灵魂。

《行事钞》撰成后,开始即盛行于长安及其附近地区。道宣弟子文纲和文纲弟子道岸后来到了南方,这样,南山律学的传播也就自北而南传播开来。当然,这种传播是缓慢的,从地域上说也是不同步的。道宣的律学首先是在京畿得到流传和研习,江南即因早年盛行《十诵律》,在道宣入灭后的半个世纪仍然是《十诵律》盛行,所以《四分律》被之为晚,"四分律宗"的流行也比北方为后。《四分律》广泛地流行南方与唐中宗的支持有关。中宗对佛教义理和戒律都很重视,不仅多次受菩萨戒,而且对

---

① 《宋高僧传》卷一六《清彻传》,《大正藏》第 50 卷,第 806 页下。
② 《宋高僧传》卷第一五《省躬传》,《大正藏》第 50 卷,第 802 页下。
③ 《宋高僧传》卷第一五《义宣传》,《大正藏》第 50 卷,第 800 页中。

听习《四分律》也有热情,他曾请文纲律师于宫中坐夏,并与内尼等听讲《四分律》一遍。① 正是道岸请得唐中宗墨敕,在江淮间推行南山律宗,使最后奉持《十诵律》的东南一带,才多改奉"南山律学"。② 由此可知,《行事钞》从写出到流布、从盛于河洛地区到流行江南荆楚,南山律学经历了大约一百年的时间。

经过长时间的传播,唐中期以后,南山宗才逐渐确立了自己在律学上的主导地位,南方律院中僧人专门讲述《四分律》和道宣律学的律僧越来越多。如,吴郡破山寺常达(801—874),游学江淮诸胜寺,后专讲南山律钞。③ 甚至南方出现了讲授《行事钞》的专家。南山律宗后来也传到了四川地区,如曾有阆州法融禅师(747—835)"习讲《南山律钞》"。④ 因此赞宁说:"贞观以来,三辅、江、淮、岷、蜀多传唱之。"⑤从那以后,南山律学,绵延不断,影响至今。"天下言行事者,以南山为司南矣。"⑥它深入中国佛教的深层之中,影响中国南北汉传佛教界。

道宣及其著述、思想其后也远播异域。唐天宝末,鉴真东渡时将《行事钞》等南山律学著作传入日本,随开日本律学之风,研究注疏者甚多。加上其后又传入元照的《四分律行事钞资持记》等,促进了日本律学的发展。1686 年日僧慈光、瑞芳等将《行事钞》与《四分律行事钞资持记》、《四分律行事钞科》会合,题名《三籍合观》,分为四十二卷刊行。

2. 南山律学的主要撰述

从撰者身份上说,唐代南山律学的主要撰述分为两类,一类是其开宗者道宣的著作,一类是道宣的门人及其后学的著作。

---

① 《宋高僧传》卷一四《文纲传》,《大正藏》第 50 卷,第 792 页上。
② 《宋高僧传》卷一四《道岸传》,《大正藏》第 50 卷,第 793 页下。
③ 《宋高僧传》卷一六《常达传》,《大正藏》第 50 卷,第 807 页下。
④ 《锦江禅灯》卷一六,《续藏经》第 85 册,第 204 页上。
⑤ 《宋高僧传》卷一五《如净传》,《大正藏》第 50 卷,第 801 页上。
⑥ 《宋高僧传》卷一六《论律》,《大正藏》第 50 卷,第 815 页下。

(1) 道宣的主要著作

道宣一生功业勤奋,学识渊博,博览众经,学无常师,著作种类繁多,卷疏浩繁。从其内容上分,其撰述略为下面几种类别:

① 律学类基本著作

其中尤以被后世称为"南山三大部"或"南山五大部"的几种著作为代表。"南山三大部"是指《四分律删繁补阙行事钞》、《四分律含注戒本疏》和《四分律删补随机羯磨疏》。若加上《四分律拾毗尼义钞》和《四分比丘尼钞》则称为"南山五大部"。它们为我国传统"四分律宗"的根本典籍。

"南山三大部"是道宣律学思想最集中的体现,也是后世律宗理论的根本所依。

第一,《四分律删繁补阙行事钞》。

《四分律删繁补阙行事钞》,历史上律家常简称为《钞》、《行事钞》、《南山钞》、《终南事钞》或《南山律钞》等,是道宣最有名的律学著疏。本书初稿成于唐武德九年(626)终南山丰德寺,时年道宣三十岁,思想也已经基本成熟。正是本书的撰成,标志着南山律宗思想体系的基本形成,道宣其后的思想都是本著作思想的发挥和延伸。四年后,道宣又对其作了进一步的修订。本钞初为三卷,后为六卷,今本开为十二卷,共三十篇。在本钞序文中,道宣说明了该钞的结构体系为"上卷则摄于众务,成用有仪;中卷则遵于戒体,持犯立忏;下卷则随机要行,托事而起"。① 道宣作《行事钞》正是为了对诸多律藏进行贯通,以达时用。

所谓"补阙",即是以其他部经律论之文补充《四分律》的阙义。其作法是:

> 随其乐欲,成立己宗。竞采大众之文,用集一家之典。故有轻重异势,持犯分涂,有无递出,废兴互显。今立《四分》为本,若行事

---

① 《四分律删繁补阙行事钞·序》,《大正藏》第40卷,第1页中。

之时必须用诸部者不可不用。①

所谓"钞",即是"撮略正文,包括诸意","每所引用,先加覆捡。于一事之下,废立意多,诸师所存,情见繁广,今并删略,止存文证"②。所谓"行",其意有三:一为"众行",摄僧统众的事,为《行事钞》上卷十二篇所述;二为"自行",说自修持犯之要,在《行事钞》中卷四篇中叙述;三为"共行",其所言通于僧众及个人,在《行事钞》下卷十四篇中论述。道宣作钞本正是为成就此"三行",故名为"行事钞"。

道宣在《行事钞》的序中,首开撰述宗旨,然后以"十门"为纲分别说明撰述义例,如是十门详明其纲领、体相和细目。最后以"三行"之法统摄全书。显然,道宣的目的主要是以《四分律》为根本,以大乘为旨对《四分律》内容和精神的删繁补漏。

由此可见,《行事钞》是一部以《四分律》为中心、摄三藏之精要、达实用之功效的律宗著作。道宣在此书中,对于戒律条文以及各律不尽一致之处,广引诸经论以及《摩诃僧祇律》、《五分律》和《十诵律》等律本加以证之,并结合中国长期以来所行之法而加以完善。其所"钞",是在广征博引的基础上而成;其所"补",是在完整掌握佛教律学要义的基础上结合中国僧众的历史和所为而成。本钞以三卷的篇幅,广摄《四分律》六十卷中所言的事相行法,并对《四分律》的二部戒和二十犍度的内容归纳排列,使其方便学者披阅检索。因此,《行事钞》以其博大精深的内容和体系奠定了律宗形成的基础。在体例上以事类为提纲,归纳排列,与其他注释书的体例完全不同。

《行事钞》在南山宗的形成和发展中所起到的作用最大,是律宗思想的奠基性著作之一,也是道宣的第一部重要著作,它奠定了道宣的律学思想基础。可以说,后世"南山律学"甚至"律宗"的历史都是围绕着这本

---

① 《四分律删繁补阙行事钞·序》,《大正藏》第40卷,第2页中。
② 同上书,第3页下。

著作展开的,其后注家之理论也不出《行事钞》之圭臬。《行事钞》更是南山宗的标准教科书和无尽的宝藏。据统计,在《行事钞》中,道宣引用了大量的经典和注疏,计有:经九十种,诸律、疏、注和戒本计二十三种,各种论、传七十种。①

第二,《四分律含注戒本疏》。

《四分律含注戒本疏》又常略名为《四分含注戒本疏》、《戒本疏》或《戒疏》,本疏作于贞观八年(634),是道宣为自己的《四分律含注戒本》而作的注疏。永徽二年(651)又加以重修,今本为八卷。

道宣的《四分律比丘含注戒本》或称为《四分含注戒本》,共三卷,作于贞观四年(630),是道宣为后秦时佛陀耶舍译的《四分僧戒本》的重新整理。在此之前,有曹魏时传入中国的古本《四分戒本》。后秦时佛陀耶舍译出《四分律》时,又对戒本重新校正,卷首加归敬偈。其后北魏慧光律师又对其进行删定,沿用至隋唐。但道宣认为其滥罔前修,翳昏后学,所以他才重新"依律本具录正经,仍从佛解即为注述",以使初后学者便于遵守。②

《戒本疏》主要体例是将所释之含注戒本自四分广律中抽出条文,附上制戒因缘及字句之略释而成。本书先略说佛陀制戒之本意和神通、说法、忆念三轮中之部属、尸罗、波罗提木叉、毗尼等之名义,以及诸部律藏之种别、戒本之题名、诸广律之传来情形等;其次随释含注戒本之文,设立广教行法和略教行法二分,并各立序分、正宗分、流通分三段,更以细科分别之。其中,广教行法指二百五十戒之正文,占戒本之大部分;略教行法则指附于其末过去七佛之略戒。

《戒本疏》在后世有众多注家,其著名的疏、记为宋代元照的《四分律含注戒本疏行宗记》,而《戒本疏》也被分散于元照的《四分律含注戒本疏

---

① [日]佐藤达玄:《戒律在中国佛教的发展》(上册),第145—155页。
② 《四分律比丘含注戒本·序》,《大正藏》第40卷,第429页中。

行宗记》中。

第三,《四分律删补随机羯磨疏》。

《四分律删补随机羯磨疏》,又略称为《四分律羯磨疏》、《羯磨疏》或《业疏》,于贞观二十二年(648)撰于终南山丰德寺,是为其《四分律删繁补阙羯磨》所作的疏。

《四分律删补随机羯磨》又称《四分删补随机羯磨》、《四分律羯磨》、《昙无德部四分律删补随机羯磨》或《昙无德随机羯磨》,初为两卷,成书于贞观九年(635,一说八年),系道宣采自《四分律》中有关戒律的羯磨法,再依诸部毗尼,采撷要义删补而成。"随机"即是努力以《四分律》的内容和精神来顺应中土社会广受欢迎的大乘机缘。其内容计分十篇,即卷上的集法缘成篇、诸界结解篇、诸戒受舍篇,卷下的衣药受净篇、诸说戒法篇、诸众安居篇、诸众自恣法篇、诸衣分法篇、诸罪忏法篇、杂法住持篇。卷下之末又附有《老病比丘畜杖络囊乞羯磨文》、《著者后批》、《十诵律受三十九夜羯磨文》、《十诵律受残夜法》、《僧祇律二十七事讫羯磨文》等。

贞观二十二年春,应旧知之请,道宣又于终南山丰德寺,针对此羯磨中所提到的问题和未尽之事项进行了理论发挥和注疏,遂成《四分律删繁补阙羯磨疏》两卷,后又增修为四卷,今本为八卷。《羯磨疏》有玄学化的理论,也有具体化的戒条。内容有集法缘成、诸界结解、诸界受法、衣药受净、诸说戒法、诸众安居、诸众自恣法、诸衣分法、忏六聚法、杂法住持十篇。

《羯磨疏》在后世注家众多,其著名之疏、记有宋代允堪的《四分律随机羯磨疏正源记》八卷、《四分律羯磨疏科》四卷,元照的《四分律羯磨疏济缘记》二十二卷等。

第四,《四分律拾毗尼义钞》。

《四分律拾毗尼义钞》又简称为《析义钞》或《集义钞》,原为三卷,后开为六卷,但宋代之后,后二卷即已不存,现仅有上、中四卷。本钞撰于贞观元年(627),是道宣在作《行事钞》时对于诸律家所作的不适合新学比丘行事内容的解释,另作《拾毗尼义钞》以收录而成文。自卷上至卷中,共有毗尼大纲、起戒差别等十四段。今文卷首有元照之序。本钞著名注疏有宋代允堪的《四分律拾毗尼义钞辅要记》六卷、元照的《四分律拾毗尼义钞科》一卷等。

第五,《四分律比丘尼钞》。

《四分律比丘尼钞》又略称为《比丘尼钞》,道宣撰于贞观十九年(645),初为三卷,贞观二十二年(648)增修为四卷,今本六卷三十篇。道宣在本钞中研究了《四分律》中的比丘尼之诸禁戒,叙其枢要而成,自劝学、释聚、结界、集聚,以至二衣、杂要等。

② 律学类其他著述

道宣的律学类其他著作主要为撰、述、辑等,这大都是涉及僧众日常行为的典仪或法度的文字。如《净心戒观法》两卷、《律相感通传》一卷、《教诫新学比丘行护律仪》一卷、《净心诫观法》二卷、《四分律含注戒本》、《四分律删补随机羯磨》两卷、《戒坛图经》一卷、《鸣钟轨度》一卷、《沙门章服仪》一卷、《量处轻重仪》二卷、《释门归敬仪》二卷、《删定四分僧戒本》一卷。上述诸文,《删定四分僧戒本》一卷,是道宣于贞观二十一年(647),在终南山丰德寺参校佛陀耶舍所译《四分僧戒本》三本删定而成,盛行于唐懿宗大中和北宋宣和年间,南宋以后散佚,其他著作现今仍存。

③ 佛教史传类、目录学类其他著作

除律学著作外,道宣还以其高质量的史学著作卓然于中国佛教史中,其最突出的佛教史传著作即为《续高僧传》三十卷、《广弘明集》三十卷和《大唐内典录》十卷。其他还有《集古今佛道论衡》四卷、《道宣律师感通录》一卷、《集神州三宝感通录》三卷、《释氏略谱》一卷、《释迦方志》二卷、《续大唐内典录》一卷、《中天竺舍卫国祇洹寺图经》一卷等。

另外道宣作有经序类著作,如《妙法莲华经弘传序》。

道宣著作目录,诸家互出不同。道宣在逝世前三年麟德元年(664)

撰的《大唐内典录》卷五列为集、论、录、记、序、仪等共十八部一百一十卷,《宋高僧传》卷十四说有二百二十余卷。宋代元照时藏录中有一百零四卷。

道宣著作众多,但佚失不少,到了北宋时有许多元照也都见不到了,仅存篇目。有的元照时还存,如《结集正教住持遗法仪》六卷,当时在杭州祥符贤圣寺还藏有其本,但今天不见。① 元照根据他能见到的著述,把道宣的著作分为五类:"宗承律藏部",共有二十一种(元照称为"件"),合三十七卷,支开有五十九卷;"弘赞经论部",七种,共六十四卷;"护法住持部",十五种,合七十六卷;"礼敬行仪部",四种,共六卷;"图传杂录部",十四种,共八十四卷。总共五十七种,共计二百六十七卷。②

(2) 道宣门人及后学的律学著作

道宣著作众多,但其中最受后世律家后学推崇和重视的即是他的《行事钞》。《行事钞》撰成后,道宣也曾亲自为其弟子讲授,同时,其弟子对本书也皆尽力弘传。他们在研习传讲《行事钞》时记录所闻,加以所思而成注疏,此即为历史上常说的《行事钞》六十余家注中最初的重要的几家。而且,《行事钞》也为当时律匠所共传诵,并盛行三晋江表。在慧显的《行事钞诸家记标目》中载有六十二家。根据戒月改录的《行事钞诸家记标目》,唐代《行事钞》的注疏有如下多种:③

京兆光明寺智仁,著有《行事钞记》,十卷

会稽云门寺灵澈,著有《行事钞引源记》,二十一卷

京师西明寺大慈,著有《行事钞记》(记名未考),卷数未考

龙兴寺恒(弘)一,著有《行事钞记》,卷数未考

荆州昙胜,著有《行事钞当阳记》,卷数未详

蒲州融济,著有《行事钞记》(记名未详),卷数未详

---

①② 此处参见《芝苑遗编》卷三,《续藏经》第 59 册,第 648 页下—650 页下。
③ 参见《行事钞诸家记标目》,《续藏经》第 44 册,第 303—305 页。据戒月所言,本表最初二律师不在"行事钞六十家"之内。

泉州道深,著有《行事钞记》,卷数未详

湖州崇福,著有《行事钞西河记》,卷数未详

崇圣寺灵崿,著有《行事钞记》(记名未考),卷数未详

湖州智海,著有《行事钞记》(记名未详),卷数未详

湖州法琳,著有《行事钞记》(记名未详),卷数未详

苏州开元寺道恒,著有《行事钞记》,十卷

志明,著有《行事钞今古记》,十卷

志嶦,《行事钞圆成记》十卷

杭州法俨,著有《行事钞富阳记》,十卷

苏州法兴,著有《行事钞支硎记》,卷数未考

越州法华寺玄俨,著有《行事钞辅篇记》,十卷

会稽开元寺觉胤,著有《行事钞发正记》,十卷

常州兴宁寺义宣(义超),著有《行事钞折中记》,十卷

志相,著有《行事钞会正记》,卷数未详

润州招隐寺朗然,著有《行事钞古今诀》(或为《慈和记》),十卷

清法,著有《行事钞关要记》,十卷

润州惟倩,著有《行事钞集正记》,卷数未详

慧超,著有《行事钞记》(记名未考),六卷

杭州辩常,著有《行事钞记》(记名未考),七或六卷

西京禅定寺义威,著有《行事钞灵山记》,卷数未考[①]

杭州华严寺大觉,著有《四分律钞批》(或:《华严记》),十四卷

吴郡双林寺志鸿,著有《行事钞搜玄录》,二十卷

扬州慧照寺省躬,著有《行事钞顺正记》,十卷

通立寺常进,著有《行事钞通玄记》,卷数未考

乾素,著有《行事钞记》(记名未考),六卷

[①] 一说"钞记六卷",不知是否为同一人。参见《新编诸宗教藏总录》卷二,《大正藏》第55卷,第1173页下。

昙庆，著有《行事钞记》（记名未考），四卷

卫岳寺昙清，著有《行事钞显宗记》，卷数未考

钟陵龙兴寺清澈，著有《行事钞集义记》（或《后堂记》），二十卷

广雄，著有《行事钞记》（记名未考），卷数未考

智璀，著有《行事钞记》（记名未考），十卷

总持寺法宝大师玄畅，著有《行事钞显正记》，十卷

京兆从志，著有《行事钞继宗记》，卷数未考

秀州德圆，著有《行事钞记》（记名未考），卷数未考

越州开元寺丹甫，著有《行事钞记》（记名未考），卷数未考

湖州仲平，著有《行事钞记》（记名未考），卷数未考

这些律学著作对于道宣思想的普及以及《行事钞》的扩大影响起到了重要的推动作用。其中苏州开元寺的道恒是其中的主要代表，志鸿、省躬、常进、乾素、昙庆、昙清、清澈、广雄、智璀都出于其门下。

3.道宣的判教理论

道宣十分重视律学对修行的指导作用，既重视戒律的实用化、强调如法修行，又注意到中国的具体情况。他主张律仪博要，行事谋猷，图传要显于时心，钞疏以开于有识。所以他不论或注或解，引用寄于前经，但其时抑时扬，都专门在于成务。这一切都在他的判教思想中得到体现。

广义上，道宣的判教理论包含四个层次的内涵：一是通过"化教"与"行教"相分，对佛教三藏作出整体的判释；二是通过"四分通大乘"的理解对戒律进行大乘属性的定位；三是确立了"唯识通四位"的思想；四是判一代佛法为"三教"与"三宗"思想。另外，道宣所开创的律宗"四科"理论对佛教戒律作出的结构和系统的重新理解，事实上也是一种判教思想。这种由大而小、由外而内、由具体到抽象的独具特色的律宗判教，不仅成为道宣律学思想的主体，也是中国律宗得以创建的理论和思想基础，在理论上宣告了南山宗的形成。

(1)"化教"和"行教"

道宣在隋唐时诸家判教思想的基础上,继承了佛教义学传统,对一代教法以"化教"和"行教"分之。他说:"有人言三轮所设,言通于理。今以化行二教,用分诸藏。"①所谓"化教",是"通于道俗,但泛明因果,识达邪正,科其行业,沈密而难知,显其来报,明了而易述"。而"行教"则是"唯局于内众,定其取舍,立其纲致,显于持犯,决于疑滞。……谓内心违顺,托理为宗,则准化教;外用施为,必获身口,便依行教"②。

简单地说,道宣把属于教理方面的大小乘经论称为"化教",因为它们是如来教化众生,令得禅定及智慧的教法。其理能通化道俗,开悟众生,所以叫作化教。它们在三学中是定慧法门,其经典如四阿含等经论,因为此经论说因果、讲因缘、明解脱、达涅槃。化教的对象不分内外,通于道俗。言说行持轨仪方面的戒律典籍称为"行教"。如来制行教正是要以其戒饬教内众生、控制行为,以成就教法,内容为《四分律》、《五分律》和《十诵律》等诸律所诠的戒学法门,也即是毗尼藏之所诠。此种律仪,唯制内众,制其非戒行以达善律仪,以成戒行,所以又叫作"行教"。因其能制止邪非,"如诸性戒体与理违,纵佛不制,世俗常禁。教由制兴,故名制教"③。

道宣又从不同的角度将律藏"以五例分之"。其一,以遮性往分性恶,则通于化教和制教。遮戒因过便起,性戒文缓而义急。其二,以开制往征,教则通于二世,制已更开,开已还制,是未来教。如《五分律》即是如来在世之教。二教相融,互兼彼此。其三,从业报强弱上分,教亦重听,就制则深防限分,约行则僧俗有别。其四,从机悟为先上分,教门轻重致隔,如五部异执即是如此。第五,以事法相对而言,法唯楷式,乖旨

---

① 《四分律含注戒本疏行宗记》卷一上,《续藏经》第39册,第715页下。
② 《行事钞》卷上一,《大正藏》第40卷,第3页上、中。
③ 《四分律含注戒本疏行宗记》卷一上,《续藏经》第39册,第716页上。

则事不成,事通情性故,随境制其得失,或托三性之缘,或随世讥而起。①

(2)"《四分》通大乘"

《四分律》尽管自北魏时即已受到僧众的重视,并曾得到广泛研习,但是一直被认为属于小乘教。即使"四分律宗"的发端者法砺也是直言不讳地承认《四分律》属于小乘的。《四分律》分通大乘之说,最早始于北魏慧光。道宣为了要在僧团中树立戒律的作用和意义,就在传统的三乘次第中重新确立《四分律》的大乘地位。这即是律宗思想上最重要的命题:"《四分》通大乘"。

《四分律》属大乘,其实是为"分通"大乘,而不是等于大乘。道宣指出,《四分律》已经有着大乘的思想。如:①在《四分律》中,沓婆得罗汉后,心念此身不坚固,即厌无学身,求菩萨法。②在戒本回向文中,愿施一切众生,共成佛道,即是大乘的圆顿了义,不似二乘的宗旨。③律序中一再说"如是诸佛子"之词,"佛子"是和大乘《梵网经》中所称"佛子"意义是同样的。④在《四分律》中舍堕求悔时,先须舍财,如僧用不还,只犯突吉罗轻罪,和大乘戒以心意划分轻重相通。⑤在《四分律》中的小妄戒,解释见闻触知,说眼识能见、耳识能闻等,均以识为了义,此也和大乘义理相通。由此"五义",即以《四分律》会通大乘。

为了确立大乘佛教行者正确的戒律观,道宣以大乘佛教思想解释《四分律》律藏和经典仪轨,因此对律藏进行了"删繁补阙"。这事实上就是一种广泛吸取各宗精义、摄小入大、"旁用多宗"。所以,道宣是本于小乘《四分律》,从中开出律学的大乘精神,建立起自己的大乘律学。如此,不仅由"四分律"通向大乘,道宣还进一步建立了三学圆融无碍的理论。一戒一行,圆融观解,就具足一切行,这就成为大乘至高妙行。从理论上说明了大乘行与持戒律并不是矛盾的,而且是相互促进的。

道宣还批评对佛教大小乘绝对相分的片面观点。他指出:"原夫大

---

① 《行事钞·序》,《大正藏》第40卷,第2页上。

小二乘,理无分隔对机,设药除病为先故。"①如果拘泥于大小乘,或以自己属大乘而排小乘,这是错误的。所以,道宣说:"大小两教,随相摄修,并在离着,岂唯封执?若存此计,与外不殊。"②他强调,说《四分律》属于"大乘",是指《四分律》"分通大乘"而不是等于大乘。这即是说:"若据大乘,戒分三品。律仪一戒,不异声闻。"③他还说:"菩萨设教,通道济俗。有缘而作,不染其风。初心大士,同声闻律仪。护讥嫌戒,性重无别。"④道宣在其《四分律删繁补阙行事钞》中集中作了"四分属大乘"的判教。在《行事钞》之《沙弥别行篇》中,道宣称《四分律》为"小菩萨",《受戒缘集篇》中称是"义当大乘"。在其后的《羯磨疏》中,他又说《四分律》为"过分小乘教"。因此,道宣的律学思想是建立在"毗尼属大乘"、"《四分》通大乘"信念之上的。所以,对《四分律》分通大乘的正确理解应当是:"若依《四分》全部,正是小乘摄,若论分通之处,与大乘无殊。人闻分通,执《四分》一律全部是大,谬之甚矣。"⑤

(3)"三教"与"三宗"

把佛说分为"三教",在北魏慧光那里即已出现。慧光把一代佛法分立为"渐教"、"顿教"、"圆教",世称为"光统三教"。"渐教"即是如来为根机未熟者按浅深顺序先后说教,如先说无常、后说常,先说空、后说不空,由之渐入佛理妙义。"顿教"是为利根者所说,于一法门中具足说尽一切佛法,如常无常、空不空之理,不分渐次。"圆教",是为臻于佛慧者所说的如来无碍解脱、究竟果、玄圆自在等法门。慧光即立《华严经》为圆教,其宗旨是"以因果理实为宗,即因果是所成行德,理实是所依法界"。只

---

① 《行事钞》卷中一,《大正藏》第40卷,第49页下。
② 《续高僧传》卷二九《论律》,《大正藏》第50卷,第621页下。
③ 《行事钞》卷下四,《大正藏》第40卷,第149页中。
④ 《行事钞》卷中一,《大正藏》第40卷,第49页下。
⑤ 日本失撰者《行事钞资持记通释》,转引自弘一《四分律行事钞资持记扶桑集释》卷三,《弘一大师全集》第四册,第103页上。

是此虽义具,犹未显而已。① 慧光也曾将佛说判为"四宗",或称为"四教"、"四宗教":一者,因缘宗,说明六因、四缘,说诸法各有体性之教,为小乘中浅教,相当于毗昙所说。二者,假名宗,指《成实论》所说的三假,诸法悉皆虚假,否定其实在性之教,为小乘之深教。三者,诳相宗,说诸法如幻即空,假名之相亦无所有之教,为大乘浅教,相当于《大品般若》和三论所说。四者,常宗,说诸法本体具有永远不灭的佛性之理,即大乘中之深教,相当于《华严经》、《涅槃经》等所说。而且,慧光也把《法华经》所演为真宗、《大集经》所演为圆宗,加上前述四宗而为六宗。②

  道宣根据佛教义理的浅深,把"化教"法门判作"性空教"、"相空教"和"唯识圆教"三教。性空教,说的是诸法性空无我,此教广摄一切小乘法。相空教,说诸法本相是空,因为众生妄见为有,为破之而名其为相空教,此教摄一切大乘浅教。唯识圆教,以究竟法,见大乘深教之理,知万法唯识之圆理,此摄一切大乘深教。唯识圆教是把一代佛说判为圆融一体,其基础是唯识性,其教法是以《华严经》、《楞伽经》、《法华经》、《涅槃经》、《摄论》等大乘经论会通《四分律》。它们视诸法为本来无实,全归唯识,同属圆融,因之才能起无上甚深菩萨万行。

  与之相应,道宣还根据此前各家的"四分律学"理论所本,而把"制教"法门分别判作"实法宗"、"假名宗"和"圆教宗"三宗,这即是南山律宗的教判结果"三教"和"三宗"。③ 实法宗者以萨婆多有部宗思想和经典为宗,立一切诸法均为实有,主张戒体"无表"为色法。假名宗以小乘经部和《成实论》为基础,主张诸法仅有假名而无实体,主戒体为非色非心。它又被称为成实宗,但该宗虽通大乘,但是属于分通大乘而不是全属大乘。圆教宗,又略称圆宗,指唯识圆教,主张"思"心所之种子为无作戒体。它开小论显大解,依小律仪而成大乘行。道宣在《四分律删补随机

---

① 法藏《华严经探玄记》卷一,参见《大正藏》第35卷,第120页上。
② 《维摩经略疏垂裕记》卷一〇,《大正藏》第38卷,第851页上。
③ 参见《四分律删补随机羯磨疏科》,《续藏经》第41册,第51页上。

羯磨疏》卷三、卷五中又将有宗、空宗等并摄于性空教,圆教妙体入唯识圆教之中。

(4)"南山三观"

"观"法,是中国佛教中重要的一种理论,天台智者、华严宗和慈恩宗人都曾立有内容丰富的观法理论。

道宣开创"四分律宗"所立的三种观法即性空观、相空观和唯识观。这三种观法,是基于南山宗把释迦如来一代的教法区分作化制二教,其中化教又分作性空教、相空教、唯识圆教三种。依此三教为基,即有此三种观法,后人称此为"南山三观",并有律师称道宣律之学是"以妙观为本"。①

道宣说:

> 然理大要,不出三种:一者诸法性空无我,此理照心,名为小乘;二者诸法本相是空,唯情妄见,此理照用,属小菩萨。三者诸法外尘本无,实唯有识,此理深妙,唯意缘知,是大菩萨佛果证行。②

这也正是道宣的"观"法基础。

第一,性空观,或为析空观。意为能从因缘所生的世间和出世间一切诸法中,观察到它的自性本空,皆无有我、我所,若求人求法,了不可得,这叫作"析色明空"。其性空观之意在于破除对于人、法本身的执著,所以叫作"性空观"。若能常以此理照察自心,即可了悟一切诸法实相之空。此种观法是以其空性为分,为声闻、缘觉二乘者的观法。道宣认为,诠释"性空观"思想的三藏经典有阿含类经,广律中的《摩诃僧祇律》和《四分律》,论有《俱舍论》和《成实论》等。第二,相空观。在性空观的基础上,若能够进一步观察到因缘所生一切诸法,外相似有,实自空无,但因为众生情执妄见,而有种种差别相,做到明察"当体即空"。若能常以

---

① 《终南家业》卷一,《续藏经》第59册,第717页下。
② 《行事钞》卷中四,《大正藏》第40卷,第96页中。

此理照察观心,即名为相空观。相空观法为以外相上分,"观空"是为破除凡夫之妄见,此种观法为大乘之初阶。通过性空观能使凡夫愚执者知道诸法体性为空,通过相空观则使其更进一步认识到其相也为空,并理解其空之理,这对应的是藏、通二教菩萨。第三,唯识观。若能够观察一切外尘,世间出世间诸法均为我识所成,本无实体,明白识有为非空,境无是非有,洞察诸法的圆融性,即是唯识观。此种观法以识心为分,诠其思想的经典为《华严经》《法华经》《楞伽经》《涅槃经》和《摄大乘论》等。唯识观是大乘最高法门,从性空观和相空观能知心外诸法、性相皆空,而从唯识观可知其空之缘由实因诸法本为心识所成,所以又能观此为非空。这即是要明白"空"是"非空","非空"也即是"空",非空非有,空有一体。

日僧凝然在其《律宗纲要》中对道宣的"南山三观"思想作出如下的总结:

> 若据祖意专在大乘,圆教戒体是大乘戒学,唯识圆观是大乘,圆教戒体是大乘戒学。唯识圆观是上乘定慧,以此意致弘通律藏。当知《四分律》宗戒体、戒行等义皆成圆满无碍妙戒,以深决浅,以胜决劣,以广摄狭,以圆摄偏,圆顿、圆融、圆满之旨,唯识、唯心、唯理之义。洋洋穷性,浚浚尽幽。①

南山三观,正就定慧,三宗正谈戒体,兼摄观解,若直对判,三宗是戒学,大小显然。若依兼带,虽有傍正,三观即摄大小三学,三宗亦摄半满二教,此总约就一代为言。显然,南山三观,前一观属于小乘,后二观属于大乘。只是因为元照的《资持记》将"南山三观"分别配以"三宗",故才说《四分律》属于小菩萨。南山三观是一个递进的过程。《济缘记》说:

> 初则见相如实,观性本空;次则见相如幻,空华水月,当相即空,

---

① 《律宗纲要》卷上,《大正藏》第74卷,第8页下。

不待观性;后则观一切法唯心所受,心外无法。初观生灭,灭已见空,次观幻化处见空,后观唯心生灭,幻化无非心变。以心生法生,心灭法灭。生灭有相,相如幻化。二乘小圣见之为空,然而不知生灭去来本如来藏故。大菩萨但了唯心,圆修三观,不偏性相,故名中道。①

显然,南山三观所强调的是,诸法性相非为实有,因其假以心识所成,故又非空,空有不二,空有不无,此即最高的圆融法门。道宣认为佛教的教法,不出性空、相空、唯识三种,所以本此而立三观,观无不尽。坚持三观即可知道,大小俱心,律仪不异,戒本无别,异在于心。观事本于心,盖是唯心本具。事即俗谛,心即真谛,心事不即不离,即中谛。如此观事即为中道之观。②

道宣立此三观的目的,还是为了强调其对戒律的大乘定位思想。

4. 律宗"四科"思想

律宗"四科",史上律家又常称为"四分别"、"戒四别"、"戒四科"等,内容是"戒法"、"戒体"、"戒行"和"戒相"。道宣把佛教戒律作出了不同层面的分析,抽象出了戒法、戒体、戒行和戒相之律宗四科,并赋予其深刻的思想性。道宣说:

> 戒相多途,非唯一轶,心有限取之不同。若任境彰名,乃有无量。且据枢要,略标四种。一者戒法、二者戒体、三者戒行、四者戒相。③

从渊源上说,道宣的律宗"四科"思想直接来源于智首和法砺的受、随二门。因为,作为戒律四科的法、体、行、相四科实显宗家之受随,非受随无以显戒,而且非戒无以收于受、随,故法、体、行、相之前皆标"戒"字。

---

① 《四分律删补随机羯磨疏济缘记》卷二之五,《续藏经》第41册,第199页上。
② 《终南家业》卷一,《续藏经》第59册,第717页下。
③ 《行事钞》卷上一,《大正藏》第40卷,第4页中。

律宗四科是南山律宗最基本的理论,后世律家学说无不由此而展开、发展。

(1) 戒法

所谓"戒法",即是佛陀所制的戒律或轨式法则,此为僧众行为标准,诸本广律、诸种戒本所言均以此为体。通常所说的五戒、八戒、十戒、具足戒、三聚净戒、十重戒、四十八轻戒、比丘戒、比丘尼戒,或者说别解脱律仪、静律仪、无漏律仪、断律仪等均是戒法。如道宣所说:

> 言戒法者,语法而谈,不局凡圣,直明此法,必能轨成出离之道。要令受者信知有此,虽复凡圣,通有此法。今所受者,就已成而言名为圣法,但令反彼生死仰厕僧徒,建志要期高栖累外者,必豫长养此心,使随人成就,乃可秉圣法在怀,习圣行居体,故得名为随法之行也。①

道宣又根据人们所持戒法的性质不同而分其为"止持"或"作持"两门,"止持"意即不应当做的,"作持"是指应当做的。道宣对此解释说:

> 若就修行解止持者,如止杀、盗,先修慈悲、少欲等行,以行成故,名为作持。望境不起名止持,即止中有作也。若就修行解作持者,如欲诵戒、羯磨,先止外缘。望离粗过名止,后善行成名作,即作中有止也。②

因为戒为无上菩提本,无戒则佛法难立,所以道宣立"戒法"为"四科"之首。

(2) 戒体

所谓"戒体",其本质是戒之体性,它是一种有防非止恶作用的"无表"。简单地说,戒体即是通过受戒仪式(羯磨),使个体纳得的戒法成为

---

① 《行事钞》卷上一,《大正藏》第 40 卷,第 4 页中。
② 《行事钞》卷中四,《大正藏》第 40 卷,第 91 页下。

一种具有在身、语、意方面止恶为善作用的力量,它是一种成就至善行为的道德本体。因这种力量不可以目见,故称无表。如小乘有部思想主张无表属于色法的一种,故称无表色。戒体正是这种本体意义上的无表。

道宣说:

> 若依通论,明其所发之业体。今就正显,直陈能领之心相,谓法界尘沙二谛等法,以己要期,施造方便,善净心器,必不为恶,测思明慧,冥会前法。以此要期之心,与彼妙法相应,于彼法上,有缘起之义,领纳在心,名为戒体。①

此处所说的"通论"即是《成实论》的思想。事实上,戒体所成,正是基于受戒者的要期之心与妙法相应,它是一种精神的感召和力量的唤起。道宣的戒体理论有着丰富的内容。

第一,主张"无作戒体"为"非色非心"。

道宣接受了传统的戒体思想,并以其作为自己律学思想的重要内容。道宣把戒体分为"作戒体"和"无作戒体"两种。在某种意义上,"作戒体"和"无作戒体"都是个体僧众纳戒后显于外形的内在动力。由于出家僧众更加重视"止持",所以律家们所言戒体又往往指"无作戒体"以为强调。至于两种戒体的"色心"问题,道宣在《行事钞》中是依《成实论》为理论根据的。

对于"作戒体",道宣不赞同以相续善色声为体,而主其为"心法"。他认为,尽管有言身、口、业思为体,但身口仅为造善恶之具,其三业善恶皆因本心,心彻始终,统于身口,因而离心无思、无身口业,最终应当还是以心为体。他说:

> 用身口业思为体,论其身口乃是造善恶之具。所以者何?如人无心杀生不得杀罪。故知以心为体。文云:是三种业皆但是心,离

---

① 《行事钞》卷上一,《大正藏》第40卷,第4页下—第6页下。

心无思无身口业,若指色为业体,是义不然。十四种色悉是无记,非罪福性。①

这即是说,"色"难为"作戒体",因为十四种色都属无记,不可能有戒体所能具备的罪福之性。业由心起,无心冥会,业体难成。故"作戒体"必以"心"为体,只因其外现于身口之业,才假名之以"色"。

道宣主张"无作戒体"为"非色非心"。说"无作戒体"非色,意思指其非尘大所成。因为:① 色有形段方所,② 色有十四、二十种别,③ 色可恼坏,④ 色是质碍,⑤ 色是五识所得。"无作戒"俱无此义,故知非色。② 说"无作戒体"属"非心",这是因为:① 心是虑知,② 心有明暗,③ 心通三性,④ 心有广略,⑤ 心是报法。而"无作戒"体非缘虑,不具上述之处,故当属"非心"。③ 元照对此解释道,之所以说"无作"非心,是因为:其一,"无作业,体非觉知,不能缘虑,与心体异,故号非心";其二,"无作一发已后,任运增多,不假心作"④。

第二,"种子"戒体说。

随着理论思维的发展,道宣根据唯识学思想和圆教理论,进一步把戒体之成与"种子"思想联系起来,从而形成"圆教戒体"思想。

"种子"之喻始见于《杂阿含经》。佛教认为,一切色法与心法现象均有其产生的因种,是为"种子"。唯识学将有情众生之识细分为八,得眼、耳、鼻、舌、身、意、末那识,以及第八阿梨耶识。⑤ 后者不仅为余识之根本,也能摄含三界,万法皆由之而出,是如"种子",或称"内种"。唯识学认为,当"色法"与"心法"和合时,种子必定会使当前产生某种作用,是为"现行";此"现行"之法一旦形成,就会熏染"种子"。在道宣看来,"种子

---

① 《四分律行事钞资持记》卷中一下,《大正藏》第40卷,第268页下。
②③ 《行事钞》卷中一,《大正藏》第40卷,第52页中。
④ 《四分律删补随机羯磨疏济缘记》卷三之四,《续藏经》第41册,第248页中。
⑤ 《摄大乘论》在第八阿梨耶识之后加上阿摩罗识,而分为九识。并判前八识为虚妄,第九识为清净真实。主张如来藏缘起,视阿梨耶识为无常有漏法。

熏习"决定着生起诸法的性质,通过"熏习"都能使它们成就清净戒体。因此,"戒体"实由种子熏习而成。① 按唯识思想,阿梨耶识具有非善非恶之无记性,只是由于种子遇缘而生起现行,才引起三界六趣中的生死果体。因而,对于个体之善、恶、无记之"心"性而言,当遇缘——如受戒者在坛场上三师七证、一白三羯磨时——即能产生决定三业果报之"心",如此即"生成"了一种由种子而成的"戒体",并因之决定了其后的戒行和戒相,这即是道宣所说的"熏"。

道宣以《四分律》归大乘为主要目标,并依《楞伽经》和《摄大乘论》等经典为依据,以阿梨耶识所藏种子为戒体,此即为"心识戒体说"。他说,不妄缘境,但唯一识,随缘转变,有彼有此。若不勤察,微纵妄心,还熏本妄,更增深重。因此,"欲了妄情,须知妄业,故作法受,还熏妄心,于本藏识,成善种子,此戒体也。由有本种熏心,故力有常,能牵后习起功用故,于诸过境,能忆、能持、能防、随心动用,还熏本识,如是辗转,能净妄源"②。

道宣受《摄大乘论》等思想的影响而立种子熏习说。《摄大乘论》主张众生都能通过熏习而获得"善种子",这样主张戒体之因"熏"而成就具有现实意义。显然,道宣之所以立戒体熏成说,正是为了众生获得戒体的平等性和现实性。

本质上,这种"熏"即是心法和合、能所相冥。"能熏"为圣法,"所熏"则为"心识"。

道宣的戒体思想和熏习思想,既有唯识思想所提倡的种子熏习说,实质上又综合了阿梨耶识和如来藏的思想。戒体是心法,戒体更是种子,是一种通过受戒——熏习——而成的阿梨耶识的种子。圆教宗以种子为戒体,此种子实为能领之心,若无此能领之心,圣法即不能纳于心。

---

① 当然,律家们所说的大乘佛学的"种子"与原始佛教时的"种子"内涵是有区别的。
②《四分律删补随机羯磨疏济缘记》卷三之五,《续藏经》第41册,第258页上一下。

坚持了种子熏习之说,即可保证了戒体和"心"之纯净。也正是熏种子说,才使道宣的戒体思想从理论上说更为圆通,也标志着其律宗理论的最终完成。道宣的"圆教戒体"思想是道宣的理论思维的最高也是最集中表现,并成为律宗理论的核心命题之一,奠定了后世中国律宗理论的基础。

对于戒体思想的现实意义,道宣说:"夫戒者以随器为功,行者以领纳为趣,而能善净身心称缘而受者,方克相应之道。若情无远趣差之毫微者,则徒染法流。"①显然,道宣强调的是纳戒者形成戒体的积极心态的重要意义,同时也强调戒体之成是与个人的努力相关的。

（3）"戒行"

"戒行"者,即是受戒纳法后的行为,包括身、口、意三种,纳戒正是为了成就合于律仪的"戒行"。道宣十分重视纳戒而行,如他说:"律者,教也,能生行解。以大圣设教,具列行途。五众依资,奉持圆德,故名戒也。依戒克翦,业惑斯亡,名解脱也。是则因果两行,皆由教生。"②

至于戒行,道宣说:"受随二戒,遮约外非,方便养成,故名戒行。"③"既受得此戒秉之在心,必须广修方便,检察身口威仪之行。克志专崇,高慕前圣,持心后起,义顺于前,名为戒行。"④持是受法后防护之心,故称为后起,其义是"义顺于前",即是正顺初受,断恶修善。行是持戒之行,戒是行之所持。

道宣重视戒律的地位和作用,强调不论是制戒、传戒、受戒都是为持戒而行。因为戒律所诠,意在持犯,"诠教之文,文虽浩博,撮其大趣,止明持犯。然持犯之境,境通内外。内谓行心之结业,外谓情事之顺违。但令教行相循,始终无犯,则为持也"⑤。显然,如若无法,戒行则失其所

---

① 《行事钞》卷上一,《大正藏》第 40 卷,第 4 页中。
② 《行宗记》卷一上,《续藏经》第 39 册,第 723 页上。
③ 《行事钞》卷中一,《大正藏》第 40 卷,第 54 页中。
④ 《行事钞》卷上一,《大正藏》第 40 卷,第 4 页下。
⑤ 《行事钞序》,《大正藏》第 40 卷,第 3 页上。

凭;如若无行,戒法也即失去意义。戒法之功正在于戒行。说法为行、制教为用;立教为行,诠行成教,无行则无教也。道宣对止持二门十分重视,故而说:"持戒之心,要惟二辙,止持则戒本最为标首,作持则羯磨结其大科。"①

与戒法的"止持"和"作持"两门相应,戒行的内容也有"止""持"两作。所谓"止持"是"并不犯根本名为止持"②。这即是:"方便正念,护本所受,禁防身口,不造诸恶,目之曰止。止而无违,戒体光洁,顺本所受,称之曰持。持由止成,号止持戒。"而"作持"则是由于"恶既已离,事须修善,必以策勤三业,修习戒行,有善起护,名之为作……顺教而作、无违,故皆名作持也"。犯法即为犯戒,这即是"止犯"和"持犯":

鼓动身口,违理造境,名之为作。作而有违,污本所受,名之曰犯。犯由作成,故曰作犯。此对作恶法为宗。恶既作矣,必不修善,是故第二即明止犯。言止犯者,良以痴心怠慢,行违本受,于诸胜业厌不修学,故名为止。止而有违反彼受领,故名为犯。此对不修善法为宗。③

简而言之,作犯是"当作不作",见义不能勇为,依戒应行而不成行。所谓"作犯",则是因为"内具三毒,我倒在怀,鼓动身口,违理造境"之"作",犯由作成,故名"作犯",即是"不当作而作"。④

(4)"戒相"

所谓"戒相",即持戒而行所展示的相貌,"威仪行成,随所施造,动则称法,美德光显,故名戒相"⑤。戒相即是一种持戒而行所得的业相或报相。这种"戒相"不仅能反映持戒之状况,也能预示持戒之"业相",既能

---

① 《四分律删补随机羯磨·序》,《大正藏》第40卷,第492页上。
② 《行事钞》卷中四,《大正藏》第40卷,第93页中。
③ 同上书,第91页上、中。
④ 此处参见《行事钞》卷中四,《大正藏》第40卷,第91页上。
⑤ 《行事钞》卷上一,《大正藏》第40卷,第4页下。

使个体戒行之业状揭橥于他人、昭示在己心,又能把持戒的结果反馈于戒体,使持戒者可以自悚或他律。

简而言之,律宗四科是一个整体。戒为行事正宗,授受之前,名为戒法,领纳在心名为戒体,依体起行即是戒行,行成德彰名即成戒相。道宣也正是以"四科"之理将佛陀制教法门贯通起来,使僧众持戒而行成为一个由内而外、由有形到无形、由行至业的完整过程。

道宣的律学研习不仅确定了《四分律》在律学上的地位,使其成为后世中国僧尼的受戒规范,影响到其后中国律宗和律学的发展,也影响到中国佛教义理和修行的诸多方面,其戒律持守的思想也深入各宗之中,对中国佛教有着深远的影响。

三、东塔宗及其律学

1.东塔宗的创立及传承

东塔宗的创立者为怀素律师。

释怀素,几种僧传中对其生平大都语焉不详。《宋高僧传》卷一四《怀素传》中无卒年,仅云其俗龄七十四,法腊五十三。① 据《宋高僧传》和《开元释教律》,怀素祖籍南阳,俗姓范,其高祖、祖父及其父亲都曾担任过唐朝的中下级官吏,住在京兆,所以怀素即出生于此地。怀素年及十岁即有出家之意,贞观十九年(645)出家于玄奘三藏。② 怀素宽然聪敏,专寻经论,进具之后,偏隶毗尼。一生中,先后从法砺、法砺弟子、玄奘等研习三藏经典。因此,赞宁说他是"奘三藏弟子"[③]。怀素是律宗三家开

---

① 陈垣《释氏疑年录》中考其为生于唐高祖武德七年(624),卒于周万岁通天二年(697)。《佛光大辞典》"怀素"条注为公元634至707年。参见陈垣《释氏疑年录》,第102页,北京,中华书局,1964;以及《佛光大辞典》第七册,第6663页,北京,北京图书馆出版社,1989。
② 《宋高僧传》云:"贞观十九年,玄奘三藏方西域回,(怀素)誓求为师。"后又从法砺学律。但据汤用彤先生考证,法砺死于贞观九年,其后十年玄奘回国,故知怀素应是先就学于法砺,后师事玄奘。参见汤用彤著《隋唐佛教史稿》,第180页。
③ 《宋高僧传》卷一五《如净传》,《大正藏》第50卷,第801页上。

宗者年稍后者。同时,怀素也为法砺之再传弟子,其学《四分律》所师者道成为法砺的重要门人。乾封二年(667)二月及夏初,怀素曾参预道宣于关中所立的戒坛。怀素初住长安弘济寺,上元三年(676),奉诏住西太原寺。

怀素一生功业勤奋,《宋高僧传》称其日诵《金刚经》不辍,并讲《大律》及疏计五十余遍。怀素著述颇丰,《开元释教录》说有五十余卷,主要有《四分律开宗记》十卷、《俱舍论疏》十五卷、《遗教经疏》二卷、《新疏舍遗钞》(《开四分律宗拾遗钞》十卷)二十卷四十余万言、《四分僧尼羯磨文》两卷、《四分僧羯磨》一卷或三卷、《四分尼羯磨》一卷或三卷,其余还有"书经画像,不可胜数"①。上述著作,除去《四分律开宗记》和《四分僧羯磨》、《四分尼羯磨》以及篇幅极小的《四分比丘戒本序》、《四分尼戒本序》之外,其他均已不存。

怀素是以其《四分律开宗记》而创开律宗的。在研读法砺的注疏时,他不满法砺的律学见解,并感叹道"古人义章未能尽善",遂决定别制疏记以明其义。经过长时间的准备,在唐咸亨元年(670),怀素四十六岁时方开始撰写《四分律开宗记》。经过十三年的努力,直到永淳元年(682)此书方毕。后世常简称其著为《开四分律记》或《开宗记》,或称为"新章"、"新疏"。唐代诗人王勃曾为其写下了《四分律宗记序》,此序被收于《全唐文》卷一八〇。在此序中,王勃称其为"怀素"。《四分律开宗记》全书共十卷,现开为本末二十卷,三十七万多字。

《四分律开宗记》的主旨即是统破其前律宗诸家之说,力倡"戒行"为律藏之所宗。"开宗"一词有着三种意思,一是通常所说的"立教开宗"之意,怀素正是因为不满法砺之说,认为其未能尽善,而著《四分律开宗记》以开已说;其二,由于贯穿整个著作的精神是以"戒行为宗",所以其"开宗局明戒行",以"戒行开宗";其三,从其内容上看,他不仅自己以"戒行"

---

① 《宋高僧传》卷一四《怀素传》,《大正藏》第50卷,第792页下。

为宗,而且致力于宣扬《四分律》的宗旨即是以戒行为宗,自己即是要重新确立这种思想方面。

从结构上说,《四分律开宗记》卷一为玄谈,论有三科:一总简藏别、二别藏宗归、三释藏题目,卷二以下为入文解释,就相部宗法砺旧疏之十六大义加以评破。在内容上,本书通过吸收道宣等人的思想和玄奘的俱舍学的理论综合而成。其特点是:坚持色法戒体说,主张受体为无表色。对法砺的相部宗思想和道宣的南山宗思想分别给予批判。

《四分律开宗记》也是怀素律学思想的奠基性著作,他自称是"一家新立,弹纠古疏","新义半千百条也"。①《四分律开宗记》写成后,他曾亲讲五十余遍。严格说来,怀素《四分律开宗记》与法砺之《四分律疏》除去有关玄学式的语言和戒体思想等之外,在涉及戒律持守等方面的思想和理论并没有根本的分野。其记文与法砺的律疏大段大段相同或相似,文体结构和表述方式也都相近。

东塔宗在唐代虽然也有着较大的影响,但其有史可证的后学及著作并不太多。从《宋高僧传》中可知其法脉传承为:怀素传如净、法慎和澄楚,澄楚传慧照。澄楚曾被五代时的晋高祖称为"新章律宗主",其后则传承不明。唐宪宗元和年间(806—820),曾有义嵩于南岳讲怀素新疏,但其所出则不详。②

释如净,生平不详,明练毗尼,博达儒典。怀素新章成后,与法砺旧疏互相长短,僧众各有一宗。唐代宗大历(766—779)中,曾敕集三宗律匠,定二家隆杀,如净则被推为宗主。如净与圆照一道上《新金定疏》十卷,请以两疏并行,"从学者所好"。唐代宗时,如净曾受相国元载之命为怀素作传。③

---

① 《宋高僧传》卷一四《怀素传》,《大正藏》第 50 卷,第 792 页下。
② 《宋高僧传》卷一五《昙清传》,《大正藏》第 50 卷,第 804 页中。
③ 《宋高僧传》卷一五《圆照传》,《大正藏》第 50 卷,第 805 页中。

释法慎(661—748)，姓郭，江都人，从遥台道成律师受具戒，又从怀素体解律文，研精律部，声震京师，后东还扬都，"淮甸之间推为硕匠"①。法慎律学思想复杂，学律多家，兼采儒流，与人子言依于孝，与人臣言依于忠，与人上言依于仁，与人下言依于礼，佛教儒行合而为一。其主要弟子有会稽昙一、闽僧怀一、维扬灵祐以及常州义宣等②。法慎名高德望，受到太子少保、兵部尚书以及诗人王昌龄等的敬重。③

怀素之学传入蜀地后，也得到广泛流行。代宗大历中，相国元载奏于成都宝园寺置戒坛传怀素新疏，并以俸钱写新疏四十本、法华经疏三十本，委宝园寺光翌传行。元载并命韦南康皋作灵坛传授毗尼，新疏记有承袭者，刊名于石。④ 此地研学怀素律学的著名律师有梓州慧义寺释神清。

释神清(卒于唐元和年间，《释氏通鉴》说为元和九年)，字灵庾，俗姓章，绵州昌明人，十三岁受学于绵州开元寺辩智法师。大历年中，十七岁时从慧义寺如律师受具戒，学怀素新疏，受业弟子四方计一千余人。其主要著作有《法华玄笺》十卷、《释氏年志》三十卷、《新律疏要诀》(《清钞》)十卷、《二众初学仪》一卷、《有宗七十五法疏》(《法源记》)一卷、《识心论》、《澄观论》、《俱舍义钞》数卷、《北山参玄语录》十卷，计百余轴，并行于世。《有宗七十五法疏》即是解小乘所计五位色、心、心所、不相应、无为等法。显然，从其对俱舍学的研习中即可看出，神清是真正宗怀素之学，所以时相国崔龟赞其"与奘三藏道颜同，摄物异，时一体耳"。其后学义将也独明俱舍兼善《大乘起信论》，因其寺居鄯城之北，长平山阴，故称为"北山俱舍宗"⑤。

直到北宋初年，东塔宗还有活动，但具体之事则难以详明。

---

① 《宋高僧传》卷一五《义宣传》，《大正藏》第 50 卷，第 800 页中。
② 《宋高僧传》卷一四《法慎传》、卷一五《义宣传》，《大正藏》第 50 卷，第 796 页下，第 800 页中。
③ 《宋高僧传》卷一四《释法慎》，《大正藏》第 50 卷，第 796 页中。
④ 《宋高僧传》卷一四《怀素传》，《大正藏》第 50 卷，第 793 页上。
⑤ 《宋高僧传》卷六《释神清》，《大正藏》第 50 卷，第 741 页上。

2.怀素的律学思想

《四分律开宗记》的主要内容仍然没有远离法砺的《四分律疏》的体系和行文风格,其主要特点是吸收了法砺和道宣的思想,立足点是基于玄奘所传的俱舍学。《四分律开宗记》的理论方法同时也即是怀素律学精神的主旨,即是说一切有部的思想,贯穿其著作的主线即是《俱舍论》和《大毗婆沙论》的精神。如怀素说"诸论两说,皆无评文。今依婆沙百二十六,便有正义"①。通常认为这是因为他曾从学于玄奘之故,正是玄奘翻译了《俱舍论》,如对于三藏中"能诠教"和"所诠行"的理解即是如此。

第一,批判精神贯彻始终。

怀素的律学思想是在对相部宗和南山宗两家思想的继承、学习和批评的基础上展开的。他指出:"以先德所集,多不依文,率己私见,妄生增减,遂乃捡寻律藏,抄出戒心、羯磨。但取成文,非妄穿凿。"②所以其作《四分律开宗记》正是为了会通和正义。

怀素对道宣的《四分律删补随机羯磨》的写作方法并不认同。他批评道宣律师的《四分律删补随机羯磨》,"近弃自部之正文,远取他宗之傍义"。而此种"远取他宗"之义以补《四分律》之阙正是道宣所看重的方法。而且,他对道宣经常所说的"感应"和"神通"也很不满。他批评道:"南山犯重,则与天神言论,是自言得上人法也。"③这种批评应当说是严重的。实际上是在指责道宣未得上人而言已得上人法,不仅是大妄语,更是在欺世盗名。

怀素还批评其他"诸德"的思想。比如,批评法砺的《四分律疏》中的错误"十有六处",批评"相部无知,则大开量中得自取大小行"④。他还对

---

① 《四分律开宗记》卷一,《续藏经》第42册,第335页下。
② 《贞元新定释教目录》卷十二,《大正藏》第55卷,第865页上。
③ 《宋高僧传》卷一四《怀素传》,《大正藏》第50卷,第793页上。
④ 同上书,第792页下。

历史上五本《僧羯磨》进行了批判性的检思,并指出了其缺点和不足。他认为,曹魏时集的《昙无德杂羯磨》一卷,以结戒场为首,受日加乞不入羯磨,屡有增减,乖于律文。隋法愿律师于并州撰的《羯磨》两卷,卷上出昙无德律,虽然法愿说全依律文,无片言增减,然详律本,并非无有损益。道宣律师撰的《四分律删补随机羯磨》,斯有近弃自部之正文,远取他宗之傍义,教门既其杂乱,指事屡有乖违。①

对于其前的几种尼羯磨本,怀素也不满意,他批评这四本羯磨,"据其理虽复同,会其文则有异。致使弘扬失于宗叙,修奉乖于行仪,亏鹿野之微言,紊龙城之要旨"。所以他才详捡律本,参验戒心,重做戒本。② 怀素的《四分僧羯磨》和《四分尼羯磨》是在研究了道宣等五人所集的羯磨之后,感觉到诸家都有欠缺而制作的。如他自称:

> 于诸家撰集,莫不研寻,校理求文抑多乖舛。遂以不敏,辄述幽深,分为三卷,勒成一部。庶无增减,以适时机。只取成文,非敢穿凿,惟愿戒珠增照,协日月而齐明。系草传芳与天地而同朽,后之览者知斯志焉。③

怀素所作的《四分僧羯磨》和《四分尼羯磨》的内容都有十七篇,它们是:方便、结果、授戒、师资、说戒、安居、受日、自恣、衣钵受药净、摄物、德衣、除罪、冶人、设谏、灭诤、杂行、修奉。

第二,主《四分律》以"戒行"为宗。

《四分律》前半部讲的是僧尼戒相,内容是止持戒,后半部内容为二十犍度,是作持戒。《四分律》是怀素立宗之所本,其思想也是在对《四分律》的诠释中展开的。在怀素之前,《四分律》已经得到中国律师们的深入研习,对于《四分律》的根本宗旨,各家有着不同的看法,有以止、作为

---

① 《四分律僧羯磨·序》,《大正藏》第 40 卷,第 511 页中。
② 《四分比丘尼戒本·序》,《大正藏》第 22 卷,第 1030 页下。
③ 《四分律僧羯磨·序》,《大正藏》第 40 卷,第 511 页中、下。

宗旨者,有以受、随作为宗旨者,有以止恶作为宗旨者,有以教、行作为宗旨者,有以因、果作为宗旨者,有以时、处作为宗旨者,有以止善作为宗旨者。

关于《四分律》的宗旨,怀素对他们的思想都不认同。他在《四分律开宗记》中主"戒行"为律藏之宗,对其前七家异解都进行了破斥,认为其立之无据。其中主"受随为宗"者为法砺。怀素认为,所谓止、作二持,都是别法,并不能看作是《四分律》的宗旨所在,因为,"受随二法,对初行者分行不同,始终有异,如何即得以此为宗"?他的意思是说,受、随二法,本身就包含在止、作之内,是戒行的前后两部分,正由于其前后有异,故不能通贯始终,因此不能立之为宗。他并在此基础上提出了自己的理论。

怀素的著疏则"开宗局明戒行"①,他说:

> 夫论宗者取诠所显,诠既显戒即是其宗。故《婆沙》云,奈耶论戒。又宗谓是族义、尊义、崇义、重义。此教始终崇尊戒行,故用戒行为宗。余止作等是别明法,不可就别立以为宗。……此即诠戒,如何非宗?谓身语止善,受之与持,犯相轻重,因果差别,此等并是宗所明法。②

对于"如何不许止善,乃取戒行为宗",他的回答是:"此离恶修善,别成戒行。既为成戒,以戒为宗。"因此,"大教宗归,不可尊其别行",律藏之宗,当以戒行为宗。③简言之,怀素律学是以"行"解戒,以戒诠行。故而他广引经论加以证之。"契经说戒名为行者,故诸世间见持戒者,言彼有行;见破戒者,言彼无行",以及"《婆沙》又云:净持戒者是众行之本,能至涅槃故名为行"。④

---

① 《四分律开宗记》卷一,《续藏经》第42册,第342页上。
②③ 同上书,第341页下。
④ 同上书,第335页上。

怀素认为,过去有律师对《四分律》之宗有着多种理解和立论,如道宣曾以"五门"分之,但他则以顿、渐为其区别,并将前四种之说束为"受、随"二门,即可于中"就总开别",求得正解。故而其主"戒宗有二,一者受戒法门,而者随戒行相"。具体地说:

> 言受戒者,创发要期,断恶修善,建志成就,纳法在心,目之为受。言随戒者,受兴于前,持心后起,此起顺初,令戒光洁,故名为随。受以创发,故对法要期以成随。据后起故,对缘防护,以立对此。须明受随分齐。然分齐中,教行两别。①

13世纪的日本僧人凝然(1240—1321)对此总结道:

> 古来诸师立《四分》宗,异解纷纭。略举十家:一、有师止作为宗;二、道晖律师受随为宗;三、有师止恶为宗;四、法愿、智首具以教行为宗;五、道云律师不别立宗;六、法砺律师止善为宗;七、南山律师净戒为宗,《四分律》所诠行相,二部戒本二十法等,莫不皆是诠陈净戒,《事钞》标宗,发趣万行,戒为宗趣,是其良证;八、怀素律师戒行为宗;九、定宾善说奈毗以为宗旨。②

第三,怀素对制教的分判。

怀素与道宣一样,将一代教法区分为"化教"和"制教"两大法门。"化教"是如来为教化众生而开示的佛法,"如来启宣因果,耶正是非,欲使众生背恶崇善,修因克果。此能生解,目之为'化'。诠化之文,名之为'教'"。"制教"则是规范众生言行的教法,"如来因过禁其轻重,勒于身口犯不犯相,名之为'制'。制由言显,名为制教"。③

他又把制教法分为"理教法门"和"行教法门"。如他说:"随根布教,乃有尘沙。要而辨之,不出二种:一曰理教法门,二曰行教法门。"

---

① 《四分律开宗记》卷一,《续藏经》第42册,第342页上。
② 《律宗纲要》卷上,《大正藏》第74卷,第11页下—12页上。
③ 《四分律开宗记》卷一,《续藏经》第42册,第341页下。

"理教法门"即是"如来宣己所证法性真旨,显示群机,欲使安心理源,开示正路,冀彼返迷从正,同沾己盖("盖"疑为"益"),名之为理。教显理之文,目为理教"。由于"行不自起,依理而生,生乃资神,名之为行,显行之文,名为行教。今兹戒行,乃是行教法门"。① 也正是因为立"戒行"为宗,所以怀素说:"作而有违,不顺受体,令戒毁坏……犯由作成,故曰作犯。"②"若识五缘,止恶不作,名不犯行。""若其策励进修,成不犯行;懈怠不学,即成犯行。""顺圣制意,以不犯法,谓止作二持。"③

对于制教,怀素还以"受""随"相分。怀素认为,若从"能诠之教"的角度言之,律藏中"受戒犍度"和"比丘尼犍度"中的受戒的部分为"受",其他为"随"。若从"所诠之行"上说,第三羯磨以前之文都是为"受",此后则"随"。其说亦与他家不同。

对于"受随"二门之间的关系,怀素说:"若无其受,则行无所起。以有受故,令受光洁。"而且对于此受、随二门,怀素各开其为二:

> 言受二门者,为彰戒法有为,不能孤起,要藉缘力,方乃发生,是以第一先明能发之缘。既有其缘,必有所得,故次第二所发戒体。言受缘者,实以位阶凡圣,报殊男女,托缘不同,案文有四,所谓善来、三归、八不可越,及以羯磨。④

而其受戒体则有二者,对于表戒和无表戒之戒体,怀素说,依一切有部,两者俱以色为体,而成实论则主作者是以色为体,无作戒体则是非色非心。

至于"随"者,一是专精不犯,二是犯已能悔。所谓专精不犯者,其意是"上行之流,一往顺教,恶离善行,称曰专精"。专精者也有二种,止持

---

① 《四分律开宗记》卷一,《续藏经》第 42 册,第 342 页上。
② 《四分律开宗记》卷九,《续藏经》第 42 册,第 448 页下。
③ 《四分律开宗记》卷三,《续藏经》第 42 册,第 366 页上。
④ 《四分律开宗记》卷一,《续藏经》第 42 册,第 342 页中。

和作持。犯而能悔者,是不谨之人放纵身语,违禁兴过,污本所受,名之为犯。但若"惭愧追谢,还令复本,亦名为持"①。他认为,既然"受随"在止作之内,即是"戒行"的两个阶段,前后不同,当然不能以之为宗,只有"戒行"才是律藏中一以贯之的宗旨。

第四,主"色法戒体"。

怀素认为,戒体不仅重要而且玄妙难测,因此一般人是难领其宗旨和深义的。他说:"夫戒体者,性相幽玄,义理微隐,自非学穷三藏,识洞五明,无以测其旨源,知其诠际。是以往古俊杰,当今英彦,于此一门,不通悟者。"②怀素反对法砺和道宣的戒体理论,主张戒体为色法。

虽然怀素重视律仪的建设,但是由于他宗承小乘之论,所以在别解脱律仪、静虑律仪、无漏律仪和断律仪的四种律仪之中,其尤为重视别解脱律仪,并以之为宗。所谓别解脱律仪,又称为别解脱戒或波罗提木叉律仪,是指为断除身口七支之诸恶而持的戒律,并因七众之别而分为比丘律仪、比丘尼律仪、正学律仪、勤策律仪、勤策女律仪、近事律仪、近事女律仪、近住律仪八种。简言之,即是小乘戒律系统。除去近住男、近住女之八斋戒限一日一夜受持外,余七种皆当尽形寿终身奉持。它是在欲界受戒法而发得戒体,属有漏戒。

而静虑律仪,又称为定共戒或禅戒,是因修习禅定而发得初禅、二禅、三禅、四禅之定从内心自然生出能防非止恶之戒体。它属于色界之戒,以无表色为其戒体。无漏律仪又作道共戒或无漏戒,即圣者入于无漏定时断尽烦恼的无漏戒,所发得防非止恶之戒体,故称为无漏律仪。因能与无漏道共生共灭,故称道共戒。此戒之体属于无表业。但说一切有部以无表业为实色,唯识学以无表业为非实色,其又有不同的内涵。断律仪,是与九无间道共生的静虑律仪(定共戒)及无漏律仪(道共戒)之

---

① 《四分律开宗记》卷一,《续藏经》第42册,第342页下。
② 《四分律开宗记》卷一二,《续藏经》第42册,第487页中。

合称。①

在其《四分律开宗记》中,怀素先从对戒律本质认识开始,然后重点突出了其以《四分律》为宗之所由,然后又说明了自己的律学中心。怀素之前,有法砺和道宣的两种戒体理论:法砺主"作戒体"是色法,无作戒体是非色非心;道宣立"作戒体"为心法,"无作戒体"为非色非心,其后并细说为"善种子"戒体理论。

怀素不像道宣那样将《四分律》大乘化为自己律学的目标,而是根本就认同《四分律》的小乘性质。由于认为《四分律》所属的昙无德部与萨婆多部是同源的,主张《四分律》与萨婆多部是相通的,因此以说一切有部的经论为思想基础。他在疏文中引了不少《俱舍论》、《婆沙论》的主张。怀素因以《俱舍论》和《大毗婆沙论》为宗,故而立"色法戒体"论。

《俱舍论》又称为《阿毗达磨俱舍论》,世亲(约公元4、5世纪)作,玄奘译,共三十卷。《俱舍论》具有小乘佛学概论和佛教百科全书的性质,共有九品,贯穿的是"诸法无我"的思想,把宇宙万法视为由五位七十五法而成。《阿毗达磨大毗婆沙论》,常又被简称为《婆沙论》,为说一切有部的论书。作为说一切有部的基本典籍,上述两论对世间诸法进行了分类认识,重在讨论世间诸法的体性,强调自性、法性的意义,说明三界的色心性。其中,《婆沙论》对于"戒"的认识的"随心转戒"思想就很有特征,如说:

> 随心转戒总有二种:一道俱有戒,二定俱有戒。道俱有戒者谓无漏戒,定俱有戒者谓色界戒。若是道俱有戒彼非定俱有戒,若是定俱有戒彼非道俱有戒。有作是说道俱有戒谓无漏戒,定俱有戒谓一切有漏无漏随心转戒。彼作是说,一切道俱有戒皆是定俱有戒,或是定俱有戒而非道俱有戒,谓有漏随心转戒。②

---

① 此处参见《佛光大辞典》之"无表色"和"三种律仪"条目,第5097页上,第654页中。
②《阿毗达磨大毗婆沙论》卷一七,《大正藏》第27卷,第83页上。

本论中说,"无漏戒"不堕界地,随所依身大种所造,虽无无漏大种,而有所造无漏戒;"有漏戒"必堕界地,唯为自地大种所造,彼无大种故戒亦无。虽无漏戒随所依身大种所造,然随何地要有大种造,有漏戒方随彼类起。无漏戒无色中无有大种造,有漏戒故无漏戒于彼亦无,依彼所有发无漏故。① 其意是说,一切的心所法,道俱有戒、定俱有戒,若心、若彼法生老住无无常,则是随心法转。本论指出,色界戒及无漏戒随心转,欲界戒及余身语业不随心转。这是因为色界是定界、是修地、是离染地,道戒可随转,而欲界是非定界、非修地、非离染地之故。但是,色界善心并不是一切皆能随心转戒,初静虑有六善心的善眼识、善耳识、善身识、死时善心、起表善心、闻所成慧相应善心,其死时善心及闻所成心即不能转。《阿毗达磨大毗婆沙论》还指出,一切律仪总有四种:别解脱律仪、静虑律仪、无漏律仪、断律仪:

本论还说到了"戒体":

问:何故戒体唯色?

答:遮恶色起故,又是身语业性故,身语二业色为体故。②

显然,戒体的色心属性及其功能和功能的体现问题是《俱舍论》、《大毗婆沙论》关注的重要问题之一。

怀素站在小乘有部思想上,反对相部律学和南山宗道宣所主张的戒体思想。他说:"心是虑知,得为戒体,色顽无知,故非戒体。"怀素认为,承认心是戒本,那么戒也应能够虑知,而事实并不这样,戒"既不虑知,岂应正理"③? 所以心不是戒体。他也反对法砺的相部宗所主张的非色非心戒体说,"然依《成实》,先明无作,其无作体,定用非色非心"④。因此,这种戒体论也"不应正理"。

---

① 《阿毗达磨大毗婆沙论》卷一四〇,《大正藏》第27卷,第723页下。
② 同上书,第723页下。
③④ 《四分律开宗记》卷一二,《续藏经》第42册,第488页中。

显然,他所说的正理即是《俱舍论》和《大毗婆沙论》的思想。这一思想在《大毗婆沙论》中也有着表述:

> 问:何故意业非戒?
>
> 答:不能亲遮恶戒故。
>
> 问:何故恶戒非意业?
>
> 答:未离欲者,皆成就不善意业,彼岂悉名犯戒或不律仪耶?是故恶戒非意业。又,善意业若是善戒,则应一切不断善者悉名住律仪,彼皆成就善意业故。若许尔者,便一有情名住律仪,亦名住不律仪者,则应无有三种差别。如是则与圣教相违故,善恶戒俱非意业。又,世共许防禁身语说名戒故,意业非戒。应知意业是发戒因,不可戒因即名为戒。勿令因果有杂乱失,是故,无色道支唯四,未来通修下地无漏故,具有八无色解脱,现在一者,谓前所依三地随一。①

怀素依说一切有部的经典《俱舍论》为根据来说明。色的特性是"碍变",即有质体,能变化,由极微聚集而成。"色"有"表色"和"无表"之分,"无表"依"表"而生,心、心所及不相应行是为戒因,而不能认为其即是戒体。他认为,戒虽遍周法界有无穷量,但束之为二:一曰"表戒",二曰"无表戒"。"所言表者,身语造作,有所表示,令他了知,故名为表。言无表者,因其发业,无见无对,不可表示,名为无表体。"②他认为,别说之所以泛滥,是因为自佛灭后二十部生,并以法密(昙无德)部摄古来传律,诸人不寻分部,加之东土先盛说一切有部,才依之或《成实》来明戒体。若依有部宗及《俱舍》之说,其"理不然矣",应当主色法为二表之体。

"色"为何义,又以何成就善、恶二性呢?怀素是依说一切有部的经典来说明"色"。怀素说,色是碍变性,故尔其应极微细。如果色不极微,体何以能得以变现呢?所以非色无以聚集,正是凭依众微色之聚,变碍

---

① 《大毗婆沙论》卷一四○,《大正藏》第 27 卷,第 723 页下。
② 《四分律开宗记》卷一二,《续藏经》第 42 册,第 487 页下。

成义。因为"表"即身形名之作，其是由色变碍故为"色"。无表随彼，如树影随，故"无表"也当为"色"，色从表名，故为"色无表"。因"无表"依"表"生，故"表"谢"无表"灭，如树灭影也灭。

怀素反对南山宗道宣所主张的"心法"戒体论。他认为，承认"心"是戒本，那么戒也应能够虑知，而事实并不这样，戒"既不虑知，岂应正理"①？他也反对法砺的相部宗所主张的"非色非心"戒体理论。他说："然依《成实》，先明无作，其无作体，定用非色非心。"②因此，这种戒体论也"不应正理"。显然，他所说的正理即是《俱舍论》和《大毗婆沙论》的思想。因此怀素说：

> 胜义毗奈耶，克性是无漏戒，用无漏色为体，即八道支中语业命摄。谓五蕴中，唯色蕴摄，十二处中法处，十八界中法界摄。若兼具有同时相应，亦得通五蕴性。十二处中，意法二处摄。十八界中，意界法界意识界摄。③

《阿毗达磨大毗婆沙论》认为，由于因为色界是定界、是修地、是离染地，道戒可随转，而欲界是非定界、非修地、非离染地，所以色界戒及无漏戒随心转，欲界戒及余身语业不随心转，色界善心也并不是一切皆能随心转戒。而"色"的特性是"碍变"，有质体，能变化，是由极微聚集而成。"色"有"表色"和"无表"之分，"无表"依"表"而生，所以怀素以色法为戒体，而主张心不是戒体。心、心所及不相应行只是成就戒体之因，而不能认为它们即是戒体。④

四、"会定律疏"与"新旧并行"

唐代宗年间的"会定律疏"，是中国律学史上重要的一次活动。

---

① 《四分律开宗记》卷一二，《续藏经》第42册，第335页下。
② 同上书，第488页中。
③ 《四分律开宗记》卷一，《续藏经》第42册，第335页下。
④ 《四分律开宗记》卷一二，《续藏经》第42册，第488页中、下。

至代宗之时，中国流行的《四分律》之疏记已有相州日光寺法砺律师的《四分律疏》十卷，道宣律师的《四分律删繁补阙行事钞》十二卷以及西太原寺怀素律师的《开四分律宗记》十卷，三疏鼎足于世。三宗立义有异，也造成门徒之间的互争短长。在怀素作《四分律开宗记》驳斥法砺之后，相部宗后学定宾乃作《四分律疏饰宗义记》二十卷详解师说要理，并答怀素之评驳。

代宗大历年中，新旧二疏之争愈趋激烈，并延续到其后的门徒之中，"两疏传授，各擅专门，学者如林，执见殊异，数与争讼"①。二宗之争旷日持久，既频言竞，甚至皇帝也有耳闻。但激烈的理论纷争主要是在相部和东塔两宗之间，南山宗人基本上站在相部一边。

为了佛教理论的发展，更是为了稳定，教内外的力量都盼望着能对两宗作出某种形式的取舍或融合。时有天长寺沙门昙邃等上表求定新旧两疏之高下以便取舍。代宗也认为这种三宗相竞的现象不利于佛教的发展和国家的稳定，于是大历十三年（778）颁诏进行"佥定律疏"，诏中说：

> 四分律仪，三乘扃键，须归总会永息多门。一国三公，谁执其咎？初机眩曜迷复孔多，爰命有司俾供资费，所烦笔削伫见裁成。②

代宗之意即是敕令将二本律疏取定一家而行，或者也许是采新旧两疏之长，疏通其义，佥定一本。于是，大历十三年，承诏两街临坛大德十四人，齐至安国寺定夺新旧两疏是非，"重定二家隆杀"。此十四大德分属相部、南山及东塔三宗。他们为：天长寺昙邃，净住寺崇睿，西明寺道邃、兴泚，安国寺宝意、神朗、智钊、超侪，崇福寺超证，荐福寺如净，青龙寺惟干，章信寺希照，保寿寺慧彻、圆照。参与此事的共有五十四位大德，传承东塔律学的大荐福寺如净被推为宗主（圆照的《唐贞元续开元释

---

① 《宋高僧传》卷一五《圆照传》，《大正藏》第50卷，第804页下。
② 同上书，第805页上。

教录》说是如净和慧彻笔削润色佥定），慧彻负责笔削润色，圆照笔受"正字佥定"，宝意圆照"笔受佥定"，宝意"纂文佥定"，超俦"笔受佥定"，崇睿以下九人"证义佥定"。①

释如净，生平不详，学宗怀素新疏，曾受元载之命为怀素作传，他在这次"佥定两疏"的活动中起到了重要作用。圆照，生卒年也已不可考，《宋高僧传》言其世寿八十二岁，只知其活动于唐玄宗、肃宗、代宗三朝，京兆（陕西）蓝田人，俗姓张。圆照十岁时依西明寺景云律师出家，后研钻维摩、法华、因明、唯识等诸经论，旁究儒典，特精律藏，曾于开元年间奉敕译经。赞宁说："照于律道颇有功多。"圆照也是这次佥定律疏的主导者，并奉敕于贞元十五年撰有《贞元新定释教目录》三十卷、《续开元释教录》三卷、《大唐安国利涉法师传》十卷等著作十九种。

大历十四年（779），奉代宗之命，两街临坛大德开始佥定两疏。朝廷是非常重视这次律学活动的，专门拨出充裕的经费，敕令"佥疏"所在地安国寺，"佥定律疏院，一切僧俗辄不得入，违者录名奏来"②。当时佥定的原则是"新章有理义准新章，旧疏理长义依旧疏，两疏有据二义双全，两疏无凭则依经律。研精覃思，博考毗尼"。③

第二年，德宗即位，是为建中元年（780）。经过两街临坛大德的讨论纷争，于当年五月，奉敕撰成《佥定四分律疏》。六月，德宗敕圆照依国子学大历新定字样抄写进本。十二月十二日，十卷的《新佥定疏》送达礼部。但当日就有不明《佥定四分律疏》内容的学者具状，表示不服。不过，在《佥定四分律疏》中，仍乞新旧两疏许以并行，从学者所好而从之。此建议被敕准采纳，自此三宗并传。

通过这次"佥定新疏"的行动，两家之疏得以并存，依学者所好，

---

① 《宋高僧传》卷一五《圆照传》，《大正藏》第50卷，第805页下。
② 同上书，第805页上。
③ 《大唐贞元续开元释教录》卷中，《大正藏》第55卷，第761页下。

而不是将两本律疏定于一本流行。这有着多重的原因。其主要者也许正如赞宁所说,可能是因为当朝宰相元载一直重视怀素的思想和律教,并向皇帝而请得敕准"两疏许以并行,从学者所好"。喜好怀素之学的元载是仅想将怀素新疏中的一些引证和论辩删去,以避开争论。如净主持其事,照此进行。同时,也许是如净的重要作用,因为如净是怀素的后学。①

虽然"佥定律疏"的结果是"新旧并行",但新旧两疏的讲学者的矛盾仍然是没有解决,理论冲突照样发生,其两宗新旧疏之间的对立之势依然存在。②

虽然相部与东塔两宗间争执不断,但本质上说,其争执仅是个别理论问题和对某些字句的理解,一点也不影响他们对修行理论的实践。两宗之争最为根本的问题是对于"戒体"的理解。因为他们站在不同的角度,宗依不同的论藏,采用不同的方法,得到不同的结果。赞宁说他们是"新旧两名,各擅其美"。法砺是宗依成实、有部,受体双陈;怀素是寻祖萨婆,开宗独步。③ 事实上,法砺、道宣和怀素都在说"色",但因其所依"论"之不同,其"色"之内涵也就不同。法砺和道宣本《成实论》而说"色"。《成实论》以五根、五境和四大为十四色,并以色香味触为能造之实色,以四尘而成四大,依四大而成五根,由五根四大而有声,所以此五根四大并声之十四法实为假色。而怀素所本的《俱舍论》是以四大为能造之实色,摄于触境,因而与其所造之法均为实色。这也正是他们争执不休的主要原因。正如元照所说:"无作以非心为体者。然非色非心,止是摄法之聚名,实非体状,遂令历世妄说非一。"④

---

① 《宋高僧传》卷一五《如净传》,《大正藏》第 50 卷,第 801 页上。
② 比如,《宋高僧传》卷一五《释昙清》即记有唐衡岳寺昙清与义嵩间相关的辩难,此辩难发生在《新金定疏》被诏准后二十年后的唐宪宗元和年间(806—820)。参见《大正藏》第 50 卷,第 804 页中。
③ 《宋高僧传》卷一六《澄楚传》,《大正藏》第 50 卷,第 811 页下。
④ 《芝园遗编》卷上,《续藏经》第 59 册,第 620 页下。

而且,两宗本来即有很深的、共同的理论渊源。从师传上说,法砺、道宣同为慧光一系,其判《四分律》的方法也都同宗《成实论》,实无本质不同。据载,《行事钞》成书后,曾有一钞本流到法砺手中,对该钞中的观点,法砺并没有任何反对,甚至开始认为是智首所作。而且,怀素也是遍学两宗思想的。

首先,在三宗的开宗者那里,本就是互相参学的,如法砺曾研读过道宣的《行事钞》,道宣尝列于法砺的讲席咨决疑滞,怀素也曾从道宣和法砺及其弟子学律。其次,在三宗的门人那里,更是广泛参学于三宗律师间。不少律师虽然为某一宗师门人,但学律疏却是兼容并蓄,并不拘于一家一门。如在维扬间弘传相部律的龙兴寺释法慎,受具后即是依太原寺东塔律师体解律文。而法慎的学生义宣即又弘传《行事钞》,对各宗考核尤精,因慊融济、灵崿等学有所纰谬,而作《折中记》六卷以解。① 被称为释门千里驹的襄州辩觉寺清江即是礼昙一律主为亲教师,听相部疏,又拜曾讲南山律钞四十遍的守直为师。② 越州法华山寺玄俨先从光州道岸受具戒,后乃游诣上京探赜律范,向崇福寺相部传人满意律师和融济律师学律。③ 第三,律宗三家在其后门人的弘传中,日渐一体,理论越走越近。法砺之后,满意续其宗绪并传相部律学于大亮,大亮传昙一。但赞宁又称满意为"南山上足"。④ 同时,被称为"人中师子"的昙一曾依法砺律师的《四分律疏》及道宣律师《行事钞》,详略异同,著《发正义记》十卷,阐说南山、相部二宗之别。他并曾讲《四分律》三十五遍,讲道宣的《行事钞》二十多遍。⑤ 但他并没有否定任何一家,而是相部、南山两宗律法一并弘持。昙一的后学也是两宗齐弘的。如清源从守直和尚门下为弟子,同时也听昙一讲的相部疏和南山律钞。⑥

---

① 《宋高僧传》卷一五《义宣传》,《大正藏》第 50 卷,第 800 页中。
② 《宋高僧传》卷一五《清江传》,《大正藏》第 50 卷,第 802 页上。
③④ 《宋高僧传》卷一四《玄俨传》,《大正藏》第 50 卷,第 795 页中。
⑤ 《宋高僧传》卷一四《释昙一传》,《大正藏》第 50 卷,第 798 页中。
⑥ 《宋高僧传》卷一五《清江传》,《大正藏》第 50 卷,第 802 页上。

第五节　义净及其律学思想

一、义净的生平、翻译和撰述

义净三藏是唐代一位重要的律师,但不属于严格意义上的中国律宗系统。他更是作为一个西行求法者和翻译家而流芳于世的。

1. 义净的生平与律学翻译

义净(635—713),俗姓张,名文明,范阳(今河北涿州)人,一说为齐州(今山东省济南一带)人。义净十四岁出家,从慧智受具足戒后,即学习道宣、法砺两家律部的文疏达五年,后前往洛阳学对法、《摄论》等,又往长安学《俱舍论》和唯识学。

义净早年仰慕法显、玄奘西行求法的壮举,十八岁时即打算赴西天求法。据其《南海寄归内法传》卷四自述,高宗咸亨二年(671),义净在扬州坐夏时,遇即将赴龚州(今广西平南)上任的州官冯孝诠,并得其所助而至广州。同年十一月,义净即从广州搭乘波斯商船泛海南行。咸亨四年(673)二月,义净到达东印耽摩梨底国,和另一位住在那里多年的中国僧人大乘灯相遇,义净停留此处一年,并学习梵语。其后,他们两人随着商旅前往中印度瞻礼圣迹,四处参学,并停留那烂陀寺学习达十一载。义净在印度南北二十余年,游历三十多国,在印度研究过瑜伽、中观、因明和俱舍之学,并求得梵本三藏近四百部合五十余万颂。证圣元年(695)夏,义净携其所求梵本三藏四百余部和金刚座真容一铺、舍利三百粒等法物归抵洛阳,受到洛阳缁侣备设幢幡鼓乐的盛大欢迎,武则天也至东门外亲自迎接。

归国之初,义净先与实叉难陀等重译《华严经》。久视元年(700)以后,他自主译场,直到睿宗景云二年(711)时止。义净的翻译活动曾在东西两京进行,并得到朝廷的重视。武皇则天为其制《新翻圣教序》令标经首,唐中宗也为其作有《三藏圣教序》。① 景龙元年(707),中宗诏义净宫内坐夏。中宗在其《三藏圣教序》中,称赞义净:"既闲五天竺语,又详二谛幽宗,译义缀文,咸由于己出;措词定理,匪假于旁求。超汉代之摩腾,跨秦年之罗什。"②义净在译律之余,也对其徒授以律学。虽然智昇的《撰续古今译经图纪》说其学侣传行遍于京洛,但其佼佼者现在难以详说。

唐玄宗先天二年(即开元元年,713)正月,义净卒于长安大荐福寺翻经院,终年七十九岁。

义净译经众多,《开元释教录》卷五五说其十二年间共译著作五十六部,二三〇卷,此说为《宋高僧传》所采用。《贞元录》中《敕荐福寺翻经》条下说是为一〇七部,四二八卷。唐卢璨所撰的《义净塔铭》也采用了这个说法。智昇《撰续古今译经图纪》说义净译有六十一部,共二三九卷经律论传。尽管各说有异,但是义净以其宏篇译经得与鸠摩罗什、真谛、玄奘并列被后世称为中国四大译经家。

义净的译律在中国律学史的意义是他标志着一个时代——即第一个译律时代的结束,所以义净以前的有部律家属旧律家,其后则为新律家。

义净取回和翻译的律部典籍主要是"根本说一切有部律",今世所传的有部毗奈耶等诸律大多为其所译。义净对中国律学的主要贡献也主要在于他对有部律的完整翻译,这包括比丘律、比丘尼律、其他律事、杂事等。主要有:《根本说一切有部毗奈耶》五十卷、《根本说一切有部苾刍尼毗奈耶》二十卷、《根本说一切有部毗奈耶出家事》四卷、《根本说一切有部毗奈耶安居事》一卷、《根本说一切有部毗奈耶随意事》一卷、《根本说一切有部毗奈耶皮革事》二卷、《根本说一切有部毗奈耶药事》十八卷、《根本说一切有部毗奈耶羯耻那衣事》一卷、《根本说一切有部毗奈耶破

---

① 《续古今译经图纪》,《大正藏》第 55 卷,第 370 页上—下。
② 参见《三藏圣教序》,《全唐文》卷一七,第 210 页。

僧事》二十卷、《根本说一切有部毗奈耶杂事》四十卷、《根本说一切有部尼陀那目得迦》十卷、《根本说一切有部百一羯磨》十卷、《根本说一切有部戒经》一卷、《根本说一切有部苾刍尼戒经》一卷、《根本说一切有部毗奈耶尼陀那目得迦摄颂》一卷、《根本说一切有部略毗奈耶杂事摄颂》一卷、《根本萨婆多部律摄》十四卷、《根本说一切有部毗奈耶颂》三卷。

义净还译有《说一切有部跋窣堵》("跋窣堵"即"犍度"、"跋渠"等的音译)约七八十卷,但仅为初翻,未及删缀,义净即灭,其文遂寝。另外,义净又于一切有部律中,抄诸缘起经以别部流行,如《摩竭鱼因缘经》等共四十二经四十九卷。义净译的《佛说略教诫经》一卷和《长爪梵志请问经》一卷,在内容上也属于律学性的著作。

义净还译出瑜伽系方面的经典,如无著、世亲的《金刚般若论颂》和《释》,陈那的《集量》、《观总相论颂》等,护法的《成唯识宝生论》(释《二十唯识论》)、《观所缘论释》等。此外,他还重译了《金光明经》及一些陀罗尼经。

义净在翻译佛教律典之外,还译有《佛说疗痔病经》和《曼殊室利菩萨咒藏中一字咒玉经》等反映了印度医学思想的经文,客观上也促进了中印文化的多方面交流。

2. 义净的撰述

义净的撰述主要有《大唐西域求法高僧传》和《南海寄归内法传》两种。它们不仅是中国佛教史上有影响的史传类著作,也因叙述了唐代初期中土僧人赴印度求法盛况,以及中印交通、印度佛教状况及僧人生活修行和印度社会生活风貌等内容,因而成为今天研究中外交通史等领域的重要文献。

《大唐西域求法高僧传》,两卷,又名《西域求法高僧传》、《求法高僧传》、《大唐求法高僧传》等,作于公元691年。它是义净在返国途中停留在南海室利佛逝国(今印度尼西亚苏门答腊岛)时所作。内容记载了自玄奘西行回国(645)以后到本书撰写时的四十六年中,中国僧人和朝鲜、交州(越南)僧人以及中亚僧人西行求法的事迹,具有重要的佛教史料价值。

《大唐西域求法高僧传》的写作是以僧人去印度时间和存亡先后为序的,基本上是一人一传,也有几篇是两人或三人的合传。篇幅一般多是数十字乃至一千多字的短文,其中有些传后还附有四言或五、七言感叹或赞颂的诗偈。行文大都以不大的篇幅,清楚表达了传主的籍贯、西行路线和游学情况。义净自己的求经游学经历则散见于玄逵传后及无行、大津、贞固等传中。依作者在文首所言,本书共记有五十六人。但其所述者有中国僧人四十四人,朝鲜僧八人,交州(越南)僧人六人,西域僧人二人,实为六十人。

作为一本重要的僧人游学记录,《大唐西域求法高僧传》前承东晋《高僧法显传》和唐玄奘的《大唐西域记》,保存了中国、西域和印度等国的历史地理、社会生活和文化发展史料,长期以来受到广泛的重视。早在1894年,本书即被法国人沙畹(Ed. Chavannes)译成法文,1911年英国人比尔(S. Beal)节译成英文,1942年日本人足六喜六出版其译注本,1960年出版了高田修翻译的新译本。①

《南海寄归内法传》是义净于唐武周垂拱三年(687)返国途中作于室利佛逝国。为了对治他认为当时中土僧徒在践行上失当之处,义净把他在南海和印度各地所见所闻的僧徒日常行事的法式记录下来而成本书,共四卷,四万余字。本书内容以佛教戒律为中心,每卷约谈十个问题,共四十个问题,内容涉及到僧众修行的四十个方面。义净通过对中印两国僧众的持律状况进行的对比,清晰地表达了自己的戒律观和律学思想,文中并有着丰富的历史和文化风俗以及对当时印度生活的记叙。书前有自序,书末附有结语,敬向国内诸大德,说明身在海外,恐难面叙,故先寄此以供采择。四年后(武周天授二年,691),他让随行者大

---

① 参见王邦维校注的《大唐西域求法高僧传》校注者序,第16页,北京,中华书局,2000。

津提前归国,请求国家在印度造寺,以供之后去印度的中土僧人有住宿之处而不再四处漂泊。同时,义净还把他在自己停留期内新译的经论和撰述交托大津带回。本书便是其中的一部,因此名《南海寄归内法传》。

此外,义净还著有《别说罪要行法》、《受用三水要法》和《护命放生轨仪》三部各一卷。《全唐诗》卷八〇八中还收有义净的诗作六首,它们是《玄逵律师言离广府还望桂林去留怆然自述赠怀》、《在西国怀王舍城》、《余以咸亨元年在西京寻听于时与并部处一法师……聊题两绝》、《西域寺》、《道希法师求法西域终于庵摩罗跋国后……聊题一绝》。另外还有《题取经诗》、《杂言》、《与无行禅师同游鹫岭瞻奉……杂言诗》也被认为是义净所作。

义净对梵汉翻译理论也有研究。一般认为,中国第一部具有字典性质的《梵语千字文》(又作《唐字千鬘圣语》或《梵唐千字文》)一卷即为义净所作。《梵语千字文》包涵九百九十五个常用的梵字,在其旁边用汉字对音,下面再注一个汉字。把这些汉字连缀起来,每四字一句都有意义,故名为千字文。如"天地日月,阴阳圆矩,昼夜明暗,雷电风雨,星流云散,来往去取,东西南北,上下相辅"。义净在其序中说:"为欲向西国人作学语样,仍各注中梵音,下题汉字。其无字者,以音正之,并是当途要字。但学得此,则余语皆通。不同者旧千字文,若兼悉昙章读梵本,一两年间即堪翻译矣。"[①]9世纪中叶时,日本圆仁和尚把《梵语千字文》带到日本,并流传至今。

二、义净的律学思想

与法显取经是为了求得经律以解决中国经律缺乏、玄奘取经是为了解决让其困惑的理论问题不同,义净赴天竺则是为了解决东土僧众持律

[①]《梵语千字文》卷下(序),《大正藏》第54卷,第1197页上。

不严的问题。义净认为,凡所行事皆尚其急,戒律为第一重要。也正是如此,义净不论是身在海外写的《南海寄归内法传》,还是在回国后翻译经律闲暇时写的《别说罪要行法》、《受用三水要法》、《护命放生轨仪法》等,他都是意欲通过其对印度社会和僧众持律状况的体验与考察,以自认为纯正的佛制戒律标准来匡正僧众,以期纠正中土僧徒实践上失当之处。

1. 强调弘持有部律

义净认为,中土僧众戒律松弛现象的原因是缺少合适的戒律。他认为这正是人们持守《四分律》而造成的。义净对东夏独尊《四分律》十分不满,因此极为推崇《根本说一切有部律》,认为此律才是最纯正的戒律,"行法之徒须依自部"。

而且,义净认为东夏持律不谨的另一主要原因是律本混杂众多,造成诸部互牵。这即是他说的,"东夏大纲多行法护,关中诸处僧祇旧兼,江南岭表有部先盛",因此造成了出家之侣各依部执。在《南海寄归内法传》中,他表达了对"东夏"持律之混乱的不满和纠偏之意。他认为,当时国内持律者诸部互牵,混淆派别,律家章疏繁杂,不切践行。如他说:

> 详观四部之差,律仪殊异,重轻悬隔,开制迢然。出家之侣,各依部执,无宜取他轻事替己重条用。自开文见嫌余制,若尔则部别之义不著,许遮之理莫分,岂得以其一身遍行于四?①

他还认为,造成这种现象的原因之一即是长期以来人们对大小乘的执著。因此他批评道:

> 其四部之中,大乘小乘区分不定。北天南海之郡,纯是小乘;神州赤县之乡,意存大教。自余诸处,大小杂行。考其致也,则律捡不殊,齐制五篇,通修四谛,若礼菩萨读大乘经,名之为大,不行斯事,

---

① 《南海寄归内法传·序》,《大正藏》第 54 卷,第 205 页下。

号之为小。……斯并咸遵圣教,孰是孰非,同契涅槃,何真何伪! 意在断除烦惑,拔济众生,岂欲广致纷纭,重增沉结! 依行则俱升彼岸,弃背则并溺生津。西国双行,理无乖竞,既无慧目,谁鉴是非! 任久习而修之,幸无劳于自割。①

义净认为,要想解决这种问题,必须要宗依有部律。因此,义净虽然遍翻三藏,却偏功有部律,正是为了确立有部律的地位,一匡天下僧徒,以避免"诸部互牵"、"注疏繁琐,徒劳无功"的现象。义净的律学也因之建立在有部思想基础之上,其毕生精力都用在对有部律的译介弘持。

对于义净这种观点,宋代的元照律师曾指出,虽然教流此土,四部广律业已翻译,但神州一统约受并诵《四分律》之文,并无其他理由,只是立一部以为宗本而已。义净反宗有部,是因未体此意。③ 换言之,持律不严的根本原因并不是因为中土遍行《四分律》,也不是因为律本太多,因此提倡有部律以代替《四分律》,也是不可能从根本上解决僧众持律问题的。

2. 主张持律印度化

义净对当时中国僧人的持律状况极为不满,或者说,他认为造成这种现象的主要原因是戒律的中国化造成的。义净到印度正是要考察圣地的持律状况,并求取更多戒律来解决东土僧众的持律问题。他认为,印度僧众的持律为纯正的佛制戒律,并以之作为东土僧众修行的标准。因此,义净的律学精神和持律思想主要表现在其对中土僧众持律印度化的努力上。他主张守戒持律的方式和精神要印度化。

他在《南海寄归内法传》的序中即表达了这种思想,他的目的即是为了"谨依圣教及现行要法……愿诸大德兴弘法心,善可量度,顺佛教行"。

---

① 《南海寄归内法传·序》,《大正藏》第54卷,第205页下。
③ 《四分律行事钞资持记》卷上一上,《大正藏》第40卷,第158页中。

其依圣教、顺佛所教而行,其本质即是坚持印度化的戒律。作为这种心理的反映,义净在印度极为重视当时的持律状况,其《南海寄归内法传》记录的四十条内容也主要是印度戒律持守情况。同时,他更是致力于把印度的戒律行为介绍到中国。在《南海寄归内法传》中,义净处处把"神州"、"东土"、"东夏"的持戒状况与持律标准与"西天"、"天竺"等进行比较,贬前褒后之意显而易见,且随处可见。

如关于僧众的衣食住行,"起居饮食"和"敷其坐具",他都要求一切都要以印度化的戒律为标准。他指出,中国僧制,上自出家受戒,下自起居饮食,许多皆与律制不合,"(中国的)礼拜敷其坐具,五天所不见行;致敬起为三礼,四部罔窥其事……"①再如着衣,义净对于中国传统的或者说是被广泛接受和使用的僧人服饰大为不满,认为中国僧人"禅裤袍襦""咸乖本制",批评"东夏诸尼衣皆涉俗,所有用着并皆乖仪"。他指出:

> 或道:佛生西国,彼出家者,依西国之形仪;我住东川,离俗者,习东川之轨则。讵能移神州之雅服,受印度之殊风者?聊为此徒,粗铨衡也。凡是衣服之仪,斯乃出家纲要,理须具题其制,岂得轻而略诸。且如法众三衣,五天并皆刺叶,独唯东夏开而不缝。亲问北方诸国,行四分律处,俱同刺叶,全无开者。②

再如食坐小床,西方的小床高七寸,方绕一尺,东夏诸寺的床高二尺以上,这即犯了高床之坐。如放生仪轨,他说:"律文令作放生器者,但为西国久行,人皆共解。东夏先来未识,故亦须委其仪。若不具陈,无由晓悟。"在《护命放生轨仪法》一文中,义净在具陈当时中国的放生仪轨不合佛制之后,说"井口之上翻罗,元无放生之器。欲似护戒,宁顾虫亡"。因此,义净表达了对这种不合律制的仪式的不满。他说,如来所制戒律:

> 罪有性遮,遮则准事合经,性乃理应从重。性罪之内,杀生最

---

① 《南海寄归内法传》卷三,《大正藏》第54卷,第221页上。
② 《南海寄归内法传》卷二,《大正藏》第54卷,第212页中。

初,是故智人特宜存护。若将此为轻者,更复何有重哉!若能依教作者,现在得长命果报,来世当生净土。且神州之地,四百余城,出家之人动有万计,于滤水事,存心者寡,习俗生常,见轻佛教,不可一一门到口传。冀诸行人递相教习,设使学通三藏,坐证四禅,镇想无生,澄心空理。若不护命,依教奉持,终亦不免佛所诃责。①

显然,其言语之中表现了对"西方"的赞美与向往,表达了对中土持律状况及持戒标准的不满。

义净对西方持律与中土持律作出一系列的对比,本就是为了戒律的严谨化和纯洁化。但是他认为,这种严谨化和纯洁化即是印度化。这种思想贯穿在他的律学著述中。如在归国后撰写的《受用三水要行法》中,开篇即说其是"准依圣教,及西方现今众生所用之水"而成。②

对于义净所对诸种不合"西方"着衣方式的批评和"毁诽",《缁门警训》称其是因为"彼学小乘有部故,多偏执。今宗大乘了义,非彼所知"。③看起来是一语中的,其实不然。这并不是因为其门户之见。因为这种观点同义净的认识是一样的,都没有看到造成僧众生活习惯发生改变,以及其戒律持守中国化背后的社会、文化、历史和价值的因素。没有看到中印两国在地理、文化、风俗和气候方面的差异,没有看到汉魏以来中国僧人服饰的实用化和本土化趋势。过分执著于持律印度化,显然是有悖于佛教中国化发展的内在逻辑和发展方向的。

3. 重视持律研律的简洁实用

义净对当时繁琐的律学注疏不满。他认为学律重在实用,律学的生命和意义就在于能够有效指导和规范僧众的修行。如若律学繁琐,学之难悟其要,持之不得其法,戒律及律学的意义也就失去了。如他说:

---

① 《护命放生轨仪法》,《大正藏》第 45 卷,第 902 页中。
② 《受用三水要行法》,《大正藏》第 45 卷,第 902 页下。
③ 《缁门警训》卷三,《大正藏》第 48 卷,第 1058 页下。

> 且神州持律,诸部互牵,而讲说撰录之家,遂乃章钞繁杂,五篇七聚,易处更难,方便犯持,显而还隐。遂使覆一篑而情息,听一席而心退。上流之伍,苍髭乃成,中下之徒,白首宁就,律本自然落漠。读疏遂至终身,师弟相承,用为成则。论章段则科而更科,述结罪则句而还句。考其功也,实致为山之劳。核其益焉,时有海珠之润。又凡是制作之家,意在令人易解,岂得故为密语,而更作解嘲。①

他认为,律学思想更应是简明的,若使其神秘化,如一些律家所说其为"示秘密之深术",就失却了其现实意义。失去现实意义的律学是不能发展的,也是没有生命力的。所以义净主张,律学应当是"论断轻重但用数行,说罪方便无烦半日"②。此则西方南海法徒之大归矣。

义净把持律修行看成是简洁的,把律学看成是实用的,正因为这种崇尚简洁的思想,他对儒家的"孝"行也并不认同,认为其重于形式,造成礼如枷锁。如他说:

> 读经念佛,具设香华,冀使亡魂托生善处,方成孝子,始是报恩,岂可泣血三年……不餐七日,始符酬恩者乎!斯乃重结尘劳,更婴枷锁……岂容弃释父之圣教,逐周公之俗礼,号咷数月,布服三年者哉!③

他对中国部分僧人的烧身燃指供佛等现象也进行了痛斥。义净认为,生命是珍贵的,"夫以怀生者,皆爱其生,上通贤智。有死者,咸畏其死,下洎昆虫"④。他在《南海寄归内法传》中痛斥世人烧身燃指,是非菩萨大士之行、非出家比丘之宜为,所以他反对燃身供佛。他并指出,造成这种现象的原因是因为"初学之流,情存猛利,未闻圣典,取信先人。将

---

①②《南海寄归内法传·序》,《大正藏》第54卷,第206页上。
③《南寄归内法传》卷二,《大正藏》第54卷,第216页下。
④《护命放生轨仪法》,《大正藏》第54卷,第902页上。

烧指作精勤,用燃肌为大福"①。他还从佛陀的精神中为其主张寻找根据。因为人能弘道,若其缘斯致命,便会"误一生大事",所以饿而不食、上树投身均为迷途,有乖律典,为佛判为外道。② 为了使其观点更有说服力,他并专设一节《古德不为》以证之。并自称在其师门下学习为"善闲律意,妙体经心。烧指焚肌,曾无此教。门徒训匠,制不许为"③。他还指出,所谓燃身供佛,在诸多前辈大师、律师那里均未有过烧指梵身之举。再者,即使有亡身为道,那也不是一般人所为,"投体饿虎,是菩萨之济苦;割身代鸽,非沙门之所为。以此同科,实非其况"④。

义净几十年如一日,把根本说一切有部律完整地翻译过来,并毕生弘介。但由于其在持律精神上过于坚持印度戒律条文,不能融通适应中国社会,其所译传的根本说一切有部律仪,也随着他的去世而归于沉寂。其学、其志在中国并没有成为中国社会和僧众的持律思想和行为的主体,也没有得到广泛弘传,更没有改变以《四分律》为基、以"四分通大乘"为本、在"诸部互牵"的理论上建立起来的中国律宗。因为后者正是佛陀"随方毗尼"戒律精神的反映,是中国僧众对佛教戒律中国化的产物,因而有着强大的生命力。

第六节　唐代律宗与其他宗派的交涉

一、律学与禅宗

律学与禅学的关系是十分密切的。律师们把"禅心"看作和"戒善"同样重要,所以他们研弘持守戒律,也不忘禅定。早在南北朝时期,被鸠摩罗什赞为"后世之优婆离"的律师僧业即"居宗秉化……属意禅门"⑤。

---

① 《南海寄归内法传》卷四,《大正藏》第54卷,第231页中。
②④ 同上书,第231页下。
③ 同上书,第232页至233页上。
⑤ 《高僧传》卷一一《僧业传》,《大正藏》第50卷,第401页上。

南朝宋京师律师释道营"住灵曜寺习禅,晚依观、询二律师咨受毗尼,偏善《僧祇》一部"①。法颖律师"常习定闲房,亦时开律席"②。智称律师从隐、具二师,更受禅律,大明《十诵律》③。事实上,禅者也都十分重视护持斋戒,从道信(580—651)开始,他们都重视对方等忏法和佛性戒、菩萨戒法的研习。

而且,从禅者与律师的关系来看其联系也是紧密的。慧能即是于法性寺从智光律师受满分戒。④ 释僧达,遇印宗禅师重磨心鉴,光州拜见道岸律师,更励律仪。⑤ 史籍中所言,"以禅宗肇自少室,至曹溪已来,多居律寺"⑥;"达磨之道既行,机锋相遇者唱和,然其所化之众,唯随寺别院而居,且无异制……皆一例律仪,唯参学者或行杜多,粪扫五纳衣为异耳"⑦。他们说的都是此事。在唐代禅律别居之前,禅僧们所关注、研读的仍然是传统的律学经典。许多禅师也依止、受业于律师或律寺,做到禅律双修。不少禅僧对律学也都作过深入的研究,即所谓"妙于定门,练精戒品",坚信戒、定、慧不分,修禅始自修戒。

隋唐之时,一些著名的律师也是游心于禅门的。如道岸律师"坚修律仪,深入禅慧"⑧;释昙光律师曾向嵩岳相禅师学修止观⑨;惠光律师"初禀定宗,后师法律轨仪"⑩;惠瓒律师的法属"常以禅律继业"⑪;惠瓒门人道亮律师"念定为务,旁慕律宗"⑫;智舜律师"于江禅师下禀受禅道,

---

① 《高僧传》卷一一《道营传》,《大正藏》第 50 卷,第 401 页下。
② 《高僧传》卷一〇《法颖传》,《大正藏》第 50 卷,第 402 页上。
③ 《高僧传》卷一一《智称传》,《大正藏》第 50 卷,第 402 页中。
④ 《宋高僧传》卷八《慧能传》,《大正藏》第 50 卷,第 755 页上。
⑤ 《宋高僧传》卷二九《僧达传》,《大正藏》第 50 卷,第 889 页中。
⑥ 《景德传灯录》卷第六之《禅门规式》,《大正藏》第 51 卷,第 251 页上。
⑦ 《大宋僧史略》卷上,《大正藏》第 54 卷,第 240 页上。
⑧ 《宋高僧传》卷一四《道岸传》,《大正藏》第 50 卷,第 793 页上。
⑨ 《续高僧传》卷二九《昙光传》,《大正藏》第 50 卷,第 624 页上。
⑩ 《续高僧传》卷二九《论律》,《大正藏》第 50 卷,第 620 页下。
⑪ 《续高僧传》卷二二《慧进传》,《大正藏》第 50 卷,第 619 页上。
⑫ 《续高僧传》卷二二《道亮传》,《大正藏》第 50 卷,第 619 页中。

以为征心要术"①;玄逵律师"遍闲律部,偏务禅寂,戒行严峻,诚罕其
流"②。不过,由于禅者后来的别门独行,其持律方式和精神也就受到了
一些人的非议。这一点尤在唐代律宗三家的创始人那里较为明显。如
道宣对当时流行的禅宗修行和持律方式就极为不满,他在《续高僧传》的
《习禅篇》中即多处批评禅宗。如他说:

> 世有定学,妄传风教,同缠俗染,混轻仪迹。即色明空,既谈之
> 于心口;体乱为静,固形之于有累。神用没于词令,定相腐于唇吻。
> 排小舍大,独建一家;摄济住持,居然乖僻。③

道宣也批评禅宗的律学思想和持律原则,批评禅宗的"即色明空"的
实相观和无相戒观,批评禅门规式和持律方式为"排小舍大,独建一家;
摄济住持,居然乖僻"④。他对禅宗的戒律改革也采取了完全否定的态
度,斥其"复有相迷同好,聚结山门,持犯蒙然,动挂刑网。运斤运刃,无
避种生;炊爨饮啖,宁惭宿触"。这一切都表达出道宣对禅宗任意触犯传
统戒规,伐木开荒的行为的不满。⑤ 另一方面,道宣却高度评价禅宗行者
的头陀行,在其《续高僧传》的行文不时体现出来。如他对那禅师、慧满
禅师等就赞颂不已,对以慧瓒为代表的"威仪所拟,无越律宗;神解所通,
法依为诣"的"嘉尚头陀"者表示赞赏。⑥

二、律学与天台思想

由于吴越一带本是天台教弘盛之地,随着律学中心和律师队伍南移
于吴越地区,律师的研习和律学思想越来越与此处流行的天台思想结合
在一起。不少律师出入于台教和律宗之间,如荆溪湛然即曾于天宝初年

---

① 《续高僧传》卷二九《道兴传》,《大正藏》第 50 卷,第 623 页中。
② 《大唐西域求法高僧传》卷下,《大正藏》第 51 卷,第 7 页中。
③④ 《续高僧传》卷二〇《论习禅》,《大正藏》第 50 卷,第 596 页中。
⑤ 同上书,第 597 页中。
⑥ 《续高僧传》卷二〇《论习禅》,《大正藏》第 50 卷,第 597 页上。

从越州昙一律师广寻持犯开制之律范。此地的律师们大都是台教律宗同弘,《法华经》和《四分律》共讲的。他们在此两方面也都作出了突出的成绩。同时,天台思想本来即重视菩萨戒,天台学者和律师们在这一点上也找到了契合点。

智𫖮为天台宗的创立者。他不仅奠定了天台宗的基本理论,并根据佛制戒律的基本精神创设了《立制法》、《训知事人》、《敬礼法》、《普礼法》、《请观世音忏法》、《金光明忏法》、《方等忏法》等修行规范。而他的《菩萨戒仪疏》对戒体理论作出了重要贡献,影响了其后的律门思想。

隋唐两世,台教和律学共弘者很多,主要表现在律师们引台教入律学。比如荆州玉泉寺恒景、扬州龙兴寺法慎、杭州天竺山灵隐寺守直、台州国清寺湛然、天台山国清寺文举、唐湖州八圣道寺真乘等。

据《宋高僧传》卷五,释恒景(634—712,《佛祖统纪》作"弘景"),俗姓文,荆州当阳人。贞观二十二年(648),恒景十五岁时得敕度,听习三藏。起初就文纲律师学业毗尼,后又入玉泉寺,追智者禅师习止观门。而《佛祖统纪》卷一〇则说他于贞观二十二年在玉泉寺奉敕得度,即"依章安禀受止观,常诵法华,蒙普贤示身证明,天童奉侍左右"[①]。恒景于武则天时、中宗当政时曾三次被诏,入内供养为受戒师。景龙三年(709)奏乞归山,敕允其请,并于林光宫观门道场为其设斋,李峤、道俊、玄奘等均列席。恒景撰有《顺了义论》二卷、《摄正法论》七卷、《佛性论》二卷,一生讲律百遍。尽管有学者认为恒景也许应当是师从道宣而不是文纲,但他南山、台教兼弘则是明显的。在南山律学史上,恒景律师不仅大兴台教,也是南山重要后学,鉴真和尚即是从其受具的。[②]

释法慎(661—748),姓郭,江都人,道岸成律师受具戒,又从怀素体解律文,绝其所疑,后东还扬都。法慎广涉经典,曾说:"天台止观包一切

---

① 《佛祖统纪》卷一〇,《大正藏》第 49 卷,第 201 页下。
② 《宋高僧传》卷五《恒景传》,《大正藏》第 50 卷,第 732 页中。

经义,东山法门是一切佛乘。"①

守直律师,(700—770),字坚道,钱塘人,从苏州支硎寺圆大师受具足戒后,寻礼游学天下二百余郡,考察圣迹。并从善无畏三藏受菩萨戒,从普寂大师学楞伽心印。守直一生览大藏三遍,讲《起信论》二十余遍,《南山律钞》四十遍,入五台山讲《华严经》二百遍。开元二十六年(738)被举高行,被道俗请入大林寺,大历二年(767)移住天竺灵隐峰,大历五年(770)三月寓于龙兴净土院。守直度人众多,著名者有洞庭辩秀、湖州皎然、惠普道庄、会稽清江清源、杭州择邻神偃、常州道进等。②

天宝七年(748),天台宗九祖湛然大师(711—782)驻锡会稽开元寺,弘扬天台宗义,并依昙一法师的相部律思想广究律部。③ 另有释道遵(714—780),师从天竺义威律师,常驻具足戒,道宗毗尼传教,学天台一心三观法门,讲天台止观、《四分钞》文,临坛度人,弘心扬律,等等。④ 而且,天台宗中兴人物湛然也曾就昙一学律。

文举律师(760—842),俗姓张,婺州东阳人,早年即对佛教抱有热情,贞元三年(787)敕度得戒,其后研习《四分律》达十五年,并通《法华经疏》义,得智者之膏腴。因其"四威仪中无非律范,丹丘二众仰为绳准",与佛窟则公禅道并驱,随后因之被敕为国清寺大德。⑤

释真乘(?—820),俗姓沈,浙江德清人,出家后于通玄寺释常进处综习毗尼,后西上京师云华寺学法华天台疏义,大著声望。其"经宗律柄、兼讲无亏,籍甚缁行,炟赫京邑"。贞元十一年(795),曾被举为安国寺供奉大德。后归还乡里,受郡守等请而登法座开戒坛,"八为律学座主,四为临坛正员"。真乘律师撰有《法华经解疏记》十卷。⑥

---

① 《宋高僧传》卷一四《法慎传》,《大正藏》第50卷,第796页中。
② 《宋高僧传》卷一四《守直传》,《大正藏》第50卷,第797页下。
③ 《宋高僧传》卷六《湛然传》,《大正藏》第50卷,第739页中。
④ 《宋高僧传》卷二七《释道遵传》,《大正藏》第50卷,第879页上。
⑤ 《宋高僧传》卷一六《文举传》,《大正藏》第50卷,第808页中。
⑥ 《宋高僧传》卷一五《真乘传》,《大正藏》第50卷,第803页中。

其他如唐吴郡破山寺常达律师(801—874),曾研习《涅槃经》、《法华经》、《止观》等。① 另外,曾于开元寺置戒坛的法相律师的后代弟子杲公、启公等都僧隐天台习禅观。②

三、律学与净土思想

唐代,律师们诸宗同修、律净结合的思想和倾向也十分明显。在隋唐之际即有精研《大智度论》及《摩诃僧祇律》的明旷(？—623)居净土寺多年。此后,这种现象更为明显。如,唐吴郡包山神皓(716—790)从钱塘龙泉道场之一公出家,受具足戒于兴大师,后师事越州著名昙一律师,精研律钞。他曾于乾元元年(758)膺选为七大讲律大德之一,于开元寺广讲戒律,为律学之大家。晚年又致力于法华圆宗,别置西方法社,读诵《法华经》九千余部(遍),并研究天台教学,道俗云集。这已经有了律净结合的思想。③ 益州成都人会宁律师,也是"志存演法,结念西方"④。

唐江州兴果寺神凑则不仅是"志在《楞严经》,行在《四分律》",而且四十五年中每夜捧炉秉烛,行道礼佛。所以其入灭时白居易为其作塔铭云:"本结菩提香火社,共嫌烦恼电泡身。不须惆怅随师去,先请西方作主人。"⑤

南山后学玄俨的弟子、越州称心寺大义不仅与大禹寺回律师向溪朗禅师学止观,而且认为:"口业德行,非归兜率,不往净土,未可议其生处也。"⑥另有唐苏州开元寺辩秀(714—780),乾元年中,有诏天下二十五寺各定大德七人长讲戒律,辩秀曾当选其一。其言:"顷年于净土一门,不愆于念。尝谓人曰:昔闻西方之行是有相大乘,此乃蓬心不直,非达观之

---

① 《宋高僧传》卷一六《常达传》,《大正藏》第50卷,第807页下。
② 《宋高僧传》卷一六《法相传》,《大正藏》第50卷,第808页中。
③ 《宋高僧传》卷一五《神皓传》,《大正藏》第50卷,第803页上。
④ 《大唐西域求法高僧传》卷上,《大正藏》第51卷,第4页上。
⑤ 《宋高僧传》卷一六《法相传》,《大正藏》第50卷,第808页中。
⑥ 《宋高僧传》卷一五《大义传》,《大正藏》第50卷,第800页中。

说。何邪？夫出言即性，发意皆如，而一色一香，无非中道，况我正念乎？"①

隋唐之时，弥勒净土信仰在中国十分流行，这也影响到许多僧人，比如道宣即有着弥勒净土思想。道宣把弥勒净土作为皈依三宝、持戒为善的一种功德。如他说，归依三宝者，"一时闻解熏本识心，业种既成净信无失"。如果"能立愿归依奉为师范，固当累劫清胜义无陷没，如经有人受三归依，弥勒初会解脱生死"②。因此，道宣所设计的归敬仪式即是以慈氏菩萨为宗，他说："今以释尊遗法所修行者，并付慈佛，令悟圣果。文相既广理固难违，或愿生净土，例亦无壅。以正觉义齐拯济情一解脱便止，何有乖离？且以慈氏标宗，余则十方准例。"③

如何归敬于慈氏菩萨，道宣的设计礼仪即是要"置道场，安设尊像、幡盖、华、香、随力供养"。通过"一者礼拜、二者赞叹、三者发愿回向、四者观佛相好、五者专念修慈、六者三归十善、七者发菩提心、八者读诵经戒、九者供养舍利造佛形像、十者修行正观"此十种相而见佛善根。④

因此，修道归于慈氏者，"先须愿祈不造众恶，依愿起行有可承准。若不预作，辄然起善，内无轨辖，后遇罪缘，便造不止。由先无愿故造众恶，大圣知机故令受善"。所以，"下品十善谓一念顷，中品十善谓一食顷，上品十善谓旦至午，于此时中心念十善止于十恶，故野干心念十善，七日不食生兜率天。又《上生经》云：我灭度后，四众八部欲生第四天，当于一日至第七日，系念彼天持佛禁戒，思念十善行十善道，以此功德回向愿生弥勒佛前，随念往生"⑤。唐乾丰二年(667)，道宣年至桑榆，气力将衰，即"专念四生，又思三会"⑥。道宣并强调，由于"释尊遗法所修行者，

---

① 《宋高僧传》卷一五《辩秀传》，《大正藏》第 50 卷，第 801 页上。
② 《释门归敬仪》卷上，《大正藏》第 45 卷，第 857 页中。
③ 《释门归敬仪》卷下，《大正藏》第 45 卷，第 866 页上。
④ 同上书，第 865 页下。
⑤ 《释门归敬仪》卷下，《大正藏》第 45 卷，第 867 页中、下。
⑥ 《法苑珠林》卷十，《大正藏》第 53 卷，第 353 页下。

并付慈佛令悟圣果",所以修菩萨戒者、修弥勒净土者都不能持守戒律,在当时流行的诸种净土法门中,不论是虔心礼拜、赞叹佛德、发愿回向、修念佛相好、专念佛德、修习慈悲名等,都是持戒而行,戒律都是须臾不能离的。显然,这才是道宣的真正目的之所在。

与唐时的风尚一样,唐代重要的律师和律学翻译家义净也有着浓厚的净土信仰。他并把这种信仰与持戒结合起来,视这种奉戒修行的结果是为了"坚修戒品……愿见慈氏"。如他说:

> 理应坚修戒品,酬惠四恩,固想定门,冀拔三有,小愆大惧。若越深海之护浮囊,行惠坚防,等履薄冰而策奔骏,然后凭善友力,临终助不心惊,正念翘怀,当来愿见慈氏。若希小果,即八圣可求,如学大因,则三祇斯始。①

他又说:

> 愿在在遭会而延庆,代代奉训以成褆,积义利乎同岳,委净定也如池。冀龙华之初会,听慈氏之玄漪,遍四生而运想,满三大之长祇。②

义净认为,只有谨持正戒、珍惜人身、勤修戒定,最终才能得见慈氏。因此他说:"所有福田,共相资济,龙华初会,俱出尘劳耳。"③这表达了义净律师对兜率净土的向往和龙华三会的渴盼。在被认为是义净(一作慧净)所作的《与无行禅师同游鹫岭瞻奉既讫遐眺乡关无任殷忧聊述所怀为杂言诗》中,也有"回斯少福涧生津,共会龙华舍尘翳"之句。④

义净不仅翻译有部律,还译有《佛说弥勒下生成佛经》一卷。

---

① 《南海寄归内法传》卷四,《大正藏》第 54 卷,第 231 页中。
② 同上书,第 233 页下。
③ 《大唐西域求法高僧传》卷下,《大正藏》第 51 卷,第 12 页中。
④ 《与无行禅师同游鹫岭瞻奉既讫遐眺乡关无任殷忧聊述所怀为杂言诗》,《全唐诗》卷八〇八。

四、律学与华严宗和唯识学

律宗与华严宗是有一定的渊源的。研究《华严经》也一直是律师们的传统,早在北魏时,慧光律师即对《华严经》进行过研习,这种思想融入了律师们的律学研习和理论创建之中。以道宣为代表的律师都十分重视《华严经》,本经也因之成为道宣圆教思想的重要基础。

另一方面,也是从慧光开始,华严宗的重要人物与律宗思想相涉也是很深的。被尊为华严第三祖的法藏曾有《梵网经菩萨戒本疏》六卷(今存)、《菩萨戒经疏》(已佚)。唐肃宗至德二年(757),被尊为华严宗四祖的澄观(738—839)曾于昙一学南山律,乾元中(758—759)又依润州栖霞寺醴律师学相部律。① 在其所作《华严经疏演义钞》卷五中,曾引用怀素的理论来说明华严思想。对于志鸿律师著的《搜玄录》,澄观曾作序予以赞扬,称其是"搜扬古今,成一家之美。终南之风未泯,吴江之作长流矣"②。法藏也曾把满意律师的弟子称为"华严香象"。被尊为华严五祖的宗密还写有《四分律疏》五卷的律学著作。③

律学与唯识学的关系也十分密切。道宣的种子熏习的戒体思想即是受到了唯识学的影响。

慈恩宗人与律师的关系也十分密切。比如,道宣曾参与玄奘的译场。慈恩宗人窥基也与道宣相善,并"屡谒宣律师"④。

第七节 隋唐时期律学的对外传播与交流

隋唐时的对外律学交流,不仅是整个中国佛教对外交流的一部分,同时也丰富了佛教对外交流的内容。这种交流包括两个层次,一是中国

---

① 《宋高僧传》卷五《澄观传》,《大正藏》第 50 卷,第 737 页上。
② 《四分律钞搜玄录·序》,《续藏经》第 41 册,第 833 页上。
③ 《宋高僧传》卷六《宗密传》,《大正藏》第 50 卷,第 742 页上。
④ 《宋高僧传》卷四《窥基传》,《大正藏》第 50 卷,第 726 页上。

佛教律宗的思想,一是佛教的戒律。但是律学和律宗的传播又是与戒律的传播结合在一起的。此一阶段的律学交流分为三个方面的内容,一是中国律学的东传,二是中国僧人西去学律,第三则是秘密戒的翻译。

一、律学东传

隋唐时,中国律学东传主要是至朝鲜半岛和日本等地。其传播途径有两种,一是高丽和日本僧人来华学习,二是中国僧人东去传播律学。

1. 律学传入朝鲜半岛

佛教戒律传入朝鲜半岛,早在东晋时代即已开始。据梁《高僧传》卷一〇《释昙始传》载,晋孝武帝太元元年(376),即有长安释昙始赍经律数十部至辽东,显三乘、立归戒,此为高句丽有经律之始[1]。他所携带的经律对高句丽的佛教及律学发展有着重要意义。

在其后的历史中,作为整个佛教文化交流的一部分,中国与朝鲜半岛的律学交流也渐次增加。如高句丽真平王七年(588),有新罗僧人释智明来南朝陈地求法,云游学习十年,后随本国来华使者还国,在新罗推重弘扬戒律。唐贞观初年,有高丽沙门圆胜到长安游学诸寺,返国后大敞行途,讲开律部,至此高丽佛教三学方备。[2]

将唐代律学传于朝鲜半岛的著名人物为新罗国善德女王时代慈藏和尚。慈藏,俗姓金,生卒籍贯不详,父母亡后,辞妻出家。唐贞观十一年(637),慈藏和尚来华学律。贞观十二年,慈藏至五台山,礼拜文殊塑像,虔诚祈祷七日。后入京师,太宗敕住胜光别院,后又入往终南山云际寺。贞观十七年(643),慈藏携获赠之藏经四百余函等物返国,于新罗国举扬佛法、弘扬戒律。后受任为大国统,执掌理僧尼规制法式,筑金刚戒

---

[1]《海东高僧传》卷上也云"梁僧传以此为高句丽开法之始"。但也有学者认为,释昙始至高丽是在晋孝武太元末。因为昙始至辽东宣化是在晋孝武太元末年,即公元396年,距"顺道肇丽"的公元372年已经相距二十五年。参见白劲松《韩国佛教史》上,第27页。
[2]《续高僧传》卷二四《慈藏传》,《大正藏》第50卷,第639页下。

坛。慈藏严于律己,以律制僧,重视一切佛法须有规献,并被委为僧统,令僧尼五部各增旧习,更置纲管,监察维持,半月说戒依律忏除,春冬总试令知持犯。①

慈藏对新罗国佛教有诸多贡献,他把摄论学传入新罗,而且还著有《阿弥陀经疏》及《阿弥陀经义记》,以弘扬净土。于此同时,慈藏还对中华文化十分倾心,并以之为正朔,促进了高丽"通改边服,一准唐仪"。慈藏的律学著作有《四分律羯磨私记》一卷、《十诵律木叉记》一卷、《出观行法》一卷和《诸经戒疏》十余卷等书。②

由于慈藏确立了新罗国的戒律思想体系,事实上成为新罗佛教戒律学之祖,也使长期以来存在着的中国与朝鲜半岛的律学交流得以加深。③

2. 律学传入日本

日本佛教的戒律,最初是由日本善信尼从百济传入,推古天皇时期(592—628),虽有律师去日本,但影响还不足称道。有唐一代,日本僧人来中国学习者很多,其著名者有道光、道慈、普照和荣睿、道照等。

道光律师是于公元 7 世纪(日本天武天皇时期)入唐学律的。

唐永徽四年(653,时为日本孝德天皇白雉四年),日本律师道照来中国求法,师从三藏法师玄奘听受经、律、论。④

唐长安元年(701,时为日本文武天皇大宝三年),日本又遣律师道慈入唐求经。其后,天宝年中遣使及僧入唐求内外经教及传戒。⑤

普照,生平不详,为日本法相宗僧人,他因嫌日本戒坛未得完整,遂于唐开元二十一年(733,日本天平五年)奉敕和荣睿(生卒不详)等与遣

---

①②《续高僧传》卷二四《慈藏传》,《大正藏》第 50 卷,第 639 页下。
③ 据宋代律师允堪的《四分律拾毗尼义钞辅要记》序所言,道宣的《四分律拾毗尼义钞》完成后,即被新罗学者潜窃归国,二百年间,中国无此钞。唐会昌五年(845),因侍御李元佐等人的努力寻回,新罗王城慧明寺的释自相、东泉寺的释玄灵又经抄写,至唐宣宗大中四年(850)二月八日,方为传回。参见《续藏经》第 44 册,第 798 页上。
④《宋史》卷四九一《外国七》,第 14132 页,北京,中华书局,1977。
⑤《宋史》卷四九一《外国七》,第 14132 页。

唐使一同来华，先从洛阳福先寺定宾受具足戒，学习律部，定宾即唐代相部律宗后学长安崇福寺满意的门人。他们后至扬州大明寺谒访鉴真，请鉴真东渡。

也曾有中国律师将唐代律学传入日本。其最早者当为道璿律师。道璿（702—760），河南许州人，俗姓卫，幼年出家，从洛阳大福先寺定宾受具戒后，研学律藏，又师从华严寺普寂兼习禅学和华严。开元二十四年（736）被请至日本。鉴真大和尚到日本后，他曾去看望。道璿是唐代将中国佛教禅、律和华严学传至日本的肇始者，被后世称为日本禅宗第二祖、华严宗初祖。①

唐时最具传奇色彩的律学东传即是鉴真和尚赴日本传戒，并创开日本律宗。

鉴真（687—763），生于扬州，俗姓淳于，十四岁时从智满禅师出家为沙弥，神龙元年（705）从光州道岸律师受菩萨戒，景龙元年（707）又游学东都洛阳和西京长安。翌年，他于长安实际寺从恒景律师受具足戒。鉴真师出名门又学无定师，他是道宣的法嗣，受业于南山宗的门人义威律师、融济律师研习道宣的《四分律行事钞》、《羯磨疏》、《量处轻重仪》等；又从法砺的法孙大亮学相部律及法砺的《四分律疏》，因而对相部宗也深有了悟。因此，鉴真得唐代律宗三家的真传。开元二十一年（733），鉴真学成回到扬州，住崇福寺，在江淮地区越州、杭州、湖州、宣州等地讲律传戒十年，著名弟子有三十五人，各自倡导一方。在道岸、义威律师之后，淮南江左净持戒者，唯鉴真大和尚独秀无伦，因而被请为受戒大师。鉴真前后讲大律并疏四十遍，讲律抄七十遍，讲轻重仪十遍，讲羯磨疏十遍。主要弟子有扬州崇福寺僧祥彦、润州天响寺僧道金、西京安国寺僧璇光、润州栖霞寺僧希瑜、扬州白塔寺僧法进、润州栖霞寺僧乾印、沛州

---

① ［日］村上专精：《日本佛教史纲》，杨曾文译，汪向荣校，第32页，北京，商务印书馆，1999；以及《唐大和上东征传》，参见《游方记抄（七）·唐大和上东征传》，《大正藏》第51卷，第993页中。

相国寺僧神邕、润州三昧寺僧法藏、江州大林寺僧志恩、洛州福先寺僧灵祐、扬州既济寺僧明烈、西京安国寺僧明债、越州道树寺僧璇真、扬州兴云寺僧惠琮、天台山国清寺僧法云等三十五人,各在一方。①

鉴真主要师传系统是:

道宣—文纲(636—727)—道岸(654—717)—恒景(634—712)—鉴真。

鉴真东渡日本,是受在中国学习十余年的日本留学僧荣睿、普照之请而促成的。荣睿、普照的使命即是要从中国请传戒法师以解决日本如法传戒的问题。

鉴真第一次渡海是在唐天宝二年(743)。这次及其后的四次东渡活动均未成功。直到天宝十二年(753),六十六岁的鉴真第六次渡海才成功。唐天宝十三年(754)二月,鉴真抵达日本,时为日本天平胜宝六年。

鉴真受到日本朝野的热烈欢迎,日皇派特使宣读诏书对鉴真表示慰劳和欢迎,并特授鉴真为传灯大法师,请他就东大寺设坛传戒。当年四月,鉴真即在东大寺毗卢遮那大佛殿前,依道宣的《戒坛图经》,并吸收天台宗的思想而筑戒坛。鉴真为日本的天皇、皇后、皇太子授菩萨戒。大僧灵祐、贤璟、志忠、忍基等八十余人都舍戒依鉴真重受戒律,沙弥证修等四百余人也都依鉴真而受戒。鉴真此次筑坛是日本佛教史上的第一次正规传戒,并开创了日本的律学和律宗。此后,乃移戒坛于大殿西而构戒坛院,诸传戒等职,一任鉴真赐号。鉴真并自时创行羯磨受法,天下僧徒,奔波受戒。② 鉴真后于招提寺传《四分律藏》、道宣的《行事钞》、法砺的《四分律疏》、定宾的《饰宗义记》等。

作为唐时中日佛教交流的一部分,鉴真为日本带去了大量的经像、法物和中国的律学著疏。主要有《四分律》,道宣律师的《行事钞》、《戒

---

① 《游方记抄(七)·唐大和上东征传》,《大正藏》第51卷,第992页中、下。
② 《唐大和上东征传》,《大正藏》第51卷,第993页下。

疏》、《羯磨疏》、《戒坛图经》,法砺、慧光的《四分律疏》,定宾的《四分律饰宗义记》,观音寺大亮律师的《义记》,怀素的《戒本疏》、《比丘尼传》以及《西域记》等。这些都对日本佛教的发展和律宗的形成作出了不可磨灭的贡献。从此以后,"扶桑一统,约受诵《四分》之文,及论随行,皆依南山部文者也"①。

鉴真指导施工建设的奈良唐招提寺也成为日本律宗的本山。其后鉴真又在下野的药师寺、筑紫的观音寺各造戒坛一所,它们与东大寺戒坛合称为日本三戒坛。日本佛教尊他为南山系的第三祖,相部系的第五祖。"律宗"之名也成为日本的"僧纲"之一。

二、西去学律

有唐一代,除却玄奘和义净,还有许多僧人去天竺取经学习。仅义净的《大唐西域求法高僧传》就记有六十余人,其中有许多是律师。他们去天竺学法请律,有的数载而回,有的魂洒异域,有的多次往返,有的请律携经而归却因劫贼相向而功亏一篑。《大唐西域求法高僧传》记有智弘、玄照、玄逵、贞固等律师。

洛阳智弘律师,随舶南游到室利佛逝等处,学律仪,习对法,解《俱舍论》,学善《因明》,就名德重洗律仪,习德光律师所制律经,"随听随译实有功夫,善护浮囊无亏片检廉"。于那烂陀听瑜伽,习中观,研味俱舍,探求律典,复往羝罗荼寺……习陈那、法称之作。②

长安大兴善寺沙门释玄照,太州仙掌人,京师寻听经论,并于贞观年中入大兴善寺玄证处学习,取梵名"般迦舍末底",意为"照慧"。后仗锡向西,出流沙、登雪岭至印度而学习。住阇阑陀国学习四年,受国王重视并恭留供养,"沈情俱舍,既解对法,清想律仪,两教斯明"。后又到那烂

---

① 《新刻排科夹注戒本疏记序》,《续藏经》第39册,第704页上。
② 《大唐西域求法高僧传》卷上,《大正藏》第51卷,第9页中。

陀寺三年,就胜光法师学《中论》、《百论》等,又从宝师子大德受瑜伽论。玄照后被唐使王玄策回国后表奏于皇帝,玄照即被敕入京,归国途中经吐蕃见文成公主。麟德年中正月,玄照到洛阳,皇帝并至洛阳迎接。玄照回国后与敬爱寺导律师、观法师等人,翻译萨婆多部律摄。后又奉敕再入天竺,随将梵本经文留于京师,重抵五印。①

润州江宁玄逵律师,"遍闲律部,偏务禅寂,戒行严峻",由南海入天竺,学梵语,习声闻,往大觉寺礼真容像,将山东道俗所赠纯绢,持作如来等量袈裟,亲奉披服。他住那烂陀寺十载求经,取得梵本三藏五十万余颂,译成汉语可为千卷,惜未至之间遭大劫贼。②

郑地荥川贞固律师(梵名娑罗笈多),曾从"沉研律典"的岘山恢觉寺澄禅师学习,年二十余即从禅师进具,才经一载即总涉律纲。后贞固又向安州秀律师学习三载,端心研读宣律师《行事钞》,"可谓问绝邬波离,贯五篇之表里;受谐毗舍女,洞七聚之幽关"。贞固得律典精义,又研习智首律师的《四分律疏》,诵《法华》、《维摩》千遍,心心常续,念念恒持,三业相驱,四仪无废。他为了能到师子洲顶礼佛牙,观诸圣迹,于垂拱年中移锡桂林,又至番禺,并于此应请而开律典。时因唐王要求天下普置三师,贞固因其威仪而为讲律,经乎九夏。于四十岁而经南海赴佛逝国,学经三载梵汉渐通。归国后,贞固遂于三藏道场敷扬律教。③

除此之外,义净还记有如下僧人致力于律学,他们是:齐州历城道希法师,"在那烂陀寺频学大乘,住输婆伴娜专功律藏",并在大觉寺造唐碑一首,所将唐国新旧经论四百余卷,并在那烂陀寺住学。新罗人阿难耶跋摩,贞观年中出长安至印度广胁城,住那烂陀寺,"多闲律论,抄写众经"。益州成都义朗律师,善闲律典,兼解瑜伽,至于师子洲,"披求异典,

---

① 《大唐西域求法高僧传》卷上,《大正藏》第51卷,第1页下。
② 《大唐西域求法高僧传》卷下,《大正藏》第51卷,第7页中。
③ 同上书,第10页中。

顶礼佛牙"。益州成都人会宁律师,禀志操行,薄善经论,尤精律典,适西国"每察风闻,寻听五天"①。荆州江陵道琳法师,搜律藏而戒珠莹启,因"慨大教东流,时经多载,定门鲜入,律典颇亏",而寻流讨源,远游西国。荆州江陵昙光律师,学兼内外戒行清谨,至于诃利鸡罗国。②

这些律师在印度大都受到当时律学名家的亲授,他们对中国律学的发展和中印两地佛教律学的交流起到了积极的作用。

三、秘密戒的翻译

秘密戒的翻译也是唐代佛教律学活动的重要内容之一。严格说来,秘密戒在隋唐两代并不属于中国律宗系统,但它是中国佛教戒律的重要组成部分。

密教思想传入中国早在公元 2 世纪后半叶的东汉末年即已出现。如在《出三藏记集》列为失译者的、与律学相关的密教译抄经典即有《五戒三归护伽兰神王名》一卷,另外还有出于《僧祇律》的《受食粥咒愿缘记》、《为亡人设福咒愿文》、《生子设福咒愿文》、《作新舍咒愿文》、《取妇设福咒愿文》等。在记为东晋时帛尸梨蜜多罗译的、但一直被认为是梁代以前之伪作的《灌顶经》中也有《三归五戒带佩护身咒经》。

密教系统中的戒律又通常被称为"秘密戒",或者称为"三昧耶戒"。其戒相为不应舍正法、不舍离菩提心、不吝悭一切法、莫不利众生行等四重禁。必须先受此戒,才能入秘密坛行灌顶之仪。广义上,秘密戒不仅包括传统意义上的戒律,更有大量的"仪轨",其意是于秘密坛场的密印、供养、三昧耶、曼荼罗、念诵等仪式轨则和方法。

"三昧耶戒"以本有之净菩提心为戒体,如经中说:

---

① 《大唐西域求法高僧传》卷上,《大正藏》第 51 卷,第 4 页上。
② 《大唐西域求法高僧传》卷下,《大正藏》第 51 卷,第 7 页上。

若以净菩提心为出世间心,即是超越三劫瑜祇行。……若依常途解释,度三阿僧祇劫得成正觉。若秘密释,超一劫瑜祇行,即是度百六十心等一重粗妄执,名一阿僧祇劫。超二劫瑜祇行,又度百六十心等一重细妄执,名二阿僧祇劫。真言门行者复越一劫,更度百六十心等一重极细妄执,得至佛慧初心,故云三阿僧祇劫成佛也。若一生度此三妄执,即一生成佛。①

唐时秘密戒在社会上有着一定程度的流行,与之互为因果,有唐一代也有以不空、金刚智和善无畏三人为代表的僧人译出了大量的密教戒律学或仪轨经典。如:《毗卢遮那五字真言修习仪轨》一卷,不空译;《金刚顶瑜伽护摩仪轨》一卷,不空译;《受菩提心戒仪》一卷,不空译;《一字顶轮王念诵仪轨》一卷,不空译;《摩诃毗卢遮那如来定惠均等入三昧耶身双身大圣欢喜天菩萨修行秘法仪轨》一卷,不空译;《毗沙门仪轨》一卷,不空译;《瑜伽集要救阿难陀罗尼焰口轨仪经》一卷,不空译;《大毗卢遮那经广大仪轨》三卷,善无畏译;《地藏菩萨仪轨》一卷,善无畏译;《药师琉璃光如来消灾除难念诵仪轨》一卷,一行撰;《大毗卢遮那佛眼修行仪轨》一卷,一行记;《大毗卢遮那成佛神变加持经莲华胎藏悲生曼荼罗广大成就仪轨供养方便会》两卷,唐法全(生平不详,生活于宣宗朝前后)集。

虽然唐时译出了这些经典,并有义净律师译有密教经典《佛说佛顶尊胜陀罗尼经》一卷、《佛说大孔雀咒王经》三卷等,但整体而言,此时,秘密戒的律学思想并没有进入中国律学的思想之中。直到宋元之后,由于中国社会政治的变化,秘密戒的典籍和授受之法才在社会上流行起来,并于明清时代,被正式纳入或吸收到中国传统律学和律宗思想之中,影响到中国僧众日常戒律持守的诸多方面。

---

① 《大毗卢遮那成佛经疏》卷二,《大正藏》第39卷,第600页下。

第八节　五代时期的律学和律宗

与隋唐相比,五代十国时期,由于社会经济状况的原因,大量佛教典籍消失,加上僧人的四处避难和生活艰辛等等原因,都直接地影响了佛教的生存和发展。因此,律宗的传承也受到影响,律学的研究也没有太大的理论性突破。尽管如此,此一阶段还是出现了一些律学疏记和对《行事钞》注疏的著作。尤其是在南方闽越荆楚一带,社会中仍然有着律学活动,仍然有着较为明确的师传队伍。整体上说,律宗还保持着一定的发展势头。

在《宋高僧传》卷一六中,列于五代时的律师共有七人,附传两人,在其行文中也提到徽猷律师、归正律师等,其中属于或活动于南方的律僧有七人。在我们常说的《行事钞》六十家记中,属于五代时期的共有十三人。其中北方五人,南方八人。

五代时期,中国南北律学仍然有着各自的特色。

一、北方律学

由于河洛两京地区著名律宗道场在战火中被焚毁或衰落下去,以及律师的流散或南迁,北方地区不仅经律的翻译基本停止,僧人的修学也受到影响,因此佛教的发展处于低潮。大量的佛教典籍也因之丧失,这更影响了北方律学的生存。整体上说,北方律学是处于低潮时期,但社会上仍然是三宗并行。除去研究《行事钞》的南山律学后传之外,著名的东塔宗传人有释贞峻和释澄楚。

释贞峻,俗姓张,郑州新郑人,生于唐宣宗大中元年(847),卒于后唐同光二年(924),跨唐、后梁、后唐三代,其入后唐两年即卒,赞宁列其为"后唐东京相国寺贞峻"。贞峻十四岁投相国寺归正律师出家,其后讽《净名经》、《仁王经》等经计万言,因能使众经深谙于心中,曾被同侪戏称为"有脚经笥"。贞峻后于嵩山会善寺戒坛院纳法,迁于封禅寺(宋时称开宝律院),并被请为上座。贞峻学怀素的新章律疏,二十三策名讲授,被请为"新章宗主",复开律讲,僧尼弟子日有五十余人执疏听讲。贞峻于后梁乾化元年(911)临坛秉法,迨自后唐代梁,所度僧尼共三千余人。①

释澄楚(889—959),俗姓宗,十岁于相国寺礼智明为师,受具后专习新章律部,被时人尊为"律虎"。但是《宋高僧传》卷一六《澄楚传》没明言澄楚是师从怀素的后学,而仅云其"受具以来,习新章律部"。他不仅受到王公大人的敬重,后晋高祖也钦仰地诏其入内道场、赐紫袈裟。凡皇宫妃主慕法出家者,均命澄楚为其落发度戒,被命为"新章律宗主"。释澄楚入灭后,左街首座悟皎作舍利塔记。澄楚一生临坛度僧尼八千余人,门人有慧照等。②

慧照,史无其传,生平不详,赞宁的《宋高僧传》卷一六《澄楚传》仅言其为澄楚门人。澄楚、慧照的活动时间,正与赞宁(919—1001)同时,因此赞宁在其《宋高僧传》中所说的"至今东京三宗并盛"之东塔宗人,或当指澄楚、慧照等师徒门人。③

另有传奥,生卒不详,并州人,生活于唐末五代时,住太原石壁寺,精研华严,深明律学,著述颇多,其律学著作有《梵网经略疏》、《梵网经科文》等,现仅存有《梵网经记》两卷。

自中唐以后,中国律学的研习中心从对《四分律》的研习阐发已经转到了对道宣的《行事钞》的注疏上,南山律学也因之取得了很大的发展。五代时期研究《行事钞》的律师及其著作有④:后梁西明寺慧则,著有《行事钞集要记》,十二卷;后梁越州大善寺元表,著有《行事钞义记》,五卷;后梁秀州全体,著有《行事钞长水记》,卷数未考;后梁慧密律师,著有《行

---

① 《宋高僧传》卷一六《贞峻传》,《大正藏》第50卷,第810页中。
② 同上书,第811页上。
③ 参见《宋高僧传》卷一六《论律》,《大正藏》第50卷,第812页上。
④ 《行事钞诸家记标目》,《卍新纂续藏经》第44册,第304页中。

事钞上元记》,卷数未考;后梁徽猷律师,著有《行事钞龟镜记》,卷数未考。

上述著作,今天均不存。

一般说来,此阶段北方统治者信佛的程度远没有南方那样深,因此虽然戒坛时有所开,但管理限制较多。同时,对于出家者仍然推行试经业的考试方法。

如后梁龙德元年(921),禁止私度僧尼。① 同年,梁末帝颁诏,若僧人阙,方得奏荐,要选那些道行精至、夏腊高深者填补。"每遇明圣节,两街各许官坛度七人。诸道如要度僧,亦仰就京官坛,仍令祠部给牒。"② 后唐庄宗同光二年(924),应准于嵩山开琉璃戒坛,度僧百人。③ 后周世宗并对寺院和民众出家进行严格控制。显德二年(955),鉴于社会私度僧尼,日增猥杂,创修寺院,渐至繁多,皇帝下昭"宜举旧章",对戒坛进行严格控制,"王公戚里诸道节刺已下,今后不得奏请创造寺院及请开置戒坛",并强调:

> 两京、大名府、京兆府、青州各处置戒坛,候受戒时,两京委祠部差官引试,其大名府等三处,只委本判官录事参军引试。如有私受戒者,其本人、师主、临坛三纲、知事僧尼,并同私剃头例科罪。应合剃头受戒人等,逐处闻奏,候敕下,委祠部给付凭由,方得剃头受戒。④

同时,并严禁僧尼俗士的舍身、烧臂等毁坏身体之举,如有所犯则递配边远,仍勒归俗,格律处分。⑤

虽然赞宁说,至宋初时东京仍然三宗并存,但是北方相部宗的活动不明。

---

① 《新五代史》卷三《梁本纪第三》,第28页,北京,中华书局,1974。
② 《旧五代史》卷一○《末帝纪下》,第146页,北京,中华书局,1976。
③ 《旧五代史》卷三二《庄宗纪六》,第442页。
④⑤ 《旧五代史》卷一一五《世宗纪二》,第1529—1530页。

二、南方律学

从唐代中后期开始，随着律学中心的南移，南方律学一直较为兴盛繁荣。五代十国之中，处于战火较少的南唐吴越一代，其相对稳定的政治形势和经济状况对佛教律学的发展有着重要的影响力。

南方律学的兴盛不衰有着客观的原因。首先，在南方，虽有国土割据，但刀兵互加相对北方较少。即使有，也不如北地惨烈，社会文化受损程度也因之相对较轻。加上本地区自然资源的优势，社会经济稳定，寺院及僧人仍然有一定的财力保证其义学研究。其次，与北方不同，南方国主对佛教的支持都比较持久，且具有一致性和继承性，国主也大都信仰佛教，因此比较支持佛教的义学研究。除此之外，还有律学发展本身的历史文化因素。第一，早在唐初时期，即有南方律师去长安、洛阳一带寺院学律，然后又回到吴越一带传讲，因此造就了本地稳定的师传队伍。第二，由于北方连年的战争使众多北地高僧避难于江表一带，使吴越闽楚一带的律学保存有丰厚的理论传承。第三，在南方一些国主的支持下，社会中净土、天台、律、禅、菩萨戒等诸宗（学）都有着一定的融合倾向，如深受吴越国主尊崇的永明延寿（904—975）广为弘传菩萨戒的活动，这一切都使律学得到了社会和僧众的重视。第四，吴越忠懿王重振天台佛学，也使律学得到发展。因为吴越一带律学和天台已经有着接近和融合的趋势，律师有着兼习台教的传统。其著名者如杭州龙兴寺可周，曾作《音训五帖》解道宣律师的《法华序钞》，行于浙之左右。① 秀州灵光寺释皓端（890—961），于四明阿育王寺从希觉律师盛扬南山律，又从金华云法师学法华经，从台教法师玄烛学一心三观，"由是两宗法要一径路通"，得忠献王钱氏赐紫衣。② 天台山螺溪传教院释义寂，初从师学《法

---

① 《宋高僧传》卷第七《可周传》，《大正藏》第50卷，第747页下。
② 《宋高僧传》卷七《皓端传》，《大正藏》第50卷，第750页下、751页上。

华经》,受具后到会稽学南山钞,既通律义,乃造天台山研寻止观。①所以,天台的重振也带动着律学的发展。

钱氏之家为政吴越,通过建禅院、兴律寺、立戒坛而广弘律教,以致"大江东西鹿苑官宝坊,翠习云涌,以千百计,皆钱氏创建"②。在钱氏主政下,南方的戒坛还是比较繁荣的。如唐昭宗乾宁元年(894),钱镠曾命慧则(835—908)于越州临坛。③ 吴越乾化(913—914)初年武肃王钱镠于杭州龙兴寺开度戒坛,召鸿楚为临坛,并奏荐梁太祖求赐紫衣并号。④ 乾化年中,钱镠请虚受(?—925)于会稽开元寺举戒坛,被命充任"监坛选练",此是为吴地有此职之始。钱镠并表于后唐庄宗荐其紫衣。⑤

钱镠建六通律寺,请彦求法师于此演律法。⑥ 后唐天成二年,武肃王钱镠召景霄于北塔寺临坛。

钱弘俶曾从法眼宗永明道潜禅师(?—961)亲受"菩萨戒"。同时,钱弘俶还写有《宗镜录序》、《梵天寺经幢记》和《新建佛国宣判幢愿文》等,现见于《全唐文》卷一三〇中。钱氏政权的这些活动对吴越之地佛教律学有着客观推动的作用。

佛教的繁荣正是律学发展的基础和保障。正是在这种大背景下,南方江浙地方一带的律学仍然取得了显著的发展,尤其是南山律学较为兴盛。一些寺院对南山的传承仍然有声有色。如宋杭州慈光院晤恩(912—986)于后唐长兴年中(930—933)曾去昆山慧聚寺学南山律。⑦

此时,南方律学的继承和振兴者主要是以西明寺法宝大师的法嗣为主。

---

① 《宋高僧传》卷七《义寂传》,《大正藏》第50卷,第752页中。赞宁的《宋高僧传》把皓端和义寂都列为宋代僧人,但他们其实主要生活于五代时期。
② 《武林梵志》卷八,第175页。
③ 《宋高僧传》卷一六《慧则传》,《大正藏》第50卷,第809页上。
④ 《宋高僧传》卷二五《鸿楚传》,《大正藏》第50卷,第870上。
⑤ 《宋高僧传》卷七《虚受传》,《大正藏》第50卷,第747中。
⑥ 《武林梵志》卷三,第54页。
⑦ 《宋高僧传》卷七《晤恩传》,《大正藏》第50卷,第751页下。

法宝大师(797—875),即唐京兆福寿寺玄畅律师,字申之,宣城人,十九岁削发,二十岁到福州兜率戒坛受具足戒,听掇律科,因为要"新缯细缕一染色佳"而转往越中"求闻异说"。后因慕道宣在西明寺弘律,随又远走长安,栖于惠正律师法席听律,受京城三学大德益广见闻,玄畅在京华渐萌头角。① 后恰会昌法难,玄畅受众推为首上表论谏,据理力争,因此,赞宁将其列其入"护法篇"而不是"明律篇"中。懿宗大中年间(847—859),凡遇诞辰,则受请入内与帝谈论,并获赐紫袈裟,充内外临坛大德。玄畅曾任追福院首领、总持寺都维那等,后为上座。玄畅一生讲律六十座,度法数千人。其著作有《显正记》十卷、《科》六帖、《名义图》三卷、《三宝五运》三卷等。懿宗钦其宿德,特赐号"法宝",后即以法宝大师名于世。② 玄畅的主要弟子或再传弟子有惠柔、慧则等。惠柔曾被赐紫,继承师说。其后学主要有元表、守言、希觉、景霄、赞宁等,他们大都为五代至宋时期中国律学史上的著名律宗大师。

元表,生卒不详,学习毗尼,"兼勤外学,书史方术,无不该览"。早年参预京师西明寺法宝的讲肆。唐僖宗广明年中(880)至越州讲南山律钞,居越州大善寺,"诸郡学人莫不趋集"。元表讲律义理纵横,也讲《论语》,善其谈说,时号为"鉴水阇黎"。元表著有《义记》(又名《鉴水》)五卷。其弟子著名者为景霄和清福。景霄传守言,再传元解。③ 此系被视为五代时南山宗的正系。

释慧则(835—908),俗姓糜,吴郡昆山人,唐宣宗大中七年(853)就京师西明寺出家,大中九年(855)得度,大中十四年(860,即懿宗咸通元年),入法宝大师法席,当年敕补备员大德。咸通七年(866),代其师法宝大师讲席。咸通十五年(874,即僖宗元年)敕署临坛正员。中和二年(882)至淮南,后至天台山国清寺。昭宗乾宁元年(894)至明州(宁波)阿

---

① 《宋高僧传》卷一七《玄畅传》,《大正藏》第50卷,第818页上。
② 同上书,第818页中。
③ 《宋高僧传》卷一六《慧则传》,《大正藏》第50卷,第809页中。

育王寺。慧则曾应武肃王钱氏之命于越州临坛。慧则一生览大藏教两遍,讲《行事钞》七十遍,并撰《塔记》一卷、《集要记》十二卷以解南山《行事钞》。入室弟子中最有名者即希觉律师。①

希觉(864—948),祖籍晋陵,生于溧阳,字顺之,俗姓商,唐僖宗文德元年(888)于温州开元寺出家。第二年受戒后即学习律部,从学于西明寺慧则律师学南山律学。希觉学有所得,在慧则《集要记》的基础上著《增晖录》二十卷,因取昔曹植的"萤烛末光,增晖日月"之意而"增晖"《集要记》,随后即"浙之东西,盛行斯录"。希觉讲律于永嘉一带,受到武肃王钱氏的弟弟、时为郡首的钱铧的敬重。希觉后迁于杭州大钱寺,吴越世宗(文穆王)造千佛伽蓝,召为寺主,赐紫,并私署其为"文光大师"。希觉还有杂诗十五卷,另外希觉还长于《易》道,并著《会释记》二十卷,其解易至上下系及末文甚备,常为人敷演讲训此经,后付授于时任都僧正的赞宁律师。② 希觉律师的弟子众多,有名者如法眼宗第一世祖文益。

法眼文益(885—958),实为禅僧,世以"法眼宗"之开祖而闻名,浙江余杭人,七岁落发,不久即禀具戒于越州开元寺,又从学于阿育王寺希觉律师,"甚得持犯之趣",并被称为"律匠"。希觉律师夸赞他是"我门之游、夏"。③

杭州真身宝塔寺景霄,俗姓徐氏,丹丘人,生卒时间不详,后唐天成二年(927)后卒,赞宁列为后唐律师。景霄初学律于元表,后又从守言阇黎。景霄对律学研习极学,当他在金华东白山奖训初学时,江西律匠徽猷特意领徒众去问难,当听到景霄讲的当持犯篇后,而是再三叹赏。④ 徽猷曾作有《龟鉴录》,也应当对律学有着精湛的把握,由此也可见景霄的水平。景霄的主要著作为《四分律行事钞简正记》,简称为《简正记》,共

---

① 《宋高僧传》卷一六《慧则传》,《大正藏》第50卷,第809页上。
② 《宋高僧传》卷一六《希觉传》,《大正藏》第50卷,第809页下。
③ 《宋高僧传》卷一三《文益传》,《大正藏》第50卷,第788页上。
④ 《宋高僧传》卷一六《景霄传》,《大正藏》第50卷,第810页上。

二十卷,现为十七卷。所谓"简正"即欲以思择之力去邪说,而简取正义。

惠正、法宝一系的律师传承简列如下:

$$
惠正—法宝—\begin{cases}慧则—希觉—赞宁\\元表—景霄\end{cases}
$$

另外,此时还有彦偁、寿阇黎、从礼等律师,皆传讲南山律钞。

吴郡常熟的释彦偁(822—920),师传不明,被号为"毗尼窟宅",受到武肃王钱氏的敬重。寿阇黎,生平不详,其传讲南山律钞,频召供施,临坛度人,四远崇重。[①] 后唐天台山福田寺从礼(847—925),祖籍襄阳,精持律范。以后梁乾化年间(911—914)游学天台。从礼有着诸教合一的倾向,被两浙武肃王钱氏得闻而召入州府,建金光明道场。[②]

五代时期,南方的律师及其《行事钞》记疏有:后唐杭州真身宝塔寺景霄律师,著有《行事钞简正记》二十卷;后经吴越真身寺沙门靖安于公元957重修为十七卷;后唐杭州真身宝塔寺无外,著有《行事钞简正记》,二十卷;后唐婺州德殷,著有《行事钞手镜记》,卷数未考;后唐杭州觉照,著有《行事钞指志记》,卷数未考;后唐洪州清俨,著有《行事钞集义记》,卷数未考;后唐越州崇义,著有《述钞音训》,卷数未考;后唐立律师,著有《行事钞记》(记名未考),卷数未考;汉钱唐千佛寺文光大师希觉,著有《行事钞增辉记》,二十卷。[③]

以上著作今已不存。

除去希觉、景霄之外,南方十国时期虽然律师众多、律学繁荣,但是整体而言则没有重大的理论突破。其对律宗的最大贡献是在战乱时代传承南山律钞,延续了对《行事钞》的研习传统,保存了律门师传队伍,从而为宋代的律学复兴奠定了基础。

[①]《宋高僧传》卷一六《彦偁传》,《大正藏》第50卷,第809页中。
[②]《宋高僧传》卷一六《从礼传》,《大正藏》第50卷,第809页下。
[③]《行事钞诸家记标目》,《续藏经》第44册,第304页下。

第五章 密　宗

　　密教是显教的对称,是秘密佛教的简称,其内容主要指佛教中秘密化的佛法。这部分佛法之所以被称为秘密,主要是"这一系的佛教,有不许公开的秘密传授,及充满神秘内容的特征"①。密宗则指以密教为传授内容,已形成道统、师徒付法传承的宗派,是与显宗对应的名称。历史上一般将密教、密宗混合使用,笼统地称其为密教、密宗、秘密教、真言宗、怛特罗、金刚乘等。但其中真言宗是日本对密宗的习惯称呼,而怛特罗则比佛教密法范围宽广,包括与密教性质类似的所有宗教类型。

　　密教在印度也有其成熟发展的过程,按照中国及日本传统的分法,以《大日经》与《金刚顶经》为代表的胎藏界和金刚界密法称为"纯密",而此前译出的密法则属于"杂密"。但这种分法是以密法在中国的传布情况来说的,并不能全面反映密法的发展阶段,如在所谓的"纯密"之后,就印度而言,密教还在继续发展,并且还产生了一些重要的密教经典。而近年来,我国研究密教的一些重要著作则认为密

---

① 印顺:《印度佛教思想史》,第 385—386 页。

教的发展经历了原始、早期、中期、晚期四个阶段。这四个阶段对应起来则分别为陀罗尼密教、持明密教、真言乘(金刚乘)以及无上瑜伽密教四个阶段。但总的来说,第一个阶段和第二个阶段主要是围绕着陀罗尼发生的,所以可以合并成一个阶段,这样,密教在印度的发展可以用三个阶段来概括。

一般来说,密教发展的第一个时期就是陀罗尼密教时期。陀罗尼是梵文 dhāranī 的音译,又写作陀邻尼、陀啰尼等,汉译为总持,它的原初意义指的是超拔的记忆力,这种记忆力能忆持佛法的法要,不会遗忘。陀罗尼后来则演变成一些特殊的密语或咒言,这些密语或咒言中的每一个字都有无量的义理,持诵它就可以破惑证真,得大利益。可见,陀罗尼最初在印度佛教中出现的目的是为了更简易、更快捷地记诵宗教经典的,也就是"用数十个至十几个或几十个至上百个音素、音节、词、词组,将长长的经典文句贯通起来,只要记住这些音节或词,就可以依法诵出全篇经文来"①。大乘佛教兴起以后,陀罗尼不仅具有能够于一法之中持一切法、于一文之中持一切文、于一义之中持一切义的功能,而且还有摄持各种善法,遮除各种恶法的功能。显教经典中的咒语就属于这种用法,主要目的是用来总持全经大义的,如《心经》中的般若心咒等。但是随着佛教的不断向前发展,陀罗尼和咒术结合起来,出现了神秘化的倾向,并逐渐和各种手印、坛城、护摩②等仪轨结合起来,成为佛教中一门专修的途径,这就迈入了密教化的第一个阶段。所以说,并非所有的咒语或陀罗尼就意味着属于密教,因为《大般若经》、《法华经》、《大般涅槃经》等中都有属于总持经义的咒语。但无论如何可以看出,陀罗尼这种形式在初期的大乘经典中已经十分盛行,并且已经出现了诵读它们就可以得到种种神通的端倪。

---

① 吕建福:《中国密教史》,第 26 页,北京,中国社会科学出版社,1995年。
② 也叫做"火祭"或"烧施",把浆树枝、香枝、青稞、花果和各种祭品一起焚烧,以息灾求福。

陀罗尼独立成为专修的途径的标志就是出现了陀罗尼经典。根据汉译经典史,最早出现的陀罗尼经典是《无量门微密持经》,它是3世纪中叶由支谦译出的,这部经确立了陀罗尼的主导地位。陀罗尼与明咒(vidyā,形式仍是陀罗尼,但更强调咒的成分)相结合后出现的经典则是《持明咒藏》,它的出现时间则是公元4世纪初。之后,大约到公元5世纪中叶,又出现了《金刚道场经》、《灌顶道场经》等具有完备密法体系的经典。这些经典中,陀罗尼进一步和坛法、供养法等结合起来,注重供养和繁琐的仪式,并基本上具备了后期密教的组织形态,这一时期的密教也被称为持明密法。接下来,"持明密教发展到6、7世纪的晚期,其内部就出现了一种新的倾向,就是以'真言'来标其教法、以成就神通为其密法的一股思潮。代表这一新倾向的密典,主要是《不空罥索神变真言经》、《佛顶轮王经》、《苏悉地经》、《苏婆呼经》(《妙臂经》)、《瞿醯经》等"。① 所谓真言,就是对陀罗尼的另一种称呼,但其含义也随名称发生变化,倾向于认为这些陀罗尼是真实而非虚妄的语言,是真语、如语。并且真言也和具体的佛菩萨挂连起来,成为表示他们本誓的秘密语。这样,陀罗尼被进一步神圣化了。虽然这时的经典自称为真言教,但与后面的真言乘还是性质不同。而且这一时期的经典强调种种神通的修炼,世间的和出世间的都有。

以上就是密教发展的第一个阶段。在陀罗尼密教发展的最后一个时期,时间大约在7世纪末,印度密教发展的第二个阶段——真言乘和金刚乘时段也同时开始了。其标志就是《大日经》和《金刚顶经》的出现,虽然同为真言乘的代表性经典,但《大日经》和《金刚顶经》还是有区别的,学者们认为这二者的区别就在于《大日经》完成纯密的理论建设,唱"即身成佛"。稍后出现《金刚顶经》导发了后期的金刚乘,也就是左道密教。《大日经》的主要思想是"即事而真",原则上是来自《华严经》的"事

---

① 吕建福:《中国密教史》,第54页。

事无碍",又参考梵我一如的印度教思想而进一步地唱出即身成佛之教。但《大日经》是密教理论的建设者,由《金刚顶经》开出的,即将此一理论付诸于实际的生活。一切都成为即事而真、事事无碍的结果,淫、怒、痴的现象,被认为即是究竟的涅槃道。这在密教的理论上可以通,在究竟的佛位上也正确,在现实的凡夫境界,却未必真的能够即事而真。所以,"左道密教之滥,原因却在于凡圣混淆而倒果为因"①。但无论如何,这两部经是中日两国密教教义的基础。

如果按照西藏佛教的传统,大约与此同时(7世纪左右)出现的《集密根本续》、《胜乐根本续》、《大威德根本续》、《喜金刚本续》和后出的《时轮根本续》则更为重要,它们被称为无上瑜伽部经典,这些经典的出现"标志着密教作为一个有组织的信仰,形成了其独立的哲学思想体系"②。所以汉地和西藏因为各自密法传承的情况不同,对密教在印度高峰期的标志性经典的认定是不同的。被西藏看重的这些密宗经典的主要内容是讲述方便和智慧双运法,其突出的特点是"把方便智慧用男女两根表示,说明气、脉、明点的相互关系和特殊功能,以及气通、脉顺、明点足的修炼方法",但藏族的学者认为这只是"为了便于理解"。③ 而日本学者则作了更为世俗的理解,认为"这不过是用佛教的智慧与方便的用语,来表示印度教《呾特罗经》中湿婆和性力的关系,从根本上讲二者是没有区别的"④。因此,日本学者进而认为这是"左道密法",而以《大日经》和《金刚顶经》为代表的密法则是"右道密法"。

---

① 圣严法师编著:《印度佛教史》,第286页,台北,法鼓文化事业股份有限公司,1997。但日本学者佐佐木教悟等著的《印度佛教史概说》中,则将《大日经》和《金刚顶经》都归为"真言乘",认为金刚乘的代表经典是《文殊师利根本仪轨经》和《一切如来金刚三业最上秘密大教王经》(《秘密集会呾特罗》)。
② 《西藏密教史》,第7页,北京,中国社会科学出版社,1998。
③ 《西藏密教史》,第35—36页。
④ [日]佐佐木教悟、高崎直道等:《印度佛教史概说》,杨曾文、姚长寿译,第89页,上海,复旦大学出版社,1989。

第一节　汉地密教经典及其传译

一、密教经典在汉地的早期传译

密教的经典传入汉地最早可以上溯到支谦,他译出了《无量门微密持经》、《佛说华积陀罗尼神咒经》、《佛说持句神咒经》、《七佛神咒经》、《八吉祥神咒经》等密教经典。230年,来自中印度的竺律炎又翻译出《摩登伽经》,这些都是在中国最早出现的密教经典。但当时佛教在中国尚未能广泛传播,陀罗尼经更不为时人所重。其中支谦所译的这几部经都比较短小,最长的也不过数千字而已。《无量门微密持经》主要是总说诵持陀罗尼的功效的,如上所述,这部经是陀罗尼经典中很重要的一部,同时也是中国密教史上最早传译的一部经典。其他几部经中主要记录了几部陀罗尼,并同时也阐述了持诵这些陀罗尼的益处。《摩登伽经》除了录入几部展现持诵、护摩等密法初步形态的陀罗尼外,还详细地记载了有关二十八星宿及月相变动吉凶及祭祀禳解等内容。其后,东晋时帛尸梨密多罗又译出了《孔雀王经》(又名《大孔雀王神咒经》、《孔雀王咒经》),但今已失佚。后来鸠摩罗什、义净、不空都重译过此经。《孔雀王经》主要叙述了孔雀明王及其心咒,此心咒具有息灾、祈雨、止雨、消除病恼、安产等作用,为孔雀王经法的本经。在中国,孔雀王经法与依《大云轮请雨经》而立的请雨经法、依《仁王般若经》(或《仁王念诵仪轨》)而立的仁王经法、依《守护国界主陀罗尼经》而立的守护经法,并称密教的四大法。帛尸梨密多罗还译出《大灌顶经》十二卷,此经由十二部小经组成,每一小经的经名之首均冠以"佛说灌顶",全经主要说的是具有不同功能的神咒,因而属于汇编陀罗尼性质,周叔迦认为这部经的译出,"初具真言宗的规模"[①]。

除此而外,竺法护也翻译了一部分密教经典,他的翻译在密教经典

[①]《周叔迦佛学论著集》(上),第418页,北京,中华书局,1991。

的早期传播方面具有一定的重要作用,被认为:"陀罗尼密教被广泛的传译,并由此使中国人普遍认识的,是出生在敦煌的月氏后裔竺法护。"①收在《大藏经》"密教部"中属于竺法护所翻译的只有《舍头谏太子二十八宿经》,这部经和《摩登伽经》类似,都有占星的内容,但经中有一些咒语。他所翻译的其他佛经,如《大哀经》、《阿差末菩萨经》、《决定总持经》、《无希望经》、《海龙王经》中也有与密教相关的内容,说明他所翻译的这些经典显密混杂的性质。竺法护翻译陀罗尼的一个最大特点是他一般译出其意,而不是转写其音,如他在《海龙王经·总持品第七》中将一段陀罗尼翻译为:

  缘应意,随顺意,欣乐迹,直意,越度,无尽句,次第,曜面,光目,光英,志造,净意,行步入,勇力,济冥,所持,为上,寂门,入寂,灭尘,离居,居善,随顺,离次,无所至,所住,无所住,至处②。

这种翻译方式在密教典籍翻译史上并不多见,中土翻译出来的绝大多数咒语,只译音,不译意。

东晋孝武帝时,又有西域人昙无兰在江南广译咒经,后世将许多流传的咒经都认为是昙无兰所译。《历代三宝纪》中认为他共译出佛经一百一十部,其中咒经就有三十部,分别为:《孔雀王咒经》、《龙王结愿五龙神咒经》、《摩尼罗亶神咒经》、《龙王咒水浴经》、《大神将军咒经》、《伊洹法愿神咒经》、《十八龙王神咒经》、《摩尼罗亶神咒安摩经》、《药咒经》、《大神母结誓咒经》、《咒毒经》、《持句神咒经》、《麻油述咒经》、《檀持罗麻油述神咒经》、《七佛所结麻油述咒经》、《解日厄神咒经》、《咒水经》、《噉水经》、《请雨经》、《止雨咒经》、《陀邻钵咒经》、《幻师跋陀神咒经》、《咒时气病经》、《咒小儿病经》、《咒齿痛经》、《咒眼痛经》、《咒牙痛经》、《六神名神咒经》、《幻师阿邹夷神咒经》、《医王惟娄延神咒经》。收在《大藏经》

---

① 吕建福:《中国密教史》,第105页。
② 《大正藏》第15卷,第141页中。

"密教部"中的、属于昙无兰所译的有五部。也许因为数量的缘故,近人认为"然则昙无兰可谓在唐以前与密教关系最深之人矣"[1]。昙无兰所译的这些经典基本上属于陀罗尼和民间咒术结合后形成的经典,属于前期密法的内容。

此后继续翻译密教经典的主要有:

昙无谶(385—433,也被写作昙摩忏,昙无忏)是中天竺人,汤用彤在《汉魏两晋南北朝佛教史》中称其为"北凉译经之巨子"。昙无谶十岁入佛门,首先就是读咒,并因天资聪颖,能日诵万余言。他初学小乘,并精熟于五明诸论,后见《涅槃经》,深受折服,便改宗大乘。昙无谶深谙咒术,《高僧传》卷二中说:"谶明解咒术,所向皆验,西域号为大咒师。"他曾跟随其国王入山,其王口渴无水,昙无谶乃念动密咒,石头中间瞬时涌出清泉。其王推崇他的道术,所以对他倍加优礼。后来王恩渐衰,昙无谶便携带《大涅槃前分》、《菩萨戒经》、《菩萨戒品》等过罽宾、龟兹,进入姑臧(今甘肃武威),受到北凉王沮渠蒙逊的厚待。昙无谶在此期间翻译出很多经典,其中包括《大集经》和《金光明经》。北魏太武帝听说昙无谶颇有道术,遂向沮渠蒙逊索之,沮渠蒙逊害怕昙无谶入魏后对己不利,遂杀之。《大集经》的特点之一是"有相当多的密教色彩,如《陀罗尼自在王品》、《宝幢分·陀罗尼品》、《日密分·陀罗尼品》、《日藏分·陀罗尼品》、《月藏分·月幢神咒品》、《咒轮护持品》、《须弥藏分·陀罗尼品》,以及经中随处散见的陀罗尼咒等,显见此经在中观论的基础上,羼入有初期密部的行法"[2]。而且,在该经中还明确指出菩萨应该具备四种果德:戒律、禅定、智慧、陀罗尼。《金光明经》在藏文大藏经中是一部较为有名的秘密部经典。就汉译本而言,虽然后世有新译本,但仍旧以昙无谶的译本最为流行。这部经在后世的影响力很大,"中国佛教的金光明忏法之实

---

[1] 蒋维乔:《中国佛教史》,第154页。
[2] 中国佛教协会编:《中国佛教》(第三辑),第65页,上海,东方出版中心,1989。

施,舍身供养思想的成立,民众的四天王信仰,以及日本的四天王寺建立,金光明最胜会的流行等等,皆可谓之为基于《金光明经》信仰衍生而出的产物"。①

除此而外,大同石窟的创建者之一昙曜(5世纪人),在公元462年译出了《大吉义神咒经》。昙曜是凉州人,也是北凉、北魏名僧。他曾主持开凿云冈石窟,并且被认为是北魏佛法在太武帝灭佛之后的复兴者。由于他的功绩,后世将云冈石窟中最有代表性的五个洞窟称为"昙曜五窟"。《大吉义神咒经》中描述了制坛的方法,佛像在其中以圆形环绕,接受信徒们的供养。此坛似乎是曼陀罗的雏形,其结构在后来的经典中得以讲授。《大吉义神咒经》还讲授了密法修持中的许多悉地(成就),有赢得战争、停止风暴、得雨、隐身等。为了不同的目的,分别有祈求不同的神灵及相关的仪轨。善无畏在唐代翻译的关于悉地的佛经显然是同一类型但更为繁复的经典。

进入隋朝,翻译密法经典最多的则是阇那崛多(522—600),他是犍陀罗人。童年时代即出家,礼阇那耶舍(胜名)为师,二十四岁受具足戒。后来师徒辗转经于阗、吐谷浑(今青海西岸)到达鄯州(今青海乐都)。北周明帝武成元年(559),崛多等到达长安草堂寺。他到长安不久,被诏入宫,与明帝共论佛法。阇那崛多博通显密,被誉为"道性纯厚神志刚正,爱德无厌求法不懈,博闻三藏远究真宗,遍学五明兼闲世论,经行得道场之趣,总持通神咒之理"②。建德三年(574),周武帝灭佛,强迫僧徒还俗,阇那崛多等亦被逼改从儒礼,但他不愿意,就被放归本国。阇那崛多离长安后,出甘州(今甘肃张掖),至突厥(今鄂尔浑河流域)。不久,其师圆寂,阇那崛多在突厥滞留了十余载。隋朝建立以后,又开始重视佛法。开皇四年(584),阇那崛多亦被延请至洛阳,受隋文帝杨坚之委托翻译佛

---

① 林鸣宇:《〈金光明经〉信仰及其忏法之流传》,《佛学研究》,2004年。
② 《续高僧传》卷二,《大正藏》第50卷,434页中。

经。次年,阇那崛多在兴善寺开译场,经过十五年译出《佛本行集经》等三十余部经典,其中包括部分密典。阇那崛多翻译的密教经典一般认为有以下几部:《八佛名号经》(与《八吉祥神咒经》为同本异译)、《不空罥索观世音心咒》、《十二佛名神咒除障灭罪经》、《金刚场陀罗尼经》、《一向出生菩萨经》、(与《无量门微密持经》为同本异译)、《如来方便善巧咒经》、《威德陀罗尼经》、《法炬陀罗尼经》、《五千五百佛名经》、《东方最胜灯王如来经》(与《持句神咒经》为同本异译)。

　　入唐以后,最早传译密典的则是智通。智通是陕州安邑人,隋大业年间出家并受具足戒。后来前往洛阳的翻经馆学习梵文。永徽四年(653),他译出《千转陀罗尼观世音菩萨咒经》、《清净观世音普贤陀罗尼经》、《观自在菩萨随心咒经》、《千眼千臂观世音神咒经》。智通不仅翻译了有关千手观音的经典,还作坛如法受持该法,当时许多僧人都向他求法,千手观音法由此也得以传出。

　　除了智通,唐初翻译密教典籍的还有阿地瞿多(无极高,约7世纪人)。他是中印度人,"精练五明,妙通三藏,志弘像教"①,唐高宗永徽三年(652)进入长安,在沙门大乘琮等十六人以及英公李绩、鄂公尉迟敬德等十二人的请求下,阿地瞿多在慧日寺建"陀罗尼普集会坛"传法。后在僧人们的请求下,他又于653年从《金刚大道场经》(即《持明咒藏》)中以摘译的方式译出十二卷,命名为《陀罗尼集经》。经中收录了佛顶、如来、观世音、金刚、诸天、杂部等坛法经咒,属于杂密的集大成者。阿地瞿多译经以后的踪迹无考。他的受法弟子当时有玄楷、大乘琮等人,以后传承情况也不明。"到唐贞元二十年(804)台州国清寺惟象传阿地瞿多法系的'大佛顶大契曼茶罗行事'于日本最澄。次年五月五日,最澄又在明州开元寺法华院从灵光受'军荼利菩萨坛法'并契象等,又从鄞县檀那行者江秘受'普集会坛'并'如意轮坛'等法。灵光和江秘也属阿地瞿多的

---

① [日]大村西崖撰:《密教发达志》,第212页,台北,华宇出版社,1985。

法系。这一法系以后即在日本台密一派中代代传习。"①

与此同时比较重要的译家还有那提,他也是中印度人,年少时出家。永徽六年(655)到达长安,携带了自己搜罗的大量经卷(有1500多部),被安置在慈恩寺。此时也正是玄奘回国翻译佛经的时期,在玄奘的巨大光环之下,那提难以有所作为,只在龙朔三年(663)译出了《师子庄严王菩萨请问经》、《离垢慧菩萨所问礼佛法经》、《阿吒那智咒经》等。其中前两部经在中国密教史上具有一定的意义:

> 庄严王问经虽无明咒。说曼荼罗,则方坛上作八圆坛,供养八菩萨,即为八大菩萨曼荼罗法嚆矢。顾此法夙萌于无量门、八吉祥等经,至大陀罗尼神咒经,八尊始各有咒,至兹遂成一部法。密教发达之状,亦足考察其一端于是。离垢慧问经,说作五轮,而礼拜东方阿閦,南方宝相,西方无量寿,北方妙鼓声,上方智光,下方毗卢遮那及娑诃世界本师释迦如来之法。乃可见后日两部大曼荼罗之大日为本尊,列四佛于四方者,其根原于此也。②

这是说《庄严王问经》是一部在曼陀罗中供养八大菩萨法的雏形的经典,而《离垢慧问经》则是密教系统性世界观产生的一个源头。

初唐时期译密教经典较多的另外一个重要人物就是义净(635—713),他在印度求法时,曾经习学密法,他自己曾说:"净于那烂陀亦屡入坛场,希心此要,而为功不并就,遂泯此怀。"③义净在武周证圣年间(695)回国后,译撰经典61部,其中密典12部,主要有:《观自在菩萨如意心陀罗尼经》、《曼殊室利菩萨咒藏中一字咒王经》、《称赞如来功德神咒经》、《大孔雀咒王经》、《大金色孔雀王咒经》、《佛顶尊胜陀罗尼经》、《庄严王陀罗尼咒经》、《香王菩萨陀罗尼咒经》、《药师琉璃光七佛本愿功德经》、

---

① 《中国佛教》(第二辑),第145—146页。
② [日]大村西崖:《密教发达志》,第195—196页。
③ 唐·义净:《大唐西域求法高僧传校注》,王邦维校注,第134页,北京,中华书局,1988。

《疗痔病经》、《拔除罪障咒王经》。

由此可见,在善无畏、金刚智、不空之前,密教经典在汉地已经广为流传,很多经典甚至已经多次传译,如《孔雀王经》、《尊胜陀罗尼》等。除了密典的传译,中唐以前的许多僧人他们本身也深谙密法,其中一些人还在中土传播了密法。

二、汉地密法的早期传播

据不完全统计,自公元2世纪上叶至公元8世纪中叶,即我国有组织地翻译印度密教经典或形成独立的我国密教宗派以前,印度及中亚地区来华(汉地)的僧侣中谙熟密教法术的约有四十人左右,约占来华僧侣总数的一半,可见数量之多。在这些人中,属于两汉魏晋南北朝的主要有:

东汉时的安世高:《高僧传》中说他七曜五行、医方异术,乃至鸟兽之声,无不综达。康僧会《安般守意经序》也说他"博学多识,贯综神模,七正盈缩;风气吉凶,山崩地动;针脉诸术,睹色知病;鸟兽啼鸣,无音不照"[①]。同时,各类僧传中也充满了对他的种种神异事迹的记载,其中,"七曜五行"、"异术"等都属于密法的范畴。

昙柯迦罗:中天竺人,曹魏嘉平年间(249—254)到达洛阳。《高僧传》卷一中记载他"善学四围陀论,风云星宿图谶运变,莫不该综"。此人译出了《僧祇戒心》,僧传中认为中土的戒律始于此,但并未看到他在中国的其他宗教活动,包括传法。

竺佛图澄(232—348):西域人,九岁出家,戒行清净,用心于佛法,诵经致数百万言,并能善解经意。他曾两度到罽宾学法,被西域人视为得道高僧。晋怀帝永嘉四年(310)来到洛阳,他知见超群,虽未读过儒家之书,但与诸学士辩论,无能屈者,其善解文义之能力则非常人可比。因

---

① 释僧佑:《出三藏记集》,第244页,北京,中华书局,1995。

此,《高僧传》说他"妙解深经,旁通世论。讲说之日,止标宗致,使始末文言,昭然可了"。许多人甚至不远万里前来拜在其门下,如佛调、须菩提等数十名弟子皆来自于天竺和康居。他门下长随弟子有数百人,而前后总共摄受的门弟子则有一万余人,其中知名的有法首、法祚、法常、法佐、僧慧、道进、道安、僧朗、竺法汰、竺法雅、比丘尼安令首等人。

佛图澄不但善解文义,而且持戒甚严,一生"酒不逾齿,过中不食,非戒不履,无欲无求"①,并且一生共建佛寺八百九十三所,对佛教在汉地的传播用力颇多。

佛图澄一生经历后赵石勒、石虎两代君王,后者为中国历史上较为有名的暴君,但他二人都很器重佛图澄。石勒每遇国之大事,必先咨询佛图澄然后行动。石虎即位之初就下诏称佛图澄为"国之大宝",并命令"从此已往,宜衣以绫锦,乘以雕辇。朝会之日,和上升殿,常侍以下,悉助举舆。太子诸公,扶翼而上。主者唱大和上至,众坐皆起,以彰其尊"。② 佛图澄利用自己的地位,多有戒杀之谏,也因此有不少人活命。

佛图澄善持神咒,作为一位戒行德操卓越的高僧,他在《高僧传》中最为人所津津乐道则是他的神异,他"善诵神咒,能役使鬼物,以麻油杂胭脂涂掌,千里外事,皆彻见掌中,如对面焉,亦能令洁斋者见。又听铃声以言事,无不效验"。而且,"时有痼疾世莫能治者,澄为医疗,应时疗损,阴施默益者,不可胜记"③。佛图澄之所以见重于后赵,也是因为他的神异。

耆域:天竺人,晋惠帝统治末期(300年左右)进入洛阳。据记载,他也善施神咒,能为人治病及可以使垂死之人复生,甚至可以使枯树重生。

涉公:西域人。《高僧传》卷一〇中记载他"虚靖服气,不食五谷,日

---

① 《高僧传》卷九,第356页。
② 《高僧传》卷九,第349页。
③ 同上书,第345、346页。

能行五百里。言未然之事,验若指掌"①。可见,涉公修行的东西和道教的养精服气、辟谷等颇有相似之处。他于前秦苻坚建元十二年(376)到长安,四年后去世。涉公在长安期间,最突出的事迹就是每逢天旱不雨,他便能用秘咒咒下神龙,则天必大雨。所以他死后,苻坚为此还相当惋惜。

帛尸梨密:西域人,当时的人称其为"高座"。西晋永嘉年间(307—313)进入汉地。帛尸梨密擅长咒术,而且颇有验效。他一生主要活动在江南,并且还在江南传播咒术,据《高僧传》卷一记载:"初江东未有咒法,密译出孔雀王经,明诸神咒,又授弟子觅历,高声梵呗,传响于今。"②可见,帛尸梨密对密法在江南的传播是起了一定作用的。

昙无谶:他除了在天竺施展自己的咒术之外,进入中土后,他还在北凉展示过自己的咒术。《高僧传》卷二记载:昙无谶曾对北凉王沮渠蒙逊说其部落中有鬼,这必然会导致出现灾疫,沮渠蒙逊不信,认为只有眼见为实。昙无谶施道术于其身,沮渠蒙逊果然见鬼,"骇怖",昙无谶告诉他只要斋戒沐浴,并以神咒驱之即可。于是,诵咒三日,驱除鬼魔。姑且不论这段记载中所录之事的真实性,但昙无谶在北凉广施咒术则一定是事实,他自己也因此名声达于北魏,并也因此而丧命。

求那跋陀罗:中天竺人。他"幼学五明诸论,天文书算,医方咒术,靡不该博"。航海途中,他曾在风止船停、淡水枯竭之际,密诵咒经,遂召来信风暴雨,解决了困境。刘宋元嘉十二年(435),求那跋陀罗通过广州进入中国。在孝武帝大明六年(462),他成功地进行了一次降雨活动。据僧传记载,大明六年"天下亢旱,祈祷山川,累月无验。世祖请令祈雨,必使有感,如其无获,不须相见,跋陀曰:'仰凭三宝,陛下天威,冀必降泽。如其不获,不复重见。'即往北湖钓台烧香祈请,不复饮食,默而诵经,密

---

① 《高僧传》卷一〇,第373页。
② 《高僧传》卷一,第30页。

加秘咒。明日晡时,西北云起如盖,日在桑榆,风震云合,连日降雨。明旦,公卿入贺,敕见慰劳,觏施相续"①。

阿那摩低(宝意):康居人,世居天竺。刘宋孝武帝孝建年间(454—456)来到中国,能卜吉凶,并擅长神咒,《高僧传》卷三说他"善能神咒,以香涂掌,亦见人往事",以及能以神咒使失物复得等。

菩提留支(道希,约5、6世纪人):北天竺人,他是大乘瑜伽系的高僧,不但深通显教,而且还熟悉当时流行的秘密陀罗尼法,也就是所谓的遍通三藏,妙入总持。② 北魏永平元年(508),菩提留支携带大量梵本,经西域到洛阳,受到宣武帝的礼遇。他翻译出了许多重要的经论,如《入楞伽经》、《十地经论》、《金刚经论》、《往生论》等。《续高僧传》说他"神悟聪敏,洞善方言兼工咒术则无抗衡矣",并录了一则他的神异事迹,他"尝坐井口,澡罐内空,弟子未来无人汲水。流支乃操柳枝聊拂井中,密加诵咒才始数遍,泉水上涌平及井栏,即以钵酌用之盥洗。傍僧具见莫测其神,咸共嘉叹大圣人也。流支曰:勿妄褒赏,斯乃术法,外国共行此方不习,谓为圣耳,惧惑世网遂秘不宣"③。

除此而外,晋昙邃、竺昙盖、竺僧法等都擅神咒,他们或以咒医见闻于世,或以能祈雨而见闻于世。

隋及唐初来华僧人中会密法或者传播密法的僧人则有:

那连提黎耶舍(尊称,516—589):北天竺乌仗那人。年轻时游历各国,据载他能念动观世音神咒避鬼,并能以咒避山贼。北齐天保七年(556)到达中国,受到北齐文宣帝的厚待,嘱其译经。"耶舍每于宣译之暇,时陈神咒,冥救显助立功多矣"。他在译经时,充当传语的万天懿,是鲜卑人,也"善梵书语工咒符术"。那连提黎耶舍在中国乐善好施,多有义举:"未几授昭玄都,俄转为统。所获供禄不专自资,好起慈惠乐兴福

---

① 《高僧传》卷三,第130、133页。
② 《续高僧传》卷一,《大正藏》第50卷,第428页上。
③ 同上书,第428页下—429页上。

业。设供饭僧施诸贫乏，狱囚系畜咸将济之，市廛闹所多造义井，亲自漉水津给众生。又于汲郡西山建立三寺，依泉旁谷制极山美，又收养厉疾男女别坊。"① 这段史料中提到的"厉疾"，乃是麻风病，那连提黎耶舍在"汲郡西山"香泉等三寺（今河南卫辉），收留和治疗麻风病人，也可算是中国历史上最早治疗麻风病的记载了。隋开皇九年（589）那连提黎耶舍去世。

地婆诃罗（日照）：中印度人，上元元年（674）入唐。据《宋高僧传》卷二记载，他"洞明八藏，博晓五明，戒行高奇，学业勤悴，而咒术尤工"②。这一类的人物还有武则天年间（693）来自于喀什米尔的阿你真那（宝思惟）。

菩提流志（法希，？—727）：南印度人，出身婆罗门种姓，姓迦叶。十二岁从外道出家，历数、咒术、阴阳、谶纬等无所不通，直到六十岁方改信佛教。唐高宗于永淳二年（683），特意派人去印度迎请他，武周长寿二年（693）到达洛阳。他在华期间共译出佛经四十三种，一百零一卷，其中著名的有《大宝积经》。密教方面则有《广大宝楼阁善住秘密陀罗尼》、《不空罥索神变真言经》等。

印度和西域的这些僧人在中国活动的结果就是出现了一些中国本土擅长密法的僧人，如南朝宋杯度及普明、齐昙超及慧芬、梁尚圆等。其中，杯度因其"常乘木杯度水，因而为目"③。僧传中记载着他种种的神迹故事，已经近似于荒诞不经。但他"多行神咒"却是明确加以记载的。普明是临淄人，"禀性清纯，蔬食布衣，以忏诵为业"，"又善神咒，所救皆愈"④。慧芬本姓李，豫州人，也是"善神咒，所治必验"⑤。这些中国的僧人的出现，说明由天竺和西域僧人带来的密咒在汉地还是有所传播的。

---

① 《续高僧传》卷二，《大正藏》第50卷，第432页下。
② 赞宁：《宋高僧传》卷二，第32页，北京，中华书局，1987。
③ 《高僧传》卷一〇，第379页。
④ 《高僧传》卷一二，第464页。
⑤ 《高僧传》卷一三，第515页。

以上就是唐中叶以前密法进入中国的情况,但总体上来看:

第一,虽然许多印度和西域的僧人擅长神咒,但除了翻译佛经外,在中国对神咒、密法进行弘传的人数则十分少,只有帛尸梨密、阿地瞿多等几个人。其他人在中国最多也就是展示了自己的密法,如佛图澄可以说是唐代密宗建立之前最神异的一个僧人,但他门下著名的弟子都是以显教著称。他在初见石勒时,为了让其相信佛法的深奥,施用神咒,使水面生出青莲花,但旋即便谏言要石勒以德政为本。所以,密法只是他们取信国人,获得统治者青睐的一种方式而已,并不是他刻意弘扬的主要内容。西晋来华的耆域虽然惯施神咒,但在返回天竺前,时人请求他留下一言,以为永诫,耆域答曰:"守口摄身意,慎莫犯众恶。修行一切善,如是得度世。"①也就是说他始终认为修善弃恶是众人度脱的根本,是佛法的根本内容。因此,周叔迦认为密教"经典虽已传译,当时汉地传习此法的人不多,所有密咒在当时不过是修行显教的助行而已,如《方等陀罗尼经》便成为当时悔罪的重要行法"②。

第二,进入中国的僧人的咒术多数是在修习佛法之前学习的,如安世高、求那跋陀罗、菩提流志、昙柯迦罗等人。因此,早期进入中国的密法僧人,有一部分所实施的神咒是婆罗门教的内容,并不是佛教中的内容。

三、密宗的"宗经"及其基本内容

1. 密宗"宗经"的翻译

唐代密宗的根本经典是《大日经》和《金刚顶经》,但还有代表性经典的说法,密宗的代表性经典范围要宽泛些,历来有"五部密经"、"三部密经"、"五经二论"等不同的说法。"五部密经"指的是:《大日经》、《金刚顶

---

① 《高僧传》卷九,第366页。
② 《周叔迦佛学论著集》(上),第418页。

经》、《苏悉地经》、《金刚峰楼阁一切瑜伽瑜祇经》、《大毗卢遮那佛说要略念诵经》。"三部密经"指的是《大日经》、《金刚顶经》、《苏悉地经》。"五经二论"指的是前面的五经再加上《发菩提心论》和《释摩诃衍论》。但以上这些说法实际是就印度传入的经论而言的,而且和日本密教也有所混杂,例如《释摩诃衍论》在日本则较为重要。严格地说,印度传入的密教最终成为中国密宗,其根基则在一行的《大日经疏》。

首先,关于《大日经》,《大日经》是汉地胎藏界密法的根本经典。据记载《大日经》的梵文原本有广、略两种,传说广本有十万偈,因为篇幅太大,不便于流通,有传法贤圣简繁摘要,编集为略本。而略本的大小,又有不同的说法,崔牧《大日经序》说有二千五百颂,一行《大日经疏》说有三千余颂,《义释》说有三千颂,海云《两部大法相承师资付法记》则说有四千颂,二千五百颂是更简要的略本。十万颂的广本,有其说而不一定有其事,因为密教的很多经典都被说成有十万颂。即使真有其事,也没有流行过,流行的是所谓的略本。

流行于世的梵本虽然有好几种本子的说法,但从传入中国的情况来看,只有一种流行本,即按《大日经疏》说有三千余颂的那个版本,因为前后相隔三十年而出现的汉藏两种译本的篇幅都相当接近。梵文原本早已散佚不存,现在留存下来的仅是汉、藏两种译本。

汉译本译于唐玄宗开元十二年(724),是善无畏应一行的请求,在洛阳大福先寺主持翻译的,翻译时由宝月充任译语,一行充任笔受,并修改润饰,整订而成。其所用梵本则是由善无畏之前的另外一位僧人无行从印度携至北印度境内,无行病故之后由朝廷派使者前去迎归,收藏在长安华严寺。

善无畏所译的《大日经》,全称为《大毗卢遮那成佛神变加持经》,亦称《大毗卢遮那经》、《毗卢遮那成佛经》,共七卷。"毗卢遮那"意译为"光明遍照"或"大日"。全经共三十六品,前六卷三十一品是正本经文,译于开元十二年(724);后一卷五品是供养法,译于开元十三年(但也有人认为是善无畏自己撰写的)。总体来看,其第一卷阐述密教基本教义(教相),第二至第六卷讲述密宗各种仪轨、行法(事相),第七卷讲供养的方式方法。

《大日经》最重要的汉文注疏有一行的汉文注释《大日经疏》,通常称作《大疏》或《本疏》,原有数种传本,现有两种,一即二十卷本《大日经疏》(《大毗卢遮那成佛经疏》);一即十四卷本《大日经义释》。藏文大藏经丹珠尔中收有佛密《毗卢遮那现等觉大怛荼罗注释》一书。一行和佛密都是注疏此经的前六卷。第七卷有新罗不可思议的《大毗卢遮那经供养次第法疏》二卷。日本重要注疏有空海的《大日经开题》一卷,圆仁的《大毗卢遮那成道经心目》一卷。

《大日经》是中国密宗以及由此而来的日本密宗和韩国密宗的根本经典之一,与《金刚顶经》并称两部大法。因为它有一部逐字逐句详注精疏的注释本《大日经疏》,其地位和影响在中、日、韩三个国家密宗中很突出。

其次,关于《金刚顶经》,《金刚顶经》是汉地金刚界密法的根本经典。一般认为,《金刚顶经》在印度出现的年代,略晚于《大日经》,约在7世纪末叶。该经最初流传于德干高原、西南印度等地,后随密教的发展而向南印度和东北印度传播,大约在8世纪初始成为密教修习的主要仪轨。《金刚顶经》有广本、大本、略本之分。据不空的《金刚顶经义诀》说,其广本经夹长如床,厚四五尺,有无量的偈诵。大本有十万偈十八会,也未能全部传译,只有不空所译的《金刚顶经瑜伽十八会指归》作了大概的介绍,由于《金刚顶经》没有全译本,不空《指归》的简要介绍就十分重要。

汉译略本是抄略广本的部分经文,主要有三个译本:(1) 不空的译本,全称《金刚顶一切如来真实摄大乘现证大教王经》,又称《摄大乘现证经》、《金刚顶瑜伽真实大教王经》、《金刚顶大教王经》、《大教王经》等,共三卷。天宝十二年(753)不空在甘肃武威译出,司马行军、吏部郎中李希言笔受。主要宣说十八会中第一会第一品——金刚品下的前六会:成身会、羯磨会、微细会、供养会、四印会、一印会。(2) 金刚智的译本,全称《金刚顶瑜伽中略出念诵经》,简称《出念诵经》,共四卷,开元十一年(723)译出。由东印度婆罗门大首领直中书伊舍罗译语,嵩岳沙门温古笔受。主要宣说十八会中第一会第一品——金刚品下的前四会:成身会、羯磨会、微细会、供养会。(3) 北宋施护的译本,全称《一切如来真实摄大乘现证三昧教王经》,共三十卷,太平兴国五年(980)译出。主要是说十八会中初会的四品:金刚界品、降三世品、遍调伏品、一切义成就品。

《金刚顶经》的译本中,以不空的译本最为流行,《金刚顶一切如来真实摄大乘现证大教王经》就经名来看,横竖智杵,摧坏四魔,恒常不坏,故名"金刚";最胜无上,故名"顶";五智佛名"一切如来",在经中有三个意思:一指大日如来;二指大日、不动、宝生、阿弥陀、不空成就五如来;三指十方三世一切诸佛;是说如来已证得如实理、如实知,远离一切虚假,故名"真实";含无边显密教义,故名"摄大乘";现证佛菩提,故名"现证";此经广泛宣说金刚界佛部(以大日如来为部主)、金刚部(以不动如来为部主)、宝部(以宝生如来为部主)、莲华部(以阿弥陀如来为部主)、羯磨部(以不空成就如来为部主)五部和身口意三密以及大圆镜智、平等性智、妙观察智、法界体性智五智成佛等意,理事具足,穷尽了诸佛的本意,因此称作大教王经。

《金刚顶经》的注疏很多,重要的有不空的《金刚顶经义诀》一卷、《十八会指归》一卷、《金刚顶经中略出五章》一卷。另外日本真言宗大师空海、圆仁等皆有疏释记钞等著作。

胎藏部经典,除了《大日经》,还有《大毗卢遮那成佛神变加持经略示七支念诵随行法》(一卷)、《大日经略摄念诵随行法》(又称《五支略念诵要行法》)(一卷)、《毗卢遮那五字真言修行仪轨》(一卷)等,这三部经皆为不空所译。

金刚部经典,除了《金刚顶经》之外,较重要的还有:

(1)《金刚峰楼阁一切瑜伽瑜祇经》(二卷),又名《瑜伽瑜祇经》、《瑜祇经》。金刚智在开元十一年(723)至开元二十四年(736)译出。本经十二品,主要叙述了金刚界的成就法。

(2)《略述金刚顶瑜伽分别圣位修证法门经》(一卷),又名《金刚顶三十七尊分别圣位法门经》、《略述金刚顶修证法门经》、《分别圣位经》、《圣位经》。不空于天宝五年(746)至大历九年(774)译出。经中主要叙述了金刚界曼陀罗中的主会——成身会所供养的五佛、四波罗蜜菩萨、十六大菩萨、四摄菩萨、八供养菩萨(内外各四)等三十七尊的圣位及修证法门。

(3)《大乐金刚不空三么耶经》(一卷),又名《大乐金刚不空真实三昧耶经》、《般若波罗蜜多理趣品》、《金刚顶瑜伽般若理趣经》、《理趣经》。不空于天宝五年(746)至大历九年(774)译出。本经为《大般若经》第十会"般若理趣会"的异译,也是密教修法中在回向、诸愿成就、例行法会中常诵的经本。经分十七章,是密教之法身大日如来为金刚萨埵所宣说,内容是如何从具体日常生活中去实现密教之精髓,也就是达到即身成佛之究竟果位,其中包含了金刚萨埵内证法门的十七句,以及与之相配的金刚萨埵十七字真言和曼陀罗十七尊。此经在日本密宗中地位极崇。

(4)《金刚顶莲花部心念诵仪轨》(一卷),又名《莲华部心念诵仪轨》、《莲华部仪轨》、《莲华部心轨》。不空于天宝五年(746)至大历九年(774)译出。经中主要叙述了金刚界曼陀罗诸尊的念诵供养法、成身会、三昧耶会、供养会等诸尊的印契真言。

(5)《金刚顶瑜伽三十七尊礼》(一卷),又名《金刚顶经金刚界大道场毗卢遮那如来自受用身自内证智眷属法身异名最上乘三摩地礼忏文》。不空于天宝五年(746)至大历九年(774)译出。本经是密教日常读诵的金刚界礼忏文,经中主要叙述了礼敬金刚界三十七尊的名号和忏悔发愿文。

(6)《金刚顶瑜伽护摩仪轨》(一卷),不空于天宝五年(746)至大历九年(774)译出。经中主要宣说五种护摩仪轨:一、息灾,宣说消灭天变、地异、兵火、饥馑、疾病、横死等灾厄之修法。二、增益,宣说祈念南方宝部诸尊以增加福德、满足所愿之修法。三、降伏,宣说降伏魔怨、制伏诸外道之修法。四、钩召,宣说召集诸尊之修法。五、敬爱,宣说佛、菩萨、明王等各有本誓,爱怜众生,只要应其本誓进行修习,请予爱护,定能得到感应。

(7)《受菩提心戒仪》(一卷),又名《授灌顶金刚最上乘菩提心地戒文》、《受菩提心戒》。不空于天宝五年(746)至大历九年(774)译出。经中主要阐述了密教灌顶中三昧耶戒仪的仪轨,主要包括:先归命、次供养、次忏悔、次三归(皈依佛、法、僧)、次受菩提心戒五法。

(8)《发菩提心论》(一卷),不空译。论中主要说菩提心由三种行相,或者说三重内涵组成:一行愿,就是要有利益安乐有情界的行愿。二胜义,即观一切法无自性,恒常住于寂灭平等究竟的境界。第三三摩地,修行者观自内心如月轮,由这样的观想,照见本心湛然清净,犹如满月光遍虚空无所分别。不过自近代以来,许多人认为这是唐代的托名之作,因为该论中多处引用了《大日经》、《大日经供养法》和一行的《大日经疏》,而后两部实际上都不是在印度成文的。

(9)《释摩诃衍那》(十卷),相传为姚秦筏提摩多译,为《大乘起信论》之注释书,第十卷"性德圆满"的思想,与密教极为一致,日本弘法大师空海即依此论发挥真言教义。但《大乘起信论》本身就被许多人当做疑伪经处理的,此外,此论在元代以前的佛经目录中均未见著录。

2.《大日经》的内容

从秘密佛教发展的整个历史进程来看,《大日经》处在一个承先启后的地位,它一方面使密教体系化、理论化,另一方面又奠定了后来的秘密佛学发展的基础,开密教一元论思想之先河。

在《大日经》产生之前,印度密教已有相当的发展,也有了像《金刚大道场经》这样据称有十万偈的庞大而自成一家的经典,但无论在思想上还是在修法上,都没有体系化、理论化,尤其缺少从佛学的理论角度来确立本派的学说。

《大日经》总结以往的密教,一方面把密教的修行实践体系化,明确三密的修行方法,并把修行实践加以理论的概括,提出"菩提心为因、大悲为根本、方便为究竟"的修行总原则。而更重要的是把密教进行佛教化,使其同带有浓厚的婆罗门教及印度教和民间信仰特色的怛特罗密教彻底区分开来,成为佛教之怛特罗。在具体的修行方式上,《大日经》确立了依曼陀罗、真言、印契之三密瑜伽的修法体系。

《大日经》将中观、唯识、如来藏三大系思想,加以融会综合,建立本宗本派的学说体系,把密教佛学从大乘佛学中分离出来,使密教也在理论学说上自为一乘。

再者,后来各派所讲的五部,亦是从《大日经》的三部五佛演化而来。甚至后来各派强调众生与佛的同一性和无分别性,视贪染为净菩提,在修行实践中重视体证莲花与金刚的合二为一的原理,都是导源于《大日经》即心是佛、自心自觉的一元论思想。这一思想自从《大日经》论证阐明之后,一直贯串于各派密教思想之中,是密教哲学思想的主要倾向。

另外,《大日经》还确立了密教的信仰体系和神灵体系,其中如大日如来被奉为秘密佛教至高无上的主尊和教主,并赋予法身佛的意义,从现有数据看是始自于《大日经》的。所以,《大日经》在整个秘密佛教中也占有十分重要的地位,对于研究秘密佛教学说的发展和研究秘密佛教同大乘佛教的关系,都具有重要的意义。《大日经》还以一章的篇幅专门阐明论证了密教的基本教义,与其他只偏重于密法仪轨的密典相比,更具有较强的理论和哲学色彩,因而也被大乘各派各宗所看重,在显教中具有一定的影响。

最后,《大日经》还实现了世间道与出世间道之教理及实践的统一,解脱论与救济论之统一。①

---

① 参见吕建福释译《大日经》,第6—8页,台北,佛光出版社,2006。

以上是《大日经》全经的主要内容以及该经的重要性,下面则是全经三十六品的具体内容:

(1)《入真言门住心品》,这一品的标题由"入真言门"和"住心品"组成。"真言"从密宗的立场来看就是真语、如语、不妄、不异之音,中国古代常将其译为"咒语",一行在《大日经疏》中认为这不是一种正确的翻译,因为真言是如来的妙语,是法体的代表。"住心品"中的"心"则指的是菩提心。这一品是整个《大日经》的纲领,其最核心的内容则体现在"菩提心为因、大悲为根本、方便为究竟"三句中,《大日经》一经所说不出这三句法门。菩提心是成佛的种子,所以说它是"因"。"菩提"在《大日经》中被解释为无相的虚空相,菩提心就是虚空相的心,这个心的特质就是"无分别"。所以经中说"欲识知菩提,当如是识知自心",因为这二者是等同的。要认识和体悟自己的这一真心,就必须去掉以贪心、疑心、暗心、痴心等五十九种"非心"、"世间心"。这主要是因为一切法无我性,所以一切心均不可得,因此,依真言门修菩萨行者,当以如幻、阳焰、梦、影等看待世相。

(2)《入曼荼罗具缘真言品》,这一品主要阐述的是建立曼陀罗所应具备的条件、前提、方式、与之相对的真言以及引弟子入曼陀罗进行灌顶等事宜。其中包括五佛的绘法、所使用的色彩,真言中包括"字"门的修法。所谓"字"门(也称"字"陀罗尼),佛教中有四十二字观,也就是有四十二个字母,它们在宗教上分别代表独特的意义,如"阿"字为一切法不生的意思;"啰"字为一切法离垢的意思。密宗进而把它们视为不同的佛菩萨的代表,如"阿"字就代表着大日如来,也等同于菩提心,含义上则继续表示"一切法本不生"。修习这一法门就是对这两方面的内容加以观想。关于"字"陀罗尼,印顺法师有很详细的概括:

> 字,是一般所说(拼音文字)的字母,为一切语言的根本。《般若经》与《华严经》"入法界品",都说到四十二字母。四十二字母是南印度古传的字母,法藏部也曾学习。陀罗尼是"持",忆持不忘的能

力,也就能通达法义。如《大智度论》说:"四十二字是一切字根本。因字有语,因语有名,因名有义;菩萨若闻字(音),因字乃至能了其义。"四十二字是一切字根本,而第一"阿"(A)字,是一切字根本。"阿"字是最初的喉音,经颊、舌、齿、唇,而有种种语言,所以阿是最初的、根本的。"阿"——喉音,什么意义都不是,所以被看作超越的——"不","无"。依"阿"字而发展出四十二字,一切语文(所表示的),也就一切本质都是超越的,可从一切文字而通达实相。①

对于修习密宗者来说,念诵"真言"要与修曼荼罗配合起来。曼荼罗一般译为"坛场"、"坛城"或"坛"。最常见的曼荼罗就是用青、黄、赤、白、黑五色,绘制出诸佛菩萨的形象,表示他们前来聚集。曼陀罗最主要的目的是修密宗者用来作为观想对象的,另外,每当密宗师要收新的弟子时,就引其入坛城,用掷花等形式,选定其修行的本尊。

(3)《息障品》,所谓息障,息是止息,障为障碍,息除内外两种障碍,即为本品主旨。这一品主要讲述的是修密法的人净除内外障碍的方法,这些方法主要有忆念菩提心、结印契、修阿字门、啰字门、居曼荼罗等。

(4)《普通真言藏品》,普通之"通"为遍通,此品所揭示的真言,因为是赅通一切方便,故称普通真言。这一品主要是通过毗卢遮那佛诵出了众多的佛、菩萨的真言咒语一百九十首,所以几乎全部由咒语组成。

(5)《世间成就品》,此品阐述了世间之息灾、增益、敬爱、降伏等悉地成就。按照密法的观点,出世间之甚深秘密宝藏,因为不可能以言说示人,故假藉世间有为有相事来喻示法界藏中微妙之深意。

(6)《悉地出现品》,这一品是讲修成出世间悉地的方法,主要还是持诵真言,其中又分为三月念诵和四种字门等。

(7)《成就悉地品》,这一品主要阐述在修密法中内心的悉地及修证悟入的方便法门。

---

① 印顺:《印度佛教思想史》,第425页。

(8)《转字轮曼荼罗行品》,转即旋转意,即顺着陀罗尼旋转观诵之意;将此陀罗尼字轮旋转观诵,即曼荼罗行。所谓观诵,指行者于心中见"阿"字,且于口诵时观菩提心之义;若于口诵"伊"等字时,即谓如观三昧门。此品中阐明"阿"字门是世间出世间的根本,转"阿"字有着种种功德。另外,还有彩绘曼荼罗诸尊及印契、种子及其灌顶法等。

(9)《密印品》,这一品主要是说一百三十九种手印,显示诸佛的身密。

(10)《字轮品》,"轮"为转之义,如世间之轮旋转时,切断一切草木类,此字轮能破一切无明烦恼。所以,一行在《大日经疏》的第十四卷中说:"菩萨若住此字轮法门者,始从发妙菩提心,乃至成佛,于是中间所有一切自利利他种种事业,由入此法门故,一切皆得成就,无有挂碍也。"①此品是说以"阿"字为中心,辐射出的种种字门的含义及观修方法,显示诸佛的意密。

(11)《秘密曼荼罗品》,秘密之"秘"为深秘,"密"为隐密之意,秘密曼荼罗指字轮三昧。这一品是说修习字轮进入三昧状态,一切法界都不出大日如来平等法界,这也是佛眼观法界所达到的境界。因此,字轮三昧就是佛的内证之德。

(12)《入秘密曼荼罗法品》,此品是揭示密法弟子也都有可能进入上一品所说的秘密曼荼罗的境界,因为生佛平等不二。

(13)《入秘密曼荼罗位品》,此品是说胎藏部曼陀罗的核心部分,即中台八叶院中四佛四菩萨的分布。核心部位为大日如来,然后东方为宝幢如来,南方为开敷华王如来,北方为鼓音如来,西方为无量寿如来。然后在东南方有普贤菩萨,东北方有观自在菩萨,西南方有妙吉祥童子,西北方有慈氏菩萨。密法弟子入坛场后,应该在心内现观意念所产生的八叶大莲华王,其中的如来是一切世间最尊贵独特之身,超越身语意,证成

---

① 《大毗卢遮那成佛经疏》卷一四,《大正藏》第39卷,第722页下。

殊胜悦意之妙果的佛身。

(14)《秘密八印品》,此品是说胎藏曼荼罗的中台八叶院中诸佛菩萨的八种印契真言,手结这八种印契,口诵相应的真言,作为本尊的佛菩萨就会自然降临坛场。

(15)《持明禁戒品》,此品是说修持明密法者在持诵真言期间(六个月中)所应当严守的禁戒。

(16)《阿阇梨真实智品》,此品是说由此"阿"字生出之心,是阿阇梨真实智,这是灭除了一切戏论的清净智慧。本品还将"阿"字视为遍一切处之曼荼罗的真言种子,同时还讲述了"阿"、"吽"、"娑"等字的布字法门(将字门分布在身体不同的位置,然后加以观想,由此可证得法身三昧)。

(17)《布字品》,此品是说"迦"字等三十字的布字观法。在修行者自身之上中下布置除上一品所提字外的其他字,然后加以观想,这样就可以将诸佛之万德具备于自身。

(18)《受方便学处品》,这一品是对"方便为究竟"的诠释,菩萨在度化众生的过程中,对众多的禁戒采取方便善巧的方式。如对杀生的戒律,菩萨在一些特殊的情况下,为了使遭受恶报的众生尽快解脱出来,也可以以"非怨害心"杀之。此外,对偷盗、邪淫等戒都有诸如此类的所谓的善巧的护持方式。密教护持戒中有二,一为制戒,持明禁戒品所明示者即为此;二为方便禁戒,即为本品所说之戒相。

(19)《说百字生品》,这一品是说从百光遍照真言的"暗"字出生百字轮,破无智的愚昧。"暗"字可以衍生二十五字,这二十五字各个四转而成百字,因此,"暗"字被称为百光遍照王。以"暗"字为成佛之要谛,三世十方之诸佛,依观此字而能成正觉,故此为成佛之直道、现证之妙行。

(20)《百字果相应品》,这一品与上一品的修行方式和仪轨相对应,是说修百光遍照三昧所得果位,也就是通过上一品的修行方式和仪轨所得的成果。

(21)《百字位成品》,此品是说从"暗"字修行进入相应三昧后所得的境界,也就是"即相无相,即无相而具一切相"的境界。由此可证得金刚微妙之极位,故谓此为秘密中之最秘,难得中之最难得者。

(22)《百字成就持诵品》,此品是说修百光遍照三昧成就三十二相、八十种好的持诵法则。

(23)《百字真言法品》,此品是说于百光遍照三昧,以阿字加持,则能具足众德,普摄一切佛法,所以阿字即是本尊。于此品中揭示"暗"字字体"阿"字之德。修真言行者以"阿"字加持一切法而成无上正觉者,乃是因为加持一切法,使同"阿"字之大空三昧。"阿"字是本不生不可得空之义。因诸法本来不可得空,故修行者之心,如与此"阿"字义相应,就能达至诸法之源极,具足众德而得通达一切佛法。

(24)《说菩提性品》,这一品是说菩提性的,菩提性即空性,它周遍法界。这种空性超越一切世间的分别。以"阿"字门为表征的真言也是如此,所以说菩提性即真言义。因为菩提和真言都是万法的根源,但又不是万法,因而是超越的。

(25)《三三昧耶品》,三三昧即三平等之义。心、智、悲三者平等为一,故名三三昧耶;佛、法、僧三者为一而平等,故曰三三昧耶;法身、报身、应身三者本来平等,故称三三昧耶;证悟心、佛、众生三者为无二无别,此亦为三三昧耶之义,由此可以安住无相菩提。

(26)《说如来品》,此品是说如来、菩萨、正觉等义。住于如实菩提心,且乐求彼之菩提者名为菩萨。满足十地,达至法之无性,上冥会于法身,下契合于六道者名为佛。觉法之无相,圆满十方者名为正觉。脱离无明之域,安住于自性智者曰如来。

(27)《世出世护摩法品》,护摩简译为烧供,护摩有世间、出世间的分别。此品揭示外道护摩有四十四种,佛法之外护摩有十三种,同时还阐明了佛法内外护摩各种行法和意义。

(28)《说本尊三昧品》,此品揭示本尊有字、印、形之别,而字更有声及菩提心之别,印有无形及有形之别,形更有清净与非清净之别。字、印、形三种中有两种区别：声、有形、非清净是有相，菩提心、无形、清净为无相。此中执著于有相的，作为念愿成就的结果，是得到有相悉地；而体达到无相的，其成就为无相悉地，无相悉地也就是得到了佛果。

（29）《说无相三昧品》，此品是说远离诸世间、外道等所执著的诸相的无相三昧。无相非指无任何相状的绝对空寂，而是指自性清净之圆明法体。所以，无相非离有相，而是即有相所体认的清净圆明实性之不可思议实相，也不是有为法之外的无为法，而是有为法本身就是无为的。

（30）《世出世持诵品》，此品是说诵持真言的目的有世间及出世间的分别。世间持诵指以世间之福乐长寿等为目的的修法，出世间持诵是断烦恼妄想，而以得佛果为目的。持诵是等持口诵之意，将行者的心念专注于本尊，口诵作为本尊誓要的真言。持诵本尊真言时，有心意念诵及出入息念诵之别。心意念诵是将行者的心力所念专注而念诵真言，出入息念诵是与呼吸相应而口诵本尊真言之意。此为真言行成就之常规，若与此相反时，则徒劳而无效。

（31）《嘱累品》，嘱累之"嘱"为付嘱之义，"累"为继承之意。这一品主要是讲密法的受法弟子的择选问题，凡有志求殊胜法门、闻法欢喜、有一颗念恩之心者，都是堪传授密法者。另外，此品对受密法者的面相也有一定的要求。因此，传授密法需严择人、时、地，阿阇梨若怠慢疏忽，则会祸及自身，所以需要特别警觉。

（32）《真言行学处品》，此品是说修密法所应当护持的戒法（即止持戒）。

（33）《增益守护清净行品》，这一品说清净行是真言持诵者的根本，若依此清净行将得到世间出世间之胜妙果。清净行主要包括：日夜住于念慧，起卧依照法则所示，必须注意不可放逸，放逸是罪恶之根，障害之源。清净六根，对无边无尽的众生界怀着慈悲忍辱之心，劝诱众生发起求菩提的心念；又定斋室空静处为住处，其中安置本尊及胜妙圣典，供妙花，燃净香，应于心中现观十方三世诸圣等。

(34)《供养仪式品》,此品说招请本尊及具体的本尊供养法。

(35)《持诵法则品》,此品说观缘本尊的身、口、意三密成就悉地的法则。具体而言,就是修行者择选一本尊,进行观想。然后将字轮布于自身,手结本尊印契,口诵其真言,在本尊的加持下,达到我佛合一的修行法则。

(36)《真言事业品》,此品说对诸佛菩萨等供养及回向发愿等事业。

3.《金刚顶经》的内容

《金刚顶经》为密宗金刚界的根本大经,在不同的译本中,以不空所译的三卷本《金刚顶经》最为流行,其主要内容可以分为以下六个部分:一说毗卢遮那佛受用身,以五相现成等正觉;二说毗卢遮那成佛后,以金刚三摩地生出三十七种智;三说如来以一百零八名赞礼婆伽梵大持金刚;四说金刚界大曼陀罗;五说入金刚界大曼陀罗仪轨;六杂说。

《金刚顶经》主要讲金刚界大曼荼罗和五相成身观。所谓金刚界,表面意思是:瑜伽境界中集会之圣众因受如来加持灌顶而均得金刚之名号,或者说由诸金刚圣众集会的境界即为金刚界。深层的含义是:证得实相智体的瑜伽密法者就是金刚,这个实相智体就是证得平等三密(如来清净三业)智慧。在瑜伽中以金刚智成就如来法身,就是金刚界。金刚界圣众分五部:佛部、金刚部、宝部、莲花部、羯磨部。佛部以中方毗卢遮那佛为部主,金刚部以东方阿閦佛为部主,宝部以南方宝生佛为部主,莲花部以西方阿弥陀佛(观自在王如来)为部主,羯磨部以北方不空成就如来为部主。金刚界根本曼荼罗由五轮满月为中心组成,正中月轮为大日如来,四方四波罗蜜菩萨,四方月轮中分别为四方如来及其四眷属菩萨,共十六大菩萨。四方月轮间为四内供养菩萨,大圆轮外为四外供养菩萨,四方、四门为四摄菩萨,共成三十七尊。金刚界法主要就是观想此中三十七尊佛菩萨的出生义,自心与佛心相应,证悟五智三十七菩提分。五佛表示五智,其中,观阿閦佛证大圆镜智,观宝生佛证平等性智,观阿弥陀佛证妙观察智,观不空成就佛证成所作智,观毗卢遮那佛证法界体性智。三十七尊表三十七菩提分法,但此三十七菩提分为佛智之三摩地智支分,法佛之德。观三十七尊,证三十七三摩地智。由得五智三十七三摩地智分,即于无上菩提皆不退转,离诸一切烦恼罪障,念念消融,证佛四种身:自性身、受用身(自受用、他受用)、变化身、等流身。

  金刚界法中五相成身观,也就是菩提心月轮观,五相即通达心、菩提心、金刚心、金刚身、证无上菩提金刚坚固身(或佛身圆满)。具体的观法是:首先于瑜伽中观察自心如月轮,清净圆明,但为云雾所覆。由此得悟众生自心本性清净、自心本具菩提净心,但为烦恼客尘所染,只要除去烦恼云雾,净心自然显现。这也就是经中所说的"心自性光明,犹如遍修功用,随作随获,亦如素衣染色,随染随成"①。其次,发心进修菩提心,观佛性月轮澄静皎洁,无诸云雾尘垢,由此证悟一切妄想烦恼本体自空,了诸法本自不生,空有无碍。再次,观自心月轮中五股金刚杵形,纯真金色,放大光焰,周遍法界,复聚自心,由此证悟自心即是菩提心,染心即是净心。第四,观自身为金刚所成。随自意境界,自金刚身遍满虚空,而一切虚空界、一切如来身口意金刚界,由佛神力加持故,入于自身金刚中,由此得成金刚身。最后,观自身如佛庄严相好,受诸佛灌顶加持,证无上菩提,自身成等正觉,成金刚萨埵坚固身,于五智五身圆满。金刚界曼荼罗于瑜伽中转识成智,观身成佛,故称现证菩提。②

第二节 开元三大士与密宗的创立

  密法在中国的这种零散的、小规模的传播,随着善无畏、金刚智、不空的来华而结束了。这三人到中国以后,翻译密教经典,著书立说,开坛授法,形成了自己的传承体系。这样,一个以修持密法为主的中国佛教派别——密宗正式形成并得到迅速的发展。

---

① 不空译:《金刚顶一切如来真实摄大乘现证大教王经》,《大正藏》第18卷,第207页下。
② 参见《中国密教史》,第220—221页。

一、开元三大士

1. 善无畏

善无畏(637—735),梵名 Śubhakarasimha,汉文音译为戍婆揭罗僧诃,或云输波迦罗,汉语意译为净师子。[①] 善无畏为中印度摩揭陀国人,其先祖为刹帝利种姓,因为国难出奔乌荼国(今奥里萨一带)成为统治者,善无畏的父亲称为佛手王。因为德艺超群,善无畏十岁统领军队,十三岁便即王位。但也因此引起兄弟不服,他们起兵作乱,在平定叛乱之后,善无畏让王位于兄长,自己出家修道。他先到海滨找到一处殊胜招提,修行禅观,后来又搭乘商船,游历中印度。中印度的王后乃是善无畏的姐姐,她对善无畏让位的行为大加赞赏,在她的支持下,善无畏的境遇大大改观。

在中印度,善无畏进入"像法之源泉,众圣之会府"的那烂陀寺,他将母亲给他的传国宝珠镶嵌在该寺佛像的额端,并拜寺中被誉为"掌定门之秘钥,佩如来之密印"的禅密大师达磨鞠多为师。达磨鞠多认为善无畏是可教之才,乃授他总持、瑜伽、三密(身、口、意三密),善无畏"其诸印契,一时顿受。即日灌顶,为人天师,称曰三藏"。之后,他又游历各地,朝礼圣迹,并随机破斥外道,"仆异学之旗鼓,建心王之胜幢"[②]。达磨鞠多认为善无畏与中国有缘,他遂依师命东行。北经迦湿弥罗、乌仗那,然后到达突厥辖区,并应突厥可汗之请,讲《毗卢遮那经》。接着经天山北路,到达西州(今新疆吐鲁番东南)。此前,因为善无畏的声誉已经传到中国,所以睿宗特派印度僧人若那和将军史献出玉门迎接。

[①]《宋高僧传》认为"善无畏"是梵文的义翻。但周一良认为:"无论从 Śubhakara 还是从 Śubhakarasimha 都不能推译出'善无畏'的意思",所以,"善无畏只不过是与梵文名字毫无关系的另外一个名字。善无畏所译《毗卢遮那经》中描述了菩萨精神历程的六'无畏'(abhaya),其中第一种'无畏'就是 su-ahhaya(svabhaya)。也许就采用了这个字来作为与 Śubhakara 对应的汉名,或者是号"(《唐代密宗》第13、14页)。
[②]《宋高僧传》卷二,第18—19页。

玄宗开元四年(716),善无畏到达长安,被礼为国师。他先被安置在兴福寺南塔院,后又被移往西明寺。开元五年(717)在西明寺的菩提院译出《虚空藏菩萨求闻持法》一卷,所译经典缮写后被送进宫内,玄宗大加赞赏,并令将善无畏携带的梵文经典全部送进内廷。从此他便注意寻访另外未译的密教经典。终于在长安华严寺访得僧人无行在印度求法时所得的梵文经典,善无畏与弟子一行选取了一些以前所没有翻译的重要的密典,作为翻译的底本,开始翻译佛经。开元十二年(724年),他随玄宗到洛阳,在随后的两年间,在洛阳福先寺译出《大毗卢遮那神变加持经》(即《大日经》)六卷,接着又译出了《苏婆呼童子请问经》三卷、《苏悉地羯罗经》三卷。另外归于他名下的还有《苏悉地羯罗供养法》二卷,这实际上是善无畏依《苏悉地经》撰写以传授门弟子的。开元十四年之后移居圣善寺。开元二十年(732),他请求西归印度,玄宗优诏慰留。二十三年(735),善无畏卒于洛阳大圣善寺,是年99岁。玄宗哀悼之余,赠其为鸿胪卿。开元二十八年(740)葬于龙门西山广化寺。肃宗乾元元年(758),于塔院侧建碑。

善无畏是中国密教的奠基者,他所传的教法被总结为:以大乘中观为基础,以真言密教为中心,兼持持明诸法,禅修为余。善无畏代表真言密教一派,所传持的教法是《大日经》及其胎藏密法,但同时也传持《苏悉地》等晚期持明诸法,甚至以持明密法来补充和完善真言胎藏密法。其弟子一行更在他的胎藏法中增添了持明法的成分。这样,善无畏在中国传持的密教实际上包括真言乘和悉地乘(晚期持明教)二派,或者说他传的真言密教由胎藏法和持明诸法组成,所传胎藏法中含有持明法的补充内容。另外,善无畏在开元五年译的《虚空藏求闻持法》,内题"出《金刚顶经·成就一切义品》"。按内容亦当属《金刚顶经》系统。[1]

《虚空藏菩萨求闻持法》由沙门悉达译语,无著笔受缀文。所谓的

---

[1]《中国密教史》,第205页。

"闻持"就是听过后保持住,也就是记忆法,"求闻持"是希求听闻佛法能保持不忘之意,这是念虚空藏菩萨名号而求记忆力成就之法。即以虚空藏菩萨为本尊,而为求见闻觉知之事能长久忆持不忘的修行法门。但忆持不忘只是修本法门的功德之一,经中还提到修持这一法门"诸余福利无量无边"。该经如前所言,属于《金刚顶经》系统。

《苏悉地羯罗经》、《苏悉地羯罗供养法》和《苏婆呼童子请问经》属于陀罗尼密法发展到晚期时所出现的经典。它们所宣扬的内容被称为悉地法,悉地的梵文 siddhi 意译就是"成就",在密教中,就指通过密法的修行所获得的种种神通,这种种神通包括世间的和出世间的,形上的和形下的。在密教典籍中,这些成就又被分为上、中、下三等,这也就是《苏悉地羯罗经》中所说的"乘空而进,此为最上。藏形隐迹,为中成就。世间诸事,为下悉地"。具体而言,又可以进一步分解为:上成就包括"或得诸漏断尽、或得辟支佛地、或证菩萨位地、或知解一切事、或辩才多闻、或成吠跢罗尸、或成药叉尼、或得真陀摩尼、或得无尽伏藏"。中成就包括"藏迹于身得大势力,先来懈怠而得精勤,入修罗宫得长寿药,成钵嚏史迦天使。或能使鬼、或能成就娑罗坌尔迦树神、或成多闻,未经所闻、悟深义理。或合药,成才涂足顶,即远所涉无有疲乏"。下成就法包括"令众喜见、或摄伏众人、或能惩罚恶人、降诸怨众"①。经中修习佛部真言可得上悉地,修习莲花部(观音部)真言可得中悉地,修习金刚部真言可得下悉地。因此,经中广说有关佛部、观音部、金刚部等三部悉地成就。三部悉地成就的有关仪式之做法与规则,内容包括持诵、灌顶、祈请、护摩、成就、时分等。

《苏悉地羯罗供养法》是善无畏在开元十五年(727)至开元二十三(735)译出(或认为写出),经中主要阐述了《苏悉地经》中的供养法,内容包括:护身、洒身、涂地、三昧耶灌顶、献水、备五净、念诵、护摩等。

---

① 《苏悉地羯罗经》卷中,《大正藏》第 18 卷,第 644 页上、中。

第五章 密 宗

《苏婆呼童子请问经》是善无畏在开元十四年(726)译出的,经以苏婆呼童子的这样一个请求:"遍观一切世间出家在家善男女等,为求出离生死海故,求觅陀罗尼速成就法,节食持诵专心勤苦,如是修行仍不成就。唯愿尊者分别解说不成就因缘及成就法"①开篇的,所以经中主要是从修行密法不成功的原因谈起的,这个原因就是不能"如法"修行。因此,这部经详细阐述了修习密法时的一些规则和戒律。从这个意义上看,《宋高僧传》中说这两部经"二经具足咒毗奈耶也,即秘密禁戒焉"②也是不无道理的。

在纯正密典中,《大日经》、《金刚顶经》、《苏悉地经》被视为三部根本大经。

善无畏的弟子主要有一行、玄超、义林、不可思议、温古、智俨、道慈、宝思、明思及俗家弟子李华等。

一行(683—727):一行实际上是善无畏和金刚智共同的弟子。本姓张,名遂,唐魏州昌乐县(今河南省南乐县)人,为唐初功臣张公瑾的后裔。他从小酷爱读书,日诵万言,因此,到二十岁左右,已经博览群书,并精于历象阴阳五行之学。一行不仅酷爱读书,而且过目不忘,并且能善解书义。据《旧唐书》一行的本传记载,当时有一个名为尹崇的道士多有藏书,一行向他借杨雄的《太玄经》阅读,数日后归还,并告知尹崇自己已经"究其义"。并且还写了《大衍玄图》及《义诀》阐释杨雄的本义,这使得研习杨雄数年而不能通晓其义的尹崇甚为惊异,盛赞其为颜子,一行声名远扬。

一行二十一岁时,随荆州当阳山玉泉寺僧恒景出家,关于出家的原因,《旧唐书》中记载是因为武三思慕其才学品行,想与他结交,一行逃匿,不久出家。之后不久,他又到嵩山拜普寂为师习禅,《宋高僧传》中便

---

① 《苏婆呼童子请问经》卷上,《大正藏》第 18 卷,第 719 页上。
② 《宋高僧传》卷二,第 20 页。

记他跟随普寂出家。

睿宗即位(710)之后,曾派东都留守韦安石以礼征聘一行,一行称疾坚决推辞,随后徒步前往荆州当阳山,跟随悟真学习律宗,并且还摘选律部经论要点,撰成《摄调伏藏》十卷。开元五年(717),唐玄宗命一行的族叔吏部郎中张洽从荆州将一行强行征选入朝。一行进京以后,受到玄宗礼遇,据《旧唐书》载:"一行至京,置于光太殿,数就之,访以安国抚人之道,言皆切直,无有所隐。"①

从开元五年到开元十五年的十年间,一行在两京的活动以修定历法和佛事活动为主。在天文历法方面,他制定了《大衍历》,并制造了我国古代研究天文的重要仪器浑天仪等,为唐代科学技术的发展作出了卓越的贡献。佛事活动方面,他主要致力于密宗的建立和发展。开元四年,善无畏来华,第二年,一行即拜其为师,学习善无畏所传的胎藏部密法和持明密法。开元八年,金刚智来华,一行又跟随他学习金刚界密法。并先后请金刚智、善无畏译出了《金刚顶经》和《大日经》。在《大日经》译出后,一行请善无畏解释经义,并于此基础上,在开元十三年(725),自己撰出了《大日经义释》十四卷,后经智俨、温古整理写序后流通。《大日经义释》在以后的传抄过程中,又增加了一些内容,也就成了现存的二十卷本《大日经疏》。据温古《大日经义释序》记载,一行的《大日经义释》:"无言不穷,无法不尽,举浅秘两释,会众经微言。支分有疑,重请搜决,事法图位,具列其后。"②也就是说一行对《大日经》所传密法进行了详细的解释和决疑,并在解释和决疑的过程中,大量引入其他佛经的经论,以大乘佛教世间出世间不二的精神作为立足点,使密教的教理进一步佛教化、合理化,更易为中国僧俗界所接受,这也是密教中国化进程中的重要一步。

一行其他的著作还有《释氏系录》一卷(今佚)。开元十五年,一行积

---

① 《旧唐书》卷一九一,第 5112 页。
② 温古:《毗卢遮那成佛神变加持经义释序》,《续藏经》第 23 册,第 265 页中。

劳成疾(玄宗所撰的碑文中有吐血忘倦之语),不到五十岁就圆寂了。一行圆寂后,玄宗甚悼,命东宫以下、九品以上的官员送之于铜人原(陕西灞河以东的黄土台塬)安葬,并亲自书写碑文。赐谥号大慧禅师,玄宗还拿出内库五十万钱,在铜人原建塔纪念。

善无畏其他著名的弟子还有:

玄超:新罗人,新罗国保寿寺僧。不空法系的青龙寺沙门惠果,跟随玄超学习善无畏所传的胎藏、苏悉地等密法。后来惠果广传法嗣,善无畏所传的密法也就以玄超为媒介,传承了下去。

义林:新罗保寿寺僧。根据最澄《内证佛法相承血脉谱》记载:义林从善无畏处受法以后回国,在新罗弘传密教,成为国师,被称为大阿阇梨。灵岩寺僧顺晓从他受胎藏界密法,传给日本的天台僧最澄。这样,善无畏的密法从新罗传回唐朝,然后又传到日本。

不可思议:新罗零妙寺僧。开元十四年(726)至二十三年(735)之间,在圣善寺从善无畏受密法。开元十五年之后,他根据善无畏的讲释和一行的《大日经疏》,著《大日经供养次第法疏》两卷。对《大日经疏》的《供养法》作了简练明了的解释,以万法本不生作为《供养法》之根本思想。

宝思、明思:根据李华撰的《大唐东都大圣善寺故中天竺国善无畏三藏和尚碑铭并序》记载,宝思是户部尚书荥阳郑公善果的曾孙。明思出于琅琊王氏,这二人"并高族上才,超然自觉,自心言为乐说之辨,妙用即禅那之宗。入和上之室,惟兹二人而已"①。只有这二人被称为入室弟子,可能是因为这二人长期随侍的原因。

2. 金刚智

金刚智(669—741),梵名跋日罗普提,南天竺人,婆罗门种姓。《宋高僧传》中载其父为婆罗门,善《五明论》,为建支王师。但根据吕向《金

---

① 《大唐东都大圣善寺故中天竺国善无畏三藏和尚碑铭并序》,《中国密教史》,第667页,附录。

刚智行记》以及混伦翁《大唐东京大广福寺故金刚三藏塔铭并序》记载，金刚智为中天竺国刹利王伊舍那靺摩的第三个儿子，后来因为金刚智被南天竺国的节度使将军米准那推荐入朝，故称南天竺人。金刚智十岁时在那烂陀寺出家，先是跟随寂静智学习声明。十五岁又到西印度学习法称的诸论，四年后返回那烂陀寺，用六年的时间学习了大小乘戒律以及《般若灯论》、《百论》、《十二门论》。二十八岁前往迦毗罗卫城，随胜贤论师用三年的时间学习了《瑜伽师地论》、《唯识论》、《辨中边论》等。到三十一岁时，他前往南天竺跟随龙智学习《金刚顶经》以及毗卢遮那总持陀罗尼法门，受五部灌顶，经过七年的学习，诸佛秘密藏无一不通达。并且从此以后，金刚智专注于密法，"虽内外博达而偏善总持，于此一门罕有其匹"①。学完密法后，金刚智返回中天竺。后来南天竺天旱无雨，金刚智被请去施法降雨成功，受到南天竺国国王捺罗僧伽补多靺摩的礼遇，特意造寺安置他。大约在714年，他前往师子国传教，同时遍参圣迹。一年后又返回南天竺，被南天竺国王留在宫中供养一个月后，金刚智要求前往中国朝礼文殊菩萨并传播教法。国王苦留不住，便派遣将军米准那护送，并携带《大般若波罗蜜多经》、七宝神床、七宝金钏等物作为进献的方物。金刚智经师子、佛逝等国前往大唐，这也就是《宋高僧传》中说的："此复游师子国，登楞伽山，东行佛誓、裸人等二十余国。"②

　　金刚智前后经历大约三年的艰苦旅行，终于在开元七年（719）到达广东海面。广东节度使派遣三千人分乘数百只小船出海远迎。次年到达东都洛阳，先被安置在慈恩寺，后来又迁往荐福寺，从此，"僧徒请法，王公问道"（《金刚智行记》），并且在自己所住的每个寺院里，必建大曼陀罗灌顶道场，广度四众，传布密法。

---

① 《贞元新定释教目录》卷一四，《大正藏》第55卷，第875页上。
② 《宋高僧传》卷一，第4页。

开元十一年(723)年,金刚智开始译经。他的译经活动是应一行之请而开始的。一行得知金刚智传密法,数次前往请教,金刚智为其灌顶授法。一行"既知利物,请译流通"(《宋高僧传》卷一)。于是,金刚智就在资圣寺翻译出了《瑜伽念诵法》(即《金刚顶瑜伽中略出念诵经》)二卷、《七俱胝陀罗尼》二卷。开元十八年(730),他又在大荐福寺译出《曼殊室利五字心陀罗尼》、《观自在瑜伽法要》各一卷。次年又译出《金刚顶经瑜伽修学毗卢遮那三摩地法》、《千手千眼观世音菩萨大身咒本》、《千手千眼观自在菩萨广大圆满无碍大悲心陀罗尼咒本》、《不动使者陀罗尼秘本》各一卷。

开元二十四年(736),金刚智随驾长安。二十九年(741)玄宗获准其返回本国,行至洛阳广福寺病逝。随后被敕令安葬在洛阳龙门,并在奉先寺建塔旌表。逸人混伦翁撰塔铭并序,金刚智的灌顶弟子中书侍郎杜鸿渐书写碑文,中书舍人吕向撰行记。唐代宗永泰元年(765),经其弟子不空奏请赠开府仪同三司,赐大弘教三藏谥号。

金刚智所传的密法,在唐代得到广泛流传。《宋高僧传》的本传中说:"智所译总持印契,凡至皆验,秘密流行,为其最也。两京禀学,济度殊多,在家出家,传之相继。"①在他所翻译的经典中,最重要的是《金刚顶瑜伽中略出念诵经》,这部经被简称为《金刚顶经》。唐代汉地的密法被分为胎藏、金刚两部,《金刚顶经》则是金刚部密法的根本性经典。

金刚智著名的弟子除了一行、不空,还有慧超。慧超是新罗人,开元初年曾前去西域、印度游历,后来撰写了《往五天竺国传》,这是研究8世纪前半叶印度、中亚和中印关系史的重要资料。慧超的出生年月与地点(是汉地或原籍新罗),何时入唐,均无法确知。张毅在

---

① 《宋高僧传》卷一,第6页。

《往五天竺国传笺释》①的序言中说:目前只能根据若干不完全的资料作一些近似的推测。他可能出生于唐武则天圣历三年(700),也有人认为生于长安四年(704),其理由是密教大师金刚智于玄宗开元七年(719)抵广州,慧超在此与他相会并被收为弟子时年方十六岁。此后约于开元十一年慧超即往天竺巡礼。于开元十五年(727)十一月上旬行抵安西。

慧超回归汉地之后,曾在长安大荐福寺继续在金刚智门下受业,兼为其助手。据《大乘瑜伽金刚性海曼殊室利千臂千钵大教王经》序言记载,慧超于开元二十一年(733)开始学习此经达八年之久。此后,开元二十八年(740)五月五日由金刚智主译,慧超笔受,开始翻译此经,十二月十五日翻译完毕。大历九年(774)十月,慧超又重投不空门下,再次请教此经。德宗建中元年(780),慧超于五台山将此经录出。但这段序文中讲慧超在大历九年十月向不空请法,可不空在这一年的六月已经圆寂,这就使得这段序文的可靠性受到质疑。但慧超师事金刚智应该是事实,他后来改投在不空的门下则是确凿无疑的,因为《不空表制集》中将慧超列为其最得意的六个弟子之一,并且嘱咐门下其他弟子在自己离世后,如有疑难,这六个弟子负有开示教导之责,可见慧超在密法方面的修为还是很高的。慧超似卒于建中(780—783)年间,因建中二年之后就无任何关于他的记载。

3. 不空

唐代密教之东来以及初创,当归功于善无畏和金刚智二人,但其兴盛则有赖于不空之功。

不空(705—774),梵名阿目佉跋折罗,密法名为不空金刚。关于不空的国别族属,唐代的记载中有分歧。《贞元录》说他是师子国人,开元六年(718)在阇婆国(今爪哇)遇见金刚智,便随其来华,开元八年(720)

---

① 慧超:《往五天竺国传笺释》序言,张毅笺释,北京,中华书局,1994。

到洛阳。严郢《大唐大兴善寺大辨正广智三藏国师之塔铭并序》中说："和尚讳不空,西域人也。氏族不闻于中夏,故不书。"飞锡的《大唐故大德开府仪同三司试鸿胪卿肃国公大兴善寺大广智三藏和上之碑》(以下简称飞锡《碑》)则说他是北天竺婆罗门子,"早丧所天,十岁,随舅氏至武威郡"。赵迁的《大唐故大德赠司空大辨正广智不空三藏行状》①(以下简称《行状》)中则说"大师本西凉府北天竺之婆罗门族也。先门早逝,育于舅氏,便随母姓",并注明其母家姓康氏。《旧唐书·王缙传》中他被称为"胡僧"而非梵僧。所以综合起来则可知,不空祖籍北天竺,为婆罗门种姓,幼年父母双亡,即随舅氏至康居生活,十岁时又随舅氏迁到河西武威一带。

不空十五岁遇见金刚智,拜其为师。金刚智最初为他讲授梵文的《悉昙章》及《声明论》,不空很快便能通晓其义。金刚智甚为惊异,便给他授菩提心戒(先于灌顶的一种仪式),并被引入金刚界大曼陀罗中,"验以掷花"②,初步选定修习密法的具体对象。不空十五岁落发出家,二十岁授具足戒。因为他天性聪慧,善解一切有部戒律,又熟谙多种语言,所以金刚智翻译佛经时,常让他参与。后来又将《五部灌顶护摩阿阇梨法》及《毗卢遮那经》、《苏悉地轨规》等皆传授给他。

开元二十九年(741),金刚智病逝于洛阳,处理完师父的后事以后,玄宗命不空前往师子国送国书。不空到师子国后,被迎入王宫供养,其王用黄金斛盛满香水,亲自为他沐浴。在师子国,不空请"位邻圣地,德为时尊"(飞锡《碑》)的普贤阿阇梨重新为他灌顶,学习《十八会金刚瑜伽》,其弟子含光、慧䗩也同入坛城,共受密法。从此,不空"学无常师,广求密藏及诸经论五百余部,本三昧耶诸尊密印仪形色像坛法标帜,文义

---

① 严郢的《大唐大兴善寺大辨正广智三藏国师之塔铭并序》、飞锡的《大唐故大德开府仪同三司试鸿胪卿肃国公大兴善寺大广智三藏和上之碑》、赵迁的《大唐故大德赠司空大辨正广智不空三藏行状》均见《中国密教史》附录。
② 《宋高僧传》卷一,第7页。周一良在《唐代密宗》中说这是让弟子往曼荼罗上掷花环,花环击中哪个部分,他就被认为属于那个部分的佛。

性相，无不尽源"①。

天宝五年（746），不空带着自己搜罗到的经典返回长安。他先被安排在鸿胪寺，后又被传入内宫设坛，为玄宗授五部灌顶。不久应诏祈雨成功，玄宗赐其紫衣袈裟一副，并亲自为他披穿，后来因禳止大风有功，玄宗又赐号"智藏"。天宝八年（749），玄宗同意他回国，但走到南海郡时，又被敕令留下。天宝十三年（754），应河陇节度使哥舒翰之请，不空到达武威，住开元寺，为哥舒翰及其门下宾客僧俗数千人灌顶，授五部密法。同时，还为功德使开府李元琮授金刚界大曼陀罗。应哥舒翰之请，不空在此期间翻译出了《金刚顶经》、《菩提场所说一字顶轮王经》、《一字顶轮王瑜珈经》、《一字顶轮王念诵仪轨》。天宝十五载（756）被召回长安，住在大兴善寺。安禄山攻入长安后，肃宗在灵武、凤翔期间，不空和他多有联系，《行状》中说："大师常密使人问道，奉表起居，又频论克复之策。肃宗皇帝亦频密谍使者到大师处，求秘密法，并定收京之日，果如所料。"肃宗回京之后，对他格外看重，请他在宫内建立道场施护摩法，并为自己授转轮王位七宝灌顶。乾元元年（758），不空上表奏请搜访梵文经夹加以修补，并翻译传授，肃宗敕许将中京（长安）慈恩、荐福等寺，东京圣善、长寿、广福等寺以及各州县的寺舍、村坊所藏的玄奘、义净、善无畏、流志、宝胜等人带来的梵夹，都集中在大兴善寺。此后，不空就在大兴善寺开译场，翻译显密经教。

代宗即位后，对他更加恩宠。不空所译的《仁王经》和《密严经》，代宗亲自为其作序颁行。永泰元年（765），代宗授其为鸿胪卿，加封号"大广智三藏"。大历三年（768），不空在兴善寺建立密宗道场，代宗赏赐颇丰，当时"近侍、大臣、诸禁军使敕令入灌顶道场，道俗之流，别有五千余众"（《行状》），这也是不空一次大规模传播密法的活动。大历五年，代宗让他到五台山修功德，他到太原以后设万人斋。次年，代宗寿诞，不空以

---

① 《宋高僧传》卷一，第 8 页。

所译经典进上,代宗命全部收入《一切经目录》中,并付印发行。大历九年(774)代宗又下诏加不空为开府仪同三司,封肃国公,食邑三千户。

在代宗的支持下,不空还先后在五台山等地修建寺院,进一步传播密法。永泰二年(766),不空上表奏请在五台山修建金阁寺,得到批准。不空派弟子含光主其事,历五年完工。不空又奏请于金阁寺等五寺各置定额僧二十一人,从此以后,金阁寺成为密宗的重要寺院之一。金阁寺在东台西北岭畔,规模宏大,气象非凡,《旧唐书·王缙传》中说"五台山有寺金阁,铸铜为瓦,涂金于上,照耀山谷,计钱巨亿万"。两年后,在不空的奏请下,还在五台山修建了玉华寺。大历七年(772),不空奏请在兴善寺修建文殊阁,代宗亲自为阁主,独孤贵妃、韩王、华阳公主共同赞助,内库共出钱约三千万。

大历九年(774),不空圆寂,代宗辍朝三日以示哀悼,赠不空"司空",谥"大辨正广智不空三藏",并赐钱四十万筹办丧葬,后又给造塔钱二百余万。《行状》中说:"其存也,三朝帝师;其殁也,万人哀痛。"

不空一生翻译了大量的经典,因而位列中国历史上四大翻译家之一。他自己在大历六年上的表章中称有一百二十余卷,七十七部。《贞元录》记有一百一十部,一百四十三卷。《行状》记有一百二十卷,《碑铭》中记共有八十三部,一百二十卷。不空所翻译的经典,显密都有,密法也不仅限金刚界一类。

大致来说,不空翻译的经典可以分为以下几类:

显教类:《仁王般若经》二卷。该经是不空重译的,重译的原因是"《仁王》宝经义崇护国,前代所译理未融通"。[①]《仁王经》中有《护国品》,中土历代王朝常依此设仁王法会,祈禳灾变。但不空除了翻译本经外,又译出《仁王念诵仪轨》等经,详说有关建立护国法会的择地设坛、入场、念诵、观想、结印等内容,使得本经与密教仪轨发生关系,因此不空的唐

---

① 《代宗朝赠司空大辨正广智三藏和上表制集》卷一,《大正藏》第52卷,第831页中。

译本在入藏录上列入秘密部。据《资治通鉴》的《唐纪》记载,代宗永泰元年(765)九月,唐蕃交战正酣之际,代宗就在资圣寺、西明寺设百尺高座,并从内廷出两"宝舆"《仁王经》送到寺中讲诵。《大乘密严经》三卷,该经主要讨论了如来藏不生不灭之义,但沟通了《华严》、《胜鬘》等多种大乘经典。《大虚空藏菩萨所问经》八卷,这属于大集法门类的经典。另外,佛教的经典中认为中国汉地为文殊菩萨的教化之地,所以不空又重译了《文殊师利佛刹功德庄严经》二卷。而且,文殊菩萨也是不空密法的本尊,他在去师子国下书时,在南海郡祈请本尊,《宋高僧传》遂有"感文殊现身"的说法,不空自己在兴善寺修建了文殊阁,大历三年还奏请在天下寺院食堂中置文殊菩萨为上座,所以,可以看出不空对文殊有特殊的感情。其他显教类的经典还有《大方广如来藏经》、《慈氏菩萨所说大乘缘生稻杆喻经》、《大乘缘生论》等。

杂密类:这里主要指金刚界和胎藏界两部密法以外的密宗经典仪轨。但纯密与杂密是在善无畏和金刚智所传的密法盛行后的说法,不空时代这一说法还没有确立,他自己也没有厚此薄彼的做法。所以,不空翻译了陀罗尼类经典,如《佛母大孔雀明王经》(三卷)、《大云轮请雨经》(二卷)、《大吉祥天女经》(一卷)等。同时还翻译了持明密法类的经典,如《菩提场所说一字顶轮王经》(五卷)、《一字奇特佛顶经》(三卷)、《观自在菩萨说普贤陀罗尼经》(一卷)等。

金刚界类:金刚界法是不空早年从金刚智研学的重心,也是他后来发展自己密法的基础。不空译出的代表性经典是《金刚顶一切如来真实摄大乘现证大教王经》(三卷),这部经也被简称为《金刚顶经》。《金刚顶经》共有十八会,不空的这个译本相当于第一会的第一品,与金刚智的《金刚顶瑜伽中略出念诵经》为同本异译。后来北宋施护又译出《佛说一切如来真实摄大乘现证三昧大教王经》(三十卷),这个属于十八会中初会的四品。但一般讲《金刚顶经》,则指的是不空的译本,足见其影响之大。虽然《金刚顶经》的全本在汉地从来没有被全译出来过,但不空还译了《金刚顶十八会指归》,扼要地介绍了十八会《金刚顶经》(一卷)的大致内容。另外,不空又撰述了《金刚顶经大瑜伽秘密心地法门义诀》来记述《金刚顶经》在印度的传奇以及在汉地的传译情况。他还著有《金刚顶瑜伽略述三十七尊心要》,对金刚界三十七主尊观修作义理上的解释,阐发修行仪轨。

不空是"开元三大士"中活动能力最强、影响地域最广的一位,也是弟子最多的一位。不空一生灌顶授法、开坛授戒,使他的弟子上至帝王将相,下到平民百姓,人数不计其数。《行状》中说:"大师据灌顶师位四十余年,入坛弟子,授法门人,三朝宰臣、五京大德、缁素士流、方牧岳主、农商庶类,盖亿万计。"有史可查的就是他在南海郡法性寺和武威开元寺的大规模传法,人数都在千人以上。另外在代宗朝,不空还设一切有部的戒坛,从他戒坛受戒的僧人就有二千多人。飞锡的《碑》文中说当不空圆寂时,"门人敕常修功德使、检校殿中监、大兴善寺沙门大济等四部弟子,凡数万人,痛大夜之还昏,悲慧灯之永灭"。诸弟子中,不空认为能尽传其五部密法的有六人,即含光、慧超、惠果、慧朗、元皎、觉超。其中慧朗在他圆寂后,继承法位,教授后学。而含光是不空最早的弟子之一。《碑》中称其为"梵僧",所以含光可能是印度人,《宋高僧传》卷二七中说他在开元中期投入不空的门下。含光曾经跟随不空一起到师子国,师徒共同从普贤受五部灌顶。后来不空去哥舒翰处时,含光也随侍左右,并且在武威于不空的灌顶道场中,又受五部灌顶和金刚界曼陀罗密法。广德二年(764)正月,不空奏请在大兴善寺置大德四十九名,含光位列其二,这足以说明不空对含光的器重和含光的佛法修为在当时已足以为世人称道了。含光最重要的活动就是在766年被不空委派到五台山修建金阁寺,并在五台山留下了许多密法道场。含光在五台山与天台宗的湛然还有过交往,《宋高僧传》中记载湛然"尝与江淮僧四十余人入清凉境界。湛然与光相见,问西域传法之事。光云:有一国僧体解空宗,问及智者教法。梵僧云:曾闻此教定邪正,晓偏圆,明止观,公推第一。再三嘱光,或因缘重至,为翻唐为梵附来,某愿受持,屡屡握手叮嘱。详其南印土多行龙树宗见,故有此愿流布也"①。含光晚年事迹不详,大概是终老在五台山了。

不空的弟子中影响最大的就是惠果(746—805)。惠果俗姓马,京兆万年县(今陕西西安长安区)人。九岁跟随不空的弟子昙贞学法,十七岁时因为昙贞入内道场持念不出,他又改投在不空的门下。二十二岁时,惠果跟随善无畏的弟子玄超,"求授大悲胎藏毗卢遮那大瑜伽大教,及苏悉地大瑜伽法,及诸尊瑜伽等法"(无名氏《大唐青龙寺三朝供奉大德惠果行状》②,以下简称《行状》),学习了善无畏一系的密法。他还跟随不空学习了《金刚顶大瑜伽大教法王经》。这样,惠果之学,兼具善无畏、不空两家之长,将金刚界密法和胎藏界密法融会在一起,建立"金胎不二"之说。汉地密宗的法脉从他开始也就合到一起了,这是惠果在唐代密宗发展方面最重要的作用。此后,惠果常应诏入内殿,修法祈祷,为代宗及其公主治病,代宗自己后来还从惠果受法。代宗之后的德宗、顺宗也对他礼遇有加,惠果的弟子吴殷所纂的《大唐神都青龙寺东塔院灌顶国师惠果阿阇梨行状》中说他是"三朝师尊,四众依学"。惠果一生都致力于传播自己所受密法,吴殷的《行状》中说他:"所受赐施,不贮一钱,即建立曼陀罗,愿之弘法利人。灌顶堂内,浮屠塔下,内外壁上,悉图绘金刚界及大悲胎藏两部大曼陀罗。及一一尊曼陀罗,众圣俨然,似华藏之新开。万德辉耀,连密严之旧容。一睹一礼,消罪积福。常谓门人曰:'金刚界、大悲胎藏两部大教者,诸佛秘藏,即身成佛之路也。普愿流传法界,度脱有情。'"

惠果的受法弟子也很多,见于史料记载的就有五六十人,其中许多人来自于唐以外的其他各国,如新罗僧惠日、悟真,日本僧空海等。惠日

---

① 《宋高僧传》卷二七,第 678 页。
② 所引无名氏《大唐青龙寺三朝供奉大德惠果行状》、吴殷《大唐神都青龙寺东塔院灌顶国师惠果阿阇梨行状》皆来自《中国密教史》附录。也可参见《大正藏》第 50 卷,《大唐青龙寺三朝供奉大德惠果行状》。

从惠果学习了胎藏、金刚界及苏悉地三部密法,回国后广传教法。空海回国后,建立了日本的真言宗,成为日本真言宗的初祖。

由于惠果长期住在青龙寺,因此青龙寺在当时也就成为密宗的主要道场。永贞元年(805),惠果圆寂。

二、密宗的创立

唐以前,汉地有密教经典的传译,也有密教僧人开坛授法,但这充其量只能称为密教的传播,而不能称其为密宗的建立。密宗在唐代的创立有几个标志性的前提:

第一,汉地密宗所依据的根本性的经典——《大日经》和《金刚顶经》的译出,前者是由善无畏首先译出的,后者是由金刚智首先译出的,这都是在唐朝完成的。

第二,由印度分别传入的金刚界密法和胎藏界密法以及以苏悉地类经为代表的持明密法,在中国实现了融会贯通,其中胎藏界密法和持明密法的并传开始于善无畏,三者的融合则是由一行来完成的。一行在解释《大日经》所传的胎藏界密法时,不仅引入了善无畏《苏悉地羯罗经》等经中持明密法的内容,而且还引入了金刚智《金刚顶经》中所传的金刚界密法以及唐中叶以前的汉译陀罗尼密法,对之加以解释和补充,使先后传入中土的密法被有效地圆融为一个整体。同时,一行对显密教法的接轨也作出了自己的努力,被后来的学者认为:

> 一行之《大日经疏》(二十卷),殆为密教最初之理论的解释书,在我国亦可称为唯一之善本。相传此书多记录善无畏之说,但其说明,近于天台之解释法,天台之意,未尝或离,殆始终应用之。一行本属天台学者,故其趋向如是。谓《大日经》为实相法门者,实自此始。一行又自金刚智受密教,其立足处则为天台。[①]

[①] 蒋维乔:《中国佛教史》,第164—165页。

天台宗是隋唐八大宗中最早形成的宗派，一行在解释善无畏的观点时，采用了许多天台的说法，这实际上是将印度密法与中国佛教元素对接的做法，也是印度密法进一步本土化的做法。基于此，一行在唐代密宗的建立方面，作用是无可替代的。

第三，在唐代，密法出现自己的弘传中心，最重要的就是不空驻锡的大兴善寺和惠果驻锡的青龙寺。不空时，唐代密法的发展进入极盛，大兴善寺实际上成为当时密法的中心。不仅如此，大兴善寺从隋开始就和密法发生关系，阇那崛多就是在大兴善寺翻译出众多密典的。入唐后，除不空外，不空的重要弟子慧朗也住在该寺，甚至一直到唐末著名的密宗僧人智慧轮也是大兴善的僧人，因此，大兴善寺甚至被称为汉传密教的祖庭。青龙寺则因为惠果的关系，不仅在中国密宗史上占有一席之地，而且由于空海正是在青龙寺跟随惠果学法，该寺也成为日本真言宗僧人心目中的圣寺。

第四，唐代密法形成绵长的传法体系。唐以前进入中国的密教僧人，有传法行为者非常稀少。而"开元三大士"在两京开坛授法，灌顶弟子成千上万，上至九五至尊，下至贩夫走卒，他们还形成了严密的传法体系，善无畏和金刚智在中国的法脉延续了五六代，最后还传到了日本，在日本绵延不绝地传了下去。

基于这些前提的存在，密法只是到唐代才自成宗派，位列隋唐重要的佛教派别之中。至于密宗的形成，传统上认为密宗形成于"开元三大士"时期，但近年来学术界则认为："唐代的密宗实际上是由善无畏和金刚智与他们共同的弟子一行共同建立起来的，一行不仅同时接受善无畏和金刚智所传的两系密法，开创了唐密中胎、金、苏三种密法并行合流的传统，而且请善无畏和金刚智译出密典，开坛传法。尤其注疏密典，阐述经义，建立了密宗的理论体系。"[①]

[①]《中国密教史》，第228页。

所以,唐代密宗的建立始于善无畏,善无畏不仅翻译了《大日经》,唐代密宗中胎藏界密法的仪轨也来自于他所作的《大日经供养法》,《供养法》实现了《大日经》由经法到仪轨的过渡。善无畏在开坛传法的同时,还对《大日经》进行了讲解,这也是一行《大日经疏》的主要来源。所以,善无畏对于胎藏界密法在中国实践性的展开以及理论上的开掘,都起到了开先河的作用。金刚智则通过翻译《金刚顶经》建立了金刚界密法在中国的传承,同时,凡他所住之佛刹,必建大曼荼罗灌顶道场,也使得这一系密法得到发扬光大。而一行融合了善无畏、金刚智二人所传的密法,促使印度的密法终于变成中国自己的东西,最终促成唐代密宗的建立。他的《大日经疏》也最终成为密法的中印结合、古今结合的范本。

第三节 汉地密宗的基本教义、仪轨

一、密宗的教义

传统上认为,密教的主要思想是由六大、四曼、三密这三大部分构建起来的。其中六大属于体大,四曼属于相大,三密属于用大,一切众生本来具备这三大功德。所谓"六大",就是"六大缘起",指一切有情众生皆由地、水、火、风、空、识六大元素构成。这六大元素周遍万法,同时也是佛与众生的根本体性,因而被称为"体大"。凡持六大缘起之说者,认为这一思想来自《大日经》、《金刚顶经》、《大日经疏》。《大日经》中说:"我觉本不生,出过言语道,诸过得解脱,远离于因缘,知空等虚空。……我即同心位,一切处自在,普遍于种种,有情及非情。'阿'字第一命,'嚩'字名为水,'啰'字名为火,'𭃴'字名为风,'佉'字同虚空。""六大"之说就是从这中间引申出来的:

(一)我觉,和我即同心位。这是说"识大"。识大是具足五大所有的形、色、性类的五智、九识、心王、心数等的。

（二）本不生，和阿字第一命。"本不生"是"阿"（A）字的解释，阿字是"地大"的种子字，形色的表现是方形，显色的表现是黄色，性类是坚（固体），业用是任持。

（三）出过言语道，和"嚩"字名为水。"离言说"是"嚩"（vd）字的解释，"嚩"字是"水大"的种子字，形色是圆，显色是白，性是湿（液体），业用是摄取。

（四）诸过得解脱，和"啰"字名为火。"过患不可得"是"啰"（ra）字的解释，"啰"字是"火大"的种子字，形色是三角，显色是赤，性是煖（光热），业用是成熟。

（五）远离于因缘，和"斛"字名为风。"因业不可得"是"斛"（hum）字的解释，"斛"是"风大"的种子字，形色是半月，显色青，性是动，业用是长养。

（六）知空等虚空，和"佉"字同虚空。"等虚空"是"佉"（kha）字的解释，"佉"字是"空大"的种子字，形色是团形，显色是黑色，性是无碍（伸长性），业用是转换。①

这六大又被具体到金、胎两界中，金刚界指"六大"中的前"五大"，表示大日如来的理德、色身；胎藏界则指的是"识大"，表示大日如来的智德、心相。由于"色法五大，心法五智，心色虽异，其性是同"（空海：《即身义》），因此金胎不二，金胎合一。

同时，由于佛与众生都是六大缘起的，因此佛与众生在本质上是相同的，所以生佛平等，众生皆有佛性，皆可成佛。

但是，将"六大缘起论"作为汉地密宗的本体论和缘起论近年来则遭到质疑。有学者认为这是日本真言宗的说法，他们反对中国汉地密宗中存在这样一种理论，并且提出了较为言之成理的论据，认为："我们翻开密教的主要经典，从《大日经》到《金刚顶经》，从《一切如来三业最上秘密

---

① 《中国佛教》第四辑，第 428 页。

大教王经》到《时轮经》,都找不到一个'六大缘起'之说。即使有哲学论证意味的《大日经》中,也未见这种说法。在密教汉文疏著如一行的《大日经疏》、潜真的《菩提心义》等中也见所未见。"①此外,《大日经》尽管在多处提到地、水、火、风、空,但此"五大"绝无缘起之意。

与这个观点有所不同的是近代的周叔迦的观点,在他的研究成果中,没有提及"六大"这样一个概念,但他承认"五大"的存在,并且认为"五大"是色身的本源,也是万物的本源,也就是一切事理、因果、行位等本源,所以这等于是承认"五大缘起"说,他阐述到:"宇宙人生的整体,在凡是庵摩罗识、阿赖耶识、末那识、意识和前五识;在圣位转识成智是法界体性智、大圆镜智、平等性智、妙观察智、成所作智。五大与识非一非异,在转识成智时,也与五智非一非异。就果而言,空大是法界体性智,地大是大圆镜智,火大是平等性智,水大是妙观察智,风大是成所作智。就修行而言,地大是菩提心,火大是福德聚,水大是智慧门,风大是精进业,空大是到彼岸。又空大为因,地大为行,火大为证,水大为入,风大为方便。自身既是五大所成,便具五智五行等也,也就是具足一切诸佛菩萨功德。"②

除六大之外,四曼、三密则是公认的密教的基础思想(仪轨),这将在后面详述。总之,从整体上看,显教的教义被认为是释迦牟尼针对不同根器的众生而说的,因而它是公开的、浅显的、随他意的。密教的教义被认为是大日如来自说内心证悟的真理,因而是秘密的、深奥的、随自意的。与密教相比而言,显教的教法可以通过师父的讲习获得,也可以通过对经典的自我学习而获得。但密教的教法则必须通过师尊的传授才能修习。同时整个传法、修习、证成再传法的过程都伴随着一系列的灌顶仪式和繁杂的修法仪式,这些仪式也必须在相应的坛场内进行。

---

① 吕建福:《关于中国汉传密教研究中的几个问题》,《法音》,1989年第1期。
② 《周叔迦佛学论著集》(上),第420页。

密宗的教义,总的来说是一个兼容并包的产物,其中,中观、唯识、如来藏等学说都可以在其中发现其影子。一行在《大日经疏》卷三中的一段话,就明确地反映了密宗教义的这种特质,他说:"又此经宗,横统一切佛教。如说唯蕴、无我,出世间心住于蕴中,即摄诸部中小乘三藏。如说观蕴阿赖耶,觉自心本不生,即摄诸经八识、三无性义。如说极无自性心,十缘生句,即摄《华严》、《般若》种种不思议境界,皆入其中。如说如实知自心,名一切种智,则佛性一乘、如来秘藏,皆入其中。于种种圣言,无不统其精要。"①所以,连一行也认为《大日经》"横统"了以前佛教诸家的思想。具体而言,《大日经》卷二中说:"我说一切法,所有相皆空。"《金刚顶经》中也有不少类似的表述,这显然是大乘空宗系列的观点。密宗也讲如来藏识,这个如来藏识也被等同于阿赖耶识,以清净为体,《金刚顶莲华部心念诵仪轨》中说:"藏识本非染,清净无暇秽;……烦恼习种子,善恶皆由心。心为阿赖耶,修净以为因。"②这个清净的阿赖耶识,也等同于众生的佛性,密宗持众生皆有佛性说,《大日经疏》中明确地指出"一切有心者悉有佛性"③。如来藏、阿赖耶、佛性既是众生的心体,也是万法生起的根源、依凭。所以,密宗中也含有"真如缘起"、"实相缘起"、"法界缘起"等一类的思想。基于这样共同的基础,一行在《大日经疏》中将密宗的这类观点直接作了华严宗式的解读:"界有三种,所谓法界、心界、众生界。离法界无别众生界,众生界即是法界;离心界无别法界,法界即是心界。当知此三种,无二无别。"④这里的法界,就相当于华严宗的"一真法界",众生界之所以和"法界"没有区别,根本的原因就在于众生界是依法界而起的。

密宗思想如此"杂芜"的特色,最主要的原因是密宗相对于显宗而

---

① 《大毗卢遮那成佛经疏》卷三,《大正藏》第39卷,第612页中。
② 《金刚顶莲华部心念诵仪轨》,《大正藏》第18卷,第302页上。
③ 《大毗卢遮那成佛经疏》卷六,《大正藏》第39卷,第645页下。
④ 《大毗卢遮那成佛经疏》卷三,《大正藏》第39卷,第610页下。

言,更重视实修,更重视仪轨层面的东西。所以,"以事实言之,我国密教,殆无组织的理论说明,而以实际的说明为主。盖《大日经》、《金刚顶经》,虽名为经,实异于常经,而以关于仪轨的实际的作法为多也"[1]。另外,如果换个角度来看,这种糅合起来的思想,本身就可以被视为是密宗的教义。因为密宗对各家的采撷,并不是简单的拼凑,而是做了有效的贯通。如密宗也讲心住实相,所以阿赖耶识、如来藏、佛性在本质上等同于实相,这个实相又以无相为相。至此,中观、唯识、如来藏系的思想就被打通了。

尽管密宗杂糅了许多其他宗派的思想,但是,与显宗各派相比较,唐代的密宗宣扬的思想内容仍然有以下几个方面是自己所独具的:

第一,三密论。三密论可以被看作是密宗具体的修行方法和途径,也可以被看作是一种修行的基础理论指导。所谓三密:一是身密,也就是手结印契,即以手结成不同的手式,这些手式各有不同的含义,这些不同含义一一契合了不同的佛菩萨的身密,因而又被称为印契。二是口密(语密),也就是口诵真言,这些真言常常与某位具体的佛菩萨或法门对应。三是意密,也就是心作观想,内心观想本尊,心住三摩地。修行者的三密如果能与本尊佛的三密相互摄持,发生不可思议的感应力,则被称为"三密相应",就会"即身成佛"。密宗所有的修行方法和理念,无不与三密论相关涉。也正因为如此,三密被看作是密宗的基本表征,《大日经释》一起首便说:"入真言门略有三事:一者身密门,二者语密门,三者心密门。"不空在《总释陀罗尼义赞》中也说:"于大乘修菩萨道,二种修行,证无上菩提道。所谓依诸波罗蜜修行成佛,依真言陀罗尼三密门修行成佛。"[2]

不仅如此,这三密本身是平等的,内在是统一的,"言如来种种三业,

---

[1] 蒋维乔:《中国佛教史》,第164页。
[2]《大正藏》第18卷,第898页上。

皆至第一实际妙极之境,身等于语,语等于心,犹如大海遍一切处,同一咸味"①。而且,密宗以毗卢遮那为根本的崇拜对象,这样,一切佛菩萨的身、口、意三密又被视为毗卢遮那三密的显现,毗卢遮那三密乃是其他佛菩萨三密的根因。《大日经疏》卷一说:"从一平等身,普现一切威仪。如是威仪,无非密印。从一平等语,普现一切音声。如是音声,无非真言。从一平等心,普现一切本尊。如是本尊,无非三昧。然此一一三业差别之相,皆无边际,不可度量。"②通过毗卢遮那和诸佛之间这种关系的描述,毗卢遮那"法佛"的地位更加突出,而这实际上也是真如缘起或法界缘起的理论模式的另一种展开形式。

第二,即身成佛。这一理论主要是说密宗可以不通过历世的修行,便可以就此身、于此生成佛。这既可以说是密宗的教义,也可以说是密宗人的密宗观,而且这一观点不仅存在于汉地密宗中,也为其他的所有密宗派别所共同认可。他们认为:"于显教修行者,久久经三大无数劫,然后证成无上菩提。于其中间十进九退,或至七地。以所集福德智慧,回向声闻、缘觉道果,仍不能证无上菩提。"③所以从密宗的角度看,显教的修行虽然最终也能成佛,但须经无数劫,而密宗可以不经历这无数劫的苦行难行,只要三密相应,即身便可超凡入圣。

这一理论构建的基础和禅宗的心性论十分相近,也认为众生心具实相,也就是众生本具净菩提心,只要方法得当,自心中的菩提就可即时显发出来,达到"父母所生身,即成大觉位"的结果。

第三,字门观。密宗中还有一种对梵文字母的崇拜观想法门,或被称为音声实相,或被称为字门陀罗尼。其起源可以追溯到婆罗门教,婆罗门教将声音视为一种神灵而极为重视之,因而,声论派就认为声为常住不灭的存在。由此,声与宗教的信仰对象遂发生一种关系:如"阿母"

---

① 《大毗卢遮那成佛经疏》卷一,《大正藏》第39卷,第583页上。
② 同上书,第583页中。
③ 《金刚顶瑜伽金刚萨埵五秘密修行念诵仪轨》,《大正藏》第20卷,第535页中。

表湿婆神之声;"乌"字表毗湿奴等。文字声音,各有宗教的意义,终于形成从"阿"字母音以及一切子音皆有深远的意味推广到万神皆有表其神之声音的字母。佛教继承了这一点,显密经教中都有阐述音声文字的内容。显教经典方面,《般若经》与《华严经》、《大智度论》中都说到四十二字母。四十二字是南印度古传的字母,在这些经典中,四十二字被赋予了不同的佛法意义,例如"阿"字为一切法初不生;"啰"字为一切法离垢;"波"字为一切法第一义等。应该说这还是和早期的陀罗尼作为一种简洁的记忆法有关。《大智度论》卷四八中就说:"四十二字是一切字根本,因字有语,因语有名,因名有义,菩萨若闻字,因字乃至能了其义。"①《华严经》还以四十二字观作为一个切入点,阐述其圆融无碍的观念,如先观"阿"字本不生,以"阿"字之中,融摄其他四十一字之深义;次观"伊"字一切法根本不可得,亦融摄其他四十一字之深义于其中。如此四十二字中的每一个字,都融摄了其他四十一字,而各个字所代表的玄义,也就互为融摄,华严宗的事事无碍的境界也就显现出来了。

密宗中阐述字门观的经典则有《金刚顶经》、《大日经》,以及不空所译的《释字母品》、《文殊问经字母品》、《入法界品四十二字观门》等。但在密宗中,字门和显教相比较而言,一是一般以三十六个字母为主,二是这些字母成为佛菩萨的代表。同时,这些字母在密宗中被称为种子字、种子、种字,其取义是借草本植物的种子为喻,植物由种子生长出茎、叶及开花、结果,所以种子中具足了全体的一切精华。因此,这些代表佛菩萨的梵字,也表示具足了诸佛菩萨的心要精华,能在法界中,现起诸佛菩萨的无上菩提果。种子字总体而言,有摄持、引生二种意义。摄持是表示一字中含藏有无量法、无量义。引生,是从一字引生微细的各种功德。

关于这三十六个字母的意义,《大日经》卷二中说的比较全面:

阿字门,一切诸法本不生故。

---

① 《大正藏》第25卷,第408页中。

迦字门，一切诸法离作业故。
佉字门，一切诸法等虚空不可得故。
哦字门，一切诸法一切行不可得故。
伽字门，一切诸法一合不可得故。
遮字门，一切诸法离一切迁变故。
车字门，一切诸法影像不可得故。
若字门，一切诸法生不可得故。
社字门，一切诸法战敌不可得故。
吒字门，一切诸法慢不可得故。
咤字门，一切诸法长养不可得故。
拏字门，一切诸法怨对不可得故。
茶字门，一切诸法执持不可得故。
多字门，一切诸法如如不可得故。
他字们，一切诸法住处不可得故。
娜字门，一切诸法施不可得故。
驮字门，一切诸法法界不可得故。
波字门，一切诸法第一义谛不可得故。
颇字门，一切诸法不坚如聚沫故。
么字门，一切诸法缚不可得故。
婆字门，一切诸法一切有不可得故。
野字门，一切诸法一切乘不可得故。
啰字门，一切诸法离一切诸尘染故。
逻字门，一切诸法一切相不可得故。
嚩字门，一切诸法语言道断故。
奢字门，一切诸法本寂性故。
沙字门，一切诸法性钝故。
娑字门，一切诸法一切谛不可得故。

诃字门,一切诸法因不可得故(梵云系怛缚是因义)。①

在这些字母中,"阿"字被看作是最重要的一个。首先从字母本身来看,《大日经疏》卷一说:"凡最初开口之音,皆有阿声;若无阿声,则无一切言说,故为众声之母。"因此,"阿"字也被认为是所有字的种子。进一步,密教以阿字表示孕育人类的大地(这是类比思维起了作用),又把阿字与密教的独特信仰结合起来,赋予它象征意义:阿字是宇宙开辟、生命生发的根本音,是大日如来的种子。大日如来是本初佛,"阿"字也有本初的意义,它甚至是诸佛菩萨共同的种子字,由此"阿"字生出诸佛菩萨。有了"阿"字,才有诸佛菩萨的出生,不管是金刚界,还是胎藏界,全是由空相到本初的现象。由此出发,密教以"阿"字建立一切法:"云何真言教法,谓阿字门,一切诸法本不生故","一切法教之本"。"本不生"之义就源于梵文阿字本义含有"无"、"不"、"非"等否定的意义。"本不生"被看成一切教相、事相的根本要义:阿字乃万法的本源、诸法体性的本初,但其自体本不生,故是诸法实相的理体。又由于密教不同于显教,它非常注重就自然身而生功德,菩提心就在于自身心中,各项密法就是呈现菩提心的本来面目,阿字与菩提心是相等的。在某种意义上讲,一部《大日经》就是在注释阿字的义相。对自然之声"阿"体验,就会明了自心,这就是密宗中一项重要的冥想法"阿"字观,体悟宇宙万事万物的自体本来不生。

二、密宗的仪轨

密宗长于实修,其修行仪轨非常丰富繁杂,其中最重要的有:

1. 曼陀罗灌顶

曼陀罗的梵文为 mandala,可音译为:曼荼罗、满荼罗、漫荼罗等。从内涵方面看,曼陀罗又可以被译为坛、坛城、道场,这主要是因为曼陀

---

① 《大正藏》第 18 卷,第 10 页上、中。

罗还有一个功用就是在印度修密法时,为防止魔众侵入,而划出圆形及方形之区域或建立土坛,并于其中安置诸佛与菩萨,加以供祭。曼陀罗还可以被译为轮圆具足、聚集。因为,在形式上,曼陀罗使用一定的方式,或塑或画,聚集诸佛与菩萨之圣像于一坛,故而有聚集之意;同时,曼陀罗表征的不仅是诸佛菩萨的外相,更重要的体现的是他们所代表的本质真理,这一本质真理在曼陀罗中被完整地表现出来,且犹如圆轮一般圆满无缺。曼陀罗最重要的作用就是作为密法弟子的观想对象,所以曼陀罗也是凡圣可以一体化的场所。曼陀罗最常采取的基本形状,是圆形和四方形(特别是正方形)的。从"圆满"的这种词语可以得知圆形是图形中最完整的。而正方形具有平面空间不可缺的四方,而且也暗示着发展、展开。

从表现形式上看,通常所称的曼陀罗,是指形像曼陀罗而言,可细分为下列四种:尊像、象征、文字、事业(生平及教化等)等四种形式,分别由大曼陀罗、三昧耶曼陀罗、法曼陀罗、羯磨曼陀罗做代表。

大曼陀罗:也就是用五种颜色绘制出诸佛的形象,表示他们前来聚集。这种曼陀罗用图画表现了坛场的全景以及诸尊的形相与位置,是曼陀罗的总体表现,所以称之为大。这一曼陀罗侧重表现诸尊相好庄严的身形图像。

三昧耶曼陀罗:不直接绘出佛菩萨的形象,而只是绘出象征某佛菩萨的器杖和印契,如宝珠、金刚杵、刀剑、法轮等,用这些法器组成图案,修行者如果见到这些图案就如同见到佛菩萨一样。这些法器也代表了佛菩萨降服诸恶,普度众生的誓愿和能力。

法曼陀罗:也称"种子曼陀罗",即只绘出代表诸佛菩萨的种字(种子),这个种字常取自诸尊真言的第一个字或中间的一个字,代表诸尊所说的法门。

羯摩曼陀罗:代表诸尊的所有作为,羯摩是梵语"业"的意思,表示诸尊身上一切之威仪、事业。

依据汉地密宗的内容来看,则曼陀罗分为两部:即指"金、胎"两部,其中来自《金刚顶经》系列的是"金刚界曼陀罗",来自《大日经》系列的是"胎藏曼陀罗"。后者为属于众生本具理性之法门,配于理、配于因。前者属于始成果相之门,配于智、配于果。两部虽各自独立,皆为成佛悉地之门,然而汉地密宗乃会两部于一门之中,二者相合,表示大日如来(宇宙与人类)的本质与活动(理智),本来即为一体。

两部曼陀罗在安置时,胎藏曼陀罗在东、金刚界曼陀罗在西,以东方为万物发生之始,西方则是万物终归之义,二者互相应于因果之理。以方向来说,左边是胎藏曼陀罗,右边是金刚界曼陀罗。

胎藏界曼陀罗代表理,"胎藏"二字比喻孕育、出生之意,有胞胎胎藏和莲花胎藏两种分别。胞胎胎藏是说大悲心(净菩提心),比如胎儿在母体内受到保护、养育,比喻众生本来具备的菩提心之"理",以大日如来大悲万行功德而得长养。等到胎儿出生后,大悲心也由种子渐渐生起,婴儿学会各种技艺,长大后发起种种方便,济度众生;莲花胎藏以莲花为喻,莲花的种子藏在硬壳之中,这种子中含有莲的枝、叶、花、条的特性,初发的菩提心种子也是如此。

胎藏界曼陀罗有三部十二大院,三部指总体上可分为佛部、莲部、金刚部,这三部又可以进一步分为十二院。处在核心位置的是中台八叶院(中台和八叶也可以分为两院),该院中央为法界清净法身大日如来(毗卢遮那如来),四方四佛分别为东方宝幢如来、南方开敷华王如来、西方无量寿如来、北方天鼓雷音如来,这是五佛。然后在东北为弥勒、东南为普贤、西南为文殊、西北为观音,五佛加上这四菩萨,合为九尊。其中除大日如来以外的八尊分别居住在八瓣莲花中,表示众生的八瓣肉团心,说明"阿"字本不生,一切众生都有佛性。在中台八院的外面则依次分布着遍智院(表示佛眼、佛母等遍知之德)七尊、持明院(表示般若等折伏、摄受二德)五尊、释迦院(表示释迦牟尼等方便摄化之德)三十九尊、金刚手院(表示金刚等大智上求之德)三十三尊、莲花部院(表示大势至等菩萨大悲下化之德)三十七尊、文殊院(表示文殊菩萨智慧福德兼备)二十五尊、除盖障院(表示悲愍菩萨等拔除众生愚痴盖障之德)九尊、虚空藏院(表示虚空藏菩萨等智慧福德兼备)二十八尊、地藏院(表示地藏菩萨拔救众生的大悲之德)九尊、苏悉地院(表示十一面观世音菩萨等自利、利他之德)八尊、外金刚部院(外金刚部院围绕曼陀罗四周,此外院包括诸天、二十八星宿、诸曜和相关善神在内,这表示大日如来随机应化,摄受一切众生之德)二百零一尊。这十二院合起来共有主尊四百零九,其具体分布方位如下:

东

	外金刚部院	
	文殊院	
	释迦院	
地藏院	遍知院	除盖障院
	中台八叶院	
观音院		金刚手院
	持明院	
	虚空藏院	
	苏悉地院	
	外金刚部院	

北　　　　　　　　　　　　　　　南

西

胎藏界十二大院的密法内含可以依照《大日经》三句"菩提心为因,大悲为根本,方便为究竟"来分析。即:

因——菩提心——中台八叶院的九尊

根——大悲——除外金刚部院全部诸尊

究竟——方便——外金刚部院

整个曼陀罗如果由内向外解读,就是大日如来的大悲心功德救度一切有情;如果由外向内解读,则表示一切有情本具菩提心显现发起、证入、证得、涅槃和最终一切皆表如来方便羯摩事业。整个胎藏界曼陀罗依照《大日经》,皆系大日如来所化生。由此密教中的心、佛、众生三三平等的教理栩栩如生地表达了出来,而平等正是大乘佛教的基本原则,故又曰理曼陀罗。

另外,一行认为,就一个人而言,也是胎藏曼荼罗的表现,其结构是,"头为内胎,心以上为第一院,脐以上为第二院,脐以下为第三院"①。人的身体,含有三重曼荼罗,从这个意义上讲,众生都有佛性,"众生自心之处,即一切佛大悲胎藏曼荼罗也,所以者何?一切众生,即是华台之藏"②。

金刚界曼陀罗则有五部九会,五部即:佛部、金刚部、宝部、莲花部、羯摩部,九会则依次为成身会(也称羯摩会,成身会是金刚界曼陀罗的总体和大日如来成就相的代表,其他八会则分别代表大日如来智性的一个方面)一千六十一尊、三昧耶会(四大曼陀罗中的三昧耶曼陀罗)七十三尊、微细会(四曼陀罗中的法曼陀罗,表示诸尊各具五智的智性)七十三尊、供养会(为四曼陀罗中的大曼陀罗,表示对诸尊德供养)七十三尊、四印会(这表示摄四曼陀罗于一会)十三尊、一印会一尊(这一尊就是大日如来,表示大日如来五智圆满、法身独一)、理趣会(这一会表示大日如来现金刚菩萨之身而以正法教化众生)十七尊、降三世羯摩会(表示大日如来现忿怒相降服诸魔)七十七尊、降三世三昧耶会(表示大日如来降服大自在天的本事)七十三尊。金刚界曼陀罗的中心是成身会,包括金刚界五佛,中心大日如来,东方阿閦如来,南方宝生如来,西方阿弥陀如来,北方不空成就如来,五佛分别代表五种智慧,也代表金刚界曼陀罗的五个

---

① 《大毗卢遮那成佛经疏》第十四卷,《大正藏》第 39 卷,第 727 页上。
② 《大毗卢遮那成佛经疏》第十二卷,《大正藏》第 39 卷,第 705 页中。

部类。中央的大日如来表示佛部,表示法界体性智;南方宝生如来表示宝部,表示平等性智;西方弥陀如来表示莲花部,表示妙观察智;北方不空如来,表示羯磨部,表示成所作智;东方的阿閦如来,表示金刚部,表示大圆镜智。五种智慧分别由九识转化而成,即转识成智。除此而外还有十六大菩萨,即四波罗蜜菩萨(金刚波罗蜜菩萨、宝波罗蜜菩萨、法波罗蜜菩萨、业波罗蜜菩萨)和内四供养外四供养菩萨总共三十七尊,四角地、水、火、风四大神,并围绕贤劫千佛和二十天。如此成身会便有一千零六十一尊,三十七主尊对应三十七菩提分。金刚界曼陀罗的具体列布方式如下:

理趣会	降三世羯摩会	降三世三昧耶会
一印会	成身会	三昧耶会
四印会	供养会	微细会

与绘制曼陀罗作为观想对象密切相关的另外一个密宗仪轨就是灌顶。欲要修密法者,必须先跟随师父受灌顶,然后方能传授其他的行仪,依法修行。未经灌顶而妄自修法者,便形成盗法罪。灌顶原是印度帝王即位及立太子时的仪式(太子在象乘上坐,以四大海水灌其顶)。在显教中说十地菩萨受法王位时亦蒙诸佛以智水灌其顶。此外,灌顶仪式最主

要的表征在于诸佛菩萨给予了护念加持,所以,不空解释道:"顶谓头顶,表大行之尊高;灌为灌持,明诸佛之护念。"①真言宗的灌顶仪式有四种不同:第一,供养曼陀罗,即是有人闻知曼陀罗,善心随喜,欲求礼拜供养。此时阿阇梨引导,在坛外遥令礼拜,散花供养,而不传给真言手印。第二,结缘灌顶,即是引入礼拜灌顶以后,令其投花坛中,随花所堕菩萨住处,即以其菩萨名称、真言、手印授之,此人得入坛内悉见诸位佛菩萨。第三,密法灌顶,即是阿阇梨从初至后为此人作曼陀罗,所有诸宗真言手印一一告示,一一行法皆悉传授。第四,传法灌顶,即是弟子修学真言所有法则已善通达,具知所须方便,堪在师位,可以转而为他人传法,阿阇梨即为作传法灌顶,自此以后可以摄受徒众,为他人灌顶传法。

密宗的所有灌顶都得在道场中进行,总是以曼陀罗为前提,所以一般总称为"曼陀罗灌顶"。不空对曼陀罗灌顶十分看重,他认为:"曼荼罗灌顶坛者,万行之宗,密证之先,将涉觉路,何莫由斯!"②

2. 护摩

护摩是梵语 homa 的音译,义为"烧"、"火祭",源自婆罗门燃火祭神的信仰,简单地说就是将鲜花等投入火中燃烧以供养诸佛。根据《大日经》,护摩有内外两种。而外护摩又有两种:一种属于婆罗门教中的火供,这是外道的行径,因而称为外护摩,其方式共有四十四种。而密宗本身还有十二种火。据《大日经》卷六、《大日经疏》卷一九等所说,释迦牟尼未成佛之前,不能了知火之自性,故依据《韦陀》而说四十四种护摩;在成佛之后,已了知火之自性,乃宣说十二种护摩。这十二种护摩,是为真护摩,用以区别婆罗门教所行的护摩,表征大日如来的一切智慧光明。这十二种护摩和婆罗门的火祭区别很大:

---

① 《代宗朝赠司空大辨正广智三藏和上表制集》卷一,《大正藏》第52卷,第830页上。
② 同上书,第836页中。

> 外典净行《韦陀》论中,有火祠之法。然大乘真言门亦有火法。所以尔者,为摄伏一类故,以言《韦陀》事而摄伏之。然其义趣,犹如天地,不可相并。①

十二种护摩因为还需要炉灶、火具等等进行燃烧,并且仍属于"心外"之火,所以也叫"外护摩",但这种火供虽然要资借世间的火具、以世俗的方式进行,但修行此法,也可以获得清净之果,因而这种护摩实际上同时具备世间和出世间的特征。内护摩则结合观想进行,指修行者从内心观想智火,以智火焚毁一切无明烦恼,更看重护摩的象征意义。《大日经》卷六说:"复次内护摩,灭除于业生……烧除妄分别,成净菩提心。此名内护摩,为诸菩萨说。"②所以,内护摩的象征意义就是以智慧之火,烧烦恼、业等,同时催生净菩提心。此时内护摩中的火又等同于毗卢遮那的慧之光、慧之火。

第四节 密宗在唐朝中晚期的继续传播

一、大历之后密宗的发展

善无畏、金刚智门下虽然弟子众多,但是并非人人都开枝散叶,开出法嗣来。善无畏门下在中土得以延续法脉的是玄超,玄超传惠果,惠果这一支可以说是唐代密宗最为繁盛的一支。在惠果的五六十个付法弟子中,能继承其遗风、广大其门楣的则主要是义操一系。其次为惠则、惠应等。

义操,是"开元三大士"之后最著名的密宗僧人之一,居青龙寺东塔院,可惜关于他的具体事迹见于史料的很少。据日本的《阿缚娑抄》所引《三国高僧碑》记载义操:"和尚性禀冲和,志深弘阐。学究三密,智达五

---
① 《大毗卢遮那成佛经疏》第一九卷,《大正藏》第39卷,第779页上。
② 《大毗卢遮那成佛神变加持经》卷六,《大正藏》第18卷,第44页上。

明。可谓佛家之栋梁,法海之舟楫者也。是故,一人尊之以为国师,四众依之以受灌顶。"①可见义操是惠果后密法传播的一个主力人物,并且曾出任国师。义操所撰有《胎藏金刚两本大教名号》(一卷),长庆元年(821)他还译有《西方陀罗尼藏中金刚族阿蜜哩多军吒利法》(一卷)。义操的付法弟子也不少,其中得阿阇梨称号的有十四人,这十四人中,法润、法全、义真也开枝传法。

法润原来是惠果的弟子,后来又转从同门义操受法。据圆仁《入唐求法巡礼记》记载,时人盛传"青龙寺润和尚但解胎藏,深得一业,城中皆许好手"。法润传法于道升、法全、惟谨。后来圆仁派弟子去青龙寺,得知"法润和尚解金刚界,年七十三,风疾老耄"②。所以,法润既传胎藏界密法,也传金刚界密法。

法全是汉地密宗第五代中最重要的弟子,历德宗、宪宗、穆宗、敬宗、文宗、武宗和宣宗、懿宗数朝,广传密教。法全既跟随法润受法,也从义操受法,对金刚界法、胎藏界法以及苏悉地法都很擅长。《入唐求法巡礼记》中说"玄法寺法全和尚深解三部大法","玄法寺法全座主解三部大法"。会昌元年(841)圆仁从法全受法,法全传给他《胎藏大仪轨》三卷,兼《别尊法》三卷及《胎藏手契》等。大中年间(847—860)法全移居青龙寺,大中九年(855)日本入唐求法僧圆珍、圆载从他受法。咸通六年(865)日本真如亲王、东密僧宗睿从法全受法。法全在青龙寺期间,纂集《大毗卢遮那成变加持经莲花胎藏菩提幢标帜普通真言藏广大成就瑜伽卷》,一般简称《青龙寺仪轨》。此外,法全又集《建立曼护摩仪轨》一卷、《供养护世八天法》一卷,描《金刚界耶曼荼罗》图一卷。法全的付法弟子也很多,其中真言宗宗睿,天台宗圆仁、圆珍,回国后均有建树。

义真,原为惠果受法弟子,后来又从同门义操受两部大法,为青龙寺

---

① 《密教发达志》,第786页。
② [日]圆仁著:《入唐求法巡礼记》,第115—116页,桂林,广西师范大学出版社,2007。

灌顶教主、内供奉。开成四年(839)空海弟子圆行入唐至青龙寺受法,他记载说:正月十三日依奏奉敕住青龙寺,幸遇彼寺灌顶教主义真和尚以为师主,"决疑两部之大法,开悟诸尊之密法。闰正月二日,蒙授阿阇梨位灌顶也。左街功德使、并僧录和尚、供奉大德、金刚门徒悉集道场,共致随喜"①。在此前后空海的另一弟子惠运亦入唐至青龙寺,从义真受两部大法及阿阇梨灌顶位。会昌六年(846)日本天台僧圆仁从义真受胎藏及苏悉地法。

慧则,慧则有弟子三人:缘会、元政、文悟,其中元政又传法于造玄和圆仁,造玄著成《胎金两界付嘱师资血脉图》。元政、文悟都善解金刚界法。

惠应,据日本求法僧常晓的《常晓和尚请来目录》记载,惠应有弟子文璨(？王祭？),初事不空,后转从惠应受法,得灌顶阿阇梨位。大和、开成年间(827—840),惠应在淮南扬州栖灵寺传法,闻名一时。常晓记载他"妙钩经律,深通密藏。法之栋梁,国之所归"②。大和九年(835)常晓从文璨受金刚界大法及大元帅法,并得密教经轨尊像及诸道具。开成三年(838)圆仁至栖灵寺,亦从文璨拟画两部曼陀罗。善无畏一系的传法情况如下图③:

---

① 《灵岩寺和尚请来法门道具等目录》,《大正藏》第55卷,第1071页下。
② 《常晓和尚请来目录》,《大正藏》第55卷,第1068页下。
③ 参见蒋维乔《中国佛教史》,第166—167页。

第五章 密宗

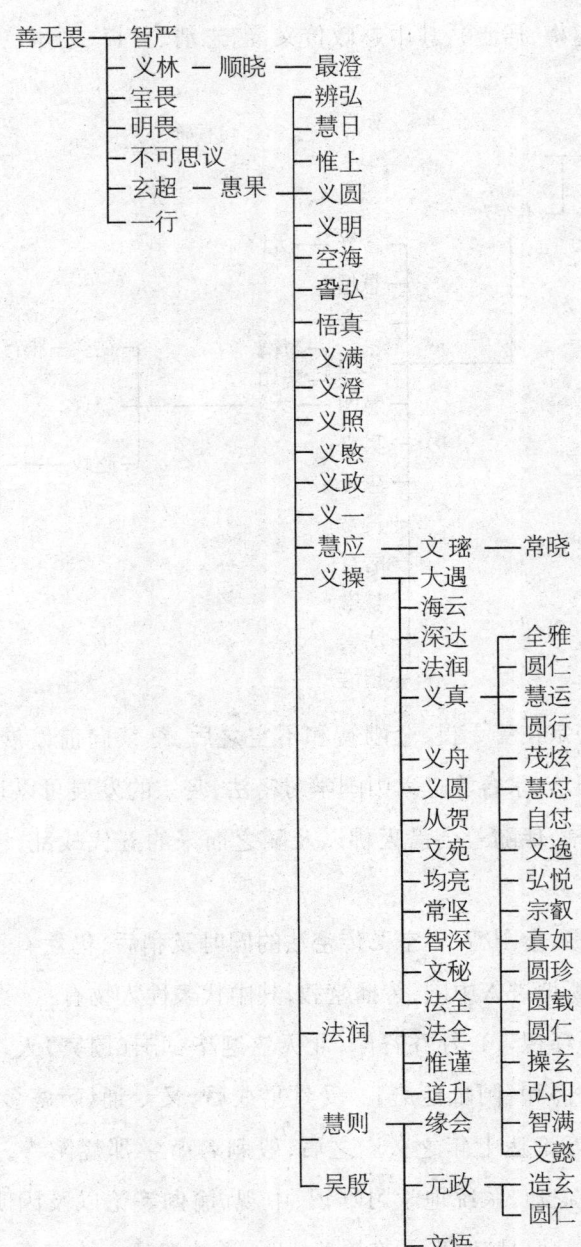

金刚智门下的传法弟子，主要由不空开出，不空所传，则主要由慧朗加以广大之。慧朗传弟子天竺，天竺门下弟子主要有三人：德美、慧谨、

赵政(或作赵梅,居士),其中赵政传义灌、志清、善贞、制本。其传法图①大概如下:

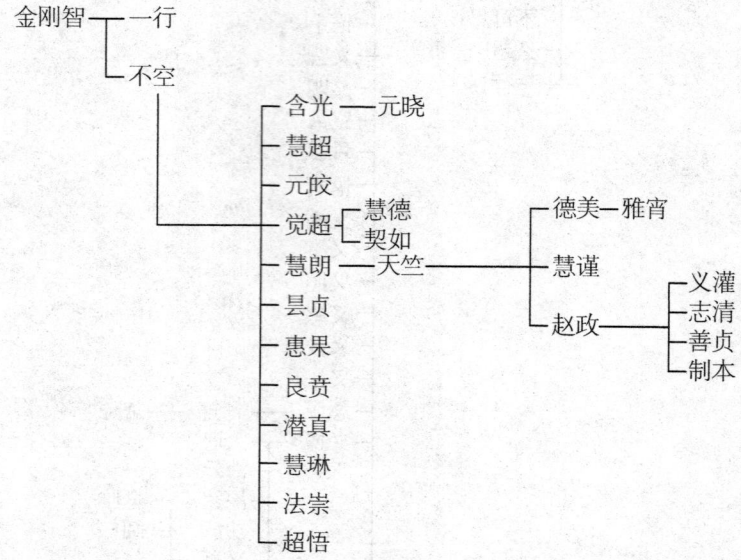

总之,密宗在善无畏、金刚智和不空之后,继续向前发展,并且随着日本圆仁、圆珍、宗睿等进入中国学习密法,密宗的发展可以说进入了巅峰时期。但是,伴随着会昌灭佛以及随之而来的五代战乱,密宗的发展也深受重创。

在善无畏、金刚智、不空弘传密法的同时及稍后,仍然有不少的印度僧人源源不断地进入中国,传播密教,其中代表性人物有:

般剌若(释智慧):姓乔答摩,北天竺迦毕试国(罽宾)人。他七岁出家,诵《四阿含》和《阿毗达磨》。受具足戒后,又专诵《萨婆多》、《俱舍》、《大毗婆沙》等论达七年之久。之后,般剌若游学那烂陀寺,依智护、进友、智友三大论师,系统地学习唯识、中观、瑜伽等论以及因明、声明、医明、王律论等。而且"闻南天竺颇尚持明,遂往咨禀。彼有灌顶师名达摩

---

① 参见蒋维乔《中国佛教史》,第165页。

耶舍见慧勤重可教,授《瑜伽法入曼荼罗三密护身五部印契经》,于一年诵彻三千五百余颂。"①持明,也就是持明密教,这已经是较为完备的密法体系了。

学完密法之后,建中二年(781),般剌若泛海进入广州,第二年到达长安。在长安般剌若得遇其表弟、时任神策军正将的罗好心,在罗好心的上表推荐下,般剌若被允许开始翻译佛经。这次译经奉德宗的敕令在西明寺进行,参译人员较多,由当时的翰林待诏利言译语,西明寺圆照笔受,道液、良秀、应真、超悟、道岸、鉴空充当证义,译出《大乘理趣六波罗蜜多经》十卷、《华严长者问佛那罗延力经》及《般若心经》各一卷。贞元十四年(798)又译出四十卷本的《华严经》。

据《贞元录》记载,般剌若先后共译出九部经典。其中,《大乘理趣六波罗蜜多经》、《守护国界主陀罗尼经》、《大乘本生心地观经》等均属密教典籍。般剌若除了翻译密教经典,还在中土传授密教,据《曼荼罗付法传》记载惠果"和尚贞元二十年于醴泉寺,为弟子僧义智建立金刚界大曼荼罗,及拼布尊位。于时,般若三藏及诸大德等集会法筵。和尚拼布尊位讫,则手把香炉,口说要誓。"②般剌若后来圆寂于洛阳,被葬在龙门西岗。

在般剌若之外,根据《宋高僧传》的记载,这一时期来华传播密教的还有满月、菩提缚日罗、金刚悉地、般若斫迦等。满月是西域人,"爰来震旦,务在翻传瑜伽法门,一皆贯练。既多神效,众所推钦"③。他在开成中(838)来到中国,与菩提缚日罗、金刚悉地等重译了《陀罗尼集》(四卷)及《佛为毗戍陀天子说尊胜经》(一卷)。

般若斫迦,汉译为智慧轮,这是他在汉地使用的名字。西域人,他在大兴善寺广传密法,"大中中,行大曼荼罗法,已受灌顶为阿阇梨,善达方

---

① 《宋高僧传》卷二,第23页。
② 转引自《中国密教史》,第322页。
③ 《宋高僧传》卷三,第51页。

言,深通密语"①。日本僧人圆珍、宗睿都曾从他受法,圆珍还隔海寄来《上智慧轮三藏决疑表》,向他请教密法的问题。智慧轮声名逐渐显赫起来,有了大遍觉法师或遍觉法师的尊号。咸通末年,唐懿宗迎请法门寺真身舍利,般若斫迦供施了金银宝函,其中金函重二十八两,银函重五十两。在法门寺地宫里出土地器物中,由智慧轮奉造的数量较多,被认为是除懿宗和僖宗而外,供奉最多的僧人。般剌斫迦的社会地位之高可想而知了。般若斫迦在中土撰有《佛法根本》来论述密法的重要性,他首先认为毗卢遮那为诸佛的根本,同时又强调陀罗尼是诸法的根本,从陀罗尼能生出无边的法门,修行者在修戒定慧的同时,如果能以陀罗尼作为助修,便可以速疾成就。另外,他还撰有《示教指归》一千余言。

二、法门寺地宫文物与唐末密宗

法门寺位于陕西省扶风县法门镇,以保存佛指舍利而成为著名的佛教圣地。1987年,在法门寺真身宝塔下,发现了一千多年前的唐代地宫,随之出土了大批珍贵文物,在这些文物中,与佛教有关的供养器、法器和生活用品很多,其密宗气氛十分浓厚,为研究唐末密宗的发展提供了许多新的材料和依据。学术界曾经认为,密宗在唐代起落都很迅速,尤其在武宗灭佛之后,密宗在汉地受到沉重打击,以至于几近灭绝。但依据法门寺出土的文物来看,唐末密宗发展仍然很兴盛。

法门寺因为藏有佛指舍利,北周以降,就不断得到王室显贵的膜拜供养。进入唐朝以后,前后曾经有六次大型的迎奉佛骨的活动②。其中从肃宗开始的后三次迎奉活动和密宗都有关系。肃宗朝迎佛指舍利的活动虽然没有明确记载和密宗有关,但是从肃、代二宗开始,皇帝、后宫以及朝中权贵几乎都崇信密宗,不空地位极高。

---

① 《宋高僧传》卷三,第52页。
② 也有的资料认为有七次,即代宗朝也有一次。

第四次迎请佛指舍利是在德宗的贞元六年(790)春,"诏出岐山无忧王寺佛指骨,迎置禁中。又送诸寺以示众,倾都瞻礼,施财巨万。二月乙亥,遣中使复葬故处"①。根据无名氏所撰的《大唐青龙寺三朝供奉大德行状》,惠果"奉敕于右卫龙,迎真身入内",参加了这次活动,这是非常明确的关于密宗僧人主持迎佛骨活动的记载。惠果本人在这一时期也深受德宗敬信。贞元五年(789),德宗敕令他在青龙寺大佛殿祈雨,第七日雨足,德宗赐祈雨者每人绢一束、茶一串。贞元六年四月,惠果又奉命进入内廷,在长生殿为国持念七十余日方被放还,参与持念者每人赐绢三十匹,茶二十串。此后,密宗僧人轮番进入内廷念诵成为定制。

第五次迎奉佛指舍利入宫则是在唐宪宗元和十四年(819)。早在前一年,"功德使上言凤翔法门寺塔有佛指骨,相传三十年一开,开则岁丰人安。来年应开,请迎之。十二月庚戌朔,上遣中使帅僧众迎之"。次年正月,"中使迎佛骨至京师,上留禁中三日,乃历送诸寺。王公士民,瞻奉舍施,惟恐弗及。有竭产充施者,有然香臂顶供养者"②。这一时期密宗中的重要人物为义操,他也是国师、内廷供奉,所以以义操为首的密宗僧人肯定参加了法门寺的迎送活动。法门寺出土的大银锡杖的杖柄上刻有"僧海云、僧义真",海云和义真是义操的高足,也是这一时期重要的密宗僧人。地宫文物上出现了他们的名字,就很好地证明他们也参加了这一活动。此外,在这次迎请佛骨的过程中,还出现了许多燃臂顶为香的供养者。韩愈在谏迎佛骨时也提到"焚顶烧指,百千成群"。以自残的方式进行供养,是唐末流行的密宗供养方式,由此可见密宗的许多内容在这一时期已经传入民间。

唐武宗会昌五年(845),法门寺也遭到破坏,殿宇被拆,僧人被逐,很多器物受到损毁。但到唐懿宗咸通十四年(873),又派人到法门寺迎佛

---

① 《资治通鉴》卷二百四十,第 7756—7758 页。
② 同上书,第 7758 页。

骨,这次迎奉活动规模巨大,盛况空前。《资治通鉴》中对此有详细的记载:

> 广造浮图、宝帐、香舆、幡盖以迎之,皆饰以金玉、锦绣、珠翠。自京城至寺三百里间,道路车马,昼夜不绝。夏,四月,壬寅,佛骨至京师,导以禁军兵仗、公私音乐,沸天烛地,绵亘数十里!仪卫之盛,过于郊祀;元和之时,不及远矣!富室夹道为彩楼及无遮会,竞为侈靡。上御安福门,降楼膜拜,流涕沾臆!赐僧及京城耆老尝见元和事者金帛。迎佛骨入禁中三日,出置安国、崇化寺。宰相已下,竞施金帛,不可胜纪!①

七月懿宗晏驾,僖宗即位,佛骨被送回法门寺。这是唐朝最后一次将佛骨法器、宝函及大量供器秘藏于寺内地宫。法门寺的地宫文物,绝大多数都是懿宗、僖宗在最后一次迎送佛骨时所供奉的。如前所述,这批器物有着浓厚的密宗气息。

在地宫文物中,属于智慧轮敬奉的有金函、银函、水碗、银香炉和四个阏伽瓶。其中金函上錾刻着"敬造金函,藏佛真身。上资皇帝圣祚无疆,国安人泰,雨顺风调,法界有情同沾利乐。咸通十二年闰八月十日传大教三藏僧智慧轮"。银函上錾刻着"上都大兴善寺传最上乘祖佛大教灌顶阿阇梨三藏比丘智慧轮敬造银函一重伍拾两献上,盛佛真身舍利,永为供养,殊标功德福资,皇帝千秋万岁。咸通拾贰年闰捌月拾伍日造,勾当僧教原匠刘再荣、邓行集"。②

根据地宫发掘时的现场考察,在舍利入藏地宫时,都举行过密教的仪式。而且地宫后室器物的摆放,也是按照密宗的仪轨设置的。后室本身为正方形,正中为八重宝函,函中有佛指舍利一枚。两侧有二护法天王,四角各安放一个阏伽瓶。宝函的前左右两侧,为两组波罗子

---

① 《资治通鉴》卷二五二,第 8165 页。
② 详见韩伟《陕西扶风法门寺唐代地宫考古大事记》,《文博》,1993 年第 4 期。

和银芙蕖,正前部为五足朵带银香炉,这与密教供养法中的护摩坛场相同。

地宫中出土的八重宝函,是这批供奉品中的重器,从外向里数的二、四、五重都有密宗造像。其中第二重宝函为密宗"四大天王"造像,宝函的正面为北方大圣毗沙门天王,左侧为西方毗娄勒义天王,右侧为东方提头赖吒天王,后部为南方毗娄博义天王。其中正面的毗沙门天王,左手托塔,右手持铜,脚踩小鬼。函的四面錾刻人面鸟身的伽陵频迦鸟(密宗的主要装饰纹图之一)。唐时佛教密宗流行四大天王,特别是北方毗沙门天王。在不空所译的《北方毗沙门天王随护仪轨》中,该天王有"昼夜守护国王大臣及百官"之职。据《宋高僧传》记载:"天宝中,西蕃、大石、康三国帅兵围西凉府,诏空入,帝御于道场,空秉香炉,诵《仁王密语》二七遍,帝见神兵可五百员在于殿庭,惊问空,空曰:'毗沙门天王子领兵救安西。'"①后安西果然解围。因此,毗沙门天王还被定为当时护国、护军的保护神。八重宝函的第四重为"鎏金如来说法"宝函,顶盖面饰四只伽陵频迦鸟,中有十字三钴杵。正面如来佛坐于莲台上,四周有两菩萨、四弟子和两金刚,佛首之侧,有两个飞天,手捧供盘。在宝函的两侧,一是骑狮的文殊师利菩萨,一是骑象的普贤菩萨。第五重正面属"思惟相六臂如意轮观世音菩萨及其眷属造像",背面属于大日经轮及其眷属造像,左面属于释迦如来及其眷属造像,右面属于药师如来及其眷属造像。另外还有一个鎏金四十五尊造像盝顶银宝函,顶部和四周侧面都有造像,属于金刚界曼陀罗图样,据考证这是金刚界曼陀罗中的供养曼陀罗。

和密宗有关的还有奉真身菩萨,菩萨半跪于一个束腰莲台上,手捧发愿匾文,为皇帝祈福。而这个束腰莲台是一个典型的曼陀罗坛,上部有供养菩萨和伎乐飞天图像,中部束腰部分为四大天王图像,下部为八大明王形象,坛座的最底部錾刻有两条飞龙和一个十字三钴金刚杵,坛

---

① 《宋高僧传》卷一,第 11—12 页。

座的上下部,刻有梵文。

地宫文物中和密宗有关系的还有:鎏金银三钴杵纹阏伽瓶、阏伽水碗、素面长柄银手炉、鎏金三钴杵纹臂钏、五钴金刚杵、象首金刚铜香炉等。阏伽瓶主要用来盛净水,以供尊者浴洗,涤除烦恼和垢尘。长柄手炉是阿阇梨所执,乃为弟子灌顶传法时使用,主要用来盛放可燃香料的。臂钏是密教造像中的八庄严之一。金刚杵则是密宗的法器,法门寺共出土三柄,其中最大的一柄顶部为五股,表示密宗五佛,正是这柄金刚杵柄上刻有海云和义真的名字。

法门寺地宫器物的形制、纹饰、布局以及内容等都说明在会昌灭佛后,密宗仍然很活跃,而且对皇室的影响也很大。

人名索引

本寂 264,340,341,346,349—351

不空 102,394,467,479,489,575,588,594,601—604,612,613,619,621—628,630,635,637,645,648—650,652,655

澄观 3,6,10,11,18,23,27,31—33,37,55—57,59,63,68—71,75,77,78,80,81,87,93,94,96,98,100—124,127—130,134—137,140,142—145,379,459,466,478,493,507,534,567

存奖 284,287,295,296,354

丹霞天然 261—263

道岸 470,482,494,495,505—509,548,560,570,571

道绰 387—392,398—401,403,416,429,442,443,446—448,453,454

道世 474,476,480,503—505

道悟 261,264,306—308,345

道信 137,147,149,160—164,166,167,268,560

道宣 10,11,150—152,156—162,166,167,468,472—476,478—481,483—485,490—493,498,502—515,517—533,535,536,538,540—542,544,545,547—549,561,562,565—567,569—571,577,579,581

道一 114,236,252—256,260—262,264,265,268,270,281,284,285,307,342,454

道膺 340,341,349,351—354

阇那崛多 471,591,592,630

杜顺 10—13,16,28,31,40,55,56,59,60,62,68,69,73,75,86,101,105,108,120,127,131,136,137

法藏 2,3,5—40,42—48,50—66,68—77,80,82—84,86—88,92,94—102,104,105,108,110,111,113,125,127—130,132—138,140,141,143—146,466,470,492,500,567

法海 183—188,239

法砺 471—473,475,476,478,490—493,495—501,508,519,524,531—533,535,537,538,540—542,544,545,547—549,570—572

657

法琳 12

法融 147,149,166—168

法照 383,390,392,393

灌顶 134,467

寒山 271

弘忍 147,149,160,161,164—166,168,169,171,174,175,178—184,190,193,196,197,211,268,449,450

怀海 114,194,255,256,264—268,270,284,285,344

怀让 186,190,236,252—254,264,284,285

怀素 476,478,480—482,490—493,501,506,531—548,562,567,572,577

惠果 619,627—630,646,647,649,650,651,653

惠能 177,178,180,181

慧超 516,621,622,627

慧寂 264,265,270,273—279,281

慧能 114,117,125,135,137,147—149,158,165,176—228,230—249,251—253,257,260,264,327,350,449,450,453,454,560

慧思 135,372,465,467

慧远 3—7,40,66,193,377,379,383,384,386,388—390,392,398,399,403,408,425,429,441

慧沼 466

慧忠 101,186,189,275

吉藏 4,8,43,379,386,389,441,497

鉴真 471,481,482,493,500,507,509,562,570—572

皎然 563

金刚智 489,575,594,602,603,613,617—623,626,629—631,646,649,650

空海 601,602,604,628—630,632,648

窥基 132,372,441,446,447,455,456,459,470,502,567

李通玄 10,27,31,69,77—81,85—100,105,106,108,112,130,134,137,138,143

良价 264,340—342,344,346—351,353

灵祐 264—266,271—273,386

马祖 114,125,236,252—256,260,262,264,265,268,270,284—286,299,300,307,342,454

摩诃衍那 604

庞蕴 256

菩提流志 3,375,598,599

普寂 142,160,170,172—174,240—244,563,570,617,618

普愿 255,256,265

僧璨 148,160—162

善导 379,383—385,388—394,398—400,403,404,406,407,423,426,429,431,435,448,454,456,457,506

善无畏 470,489,500,563,575,591,594,600,601,613—619,622,624,626,628—631,646,648,650

少康 383,390,392,393

神会 114,116,120,148,173,177,183—186,189—191,198,200,214,222,236—252

神秀 114,117,135,138,142,147,149,151,154,160,168—174,182,185,192,195,203,238,241,242,244

实叉难陀 3,16,458,549

昙迁 4,7,132,472
王维 177,184,185,212,237,240
惟俨 261,264,307,341—344
文纲 470,481,492,493,505—509,562,571
文益 139,264,314,330,333—337,340,582
无相 175,176,332
希迁 236,252,257—262,264,306,307,330,334,341,342,347
希运 264,266,271,284,285,314,454
贤首 16—18,20,28,37,87,96,101,102,110,113,130,136,146,379,466
信行 455,479
行思 186,190,236,252,256—258,261,264,306
宣鉴 264,306,309—313
玄觉 186
玄朗 134
玄奘 2,16,30,132,133,175,372,381,447,464,466,480,502,504,531,533,535,541,549—553,562,567,569,572,593,624
一行 575,600,601,606,608,615,617—619,621,629—631,633,634,643
义存 264,306,311—314,330,331
义净 3,16,206,369,391,392,477,479,480,484,549—559,566,572,573,575,588,593,624

义湘 14—16,21,143—145
义玄 138,148,264,284—287,354
元晓 14,15,54,56,102,143,145,382,431,447,466,650
圆测 3,18,480,502
圆仁 399,553,601,602,647,648,649,650
圆珍 188,647,649,650,652
湛然 101,102,112,113,134—136,458,466—468,561,563,627
智顗 101,379,382,383,386,389,390,415,434,435,441,458,465,467—469,497,562
智昇 24,550
智首 471—476,480,491,502,504,505,524,538,548,573
智威 134,166
智闲 265,273,280,281,306
智俨 4—7,10—16,19,27,28,33,39—43,45—47,49—55,58,60—66,68,69,75,80,83,84,86,88,94,96,97,108,111,125,127,129,132,136,137,140,141,144,386,617,618
智正 4,7,8,10,12,13,96
宗密 10,11,22,32,34,37,49,55,68,69,75,93,94,108,114,119—131,134,137,139—142,144,147,154,161,166—171,174—176,184,195,200,237,238,240—245,248,251,397,450,479,567
最澄 152,592,619